V&R

Kritisch-exegetischer Kommentar über das Neue Testament

Begründet von
Heinrich August Wilhelm Meyer
herausgegeben von
Dietrich-Alex Koch

Vierter Band – 15. Auflage
Der Brief an die Römer

Vandenhoeck & Ruprecht

Der Brief an die Römer

übersetzt und erklärt
von
Eduard Lohse

1. Auflage dieser Auslegung

Vandenhoeck & Ruprecht

Früher erschienene Auflagen dieses Bandes

Bearbeitung von H. A.W. Meyer
1.Auflage 1836
2.Auflage 1854
3. Auflage 1859
4. Auflage 1865
5. Auflage 1872

Bearbeitung von Bernhard Weiß
6. Auflage 1881
7. Auflage 1885
9. Auflage 1899

Bearbeitung von Otto Michel
10. Auflage 1955
11. Auflage 1885
12. Auflage 1963
13. Auflage 1966
14. Auflage 1978

Bibliografische Information Der Deutschen Bibliothek

Die Deutsche Bibliothek verzeichnet diese Publikation in der Deutschen Nationalbibliografie; detaillierte bibliografische Daten sind im Internet über <http://dnb.ddb.de> abrufbar.

ISBN 3-525-51630-4

15. Auflage / 1. Auflage dieser Auslegung

Satz: Dörlemann Satz, Lemförde
Druck: Hubert & Co., Göttingen

Gedruckt auf alterungsbeständigem Papier

MEMORIAE
FRATRIS DILECTISSIMI

BERNHARD LOHSE

HISTORIAE ECCLESIASTICAE PROFESSORIS
ORDINARII PUBLICI IN ACADEMIA
HAMBURGENSI

* 24. V. 1928 † 29. III. 1997

SIVE ERGO VIVIMUS, SIVE MORIMUR,
DOMINI SUMUS

AD ROMANOS XIV, 8.

Vorwort

Seit O. Michel 1955 seine völlige Neubearbeitung des Kritisch-Exegetischen Kommentars zum Römerbrief veröffentlicht hat, ist geraume Zeit vergangen. In den letzten Jahrzehnten haben die internationale Diskussion und der ökumenische Dialog in beeindruckender Weise an Breite und Tiefe gewonnen, und der Horizont religionsgeschichtlicher Forschung hat sich weit gespannt. Diesen Veränderungen, die die gelehrte Forschung bestimmen, ist ebenso Rechnung zu tragen wie dem Erfordernis, einen wissenschaftlichen Kommentar so abzufassen, daß er sich für die Pfarrerschaft als brauchbar erweisen möge.

Die hier vorgelegte Erklärung des Römerbriefes möchte herausarbeiten, was der Apostel Paulus den Christen in Rom zu sagen hatte. Seine Rechenschaft vom Evangelium entfaltet dessen inhaltliche Bedeutung in der Botschaft von der Offenbarung der Gerechtigkeit Gottes und seiner Barmherzigkeit für alle Glaubenden. Sollen die Grundzüge paulinischer Verkündigung so klar als möglich hervortreten, so muß die Kommentierung mit Sorgfalt der paulinischen Gedankenführung nachspüren, aber auf entbehrliches Beiwerk verzichten.

Jeder Exeget des Römerbriefes weiß sich einer langen Kette von Auslegern verpflichtet, die wesentliche Beiträge zu seinem Verständnis geleistet haben. Es läßt sich aber nicht in allen Einzelheiten Bericht geben über gedankliche Auseinandersetzungen im Für und Wider der Meinungen. Denn dem Wort des Apostels gebührt der erste Rang im Bemühen, ihm auf der Spur zu bleiben. Aus diesem Grunde sind weder bei der Darlegung exegetischer Einzelfragen die Vertreter unterschiedlicher Ansichten im einzelnen aufgeführt noch regelmäßig Hinweise auf die Artikel in den bekannten wissenschaftlichen Lexika gegeben. Jeder Leser kann diese ohnehin unschwer selbst auffinden. Doch werden profilierte Positionen so beschrieben, daß deren Repräsentanten exemplarisch vorgestellt werden. Aus der überquellenden Fülle der Literatur, die unmöglich vollständig referiert werden kann, sind die wichtigsten Beiträge entweder im allgemeinen Verzeichnis oder zu den einzelnen Abschnitten genannt worden. Dabei ist das Augenmerk vornehmlich auf Studien gerichtet, die für die Interpretation der Texte von besonderem Belang sind, sowie auf die Berücksichtigung von Arbeiten aus neuester Zeit. Damit soll dem Leser erwünschte Orientierung geboten sowie Auskunft darüber gegeben werden, in welcher Weise der Interpret von anderen Exegeten in dankbarem Respekt gelernt hat.

Die Aufgabe, in der Schule des Apostels zu bleiben, wird zu keiner Zeit zu einem Abschluß gelangen können, sondern erfordert ständige Weiterführung – wie Martin Luther sagt: „Dise Epistel ist das rechte hewptstuckt des newen testaments / und das allerlauterst Evangelion / Wilche wol wirdig und werd ist / das sie eyn Christenmensch nicht alleyn von wort zu wort auswendig wisse / sondern teglich damit umbgehe als mit teglichem brod der seelen / denn sie nymer kan zu viel oder zu wol gelesen odder betrachtet werden / Und yhe mehr sie gehandelt wirt / yhe kostlicher sie wirt / und bas sie schmecket.“ (Vorrede zum Römerbrief, Septemberbibel 1522)

Göttingen, im Advent 2002 Eduard Lohse

Inhalt

Exkurse

Literatur- und Abkürzungsverzeichnis

1. Kommentare[1]

Alte Kirche (Auswahl)

Origenes:
- Commentaria in epistolam b. Pauli ad Romanos (lat. Übersetzung des Rufinus), MPG 14, 837–1292.
- Commentarii in epistulam ad Romanos. Römerbriefkommentar, übersetzt und eingeleitet von T. Heither, Fontes Christiani 2, 1–5, Freiburg 1990–1999.
- C. Hammond-Bammel, Der Römerbriefkommentar des Origenes, Kritische Ausgabe der Übersetzung Rufins. Buch 1–3 = Vetus Latina. Die Reste der altlateinischen Bibel. Aus der Geschichte der lateinischen Bibel 16, Freiburg 1990, Buch 4–6 = Freiburg 1996, Buch 7–10 = Freiburg 1997.

Pauluskommentare aus der griechischen Kirche. Aus Katenenhandschriften gesammelt und hg. von K. Staab, NTA 15, Münster 1933, ²1984.

Johannes Chrysostomus: MPG 60, 391–682.

Theodor von Mopsueste (Mopsuestia): MPG 66, 787–876; Fragmente bei Staab (s. unter Pauluskommentare) 113–172.

Cyrill von Alexandria: MPG 74, 773–856.

Theodoret: MPG 82, 43–226.

The Earliest Latin Commentaries on the Epistles of St. Paul. A Study, von A. Souter, Oxford 1927.

Ambrosiaster: MPL 17, 47–197; CSEL 81 (1966).

Pelagius: MPL 30, 669–746; A. Souter, Pelagius' Expositions of Thirteen Epistles of St. Paul II, Cambridge 1926, 6–126.

Augustin: MPL 35, 2063–2088; CSEL 84 (1971).

Cassiodor (Ps.-Primasius): MPL 70, 1321–1332; MPL 68, 415–506.

Mittelalter (Auswahl)

Johannes Damascenus: MPG 95, 441–570.

Photius von Konstantinopel: MPG 101, 1233–1254; Fragmente bei Staab (s. o., Alte Kirche, Pauluskommentare) 470–544.

[1] Die Übersicht verzeichnet bis einschließlich des 19. Jh. nur die wichtigeren Kommentare; für das 20. Jh. wird eine möglichst vollständige Aufzählung in alphabetischer Folge geboten.
Weitere Informationen sind in der General Bibliography in Fitzmyers Kommentar zu finden.
Kommentare werden im folgenden unter dem Nachnamen des Verfassers und der Abkürzung „Röm." bzw. „Rom." zitiert: z. B. Wilckens, Röm. (Seite); Fitzmyer, Rom. (Seite).

Oecumenius: MPG 118, 323–636.
Theophylact: MPG 124, 335–560.
Walafrid Strabo: MPL 113–114.
Hrabanus Maurus: MPL 111, 1277–1616.
Haimo von Auxerre: MPL 117, 361–508.
Atto von Vercelli: MPL 134, 125–288.
P. Abaelard: MPL 178, 783–978.
Lanfranc: MPL 150, 105–156.
Bruno der Kartäuser: MPL 153, 11–122.
Petrus Lombardus: MPL 191, 1301–1534.
Bernhard von Clairvaux: MPL 182, 1053–1072.
Thomas von Aquin:
- Opera Omnia XIII, Parma 1852ff.
- Super Epistolas S. Pauli lectura, ed R. Cai, Turin [8]1953, I, 5–230.

16.–18. Jahrhundert (Auswahl)

Erasmus, D.:
- In Novum Testamentum Annotationes, Basel 1527 ([1]1516), 318–392.
- Paraphrases on Romans and Galatians, Collected Works 42, Toronto 1984, 1–90.
Luther, M.:
- Vorlesung über den Römerbrief 1515/16, ed. J. Ficker, Leipzig 1905, [3]1925.
- Lateinisch-deutsche Ausgabe I/II, Darmstadt 1960.
- D. Martin Luthers Epistelauslegung, ed. E. Ellwein, Göttingen [12]1963.
Zwingli, U.: In epistolam ad Romanos, Opera: Completa editio, Zürich 1545, edd. M. Schuler/J. Schulthess, Zürich 1829–1842, VI 2, 76–133.
Bugenhagen, J.: In epistolam ad Romanos interpretatio, Hagenau 1527.
Melanchthon, P.:
- Dispositio orationis in Epistolam Pauli ad Romanos, Hagenau 1529 = CR 15, 441–492.
- Commentarii in Epistolam Pauli ad Romanos, Wittenberg 1532 = CR 15, 493–796 = Melanchthons Werke in Auswahl V, Gütersloh 1965, 25–371.
- Epistolae Pauli scriptae ad Romanos Enarratio, Wittenberg 1556 = CR 15, 797–1052.
Bucer, M.: In epistolam ad Romanos, Metaphrases et enarrationes epistolarum d. Pauli apostoli, Straßburg 1536.
Calvin, J.:
- In omnes Pauli apostoli epistolas commentarii, Straßburg 1539 = CR 77.
- Calvini Opera exegetica XIII: Commmentarius in Epistolam Pauli ad Romanos, edd. T.H.L. Parker/D.C. Parker, Genf 1999; dt.: O. Weber (Hg.), Auslegung des Römerbriefes und der beiden Korintherbriefe, Neukirchen 1960.
Bullinger, H.: In sanctissimam Pauli ad Romanos epistolam commentarius, Zürich 1533.
Brenz, J.:
- In epistolam, quam Apostolus Paulus ad Romanos scripsit, Basel 1565.
- Explicatio Epistolae Pauli ad Romanos I (ed. S. Strohm), Tübingen 1986.
Beza, T.: Annotationes maiores in Novum Dn. nostri Jesu Christi Testamentum, Paris 1556.
Selnecker, N.: In omnes epistolas d. Pauli Apostoli Commentarius plenissimus, Leipzig 1595.

Cruciger, K.: In epistolam Pauli ad Romanos Commentarii et Annotationes, Mainz 1603.
Gerhard, J.: Adnotationes ad priora capita epistolae d. Pauli ad Romanos, Jena 1645.
Grotius, H.: Annotationes in Novum Testamentum II, Paris 1644 = Leipzig/Erlangen 1755–1757.
Calixt, G.: In epistolam s. Apostoli Pauli ad Romanos expositio literalis, Braunschweig 1652.
Alting, J.: Commentarius theoretico-practicus in caput XI epistolae ad Romanos, Opera theologica IV, Amsterdam 1686, IV, 11–367.
Spener, P.J.: Divi Pauli Apostoli Epistolae ad Romanos et Corinthios, Halle/S. 1691, ^{3}1856.
Calmet, H.: In epistolam Pauli apostoli ad Romanos. Commentarius literalis in omnes libros veteris et novi testamenti, 8 Bde., VIII, Venedig 1726, 1–120.
Rambach, J.J.: Introductio historico-theologica in Epistolam Pauli ad Romanos, Halle/S. 1727.
Bengel, J.A.: Gnomon Novi Testamenti, Tübingen 1742.
Baumgarten, S.J.: Auslegung des Briefes Pauli an die Römer, Halle/S. 1749.
Wettstein, J.J.: Η ΚΑΙΝΗ ΔΙΑΘΗΚΗ – Novum Testamentum Graecum editionis receptae cum lectionibus variantibus codicum MSS., editionum aliarum versionum et patrum nec non commentario pleniore ex scriptoribus veteribus Hebraeis, Graecis et Latinis historiam et vim verborum illustrante, 2 Bde., Amsterdam 1751/52.
Semler, J.S.: Paraphrasis epistulae ad Romanos cum notis, Halle/S. 1769.
von Mosheim, J.L.: Exegetische Einleitung in den Brief Pauli an die Römer, Blankenburg/Quedlinburg 1771.

19. Jahrhundert

von Ammon, C.F.: Epistola Pauli ad Romanos, 2 Bde., Göttingen 1806.
Koppe, J.B.: Novum Testamentum graece perpetua adnotatione illustratum, IV, Göttingen ^{3}1824.
Tholuck, F.A.G.: Commentar zum Briefe Pauli an die Römer, Halle/S. 1824, ^{5}1856.
v. Flatt, J.F.: Vorlesungen über den Brief Pauli an die Römer, Tübingen 1825.
Stuart, M.: A Commentary on the Epistle to the Romans, Andover 1827, repr. New York 1832, ^{4}1859.
Olshausen, H.: Der Brief des Apostels Paulus an die Römer, Königsberg 1835, ^{2}1840.
de Wette, W.M.L.: Kurze Erklärung des Briefes an die Römer, Leipzig 1835, ^{4}1847.
Meyer, H.A.W.: Der Brief an die Römer, Göttingen 1836, ^{5}1872.
Oltramare, H.: Commentaire sur l'épître aux Romains, Genf 1843/Paris 1881/82.
Fritzsche, C.F.A.: Pauli ad Romanos epistola, 3 Bde., Halle/S. 1836–43.
Jowett, B.: The Epistles of St. Paul, 2 Bde., London 1855, ^{2}1859.
Ewald, G.H.A.: Die Sendschreiben des Apostels Paulus übersetzt und erklärt. Göttingen 1857.
Vaughan, C.J.: Paul's Epistle to the Romans, London 1857, ^{5}1880.
v. Hofmann, J.C.K.: Der Brief an die Römer. Die Heilige Schrift Neuen Testaments III, Nördlingen 1868.
Bisping, A.: Erklärung des Briefes an die Römer, Münster W, 1854–58, repr. 1870.
Delitzsch, F.: Paulus des Apostels Brief an die Römer in das Hebräische übersetzt und aus Talmud und Midrasch erläutert, Leipzig 1870.

KELLY, W.: Notes on the Epistle of Paul, the Apostle, to the Romans with a New Translation, London 1873.
BEET, J.A.: Commentary on St. Paul's Epistle to the Romans, London 1877, [10]1902.
MOULE, H.C.G.: The Epistle of Paul the Apostle to the Romans, Cambridge 1879; The Epistle of St. Paul to the Romans, New York 1894.
GODET, F.: Commentaire sur l'épître aux Romains, 2 Bde., Paris 1879.
WEISS, B.: Der Brief an die Römer, Göttingen 1881, [4]1899.
BECK, J.T.: Erklärung des Briefes Pauli an die Römer, Gütersloh 1884.
BÖHMER, E.: Des Apostels Paulus Brief an die Römer ausgelegt, Bonn 1886.
GIFFORD, E.H.: The Epistle of St. Paul to the Romans, London 1886.
ABBOTT, L.: The Epistle of Paul the Apostle to the Romans, New York/Chicago 1888.
BARMBY, J.: Romans, London 1890.
EBRARD, J.H.A.: Der Brief Pauli an die Römer übersetzt und erklärt, Erlangen/Leipzig 1890.
LIPSIUS, R.A.: Der Brief an die Römer, Freiburg/Leipzig [2]1892.
LIDDON, H.P.: Explanatory Analysis of St. Paul's Epistle to the Romans, London 1893.
LIGHTFOOT, J.B.: Notes on Epistles of St. Paul, London 1895, 237–305.
SANDAY, W./HEADLAM, A.C.: A Critical and Exegetical Commentary on the Epistle to the Romans (old ICC), Edinburgh 1895, [5]1962.
SCHLATTER, A.: Der Brief an die Römer, ausgelegt für Bibelleser, Erläuterungen zum Neuen Testament, Stuttgart 1895, [5]1936.

20. Jahrhundert (in alphabetischer Reihenfolge)[2]

ACHTEMEIER, P.J.: Romans, Atlanta 1985.
ALETTI, J.-N.: Letter to the Romans (International Catholic Bible Commentary), Dallas 2000.
ALLEN, L.C.: Romans, The International Bible Commentary with the New International Version, London 1986.
*ALTHAUS, P.: Der Brief an die Römer (NTD 6), Göttingen 1935, [11]1970.
ASMUSSEN, H.: Der Römerbrief, Stuttgart 1952.
BARCLAY, W.: The Letter to the Romans, Edinburgh 1955, repr. 1978.
BARDENHEWER, O.: Der Römerbrief des heiligen Paulus, Freiburg 1926.
BARNHOUSE, D.G.: Epistle to the Romans, Philadelphia 1953.
*BARRETT, C.K.: A Commentary on the Epistle to the Romans (BNTC), London 1957, [2]1991.
*BARTH, K.: Der Römerbrief, Zürich 1919, [2]1922, [15]1989.
–: *Kurze Erklärung* des Römerbriefes, München 1956, repr. 1967.
BAULÈS, R.: L'Évangile puissance de Dieu. Commentaire de L'épître aux Romains (LeDiv 53), Paris 1968.
BÉNÉTREAU, S.: L'Épître de Paul aux Romains, Vaux-sur-Seine I 1996, II 1997.
BERNHARD, K.D.: The Message of Romans, Hazelwood 1987.
BEST, E.: The Letter of Paul to the Romans (CNEB), Cambridge 1967.
BLACK, M.: Romans (NCeB), London 1973.

[2] Kommentare, die häufiger zitiert werden, sind durch * hervorgehoben.

BÖHLIG, H.: Aus dem Briefe des Paulus nach Rom, Tübingen 1914.
BOWEN, R.: A Guide to the Romans, London 1975.
BOYLAN, P.: St. Paul's Epistle to the Romans, Dublin 1934, repr. 1947.
BRISCOE, D.S.: Romans, Waco/Tex. 1982.
BROWN, W.L./BROWN, G.W.: Romans, New York 1988.
BRUCE, F.F.: The Epistle of Paul to the Romans (TNTC 6), London 1963, ^{5}1969.
BRUNNER, E.: Der Römerbrief (Bibelhilfe), Stuttgart 1938, repr. 1956.
BYRNE, B.: Reckoning with Romans, Wilmington 1986;
*–: Romans, Sacra Pagina Series 6, Collegeville MN 1997.
CAMBIER, J.: L'Évangile de Dieu selon l'épître aux Romains, Bruges 1967.
CARPENTER, S.C.: A Paraphrase of Selections from St. Paul's Epistle to the Romans, London 1948.
CERFAUX, L.: Une lecture de l'épître aux Romains, Tournai 1947.
*CRANFIELD, C.E.B.: A Critical and Exegetical Commentary on the Epistle to the Romans (New ICC), 2 Bde., Edinburgh 1975–79.
DE BOOR, W.: Der Brief des Paulus an die Römer, Wuppertal 1962.
DELUZ, G.: La justice de Dieu. Explication de l'épître aux Romains, Neuchâtel/Paris 1945.
DEN BOER, D.C.: De brief van Paulus aan de Romeinen, 2 Bde., Kampen 1986.
DENNEY, J.: St. Paul's Epistle to the Romans, London 1900.
*DODD, C.H.: The Epistle of Paul to the Romans (MNTC), London 1932, rev. ed. London 1959.
DOULIÈRE, R.F.: La Justice qui fait vivre: L'Épître aux Romains, Neuchâchtel 1975.
*DUNN, J.D.G.: Romans (Word Biblical Commentary 38 AB), 2 Bde., Dallas Tex. 1988.
EDWARDS, J.R.: Romans (New International Commentary), Peabody Mass. 1992.
ERDMAN, C.R.: The Epistle of Paul to the Romans, Philadelphia 1925.
ETZOLD, O.: Der Römerbrief der Gemeinde neu erschlossen, Metzingen 1970.
EVANS, E.: To the Romans: An Exposition of the Epistle, London 1948.
FISCHER, M.: Der Römerbrief, Stuttgart 1960.
*FITZMYER, J.: Romans (AncB 33), New York 1993.
FRANZMANN, M.H.: Romans, St. Louis 1968.
FUCHS, E.: Die Freiheit des Glaubens. Römer 5–8 ausgelegt, BEvTh 14, München 1949.
FULFORD, H.W.: The Epistles of St. Paul to the Galatians and to the Romans, Cambridge 1917.
*GAUGLER, E.: Der Römerbrief (Proph.), Bd. I: Kapitel 1–8, Zürich 1945, repr. 1958; II: Kapitel 9–15, Zürich 1952.
GETTY, M.A.: Invitation to the New Testament Epistles I: A Commentary on Galatians and Romans, Garden City N.Y. 1982.
GORE, C.: The Epistle to the Romans, London 1907.
GREENE, O.B.: The Epistle of Paul the Apostle to the Romans, Greenville 1962, repr. 1974.
GRIFFITH, G.O.: St. Paul's Gospel to the Romans, Oxford 1949.
GROSCHE, R.: Kommentar zum Römerbrief, Werl 1975.
GUTBROD, K.: Der Römerbrief, Stuttgart 1946.
GUTJAHR, F.A.: Der Brief an die Römer, Graz 1923.
*HAACKER, K.: Der Brief des Paulus an die Römer (ThHK 6), Berlin 1999, ^{2}2002.
HARRIS, W.B.: A Commentary on the Epistle of St. Paul to the Romans, Madras 1964.
HARRISVILLE, R.: Romans, Minneapolis 1980.
HENDRIKSEN, E.: Exposition of Paul's Epistle to the Romans, 2 Bde., Edinburgh 1980/81.

Huby, J.: Saint Paul: Épître aux Romains (VSal 10), Paris 1940, rev. ed. S. Lyonnet 1957.
Hunter, A.M.: The Epistle to the Romans (TBC), London 1955, repr. 1977.
Jewett, R.: Romans, Nashville Tenn. 1988.
Johnson, A.F.: The Freedom Letter, Chicago 1974.
Johnson, L.T.: Reading Romans. A Literary and Theological Commentary, New York 1997.
Jülicher, A.: Der Brief an die Römer (SNT II), Göttingen 1907, ^{3}1917.
*Käsemann, E.: An die Römer (HNT 8a), Tübingen 1973, ^{4}1980.
Kertelge, K.: Der Brief an die Römer (GSL.NT 6), Düsseldorf 1971, ^{3}1989.
Knox, J.: The Epistle to the Romans, in: IntB IX, 353–668, New York 1954.
Kühl, E.: Der Brief des Paulus an die Römer, Leipzig 1913.
Kürzinger, J.: Der Brief an die Römer (EB), Würzburg 1955.
*Kuss, O.: Der Römerbrief I – III, Regensburg 1957–78.
Kutter, H.: Gerechtigkeit (Röm. 1–8), Berlin 1905.
Lagrange, M.J.: Saint Paul: Épître aux Romains (EtB), Paris 1916, ^{4}1931, repr. 1950.
Leenhardt, F.-J.: L'Épître de saint Paul aux Romains (CNT[N] 6), Neuchâtel/Paris 1957, ^{3}1995.
Légasse, S.: L'épître de Paul aux Romains, LeDiv Commentaires 10, Paris 2002
*Lietzmann, H.: An die Römer (HNT 8), Tübingen 1906, ^{5}1971.
Lyonnet, S.: Les Épîtres de saint Paul aux Galates, aux Romains (SB(J)), Paris 1953, ^{2}1959.
Meyer, P.W.: Romans, Harper's Bible Commentary, San Francisco 1988.
*Michel, O.: Der Brief an die Römer (KeK 4), Göttingen ^{10}1955, ^{14}1978.
Moo, D.J.: Romans 1–8, Chicago 1991.
*–: The Epistle to the Romans (NIC), Grand Rapids/Cambridge 1996.
Morgan, R.: Romans, Sheffield 1995.
Morris, L.: The Epistle to the Romans, Grand Rapids Mich. 1988.
Murray, J.: The Epistle to the Romans (NIC), 2 Bde., London 1959–65, repr. 1975/1997.
Nygren, A.: Der Römerbrief, Göttingen 1951, ^{4}1965.
O'Neill, J.C.: Paul's Letter to the Romans (Penguin Books), Harmondsworth 1975.
Pallis, A.: To the Romans, Liverpool 1920.
Parry, R.S.J.: The Epistle of Paul the Apostle to the Romans (CGTC), Cambridge 1912.
Pesch, R.: Der Römerbrief (NEB.NT 6), Würzburg 1983.
*Peterson, E.: Der Brief an die Römer, aus dem Nachlaß hg. von B. Nichtweiß/F. Hahn, Ausgewählte Schriften Bd. 6, Würzburg 1997.
Pitta, A.: Lettera ai Romani, Milano 2001.
Robinson, J.A.T.: Wrestling with Romans, London 1979.
*Schlatter, A.: Gottes Gerechtigkeit, Stuttgart 1935, ^{6}1991.
*Schlier, H.: Der Römerbrief: Kommentar (HThK 6), Freiburg 1977, ^{3}1987.
Schmidt, H.W.: Der Brief des Paulus an die Römer (ThHK 6), Berlin 1962, ^{3}1972.
Schmithals, W.: Der Römerbrief. Ein Kommentar, Gütersloh 1988.
Schreiner, T.R.: Romans, Grand Rapids 1998.
Sickenberger, J.: Die beiden Briefe des heiligen Paulus an die Korinther und sein Brief an die Römer (HSNT), Bonn 1919, ^{4}1932.
*Stuhlmacher, P.: Der Brief an die Römer (NTD 6), Göttingen 1989, ^{2}1998.
Taylor, V.: The Epistle to the Romans, London 1956, ^{2}1962.
Theobald, M.: Römerbrief, Bd. I, Kap. 1–11, Bd. II, Kap. 12–16 (SKK.NT), Stuttgart 1992/93, Bd. I: ^{2}1998.
Vanni, U.: Lettere ai Galati e ai Romani, Rom 1967.
Viard, A.: Saint Paul: Épître aux Romains (SB), Paris 1975.

*Wilckens, U.: Der Brief an die Römer (EKK 6,1–3), 3 Bde., Neukirchen/Einsiedeln 1978–82, I³ 1997; II³ 1993; III² 1989.
Zahn, T.: Der Brief des Paulus an die Römer ausgelegt (KNT), Leipzig 1910, ³1925.
*Zeller, D.: Der Brief an die Römer (RNT), Regensburg 1985.
Ziesler, J.: Paul's Letter to the Romans (Trinity Press International New Testament Commentaries), London 1989.

2. Untersuchungen[3]

Aletti, J.-N.: Rom. 1,18–3,20. Incohérence ou *cohérence* de l'argumentation paulinienne, Bib. 69 (1988) 47–62.
–: La *présence* d'un modèle rhétorique en Romains: Son Rôle et son importance, Bib. 71 (1990) 1–24.
–: Comment Dieu est-il juste? *Clefs* pour interpréter l'épître aux Romains, Paris 1991.
–: La *Dispositio* rhétorique dans les Épîtres Pauliniennes, NTS 38 (1992) 385–401.
–: Paul et la *Rhétorique*, in: J. Schlosser (Hg.), Paul de Tarse (LeDiv 165), Paris 1996, 27–50.
–: *Israël* et la Loi dans la Lettre aux Romains, Paris 1998.
Anderson, R.D.Jr.: Ancient Rhetorical *Theory* and Paul, Contributions to Biblical Exegesis and Theology 18, Kampen 1996.
Aune, D.E.: Romans as a *Logos* Protrepticos in the Context of Ancient Religions und Philosophical Propaganda, in: M. Hengel/U. Heckel (Hg.), Paulus und das antike Judentum, WUNT I, 58, Tübingen 1991, 91–124.
Bachmann, M.: *Rechtfertigung* und Gesetzeswerke bei Paulus, ThZ 49 (1993) 1–33.
Balz, H.: *Heilsvertrauen* und Welterfahrung, Strukturen der paulinischen Eschatologie nach Römer 8, 18–39, BEvTh 59, München 1971.
–: Römerbrief, TRE XXIX (1998) 291–311.
Barrett, C.K.: From First *Adam* to Last. A Study in Pauline Theology, New York 1962.
–: *Reading* through Romans, London 1963.
–: Paul. An *Introduction* to His Thought, London 1994.
–: *Jesus* and the Word. And other Essays, Edinburgh 1995.
Barth, M. (et al.): *Foi* et Salut selon S. Paul, AnBib 42, Rom 1970.
Bartsch, H.W.: Die antisemitischen *Gegner* des Paulus im Römerbrief, in: Antijudaismus im NT? (Hg. von W. Eckert/N.P. Levinson/M. Stöhr), München 1967, 27–43.
–: Die historische *Situation* des Römerbriefs, in: StEv IV (= TU 102), Berlin 1968, 282–291.
–: Die *Empfänger* des Römerbriefs, StTh 25 (1971) 81–89.
Bassler, J.: Divine *Impartiality*. Paul and a Theological Claim, SBL.DS 59, 1982.

[3] Hier werden Untersuchungen aufgeführt, die den Römerbrief insgesamt angehen.

Sie werden im folgenden mit dem Nachnamen des Autors und *Titelstichwort* zitiert: z.B. Bornkamm, Testament (Seite).

Studien, die sich auf einen einzelnen Abschnitt oder Vers beziehen, sind hier nicht aufgenommen worden. Sie werden beim jeweiligen Abschnitt im Anschluß an die Übersetzung des biblischen Textes in einer Literaturübersicht aufgeführt.

Diese Veröffentlichungen werden dann nur mit dem Nachnamen des Verfassers zitiert: z.B. Friedrich (Seite).

Zur Ergänzung der hier gegebenen Übersicht sei auf die ausführlichen Bibliographien bei Donfried, Debate, Fitzmyer, Rom. sowie auf die umfassende Übersicht bei Theobald, Römerbrief verwiesen.

Bauer, K.-A.: *Leiblichkeit* – das Ende aller Werke Gottes. Die Bedeutung der Leiblichkeit des Menschen bei Paulus, StNT 4, Gütersloh 1971.
Baumgarten, J.: Paulus und die *Apokalyptik*, WMANT 44, Neukirchen 1975.
Baur, F.C.: Über *Zweck* und Veranlassung des Römerbriefes und der damit zusammenhängenden Verhältnisse der römischen Gemeinde, TZTh (1836) 59–178 = Ausgewählte Werke in Einzelausgaben, Bd. 1: Historisch-kritische Untersuchungen zum NT, Stuttgart 1963, 147–266.
Beker, J.C.: *Paul* the Apostle, Edinburgh 1980, ²1984.
–: *Suffering* and Triumph in Paul's Letter to the Romans, HBT 7 (1985) 105–119.
–: Paul's *Letter* to the Romans as Model for Biblical Theology, in: Understanding the Word. Essays in Honor of B.W. Anderson, JSOT.S 37, Sheffield 1985, 359–367.
–: The *Faithfulness* of God and the Priority of Israel in Paul's Letter to the Romans, in: Christians among Jews and Gentiles. Essays in Honor of K. Stendahl, Philadelphia 1986 (= HThR 79) 10–16 = Donfried, Debate 327–332.
–: *Romans*, in: The Books of the Bible, 2 Bde., hg. von B.W. Anderson, II New York 1989, 229–243.
Berger, K.: *Abraham* in den paulinischen Hauptbriefen, MThZ 17 (1966) 47–89.
–: *Apostelbrief* und apostolische Rede, ZNW 65 (1974) 190–231.
–: Neues *Material* zur ‚Gerechtigkeit Gottes', ZNW 68 (1977) 266–275.
Bergmeier, R.: Das *Gesetz* im Römerbrief und andere Studien zum Neuen Testament, WUNT I,121, Tübingen 2000.
Berkley, T.W.: From a *Broken Heart* to Circumcision of the Heart. Pauline Intertextual Exegesis in Romans 1:17–29, SBL.DS 175, Atlanta 2000.
Betz, H.-D.: Paul, AncB Dictionary V (1992) 186–201.
–: Paulinische *Studien*, Gesammelte Aufsätze III, Tübingen 1994.
Bjerkelund, C. J.: *Parakalo*. Form, Funktion und Sinn der parakalo-Sätze in den paulinischen Briefen, Lund 1967.
Bindemann, W.: Theologie im *Dialog*. Ein traditionsgeschichtlicher Kommentar zu Römer 1–11, Leipzig 1992.
Binder, H.: Der *Glaube* bei Paulus, Berlin 1968.
Boers, H.: The Problem of Jews and Gentiles in the *Macro-Structure* of Romans, SEÅ 47 (1982).
Bornkamm, G.: Das Ende des Gesetzes. Gesammelte *Aufsätze* I, BEvTh 16, München 1952, ⁵1966; darin:
- Die *Offenbarung* des Zornes Gottes (Röm. 1–3), 9–33 [1935]
- *Taufe* und neues Leben (Röm. 6), 34–50 [1939].
- *Sünde*, Gesetz und Tod (Röm. 7), 51–69 [1950].
- Der *Lobpreis* Gottes (Röm. 11,33–36), 70–75 [1951].
- Paulinische *Anakoluthe*, 76–92.

–: Studien zu Antike und Urchristentum. Gesammelte *Aufsätze* II, BEvTh 28, München 1959, ³1970; darin:
- *Gesetz* und Natur (Röm. 2,14–16), 93–118.
- *Glaube* und Vernunft bei Paulus, 119–137 [1957/58].

–: Geschichte und Glaube II. Gesammelte *Aufsätze* IV, BEvTh 53, München 1971; darin:
- Der Römerbrief als *Testament* des Paulus, 120–139.
- Theologie als *Teufelskunst*. Römer 3,1–9, 140–148.

Borse, U.: Die geschichtliche und theologische *Einordnung* des Römerbriefs, BZ 16 (1972) 70–83.

Bousset, W.: *Kyrios* Christos, FRLANT 21, Göttingen 1913, [5]1965.
Bouttier, M.: En Christ, Paris 1962.
Brändle R./Stegemann, E.: Die *Entstehung* der ersten christlichen Gemeinde Roms im Kontext der jüdischen Gemeinden, NTS 42 (1996) 1–11.
Brandenburger, E.: *Adam* und Christus. Exegetische und religionsgeschichtliche Untersuchungen zu Röm. 5,12–21, WMANT 7, Neukirchen 1962.
–: *Fleisch* und Geist. Paulus und die dualistische Weisheit, WMANT 29, Neukirchen 1968.
–: Paulinische *Schriftauslegung* in der Kontroverse um das Verheißungswort Gottes (Röm. 9), ZThK 82(1985) 1–47.
–: *Pistis* und Soteria. Zum Verständnishorizont von „Glaube" im Urchristentum, ZThK 85 (1988) 165–198 = Studien zur Geschichte und Theologie des Urchristentums, Stuttgart 1993, 251–288.
Braun, H.: *Gerichtsgedanke* und Rechtfertigungslehre bei Paulus, UNT 19, Leipzig 1930.
–: Gesammelte *Studien* zum Neuen Testament und seiner Umwelt, Tübingen 1962, [2]1967.
–: *Qumran* und das Neue Testament I-II, Tübingen 1966.
Breytenbach, C.: *Versöhnung*. Eine Studie zur paulinischen Soteriologie, WMANT 60, Neukirchen 1989.
Bring, R.: Die *Erfüllung* des Gesetzes durch Christus. Eine Studie zur Theologie des Paulus, KuD 5 (1959) 1–22.
–: Das *Gesetz* und die Gerechtigkeit Gottes. Eine Studie zur Frage nach der Bedeutung des Ausdrucks τέλος νόμου in Röm. 10,4, StTh 20 (1966) 1–36.
Brown, R.E./Meier, J.P.: *Antioch* and Rome, New York 1983.
Bryan, C.: *Way* of Freedom. An Introduction to the Romans, New York 1975.
Bultmann, R.: Der *Stil* der paulinischen Predigt und die kynisch-stoische Diatribe, FRLANT 13, Göttingen 1910, [2]1984.
–: *Glauben* und Verstehen. Gesammelte Aufsätze, Bd. I: Tübingen 1933, [8]1980; II: 1952, [5]1968; III: 1960, [3]1965; IV: 1965, [4]1984.
–: *Theologie* des Neuen Testaments, Tübingen 1953, [9]1984.
–: *Exegetica*. Aufsätze zur Erforschung des Neuen Testaments, Tübingen 1967; darin:
- Das *Problem* der Ethik bei Paulus, 36–54 [1924].
- Römer 7 und die *Anthropologie* des Paulus, 198–209 [1932].
- *Glossen* im Römerbrief, 278–284 [ThLZ 72, 1947].
- ΔΙΚΑΙΟΣΥΝΗ ΘΕΟΥ, 470–475 [1964].

Bussmann, C.: *Themen* der paulinischen Missionspredigt auf dem Hintergrund der spätjüdisch-hellenistischen Missionsliteratur, EHST 23,3, Bern/Frankfurt 1971.
Campbell, W.S.: Paul's *Gospel* in an Intercultural Context: Jew and Gentile from St. Paul's Epistle to the Romans, London 1948.
Cambier, J.: L'*Évangile* de Dieu selon L'Épître aux Romains I, Bruges 1967.
–: Le *jugement* de tous les hommes par Dieu seul, selon la vérité, dans Rom. 2,1–3,20, ZNW 67 (1976) 187–216.
Cerfaux, L.: Le *Christ* dans la théologie de St. Paul, LeDiv 6, Paris 1954.
–: Le *Chrétien* dans la théologie de St. Paul, LeDiv 33, Paris 1962.
Classen, C.J.: Paulus und die antike *Rhetorik*, ZNW 82 (1991) 1–33.
Conzelmann, H.: *Grundriß* der Theologie des Neuen Testaments, München 1967, Tübingen [4]1987.
–: Theologie als Schriftauslegung. *Aufsätze* zum Neuen Testament, BEvTh 65, München 1974; darin:
- Was glaubte die frühe *Christenheit*? 106–119 [1955].

- Paulus und die *Weisheit*, 177–190 [1965].
- Die *Rechtfertigungslehre* des Paulus: Theologie oder Anthropologie? 191–206 [1968].
- *Rechtfertigung* durch den Glauben, 215–228 [1967].

Crafton, J.A.: Paul's Rhetorical *Vision* and the Purpose of Romans: Towards a New Understanding, NT 32 (1990) 317–339.

Cranfield, C.E.B.: On *Romans* and other New Testament Essays, Edinburgh 1998.

Cullmann, O.: Die ersten christlichen *Glaubensbekenntnisse*, ThSt 15, Zürich 1943, ²1949.

–: Die *Christologie* des Neuen Testaments, Tübingen 1957, ⁴1975.

–: *Heil* als Geschichte, Tübingen 1965, ²1967.

–: Das *Gebet* im Neuen Testament, Tübingen 1994, ²1997.

Dabourne, W.: *Purpose* and Cause in Pauline Exegesis, Romans 1.16–4.25 and a New Approach to the Letters, MSSNTS 104, Cambridge 1999.

Dahl, N.A.: The Crucified *Messiah* and other Essays, Minneapolis 1974; darin:
- The *Messiahship* of Jesus in Paul, 37–47 [1953].

–: *Studies* in Paul, Minneapolis 1977.

Daube, D.: The *New Testament* and Rabbinic Judaism, London 1956.

Davies, G.N.: *Faith* and Obedience in Romans, A Study in Romans 1–4, JSNT.S 39, Sheffield 1990.

Davies, W.D.: *Paul* and Rabbinic Judaism, London 1948, ⁴1981.

–: Paul and the Dead Sea *Scrolls*: Flesh und Spirit, in: K. Stendahl (Hg.), The Scrolls and the New Testament, New York 1957, 157–182.

–: Paul and the *People* of Israel, NTS 16 (1969/70) 4–39.

–: Jewish and Pauline *Studies*, London/Philadelphia 1984.

Davis, R.L.: Becoming a Whole *Person* in a Broken World. Studies in the Book of Romans, Grand Rapids 1990.

Deissmann, A.: Die neutestamentliche *Formel* „in Christo Jesu", Marburg 1892.

–: Bibelstudien, Marburg 1895.

–: *Licht* vom Osten, Tübingen 1908, ⁴1923.

Dibelius, M.: Vier *Worte* des Römerbriefs, SyBU 3 (1944) 3–17.

–: *Rom* und die Christen im ersten Jahrhundert, in: Botschaft und Geschichte. Gesammelte Aufsätze II, Tübingen 1956, 177–228 [1941/42].

Dietzfelbinger, C.: *Paulus* und das Alte Testament, TEH 95, München 1961.

–: *Heilsgeschichte* bei Paulus?, TEH 126, München 1965.

–: Die *Berufung* des Paulus als Ursprung seiner Theologie, WUNT I, 58, Tübingen 1985, ²1989.

Dinkler, E.: *Prädestination* bei Paulus – exegetische Bemerkungen zum Römerbrief [1957], in: Signum Crucis. Aufsätze zum Neuen Testament und zur christlichen Archäologie, Tübingen 1967, 241–269.

v. Dobschütz, E.: Zum *Wortschatz* des Römerbriefs, ZNW 33 (1934) 51–66.

Dodd, C.H.: The Apostolic *Preaching* and its Developments, London 1936, ⁷1951.

–: According to the *Scriptures*, London 1952, ³1965.

Donfried, K.P.: *Justification* and Last Judgment in Paul, ZNW 67 (1976) 90–110.

–: (Hg.) The Romans *Debate*. Minneapolis 1977, ²Peabody 1991.

Drane, J.W.: Why did *Paul* write Romans?, in: Pauline Studies. Essays presented to Prof. F.F. Bruce, Exeter 1980, 208–227.

Dreyfus, F.: Paul's *Epistle* to the Romans. An Analysis of Structure and Argument, in: ANRW II 25,4 (1987) 2842–2890.

v. Dülmen, A.: Die *Theologie* des Gesetzes bei Paulus, SBM 5, Stuttgart 1968.

DUNN, J.D.G.: The New *Perspective* on Paul, BJRL 65 (1983) 95–122.
–: Paul's *Epistle* to the Romans, An Analysis of Struture and Argument, ANRW II 25, 4 (1987) 2842–2890.
–: *Jesus*, Paul and the Law, London 1990.
–: The *Justice* of God: A renewed Perspective in Justification by Faith, JThSt 43 (1992) 1–22.
–: Yet *once more* – „The Works of the Law", JSNT 46 (1992) 99–117.
– (Hg.): *Paul* and the Mosaic Law, WUNT I, 89, Tübingen 1996.
–: The *Theology* of Paul the Apostle, Edinburgh 1998.
DUPONT, J.: *Gnosis*. La connaissance religieuse dans les Épîtres de St. Paul, Louvain/Paris 1949.
–: Σὺν Χριστῷ. L'*union* avec le Christ selon St. Paul I, Brüssel/Paris 1952.
–: La *Réconciliation* dans la Théologie de St. Paul, ALBO II 32, Louvain 1953.
–: Le *problème* de la structure littéraire de l'épître aux Romains, RB 62 (1955) 365–387.
ECKSTEIN, H.J.: Der *Begriff* Syneidesis bei Paulus, WUNT II, 10, Tübingen 1985.
EICHHOLZ, G.: *Tradition* und Interpretation. Studien zum Neuen Testament und zur Hermeneutik, ThB 29, München 1969.
–: Die *Theologie* des Paulus im Umriß, Neukirchen 1972, ^{7}1991.
ELLIOTT, N.: The *Rhetoric* of Romans. Argumentative Constraint and Strategy and Paul's Dialogue with Judaism, JSNT.S 45, Sheffield 1995.
ELLIS, E.E.: Paul's *Use* of the Old Testament, London 1957.
ENGBERG-PEDERSEN, T.: Paul and the *Stoics*, Edinburgh 2000.
FEUILLET, A.: Le *plan* salvifique de Dieu après l'épître aux Romains, RB 57 (1950) 336. 387. 489–529.
–: La *citation* d'Habacuc II,4 et les huit chapîtres aux Romains, NTS 6 (1959/60) 52–80.
FITZER, G.: Der *Ort* der Versöhnung bei Paulus. Zur Frage des ‚Sühneopfers Jesu', ThZ 22 (1966) 161–183.
FITZMYER, J.A.: The *Letter* to the Romans, JBC, art. 53 (II 291–331), London 1968, rev. ed. New Jerome Biblical Commentary art. 51 (830–868), London 1990.
–: According to Paul. *Studies* in the Theology of the Apostle, New York 1993.
FRIEDRICH, G.: Römerbrief, RGG^{3} V (1961) 1137–1144.
–: Auf das *Wort* kommt es an. Gesammelte Aufsätze, Göttingen 1978.
FURNISH, V.P.: *Theology* and Ethics in Paul, Nashville 1968.
–: The Moral *Teaching* of Paul, Selected Issues, Nashville 1979, ^{2}1985.
GÄUMANN, N.: *Taufe* und Ethik. Studien zu Röm. 6, BEvTh 47, München 1967.
GAGER, J.G.: *Reinventing* Paul, Oxford 2000.
GAMBLE, H.: The Textual *History* of the Letter to the Romans, Grand Rapids 1977.
GEORGI, D.: Die Geschichte der *Kollekte* des Paulus für Jerusalem, ThF 38, Hamburg 1965, Neukirchen ^{2}1992.
GNILKA, J.: *Theologie* des Neuen Testaments, HThK.S 5, Freiburg 1994.
–: *Paulus* von Tarsus. Zeuge und Apostel, HThK.S 6, Freiburg 1996.
GOPPELT, L.: Christologie und Ethik. *Aufsätze* zum Neuen Testament, Göttingen 1969.
GRÄSSER, E.: Der Alte *Bund* im Neuen, WUNT I, 35, Tübingen 1985; darin:
- „Ein einziger ist *Gott*" (Röm. 3,30), 231–258 [1981].
- *Christen* und Juden, 271–289 [1982].
GRIEB, K.: The Story of Romans, London 2002.
GRUNDMANN, W.: Der Lehrer der Gerechtigkeit von Qumran und die Frage nach der *Glaubensgerechtigkeit* in der Theologie des Apostels Paulus, RdQ 2 (1959/60) 237–291.
–: *Paulus*, aus dem Volke Israel, Apostel der Völker, NT 4 (1960) 267–291.
–: Der *Römerbrief* des Apostels Paulus und seine Auslegung durch Martin Luther, Weimar 1964.

GUERRA, A.J.: Romans. Paul's *Purpose* and Audience with Special Attention to Romans 9–11, RB 97 (1990) 219–237.
–: *Romans* and Apologetic Tradition. The Purpose, Genre and Audience of Paul's Letter, MSSNTS 81, Cambridge 1994.
HAACKER, K.: Exegetische *Probleme* des Römerbriefs, NT 20 (1978) 1–21.
–: Der Römerbrief als *Friedensmemorandum*, NTS 36 (1990) 25–41.
HAHN, F.: Christologische *Hoheitstitel*. Ihre Geschichte im frühen Christentum, FRLANT 83, Göttingen 1963, ⁵1995.
–: Das *Gesetzesverständnis* im Römer- und Galaterbrief, ZNW 67 (1976) 29–63.
–: Exegetische *Beiträge* zum Ökumenischen Gespräch, Gesammelte Aufsätze I, Göttingen 1986.
–: Gibt es eine *Entwicklung* in den Aussagen über die Rechtfertigung bei Paulus?, EvTh 53 (1993) 342–366.
HARDER, G.: Der konkrete *Anlaß* des Römerbriefs, ThViat 6 (1954–58) 13–23.
HEIDLAND, H.W.: Die *Anrechnung* des Glaubens zur Gerechtigkeit, BWANT IV, 18, Stuttgart 1936.
HEIL, J.P.: *Romans*. Paul's Letter of Hope, AnBib 112, Rom 1987.
HENGEL, M.: *Judentum* und Hellenismus. Studien zu ihrer Begegnung unter besonderer Berücksichtigung Palästinas bis zur Mitte des 2. Jh. v. Chr., WUNT I, 10, Tübingen 1969, ³1988.
–: Der *Sohn* Gottes, Die Entstehung der Christologie und die jüdische Religionsgeschichte, Tübingen 1975.
–: The *Atonement*. The Origins of the Doctrine in the New Testament, Philadelphia 1981.
–/HECKEL, U. (Hg.): *Paulus* und das antike Judentum, WUNT I, 58, Tübingen 1991.
HOFIUS, O.: *Paulusstudien*, WUNT I,51, Tübingen 1989, ²1994, darin:
- *Sühne* und Versöhnung, 33–49 [1983].
- Das Gesetz des *Mose* und das Gesetz Christi, 50–74 [1983].
- „Rechtfertigung des Gottlosen" als *Thema* biblischer Theologie, 121–147 [1987].
- Wort Gottes und Glaube bei Paulus, 148–174.
- Das *Evangelium* und Israel. Erwägungen zu Römer 9–11, 175–202 [1986].

–: *Paulusstudien* II, WUNT I, 143, Tübingen 2002; darin:
- Paulus – *Missionar* und Theologe, 1–16 [1997].
- Die *Gottesprädikationen* Röm 4,17b,58–61 [1971/72].
- Die Adam-Christus-*Antithese* und das Gesetz, 62–103 [1996].
- Der *Mensch* im Schatten Adams, 104–154.
- Zur *Auslegung* von Römer 9,30–33, 155–166 [1993].

HOLTZ, T.: *Geschichte* und Theologie des Urchristentums, WUNT I, 57, Tübingen 1991.
–: Die historischen und theologischen *Bedingungen* des Römerbriefes, in: Evangelium – Schriftauslegung – Kirche, FS P. Stuhlmacher, Göttingen 1997, 238–258.
HORN, F.W.: Das *Angeld* des Geistes. Studien zur paulinischen Pneumatologie, FRLANT 154, Göttingen 1992.
–: *Wandel* im Geist. Zur pneumatologischen Begründung der Ethik bei Paulus, KuD 38 (1992) 149–170.
HÜBNER, H.: Das *Gesetz* bei Paulus. Ein Beitrag zum Werden der paulinischen Theologie, FRLANT 119, Göttingen 1978, ³1982.
–: *Gottes Ich* und Israel. Zum Schriftgebrauch des Paulus in Röm. 9–11, FRLANT 136, Göttingen 1984.

–: Die *Rhetorik* und die Theologie. Der Römerbrief und die rhetorische Kompetenz des Paulus, in: C.J. Classen/H.-J. Mühlenbrock (Hg.), Die Macht des Wortes, Aspekte gegenwärtiger Rhetorikforschung, Ars rhetorica 4, Marburg 1993, 165–179.
–: Die *Theologie* des Paulus und ihre neutestamentliche Wirkungsgeschichte = Biblische Theologie des Neuen Testaments II, Göttingen 1993.
–: Biblische Theologie als Hermeneutik. Gesammelte *Aufsätze*, Göttingen 1995; darin:
- Das ganze und das eine *Gesetz*. Zum Problemkreis Paulus und die Stoa, 9–26 [1975].
- Was heißt bei Paulus ‚*Werke* des Gesetzes'?, 166–174 [1985].
- *Rechtfertigung* und Sühne bei Paulus, 272–285 [1993].

–: *Vetus Testamentum* in Novo II, Corpus Paulinum, Göttingen 1997.
JEREMIAS, J.: The Central *Message* of the New Testament, London 1965.
–: Abba. *Studien* zur neutestamentlichen Theologie und Zeitgeschichte, Göttingen 1966; darin:
- Zur *Gedankenführung* in den paulinischen Briefen, 269–276 [1953].
- *Chiasmus* in den Paulusbriefen, 276–290 [1958].
- Zu *Röm. 1*,22–32, 290–292 [1954].

JERVELL, J.: *Imago* Dei. Gen. 1, 26f. im Spätjudentum, in der Gnosis und in den paulinischen Briefen, FRLANT 76, Göttingen 1960.
–: Der *Brief* nach Jerusalem, Über Veranlassung und Adresse des Römerbriefs, StTh 25 (1971) 61–73 = Donfried, Debate 53–64.
JERVIS, L.A.: The *Purpose* of Romans: A Comparative Letter Structure Investigation, JSNT.S 55, Sheffield 1991.
JEWETT, R.: Paul's Anthropological *Terms*, AGJU X, Leiden 1971.
–: Following the *Argument* of Romans, in: Donfried, Debate 265–277.
JOEST, W.: *Gesetz* und Freiheit. Das Problem des tertius usus legis bei Luther und in der paulinischen Paränese, Göttingen 1951, [4]1968.
–: *Paulus* und das Luther'sche Simul Justus et Peccator, KuD 1 (1955) 269–320.
JOHNSON, E.E.: The *Function* of Apocalyptic and Wisdom Traditions in Romans 1–11, SBL.DS 109, 1989.
JÜNGEL, E.: *Paulus* und Jesus, HUTh 2, Tübingen 1962, [6]1987.
–: *Unterwegs* zur Sache, BEvTh 61, München 1972, [2]1988.
KÄSEMANN, E.: *Leib* und Leib Christi, BHTh 9, Tübingen 1933.
–: Exegetische *Versuche* und Besinnungen, Göttingen, Bd. I: 1960, II: 1964, I–II: [6]1970 (Auswahl: 1986); darin:
- I: Zum *Verständnis* von Röm. 3,24–26, 96–100 [1950/51].
- II: *Sätze* heiligen Rechtes im Neuen Testament, 69–81 [1954/55].
- II: Zum *Thema* der urchristlichen Apokalyptik, 105–130 [1962].
- II: *Gottesgerechtigkeit* bei Paulus, 181–193 [1961].
- II: *Paulus* und Israel, 194–197 [1961].
- II: *Gottesdienst* im Alltag der Welt, 198–204 [1960].
- II: *Grundsätzliches* zur Interpretation von Römer 13, 204–222 [1961].

–: *Erwägungen* zum Stichwort ‚Versöhnungslehre' im Neuen Testament, in: Zeit und Geschichte, FS R. Bultmann, Tübingen 1974, 47–59.
–: Paulinische *Perspektiven*, Tübingen 1969, [3]1993.
KAMLAH, E.: Die *Form* der katalogischen Paränese im Neuen Testament, WUNT I, 7, Tübingen 1964.
KARRIS, R.J.: Romans 14, 1–15, 13 and the *Occasion* of Romans, CBQ 25 (1973) 155–178 = Donfried, Debate 65–84.

KERTELGE, K.: *Rechtfertigung* bei Paulus. Studien zur Struktur und zum Bedeutungsgehalt des paulinischen Rechtfertigungsbegriffs, NTA 3, Münster 1967, ²1971.
-: *Grundthemen* paulinischer Theologie, Freiburg 1991; darin:
- *Autorität* des Gesetzes und Autorität Jesu bei Paulus, 92–111 [1989].
- Die paulinische *Rechtfertigungsthese* nach Röm. 3, 21–26, 123–129 [1985].
- *Rechtfertigung* aus Glauben und Gericht nach den Werken bei Paulus, 130–147 [1989].
- ‚Natürliche Theologie' und Rechtfertigung aus dem *Glauben* bei Paulus, 148–160 [1987].
- *Adam* und Christus – Die Sünde Adams im Lichte der Erlösungstat Christi nach Röm. 5,12–21, 161–173 [1991].
- Exegetische *Überlegungen* zum Verständnis der paulinischen Anthropologie nach Römer 7, 174–183 [1971].

KETTUNEN, M.: Der *Abfassungszweck* des Römerbriefes, AASF 18, Helsinki 1979.
KIM, S.: The *Origin* of Paul's Gospel, WUNT II, 4, Tübingen 1981.
KLAIBER, W.: Rechtfertigung und *Gemeinde*. Eine Untersuchung zum paulinischen Kirchenverständnis, FRLANT 127, Göttingen 1982.
-: Rechtfertigung und *Kirche*, KuD 42 (1996) 285–317.
KLEIN, G.: Rekonstruktion und Interpretation. Gesammelte *Aufsätze* zum Neuen Testament, BEvTh 50, München 1969; darin:
- Der *Abfassungszweck* des Römerbriefes, 129–144.
- Römer 4 und die *Idee* der Heilsgeschichte, 145–169 [1963].
- Exegetische *Probleme* in Röm. 3,21–4,25. Antwort an Ulrich Wilckens, 170–179 [1964].
- Gottes *Gerechtigkeit* in der neuesten Paulusforschung, 225–236 [1967].

KLEINKNECHT, K.T.: Der leidende *Gerechtfertigte*, WUNT II, 13 Tübingen 1984, ²1988.
KNOX, J.: *Life* in Christ Jesus. Reflections on Romans 5–8, Greenwich Conn. 1961, London 1967.
KNOX, W.L.: St. Paul and the *Church* of Gentiles, Cambridge Mass. 1961.
KOCH, D.-A.: *Beobachtungen* zum christologischen Schriftgebrauch in den vorpaulinischen Gemeinden, ZNW 71 (1980) 174–191.
-: Die *Schrift* als Zeuge des Evangeliums. Untersuchungen zur Verwendung und zum Verständnis der Schrift bei Paulus, BHTh 69, Tübingen 1986.
-: „... bezeugt durch das Gesetz und die Propheten". Zur *Funktion* der Schrift bei Paulus, in: H.H. Schmid/J. Mehlhausen (Hg.), Sola Scriptura. Das reformatorische Schriftprinzip in der säkularen Welt, Gütersloh 1991, 169–180.
KRAMER, W.: *Christos*, Kyrios, Gottessohn. Untersuchungen zu Gebrauch und Bedeutung der christologischen Bezeichnungen bei Paulus und in den vorpaulinischen Gemeinden, AThANT 44, Zürich 1963.
KRAUS, W.: Das *Volk* Gottes. Eine Grundlegung der Ekklesiologie bei Paulus, WUNT I, 85, Tübingen 1996.
KÜMMEL, W.-G.: Römer 7 und die *Bekehrung* des Paulus, UNT 17, Leipzig 1929, München 1974 (= TB 33).
DERS.: Die *Theologie* des Neuen Testaments nach seinen Hauptzeugen, NTD Erg.-Reihe 3, Göttingen 1969, ⁵1987.
DERS.: Heilsgeschehen und Geschichte, Gesammelte *Aufsätze* 1933–1964, MThSt 3, Marburg 1965 – darin:
- Πάρεσις und ἔνδειξις. Ein Beitrag zum Verständnis der paulinischen *Rechtfertigungslehre*, 260–270 [1952].

KUSS, O.: *Auslegung* und Verkündigung I: Aufsätze zur Exegese des Neuen Testaments, Regensburg 1963.

–: *Paulus*. Die Rolle des Apostels in der theologischen Entwicklung der Urkirche, Regensburg 1971, ²1976.

LAMBRECHT, J.: Pauline *Studies*, BEThL CXV, Leuven 1994; darin:
- *Abraham* notre Père à tous, 3–25 [1979].
- Why is *Boasting* excluded? A Note on Romans 3,27 and 4,2, 27–31 [1985].
- Israel's *Future* according to Romans 9–11, 33–54 [1989].
- Paul's *Lack* of Logic in Romans 9, 1–13, 55–60 [1994].
- L'*attitude* de Paul devant l'héritage spirituel judaique, 61–76 [1980].

LAMPE, P.: Die stadtrömischen *Christen* in den ersten beiden Jahrhunderten, WUNT II, 18, Tübingen 1987, ²1989.

LARSSON, E.: *Christus* als Vorbild. Eine Untersuchung zu den paulinischen Tauf- und Eikontexten, ASNU 23, Uppsala 1962.

LIETZMANN, H.: Zwei *Notizen* zu Paulus, in: Kleine Schriften II (= TU 68), Berlin 1958, 284–291.

LINDEMANN, A.: Die *Kirche* als Leib Christi, ZThK 92 (1995) 140–165.

–: *Paulus*, Apostel und Lehrer der Kirche, Studien zu Paulus und zum frühen Paulusverständnis, Tübingen 1999; darin:
- Die biblischen *Toragebote* und die paulinische Ethik, 91–114 [1986]

LOHMEYER, E.: *Grundlagen* paulinischer Theologie, BHTh 1, Tübingen 1929.

–: *Probleme* paulinischer Theologie, Darmstadt 1954; darin:
- Briefliche *Grußüberschriften*, 9–29 [1927].
- *Gesetzeswerke*, 31–74 [1929].
- *Sünde*, Fleisch und Tod, 75–156 [1930].

LOHSE, E.: *Märtyrer* und Gottesknecht. Untersuchungen zur urchristlichen Verkündigung vom Sühnetod Jesu Christi, FRLANT 46, Göttingen 1955, ²1963.

–: *Grundriß* der neutestamentlichen Theologie, Stuttgart 1974, ⁵1998.

–: Die Einheit des Neuen Testaments. Exegetische *Studien* zur Theologie des Neuen Testaments [I], Göttingen 1973; darin:
- Die *Gerechtigkeit* Gottes in der paulinischen Theologie, 209–227 [1971].
- *Taufe* und Rechtfertigung bei Paulus, 228–244 [1965].

–: Die Vielfalt des Neuen Testaments. Exegetische *Studien* zur Theologie des Neuen Testaments II, Göttingen 1982; darin:
- *Emuna* und Pistis. Jüdisches und urchristliches Verständnis des Glaubens, 88–104 [1977].
- *Wort* und Sakrament in der paulinischen Theologie, 105–120 [1971].
- „Wir richten das Gesetz auf". *Glaube* und Thora im Römerbrief, 121–127 [1977].
- ὁ νόμος τοῦ πνεύματος τῆς ζωῆς – Exegetische *Anmerkungen* zu Röm. 8, 2, 128–136 [1973].

–: *Summa* Evangelii – zu Veranlassung und Thematik des Römerbriefes, NGWG, Phil.hist. Klasse I,3. Göttingen 1993.

–: *Paulus* – eine Biographie, München 1996, ²2003.

–: Theologie der Rechtfertigung im kritischen *Disput* – zu einigen neuen Perspektiven in der Interpretation der Theologie des Apostels Paulus, GGA 249 (1997) 66–81.

–: Das Neue Testament als Urkunde des Evangeliums. Exegetische *Studien* zur Theologie des Neuen Testaments III, FRLANT 192, Göttingen 2000; darin:
- Die *Berufung* auf das Gewissen in der paulinischen Ethik, 53–63 [1989].
- Changes of Thought in Pauline Theology? Some Reflections on Paul's Ethical Teaching in the Context of His Theology, 75–88 [1996].

- Εὐαγγέλιον τοῦ θεοῦ. Paul's Interpretation of the Gospel in His Epistle to the Romans, 89–103 [1995].
- Das *Präskript* des Römerbriefes als theologisches Programm, 104–116 [1998].
- „Die *Juden zuerst* und ebenso die Griechen", 117–128 [1997].

–: Das *Evangelium* für Juden und Griechen. Erwägungen zur Theologie des Römerbriefes, ZNW 92 (2001) 168–184.

LONGENECKER, B.W.: *Eschatology* and the Covenant, A Comparison of 4 Ezra and Romans 1–11, JSNT.S 57, Sheffield 1991.

DE LORENZI, L. (Hg.): *Battesimo* e Giustizia in Rom. 6 e 8, SMBen 2, Roma 1974.

– (Hg.): The *Law* of Spirit in Rom. 7 and 8, SMBen 1, Rome 1976.

– (Hg.): Die *Israelfrage* nach Röm. 9–11, SMBen 3, Rom 1977.

– (Hg.): *Dimensions* de la Vie Chrétienne (Rm. 12–13) SMBen 4, Rome 1979.

– (Hg.): *Freedom* and Love. The Guide for Christian Life (1 Co. 8–10; Rm. 14–15), SMBen 6, Rome 1981.

LÜDEMANN, G.: *Paulus* der Heidenapostel, I: Studien zur Chronologie, FRLANT 125, Göttingen 1980; II: *Antipaulinismus* im frühen Christentum, FRLANT 130, Göttingen 1983, ^{2}1990.

–: Zum Antipaulinismus im frühen Christentum, EvTh 40 (1980) 437–455.

–: *Paulus* und das Judentum, TEH 215, München 1983.

LÜHRMANN, D.: Das *Offenbarungsverständnis* bei Paulus und in paulinischen Gemeinden, WMANT 16, Neukirchen 1965.

–: *Rechtfertigung* und Versöhnung. Zur Geschichte der paulinischen Tradition, ZThK 67 (1970) 437–452.

–: *Glaube* im frühen Christentum, Gütersloh 1976.

–: *Christologie* und Rechtfertigung, in: Rechtfertigung, FS E. Käsemann, Göttingen/Tübingen 1976, 351–363.

–: *Paul* and Pharisaic Tradition, JSNT 36 (1989) 75–94.

LUZ, U.: Das *Geschichtsverständnis* des Paulus, BEvTh 49, München 1968.

–: Zum *Aufbau* von Röm. 1–8, ThZ 25 (1969) 161–181.

LYONNET, S.: De *iustitia* Dei in epistula ad Romanos, VD 25 (1947) 23–34.118–121.129–144. 193–203.257–263.

–: *Notes* sur le plan de l'Épître aux Romains, RSR 39 (1951/52) 301–316.

–: *Justification*, jugement, redemption, principalement dans l'Épître aux Romains, RB 5 (1960) 166–184.

–: *Exegesis* Epistolae ad Romanos I.II, Rom ^{2}1962.

–: De *notione* ‚iustitia Dei' apud St. Paulum, VD 42 (1964) 121–154.

–: Les *étapes* du mystère du Salut selon l'Épître aux Romains, Rom 1969.

–: *Études* sur l'Épître aux Romains, AnBib 120, Rom 1989.

MANSON, T.W.: *Studies* in the Gospels and Epistles, Hg. M. Black, Manchester 1962; darin:
- St. Paul's *Letter* to the Romans – and Others, 225–241 [1948].

MANSON, W.: *Notes* on the Argument of Romans (ch. 1–8), in: New Testament Essays, FS T.W. Manson, Manchester 1959, 150–164.

MARTIN, B.L.: *Christ* and the Law in Paul, NT.S 62, Leiden/New York 1989.

MATTERN, L.: Das *Verständnis* des Gerichts bei Paulus, AThANT 47, Zürich 1966.

MEEKS, W.A.: The First Urban *Christians*. The Social World of the Apostle Paul, New Haven/London 1983 = Urchristentum und Stadtkultur. Die soziale Welt der paulinischen Gemeinden, Gütersloh 1993.

Merk, O.: *Handeln* aus Glauben. Die Motivierungen der paulinischen Ethik, MThSt 5, Marburg 1968.

Merklein, H.: *Studien* zu Jesus und Paulus, WUNT I, 43, Tübingen 1987; darin:

- Die *Bedeutung* des Kreuzestodes Christi für die paulinische Gerechtigkeits- und Gesetzesthematik, 1–106.
- Zum *Verständnis* des paulinischen Begriffs „Evangelium", 279–295 [1983].

Michel, O.: *Paulus* und seine Bibel, BFChTh 18, Gütersloh 1929, repr. Darmstadt 1972.

van der Minde, H.J.: *Schrift* und Tradition bei Paulus, Ihre Bedeutung und Funktion im Römerbrief, PaThSt 3, Paderborn 1976.

Minear, P.: The *Obedience* of Faith. The Purpose of Paul in the Epistle to the Romans, SBT II, 19, London 1971.

Moiser, J.: *Rethinking* Romans 12–15, NTS 36 (1990) 571–582.

Molland, E.: Das paulinische *Evangelium*. Das Wort und die Sache, ANVAO, HF 1934, Nr. 3, Oslo 1934.

Moores, J.D.: *Wrestling* with Rationality in Paul. Romans 1–8 in a new Perspective, MS SNTS 82, Cambridge 1995.

Morris, L.: The *Cross* in the New Testament, London 1965.

–: The *Theme* of Romans, in: Apostolic History and the Gospel. FS F.F. Bruce, Exeter 1970, 249–262.

Moxnes, H.: *Theology* in Conflict. Studies in Paul's Understanding of God, NT.S 53, Leiden 1980.

–: *Honour* and Righteousness in Romans, JSNT 32 (1988) 61–77.

Müller, C.: Gottes *Gerechtigkeit* und Gottes Volk. Eine Untersuchung zu Römer 9–11, FRLANT 86, Göttingen 1964.

Müller, H.: Der rabbinische Qal-Wachomer-Schluß in paulinischer *Typologie*. Zur Adam-Christus-Typologie in Rm 5, ZNW 58 (1967) 73–92.

Munck, J.: *Paulus* und die Heilsgeschichte, AJut XXVI, 1, Kopenhagen 1954.

–: *Christus* und Israel, Eine Auslegung von Römer 9–11, AJut XXVIII, 3, Kopenhagen 1956.

Murphy-O'Connor, J.: *Paul* et l'art épistolaire, Paris 1994.

Mussner, F.: *Heil* für alle. Der Grundgedanke des Römerbriefs, Kairos 23 (1981) 207–214.

Nababan, A.E.S.: *Bekenntnis* und Mission in Römer 14–15, Diss. Heidelberg 1963.

Nanos, N.-D.: The *Mystery* of Romans. The Jewish Context of Paul's Letter, Minneapolis 1996.

Nebe, G.: „*Hoffnung*" bei Paulus, StUNT 16, Göttingen 1983.

Neugebauer, F.: In *Christus*. Eine Untersuchung zum Paulinischen Glaubensverständnis, Berlin 1961.

Neumann, F.: *Gesetz* und Gnade sind eins, Der Römerbrief des Apostels Paulus, Wien 1995.

Niebuhr, K.-W.: *Heidenapostel* aus Israel. Die jüdische Identität des Paulus nach ihrer Darstellung in seinen Briefen, WUNT I, 62, Tübingen 1992.

Noack, B.: *Current* and Backwater in the Epistle to the Romans, StTh 19 (1965) 155–166.

Norden, E.: Agnostos *Theos*. Untersuchungen zur Formengeschichte religiöser Rede, Leipzig 1913, Darmstadt 1956.

Oepke, A.: Δικαιοσύνη θεοῦ bei Paulus in neuer *Beleuchtung*, ThLZ 78 (1953) 257–264.

Ollrog, W.-H., *Paulus* und seine Mitarbeiter, WMANT 50, Neukirchen 1979.

v. d. Osten-Sacken, P.: Römer 8 als Beispiel paulinischer *Soteriologie*, FRLANT 112, Göttingen 1975.

–: „*Freiheit* und Gerechtigkeit“ – *Perspektiven* des paulinischen Evangeliums nach Röm. 6,15–23, in: Anstöße aus der Schrift, Neukirchen 1981, 68–78.

–: Evangelium und Tora. *Aufsätze* zu Paulus, ThB 77, München 1987; darin:

– *Erwägungen* zur Abfassungsgeschichte und zum literarisch-theologischen Charakter des Römerbriefes, 119–130 [1975].

–: Die *Heiligkeit* der Tora. Studien zum Gesetz bei Paulus, München 1989.

PAULSEN, H.: *Überlieferung* und Auslegung in Römer 8, WMANT 43, Neukirchen 1974.

PEDERSEN, S.: *Überlegungen* zur Isagogik des Römerbriefes, ZNW 76 (1985) 47–67.

PENNA, R.: Les *Juifs* à Rome au temps de l'apôtre Paul, NTS 28 (1982) 321–347.

–: *Aspetti* narrativi nella lettera di s. Paolo ai Romani, RivBib 36 (1988) 29–45.

–: Narrative *Aspects* of the Epistle of St. Paul to the Romans, in: Parable and Story in Judaism and Christianity, Hg. von C. Thoma und M. Wyschogrod, New York 1989, 191–204.

–: Il *problema* della legge nelle lettere di S. Paolo: Alcuni aspetti, RivBib 38 (1990) 327–352.

–: *Law* und Freedom in the Thinking of St. Paul, Bulletin of Biblical Studies 23 (1993) 18–42.

PLAG, C.: Israels *Wege* zum Heil. Eine Untersuchung zu Römer 9–11, AzTh I, 40, Stuttgart 1969.

PLUTTA-MESSERSCHMIDT, E.: *Gerechtigkeit* Gottes bei Paulus, HUTh 14, Tübingen 1973.

POHLENZ, M.: *Paulus* und die Stoa, ZNW 42 (1949) 69–104 = Darmstadt 1964.

PONSOT, H.: Une *Introduction* à la Lettre aux Romains, Paris 1988.

POPKES, W.: *Christus* traditus. Eine Untersuchung zum Begriff der Dahingabe im Neuen Testament, AThANT 49, Zürich 1967.

PREISKER, H.: Das historische *Problem* des Römerbriefs, WZ(J) 2 (1952/53) 25–30.

PRÜMM, K.: Zur *Struktur* des Römerbriefs. Begriffsreihen als Einheitsband, ZKTh 72 (1950) 333–349.

–: Die *Botschaft* des Römerbriefes. Ihr Aufbau und Gegenwartswert, Freiburg 1960.

RÄISÄNEN, H.: *Paul* and the Law, WUNT I, 29, Tübingen 1983, ²1987.

–: Römer 9–11: *Analyse* eines geistigen Ringens, ANRW II 25,4 (1987) 2891–2929.

REFOULÉ, F.: *Unité* de l'épître aux Romains et histoire de salut, RSPhTh 71 (1987) 219–242.

REICHERT, A.: Der Römerbrief als *Gratwanderung*. Eine Untersuchung zur Abfassungsproblematik, FRLANT 194, Göttingen 2001.

RENGSTORF, K.H.: *Paulus* und die älteste römische Christenheit, in: StEv II (= TU 87), Berlin 1964, 447–464.

– (Hg.): Das *Paulusbild* in der neueren deutschen Forschung, WdF XXIV, Darmstadt 1964.

REUMANN, J.: The „*Gospel* of the Righteousness of God“. Pauline Reinterpretation in Romans 3,21–31, Interp 20 (1966) 432–452.

–: *Righteousness* in the New Testament, Philadelphia/New York 1982.

RICHARDS, J.R.: *Romans* and first Corinthians. Their Chronological Relationship and Comparative Dates, NTS 13 (1966/67) 14–30.

RIGAUX, B.: *Paulus* und seine Briefe, München 1964.

ROBINSON, J.A.T.: *Wrestling* with Romans, London 1979.

ROLLAND, P.: „Il est notre justice, notre vie, notre salut“. L'*ordonance* des thèmes majeurs de l'Épître aux Romains, Bib. 56 (1975) 394–404.

–: L'*antithèse* de Rm. 5–8, Bib. 69 (1988) 396–400.

ROOSEN, A.: Le *genre* littéraire de l'Épître aux Romains, in: StEv II (= TU 87), Berlin 1964, 465–471.

SANDERS, E.-P.: Paul and Palestinian Judaism. A Comparison of Patterns of Religion, Lon-

don 1977 = Paulus und das palästinische *Judentum*. Ein Vergleich zweier Religionsstrukturen, StUNT 17, Göttingen 1985.
–: Paul, the *Law* and the Jewish People, Philadelphia 1983.
–: Paul, Oxford 1991 = *Paulus*. Eine Einführung, Stuttgart 1995.
SCHELKLE, K.-H.: *Paulus* Lehrer der Väter. Die altkirchliche Auslegung von Römer 1–11, Düsseldorf 1956, ²1959.
–: Römische *Kirche* im Römerbrief, ZKTh 81 (1959) 393–404.
–: *Wort* und Schrift. Beiträge zur Auslegung und Auslegungsgeschichte des Neuen Testaments, Düsseldorf 1966.
SCHENKE, H.M.: *Aporien* im Römerbrief, ThLZ 92 (1967) 881–888.
SCHLATTER, A.: Der *Glaube* im Neuen Testament, Leiden 1885, Stuttgart ⁶1982.
SCHLIER, H.: Die *Zeit* der Kirche, Exegetische Aufsätze und Vorträge, Freiburg 1955, ⁵1972.
–: *Besinnung* auf das Neue Testament, Freiburg 1964.
–: Das *Ende* der Zeit, Freiburg 1971.
–: *Grundzüge* einer paulinischen Theologie, Freiburg 1978.
–: Der *Geist* und die Kirche, Freiburg 1980.
SCHMELLER, T.: *Paulus* und die ‚Diatribe'. Eine vergleichende Stilinterpretation, NTA 19, Münster 1987.
SCHMITHALS, W.: Der *Römerbrief* als historisches Problem, StNT 9, Gütersloh 1975.
–: Die *Briefe* des Paulus in ihrer ursprünglichen Form, Zürich 1984.
SCHNACKENBURG, R.: Das *Heilsgeschehen* bei der Taufe nach dem Apostel Paulus, MThS 1, München 1950.
–: Die sittliche *Botschaft* des Neuen Testaments, München 1954, II ²Freiburg 1988: Die urchristlichen Verkündiger.
–: Römer 7 im *Zusammenhang* des Römerbriefes, in: Jesus und Paulus, FS W.G. Kümmel, Göttingen 1975, 283–300.
SCHNEIDER, N.: Die „Schwachen" in der christlichen *Gemeinde* Roms. Eine kritisch-exegetische Untersuchung zu Röm. 14,1–15,13, Diss. Wuppertal 1989.
SCHNEIDER, N.: Die rhetorische *Eigenart* der paulinischen Antithese, HUTh 11, Tübingen 1970.
SCHNELLE, U.: *Gerechtigkeit* und Christusgegenwart. Vorpaulinische und paulinische Tauftheologie, Göttinger Theologische Arbeiten 24, Göttingen 1983, ²1986.
–: *Wandlungen* im paulinischen Denken, SBS 137, Stuttgart 1989.
SCHNELLE, U./SÖDING, T. (Hg.): Paulinische *Christologie*, Göttingen 2000.
SCHOEPS, H.J.: *Paulus*. Die Theologie des Apostels im Lichte der jüdischen Religionsgeschichte, Tübingen 1959, ²1972.
SCHOTTROFF, L.: Die *Schreckensherrschaft* der Sünde und die Befreiung durch Christus nach dem Römerbrief des Paulus, EvTh 39 (1979) 497–510.
SCHRAGE, W.: Die konkreten *Einzelgebote* in der paulinischen Paränese, Gütersloh 1961.
SCHRENK, G.: *Studien* zu Paulus, Zürich 1954.
SCHUBERT, P.: Form and Function of the Pauline *Thanksgivings*, BZNW 20, Berlin 1939.
SCHUNACK, G.: Das hermeneutische *Problem* des Todes. Im Horizont von Römer 5 untersucht, HUTh 7, Tübingen 1967.
SCHWEITZER, A.: Die *Mystik* des Apostels Paulus, Tübingen 1930, repr. 1981.
SCHWEIZER, E.: *Erniedrigung* und Erhöhung bei Jesus und seinen Nachfolgern, AThANT 28, Zürich 1955, ²1962.
–: *Neotestamentica*. Deutsche und englische Aufsätze 1951–1963, Zürich 1963.

–: *Beiträge* zur Theologie des Neuen Testaments. Neutestamentliche Aufsätze (1955–1970), Zürich 1970.

SCROGGS, R.: The Last *Adam*. A Study in Pauline Anthropology, Philadelphia 1966.

–: *Paul* as Rhetorician. Two Homilies in Romans 1–9, in: Jews, Greeks and Christian Religious Cultures in Late Antiquity, FS W.D. Davies, Leiden 1976, 271–288.

SEGAL, A.F.: *Paul* the Convert, The Apostolate and Apostasy of Saul the Pharisee, New Haven 1990.

SEGALLA, G.: *Lettera* ai Romani. Traduzione strutturata, Sussidi Biblici 56, Reggio Emilia 1999.

SEIFRID, M.A.: *Justification* by Faith. The Origin and Development of a Central Pauline Theme, NT.S 68, Leiden 1992.

–: Natural *Revelation* and the Purpose of the Law in Romans, TynB 49 (1998) 115–129.

SIBER, P.: Mit *Christus* leben, Zürich 1971.

SIEGERT, F.: *Argumentation* bei Paulus, gezeigt an Römer 9–11, WUNT I, 34, Tübingen 1985.

SÖDING, T.: Das *Liebesgebot* bei Paulus. Die Agape im Rahmen der paulinischen Ethik, NTA 26, Münster 1995.

–: Das *Wort* vom Kreuz. Studien zur paulinischen Theologie, WUNT I, 93, Tübingen 1997.

STENDAHL, K.: *Paul* among Jews and Gentiles, Philadelphia 1976 = Der Jude Paulus und die Heiden, München 1978.

STOWERS, S.K.: The *Diatribe* and Paul's Letter to the Romans, SBL.DS 57, 1981.

–: A *Rereading* of Romans, New Haven/London 1994.

STRECKER, G.: Befreiung und Rechtfertigung. Die Stellung der Rechtfertigungslehre in der Theologie des Paulus, in: Rechtfertigung, FS E. Käsemann, Göttingen/Tübingen 1976, 479–508 = Eschaton und Historie, *Aufsätze*, Göttingen 1979, 229–259.

–: *Theologie* des Neuen Testaments, Berlin 1996.

STUHLMACHER, P.: Gerechtigkeit Gottes bei Paulus, FRLANT 87, Göttingen 1965, ²1966.

–: Das paulinische *Evangelium* I, Vorgeschichte, FRLANT 95, Göttingen 1968.

–: Das *Ende* des Gesetzes. Über Ursprung und Ansatz der paulinischen Theologie, ZThK 67 (1970) 14–39.

–: *Schriftauslegung* auf dem Wege zur biblischen Theologie, Göttingen 1975.

–: Achtzehn *Thesen* zur paulinischen Kreuzestheologie, in: Rechtfertigung, FS E. Käsemann, Göttingen/Tübingen 1976, 509–525.

–: *Jesustradition* im Römerbrief?, Theologische Beiträge 14 (1983) 240–250.

–: *Sühne* oder Versöhnung?, in: Die Mitte des Neuen Testaments, FS E. Schweizer, Göttingen 1982, 291–316.

–: Paul's *Understanding* of the Law in the Letter to the Romans, SEÅ 50 (1985) 87–104.

–: Der *Abfassungszweck* des Römerbriefes, ZNW 77 (1986) 180–193 = Donfried, Debate 231–242.

–: The *Theme* of Romans, ABR 36 (1988) 31–44 = Donfried, Debate 333–345.

–: Biblische *Theologie* des Neuen Testaments I. Grundlegung, Von Jesus zu Paulus, Göttingen 1992, ²1997.

SUGGS, M.J.: The *Word* is near to you, in: Christian History and Interpretation, FS J. Knox, Cambridge 1967, 289–312.

SUHL, A.: Der konkrete *Anlaß* des Römerbriefs, Kairos 13 (1971) 119–130.

–: *Paulus* und seine Briefe. Ein Beitrag zur paulinischen Chronologie, StNT 11, Gütersloh 1975.

SYNOFZIK, E.: Die Gerichts- und *Vergeltungsaussagen* bei Paulus, GTA 8, Göttingen 1977.
TACHAU, P.: „*Einst*“ und „Jetzt“ im Neuen Testament, FRLANT 105, Göttingen 1972.
TANNEHILL, R.C.: *Dying* und Rising with Christ. A Study in Pauline Theology, BZNW 32, Berlin 1967.
TAYLOR, V.: *Forgiveness* and Reconciliation, London 1956.
THEISSEN, G.: *Studien* zur Soziologie des Urchristentums, WUNT I, 19, Tübingen 1979, [3]1989.
–: Psychologische *Aspekte* paulinischer Theologie, FRLANT 131, Göttingen 1983, [2]1993.
THEOBALD, M.: Warum schrieb *Paulus* den Römerbrief? BiLi 56 (1983) 150–158 = Studien 2–14.
–: *Glaube* und Vernunft, Zur Argumentation des Paulus im Römerbrief, ThQ 169 (1989) 287–301 = Studien 417–431.
–: *Rechtfertigung* und Ekklesiologie nach Paulus, ZThK 95 (1998) 103–117 = Studien 226–240.
–: Der *Römerbrief*, Erträge der Forschung 294, Darmstadt 2000.
–: *Studien* zum Römerbrief, WUNT I, 136, Tübingen 2001.
THOMSON, J.H.: *Chiasms* in Pauline Letters, JSNT.S 111, Sheffield 1995.
THÜSING, W.: *Per Christum* in Deum, NTA 1, Münster 1965, [3]1986.
THYEN, H.: *Studien* zur Sündenvergebung im Neuen Testament und seine alttestamentlichen und jüdischen Voraussetzungen, FRLANT 96, Göttingen 1970.
TROCMÉ, E.: L'*Épître* aux Romains et la méthode missionaire de l'apôtre Paul, NTS 7 (1960/61) 148–153.
VIELHAUER, P.: *Aufsätze* zum Neuen Testament, ThB 31, München 1965.
VÖGTLE, A.: Die Tugend- und *Lasterkataloge* im Neuen Testament, NTA XVI. 4/5, Münster 1936.
–: Das Neue Testament und die *Zukunft* des Kosmos, Düsseldorf 1970.
–: Offenbarungsgeschehen und Wirkungsgeschichte. Neutestamentliche *Beiträge*, Freiburg 1985; darin:
– *Röm. 13*,11–14 und die ‚Nah‘-Erwartung, 191–204 [1976].
– *Paraklese* und Eschatologie nach Röm. 13,11–14, 205–217 [1979].
VOLLENWEIDER, S.: *Freiheit* als neue Schöpfung. Eine Untersuchung zur Eleutheria bei Paulus und in seiner Umwelt, FRLANT 147, Göttingen 1989.
WALTER, N.: Zur *Interpretation* von Römer 9–11, ZThK 81 (1984) 172–185.
WALTERS, J.C.: Ethnic *Issues* in Paul's Letter to the Romans, Valley Forge Pa. 1993.
WEDER, H.: Das *Kreuz* Jesu bei Paulus, FRLANT 125, Göttingen 1981.
WEDDERBURN, A.J.M.: *Baptism* and Resurrection, WUNT I, 44 Tübingen 1987.
–: The *Reasons* for Romans, Studies for the New Testament and its World, Edinburgh 1988.
WEGENAST, K.: Das *Verständnis* der Tradition bei Paulus und in den Deuteropaulinen, WMANT 8, Neukirchen 1962.
WEIMA, J.A.D.: *Preaching* the Gospel in Rome. A Study of the Epistolary Framework of Romans, in: Gospel in Paul, FS R.N. Longenecker, JSNT.S 108, Sheffield 1994, 337–366.
WENDLAND, H.D.: Die *Mitte* der paulinischen Botschaft. Die Rechtfertigungslehre des Apostels Paulus im Zusammenhang seiner Theologie, Göttingen 1935.
WENGST, K., Christologische *Formeln* und Lieder des Urchristentums, StNT 7, Gütersloh 1972.
WIBBING, S.: Die Tugend- und *Lasterkataloge* im Neuen Testament und ihre Traditionsgeschichte unter besonderer Berücksichtigung der Qumran-Texte, BZNW 25, Berlin 1959.

Wiefel, W.: Die jüdische *Gemeinschaft* im antiken Rom und die Anfänge des römischen Christentums, Jud 26 (1970) 65–88 = Donfried, Debate 85–101.
Wilckens, U.: Rechtfertigung als Freiheit. *Paulusstudien*, Neukirchen 1974; darin:
- Über *Abfassungsgrund* und Aufbau des Römerbriefes, 110–170.
–: *Christologie* und Anthropologie im Zusammenhang der paulinischen Rechtfertigungslehre, ZNW 67 (1976) 64–72.
–: Zur *Entwicklung* des paulinischen Gesetzesverständnisses, NTS 28 (1982) 154–190.
Wilk, F.: Die *Bedeutung* des Jesajabuches für Paulus, FRLANT 179, Göttingen 1998.
Willer, A.: Der *Römerbrief* eine dekalogische Komposition, AzTh 66, Stuttgart 1981.
Windisch, H.: *Paulus* und Christus. Ein biblisch-religionsgeschichtlicher Vergleich, UNT 24, Leipzig 1934.
Winnige, M.: *Sinners* and Righteous: A Comparative Study of the Psalms of Salomon and Paul's Letters, Stockholm 1995.
Wolter, M.: *Rechtfertigung* und zukünftiges Heil, BZNW 43, Berlin 1978.
Wuellner, W.: Paul's *Rhetoric* of Argumentation in Romans, CBQ 38 (1976) 330–351 = Donfried, Debate 128–146.
Zeller, D.: *Juden* und Heiden in der Mission des Paulus. Studien zum Römerbrief, FzB 1, Stuttgart 1973, [2]1976.
–: Zur *Pragmatik* der paulinischen Rechtfertigungslehre, ThPh 56 (1981) 204–207.
–: Der *Zusammenhang* von Gesetz und Sünde im Römerbrief. Kritischer Nachvollzug der Auslegung von Ulrich Wilckens, ThZ 38 (1982) 193–212.
–: Zur neueren *Diskussion* über das Gesetz bei Paulus, ThPh 62 (1987) 481–499.
Ziesler, J.A.: The Meaning of *Righteousness* in Paul, MSSNTS 20, Cambridge 1972.

3. Textausgaben und Hilfsmittel

Nestle, E./Aland K. und B.: Novum Testamentum Graece, Münster, [27]2001; zitiert: Nestle[27].
Junack, K. u.a.: Das Neue Testament auf Papyrus. II. Die paulinischen Briefe. Teil 1: Röm., 1. Kor., 2. Kor., ANTT 12, Berlin 1989.
Bauer, W./Aland, K. und B.: Griechisch-deutsches Wörterbuch zu den Schriften des Neuen Testaments und der frühchristlichen Literatur, Berlin [6]1988; zitiert: Bauer-Aland.
Blass, F./Debrunner, A./Rehkopf, F.: Grammatik des neutestamentlichen Griechisch, Göttingen [18]2001; zitiert: Bl-Debr.
Strack, H.L./Billerbeck, P.: Kommentar zum Neuen Testament aus Talmud und Midrasch. Dritter Band. Die Briefe des Neuen Testaments und die Offenbarung Johannis, München [4]1965; zitiert: Bill.
Strecker, G./Schnelle, U.: Neuer Wettstein. Texte zum Neuen Testament aus Griechentum und Hellenismus. Bd. II., Berlin 1966; zitiert: Neuer Wettstein.

4. Abkürzungen

Allgemein: S. Schwertner, Theologische Realenzyklopädie. Abkürzungsverzeichnis, Berlin ²1994, XVII–XXI.

Altes und Neues Testament, außerkanonische Literatur, Qumran und Rabbinisches Schrifttum: Religion in Geschichte und Gegenwart. Band 1, Tübingen ⁴1998, XX–XXVI.

Schriften von Philo und Josephus: S. Schwertner, Theologische Realenzyklopädie. Abkürzungsverzeichnis, Berlin ²1994, XXIVs.

Sonstige antike Literatur (einschließlich Inschriften und Papyri): BAUER-ALAND sowie: Der Neue Pauly. Enzyklopädie der Antike. Bd. 3, Stuttgart 1997, XXXVI–XLIV.

Zeitschriften, Serien, Lexika, Quellenwerke: S. Schwertner, Theologische Realenzyklopädie. Abkürzungsverzeichnis, Berlin ²1994, 1–488 (entspricht: S. Schwertner, Internationales Verzeichnis für Theologie und Grenzgebiete).

Veranlassung und Thematik des Römerbriefes

Das Schreiben, das an die Christen in Rom gerichtet ist, hebt sich aus der Reihe der anderen Paulusbriefe nicht nur durch seinen stattlichen Umfang und seinen gewichtigen Inhalt heraus, sondern ist auch im Unterschied zu ihnen nicht an eine Gemeinde gerichtet, die der Apostel gegründet hat. Bis dahin hat er Rom noch nicht besuchen können. Welche Gründe haben Paulus dazu bewogen, mit den Christen in der Hauptstadt des Reiches Verbindung aufzunehmen? Wieweit war er über den Zustand und die besonderen Probleme informiert, die ihre Situation und ihr Zusammenleben betrafen? Warum hat er sich nicht damit begnügt, mit einem kurzen Brief anzukündigen, er werde demnächst bei ihnen eintreffen und alles Weitere dann mündlich besprechen? Und was hat der Apostel mit seinem langen Schreiben bewirken wollen?[1]

1. Die ersten Christen in Rom

a. *Judenchristliche Anfänge*

Als Paulus seinen Brief nach Rom schrieb, gab es dort bereits eine größere Schar von Christen. Kann er ihnen doch sagen, daß man auch außerhalb Roms von ihnen spricht. Sie leben inmitten der Völkerwelt als Geliebte Gottes und berufene Heilige (1,7), und in aller Welt weiß man von ihrem Glauben Gutes zu berichten (1,8). Wie die Botschaft des Evangeliums in die Hauptstadt des Römischen Reiches gekommen ist, kann weder aus dem Römerbrief (= Röm) noch aus anderen Nach-

---

[1] Zur Sache ist außer auf die Einführungen in den Kommentaren sowie die entsprechenden Abschnitte in den Lehrbüchern zur „Einleitung in das Neue Testament" zu verweisen auf:

Aune, Logos; Bartsch, Situation; Ders., Empfänger; Baur, Zweck; Balz, Römerbrief; Bornkamm, Testament; Borse, Einordnung; Donfried, Debate; Donfried, K.P./Richardson, P.: Judaism and Christianity in First-Century Rome, Grand Rapids/Cambridge 1998; Dupont, problème; Dunn, Epistle; Gager, Letter; Guerra, Apologetic Tradition; Haacker, Friedensmemorandum; Harder, Anlaß; Holtz, Bedingungen; Jervell, Brief; Jervis, Purpose; Jewett, R.: Romans as an Ambassadorial Letter, Interp. 36 (1982) 5–20; Kettunen, Abfassungszweck; Klein, Abfassungszweck; Lee, S.-H.: Forschungsgeschichtliche Studien zu den anerkannten paulinischen Briefen, Diss. Erlangen 1999/2000; Lohse, Summa; Luz, Aufbau; T.W. Manson, Letter; Minear, Obedience; v.d. Osten-Sacken, Erwägungen; Pedersen, Überlegungen; Reichert, Römerbrief; Rengstorf, Paulus; Schmithals, Römerbrief; Stowers, Rereading; Stuhlmacher, Abfassungszweck; Theobald, Paulus; Wedderburn, Reasons; Wiefel, Gemeinschaft; Wilckens, Abfassungsgrund.

richten in Erfahrung gebracht werden. Nirgendwo werden die Namen von Missionaren genannt, die als christliche Boten nach Rom gekommen sind. Auch der Apostel Petrus, der nach späterer Tradition der erste Bischof in Rom gewesen sein soll, wird im Röm nicht erwähnt. Zwar wird es als historisch zutreffende Überlieferung angesehen werden dürfen, daß Paulus und Petrus kurze Zeit nacheinander in Rom das Martyrium erlitten haben, aber keiner von beiden ist der Gründer einer Gemeinde in Rom gewesen. Die Anfänge der römischen Christenheit werden vielmehr auf namenlose, unbekannte Boten zurückgehen. Sicherlich sind schon sehr früh einzelne Christen von Jerusalem nach Rom gekommen (vgl. Act 2,10), die die Christusbotschaft dorthin trugen. Diese wird zuerst in jüdischen Kreisen Zustimmung, aber auch Ablehnung gefunden haben.

Im antiken Rom lebten zahlreiche Juden, die an verschiedenen Stellen der Stadt Synagogen errichtet hatten. Archäologische Zeugnisse – insbesondere aus jüdischen Grabplätzen – belegen, daß die Zahl der in Rom lebenden Juden recht groß gewesen sein muß.[2] Aus den jüdischen Katakomben gibt es für die Zeit vom 1. bis zum 3. Jh. n. Chr. sichere Hinweise auf mindestens elf verschiedene Synagogengemeinden; vielleicht waren es auch noch mehr.[3] Die in der Regel kleinen Synagogen, in denen man sich zum Gottesdienst zusammenfand, können auf Grund der jeweiligen Herkunft ihrer Mitglieder durchaus gewisse Unterschiede in der Form des Zusammenlebens und der Gestaltung der Gottesdienste aufgewiesen haben.[4] Eine einheitliche Leitung, die den verschiedenen Synagogen übergeordnet gewesen wäre, wird es nicht gegeben haben. Wie an vielen Orten werden sich um die Synagogen Kreise von Sympathisanten gebildet haben, die als Gottesfürchtige Anteil an der Verehrung des Gottes Israels und der Lebensweise derer zu gewinnen suchten, die nach den Weisungen der Thora lebten.

Die Christusbotschaft muß Unruhe in das Leben der Synagogengemeinden hineingetragen haben. Die Nachricht, die Suëton über das sog. Claudiusedikt überliefert, setzt solche Vorgänge voraus: *Judaeos impulsore Chresto assidue tumultuantes Roma expulit* (Vita Claudii 25). Zwar scheint der geläufige Name Chrestus, mit dem auch viele Sklaven gerufen wurden, darauf hinzudeuten, daß man der Meinung war, in einem Träger dieses Namens den Urheber der Unruhen benennen zu

---

[2] Nach vorsichtiger Schätzung mag es bei einer städtischen Einwohnerschaft von etwa einer Million mindestens 20000 Juden gegeben haben. Mit etwa 20000 rechnen BRÄNDLE/STEGEMANN (Entstehung 4). Auf 40–50000 schätzt ihre Zahl J.J. JEFFERS, Jewish and Christian Families in First-Century Rome, in: DONFRIED/RICHARDSON (s. Anm. 1) 129.

[3] Vgl. M. HENGEL, Zwischen Jesus und Paulus, ZThK 72 (1975) 151–206.175 mit Hinweis auf H.J. LEON, The Jews of Ancient Rome, Philadelphia 1960. Vgl. weiter P. RICHARDSON, Augustan-Era Synagogues in Rome, in: DONFRIED/RICHARDSON (s. Anm. 1) 17–29.

[4] Vgl. WIEFEL, Gemeinschaft 65–88 = DONFRIED, Debate 85–101; ferner: PENNA, Juifs; DERS.: The Jews in Rome at the Time of the Apostle Paul, in: Paul the Apostle, Jew and Greek Alike. A Theological and Exegetical Study I, Collegeville 1996, 19–47; H. LICHTENBERGER, Josephus und Paulus in Rom. Juden und Christen in Rom zur Zeit Neros, in: Begegnungen zwischen Christentum und Judentum in Antike und Mittelalter, FS H. Schreckenberg, Göttingen 1993, 245–261; D. NOY, Jewish Inscriptions of Western Europe II. The City of Rome, Cambridge 1995; H.J. LEON, The Jews of Ancient Rome, Peabody 1995.

können. Tatsächlich aber muß es sich um ein Mißverständnis handeln und der Christus-Titel gemeint sein, der den entscheidenden Streitpunkt bezeichnet. Doch wie ist der Entscheid des Claudius zu verstehen? Schwerlich wird man damals alle in Rom ansässigen Juden haben ausweisen wollen. Sollte es sich um ein Verbot von Versammlungen und damit auch Gottesdiensten gehandelt haben? Oder hat man sich darauf beschränkt, Vorsteher und Älteste zu vertreiben? Am wahrscheinlichsten dürfte die Annahme sein, daß diejenigen betroffen wurden, auf die man den Streit zurückführte - d.h. vor allem Judenchristen, die die Christusbotschaft in den Synagogen vertreten hatten.[5] Zu ihnen hat auch das Ehepaar Aquila und Priscilla gehört, das nach Act 18,2 in Korinth eine neue Existenz aufbaute.[6]

b. Heidenchristliche Fortsetzung

In jedem Fall muß das Claudiusedikt - das wahrscheinlich im Jahr 49 n. Chr. erlassen wurde - zur Folge gehabt haben, daß der judenchristliche Teil der werdenden Christenheit in Rom zumindest stark geschwächt wurde, wenn nicht ganz verschwunden ist. Für den Fortbestand wurden nun die Heidenchristen von bestimmender Bedeutung. Sie werden vornehmlich aus Kreisen sog. Gottesfürchtiger gekommen sein, - d.h. Heiden, die sich zur Synagoge hielten, ohne zum Judentum überzutreten. Sie besaßen einige Kenntnis der heiligen Schriften und ihrer maßgebenden Auslegung. Sie waren daher imstande, die ihnen nun zukommende Verantwortung für die Fortführung christlicher Zusammenkünfte zu tragen. Hierzu wird man sich in Häusern versammelt haben, die wohlhabendere Christen zur Verfügung stellen konnten.[7]

Mit dem Tod des Kaisers Claudius im Jahr 54 n. Chr. verlor auch das von ihm erlassene Judenedikt seine Gültigkeit. Unter Nero konnten daher Juden und Judenchristen, die aus Rom hatten weichen müssen, wieder zurückkehren. In der ausführlichen Grußliste in Kap. 16 finden sich nicht nur die Namen von Prisca und Aquila (16,3f.), Andronikus und Junia(s), die zu den Aposteln gezählt werden und schon vor Paulus Christen geworden waren (16,7), sondern auch der des Herodion, den der Apostel seinen Stammverwandten nennt. Eine ansehnliche Reihe von Personen wird aufgeführt, die geläufige jüdische Namen tragen.[8] Es ist daher anzunehmen, daß unter den Christen in Rom zwar diejenigen in der Mehrzahl ge-

[5] Vgl. Brändle/Stegemann, Entstehung 9.

[6] Zu den Problemen des Claudiusedikts vgl. bes. R. Riesner, Die Frühzeit des Apostels Paulus. Studien zur Chronologie, Missionsstrategie und Theologie, WUNT I, 71, Tübingen 1994, 139–180; L.V. Rutgers, The Jews in Late Ancient Rome, Leiden 1995; H. Botermann, Das Judenedikt des Kaisers Claudius. Römischer Staat und Christiani im 1. Jahrhundert, Hermes 71, Stuttgart 1996 sowie Donfried/Richardson (s. Anm. 1) bes. 93–111.

[7] Vgl. H.-J. Klauck, Hausgemeinde und Hauskirche im frühen Christentum, SBS 103, Stuttgart 1981.

[8] Vgl. zum einzelnen Lampe, Christen 124–300 sowie Ders., Urchristliche Missionswege nach Rom. Haushalte paganer Herrschaft als jüdisch-christliche Keimzellen, ZNW 92 (2001) 123–127.

wesen sein werden, die ehemalige Heiden und Gottesfürchtige waren, daß es aber auch etliche Judenchristen gab, so daß die frühe Christenheit in der Hauptstadt „Juden und Heiden" umfaßte. Dabei haben sie möglicherweise nur unter Überwindung gewisser Spannungen zur Gemeinschaft in Christus zusammenfinden können (vgl. 14,1–15,13).

Der Apostel, der im Eingang seines Schreibens mit betonter Hervorhebung ein Bekenntnis judenchristlichen Ursprungs zitiert, ist sich dessen bewußt, daß die Anfänge der römischen Christenheit judenchristlich waren. Zugleich aber ist ihm bekannt, daß es zur Zeit der Abfassung seines Briefes in Rom eine heidenchristliche Mehrheit gab, die darum von ihm als dem Apostel der Völker dazu angehalten wird, nicht etwa hochmütig auf Juden herabzusehen, die das Evangelium (noch) nicht angenommen haben (11,13.17–24). Nennt er Abraham „unseren Vater" (4,1), so ist deutlich, daß er ihn als Vater aller Glaubenden aus Juden und Heiden versteht. Und spricht er die Empfänger des Briefes als solche an, die die Thora kennen (7,1), so denkt er sicherlich nicht nur an Leser jüdischer Herkunft, sondern auch an frühere Gottesfürchtige, die zwar noch nicht den vollen Anschluß an das Judentum vollzogen hatten, aber doch aus den Schriften Israels wußten, was das Gesetz zu sagen hat. So wendet sich der Apostel an alle Christen in Rom, woher sie auch gekommen sein mögen, als „Geliebte Gottes und berufene Heilige" (1,6). Damit sie alle erfahren, was Paulus ihnen zu sagen hat, soll sein Brief in den gottesdienstlichen Versammlungen verlesen und sein Inhalt aufmerksam entgegengenommen werden.[9]

c. *Starke und Schwache*

Im Abschnitt 14,1–15,13 ist von zwei verschiedenen Gruppen die Rede, die trotz unterschiedlicher Auffassungen miteinander auszukommen haben. Während die sog. Schwachen sich an gesetzliche Vorschriften gebunden wissen, die den Genuß bestimmter Speisen und Getränke verbieten sowie die Einhaltung ausgesonderter Tage vorschreiben, sehen sich die sog. Starken von solchen Bindungen frei. Beide Seiten hält Paulus dazu an, gegeneinander Rücksicht zu üben und einander anzunehmen, wie Christus alle angenommen hat, zu Gottes Ehre (15,7)[10].

---

[9] Obwohl Paulus sich dessen bewußt war, daß zur Zeit der Abfassung seines Briefes die größere Zahl der Christen in Rom als heidenchristlich anzusprechen war, wendet er sich an *alle* dort lebenden Christen (1,7). Als Apostel der Völker (11,13) kann er gelegentlich ein besonderes Wort an die Heidenchristen richten (11,11–24), doch hat er in seiner Verkündigung keineswegs nur Heidenchristen im Blick „to clarify for gentile followers of Christ their relation to the law, Jews and Judaism" (so GAGER, Reinventing 107). Vielmehr spricht er die eine Botschaft des Evangeliums sowohl Juden wie auch Heiden zu.

[10] Unter Berufung darauf, daß in allen anderen Paulusbriefen Anspielungen und Bezugnahmen auf die Lage in den verschiedenen Gemeinden zu erkennen sind, ist seit BAURS berühmter Abhandlung über Zweck und Veranlassung des Römerbriefes (1836) immer wieder die Forderung erhoben worden, die Kapp. 14,1–15,13 müßten in derselben Weise gelesen werden, um die Situation der römischen Christenheit näher zu beleuchten. Am weitesten ist dabei MINEAR (Obedience) gegangen, indem er bis zu fünf ver-

Durch einen Vergleich dieses Abschnitts mit früher entfalteten Ausführungen des Apostels (1 Kor 8–10) läßt sich eine Reihe von Parallelen aufweisen. Gleichwohl ist zu beachten, daß auch Unterschiede zu erkennen sind. Ist doch im Röm nirgendwo das Problem des Essens von sog. Götzenopferfleisch erwähnt. Welche Ansichten des näheren hinter den beiden Gruppen der Starken und Schwachen stehen mögen, wird nicht recht deutlich. Es könnte sein, daß auf gewisse Spannungen in der Gemeinde angespielt wird. Doch eher gewinnt man den Eindruck, daß der Apostel auf Grund von Erfahrungen, wie er sie in seiner Wirksamkeit an verschiedenen Stellen gemacht hat – vor allem in Korinth –, ein Problem anspricht, das sich grundsätzlich überall im Zusammenleben von Christen unterschiedlicher Herkunft stellen mag. Nachdem die beiden Positionen der Starken und der Schwachen nur mit wenigen Strichen angedeutet worden sind, lenkt Paulus zu Beginn des 15. Kap. seine Ausführungen auf die ihn stets bewegende Frage, wie Heiden- und Judenchristen in der Gemeinschaft des einen Leibes Christi zusammenzuleben haben. Den Heidenchristen wird zu bedenken gegeben, daß Christus ein Diener der Beschneidung geworden ist (15,8). Und die Judenchristen werden darauf hingewiesen, daß Gottes Barmherzigkeit unter den Völkern, d.h. den Heiden, gelobt wird (15,9). Darum kommt es darauf an, einander gelten zu lassen, nicht auf völlige Vereinheitlichung unterschiedlich ausgeprägter Lebensweise zu dringen, sondern Gott, den Vater unseres Herrn Jesus Christus, einmütig mit einem Munde zu loben (15,6).

Der Argumentation des Apostels wird man schwerlich entnehmen können, daß er auf Informationen einginge, die aus Rom – etwa durch Aquila und Priscilla – an ihn herangetragen worden wären. Paulus legt vielmehr in grundsätzlichen Ausführungen dar, wie in den werdenden christlichen Gemeinden beim Zusammenfinden von Menschen höchst unterschiedlicher Herkunft zu verfahren ist. Den vielfältigen Bemühungen, aus dem Abschnitt 14,1–15,13 näheren Aufschluß über den Zustand der römischen Gemeinde, die sie beschäftigenden Fragen und etwa bestehende unterschiedliche Gruppen zu gewinnen, ist das berechtigte Bedenken entgegenzuhalten, daß bei genauerer Betrachtung der einzelnen Abschnitte des Röm sich keine sicheren Hinweise gewinnen lassen, die – abgesehen von Einleitung und Schluß des Briefes – näheren Aufschluß über die Situation der römischen Christenheit geben könnten.[11] Nicht Anfragen, die die Gemeinde etwa an Paulus gerichtet hatte, haben somit zur Abfassung des Röm geführt; sondern die Situation, in der Paulus sich an einer Wende seines apostolischen Wirkens befindet, hat ihn dazu veranlaßt, an die Christen in Rom zu schreiben.

schiedene Gruppen in Rom meint ausmachen zu können: zunächst die Schwachen, die die Starken verurteilen, und auf der anderen Seite die Starken, die sich entsprechend gegenüber den Schwachen verhalten – sodann einige Leute, die unentschieden in der Mitte stehen – und schließlich diejenigen, die die Starken nicht verurteilen, und die anderen, die dieses nicht gegenüber den Schwachen tun.

[11] Dodd, Rom. 24.

2. Pläne und Vorhaben des Apostels

Ort und Zeit der Abfassung des Röm können mit hinlänglicher Sicherheit bestimmt werden. 16,1 schreibt der Apostel, er empfehle den Empfängern des Briefes die Mitchristin Phoebe, die im Dienst der Gemeinde von Kenchreä steht. Offensichtlich befindet sie sich im Begriff, auf die Reise zu gehen, und soll den Brief des Apostels mitnehmen, um ihn den Empfängern zu überbringen. Diese werden gebeten, sie aufzunehmen im Herrn, wie es sich ziemt für die Heiligen (16,2); d.h. sie möchten sie als glaubwürdige Botin des Apostels anerkennen und ihr als einem zuverlässigen Glied der frühen Christenheit Vertrauen schenken. Hat sie doch vielen, ja auch Paulus beigestanden, so daß sie auch ihrerseits Unterstützung und Hilfe verdient.

Der Apostel befindet sich demnach in Korinth, dessen Vorhafen Kenchreae ist. Aus der Apostelgeschichte erfahren wir, daß er sich drei Monate lang in Korinth aufgehalten hat (20,3). Und am Ende des Röm wird erwähnt, Paulus habe im Haus eines Gemeindeglieds namens Gajus Unterkunft gefunden (16,23; vgl. 1 Kor 1,14). Auf Grund des chronologischen Rahmens, wie er sich mit hoher Wahrscheinlichkeit für die öffentliche Wirksamkeit des Apostels gewinnen läßt, ist das Jahr 56 n. Chr. als Zeit anzunehmen, in der Paulus den Brief verfaßt – genauer: einem Mitchristen namens Tertius (16,22) diktiert. Selbst wenn man hinsichtlich der Datierung mit einer möglichen Schwankung um ein oder höchstens zwei Jahre rechnet, so kann doch die zeitliche Bestimmung so weit als gesichert angesehen werden.[12]

a. *Rom und Spanien*

Was sollten nun die Empfänger des Briefes über Situation und Pläne, wie Paulus sie vor sich sah, erfahren? Am Ende des 15. Kap. setzt sie der Apostel davon in Kenntnis, was er sich für die nächste Zeit vorgenommen hat. Dabei bekräftigt er die Versicherung, wie er sie schon im Eingang des Briefes ausgesprochen hat (1,9–13), er habe seit langem den dringenden Wunsch, nach Rom zu kommen und persönlich Fühlung mit den Christen in der Hauptstadt des Reiches zu nehmen. Weiß er sich doch als Apostel der Völker auch ihnen gegenüber verpflichtet, mit ihnen Gemeinschaft zu suchen. Dabei ist Paulus darauf bedacht, sich mit überlegter Vorsicht auszudrücken, um nur ja nicht den Eindruck zu erwecken, als würde er sich den Anschein unangemessener Überheblichkeit geben.

In seinem apostolischen Handeln hat Paulus sich an die Regel gehalten, nicht an Orten zu missionieren, wo der Name Christi schon ausgerufen wurde, um nicht auf fremdem Grund zu bauen (15,20). Da er sich jedoch an seinen Auftrag gebunden weiß, zu den Völkern zu gehen (15,16; vgl. auch Gal 2,9), sucht er nun Verbin-

[12] Von dieser weithin vertretenen Auffassung weicht ab: LÜDEMANN, der bereits die Jahre 51/52, bzw. 54/55, als Abfassungszeit erwägt (Paulus 272f.).

dung zu den Christen in Rom herzustellen. Dabei erklärt sich die vorsichtige Zurückhaltung, mit der er im Eingang seines Schreibens die Kontakte anzuknüpfen sucht (1,8–15), aus der ihn bindenden Regel, sich nicht in das Werk anderer einzumischen. Diese Regel bedeutet aber gewiß nicht, daß der Apostel sich in anderen Gemeinden oder gar in Rom selbst den Mund verbieten müßte. Sehr wohl kann und darf er auch dort die frohe Botschaft bezeugen und ausführen, auf welche Weise er sie auslegt.

Paulus möchte in Rom Gehör und Unterstützung für seine weiteren Vorhaben gewinnen. Die Aufgaben, die er im Osten des Reiches zu erfüllen hatte, sieht er als getan an. An wichtigen Plätzen sind Gemeinden entstanden, die fortan in eigener Zuständigkeit für die Ausbreitung des Evangeliums Sorge tragen können. Paulus aber möchte über Rom nach Spanien reisen, um dort künftig seine missionarische Tätigkeit weiterzuführen. Von den Römern erbittet er hierzu förderliches Geleit (15,24), um von ihnen auf den Weg gebracht zu werden und erste Unterstützung beim Aufbau seiner neu zu beginnenden Wirksamkeit im Westen des Reiches zu erhalten. Sein Wirken in Spanien würde ohne Zweifel vor nicht unerheblichen Schwierigkeiten stehen. Gab es doch im Westen des Reiches weniger jüdische Gemeinden als im Osten und war dort die griechische Sprache in geringerem Maß verbreitet als in den Gebieten, in denen der Apostel bis dahin tätig gewesen war. Ehe er sich auf den Weg macht, möchte er sich ein wenig bei den Christen in Rom „erquicken“ (15,24). Solche Erquickung aber wird vor allem durch den Austausch tröstender Ermutigung bewirkt, die aus der Kraft des Evangeliums erwächst, das es einander zu bezeugen gilt (1,12). Daher wird sowohl im Eingang wie auch im Schlußteil des Briefes diese grundlegende Bedeutung des Evangeliums betont herausgestellt (1,1.9.15f.; 15,16.19f.).

b. *Jerusalem und Israel*

Obwohl der Apostel mit sorgfältig gesetzten Worten seinen dringend gewünschten Besuch in Rom ankündigt, muß er diese Ansage mit einer Einschränkung versehen. Ehe er sein Vorhaben ausführen kann, muß er sich einer unaufschiebbaren Verpflichtung entledigen, nämlich die Kollekte, die er unter den heidenchristlichen Gemeinden für die notleidenden Christen in Jerusalem eingesammelt hat, persönlich überbringen (15,26f.). Daß die paulinische Christenheit diese – offensichtlich stattliche – Geldsammlung veranstaltet hat, ist Ausdruck ihrer Solidarität mit der Urgemeinde. „Denn wenn die Heiden an ihren (d.h. der Urgemeinde) geistlichen Gütern Anteil bekommen haben, dann sind sie verpflichtet, daß sie ihnen auch mit leiblichen Gütern Dienst erweisen.“ (15,27) Erst wenn der Apostel diese Aufgabe erfüllt hat, kann er nach Rom reisen und von dort nach Spanien weiterziehen (15,28). Doch nicht ohne Sorge blickt Paulus nach Jerusalem. Denn er muß fürchten, auf Widerstand von seiten streng judenchristlicher Kreise zu stoßen. Und es könnte sein, daß man in Jerusalem trotz drückender äußerer Not zögern oder sich sogar weigern wird, die Unterstützung von den Heidenchristen anzunehmen, weil sie ohne das Gesetz leben. Denn darüber war man sich auch in Jerusalem sicherlich im klaren, daß mit einer Annahme des Geldes zugleich auch eine Anerkennung seiner Geber als Brüder und Schwestern in Christus verbunden sein müßte. Würde man aber in Jerusalem bereit sein, gegenüber der jüdischen Umwelt sich dazu zu bekennen, daß man sich mit den paulinischen Gemeinden fest verbunden weiß, obwohl sie größtenteils aus Heidenchristen bestanden? Der Apostel hofft zwar, daß er bei der Urgemeinde solche Bereitschaft antreffen werde, doch sicher ist er keineswegs. Daher bittet er die Christen in Rom, sie möchten seiner in ihrer Fürbitte gedenken, damit er errettet werde von den Ungläubigen in Judäa und sein Dienst, den er für Jerusalem tut, den Heiligen willkommen sei (15,31). Paulus kündigt somit den Christen in Rom zwar seinen beabsichtigten Besuch an, doch zugleich entschuldigt er sich dafür, daß er erst kommen kann, wenn er in Jerusalem die ihm gestellte Aufgabe erfüllt hat.

Bei der Abfassung seines Schreibens steht also dem Apostel nicht nur Rom, sondern auch Jerusalem vor Augen. Doch wird man diese Feststellung nicht so weit überdehnen dürfen, daß man den Brief geradezu als insgeheim nach Jerusalem gerichtet bezeichnet.[13] Zwar denkt der Apostel beim Diktat seines Schreibens auch an Jerusalem und überlegt, was dort zu sagen ist. Seine Adressaten sucht er jedoch nicht in der Urgemeinde, sondern in Rom. Die Gemeinschaft mit den Christen in der Hauptstadt möchte er gefestigt sehen, um sich ihrer Fürbitte versichern und ihrer brüderlichen Zuwendung getrösten zu können.

Dabei kann – wie Paulus in seiner kritischen Rechenschaft wiederholt betont – die Verkündigung unter den Heiden nicht ohne den Blick auf Israel ausgerichtet werden. Nach herkömmlicher eschatologischer Erwartung sollten in der Zeit der Erfüllung zu dem auf dem Zion versammelten erwählten Volk von allen Himmelsrichtungen die anderen Völker herzukommen, um den Gott Israels anzubeten und zu verherrlichen (Mi 4,1–4; Jes 2,2–4). Doch nun steht der Völkerapostel vor der unerwarteten Erfahrung, daß nur wenige aus Israel gläubig geworden sind, Heiden aber in großer Zahl Glieder des Gottesvolkes werden. Paulus zweifelt keinen Augenblick daran, daß Gottes Verheißungen nicht hinfallen, sondern gültig bleiben. Daher begreift er die Verkündigung unter den Völkern als von Gott gebrauchtes Mittel, um damit auch das noch abseits stehende Israel zu locken und gleichsam eifersüchtig zu machen, damit auch sie sich bekehren und am Ende „ganz Israel gerettet werde" (11,25f.).

Der Apostel erörtert die Berufung der Völker und ihr Verhältnis zu Israel als dem bereits erwählten Volk Gottes. Dabei betrachtet er den Lauf des Evangeliums,

[13] So vor allem JERVELL, Brief 61–73 = Donfried, Debate 53–64: Angesichts der Ungewißheit über Annahme oder Ablehnung der von ihm zu überbringenden Gaben habe sich der Apostel zurechtgelegt, wie er in Jerusalem seine unter den Völkern ausgerichtete Verkündigung vortragen und erläutern könne. Da er dort gleichsam als Repräsentant der ganzen Heidenkirche aufzutreten habe, benötige er nicht nur die Unterstützung der von ihm gegründeten Gemeinden, sondern auch der Christen in der Hauptstadt des Reiches. Daher wende er sich an sie in der Erwartung, sie möchten auf Grund seiner Ausführungen von der Rechtmäßigkeit seiner Predigt überzeugt und bereit sein, sich gleichsam vor dem Forum der Jerusalemer mit ihm zu solidarisieren.

indem er nicht nur das Geschick der Völker, sondern zugleich die Zukunft Israels bedenkt. Der barmherzige Gott wird seine Verheißungen zu dem ihnen bestimmten Ziel bringen, von dem die Botschaft des Evangeliums sagt, daß um Christi willen die Juden zuerst und dann auch die Völker angesprochen werden, damit den einen wie auch den anderen Rettung und Heil widerfahren.[14] Diese weite Perspektive bestimmt den Blick des Apostels, mit dem er seinen Weg zunächst nach Jerusalem, dann aber nach Rom und weiter nach Spanien betrachtet. Weil es darum geht, das eine Evangelium unter Juden und Heiden zu bezeugen, kann der Apostel sich nicht damit begnügen, nur eine kurz gehaltene Mitteilung über seine nächsten Pläne nach Rom zu geben, sondern muß er inhaltlich begründen, worauf es ihm in Jerusalem, Rom und Spanien gleicherweise ankommt: die aller Welt geltende frohe Botschaft zu bezeugen.[15]

c. *Rechenschaft vom Evangelium*

Den Christen in Rom trägt der Apostel eine gründlich durchdachte Rechenschaft über die Bezeugung des Evangeliums vor, mit der er Rückblick auf sein bisheriges Wirken hält und ausführt, was für seinen weiteren apostolischen Dienst gilt. Da er noch weit ausgreifende Pläne vor sich sieht, wird man den Röm schwerlich als „Testament" bezeichnen können, mit dem der Apostel gleichsam seinen letzten Willen darlegt.[16] Trägt doch auch seiner formalen Gestalt nach das Schreiben keineswegs die Züge eines Testaments. Allerdings unterscheidet sich der Röm von allen anderen Paulusbriefen dadurch, daß er „die wichtigsten Gedanken und Themen paulinischer Botschaft und Theologie, wenn auch nicht vollständig und im Sinne eines Lehrsystems zusammenfaßt und entfaltet"[17] – gleichsam als eine Summe des Evangeliums.[18]

In seinen Ausführungen bezieht sich der Apostel immer wieder auf vorgegebene urchristliche Bekenntnisformulierungen, in denen der zentrale Inhalt von Verkündigung und Glaube ausgesagt ist – angefangen von den gleich im Briefeingang zitierten Wendungen (1,3f.), über die Bestimmung der Offenbarung von Gottes Gerechtigkeit, die bereits im vorpaulinischen Judenchristentum getroffen wurde (3,25f.), den Hinweis auf die Heilsbedeutung von Tod und Auferstehung Christi (4,25), die Bezugnahme auf urchristliche Tauftheologie (6,3f.) sowie die wieder-

---

[14] Der weite Horizont, der die Verkündigung des Apostels bestimmt, wird einseitig verengt, wenn angenommen wird, der Apostel der Völker wende sich nur an Heiden – nicht jedoch an Israel –, um lediglich das Verhältnis der Heiden zu Gottes Verheißungen zu bedenken (s.o. zu Anm. 9 und vgl. unten zu 11,11–24 sowie 11,25–32).

[15] Vgl. GEORGI, Kollekte 90: Der Brief des Apostels sollte bei den Christen in Rom „einen ähnlichen Zweck erfüllen" „wie die Kollekte" für Jerusalem – ferner: BORNKAMM, Testament 138 Anm. 46.

[16] BORNKAMM, Testament 139: eine letzte „Willenserklärung des Apostels" – ähnlich E. DINKLER, Taufe und Rechtfertigung, in: LORENZI, Battesimo 84: „Vermächtnisbrief".

[17] BORNKAMM, Testament 139.

[18] Vgl. jetzt auch MOO, Rom. 29f.: „The theme of the letter is the gospel."

holte Aufnahme von Sätzen über Sendung und Hingabe des Gottessohnes (8,3.32.34) bis zu der zusammenfassenden Feststellung, nach der das Bekenntnis zum Kyrios Jesus gleichbedeutend ist mit der Aussage: „Gott hat ihn von den Toten auferweckt" (10,9). Da sich, wie an einem durchlaufenden roten Faden aufgereiht, im Röm immer wieder überlieferte formelhafte Aussagen über den Inhalt christlichen Bekenntnisses finden, kann man ihn mit guten Gründen in weiten Teilen geradezu als einen Kommentar zu überkommenen Glaubensformeln bezeichnen.[19] Zeigt sich doch, daß die besprochenen Themen und Stoffe nicht erst im Blick auf die Abfassung dieses Schreibens vom Apostel aufgegriffen worden sind. Vielmehr sind sie von ihm seit langem durchdacht, in der Unterweisung der Gemeinden erläutert und im Dialog mit seinen Mitarbeitern immer wieder begründet und vertieft worden. Unter allen Paulusbriefen enthält der Röm die meisten atl. Zitate. Der intensive Rückgriff auf die Schrift zeigt deutlich an, daß der Apostel die Themen, die er im Röm erörtert, des öfteren erwogen und diskutiert hat, so daß er sich bei Abfassung der Briefe auf Formulierungen stützen konnte, die in der Unterweisung seiner Schüler und Gemeinden fest geprägte Gestalt erhalten hatten.

Zum Charakter des Röm als einer Summe des Evangeliums stimmt die Beobachtung, daß sich an vielen Stellen Gedanken und Motive finden, die bereits in den früheren Briefen des Apostels verwendet worden sind.[20] Dabei handelt es sich freilich nicht um einfache Wiederholungen oder Selbstzitate, sondern um Aufnahme und Weiterführung dessen, was bei früherer Gelegenheit bereits gesagt worden ist. Einige wenige Beispiele mögen verdeutlichen, in welcher Weise dieser ständig zu beobachtende Rückbezug auf schon bei anderer Gelegenheit geäußerte Darlegungen vorgenommen wird.[21]

Was der gleich im Eingang des Briefes genannte Begriff des Evangeliums bedeutet, hat der Apostel im 15. Kap. des 1 Kor unter Aufnahme einer urchristlichen Bekenntnisaussage aufgezeigt (1 Kor 15,3–5). Diese legt er so aus, daß die in Korinth strittige Frage nach der Auferstehung der Toten schlüssig beantwortet werden kann. Dabei ist vorausgesetzt – wie auch zu Anfang des Gal betont wird –, daß es neben diesem einen Evangelium, das die Kirche begründet, kein anderes geben kann (Gal 1,6–9). Der Inhalt dieser frohen Botschaft bleibt immer auf das Christusgeschehen bezogen, in dem Gott seine Gerechtigkeit kundgemacht hat (Röm 1,3f.).

Von der befreienden Kraft der Rechtfertigung hat der Apostel vornehmlich im Gal und im Phil gehandelt. In Auseinandersetzung mit Lehrern, die eine aus dem Gesetzesgehorsam zu gewinnende Gerechtigkeit propagieren, entfaltet Paulus an Hand des Beispiels der Abraham zuerkannten Glaubensgerechtigkeit (Gal 3,6), wie alles darauf ankommt, Christus zu gewinnen und in ihm erfunden zu werden, „daß ich nicht habe meine Gerechtigkeit, die aus dem Gesetz kommt, sondern die

---

[19] Vgl. H. Conzelmann, Paulus und die Weisheit, in: Aufsätze 178.

[20] Vgl. Bornkamm, Testament 132–135.

[21] Dabei ist ebenso wenig wie bei Bornkamm Vollständigkeit angestrebt. Es werden im folgenden nur einige kennzeichnende Beispiele genannt. Vgl. auch die Übersicht bei Fitzmyer, Rom. 71–73.

durch den Glauben an Christus kommt, nämlich die Gerechtigkeit aus Gott, die dem Glauben zugerechnet wird" (Phil 3,9). Was in den früheren Briefen in Abwehr falscher Lehre, die die Wahrheit des Evangeliums zu gefährden droht, ausgeführt wurde, wird nun im Röm aufgenommen und in seiner grundsätzlichen Bedeutung aufgewiesen (3,21–4,25). Denn was Paulus über die Rechtfertigung zu sagen hat, stellt keineswegs nur eine sog. Kampfeslehre dar, die erst in polemischer Auseinandersetzung ihre besondere Zuspitzung erfahren hätte, sondern ist vom Apostel als die allein angemessene Auslegung des in der ganzen Christenheit verkündigten Evangeliums verstanden – mag diese auch in der Erörterung unterschiedlicher Fragestellungen nicht immer in derselben Terminologie entfaltet werden.

Wie Paulus von der verhängnisvollen Verbindung, die die Sünde mit dem Gesetz eingegangen ist, schon in kurzen Andeutungen im 1 Kor (15,56) und vor allem im Gal gehandelt hat (Gal 3,10–22), um die Thematik im Röm ausführlicher zu erörtern (7,7–25), so hat er auch bereits zur Gemeinde von Korinth von der Gegenüberstellung von Adam auf der einen und Christus auf der anderen Seite gesprochen (1 Kor 15,22; Röm 5,12–21). Das Stichwort der Versöhnung, das Röm 5,10f. mit der Lehre von der Rechtfertigung in Verbindung gebracht wird, hat der Apostel auch 2 Kor 5,15–21 verwendet, um den Inhalt seines apostolischen Auftrages zu beschreiben, der an Christi Statt die bittende Einladung auszuprechen hat: „Laßt euch versöhnen mit Gott." (2 Kor 5,20) Und die Verknüpfung von Rechtfertigung und Taufe, wie sie Röm 6 vorgenommen wird, findet ihr kurz gefaßtes Gegenstück in den Sätzen von Gal 3,27f., die die Wirklichkeit des neuen Lebens in Christus beschreiben, wie sie durch die Taufe begründet ist: „Hier ist nicht Jude noch Grieche, hier ist nicht Sklave noch Freier, hier ist nicht Mann noch Frau; denn ihr seid allesamt einer in Christus Jesus."

Der Gegensatz eines Lebens nach dem Fleisch und eines Lebens nach dem Geist, wie er Röm 8 beschrieben wird, ist bereits im Gal dargelegt worden, um den Gemeinden klar zu machen, daß die Entscheidung, die ihrem Leben die Orientierung gibt, schon gefallen ist. Sie dürfen daher nicht dem Irrtum erliegen, als hätten sie eine zu beliebiger Antwort offenstehende Wahl vor sich; sondern sie haben sich der Verpflichtung bewußt zu sein: „Wenn wir im Geist leben, so laßt uns auch im Geist wandeln." (Gal 5,25) Wodurch dieses Leben im Geist begründet ist und wie es sich im Gebet zu Gott als dem Vater äußert (Röm 8,14–17), ist gleichfalls schon im Gal bedacht worden (Gal 4,4–7).

Anders als mit den bisher genannten Themen verhält es sich mit der Frage nach dem Geschick Israels. Zwar ist sie in früheren Briefen gelegentlich angedeutet worden (1 Thess 2,14–16; Gal 6,16), doch hat sie an keiner Stelle auch nur annähernd vergleichbare Ausführungen wie in Röm 9–11 gefunden. Daß Paulus im Röm gerade dieses Problem so ausführlich erörtert, erklärt sich aus den grundsätzlichen Erwägungen, die er im Rückblick auf seine Verkündigung des Evangeliums anstellt. Darum richtet er eine ausdrückliche Warnung an Heidenchristen, die etwa die Neigung verspüren sollten, überheblich über (noch) im Unglauben befangene Juden zu urteilen. Sie sollen dessen eingedenk bleiben, daß nicht sie die Wurzel tragen, sondern umgekehrt die Wurzel auch sie hält (11,11–24).

Den Charakter christlicher Lebensführung, in der Individualethik und Sozialethik unlöslich zusammengehören, verdeutlicht der Apostel zu Beginn seiner paränetischen Ausführungen am Bild des einen Leibes und der vielen Glieder, die jedes an seinem Platz dem Aufbau des Ganzen zu dienen haben (12,3–8). Dabei kann er sich auf die Verhandlung dieses Themas in 1 Kor 12 stützen. War dort die Argumentation auf die Klärung aktueller Fragen bezogen, die in der korinthischen Gemeinde strittig beurteilt wurden, so sind die Ausführungen im Röm von grundsätzlicher Art.

Die Reihe der sittlichen Mahnungen, die auf diesen Abschnitt folgt, stützt sich weitgehend auf katechetische Überlieferung, wie sie in der urchristlichen Unterweisung ausgebildet worden ist. Ihr sind sowohl die Betonung des Liebesgebots als Zusammenfassung aller anderen Gebote zuzurechnen (13,8–10; vgl. Gal 5,14) wie auch die Ausführungen über das Verhalten der Christen gegenüber staatlichen Behörden (13,1–7). Diese Ermahnungen fußen auf traditionellem Gut, das weithin in popularphilosophischer Belehrung ausgebildet worden war und in die hellenistischen Synagogen Eingang gefunden hatte.

Hatte schon das urchristliche Kerygma, sowohl für den Kreuzestod Christi wie auch für seine Auferstehung geltend gemacht, sie seien „nach den Schriften" geschehen (1 Kor 15,3–5), so führt der Apostel in seinen Briefen, am stärksten aber in seinem nach Rom gerichteten Schreiben, immer wieder aus, daß die Verkündigung des Evangeliums nur im ständigen Bezug auf die heiligen Schriften sachgemäß ausgerichtet und mit Hilfe der in ihnen verwendeten Begrifflichkeit entfaltet werden kann. In den Verheißungen der Propheten hat Gott längst die frohe Botschaft angesagt, die nun ausgerufen wird (1,1–4). Und Gottes Gerechtigkeit, die jetzt ohne alles Zutun des Gesetzes offenbar geworden ist, wird bezeugt von Gesetz und Propheten (3,21). In der Geschichte Abrahams ist bereits die Botschaft von der Rechtfertigung des Gottlosen enthalten (4). Wenn Israel daher nur wirklich aufmerksam auf das Zeugnis der Schriften hören würde, müßte es begreifen, daß die Worte des Mose und der Propheten in der Botschaft des Evangeliums in Erfüllung gegangen sind (9–11). Die Weisungen der Schriften gelten daher als Orientierung für rechten Wandel der Glaubenden und werden als fester Bestandteil in deren sittliche Belehrung einbezogen.[22]

Den Christen in Rom sucht der Apostel durch die ständige Hervorhebung des Schriftbezugs darzulegen, daß das Evangelium identisch ist „mit der Botschaft und dem Handeln Gottes, der immer schon in der Schrift zu seinem Volk gesprochen und sich ihm in der Geschichte handelnd zugewendet hat".[23] Weil der eine Gott, dessen Wort in den heiligen Schriften zu Gehör gelangt, der Gott der Juden wie auch der Völker ist, gilt die frohe Botschaft aller Welt.[24]

---

[22] Ein anschauliches Bild, in welchem Maß sich der Apostel ständig auf das AT bezieht, bieten die übersichtlichen Aufstellungen bei Hübner, Vetus Testamentum 1–219.

[23] Holtz, Bedingungen 253.

[24] Vgl. W. Schmithals, ThLZ 118 (1993) 921.

3. Integrität und Struktur des Römerbriefes

a. Literarkritische Hypothesen

In dem langen Schreiben, dessen Diktat sicherlich einige Zeit in Anspruch genommen haben wird, finden sich gelegentlich inhaltliche Spannungen – so z.B. zwischen der Versicherung des Apostels, das Evangelium dort verkündigen zu wollen, wo Christi Name noch nicht genannt worden ist (15,20), und seinem Wunsch, den Christen in Rom die frohe Botschaft predigen zu dürfen (1,15). Zum weit ausholenden Schlußteil wird verschiedentlich die kritische Frage gestellt, ob die ausführliche Grußliste möglicherweise nach Ephesus gerichtet war (s.u. S. 50–53.391) Diese und andere Beobachtungen haben daher verschiedentlich Anlaß zu Versuchen gegeben, mit Hilfe literarkritischer Operationen zwei oder mehr Briefe zu rekonstruieren, die erst nachträglich durch einen Redaktor – möglicherweise unter Hinzufügung einzelner nicht-paulinischer Traditionsstücke (etwa 13,1–7) – zu der überlieferten Textfassung miteinander verbunden worden seien. So ist gelegentlich vorgeschlagen worden, die Kapp. 9–11 könnten einen Zusammenhang bilden, der ohne Bezug zum übrigen Brief entstanden und ursprünglich ein eigener Traktat gewesen sei, den Paulus früher entworfen habe.[25] Er – oder ein Redaktor – habe ihn später in den Röm eingefügt. Sodann hat man erwogen, nicht nur die Grußliste, sondern auch den Zusammenhang 14,1–15,13 als einen ursprünglich nach Ephesus gerichteten Brief herauszulösen.[26] Am weitesten geht der Vorschlag, zwei verschiedene Briefe anzunehmen, wobei der erste 1,1–4,25; 5,12–11,36 und 15,8–13 umfaßt habe, der zweite 12,1–21; 13,8–10; 14,1–15,4a.7.5f.; 15,14–32; 16,21–23; 15,33 unabhängig von den vorangegangenen Kapp. seien 16,1–20 als ein eigener Empfehlungsbrief für Phoebe verfaßt worden. 5, 2–11 und 13,11–14 hätten nicht zur römischen Korrespondenz gehört und seien nachträglich hinzugefügt worden, 13,1–7 sei als synagogales Traditionsstück aufgenommen und schließlich die Doxologie in 16,25–27 an den Abschluß gesetzt worden.[27]

Gewiß ist mit der Möglichkeit zu rechnen, daß einige der anderen Paulusbriefe in ihrer überkommenen Gestalt literarische Kompositionen darstellen könnten, die durch einen Redaktor aus zwei oder mehreren Briefen hergestellt worden sind.[28] Doch weist der Röm in stärkerem Maße als alle anderen Schreiben des Apostels eine klar disponierte Gedankenfolge auf, die durch die vorangestellte Angabe des Themas und seine konsequente Entfaltung bestimmt ist. Die inhaltliche Geschlossenheit des Briefes sperrt sich gegen jeden Versuch literarkritischer Operationen.[29]

---

[25] So DODD, Rom. 161f.

[26] SCHENKE, Aporien 881–884.

[27] So SCHMITHALS, Röm. 25–29 sowie noch einmal grundsätzlich: DERS., Methodische Erwägungen zur Literarkritik der Paulusbriefe, ZNW 87 (1996) 51–82.

[28] So mit einiger Wahrscheinlichkeit der 2 Kor und der Phil.

[29] Vgl. auch WILCKENS, Röm. I 27–29. Zur gedanklichen Spannung zwischen 15,20 und 1,15 vgl. die Auslegung z.St.

Ob gelegentlich kommentierende Glossen in den Text eingedrungen sein könnten[30], ist im einzelnen bei der Exegese der in Betracht gezogenen Stellen zu prüfen.

b. *Schlußdoxologie und Grußliste*

Besondere Probleme gibt die Interpretation des letzten Kap. auf, stößt man hier doch auf eine besonders schwierige Frage der neutestamentlichen Textkritik.[31] Der Brief wird mit einer feierlichen liturgischen Wendung abgeschlossen, die die Leser mit einem Gebetswunsch entläßt: „Dem aber, der euch zu stärken vermag nach meinem Evangelium und der Verkündigung Jesu Christi, nach der Offenbarung des Geheimnisses, das ewige Zeiten verschwiegen war, jetzt aber offenbart worden ist und durch prophetische Schriften nach dem Auftrag des ewigen Gottes kundgetan wurde, den Glaubensgehorsam für alle Völker zu wecken – dem allein weisen Gott, ihm gebührt Herrlichkeit durch Jesus Christus für ewige Zeiten. Amen." (16,25–27)

Sprachlicher Ausdruck und inhaltliche Aussage dieser Verse deuten darauf hin, daß sie nicht vom Apostel formuliert, sondern erst in der nachpaulinischen Tradition geprägt worden sind.[32] Redaktionelle Bearbeitung hat es offensichtlich als ungenügend empfunden, das apostolische Schreiben nur mit dem kurzen Gruß enden zu lassen, wie er in ähnlicher Gestalt sich auch am Schluß anderer Paulusbriefe findet: „Die Gnade unseres Herrn Jesus Christus sei mit euch." (16,20) Da überdies in einem Postskript noch einige Grüße nachgetragen werden, mußte es sich geradezu anbieten, einen voll klingenden Abschluß herzustellen, wie er nun in den drei Versen am Ende des Briefes steht.

Diese liturgisch gehaltenen Sätze finden sich nun aber – und darin liegt das textgeschichtliche Problem – in der frühen handschriftlichen Überlieferung des Röm nicht nur an dessen Ende, sondern sind auch an anderen Stellen überliefert, um – wie deutlich erkennbar wird – schon an früherem Ort einen Abschluß zu markieren. Die auseinandergehende handschriftliche Überlieferung wirft damit die Frage nach dem ursprünglichen Ende des Briefes auf. Wie weit reicht der tatsächliche Umfang jenes Schreibens, das Paulus nach Rom auf den Weg gebracht hat?

Der sog. Mehrheitstext, den die meisten Handschriften bieten, liest: 1,1–14,23 + 16,25–27 + 15,1–16,23 + 16,24. Er setzt also die Schlußdoxologie an das Ende von Kap. 14 und bietet dafür ein kurzes Schlußwort in 16,24. Von dieser Fassung weichen jedoch andere Zeugen in bezeichnender Weise ab: Bei Marcion, Origenes und einigen anderen Tradenten endet der Röm mit 14,23. Der Papyrus p^{46} – einer der wertvollsten Textzeugen, die wir haben – setzt hingegen die Schlußdoxologie an das Ende von Kap. 15, läßt dann jedoch 16,1–23 folgen. Gewichtige Zeugen wie

---

30 So vermutet BULTMANN, Glossen.

31 Vgl. K. ALAND, Der Schluß und die ursprüngliche Gestalt des Römerbriefs, in: Neutestamentliche Entwürfe, ThB 63, München 1979, 284–301.284.

32 Einzelnachweis in der Auslegung von 16,25–27.

p^{61} sowie die alten Codices ℵ, B, C und andere rücken die Verse an das Ende von Kap. 16.

Der Sachverhalt, der durch weitere Varianten sich als höchst kompliziert erweist, läßt sich – mit gewisser Vereinfachung – dann so darstellen:[33]

Mehrheitstext: 1,1–14,23 + 16,25–27 + 15,1–16,23 + 16,24
Marcion, Origenes u.a.: 1,1–14,23
p^{46}: 1,1–15,33 + 16,25–27 + 16,1–23
p^{61}, ℵ, B, C, u.a.: 1,1–16,23 + 16,25–27.

Ein kritischer Vergleich der Überlieferungsstränge kann zu folgendem Ergebnis führen: Unterzieht man die unterschiedliche Einordnung der Schlußdoxologie einer genauen Musterung, so bietet sich alsbald eine Erklärung dafür an, warum schon für frühe Zeit ein Zweig der Überlieferung einen kürzeren Umfang des Röm von nur vierzehn Kapp. bezeugt. Sein Ursprung dürfte auf Marcion zurückgehen, der für den von ihm erstellten Kanon heiliger Schriften eine nach seinem Urteil gereinigte Fassung der paulinischen Briefe vorgelegt hatte.[34] Marcion mußte Gründe haben, den Röm mit dem Ende des 14. Kap. abzuschließen. Ihm mußte beschwerlich erscheinen, daß Christus 15,8 ein Diener der Beschneidung genannt wird, zum Verhältnis von Juden- und Heidenchristen abermals eine Kette atl. Zitate aufgeboten wird und gegen Ende des 16. Kap. eine scharfe Polemik gegen Irrlehrer gerichtet ist (16,17–20), die man möglicherweise auch gegen ihn hätte geltend machen können. Daß Paulus seinen Lesern überdies den Plan ankündigt, nach Jerusalem zu reisen (15,25–28), dürfte Marcion nicht sonderlich gefallen haben. Man wird deshalb von der Annahme auszugehen haben, daß Marcion eine Langfassung des Röm gekannt, sie aber bewußt gekürzt und den von ihm aufgenommenen Text mit dem Schluß des 14. Kap. beendet hat. Obwohl Marcion sowohl von der römischen Gemeinde wie auch von der werdenden Großkirche als Häretiker ausgeschlossen wurde, ist offenbar seine den Text des Röm betreffende Entscheidung weiterhin von Einfluß geblieben, so daß eine nicht unbeträchtliche Zahl handschriftlicher Zeugen ihm darin gefolgt ist, die Schlußdoxologie hinter 14,23 zu setzen. Doch dieser Ort, der ihr damit angewiesen wird, ist sicher als sekundär zu beurteilen.

Wie aber steht es mit der Position am Ende von Kap. 15? Seit mit p^{46} ein gewichtiger alter Zeuge für diese Überlieferung bekannt geworden ist, haben ältere Überlegungen, die einer kritischen Beurteilung des 16. Kap. galten, neuen Auftrieb bekommen. Enthält doch die Grußliste einige Hinweise, die es nahelegen könnten, ihre Adressaten eher in Ephesus als in Rom zu suchen. So werden als erste Prisca und Aquila genannt, die aus Rom in den Osten des Reiches ausgewichen waren, dem Apostel in Korinth Unterkunft und Arbeitsmöglichkeit geboten hatten (Act 18,2f.) und einige Zeit später sich in Ephesus aufgehalten haben (Act 18,18f.26). Auf Ephesus könnte auch der ihnen folgende Name des Epainetus deuten; heißt es doch von ihm, er sei der Erstling, d.h. der erste Christ, in (der Provinz) Asien ge-

---

[33] Zur Darstellung vgl. K./B. Aland, Der Text des Neuen Testaments, Stuttgart ²1989, 298–300 sowie bes. U. Schnelle, Einleitung in das Neue Testament, Göttingen ³1998, 131.

[34] Vgl. Origenes, Commentaria in epistolam ad Romanos (VII, 453 Lommatzsch).

wesen (Röm 16,5). Die zu Beginn der Grußliste aufgeführten Namen bieten somit gewisse Veranlassung, sie mit der Gemeinde in Ephesus in Verbindung zu bringen.

Beobachtungen dieser Art, wie sie verschiedentlich schon in der älteren Forschung gemacht worden waren, sind zu einer Hypothese zusammengefaßt worden, die in Röm 16 einen ursprünglich nach Ephesus gerichteten Brief sehen möchte.[35] Dabei wird der Fassung von p^{46} großes Gewicht zugemessen und zugleich darauf aufmerksam gemacht, daß in einigen handschriftlichen Zeugen im ersten Kapitel die Ortsangabe „Rom" fehlt (1,7.15). Sollte es sich dabei um eine Textvariante handeln, die Anspruch auf Ursprünglichkeit erheben kann? Gestützt auf diese Beobachtungen, wird dann folgende Erklärung entworfen: Paulus habe in Korinth die Kapp. Röm 1–15 diktiert und dabei seinem Text den Charakter eines „Manifestes" gegeben, das nicht allein an eine einzige Ortsgemeinde, sondern an einen weiten Leserkreis gerichtet sein sollte. Dann habe er einen für Ephesus bestimmten Begleitbrief abgefaßt und Phoebe mit dem Auftrag auf die Reise ziehen lassen: eine Abschrift der Kap. 1–15 sowie die Grußliste von Kap. 16 in Ephesus abzugeben und nach Rom weiterzureisen, um dort den Text der Kap. 1–15 auszuhändigen, der – wie p^{46} andeuten mag – mit einer feierlichen Schlußdoxologie beendet worden sei. Zur römischen Überlieferung habe daher kein 16. Kap. gehört, von Ephesus aus aber sei eine Fassung des Schreibens verbreitet worden, die auch die Grußliste enthielt. Diese Textgestalt habe dann Eingang in die frühe Sammlung paulinischer Briefe und in den entstehenden neutestamentlichen Kanon gefunden.

So anregend diese Hypothese gewirkt hat, so unsicher sind doch die einzelnen Gründe, auf die sie sich stützt. Der Fortfall der Ortsangabe, wie er in einigen Handschriften zum ersten Kap. vorliegt, geht sicherlich nicht auf die älteste Überlieferung des Textes zurück, sondern muß – zumal in Anbetracht der relativ schwachen Bezeugung – als späterer Eingriff eines Abschreibers beurteilt werden, der nicht mehr an Rom, sondern allein an der gottesdienstlichen Verwendung des Textes interessiert war. Auch könnte man in früher Zeit, als der Text des Röm noch nicht zur Würde allgemeinen kanonischen Ansehens gelangt war, in einigen Abschriften die Grußliste fortgelassen haben, weil sie als zum liturgischen Gebrauch des apostolischen Textes wenig dienlich erschien. Jedenfalls kann allein das textkritische Gewicht des Zeugen p^{46} nicht die Annahme stützen, die älteste in Rom erhaltene Fassung des Briefes habe nur 15 und nicht 16 Kap. umfaßt.[36]

Gründliche Untersuchungen sind in neuerer Zeit über die Vielzahl von Namen angestellt worden, die in der Grußliste nacheinander aufgeführt werden.[37] Dabei hat sich gezeigt, daß ein ansehnlicher Teil der Namen sich als in Rom – vor allem, jedoch nicht ausschließlich, unter Sklaven und Freigelassenen – gebräuchlich nachweisen läßt. Von besonderem Interesse ist die Erwähnung, daß sich im Haus von Prisca und

---

[35] So Manson, Letter 225–241; vgl. auch Donfried, Debate 3–15.

[36] Auch will beachtet sein, daß p^{46} zwar die Schlußdoxologie am Ende von Kap. 15 bietet, dann jedoch das 16. Kap. noch folgen läßt.

[37] Vgl. bes. Lampe, Christen 124–300 und Ders., The Roman Christians, in: Donfried, Debate 216–230.

Aquila eine Hausgemeinde zusammengefunden hat (16,5). Wie es im antiken Rom an verschiedenen Stellen der Stadt meist kleine Synagogen gegeben hat, in denen Juden sich zum Gottesdienst versammelten, so sind offensichtlich auch die ersten Christen in Häusern in verschiedenen Vierteln der Stadt zusammengekommen.[38]

Allein aus der Aufzählung von Namen, wie sie in Röm 16 enthalten ist, läßt sich nicht mit hinreichender Sicherheit auf den Ort schließen, an dem ihre Träger jeweils anzutreffen waren. Doch sprechen keine zwingenden Gründe, die sich auf die Angaben der Grußliste stützen ließen, für die Vermutung, diese könnte nicht nach Rom gerichtet sein. Man wird es mitnichten als verwunderlich bezeichnen dürfen, daß Paulus so viele Namen aufführt und ausdrücklich darum bittet, den Genannten Grüße auszurichten. Auf diese Weise können alle Christen in Rom sich dessen bewußt werden, daß Paulus etliche Leute kennt, die ihnen nähere Auskunft über ihn zu geben wissen und daher an ihrem Teil dazu beitragen können, Verbindungen zwischen dem Apostel und der Christenheit in Rom zu knüpfen.

Fragt man, wie Paulus eine solche, doch recht ansehnliche Schar von in Rom lebenden Christen bei früheren Gelegenheiten im Osten des Reiches hat kennenlernen können, so wird man sagen dürfen, daß die Zahl ihrer Namen angesichts der nicht geringen Mobilität, wie sie damals innerhalb des Römischen Reiches genutzt wurde, als nicht sonderlich überraschend anzusehen ist. Damals wie auch in späterer Zeit kamen nicht wenige Christen aus dem Osten in die Hauptstadt. Da man in ihren Kreisen sich der griechischen Sprache bediente und sie noch auf längere Zeit beibehielt, war es Leuten, die aus dem Osten stammten, nicht schwer gemacht, sich rasch zurechtzufinden. Daß namentlich Juden häufiger zwischen Rom und dem Orient hin und her reisten, ist hinlänglich bekannt. Da die Nachrichten, die über das Ehepaar Aquila und Prisca überliefert sind, sie als aktive und flexible Menschen schildern, läßt sich unschwer denken, daß sie alsbald nach dem Tod des Kaisers Claudius nach Rom zurückgekehrt sind. Ebenso läßt sich gut vorstellen, daß der nach ihnen erwähnte Epainetus aus dem Osten in die Hauptstadt des Reiches gelangt ist. Röm 16 läßt sich mithin ohne Schwierigkeiten mit den Gegebenheiten in Einklang bringen, wie sie für die Anfänge der Christenheit in der Hauptstadt des Reiches erschlossen werden können. Daher ist der Auffassung zuzustimmen, das letzte Kapitel werde „völlig verständlich als regulärer Schluß des Briefes an die Römer".[39]

c. *Aufbau und Gedankengang des Römerbriefs*

Die thematische Aussage von 1,16f., die den langen Gedankengängen des Röm vorangestellt ist, wird in deren Verlauf wiederholt aufgenommen, in ihrer grundsätzlichen Bedeutung unterstrichen und auf die verschiedenen Bereiche theologischer Reflexion bezogen. So heißt es im 3. Kap., daß nicht Gottes Zorngericht, sondern

[38] Vgl. LAMPE, The Roman Christians, in: DONFRIED, Debate 229f.

[39] W.H. OLLROG, Die Abfassungsverhältnisse von Röm. 16, in: Kirche, FS für G. Bornkamm, Tübingen 1980, 221–244.244.

die Offenbarung seiner Gerechtigkeit als Kundgabe seiner in Christus uns zugewandten Barmherzigkeit das letzte Wort behält (3,21f.). Dabei wird an dieser Stelle ebenso wie im Präskript des Briefes sowohl der Bezug auf Gesetz und Propheten (3,21) wie auch der Rückgriff auf das gemeinchristliche Bekenntnis (3,25.26a) mit dem Satz von der Offenbarung der Gerechtigkeit Gottes verknüpft, um ihren grundlegenden Charakter und ihre universale Bedeutung herauszustellen.

Das Schriftwort, daß die Rechtfertigung dem Glauben das Leben eröffnet – ein Leben, das kein Tod zu vernichten imstande ist (1,17b) –, intoniert das Leitmotiv für die Kapp. 5–8. Ihre Ausführungen werden eingeleitet mit einer zusammenfassenden Folgerung, die die Konsequenzen aufzeigt, die aus der erfahrenen Rechtfertigung durch Gottes Gnadenerweis zu ziehen sind: „Da wir nun gerecht geworden sind durch den Glauben, haben wir Frieden mit Gott durch unseren Herrn Jesus Christus." (5,1) Das aber bedeutet, daß die mit Gott Versöhnten nun auch gerettet werden sollen „durch sein Leben" (5,10). Auch die Frage nach dem Geschick Israels findet ihre Beantwortung aus der Perspektive, die von der Offenbarung der Gerechtigkeit Gottes her eröffnet wird (9–11). Hat Gott doch Juden und Heiden – alle ohne Ausnahme – eingeschlossen in den Ungehorsam, „damit er sich aller erbarme" (11,32). Haben – wider Erwarten – „Heiden, die nicht nach der Gerechtigkeit trachteten, die Gerechtigkeit erlangt" (9,30), und beharren die meisten Israeliten bei dem vergeblichen Versuch, mit Hilfe des Gesetzes ihre eigene Gerechtigkeit aufzurichten (10,3), so wird doch am Ende auch für ganz Israel der Erlöser kommen (11,26). Schließlich wird die Paränese (12,1–15,13) von der alle Teile des Röm umgreifenden Thematik her entfaltet, gilt es doch, die Glieder des Leibes nicht als Waffen der Ungerechtigkeit hinzugeben, sondern sie Gott als Waffen der Gerechtigkeit zur Verfügung zu stellen (6,13). Deshalb hat das ganze Leben der Glaubenden mitten im Alltag der Welt als rechter Gottesdienst Gestalt zu gewinnen, zu dem durch Gottes Barmherzigkeit einladend, mahnend und tröstend gerufen wird (12,1).

Alle Teile des Röm sind mithin durch den Bezug auf die leitende Thematik (1,16f.) miteinander verbunden und von einem sie umgreifenden, weiten Spannungsbogen zusammengehalten. Die vorangestellte Aussage von der Offenbarung der Gerechtigkeit Gottes als dem zentralen Inhalt des Evangeliums wird immer wieder aufgenommen und in Variationen auf die einzelnen Themenkreise angewendet. Die umfassende Gültigkeit der Rechtfertigungslehre als einzig sachgerechter Auslegung des Evangliums wird damit deutlich herausgestellt und als die „summa evangelii" beschrieben.

Die Folge der Gedanken, die der Apostel entfaltet, trägt er in unterschiedlichen Stilformen vor, indem er des öfteren in nüchternen Feststellungen spricht, vielfach Worte der Schrift im Blick auf deren aktuelle Bedeutung auslegt und immer wieder in lebendigem Zuspruch sich an seine Leser und Hörer wendet. Gern bedient Paulus sich dabei einer Redeweise, wie sie in der sog. Diatribe ausgebildet worden war, um popularphilosophische Argumentation öffentlich vorzutragen. So bildet er häufig antithetische Wendungen, um durch Hervorhebung eines Kontrastes die entscheidende Aussage zu betonen: Δικαιοσύνη γὰρ θεοῦ ἀποκαλύπτεται – ἀποκαλύπτεται γὰρ ὀργὴ θεοῦ (Röm 1,17f.). In diesen beiden Sätzen sind die

Begriffe einander in chiastischer Ordnung gegenübergestellt. Daran zeigt sich beispielhaft, wie der Apostel Antithese und Chiasmus in wohl überlegten Formulierungen einzusetzen weiß.[40]

Die Darlegung der jeweiligen Thematik vollzieht sich des öfteren in aufgelockerter Form, indem Fragen, kurze Antworten, Gegenfragen und erneute Stellungnahme in rascher Folge aneinandergereiht sind (z.B. 3,1–8.27–31 u. ö.).[41] Vielfach wird eine einleitende Wendung benutzt, um die Aufmerksamkeit der Hörer bzw. Leser zu gewinnen: „Was sollen wir nun sagen?" (6,1.15 u. ö.), um darauf die Position einer fälschlich gezogenen Schlußfolgerung kurz zu beschreiben und mit einem entrüsteten „Das sei ferne!" zurückzuweisen (6,2). Dieser Verneinung folgt stets eine Begründung für die vom Apostel vertretene Ansicht, daß eben jene verfehlte Meinung unter keinen Umständen aufrechterhalten werden könne (6,2b; vgl. weiter 6,15f.; 7,7 u. ö.). Mit der Erinnerung „Wißt ihr nicht?" (6,3; vgl. auch 6,16; 7,1 u. ö.) weist Paulus wiederholt auf den Inhalt der allen Christen vertrauten Lehre des Glaubens hin. Oder die Adressaten werden durch die Anrede „Brüder", die wiederholt in den Fluß der laufenden Argumentation eingeflochten wird (1,13; 7,1.4; 8,12; 10,1.25; 12,1; 15,14.30 u. ö.), ermuntert, im aufmerksamen Hören und Bedenken nicht nachzulassen.

Wird der rhetorische Charakter beachtet, wie er sowohl dem genannten Frage-Antwort-Spiel als auch direkter Anrede der Hörer bzw. Leser eignet, so wird man aus derartiger Argumentation, die zur Einleitung von Thesen und Gegenthesen dient, nicht notwendig auf bestimmte Fragesteller zu schließen haben, die unter den Christen in Rom vermeintlich aufgetreten sein könnten. Während hinter den im 1 Thess, in 1 und 2 Kor oder im Gal genannten Fragen durchweg Leute stehen, die in der Gemeinde Einwände, Bedenken oder Ungewißheiten der genannten Art geltend gemacht haben, legt es die rhetorisch stilisierte Redeweise im Röm nicht nahe, auf bestimmte Gruppen und Gegner in Rom zu schließen.[42] Vielmehr bedient sich der Apostel unterschiedlicher Ausdrucksmittel, wie sie ihm spätantike Redekunst vorgab.

Nicht über die Lage der Empfänger des Briefes, sondern über Erfahrungen und Einsichten, die der Verfasser gewonnen hat, geben die im Röm gestellten Fragen Aufschluß. Denn Paulus verdeutlicht zunächst sich selbst, dann aber auch den Christen in Rom, mit welchen kritischen Bedenken und gegnerischen Ansichten er sich wiederholt hat auseinandersetzen müssen, um die Wahrheit des Evangeliums zu verteidigen und in ihrer für alle Christen gültigen Kraft zu entfalten. Nun aber möchte er darauf hinwirken, daß die dabei gewonnenen Erkenntnisse festgehalten werden, um die erreichten Klärungen und die verbindliche Auslegung der frohen Botschaft für Juden und Heiden zu bewahren und künftig zu bewähren.

---

[40] Zur rhetorischen Gestaltung des Röm vgl. den Exkurs nach 1,32 s.u. S. 94–97. Dort ausführliche Literaturübersicht. Vgl. auch S. 328–331: Sprache und Stil im Röm.

[41] So gewiß diese Art der Argumentation für Paulus charakteristisch ist, so fraglich bleibt doch der Versuch, die Folge der Fragen im Röm geradezu als rhetorisches Strukturprinzip zu werten, aus dem erkennbar werde, wogegen der Apostel sich jeweils verteidigen mußte.

[42] Vgl. BORNKAMM, Testament 125.

4. Der Römerbrief in der Überlieferung der frühen Christenheit

Den Plan, nach Spanien zu reisen, hat der Apostel nicht mehr verwirklichen können. Bei seinem Aufenthalt in Jerusalem kam es – wie die Apostelgeschichte berichtet (21,27–40) – zu einem Tumult, in dessen Folge Paulus verhaftet wurde. Nur als Gefangener gelangte er schließlich nach Rom und hat dort sein Ende gefunden. Die gedankenreichen Darlegungen jedoch, die er den Christen in Rom über die in aller Welt auszurichtende Verkündigung des Evangeliums zugesandt hatte, werden von ihnen aufmerksam gehört worden sein. Sie wurden studiert und aufgehoben, um immer wieder die darin enthaltene „summa evangelii" zu bedenken.[43]

Der Röm hat in der Christenheit in der Hauptstadt des Reiches offensichtlich von Anfang an in hohem Ansehen gestanden, so daß man sich auf ihn als apostolisches Dokument berufen konnte, um dessen Ausführungen gegenüber anderen Gemeinden als maßgebend geltend zu machen (vgl. 1 Clem 35,5f.). Handschriftlich ist sein Text schon bei frühen Zeugen belegt – so in 8 frühkirchlichen Papyri von unterschiedlicher Länge und in den meisten großen Codices, die von Beginn des 4. Jahrh. an überkommen sind.[44] Dabei ist die Zahl von Varianten, die in wesentlicher Hinsicht von der – als wahrscheinlich geltenden – ursprünglichen Textfassung abweichen, im Vergleich zu anderen urchristlichen Schriften relativ gering.[45] Durch Marcion ist jedoch offensichtlich eine gewisse Unsicherheit in die textliche Überlieferung hineingekommen, die dazu geführt hat, daß die Textfassungen von Kapp. 15 und 16 unterschiedliche Gestalt aufweisen.[46] Kritische Prüfung kann jedoch zu dem weithin anerkannten Ergebnis führen, daß der ursprüngliche Text des Röm alle 16 Kapp. umfaßt und mit 16,23 geendet haben wird. War in der Zeit der ältesten Christenheit die Reihenfolge der paulinischen Briefe noch nicht verbindlich festgelegt, so bildete sich doch alsbald eine Ordnung heraus, die die Briefe nach der Länge ihres Textes aufeinander folgen ließ. So wurde der Röm an die erste Stelle im Corpus Paulinum gesetzt und wurde ihm unbestritten der Rang kanonischen Ansehens zuerkannt.

---

[43] Hinsichtlich der Abfassungsproblematik des Röm hat REICHERT, Gratwanderung 221, 248 u. ö., die Hypothese aufgestellt, Paulus sei angesichts der in Jerusalem zu erwartenden Schwierigkeiten ungewiß gewesen, ob er seinen Plan eines Besuchs in Rom werde verwirklichen können, und habe deshalb den Christen in Rom einen so ausführlichen Brief geschrieben, um sie zu einer paulinischen Gemeinde zu machen, die anstelle des Apostels den bisher von ihm versehenen Auftrag – insbesondere im Blick auf Spanien – übernehmen könnte. Paulus sei daran gelegen, „die römische Gemeinde im Fall des negativen Ausgangs der Kollektenübergabe gewissermaßen an seiner Stelle zu sehen" (321, vgl. auch 333). Diese Erwägungen lassen sich nicht strikt beweisen, sondern müssen Vermutung bleiben. Tatsächlich ist jedoch der Röm für die römische Christenheit ein Dokument von grundlegender Bedeutung geworden und geblieben, auf das man sich beziehen konnte, um apostolische Autorität geltend zu machen.

[44] Vgl. ALAND (s. Anm. 33) 57.95 u. ö., sowie FITZMYER, Rom. 44–54: The Text – mit genauer Übersicht über die ältesten Zeugen, deren jeweiligen Textumfang sowie ausführlicher Bibliographie.

[45] Vgl. die Übersicht bei ALAND (s. Anm. 33) 40.

[46] Zur Beurteilung dieser Problematik vgl. die obigen Ausführungen S. 50–53.

1,1–17 Briefeingang

1,1–7 Präskript: Zuschrift und Gruß

1) **Paulus, Knecht Christi Jesu, berufener Apostel, ausgesondert zum Evangelium Gottes,** 2) **das er zuvor verheißen hat durch seine Propheten in heiligen Schriften:** 3) **von seinem Sohn,**
der geboren ist aus dem Samen Davids nach dem Fleisch,
4) **der eingesetzt ist zum Sohn Gottes in Kraft nach dem Geist der Heiligkeit aus der Auferstehung von den Toten,**
Jesus Christus, unserem Herrn. 5) **Durch ihn haben wir empfangen Gnade und Apostelamt zum Gehorsam des Glaubens unter allen Völkern um seines Namens willen.** 6) **Unter ihnen lebt auch ihr als Berufene Jesu Christi.** 7) **An alle in Rom, Geliebte Gottes, berufene Heilige: Gnade sei mit euch und Friede von Gott unserem Vater und dem Herrn Jesus Christus.**

Bartsch, H.-W.: Zur vorpaulinischen Bekenntnisformel im Eingang des Römerbriefes, ThZ 23 (1967) 329–339; Beasley-Murray, P.: Romans 1,3f. An Early Confession of Faith in the Lordship of Jesus, TynB 31 (1980) 147–154; Boismard, M.-E.: Constitué fils de Dieu (Rom. I,4) RB 60 (1953) 5–17; Burger, C.: Jesus als Davidssohn. Eine traditionsgeschichtliche Untersuchung, FRLANT 98, Göttingen 1970; v. Campenhausen, H.: Der urchristliche Apostelbegriff, StTh 1 (1947) 96–130; Davis, G.N.: Faith and Obedience in Romans. A Study in Romans 1–4, JSNT.S 39, Sheffield 1990; Dunn, J.D.G.: Jesus – Flesh and Spirit. An Exposition of Romans I,3–4, JThS 24 (1973) 40–68; Friedrich, G.: Lohmeyers These über das paulinische Briefpräskript kritisch beleuchtet, ThLZ 81 (1956) 343–346 = Wort 103–106; Ders., Muß ὑπακοὴ πίστεως Röm. 1,5 mit „Glaubensgehorsam" übersetzt werden?, ZNW 72 (1981) 118–123; Garlington, D.B.: The Obedience of Faith. A Pauline Phrase in Historical Context, WUNT II, 38, Tübingen 1991; Hengel, Sohn Gottes; Holtz, T.: Zum Selbstverständnis des Apostels Paulus, ThLZ 91 (1966) 321–330 = Geschichte 129–139; Hurtado, L.W.: Jesus' Divine Sonship in Paul's Epistle to the Romans, in: Romans and the People of God, FS G.D. Fee, Grand Rapids/Cambridge 1999, 217–233; Jewett, R.: The Redaction and Use of an Early Christian Confession in Romans 1,3–4, in: The Living Text. FS E. W. Saunders, Lanham/USA 1985, 99–122; Linnemann, E.: Tradition und Interpretation in Röm. 1,3f., EvTh 31 (1971) 264–275; Lohmeyer, Grußüberschriften; Lohse, E.: Ursprung und Prägung des urchristlichen Apostelbegriffs, ThZ 9 (1953) 259–275; Ders., Paul's Interpretation; Ders., Präskript; Müller, U.B.: „Sohn Gottes" – ein messianischer Hoheitstitel Jesu, ZNW 87 (1996) 1–32; Sandnes, K.O.: Paul – One of the Prophets? A Contribution to the Apostle's Self-Understanding, WUNT II, 43, Tübingen 1991; Sass, G.: Zur Bedeutung von δοῦλος bei Paulus, ZNW 40 (1941) 24–34; Satake, A.: Apostolat und Gnade bei Paulus, NTS 15 (1968/69) 96–107; Schlier, H.: Zu Röm. 1,3f., in: Neues Testament und Geschichte, FS O. Cullmann, Tübingen 1972, 207–218;

DERS., Εὐαγγέλιον im Römerbrief, in: Wort Gottes in der Zeit, FS K. H. Schelkle, Düsseldorf 1973, 127–142; SCHWEIZER, E.: Röm. 1,3f. und der Gegensatz von Fleisch und Geist vor und bei Paulus, EvTh 15 (1955) 563–571 = Neotestamentica 180–189; STUHLMACHER, P.: Theologische Probleme des Römerbriefpräskripts, EvTh 27 (1967) 374–389; THEOBALD, M.: Dem Juden zuerst und auch dem Heiden. Die paulinische Auslegung der Glaubensformel Röm. 1,3f., in: Kontinuität und Einheit. FS F. Mußner, Freiburg 1981, 376–392 = Studien 102–118; DU TOIT, A.B.: Persuasion in Romans 1,1–17, BZ 33 (1989), 192–209; DERS., Romans 1,3–4 and the Gospel Tradition. A Reassessment of the Phrase κατὰ πνεῦμα ἁγιωσύνης, in: The Four Gospels, FS F. Neirynck, BEThL 100, Louvain/Leuven 1992, I, 249–256.

Der Eingang des Röm unterscheidet sich von den Präskripten aller anderen Paulusbriefe sowohl durch seinen ungewöhnlichen Umfang wie auch durch seinen gewichtigen Inhalt. Paulus verwendet stets das Briefformular, wie er es aus überkommener Überlieferung des alten Orients in hellenisierter Gestalt aufgenommen und ihm neue christliche Bedeutung gegeben hatte.[1] Während das griechische Briefformular nur die Namen von Absender und Adressat sowie den Gruß χαίρειν aufführt[2], ist das orientalische Formular durch eine Zweiteilung charakterisiert. Zunächst werden der Name des Absenders und der des Empfängers angegeben. Dann folgt der Gruß in Form der Anrede: „Friede sei mit euch". So wird ein königlicher Erlaß mit den Worten eingeleitet: „König Nebukadnezar allen Völkern, Stämmen und Zungen, die auf der ganzen Erde wohnen: Euer Friede mehre sich!" (Dan 3,31) Der Eingang des Briefes kann auch ausführlicher gestaltet sein, indem zu den Namen schmückende Beiwörter oder erläuternde Bemerkungen hinzutreten und der Gruß wortreicher gestaltet wird. Die Grundstruktur des Formulars bleibt jedoch stets dieselbe.

Im Präskript der paulinischen Briefe werden Absender und Adressaten als Christen gekennzeichnet, und der Gruß lautet: „Gnade und Friede". In jüdischen Briefen findet sich zwar neben εἰρήνη gelegentlich ἔλεος[3], niemals aber χάρις. Möglicherweise ist bei der Wahl dieses Wortes von Einfluß gewesen, daß in χάρις das im Griechischen übliche χαίρειν anklingt. Durch χάρις καὶ εἰρήνη wird zum Ausdruck gebracht, daß von dem Frieden die Rede ist, der durch Gottes endzeitliches Handeln angebrochen ist (vgl. Lk 2,14). Der Friedensgruß wird somit durch den Gnadenwunsch inhaltlich näher bestimmt. Dieser wird am Ende der Briefe regelmäßig wieder aufgenommen: ἡ χάρις τοῦ κυρίου ἡμῶν Ἰησοῦ Χριστοῦ μεθ' ὑμῶν (1 Thess 5,28; Gal 6,18; 1 Kor 16,23; 2 Kor 13,13; Röm 16,20; Phil 4,23; Phm 25; ferner Kol 4,18; Eph 6,24; 1 Tim 6,21; 2 Tim 4,22; Tit 3,15).

---

[1] Außer den genannten Arbeiten von LOHMEYER und FRIEDRICH vgl. BERGER, Apostelbrief; H. KOSKENNIEMI, Studien zu Idee und Phraseologoie des griechischen Briefes bis 400 n. Chr., AASF B 102, 2, Helsinki 1956; O. ROLLER, Das Formular der paulinischen Briefe, BWANT IV, 6, Stuttgart 1933; W. STENGER, Studien zum neutestamentlichen Briefformular, NTTS XI, Leiden 1987.

[2] Vgl. im NT Jak 1,1; Act 15,22.29; 23,26.30 v.l.

[3] So syr Bar 78,2: „So spricht Baruch, der Sohn Nerijas, zu den Brüdern, die gefangen sind: Erbarmen und Friede sei mit euch."

Lautet 1 Thess 1,1 der Gruß nur kurz und knapp χάρις ὑμῖν καὶ εἰρήνη, so wird sonst immer hinzugefügt: ἀπὸ θεοῦ πατρὸς ἡμῶν καὶ κυρίου Ἰησοῦ Χριστοῦ (Gal 1,3; 1 Kor 1,3; 2 Kor 1,2; Röm 1,7; Phil 1,2; Phm 3; ferner 2 Thess 1,2; Eph 1,2; 1 Tim 1,2; 2 Tim 1,2; Tit 1,4).

Während das Präskript in den paulinischen Briefen meist nur zwei oder drei Verse umfaßt, sind es im Röm deren sieben. Auch der Gal unterscheidet sich von der sonst üblichen Gestalt des paulinischen Briefeingangs, indem der Gruß ausführlicher gehalten ist. Eine Wendung des christologischen Bekenntnisses ist aufgenommen und eine abschließende Doxologie hinzugefügt: Gnade und Friede von Gott unserem Vater und dem Herrn Jesus Christus – „der sich selbst für unsere Sünden dahingegeben hat, daß er uns errette von dieser gegenwärtigen, bösen Welt nach dem Willen Gottes, unseres Vaters; dem sei Ehre von Ewigkeit zu Ewigkeit. Amen." (Gal 1,4f.) Mit diesen Worten ist gleich zu Beginn mit aller Klarheit darauf hingewiesen, daß das Heil ausschließlich und allein durch Christus bewirkt ist , so daß in seinem – und keines anderen – Namen Gott die Ehre zuzuerkennen ist. Im Röm lautet jedoch der Gruß kurz und knapp: „Gnade sei mit euch und Friede von Gott, unserem Vater, und dem Herrn Jesus Christus." (V. 7b)

Ehe der Apostel sich an die Adressaten wendet und ihnen den Gruß zuspricht, stellt er in sechs Versen, die nur einen einzigen überlangen Satz in sich aufnehmen, sich selbst den Hörern und Lesern seines Briefes vor. An den Anfang setzt er seinen Namen und fügt drei nähere Charakterisierungen hinzu: Sklave Christi Jesu – berufener Apostel – ausgesondert zum Evangelium. Auf diese Weise legitimiert er sich vor den Christen in Rom, die ihn bis dahin persönlich noch nicht kennen, und legt dar, kraft welcher Autorität er zu ihnen spricht. Sie ist begründet in der Botschaft, die ihm aufgetragen wurde. Das Evangelium, das sonst in keinem paulinischen Briefpräskript genannt wird, wird gleich im ersten Vers betont herausgestellt, bleibt es doch „dem Apostolat vorgeordnet" und „setzt diesen aus sich heraus" (KÄSEMANN, Röm. 4). Die Proklamation der guten Nachricht, die er auszurufen hat, weist von der Person des Apostels fort und betont den Inhalt der Verkündigung, der er zu dienen hat.

Diesen Inhalt gibt Paulus an, indem er eine urchristliche Bekenntnisaussage zitiert, die von der irdischen Existenz und der himmlischen Erhöhung Jesu Christi handelt. Sie wird mit einer Rahmung versehen, die die judenchristliche Wendung mit der Verkündigung der hellenistischen Christenheit verklammert (V. 3f.). Dann aber lenkt der Apostel zurück zu dem ihm erteilten Auftrag und kennzeichnet die Universalität der zu bezeugenden Botschaft, indem er alle Völker als ihre Adressaten angibt (V. 5). Da die Christen in Rom inmitten der Völkerwelt leben, kann und darf Paulus sich auch an sie wenden (V. 6) und allen Geliebten Gottes, berufenen Heiligen in Rom, den Gruß von Gnade und Frieden zurufen (V. 7).

V. 1: Zu Beginn seines langen Schreibens stellt der Apostel sich den Empfängern des Briefes mit sorgfältig gesetzten Worten vor. Die überlegt gewählten Ausdrücke lassen darauf schließen, daß Paulus offensichtlich damit rechnen muß, die Christen in

Rom werden bereits die eine oder andere Nachricht über ihn erhalten haben. Dabei mag es sich nicht nur um gut klingende Mitteilungen handeln, in denen von erfolgreicher Missionstätigkeit berichtet wurde. Sondern es könnten auch kritische Äußerungen laut geworden sein, die insbesondere seine Haltung zum Gesetz Israels und die Frage betrafen, ob es auch für die Christen, die soeben aus den Völkern gewonnen worden waren, gültig ist oder nicht. Paulus muß Wert darauf legen, mit aller Eindeutigkeit zu erklären, welcher Verkündigung er sich verpflichtet weiß und wie er das gemeinchristliche Evangelium auslegt. Die Adressaten, an die er sich wendet, sollen jeder Sorge enthoben werden, als könne man ihm nicht trauen oder müsse Bedenken tragen, ihn in seinem Wirken zu begleiten und zu unterstützen.

An den Anfang wird der Name gesetzt, den der Apostel in der hellenistisch-römischen Welt an Stelle des jüdischen שָׁאוּל/Σαῦλος führt.[4] Um seinen Namen von dem Dienst her zu erläutern, den er zu verrichten hat, werden drei Erklärungen hinzugesetzt, deren letzte mit besonderer Betonung versehen ist. Die in gedrängter Folge aneinander gereihten Begriffe sind ohne Artikel aufgeführt, so daß der Charakter gehobener Rede betont hervortritt. Die geradezu befremdlich klingende Bezeichnung „Knecht"/„Sklave" wird zuerst genannt und ist als Ausdruck bescheidener Zurückhaltung verstanden. Einen Sklaven, wie es deren ungezählte in der Hauptstadt des Weltreiches gab, konnte man leicht übersehen oder meinen, man brauche ihm nicht zuzuhören. Doch hier tritt ein Sklave besonderer Art den Christen in Rom entgegen und wirbt um ihr Vertrauen. Sein Herr heißt Christus Jesus. Wurde die titulare Bedeutung von Χριστός (Messias) im judenchristlichen Bereich noch verstanden, so verbanden sich Χριστός und Ἰησοῦς in der heidenchristlichen Welt alsbald zu einem Doppelnamen.[5] Die Folge „Christus Jesus" – so zweifellos die ursprüngliche Textfassung entgegen späteren Varianten – läßt den grammatischen Kasus deutlich erkennen, während der Jesusname im Genetiv und Dativ gleich lautet.

Würde und Ansehen eines Dieners leiten sich von dem Herrn her, für den er wirkt. Daher kann im AT und Judentum der Dienst eines Knechtes, der in Gottes Auftrag tätig ist, als Ausdruck besonderer Auszeichnung verstanden werden, so daß sowohl das Volk Israel (Jes 48,20; 49,3 u. ö.) wie auch einzelne Fromme den Ehrentitel eines Knechtes Gottes tragen: Abraham (Ps 105,42), Mose (Jos 14,7; Ps 105,26), Josua (Jos 24,29), David (2 Sam 7,5; Ps 78,20) und andere werden auf diese Weise ausgezeichnet. Christus Jesus dienen zu dürfen, macht den besonderen Rang des apostolischen Wirkens aus (vgl. Gal 1,10).

Von diesem Verständnis des Dienstes, der Christus Jesus erwiesen und in seinem Namen vollzogen wird, ist auch der folgende Aposteltitel inhaltlich bestimmt. Wie nach altorientalischem Botenrecht gilt, daß ein bevollmächtigter Gesandter unein-

[4] Vgl. Act 13,2: Σαῦλος, ὁ καὶ Παῦλος. Juden bedienten sich in der hellenistischen Welt gern eines griechischen oder lateinischen Namens, der ihrem hebräischen oder aramäischen Namen möglichst ähnlich klang. Vgl. HENGEL, Judentum, 114–120.

[5] Vgl. DAHL, Messiah; KRAMER, Christos; HAHN, Hoheitstitel; M. KARRER, Der Gesalbte. Die Grundlagen des Christustitels, FRLANT 151, Göttingen 1991.

geschränkt seinen Auftraggeber vertritt und daher dasselbe Ansehen wie dieser zu beanspruchen hat[6], so versteht Paulus sich als Gesandter an Christi Statt, der an seiner Stelle und in seinem Namen die Botschaft von der Versöhnung zu Gehör zu bringen hat (2 Kor 5,19f.).

Paulus bezeichnet sich als Apostel ohne anzudeuten, wie weit der Kreis der Apostel zu ziehen ist (doch s. Röm 16,7). Über sein Verhältnis zu Petrus und den Zwölf wird kein Wort gesagt (doch s. Gal 1,18; 2,9.11.14; 1 Kor 1,12; 3,22; 9,5; 15,5). Er ist Bote seines Herrn, der durch Gott von Mutterleib an erwählt und durch seine Gnade berufen wurde (Gal 1,15). Da er weder von Menschen noch durch Vermittlung von Menschen, sondern durch Jesus Christus und Gott den Vater, der ihn von den Toten auferweckt hat, zu seinem Dienst bestellt wurde (Gal 1,1), kann er sich kraft der Autorität, die aus dieser ihm zuteil gewordenen Berufung erwächst, an die Christen in Rom wenden.[7]

Die dritte Bezeichnung, die Paulus seinem Namen hinzusetzt, trägt besondere Betonung: „ausgesondert zum Evangelium Gottes". Damit wird ein geradezu prophetisches Selbstbewußtsein ausgesprochen. Schon vor seiner Geburt wurde der Apostel durch Gottes Erwählung zur Erfüllung des ihm zugedachten Auftrags ausersehen (Jes 49,1; Jer 1,5). Ausgesondert sein bedeutet, als Gottes Eigentum geheiligt und zu seinem Dienst verpflichtet sein (Ex 13,12; Num 15,20; Lev 13,4 u. ö.). Wie Gott sein Volk für sich geheiligt hat (Lev 20,26) und der Priesterstamm für seinen besonderen Dienst auserwählt wurde (Num 8,11), so weiß sich Paulus für die von Gott übertragene Aufgabe bestimmt: das Evangelium zu verkündigen. Dabei ist schwerlich daran gedacht – wie gelegentlich vermutet wurde (SCHLATTER, Röm. 17; NYGREN, Röm. 45 u.a., zögernd FITZMYER, Rom. 232) –, dieser Auftrag sei gleichsam als Gegenstück zu der einst erfahrenen Aussonderung zu betrachten, die die Zugehörigkeit zu den Pharisäern als Gott geheiligter Gemeinschaft bedeutet habe. Sondern Paulus legt den Nachdruck allein auf die frohe Botschaft, zu deren Bezeugung Gott ihn in seinen Dienst gerufen hat, damit er ihn mit ungeteilter Hinwendung erfülle. Während der Apostel im Präskript seiner Briefe sonst gern die Namen eines oder mehrerer Mitarbeiter als Mitabsender aufführt, um auf die Solidarität der sie verbindenden Dienstgemeinschaft hinzuweisen (1 Thess 1,1; Gal 1,2; 1 Kor 1,1; 2 Kor 1,1; Phil 1,1; Phm 1,1), fügt er hier keinen anderen Namen hinzu. Er allein hat vor den Christen in Rom für den Inhalt seiner Verkündigung des gemeinchristlichen Evangeliums einzustehen, die als Gottes Wort – θεοῦ als Gen. auctoris – zu bezeugen ist.

---

[6] Vgl. Der gültige Rechtssatz lautet: „Der Gesandte eines Menschen ist wie dieser selbst" (Mischna Ber. V, 5); weitere Belege bei BILL. III 2–4; vgl. auch Joh 13,16.

[7] Zum urchristlichen Apostelbegriff vgl. J. ROLOFF, Apostel/Apostolat/Apostolizität I, TRE III (1978) 430–445 und die dort gebotene ausführliche Literaturübersicht.

Εὐαγγέλιον[8]

Indem der Apostel gleich zu Beginn des Röm den Begriff des Evangeliums hervorhebt, bezieht er sich auf die in aller Welt gepredigte Botschaft, die den zentralen Inhalt urchristlicher Verkündigung und des ihr antwortenden Bekenntnisses ausmacht. Durch den Bezug auf das ihm vorgegebene εὐαγγέλιον, wie er in allen Briefen angezeigt wird, gibt Paulus deutlich zu erkennen, daß er „nicht der Schöpfer, sondern Fortsetzer einer urchristlichen Theologie" ist.[9] Denn er hat weitergegeben, was er auch empfangen hatte: das Zeugnis von Christi Tod und Auferstehung (1 Kor 15,1–5), von seiner Erniedrigung und Erhöhung (Phil 2,6–11), seiner Davidssohnschaft und seiner Einsetzung in die himmlische Herrschaft des Gottessohnes (Röm 1,3f.). In unterschiedlichen Formulierungen, wie sie schon in der vorpaulinischen Christenheit geprägt wurden, wird das Bekenntnis ausgesagt, das Christus als den von Gott Erwählten, den Gottessohn und Kyrios proklamiert. Paulus weiß sich dazu berufen, ihn unter den Völkern zu verkündigen (Gal 1,16), und stellt sich damit in die Gemeinschaft aller Boten, die ihn als den Herrn bezeugen. Den Inhalt der aufgetragenen Botschaft kann er mit verschiedenen urchristlichen Wendungen angeben, die in ihrem jeweiligen Wortlaut die eine gute Nachricht zum Audruck bringen.[10]

Diese auf die Verkündigung bezogene Bedeutung des urchristlichen Begriffs εὐαγγέλιον ist durch seine atl.-jüdischen Voraussetzungen bestimmt: Die Freudenboten verkündigen auf den Bergen Frieden, sie predigen Gutes und rufen Heil aus, indem sie zu Zion sagen: „Dein Gott ist König" (Jes 52,7). Das Wort εὐαγγέλιον findet sich in der Umwelt gelegentlich auch in apokalyptischen Texten sowie im Zusammenhang des Kaiserkults. Doch weder aus der einen noch der anderen Verwendung ist das urchristliche Verständnis des Evangeliums herzuleiten. Apk 14,6 ist von einem εὐαγγέλιον αἰώνιον im Blick auf endzeitliches Geschehen die Rede, doch läßt sich daraus nicht auf apokalyptische Voraussetzungen des paulinischen Evangeliumsverständnisses schließen.[11] Im Kaiserkult, der zur Zeit des Paulus zwar schon in den östlichen Teilen des Römischen Reiches verbreitet war, aber noch nicht in der Hauptstadt selbst festen Fuß gefaßt hatte, kann von mehreren εὐαγγέλια gesprochen werden, die sich auf bedeutende Ereignisse im Leben und Handeln des Herrschers beziehen: triumphale Siege, aber auch seine Geburt oder seine Thronbesteigung.[12] Mußte einige Zeit

---

[8] FRANKEMÖLLE, H.: Evangelium. Begriff und Gattung, SBB 5, Stuttgart 1988; FRIEDRICH, G.: ThWNT II (1935) 705–735; HENGEL, M.: The Four Gospels and the Gospel of Jesus Christ, London 2000; LOHSE, Paul's Interpretation; MERKLEIN, Verständnis; SCHLIER, Εὐαγγέλιον (1973); SÖDING, T.: Ein Jesus – vier Evangelien, ThGl 91 (2001) 409–443; STRECKER, G.: Das Evangelium Jesu Christi, in: Jesus Christus in Historie und Theologie, FS H. Conzelmann, Tübingen 1975, 503–548 = Aufsätze, 183–228; DERS., EWNT II (1981) 176–186; STUHLMACHER (Hg.), P.: Das Evangelium und die Evangelien, WUNT I, 28, Tübingen 1983; DERS., Evangelium I.

[9] LOHMEYER, Grußüberschriften 29.

[10] Vgl. SCHMITHALS, Röm. 51: „Zur Einheit der Gemeinde gehört die eine Botschaft, nicht die einheitliche Theologie bzw. Christologie."

[11] Doch vgl. STUHLMACHER, Evangelium I 107f.: „Evangelium meint die noch ins (Apostel-)Wort hinein verborgene, proleptische Ankunft des in Christus verkörperten Heiles und Rechtes Gottes in und über der Welt."

[12] So in der berühmten Inschrift von Priene (Kleinasien) aus dem Jahr 9 v. Chr.: ἦρξεν δὲ τῷ κόσμῳ τῶν δι' αὐτὸν εὐαγγελίων ἡ γενέθλιος τοῦ θεοῦ – „Für die Welt hat den Anfang der ihm geltenden Freudenbotschaften der Geburtstag des Gottes gebildet". Vgl. DEISSMANN, Licht 313; FRIEDRICH (s. Anm. 8) 721f.; J. LEIPOLDT/W. GRUNDMANN, Umwelt des Urchristentums II, Berlin 1967 ([8]1992) 106f.

später christliches Bekenntnis sich gegen Ansprüche des Kaiserkults bis ins Martyrium hinein behaupten, so ist doch der Ursprung urchristlicher Rede vom εὐαγγέλιον sicher nicht in dieser Auseinandersetzung zu suchen, sondern in der Aufnahme prophetischer Verkündigung zu finden: Jesus ist der endzeitliche Freudenbote (Lk 4,18), der in seinem Leiden, Sterben und Auferstehen den Grund des Heils gewirkt hat, das im Evangelium verkündigt wird.[13]

Im Unterschied zum Gebrauch des Wortes im Plural, der auf mannigfache Inhalte des εὐαγγέλιον bezogen werden kann, kennt die urchristliche Verkündigung nur *ein* Evangelium, neben dem es kein anderes gibt (Gal 1,6–9): die Proklamation des Christusgeschehens als Inhalt der guten Nachricht, die aller Welt gilt. Εὐαγγέλιον kann daher sowohl im urchristlichen wie auch im paulinischen Sprachgebrauch gleicherweise den Gegenstand (1 Kor 15,1 u. ö.) wie auch den Vollzug der Verkündigung (1 Kor 9,14 u. ö.) bezeichnen, so daß das Evangelium nicht nur vom Heilsgeschehen zeugt, sondern selbst Heilsgeschehen ist.[14] Die Bedeutung dieser Botschaft legt der Apostel durch seine Theologie der Rechtfertigung aus, indem er sagt, im Evangelium werde die Gerechtigkeit Gottes offenbar aus Glauben zum Glauben (Röm 1,17). Damit macht er deutlich, daß er nicht eine eigenwillige Lehre vertritt – wie manche Kritiker ihm unterstellen mögen –, sondern im Dienst des einen Christusbekenntnisses steht, das allen Christen gemeinsam ist und sie unter- und miteinander verbindet (s. weiter S. 77f.).

V. 2: Den Begriff εὐαγγέλιον erläutert der Apostel, indem er zunächst seinen Schriftbezug benennt und dann seine inhaltliche Bedeutung mit dem Zitat einer urchristlichen Bekenntnisformel angibt. Sagt die urchristliche Wendung, die Paulus 1 Kor 15,3–5 zitiert, Tod und Auferstehung Christi seien κατὰ τὰς γραφάς geschehen, so ist damit nicht nur auf einzelne Schriftstellen verwiesen, auf die man sich zur Erläuterung des Evangeliums berufen mag – wie die Leidensaussagen der Psalmen oder die Gottesknechtslieder. Vielmehr wird der Anspruch erhoben, daß das gesamte Zeugnis der Schriften in der frohen Botschaft seine Erfüllung gefunden hat. Der Apostel bedient sich dabei traditioneller Begrifflichkeit.[15] Die biblischen Bücher als „heilige Schriften" – ohne Artikel – zu bezeichnen, entspricht einer Ausdrucksweise, wie sie in der hellenistischen Synagoge geläufig war (Philo, Her 106.159; Post 158 u. ö.: ἱεραὶ γραφαί bzw. ἱεροὶ βίβλοι; vgl. auch 2 Tim 3,15: ἱερὰ γράμματα). Wurden in der Gemeinde von Qumran vornehmlich die prophetischen Bücher daraufhin befragt, was sie über das Geschick der endzeitlichen Heilsgemeinde angekündigt haben, so ist hier auf das prophetische Zeugnis und seine in die Zukunft weisende Botschaft Bezug genommen (προεπαγγέλλειν / προεπαγγέλλεσθαι im NT nur noch 2 Kor 9,5). Das Evangelium gründet sich nach Überzeugung der

[13] Vgl. Mt 11,5 νεκροὶ ἐγείρονται καὶ πτωχοὶ εὐαγγελίζονται mit der beachtenswerten Parallele in den Qumrantexten 4 Q 521 Fragm. 2, II,12: ומתים יחיה ענוים יבשׂר – „Und Tote wird er lebendig machen, Armen gute Nachricht bringen". Vgl. weiter H. Kvalbein, Die Wunder der Endzeit, Beobachtungen zu 4 Q 521 und Matth. 11,5 p., ZNW 88 (1997) 111–125.

[14] Vgl. Friedrich (s. Anm. 8) 729; ferner Strecker (1975, s. Anm. 8) 525 (= 205): Εὐαγγέλιον „kennzeichnet also den Vollzug der gemeindegründenden Predigt des Paulus und sagt zugleich dessen Inhalt aus".

[15] Vgl. Koch, Schrift 328–331.

urchristlichen Verkündigung auf die schon „zuvor“ von den Propheten angekündigten Verheißungen Gottes, in denen angesagt wurde, was nun verwirklicht ist. Die in ihnen vorgegebene Sprache bestimmt daher auch die Aussagen, in denen von der Erfüllung gehandelt wird, die in Christus gekommen ist.

V. 3–4: Der Apostel teilt mit den ersten Christen dieses Verständnis der Schriftauslegung und weiß sich mit ihnen einig im Bekenntnis, das sie miteinander verbindet. Es redet von seinem Sohn,

„der geboren ist aus dem Samen Davids nach dem Fleisch,
der eingesetzt ist zum Sohn Gottes in Kraft nach dem Geist der Heiligkeit aus der Auferstehung von den Toten“.

Das übernommene Zitat wird durch Voranstellung von περὶ τοῦ υἱοῦ αὐτοῦ eingeführt und durch die angefügte Wendung Ἰησοῦ Χριστοῦ τοῦ κυρίου ἡμῶν zusammenfassend interpretiert.[16] Auf vorpaulinischen Ursprung deuten nicht nur der Parallelismus membrorum, der Partizipialstil, die Voranstellung der Verben und das weitgehende Fehlen von Artikeln, sondern auch die Verwendung sonst bei Paulus nicht gebräuchlicher Ausdrücke: σπέρμα Δαυίδ nur noch 2 Tim 2,8; ὁρίζειν in der Bedeutung „einsetzen“ (vgl. Act 10,42; 17,31); πνεῦμα ἁγιωσύνης (vgl. Test Levi 18,11) als Übersetzung von hebräisch רוּחַ (הַ) קוֹדֶשׁ („Geist der Heiligkeit“; so 1 QS IV,21; VIII,16; IX,3; 1 QH VII,6f.; CD II,12 u.ö.) als πνεῦμα ἅγιον.[17] Der Gegensatz σάρξ / πνεῦμα wird vom Apostel häufig in anthropologischem Sinn verwendet, niemals jedoch zur Bezeichnung von himmlischer und irdischer Sphäre (so jedoch 1 Tim 3,16; 1 Petr 3,18; 4,6). Diese Unterscheidung ist daher nicht der Hand des Paulus zuzuweisen[18], sondern zum ursprünglichen Bestand der vorgegebenen Wendung zu rechnen, zumal auch die Begriffsverbindung von πνεῦμα ἁγιωσύνης sonst nirgendwo bei Paulus vorkommt.[19] Nur an dieser Stelle wird in den Briefen des Apostels durch die äußerst knapp formulierte Wendung ἐξ ἀναστάσεως νεκρῶν auf die Auferstehung Jesu hingewiesen. Es liegt daher in der vorgegebenen Aussage nicht der Gedanke vor, mit der AuferweckungChristi habe die allgemeine Auferstehung der Toten bereits begonnen (1 Kor 15,20–28)[20], sondern

---

[16] Daß Paulus sich auf eine vorgegebene Wendung bezieht, ist grundsätzlich kaum strittig (skeptisch zuletzt Haacker, Röm. 25). Doch gehen die Meinungen darüber auseinander, ob und in welchem Umfang der Apostel Interpretamente eingefügt hat. Außer der S. 57f. genannten Literatur vgl. bes. Bultmann, Theologie 52; Hahn, Hoheitstitel 251–258; Kramer, Christos 105–108; Theobald; T. Söding, Davidssohn und Gottessohn. Zur paulinischen Christologie von Röm 1,3f., in: Religionsgeschichte des Neuen Testaments, FS K. Berger, Tübingen/Basel 2000, 325–356; Wengst, Formeln 112–116; H. Zimmermann, Neutestamentliche Methodenlehre, Stuttgart 71982, 195–203.

[17] Der hebraisierende Ausdruck bietet jedoch keine Veranlassung, auf eine ursprünglich hebräische oder aramäische Vorlage zu schließen. Die Ausdrucksweise ist vielmehr durch die Sprache der hellenistischen Synagoge bestimmt.

[18] So Bultmann, Theologie 52; Wengst, Formeln 113 u.a., zuletzt Müller, 7. Es kann keine Rede davon sein, daß durch κατὰ σάρκα „die der Formel noch wichtige Betonung der Abstammung Jesu von David als theologisch irrelevant“ disqualifiziert würde (so Wengst, Formeln 113; auch Dunn, Rom. 13).

[19] So mit Recht die meisten Interpreten.

[20] So Schmithals, Röm. 50; Dunn, Rom. 15f. u.a.

es handelt sich um eine verkürzte Redeweise für ἐκ τῆς ἀναστάσεως ἐκ τῶν νεκρῶν.[21]

Die erste Zeile spricht von Christi Herkunft[22] von David. Dabei handelt es sich jedoch nicht einfach um eine genealogische Angabe, zu der die sog. Stammbäume Jesu (Mt 1,1–17; Lk 3,23–38) zu vergleichen sind. Vielmehr wird Jesu irdische Existenz durchaus als messianische qualifiziert. Als Sohn Davids erfüllte er die Verheißungen der Schriften und der Hoffnung Israels, so daß er nach den Wundererzählungen der Evangelien von Kranken wiederholt als Davids Sohn angerufen und um rettende Hilfe angegangen wurde (Mk 10,47f. Par.; Mt 9,27; 15,22; 20,30f.).[23] Dem messianischen Ausdruck ἐκ σπέρματος Δαυίδ, der durch seine atl.-jüdischen Voraussetzungen bestimmt ist (2 Sam 7,8f.12–14; Jes 11,1–3; Jer 23,5; Ps Sal 17, 4.21.37), wird die Würde gegenübergestellt, die der Auferstandene empfing. Die zweite Zeile des vorpaulinischen Zitats überbietet damit die Aussage, die im ersten Satz über die irdische Existenz Jesu gemacht wird.

Der Auferstandene wurde „eingesetzt zum Sohn Gottes". Dabei wird dem Titel „Sohn Gottes" durch die Hinzufügung von ἐν δυνάμει besondere Auszeichnung verliehen. Zwar ließe sich erwägen, ob diese Hervorhebung erst durch paulinisches Interpretament erfolgt ist[24]; doch zwingend ist diese Annahme keineswegs. Denn es entspricht gemein-urchristlicher Überzeugung, daß die Auferstehung Christi durch Gottes δύναμις geschah (1 Kor 6,14; Phil 3,10) und seine endzeitliche Erscheinung sich „in Kraft" ereignen werde (Mk 9,1; 13,26 Par.: μετὰ δυνάμεως πολλῆς καὶ δόξης; vgl. 1 Tim 3,16: ἐν δόξῃ). Die Wendung ἐν δυνάμει ist sicherlich zu der vorangegangenen Begriffsverbindung υἱοῦ θεοῦ – nicht zum Partizip ὁρισθέντος – zu ziehen. Das Fehlen des Artikels erklärt sich durch die knappe Ausdrucksweise der vorgegebenen Formel; griechischem Stilempfinden würde entsprechen, die Präposition durch ein τοῦ mit dem vorhergehenden υἱοῦ θεοῦ zu verknüpfen. Der Auferstandene wurde in seine himmlische Würde eingesetzt – ἐξ ἀναστάσεως νεκρῶν. Ἐξ kann in temporalem („seit") oder in kausalem Sinn („auf Grund") verstanden werden. Hier wird die erste Bedeutung vorliegen; denn die Auferstehung wird nicht als „der Grund der Erhöhung, sondern als ihre erste Manifestation" verstanden (LIETZMANN, Röm. 25).[25] Diese wird – wie die passive Ausdrucksweise ὁρισθέντος anzeigt – als Gottes wunderbare Tat begriffen (vgl. Act 10,42; 17,31).

Wie die Aussage der ersten Zeile, so ist auch die der zweiten von ihren atl.-jüdischen Voraussetzungen her zu begreifen. Wird doch dem Gesalbten Gottes zugerufen: „Du bist mein Sohn, heute habe ich dich gezeugt" (Ps 2,7) und dem verheißenen Herrscher Israels von Gott versichert: „Ich will sein Vater sein, und er soll

---

21 So mit Recht LIETZMANN, Röm. 25, WENGST, Formeln 114 u.a.

22 Γίνεσθαι ἐκ auch Gal 4,4. Die schwach bezeugte varia lectio γεννωμένου ist eindeutig sekundär.

23 Vgl. E. LOHSE, ThWNT VIII, 489f.

24 So u.a. BARRETT, Rom. 20.

25 Anders SCHWEIZER, Erniedrigung 91 Anm. 363: „Für eine bloße Zeitangabe wäre das Ereignis der Auferstehung doch wohl zu gewichtig."

mein Sohn sein" (2 Sam 7,14). Durch den Titel des Gottessohnes wird die Annahme des Herrschers durch Gott und seine Einsetzung in das königliche Amt bezeichnet, das er kraft göttlicher Vollmacht ausüben soll. Obwohl in diesen Worten die Gottessohnschaft nicht im Sinne physischer Abstammung, sondern als Ausdruck der Legitimation des Herrschers durch Gott verstanden wurde, ist man im antiken Judentum offenbar besorgt gewesen, es könnte sich mit dem Titel „Sohn Gottes" das Mißverständnis einer physischen Gottessohnschaft verbinden, von der in der Welt des alten Orients wie auch des Hellenismus weithin die Rede war.[26] Deshalb wurde vom Sohn Gottes nur in Zitaten der messianischen Verheißungen gesprochen, sonst aber gegenüber diesem Messiastitel äußerste Zurückhaltung geübt, um nicht die Einzigkeit Gottes zu verletzen.[27]

Das urchristliche Bekenntnis drückt in der durch das AT vorgegebenen Begrifflichkeit aus, daß Gott den Auferstandenen in sein königliches Amt eingesetzt hat (vgl. Act 2,30–32.36; 5,31; 13,33 f.). Wenn diese aus sehr früher Zeit stammende Aussage des Bekenntnisses[28] als „adoptianische Christologie" benannt wird, so will beachtet sein, daß hier weder eine Andeutung vorliegt, die auf die Unterscheidung zwischen einander widersprechenden Formen christologischer Rede hinweist, noch Erwägungen einer sich später ausbildenden Trinitätslehre eingetragen werden dürfen.[29] Es geht vielmehr allein um die unvergleichliche Würde des erhöhten Christus.

Paulus macht sich das ihm vorgegebene Bekenntnis zu eigen, indem er es mit der Christusverkündigung der hellenistischen Christenheit verbindet und zu einer – freilich spannungsvollen – Einheit verschmilzt. Denn mit der hellenistischen Gemeinde sagt der Apostel, daß nicht erst der Auferstandende, sondern bereits der irdische Jesus und der präexistente Christus Gottes Sohn ist. Ihn hat Gott in die Welt gesandt, von einer Frau geboren und unter das Gesetz getan (Gal 4,4). Er hat ihn für uns alle dahingegeben (Röm 8,32) und aus der Erniedrigung bis zum Tod am Kreuz zu seiner den Kosmos umspannenden Herrschaft erhöht (Phil 2,6–11).

Dem vorangestellten Titel περὶ τοῦ υἱοῦ αὐτοῦ korrespondiert der volle Klang der abschließenden Worte Ἰησοῦ Χριστοῦ τοῦ κυρίου ἡμῶν. Dabei wird die ursprünglich titulare Bedeutung von Χριστοῦ nicht mehr empfunden, sondern die Hoheit des Erhöhten durch κύριος angezeigt. Als der Auferstandene ist er der Herr, in dessen königlichem Regiment sich die Verheißungen der Schrift ver-

---

[26] Vgl. H. Merklein, Ägyptische Einflüsse auf die messianische Sohn-Gottes-Aussage des Neuen Testaments, in: Geschichte – Tradition – Reflexion, FS M. Hengel, III, Tübingen 1996, 21–48.

[27] Vgl. E. Lohse, ThWNT VIII, 361–363. Zu den Texten aus Qumran s. H.-W. Kuhn, Röm. 1,3f. und der davidische Messias als Gottessohn in den Qumranschriften, in: Lese-Zeichen. FS A. Findeiß, Heidelberg 1984, 103–113. Zu den jüdischen Voraussetzungen für ein messianisches Verständnis des Hoheitstitels Sohn Gottes vgl. zuletzt: A. Labahn/M. Labahn, Jesus als Sohn Gottes bei Paulus, in: Schnelle/Söding (Hg.), Christologie 97–120 bes. 102f.

[28] Die Behauptung, es habe sich um ein Taufbekenntnis gehandelt (Wengst, Formeln 116), stellt eine bloße Vermutung dar.

[29] Denkbaren Mißverständnissen will offensichtlich die spätere, nur im Westen vertretene Variante προορισθέντος latt; Ir^{vid} vorbeugen.

wirklicht haben, so daß alle, die an ihn glauben, in die Akklamation einstimmen: κύριος Ἰησοῦς Χριστός (Phil 2,11; Röm 10,9; 1 Kor 12,3 u. ö.).

Durch die gedrängte Zusammenfassung des Bekenntnisses, zu dem sich die ganze Christenheit aus Juden und Heiden vereint, wird unterstrichen, daß alle Hoffnungen und alle Erwartungen, mit denen man sich in der alten Welt nach Rettung und Heil ausgestreckt hatte, in Erfüllung gegangen sind – nicht nur die des alten Israel, sondern auch diejenigen der Völker. Indem Paulus die ihm vorgegebene ältere Aussage mit dem geläufigen Bekenntnis der weltweiten Christenheit zusammenfaßt, läßt er die gewisse Spannung stehen, die durch die zusammengebundenen Aussagen über die Gottessohnschaft Christi gegeben ist. Denn es kommt ihm darauf an, die einzigartige Hoheit des Christus als den Inhalt der einen frohen Botschaft zu beschreiben. Zur Verkündigung dieses einen Evangeliums weiß sich der Apostel berufen und sucht daher durch den Bezug auf das Bekenntnis „die gemeinsame Grundlage des Glaubens mit den Römern herzustellen" (Käsemann, Röm. 11).

V. 5: Mit einem angeschlossenen Relativsatz, der Bestandteil der langen Satzperiode ist, lenkt Paulus zu seinem apostolischen Auftrag zurück. Zwar ist die Formulierung im Plural gehalten; aber der Apostel denkt gewiß weder an andere Mitarbeiter noch an etwaige Mitabsender, sondern spricht – wie auch sonst des öfteren – in der Mehrzahl von dem zuteil gewordenen Auftrag[30]. Diesen bezeichnet er als χάριν καὶ ἀποστολήν. Dabei interpretieren beide Begriffe einander. Denn Paulus ist sich stets dessen bewußt, daß er kraft göttlichen Gnadenerweises zum Apostel berufen ist (Gal 2,9; 1 Kor 3,10; 15,10 u. ö.). Seinen Apostolat bezeichnet er niemals als χάρισμα, sondern hebt ihn aus der Vielfalt der Dienste, zu denen der eine Geist befähigt, in seiner unvergleichlichen Besonderheit heraus.[31] Ist doch seine einzigartige Aufgabe streng darauf bezogen, die Botschaft des Evangeliums in die Welt hinauszutragen. Darum weiß Paulus sich ganz und gar durch diese ihn bestimmende Gnade Gottes in Beschlag genommen, so daß er weder eine Unterscheidung von Amt und Person kennt noch sich irgendeinen Bereich seines Lebens vorstellen könnte, in dem nicht die befreiende und in Dienst nehmende göttliche χάρις waltet. Bis ins Leiden und Sterben hinein hat er seinen apostolischen Auftrag zu versehen.

Durch drei angefügte Präpositionalverbindungen beschreibt Paulus den einzigartigen Charakter des ihm aufgetragenen Dienstes, zunächst: εἰς ὑπακοὴν πίστεως. Der Begriff der πίστις ist in epexegetischer Bedeutung mit dem der ὑπακοή verbunden, so daß diese Verknüpfung den Sinn des Ausdrucks fest-

---

[30] Vgl. K. Dick, Der schriftstellerische Plural bei Paulus, Halle 1900. Zu einer differenzierteren Interpretation, die dem Gebrauch des Plurals bei Paulus gerecht zu werden sucht, vgl. S. Byrskog, Co-Senders, Co-Authors and Paul's Use of the First Person Plural, ZNW 87 (1996) 230–250; ferner: M. Müller, Der sogenannte ‚schriftstellerische Plural' – neu betrachtet, BZ 42 (1998) 181–202.

[31] Vgl. Satake 103. Doch s. H. v. Lips, Der Apostolat des Paulus – ein Charisma?, Bib. 66 (1985) 305–343: ἡ χάρις δοθεῖσα = χάρισμα.

legt.[32] Erwächst nach dem Verständnis des Paulus die πίστις aus der ἀκοή (10,17), so ist der Glaube durch aufmerksames Hinhören begründet. Daher kann es auf der einen Seite heißen, von der πίστις der Christen in Rom sei allerorten die Rede (1,8), andererseits aber gesagt werden, ihre ὑπακοή sei überall bekannt geworden (16,19). Und der Satz οὐ πάντες ὑπήκουσαν τῷ εὐαγγελίῳ kann durch das Schriftwort erläutert werden: τίς ἐπίστευσεν τῇ ἀκοῇ ἡμῶν (10,16). Das Evangelium wird durch die Predigt (ἀκοή) ausgerichtet, so daß ὑπακούειν und πιστεύειν einander entsprechen.[33] Wird der Glaube als Gehorsam begriffen, so wird damit angezeigt, daß die πίστις nicht allein auf intellektuelle Kenntnisnahme und Zustimmung zielt, sondern den gesamten Lebensvollzug einschließt.

Gehorsame Antwort des Glaubens soll die apostolische Verkündigung finden ἐν πᾶσιν τοῖς ἔθνεσιν. Jüdischem Verständnis entsprechend wird die heidnische Welt die der Völker genannt (גּוֹיִם). Während sich Israel aus den Völkern ausgesondert wußte, gilt die Botschaft des Evangeliums allen – Juden und Heiden gleicherweise –, so daß alle Trennungen unter den Menschen aufgehoben sind. Paulus weiß sich als „Apostel der Völker" (11,13) dazu bestellt, die frohe Botschaft unter allen Völkern – ohne jede Ausnahme – auszurufen (Gal 1,15 f.).

Dieser Dienst ist „zur Ehre seines Namens" zu versehen. Die vollklingende Wendung wird an den Schluß gesetzt, um jeden Gedanken auszuschließen, als könnte es in irgendeiner Weise um persönliche Interessen oder eigenen Ruhm gehen. Allein die Ehre des Herrn soll bezeugt werden, dem Paulus als sein Knecht zu dienen hat.

V. 6: Da das Evangelium aller Welt zu verkündigen ist, kommen nun die Empfänger des Briefes in den Blick. Denn sie leben in der Hauptstadt des Imperiums inmitten der Völker, von denen eben gesprochen wurde. Dabei wird keine Aussage über die Zusammensetzung der Gemeinde und das Verhältnis zwischen Juden- und Heidenchristen gemacht[34], sondern auf den weiten Bereich hingewiesen, in dem der Apostel überall seinen Dienst zu versehen hat. Deshalb ist er von seinem Auftrag her dazu gehalten, mit den Christen in Rom Verbindung zu suchen. Als Glieder des Gottesvolkes sind sie κλητοὶ Ἰησοῦ Χριστοῦ.[35] Die bestimmende Bedeutung des Rufes, durch den der Apostel wie die Empfänger des Briefes getroffen wurden, wird im Proömium mehrfach hervorgehoben (vgl. V. 1 und 7). Durch vertrauende Annahme des Rufes Jesu Christi, der an sie ergangen ist, sind sie Christen geworden und gehören daher ihrem Herrn zueigen. In dieser Überzeugung weiß Paulus sich mit ihnen einig.

---

[32] Daher ist weder im Sinn eines Gen. obj. zu erklären = Gehorsam gegenüber der Glaubensbotschaft (so KUSS, Röm. 10) noch mit FRIEDRICH (1981) 122 ὑπακοή als Predigt zu verstehen und zu übersetzen: zur Predigt des Glaubens.

[33] Vgl. FRIEDRICH (1981) 119.

[34] SCHLATTER, Röm. 23 bemerkt mit Recht: „Er sagt nicht, daß sie nach ihrer Herkunft zu den Völkern gehören, da es unter ihnen manche Juden gibt. Darum sagte er nicht ἐξ ὧν ἐστε καὶ ὑμεῖς."

[35] Die Wendung „Berufene Gottes" (קְרוּאֵי אֵל) findet sich auch in den Texten der Gemeinde von Qumran des öfteren als Bezeichnung für die Glieder der Heilsgemeinde (1 QM III, 2 IV,10f. u. ö.).

V. 7: In der Anrede, mit der der Apostel die Christen in Rom als Empfänger seines Schreibens bezeichnet, werden sie als Geliebte Gottes angesprochen und wird noch einmal auf die bestimmende Kraft der göttlichen Berufung hingewiesen, durch die sie zu seinem Eigentum erklärt und damit zu „Heiligen" wurden (vgl. 1 Kor 6,11). Als Berufene sind sie – wie die vorangestellte Wendung sagt – von Gott Geliebte. Der Genetiv ϑεοῦ bezeichnet den Urheber, der ihnen seine Liebe zugewandt hat und ständig erweist (vgl. Röm 8,28). Da sie ihre Existenz als Christen dem Ruf Gottes verdanken, haben sie ihr Leben im Gehorsam gegenüber der an sie ergangenen κλῆσις zu führen.[36] An sie alle, die in Rom als von Gott Geliebte und berufene Heilige leben, richtet der Apostel seine Botschaft. Πᾶσιν ist an den Anfang gesetzt; denn alle ohne Ausnahme sind angesprochen. In keinem anderen Brief des Paulus werden die Wörter „alle", „jeder" oder negativ „keiner" so häufig gebraucht wie in dem an die Römer.[37] Adressat der apostolischen Predigt ist demnach die Welt und zugleich jeder einzelne, der eingeladen wird, das Evangelium in vertrauendem Glauben anzunehmen. Dieses universalen Charakters der apostolischen Verkündigung sollen sich die Christen in der Welthauptstadt bewußt sein. Wenn die Ortsangabe ἐν ῾Ρώμῃ in einigen wenigen Handschriften fehlt oder durch ἐν ἀγάπῃ ϑεοῦ ersetzt wird (G it vg mss Ambst), so ist daran der Eingriff späterer Bearbeitung zu erkennen, die den Text für den gottesdienstlichen Gebrauch redigiert hat und alle Christen als Hörer der apostolischen Verkündigung angesprochen wissen wollte (so auch zu V. 15).

Wie im Brief an die Philipper die Adressaten Heilige in Christus Jesus genannt werden (Phil 1,1), fehlt auch hier die Bezeichnung als ἐκκλησία, die sich sonst regelmäßig in den Eingängen der paulinischen Briefe findet. Daraus wird sicherlich nicht die Vermutung hergeleitet werden dürfen, als würde der Apostel Bedenken tragen, die Christen in Rom als Glieder rechter christlicher Gemeinde anzuerkennen.[38] Hat er sie doch ohne jede Einschränkung als von Gott Geliebte und berufene Heilige bezeichnet. Da in der Grußliste mehrfach von einzelnen Hausgemeinden die Rede ist (ἐκκλησία in Röm 16,1.4f.16.23), darf man vermuten, daß es in dieser frühen Zeit zwar an verschiedenen Stellen der Stadt einzelne Hausgemeinden gab, aber kein zentraler Versammlungsort vorhanden war, an dem alle Christen Roms hätten zusammenkommen können. Durch die weit gefaßte Bezeichnung der Adressaten möchte der Apostel betonen, daß er zu allen Christen in Rom sprechen will, und verbindet damit die Bitte, sein Schreiben ihnen allen weiterzureichen.

Der Gruß, mit dem Paulus sich an die Christen in Rom wendet, trägt vollen Klang: Gnade und Friede kommen von Gott dem Vater, zu dem die Glaubenden

---

[36] Zu ἅγιος / ἅγιοι als Bezeichnung der Christen vgl. den Sprachgebrauch der Gemeinde von Qumran und die Anwendung des Begriffes קָדוֹשׁ/קְדוֹשִׁים auf die Glieder der Heilsgemeinde (1 QS XI,8; 1 QM III,5; VI,6 u. ö.). Als auserwähltes Volk ist Israel heilig, d.h. seinem Gott zu eigen (Lev 11,44; 19,2; 20,26 u. ö.).

[37] Vgl. Bornkamm, Testament 135 sowie H.S. Hwang, Die Verwendung des Wortes πᾶς in den paulinischen Briefen, Diss. Erlangen 1985.

[38] Etwa in dem Sinn, als müßten sie erst durch die Unterweisung des Apostels zu einer wirklichen ἐκκλησία gemacht werden. So jedoch Klein, Abfassungszweck, 129–144.143f.

rufen (Gal 4,6; Röm 8,15), und dem Kyrios Jesus Christus, zu dem sie sich als dem Herrn aller Herren bekennen (Phil 2,11; 1 Kor 8,6). Wie der Brief mit diesem Gruß eröffnet wird, so wird der Gnadenwunsch am Ende wieder aufgenommen, um Absender und Adressaten im Vertrauen auf Gottes gnädige Zuwendung in Christus zusammenzuschließen: ἡ χάρις τοῦ κυρίου ἡμῶν μεθ' ὑμῶν (Röm 16,20). Denn „nichts ist mehr zu wünschen, als daß wir einen gnädigen Gott haben" (CALVIN, Röm. zu 16,27).

1,8–17 Proömium: Danksagung, Fürbitte und Thema des Briefes

8) Vor allem sage ich Dank meinem Gott durch Jesus Christus für euch alle, daß euer Glaube verkündet wird in der ganzen Welt. 9) Denn Gott ist mein Zeuge, dem ich diene mit meinem Geist am Evangelium von seinem Sohn, wie ich unablässig euer gedenke. 10) Allezeit bitte ich bei meinen Gebeten darum, ob es mir endlich durch Gottes Willen gelingen möchte, zu euch zu kommen. 11) Denn ich sehne mich danach, euch zu sehen, damit ich euch etwas an geistlicher Gnadengabe mitteilen kann zu eurer Stärkung, 12) das heißt: um mit euch Zuspruch zu erfahren in eurer Mitte durch den gegenseitigen Glauben, euren und meinen. 13) Ich will euch aber nicht verhehlen, Brüder, daß ich mir oft vorgenommen habe, zu euch zu kommen – doch wurde ich bis jetzt daran gehindert –, um einige Frucht auch bei euch zu erhalten wie auch bei den übrigen Heiden. 14) Griechen und Barbaren, Weisen und Ungebildeten bin ich verpflichtet. 15) Deshalb, was mich betrifft, bin ich bereit, auch euch in Rom das Evangelium zu verkündigen. 16) Denn ich schäme mich des Evangeliums nicht. Denn Gottes Kraft ist es zur Rettung für jeden, der glaubt, für den Juden zuerst und auch den Griechen. 17) Denn Gottes Gerechtigkeit wird in ihm offenbart aus Glauben zum Glauben, wie geschrieben steht: Der Gerechte aber wird aus Glauben leben.

BARRETT, C.K.: I am not ashamed of the Gospel, in: Barth, Foi 19–50 (repr. NT Essays 116–143); CAMPBELL, D.A.: Romans 1:17. A Crux Interpretum for the Pistis Theou Debate, JBL 113 (1994) 265–285; DODD, B.: Romans 1:17. A Crux Interpretum for the ΠΙΣΤΙΣ ΧΡΙΣΤΟΥ Debate?, JBL 114 (1995) 470–475; EICHHOLZ, G.: Der ökumenische und missionarische Horizont der Kirche. Eine exegetische Studie zu Röm. 1,8–15, EvTh 21 (1961) 15–27 = Tradition 85–98; FEUILLET, citation; FITZMYER, J.: The Use of Explicit Old Testament Quotations in Qumran Literature and in the New Testament, NTS 7 (1960/61) 297–333; GLOMBITZA, O.: Von der Scham der Gläubigen. Zu Röm. 1,14–17, NT 4 (1960) 74–80; HEROLD, G.: Zorn und Gerechtigkeit bei Paulus. Eine Untersuchung zu Röm. 1,16–18, EHS.T 23,14, Bern/Frankfurt a.M. 1973; KOCH, Beobachtungen; DERS., Schrift 275–277.290f.; DERS., Der Text von Hab. 2,4 in der Septuaginta und im Neuen Testament, ZNW 76 (1985) 68–85; KUSS, O.: Die Formel „durch Christus" in den paulinischen Hauptbriefen, TThZ 65 (1956) 193–201; STROBEL, A.: Untersuchungen zum eschatologischen Verzögerungsproblem auf Grund der spätjüdisch-urchristlichen Geschichte von Hab. 2,2,

NT.S 2, Leiden 1961; v.D. WOUDE, A.S.: Der Gerechte wird durch seine Treue leben. Erwägungen zu Habakuk 2,4–5, in: Studia biblica et semitica, FS T. Vriezen, Wageningen 1966, 367–375.

Es entsprach üblichem hellenistischen Briefstil, ein Schreiben mit einem Dank einzuleiten, der an die Götter bzw. die Gottheit gerichtet wurde.[1] Die Belege, die schon im 3. Jh. v. Chr. einsetzen und für die folgenden Jahrhunderte zahlreicher vorhanden sind,[2] lassen ein bestimmtes Schema der Danksagung erkennen. Sie beginnt mit χάρις τοῖς θεοῖς oder εὐχαριστῶ (bzw. εὐχαριστοῦμεν) τοῖς θεοῖς (bzw. τῷ θεῷ), wobei man bisweilen versichert, daß die Gottheit in beständiger Treue angerufen wird. Dann folgt eine Begründung, in der auf bestimmte Wohltaten oder das gnädige Handeln der Gottheit hingewiesen wird, und wird schließlich hervorgehoben, daß der Briefschreiber im Gedenken an die Adressaten von Dank erfüllt ist. Diese Form der Danksagung hat auch in das hellenistische Judentum Eingang gefunden. 2 Makk 1,10ff. wird ein Brief der Juden Jerusalems an die Juden in Ägypten zitiert. Darin folgen auf den Eingangsgruß χαίρειν καὶ ὑγιαίνειν die Worte „aus großen Gefahren von Gott gerettet, sagen wir ihm großen Dank"(ἐκ μεγάλων κινδύνων ὑπὸ τοῦ θεοῦ σεσῳσμένοι μεγάλως εὐχαριστοῦμεν αὐτῷ) (1,10f.). Der Dank ist an den Gott Israels gerichtet, durch μεγάλως in seiner Intensität unterstrichen und durch den Hinweis auf Gottes rettende Tat inhaltlich begründet.[3]

Dieser Gepflogenheit hellenistischen Briefstils schließt sich der Apostel Paulus an und richtet zu Beginn seiner Schreiben eine Danksagung an Gott, den Vater Jesu Christi, um ihn für alles zu preisen, was er der Gemeinde hat zuteil werden lassen.[4] Die einleitende Danksagung, die eine feste, allen paulinischen Briefen zugrundeliegende Struktur aufweist, ist in zwei unterschiedlichen Formen entfaltet. Die ausführlicher gestaltete Fassung beginnt mit einem Dank an Gott, der allezeit im Gebet vor ihn gebracht wird, und schließt eine erste Partizipialwendung an, die das Zeitadverb erläutert. Dann tritt eine zweite Partizipialwendung hinzu, die den Anlaß zum Dank angibt. Und am Ende mündet die Danksagung in eine an die Empfänger gerichtete Aufforderung: „Ich danke meinem Gott allezeit, wenn ich deiner gedenke (εὐχαριστῶ τῷ θεῷ μου πάντοτε μνείαν σου ποιούμενος) in meinen Gebeten; höre ich doch (ἀκούων), wie du Liebe hast ... damit (ὅπως) dein Anteil am Glauben wirksam werde ..." (Phm 4–6; vgl. 1 Thess 1,2–5; Phil 1,3–11; Eph 1,15–17). Die andere, kürzere Form setzt gleichfalls mit einem Dank gegen Gott ein, fügt meist ein Zeitadverb hinzu und gibt mit einem ὅτι-Satz den Gegenstand des Dankes an, so Röm 1,8: „Vor allem sage ich Dank (εὐχαριστῶ) ... für euch alle, daß (ὅτι) ... wie ich euer unablässig gedenke (ἀδιαλείπτως μνείαν

---

[1] Vgl. SCHUBERT, Thanksgivings 158–179 sowie J.L. WHITE, Form and Function of the Greek Letter. A Study of the Letter Body in the Non-Literary Papyri and in Paul the Apostle, SBL Diss 2,1972.

[2] Vgl. E. LOHSE, Die Briefe an die Kolosser und an Philemon, Göttingen [2]1977, 40f.

[3] Zur Analyse vgl. SCHUBERT, Thanksgivings 117–119.

[4] Nur im Gal wird nicht mit εὐχαριστῶ o.ä., sondern mit dem schroffen Ausdruck θαυμάζω (1,6) zum Thema des Briefes übergeleitet.

ὑμῶν ποιοῦμαι V. 9) – allezeit (πάντοτε V. 10). (Vgl. auch 1 Kor 1,4f.; 1 Thess 2,12; 2 Thess 1,3; 2,13).

Der Apostel stellt an den Anfang einen an Gott gerichteten Dank, der den Glauben(sstand) der Briefempfänger lobt und auf diese Weise Verbindung zu ihnen zu gewinnen sucht; denkt Paulus doch in seinen Gebeten ständig an sie mit dem Wunsch, sie in naher Zukunft besuchen zu können (V. 9f.). Damit geht die Danksagung in eine Fürbitte über, die neben der Hoffnung auf baldige Begegnung darauf gerichtet ist, es möge zu wechselseitiger Stärkung und Ermutigung kommen (V. 11–13). In V. 14 wird dann in einer grundsätzlich gehaltenen Erklärung vom Auftrag gesprochen, der dem Apostel gestellt ist, und die Versicherung angeschlossen, er sei jederzeit bereit, auch in Rom das Evangelium zu bezeugen (V. 15). Damit leitet Paulus zur Angabe des Themas über, von dem der ganze Brief handeln soll: Rechenschaft abzulegen von der Botschaft des Evangeliums, in dem die Offenbarung der Gerechtigkeit Gottes bezeugt wird (V. 16f.).

V. 8: Der Wendung πρῶτον μέν, mit der Paulus seine Danksagung einleitet, entspricht im folgenden kein δεύτερον δέ. Daher ist mit „vor allem" zu übersetzen, da der Apostel offensichtlich keine Aufzählung im Sinn hat, sondern den Gott geschuldeten Dank als wichtigste Aussage an den Anfang setzt. Sein Gebet richtet er – wie er in der Sprache atl. Psalmen sagt (Ps 3,8; 5,3; 7,2; 22,1f. u. ö.) – an „seinen Gott" und betont damit die enge Verbindung des Beters zu Gott, dem Vater Jesu Christi (vgl. Phil 1,3; 4,19; 2 Kor 12,21; Phm 4). In Christus hat Gott ein für allemal offenbar gemacht, wer er ist, so daß das Gebet der Christen διὰ Ἰησοῦ Χριστοῦ, der sie vor Gott vertritt (Röm 8,34), vor ihn gebracht wird. Der Dank betrifft alle Christen in Rom – ohne Ausnahme, wie περὶ πάντων ὑμῶν unterstreicht. Von ihrem Glauben(sstand) wird allerorten verkündigt. Πίστις ist hier nicht im Sinn des „zum Glauben Kommens" gebraucht, sondern bezieht sich auf alle Bereiche des Lebens, in denen sich die Christen in Rom bewähren (πίστις = ὑπακοή; vgl. 16,19: ἡ γὰρ ὑμῶν ὑπακοὴ εἰς πάντας ἀφίκετο). Verleiht das Verbum καταγγέλλεται der Aussage einen feierlichen Klang, indem es auf Vollzug wie Inhalt der christlichen Verkündigung hinweist (vgl. 1 Kor 2,1; 9,14; 11,26; Phil 1,17f.), so faßt die Angabe ἐν ὅλῳ τῷ κόσμῳ die ganze damals bekannte Welt in den Blick. Nicht nur in der näheren Umgebung oder in bestimmten Bereichen (vgl. 1 Thess 1,8), sondern – wie Paulus übertreibend sagt – im gesamten Kosmos breitet sich die Kunde aus, daß in der Hauptstadt des Reiches Leute versammelt sind, die Christus als den Kyrios bekennen. Gott allein gebührt die Ehre dafür, daß sein Wort Glauben findet und durch die Welt läuft.

V. 9: Mit einer schwurartigen Wendung beteuert der Apostel, wie eng seine enge Verbundenheit mit den Christen in Rom ist. Die an biblische Formulierungen (1 Sam 12,5; Test Levi 19,3 u. a.) anknüpfende nachdrückliche Versicherung, der Paulus sich des öfteren bedient (vgl. Phil 1,8; 1 Thess 2,5.10; 2 Kor 1,23; 11,31; Gal 1,20 u. ö.), setzt ὁ θεός betont an das Ende, um eine Relativaussage unmittelbar anschließen zu können. Denn durch die Verkündigung der frohen Botschaft vom Sohn

Gottes (Gen. obj.; vgl. V. 3f.) verrichtet Paulus den ihm aufgetragenen Dienst (εὐαγγέλιον hier vom Vollzug der Verkündigung). Der Begriff πνεῦμα weist auf das menschliche Ich hin, das mit seinem ganzen Vermögen seiner Aufgabe betroffen ist.[5] Λατρεύειν wird oft in kultischem Sinn verwendet, bezeichnet aber darüber hinaus auch die Gott geschuldete Verehrung überhaupt. In dieser Bedeutung ist das Wort hier verwendet (vgl. auch Phil 3,3), da durch ἐν τῷ εὐαγγελίῳ τοῦ υἱοῦ αὐτοῦ die Art des Gott geschuldeten Dienstes angegeben ist. Gott, zu dessen Ehre der Apostel wirkt, ist sein Zeuge dafür, daß er unablässig der Christen in Rom gedenkt.

V. 10: Das Adverb ἀδιαλείπτως wird durch πάντοτε aufgenommen und verstärkt; dem Gedankengang entspricht es daher am besten, diese Zeitangabe zum Partizip δεόμενος zu ziehen. In seinem regelmäßig gesprochenen Gebet, für dessen Verrichtung jüdischer Brauch feste Zeiten vorgab (vgl. Dan 6,11), richtet der Apostel an Gott die Bitte, es möge ihm beschieden sein, bald nach Rom zu kommen. Εἴ πως drückt eine gewisse Unbestimmtheit aus; denn es bleibt Gott anheimgegeben, ob und wie er diese Bitte erhören mag. So Gott will – dieser Vorbehalt entspricht verbreiteter frommer Gesinnung (vgl. Jak 4,15 u. ö.). Paulus weist daher wie hier so auch bei anderen Gelegenheiten auf Gottes Willen hin, der letztlich allein bestimmend zu bleiben hat (vgl. Röm 12,2; 15,32; 1 Kor 1,1; 2 Kor 1,1; 8,5; Gal 1,4 u. ö.). Εὐοδοῦσθαι besagt wörtlich, daß ein guter Weg freigegeben werden möchte, wie es nach rabbinischer Tradition in einem Reisegebet heißt: „Möge es Wille vor dir sein, Herr, mein Gott, daß du mich leitest in Frieden und mich dahinschreiten lassest in Frieden und stützt in Frieden und mich errettest aus der Faust jedes Feindes und Wegelagerers …" (bBer 29 b)[6] Doch wird das Wort εὐοδοῦσθαι hier in der abgeschliffenen Bedeutung „gelingen" gebraucht sein. Allein Gottes Wille – das möchte Paulus sagen – kann seinem Wunsch glückliche Erfüllung verleihen, endlich (ἤδη ποτέ; vgl. Phil 4,10) zum lang ersehnten Besuch nach Rom zu kommen.

V. 11: Was der Apostel sich erhofft, deutet er in V. 11–13 in behutsam gewählten Formulierungen an. Ein Besuch bei den Adressaten soll dazu dienen, ἵνα τι μεταδῶ χάρισμα ὑμῖν πνευματικόν. Der von Paulus häufig gebrauchte Begriff χάρισμα (vgl. Röm 5,15.18; 6,23; 11,29; 12,6; 1 Kor 1,7; 7,7; 12,4.9.28.30.31 u. ö.) führt die erhoffte Gabe auf Gottes χάρις zurück und begreift sie als Erweis seiner gnädigen Zuwendung. Durch das Adjektiv πνευματικόν wird dieser Charakter noch einmal verstärkend hervorgehoben, ohne daß deshalb ein besonderer Hinweis auf pneumatische Erscheinungen anzunehmen wäre.[7] Es ist dem Apostel daran gelegen, daß es durch die Mitteilung gewisser – τι deutet wiederum vorsich-

---

[5] Πνεῦμα in anthropologischem Sinne auch 1 Kor 5,4; 14,14 u. ö.

[6] Vgl. Bill. I 410.

[7] Manche Exegeten – Michel, Röm. 82, Wilckens, Röm. I 79 u. a. – haben die Vermutung ausgesprochen, Paulus wolle sich hier den Römern gegenüber bewußt als Pneumatiker einführen und als solcher legitimieren.

tige Zurückhaltung an – geistlicher Gnadengabe zur Stärkung der Christen in Rom kommen möge. Στηρίζειν ist des öfteren von der inneren Festigung der Gemeinden gebraucht (1 Thess 3,2.13 u. ö.), wie sie durch den Zuspruch des Evangeliums bewirkt wird.

V. 12: Paulus legt großen Wert darauf, nicht mißverstanden zu werden, als ob er die so dringlich erhoffte Begegnung zu seinem Vorteil nutzen wollte. Darum fügt der Apostel eine klarstellende Bemerkung an, die durch τοῦτο δέ ἐστιν eingeleitet wird. Sind wie 1 Thess 3,2 die Verben στηρίζειν und παρακαλεῖν in enger Bezogenheit zueinander gesetzt, so liegt hier der Ton auf dem verbindenden συμ-. Soll es doch in der Mitte christlicher Gemeinschaft zu einem wechselseitigen Verhältnis des Gebens und Nehmens kommen. Wo πίστις und πίστις einander begegnen, wird einer den anderen durch tröstende Ermutigung aufrichten. Diese wechselseitige Stärkung ist durch die Kennzeichnung der πίστις als ὑμῶν τε καὶ ἐμοῦ mit Betonung hervorgehoben, so daß jeder Gedanke an eine einseitig beanspruchte Überlegenheit ausgeschlossen wird.

V. 13: Noch einmal setzt der Apostel neu ein mit der Wendung οὐ θέλω δὲ ὑμᾶς ἀγνοεῖν, die durch die doppelte Verneinung besonderen Nachdruck erhält und von Paulus gern gebraucht wird, um wichtige Mitteilungen einzuleiten (Röm 11,25; 1 Kor 10,1; 12,1; 2 Kor 1,8; 1 Thess 4,13).[8] Damit ist zumeist eine unmittelbare Anrede der Adressaten verbunden, die als ἀδελφοί angesprochen werden. Die Bezeichnung als „Brüder", die allen Gliedern der Gemeinde gilt, nimmt jüdischen Sprachgebrauch auf, wie er u. a. häufig in den Texten von Qumran bezeugt ist (1 QS VI,10; 1 QSa I,18; CD VI,20; VII,1f.; VIII,6; XIX,18; XX,18; 1 QM XIII,1 u. ö.), wendet sie nun aber auf die Zugehörigkeit zur christlichen Gemeinde an (vgl. Röm 7,1.4; 8,12; 10,1; 11,25; 15,14.30; 16,17). Durch das Verb προεθέμην unterstreicht Paulus, daß es nicht bei einem allgemeinen Wunsch geblieben ist, sich nach Rom auf den Weg zu machen, sondern daß er schon oft den bestimmten Plan gefaßt hat, dies zu tun. Aber – so wird in einer Parenthese erklärt – er wurde daran gehindert. Welcher Art diese Verhinderungen waren, ist nicht angedeutet. Es wird hier nicht wie in 1 Thess 2,18 auf den Satan als Ursache verwiesen, sondern durch die passive Formulierung zu erkennen gegeben, daß der Apostel sich Gottes Willen zu fügen hatte, so daß er nicht kommen konnte, um „einige Frucht" seines Wirkens wie unter den Völkern so auch in Rom zu erhalten. Καρπός ist vom Ertrag gesagt, der aus der Bezeugung des Evangeliums erwächst (vgl. Phil 1,22; Kol 1,6), wobei das hinzugefügte τινά wieder zurückhaltender Redeweise Ausdruck gibt (vgl. in V. 11). Denn Paulus ist sich dessen wohl bewußt, daß er nicht der Gründer einer Gemeinde in Rom war, sondern andere Boten vor ihm dorthin gekommen sind und die Saat ausgestreut haben, die nun Frucht trägt. Daran möchte er als Apostel der Völker teilhaben und in die Gemeinschaft mit den römischen Christen eintreten.

---

[8] In positiver Formulierung entspricht der Ausdruck γινώσκειν σε θέλω u. ä., wie er in hellenistischen Briefen gern verwendet wird (BGU I 27,5; P.Gieß. 11,4 u. ö.; vgl. Bauer-Aland 721).

Dabei liegt ihm der Gedanke fern, als müßte es erst durch seinen Einsatz zu einer rechten, apostolisch legitimierten Gemeindegründung kommen.[9] Zwar besteht unverkennbar eine gewisse Spannung zu dem 15,20 genannten Grundsatz, nicht auf fremdem Grund bauen und daher das Evangelium nur dort predigen zu wollen, wo der Name Christi noch nicht bekannt gemacht wurde. Doch es ist nicht die Absicht des Apostels, in Rom als Missionar tätig zu werden; sondern durch die Bezeugung der frohen Botschaft möchte er Verbundenheit in ein und demselben Glauben erfahren und um Unterstützung für seine bis nach Spanien ausgreifenden Pläne bitten (vgl. 15,22–24). Aus der Regel, wie sie 15,20 angegeben ist, ergibt sich daher nicht die Nötigung, daß Paulus in anderen Gemeinden oder gar in Rom sich schweigend verhalten müßte. Sehr wohl kann und darf er auch dort das Evangelium bezeugen. Nur ist er sich dabei durchaus bewußt, mit behutsamem Bedacht vorzugehen.

V. 14: Mit den Worten καθὼς καὶ ἐν τοῖς λοιποῖς ἔθνεσιν hat der Apostel zu den folgenden Sätzen übergeleitet, die in deklaratorischem Stil von dem Auftrag handeln, wie er dem Apostel gestellt ist. Er ist ein Schuldner gegenüber Griechen und Barbaren, gegenüber Weisen und Ungebildeten. Beide Begriffspaare entsprechen einander und sind aus der Sicht formuliert, in der Griechen die Welt zu betrachten pflegten. Das Wort βάρβαρος soll durch seinen lautmalerischen Klang anzeigen, daß alle Menschen, die nicht der griechischen Sprache mächtig sind, nur unverständliche Laute hervorbringen („bar-bar"; vgl. 1 Kor 14,11).[10] Nur der hellenistisch Gebildete gilt als Mensch im vollen Sinne. Da man in Rom weithin die griechische Sprache nicht nur zu verstehen, sondern auch geschickt zu verwenden wußte, sind nach dieser Kennzeichnung die Adressaten sicherlich zu den Griechen zu zählen. Doch die christliche Predigt gilt allen, den Angehörigen der vielen Völker ebenso wie Gebildeten oder Ungebildeten – allen ohne Unterschied (vgl. 1 Kor 1,18–31). Für sie alle weiß Paulus sich in Pflicht genommen (vgl. 1 Kor 4,16), wie er mit dem schuldrechtlichen Begriff eines ὀφειλέτης (vgl. auch Röm 8,12; 15,27; Gal 5,2) unterstreicht.

V. 15: Aus dieser universalen Verpflichtung folgt, daß er unverändert bereit ist und bleibt, auch in Rom[11] das Evangelium zu verkündigen.[12] Die gewisse Spannung, die in dieser Erklärung zu der 15,20 genannten grundsätzlichen Einstellung erkennbar wird, ist nicht dadurch zu mildern, daß man statt eines ἐστίν die Vergangen-

---

[9] Anders KLEIN, Abfassungszweck 142–144.

[10] Belege bei H. WINDISCH, ThWNT I, 545f. – sowie NEUER WETTSTEIN 2–7.

[11] Wie in V. 7 ist in einigen späteren Handschriften die Ortsangabe getilgt worden, um den universalen Charakter der apostolischen Botschaft stärker hervorzuheben. Zum Satzbau v. 13–15 vgl. R. M. THORSTEINSSON, Paul's Missionary Duty towards Gentiles in Rome, NTS 48 (2002) 531–547.

[12] Zu dem substantivierten Adjektiv τὸ πρόθυμον (statt ἡ προθυμία) ist statt eines Pronomens ἐμοῦ die Wendung τὸ κατ' ἐμέ gesetzt, um den Bezug auf die Person des Paulus anzuzeigen. Zu dieser Ausdrucksweise vgl. auch Act 18,15; 26,3; Eph 1,15.

heitsform ἦν ergänzt und die Aussage nur auf die Vergangenheit bezieht.[13] Auf die präsentisch gefaßte Aussage ὀφειλέτης εἰμί kann auch für V. 15 nur eine Gegenwartsaussage folgen (vgl. bes. SCHMITHALS, Röm. 60). Der Bezeugung des Evangeliums können und dürfen keine Grenzen gesetzt werden.

V. 16: Denn – so fährt der Apostel in einer nachdrücklichen Erklärung fort – des Evangeliums hat er sich niemals und nirgendwo zu schämen, sondern – wie positiv zu formulieren wäre – sich zu ihm eindeutig zu bekennen. Mit dieser durch γάρ eingeleiteten Begründung wird das Thema eingeführt, das im Röm entfaltet werden soll. Der grundsätzliche Charakter dieser Aussage tritt im Vergleich zu den anderen Paulusbriefen um so deutlicher hervor, als „in keinem anderen Brief" „der Schlußteil des Proömiums gleichzeitig die Themaangabe des folgenden Briefteils" bildet.[14]

„Sich nicht schämen" ist nicht auf die psychische Befindlichkeit des Paulus zu beziehen, sondern leitet eine Bekenntnisaussage ein (vgl. auch 2 Tim 2,8). So heißt es im Herrenwort Mk 8,38 Par., wer sich seiner und seiner Worte schäme in diesem abtrünnigen und sündigen Geschlecht, dessen werde sich auch der Menschensohn schämen, wenn er kommen werde in der Herrlichkeit seines Vaters mit den heiligen Engeln. Mt 10,32 par. Lk 12,8f. ist dem Bekennen als Gegenteil das Verleugnen gegenübergestellt. Es dürfte sich in diesen Logien ebenso wie in der Aussage des Paulus um urchristliche Bekenntnistradition handeln, ohne daß eine direkte Bezugnahme des Apostels auf ein Herrenwort vorliegen müßte.[15]

Als Inhalt des Bekenntnisses wird das Evangelium – die eine frohe Botschaft vom Erweis der Barmherzigkeit Gottes in Christus – genannt. Damit ist die „propositio principalis" formuliert, die das Thema angibt, dessen Entfaltung der ganze Röm dient.[16] Dem Begriff des εὐαγγέλιον wird im Eingang des Röm besondere Betonung verliehen, da es sich um die eine gute Nachricht handelt, die das ganze Volk Gottes zusammenschließt (V. 1–4). Sie wird als kirchengründende Predigt vom Apostel überall bezeugt (V. 9). Für dessen Wahrheit steht Paulus ein, weil – wie er begründend hinzufügt – es Gottes Kraft zum Heil ist für jeden, der diese Botschaft glaubend annimmt. Δύναμις bezeichnet Gottes kraftvolles Handeln, durch das er den Anbruch der Gottesherrschaft heraufführt (Mk 9,1) und die Toten zum Leben erweckt (Röm 1,3; 4,17; 1 Kor 6,14; 2 Kor 13,4). Diese unvergleichliche Kraft wohnt dem Evangelium inne[17], das als Wort Gottes wirkt, was es sagt:

---

[13] So manche Exegeten, KÄSEMANN, Röm. 18; STUHLMACHER, Röm. 29; ZELLER, Röm. 41 sowie STUHLMACHER, Abfassungszweck 186f. und KETTUNEN, Abfassungszweck 124f.

[14] KOCH, Schrift 275 Anm. 11.

[15] Doch vgl. die vorsichtigen Erwägungen, die BARRETT (1970) 22–31 anstellt.

[16] Vgl. ALETTI, Clefs 36: „Une *propositio* n'annonce pas seulement une thématique, elle n'exprime pas seulement une thèse voire une idée chère à l'écrivain ou à l'orateur, elle déclenche, elle engendre une argumentation, laquelle forme une micro- ou une macro-unité littéraire. Et ce critère est décisif." Vgl. auch ebd. 249f.

[17] Δύναμις ist am treffendsten als „Kraft" wiederzugeben, da bei der Übersetzung als „Macht" leicht an zwanghaft wirkende Erscheinung gedacht werden könnte. Dagegen ist die Wiedergabe als „Möglich-

σωτηρία. Wird das Versprechen, Heil zu vermitteln, in den verschiedenen synkretistischen Religionsgemeinschaften der alten Welt mit werbenden Worten angeboten[18], so folgt der Apostel dem urchristlichen Verständnis, nach dem die σωτηρία auf die Rettung im Endgericht bezogen ist (1 Thess 5,8f.; 1 Kor 3,15; 5,5; Phil 1,28; 2,12; Röm 5,9f. 13,11). Diese Rettung wird kraft des zugesprochenen Evangeliums hier und jetzt denen zuteil, die diesem Wort glaubend vertrauen. Wer Jesus als den auferstandenen Kyrios bekennt und glaubt, daß Gott ihn von den Toten auferweckt hat, wird gerettet (Röm 10,9f.), so daß die Glaubenden auch als σῳζόμενοι bezeichnet werden können (1 Kor 1,18).

Die πίστις ist weder als eine zuvor geforderte Bedingung oder Voraussetzung noch eine zu erbringende eigene Tat verstanden, sondern ausschließlich als vertrauende Antwort begriffen, die sich der δύναμις θεοῦ öffnet und sich auf den Zuspruch des Evangeliums verläßt. Alle, die in dieser Weise Gottes Handeln Raum geben, werden gerettet – Juden zuerst[19] und auch Griechen. Paulus nimmt hier eine Kennzeichnung auf, wie sie jüdischem Urteil entsprach, betont nun aber die universale Reichweite des Evangeliums. Der Hinweis auf den Juden, wie er in verallgemeinernder Form ohne Artikel gegeben wird, steht voran, die Griechen sind nun – anders als V. 14 – an die zweite Stelle verwiesen. Sie sind als Vertreter der großen Zahl von Nicht-Juden genannt, von denen die Angehörigen des von Gott erwählten Volkes abgehoben sind.[20] Ebenso wie beim Ausdruck „Griechen und Barbaren" (V. 14) kommt es dem Apostel auch hier darauf an, den Blick auf die ganze Menschheit ohne Ausnahme zu richten.[21] Während Paulus jedoch Griechen und Barbaren nebeneinander nennt und nur durch die Reihenfolge der Begriffe anzeigt, daß er sich eines aus hellenistischer Blickrichtung formulierten Ausdrucks bedient, hebt er die Juden von den Griechen durch ein „zuerst" ab, durch das sie ausgezeichnet sind. Damit wird auf den Vorsprung hingewiesen, der die Juden von allen anderen Menschen unterscheidet. Ihnen wurde durch die Propheten Gottes in den heiligen Schriften die Verheißung gegeben, die nun im Evangelium verwirklicht ist. Das betont hervorgehobene πρῶτον ist vom Apostel bewußt gewählt worden, um auf die unaufhebbare Bedeutung der göttlichen Erwählung aufmerksam zu machen. Zugleich aber zeigt das πρῶτον an, daß dem „zuerst" ein „sodann" kor-

keit zum Heil" (so Bultmann, Exegetica 475 Anm. 6) bei weitem zu schwach. Der Apostel betont die Kraft, die vom Evangelium ausgeht, obwohl es vor dem Forum der Welt als töricht erscheint.

[18] Vgl. für die Mysterienreligionen den Zuruf: Θαρρεῖτε μύσται τοῦ θεοῦ σεσῳσμένου ἔσται γὰρ ἡμῖν ἐκ πόνων σωτηρία: Wohlauf, ihr Mysten, da der Gott *gerettet* ist, wird auch uns nach allen Leiden *Rettung* (Heil) zuteil (Firmicus Matermus, Err Prof Rel 22,1).

[19] Die in einigen Handschriften vorgenommene Tilgung des πρῶτον geht unverkennbar auf marcionitischen Einfluß zurück.

[20] Vgl. U. Heckel, Das Bild der Heiden und die Identität der Christen bei Paulus, in: R. Feldmeier/U. Heckel, Die Heiden. Juden, Christen und das Problem des Fremden, WUNT I, 70, Tübingen 1994, 269–296.272f.

[21] Zu dieser Gegenüberstellung vgl. H. Windisch, ThWNT II, 510. Reiches Material vgl. H. Conzelmann, Heiden – Juden – Christen. Auseinandersetzungen in der Literatur der hellenistisch-römischen Zeit, BHTh 62, Tübingen 1981; sowie: D. Starnitzke, „Griechen und Barbaren … bin ich verpflichtet" (Röm 1,14), WuD 24 (1997) 187–207.

respondiert. Heißt es doch, daß das im Evangelium eröffnete Heil allen widerfährt, die es im Glauben empfangen. Durch die der Frohbotschaft innewohnende Kraft, die alle Begrenzungen aufhebt, werden Juden und Griechen als Repräsentanten der gesamten Menschheit einander an die Seite gestellt, um als Glaubende das eine Volk Gottes aus allen Völkern zu bilden.[22]

V. 17: Denn – so wird erläuternd hinzugefügt – im Evangelium wird Gottes Gerechtigkeit offenbar ἐκ πίστεως εἰς πίστιν. Diese rhetorische Figur unterstreicht das „sola fide", kann doch der gnädige Erweis der Barmherzigkeit Gottes allein im Glauben angenommen werden.[23] Jeder andere Weg, um Rettung zu erfahren, ist schlechthin ausgeschlossen.

Δικαιοσύνη θεοῦ[24]

1. Mit starkem Nachdruck hebt Paulus den Begriff der Gerechtigkeit hervor. Damit bedient er sich eines Wortes, das in den Büchern des AT, aber auch in der Frömmigkeit des zeitgenössischen Judentums immer wieder bedacht wurde. Wahrhaft gerecht ist Gott allein, und vor seinem Forum muß der Mensch sich verantworten. Gott spricht sein Urteil und wird den Erdkreis richten mit Gerechtigkeit (Ps 9,9; 96,13; 98,9 u. ö.). Doch vor ihm kann kein Mensch bestehen, so daß die Frommen bitten: „Geh nicht ins Gericht mit deinem Knecht; denn vor dir ist kein Lebendiger gerecht." (Ps 143,2)

---

[22] Vgl. LOHSE, Juden zuerst.

[23] Zur Erklärung der Wendung als rhetorischer Figur vgl. A. FRIDRICHSEN, Aus Glauben zum Glauben, Röm 1,17, CNT 12 (1948) 54. Vgl. 2 Kor 3,18: ἀπὸ δόξης εἰς δόξαν; 2,16: ἐκ θανάτου εἰς θάνατον. Es erübrigt sich daher die Überlegung, ob an ein stufenweises Fortschreiten in der Weise gedacht sein könnte, daß die Gerechtigkeit Gottes begründet sei *durch* Glauben und darum *auf* Glauben ziele (so WILCKENS, Röm. I 88).

[24] BULTMANN, R.: ΔΙΚΑΙΟΣΥΝΗ ΘΕΟΥ; CONZELMANN: Rechtfertigungslehre; CREMER, H.: Die paulinische Rechtfertigungslehre im Zusammenhang ihrer geschichtlichen Voraussetzungen, Gütersloh 1899, ²1900; DUNN: Justice; GRUNDMANN: Glaubensgerechtigkeit; HAHN: Entwicklung; DERS.: Gerechtigkeit Gottes und Rechtfertigung des Menschen nach dem Zeugnis des Neuen Testaments, EvTh 59 (1999) 335–346; HOFIUS: Thema; JEREMIAS, G.: Der Lehrer der Gerechtigkeit, StUNT 2, Göttingen 1963; KÄSEMANN: Gottesgerechtigkeit; DERS.: Rechtfertigung und Heilsgeschichte im Römerbrief, in: Perspektiven, 108–139; KARRER, M.: Rechtfertigung bei Paulus, KuD 46 (2000) 126–155; KLAIBER, W.: Gerecht vor Gott. Rechtfertigung in der Bibel und heute, Göttingen 2000; KERTELGE: Rechtfertigung; DERS.: Rechtfertigung II: Neues Testament, TRE XXVIII (1997) 286–307; KLEIN: Gerechtigkeit; LOHSE, Gerechtigkeit; MOXNES, H.: Honour and Righteousness in Romans, JSNT 32 (1988) 61–77; OEPKE: Beleuchtung; SCHRÖTER, J.: Gerechtigkeit und Barmherzigkeit: Das Gottesbild der Psalmen Salomos in seinem Verhältnis zu Qumran und Paulus, NTS 44 (1998) 557–577; SCHULZ, S.: Zur Rechtfertigung aus Gnaden in Qumran und bei Paulus, ZThK 56 (1959) 155–185; SEIFRID: Justification; DERS.: Christ our Righteousness. Paul's Theology of Justification, Leicester 2000; SÖDING, T.: Rechtfertigung, NBL III (1998) 288–298; DERS. (Hg.): Worum geht es in der paulinischen Rechtfertigungslehre?, QD 180, Freiburg 1999; DERS.: Der Skopus der paulinischen Rechtfertigungslehre. Exegetische Interpretationen in ökumenischer Absicht, ZThK 97 (2000) 404–433; DERS.: Christologie und Rechtfertigungslehre, in: Schnelle/Söding, Christologie 220–245; STUHLMACHER: Gerechtigkeit; THEOBALD, M.: Rechtfertigung und Ekklesiologie nach Paulus, ZThK 95 (1998) 103–117 = Studien 226–240; WILLIAMS, S.K.: The Righteousness of God im Romans, JBL 99 (1980) 241–290; ZIESLER: Righteousness.

Der Begriff der Gerechtigkeit beschreibt ein Verhältnis, wie es vor dem Forum eines Richters offenbar wird und sich nach seinem Urteil als recht erweist. Besonders häufig ist in den Psalmen Salomos – einer um die Mitte des 1. Jahrh. v. Chr. entstandenen Schrift – davon die Rede, daß Gott gerechtes Gericht hält (2,32; 4,24; 8,8.27–32 u. ö.)[25]. Seine Urteile treffen genau, und als Richter ist er treu. Er spricht unbestechlich sein Wort. Darum „sei der Herr gelobt, der die ganze Erde richtet in seiner Gerechtigkeit" (8,24). Israel preist ihn: „Du bist ja unser Gott von Anfang an, und auf dich steht unsere Hoffnung, Herr. Und wir lassen nicht von dir, denn deine Satzungen über uns sind gültig." (8,31f.)

Auch die Frommen der Gemeinde von Qumran bekennen sich zu ihrem Gott, der ein gerechtes Urteil fällt und den Seinen mit Barmherzigkeit begegnet. Auf der einen Seite wird in der Lehre dieser Gemeinde ein Gesetzesradikalismus vertreten, der von den Söhnen des Lichtes fordert, alle Gebote und Satzungen der Thora zu halten. Durch diesen totalen Gehorsam, der keine Erleichterung und keine Ausnahme zuläßt, wird die Umkehr zum Gesetz des Mose verwirklicht. Auf der anderen Seite aber erkennen die Beter, daß sie als Sünder vor Gott stehen. Sie sind sich ihrer Verfehlungen und ihrer Verlorenheit zutiefst bewußt: „Sein Urteil will ich gerecht heißen entsprechend meiner Verkehrtheit, und meine Sünde sei mir vor Augen wie ein eingegrabenes Gesetz. Aber zu Gott will ich sprechen: Gründer meines Gutes, Quelle meines Wissens und Quelle der Heiligkeit, Höhe der Majestät und Allmacht zu ewiger Verherrlichung." (1 QS X,11f.) „Was mich betrifft, so steht das Urteil über mich bei Gott, und in seiner Hand liegt die Vollkommenheit meines Wandels mitsamt der Geradheit meines Herzens, und durch seine Gerechtigkeit wird meine Sünde getilgt." (1 QS XI,2f.)

Diese Gebete sprechen die Überzeugung aus, daß Gottes Gerechtigkeit sich als seine Barmherzigkeit dem verlorenen Menschen zuwendet. Sie rettet ihn durch diese gnädige Zuwendung, so daß dadurch seine Gerechtigkeit begründet wird, in der er fortan lebt. Das bedeutet, daß er nunmehr nach dem Willen Gottes handeln soll und kann. Die Frommen wissen, „daß beim Menschen keine Gerechtigkeit ist und nicht beim Menschenkind vollkommener Wandel. Beim höchsten Gott sind alle Werke der Gerechtigkeit, aber der Wandel des Menschen steht nicht fest, es sei denn durch den Geist, den Gott ihm schuf, um den Wandel der Menschenkinder vollkommen zu machen" (1 QH IV, 30–32). Auf die Frage: „Und wer ist gerecht vor dir, wenn er gerichtet wird?" (1 QH VII, 28) lautet die Antwort: „Dir, ja dir gehört die Gerechtigkeit und deinem Namen gebührt ewiger Lobpreis." (1 QH XVII,20)

Der Erweis der Gerechtigkeit Gottes besteht in seinem gnädigen Handeln, in dem er den Sünder annimmt und ihn in die rechte Beziehung zu sich setzt, so daß er nunmehr Gott seine Gerechtigkeit nennt und sich zu ihm als dem Grund seines Heils bekennt. Erst diese Gabe aber bringt nach dem Verständnis der Gemeinde von Qumran den Menschen in die Lage, Gottes Gesetz zu erkennen und der Auslegung der Thora zu folgen, wie sie in der gesetzestreuen Gemeinde gelehrt und gelebt wird. Die Rechtfertigung aus Gnaden verpflichtet dazu, das ganze Gesetz zu halten, so daß dem „allein aus Gnade" ein „allein durch das Gesetz" entspricht. Wie intensiv aber im zeitgenössischen Judentum die Frage nach der Gerechtigkeit Gottes gestellt wurde, bezeugen nicht nur die Gebete der Frommen aus Qumran, sondern auch Aussagen apokalyptischer Schriften wie 4 Esra 8,36: „Denn dadurch" – so lautet das Bekenntnis – „wird deine Güte, Herr, offenbar, daß du dich derer erbarmst, die keinen Schatz von guten Werken haben."

[25] Vgl. SANDERS, Judentum 364–384. Zur Auseinandersetzung mit den Folgerungen, die Sanders aus seinen Interpretationen zeitgenössischer jüdischer Texte für die Erklärung des paulinischen Verständnisses der Gerechtigkeit Gottes zieht, vgl. unten S. 140–145.

2. Diese Frage nach der Gerechtigkeit Gottes wird ebenso wie seine jüdischen Zeitgenossen auch den Juden Paulus gründlich beschäftigt haben. Dabei war er der guten Zuversicht, „nach der Gerechtigkeit, die das Gesetz fordert, untadelig" zu sein (Phil 3,6). Doch als er dem erhöhten Christus begegnete, änderte sich sein Verständnis der Gerechtigkeit von Grund auf, und er erkannte, daß die Gerechtigkeit Gottes als seine Barmherzigkeit zu begreifen ist, die allein im Glauben empfangen wird, so daß dem „allein aus Gnade" nur das „allein aus Glauben" entsprechen kann. Dieses neue Verständnis der Gerechtigkeit ist vom Christusbekenntnis her begründet, wie es schon die vorpaulinischen Gemeinden formuliert hatten.

In Wendungen, die aus der ältesten Christenheit überliefert sind, ist wiederholt von Gottes Gerechtigkeit und der Rechtfertigung des Sünders die Rede. So heißt es in dem bekenntnisartigen Satz, der am Ende von Röm 4 angeführt wird, daß Christus „dahingegeben wurde um unserer Übertretungen willen und auferweckt wurde um unserer Rechtfertigung willen" (4,25). Die passive Formulierung macht deutlich, daß von Gottes Handeln die Rede ist. Und die streng parallel gehaltene Struktur der Aussage zeigt an, daß Sündenvergebung als gleichbedeutend mit Rechtfertigung begriffen wird, die durch Kreuz und Auferstehung Christi bewirkt wurde.

Die korinthische Gemeinde wird vom Apostel daran erinnert, daß über den Getauften der Name des Kyrios Jesus Christus genannt und ihnen der Geist Gottes zuteil geworden ist. Diese schlechthin entscheidende Wende beschreibt Paulus mit den Worten: „Ihr habt euch abgewaschen, ihr seid geheiligt, ihr seid gerechtfertigt." (1 Kor 6,11) Das heißt: Durch die Abwaschung sind die Sünden fortgenommen; durch die Heiligung hat Gott die Seinen für sich zum Eigentum beschlagnahmt; und in der Rechtfertigung wurden die Glaubenden in das rechte Verhältnis zu Gott gesetzt. Auch in diesem Satz urchristlicher Überlieferung ist Rechtfertigung gleichbedeutend mit Sündenvergebung verstanden.

Ein urchristliches Bekenntnisfragment, das Paulus Röm 3,24–26 aufnimmt und kommentierend erweitert, handelt davon, daß Gott seine Gerechtigkeit erwies, indem er Christus als Sühnopfer öffentlich aufstellte und die Sünden des Bundesvolkes vergab, die er in seiner Geduld nicht strafend geahndet hatte. Die Gerechtigkeit Gottes wird dabei als Bundestreue verstanden. Während in jüdischen Texten der Erweis göttlicher Gerechtigkeit niemals mit der Messiasvorstellung und der Erwartung messianischer Herrlichkeit verknüpft wurde, betont die urchristliche Aussage, daß Gottes Gerechtigkeit im Sterben und Auferstehen Christi offenbar geworden ist.

3. Paulus knüpft an diese Verkündigung an, die von der Offenbarung der göttlichen Gerechtigkeit in Verbindung mit dem Christusbekenntnis handelt, und bestimmt sie als zentralen Inhalt der Predigt des Evangeliums. Dabei kann der Apostel die Begriffsverbindung δικαιοσύνη θεοῦ je nach dem gedanklichen Zusammenhang mit unterschiedlicher Betonung versehen. Gelegentlich bezeichnet sie eine Eigenschaft, die Gott als unbestechlichen Richter charakterisiert (Gen. subj.: Röm 3,5.25). Doch vor allem hebt Paulus hervor, daß Gott seine Gerechtigkeit nicht für sich behält, sondern als der gerechte Gott so handelt, daß er eine neue Beziehung zwischen sich und den Menschen begründet.[26] Um diesen Charakter der Gerechtigkeit Gottes deutlich zu machen, versieht der Apostel die in Röm 3,24–26 übernommene urchristliche Vorlage mit einer angefügten Interpretation: Seine Gerechtigkeit erweist Gott hier und jetzt darin, „daß er selbst gerecht ist und gerecht macht den, der da ist aus dem Glauben an Jesus" (V. 26 b).

---

[26] Im einzelnen begründet und dargestellt von KERTELGE, Rechtfertigung II, TRE XXVIII (1997) 286–307.

Mit dieser Auslegung des urchristlichen Bekenntnisses betont Paulus, daß er den Erweis der göttlichen Gerechtigkeit nicht mehr allein auf das Bundesvolk gerichtet sieht, sondern dessen Rahmen gesprengt ist, indem nunmehr einerseits alle Welt betroffen ist – Juden und Griechen –, andererseits aber jeder einzelne Mensch angeredet wird. Gottes Gerechtigkeit wird darum nicht nur als eine göttliche Eigenschaft begriffen, die auf seine Bundestreue hinweist, sondern als Geschenk, das den Glaubenden – den Juden wie auch den Heiden – zuteil wird (Gen. auctoris). Diesen Charakter der Gabe, die von ihrem Geber nicht gelöst werden kann, beschreibt Paulus besonders nachdrücklich, indem er der Gerechtigkeit, die aus dem Gesetz kommt, die Gerechtigkeit gegenüberstellt, die aus Gott kommt und allein durch den Glauben empfangen werden kann (Phil 3,9).

Das dem Apostel eigene Verständnis der Gerechtigkeit Gottes, mit dem er über ihm vorgegebene urchristliche Wendungen hinausgeht, muß somit aus dem Gesamtzusammenhang seiner Theologie erhoben werden und schließt sowohl das Adjektiv δίκαιος wie auch das Verbum δικαιοῦν ein. Denn Paulus hat sich zwar an den Sprachgebrauch angeschlossen, wie er im AT, im zeitgenössischen Judentum und in der ältesten Christenheit ausgebildet worden war. Aber er hat nicht eine fest geprägte Redeweise übernommen, die vom in der Endzeit offenbarten Machterweis des Schöpfergottes gesprochen hätte.[27] Nicht als ein zwingend wirkendes Geschehen, sondern als Erweis seiner Barmherzigkeit begreift Paulus die Gerechtigkeit Gottes, die dem Glaubenden Rettung und Heil zuteil werden läßt (Röm 1,16f.). Weil Gott durch sein freisprechendes Wort den Menschen an den Ort stellt, an dem allein er vor ihm zu bestehen vermag, hat das Gesetz mit der Gerechtigkeit Gottes nichts zu schaffen. Vielmehr kann nur der Glaube die Weise sein, durch die der Mensch Gottes Handeln empfängt, um nun aus dieser und in dieser Beziehung zu Gott zu leben (Röm 3,21). Denn wen Gott gerecht gesprochen hat, der *gilt* nicht nur als solcher, sondern der *ist* gerecht; wirkt doch Gottes Wort, was es sagt (Ps 33,9). Der Begriff der δικαιοσύνη θεοῦ ist daher nicht als eine formelhafte Wendung zu verstehen, die an allen Stellen eine einzige, gleichlautend fixierte Aussage machte. Sondern er umfaßt die ganze Spannweite von der Bestimmung der Gottheit Gottes (Gen. subj.: Röm 3,5.25) über die Gabe seiner Barmherzigkeit (Gen. auct.: Phil 3,9; Röm 10,3) bis zu „der Gerechtigkeit, die vor Gott gilt" (Gen. obj.: 2 Kor 5,21).

Glaubendes Vertrauen, das sich ganz auf Gottes Zusage richtet, erkennt Christus als denjenigen, der für uns von Gott zur Gerechtigkeit gemacht ist (1 Kor 1,30), so daß wir in ihm Gottes Gerechtigkeit werden (2 Kor 5,21). Als eschatologisches Geschehen eröffnet die Rechtfertigung Zukunft (Gal 5,5) und bestimmt fortan alles Leben und Handeln der Glaubenden. In dem zusammenfassenden Vers von Röm 3,28 wird daher ein exklusiver Gegensatz beschrieben: „So halten wir nun dafür, daß der Mensch gerecht wird ohne des Gesetzes Werke, allein durch den Glauben." Denn die Rechtfertigung der Menschen gründet „einzig in der in Christus offenbar gewordenen Barmherzigkeit Gottes, die durch das Evangelium angeboten und vom Glauben ergriffen wird ... Allein durch das Erbarmen Gottes werden wir gerechtfertigt" (CALVIN, zu 1,17). *Justitia enim Dei est causa salutis* (LUTHER, Röm., zu 1,17).

Für die thetische Aussage, die δικαιοσύνη θεοῦ werde nicht erst in zukünftiger Kundgabe, sondern bereits hier und jetzt in der Proklamation des Evangeliums offenbar, bietet der Apostel einen begründenden Schriftbeweis. Diesen leitet er mit der Zitatformel καθὼς γέγραπται ein, der er sich oft bedient (vgl. Röm 2,24;

[27] So nach KÄSEMANN, Gottesgerechtigkeit 191–193, und STUHLMACHER, Gerechtigkeit 165f.

3,10; 4,17; 8,36; 9,13.33; 11,26).[28] Der Vers Hab 2,4, in dem es heißt, der Gerechte werde durch seine Treue leben, wird 1 Qp Hab VIII,1–3 bezogen „auf alle Täter des Gesetzes im Hause Juda, die Gott erretten wird aus dem Hause des Gerichtes um ihrer Mühsal und ihrer Treue willen zum Lehrer der Gerechtigkeit". Auch in LXX wird אֱמוּנָה = πίστις als Treue – nun freilich als die Gottes – verstanden: ὁ δὲ δίκαιος ἐκ πίστεώς μου ζήσεται. Paulus hingegen läßt μου fort und bezieht ἐκ πίστεως auf den Glauben desjenigen, der im Vertrauen auf die im Evangelium offenbarte δικαιοσύνη θεοῦ das Leben empfängt. Die für den Apostel entscheidenden Stichworte sind ihm durch das Schriftzitat vorgegeben, werden nun aber inhaltlich von seinem Verständnis des Evangeliums her gefüllt.[29] Dabei sind die Begriffe „gerechter", „Glaube" und „Leben" fest miteinander verklammert; ἐκ πίστεως ist in die Mitte gerückt und trägt starken Ton. Schwer zu entscheiden ist dabei freilich, ob ἐκ πίστεως zu δίκαιος zu ziehen oder mit ζήσεται zu verbinden ist. Für die erste Annahme wird geltend gemacht, daß die Anwendung, die das Zitat Gal 3,11 und Hebr 10,38 erfährt, die Zuordnung zu δίκαιος wahrscheinlich mache, so daß zu übersetzen sei, der aus Glauben Gerechte werde leben.[30] Gegen diese Erklärung wird jedoch eingewandt, der Duktus des Satzes in LXX lege es nicht nahe, ἐκ πίστεως zu δίκαιος zu ziehen. Wenn der Apostel dieses hätte sagen wollen, so hätte er ὁ δὲ ἐκ πίστεως schreiben müssen.[31] In der Tat liegt es näher, ἐκ πίστεως mit ζήσεται zu verknüpfen; denn: „Was dem Gerechten das Leben verschafft, ist der Glaube." (Schlatter, Röm. 43) Daher ist mit ἐκ πίστεως „angegeben, warum die rettende Kraft Gottes das Leben verleiht" (Schlatter, ebd.). Die ζωή, über die auch der Tod seine Macht verliert, wird als eschatologische Gabe (ζήσεται: Futur) dem Glaubenden bereits hier und jetzt zuteil (vgl. Röm 2,7; 5,17f.21; 6,4.10f. 13.22f.; 8,2.6.10.13; 10,5; 12,1 u. ö.).

---

[28] Hebräisch entspricht die Wendung כַּאֲשֶׁר כָּתוּב: wie geschrieben steht u. ä., wie sie sich zur Einleitung eines Schriftzitates in den Texten von Qumran häufiger findet. Vgl. 1 QS V, 17; VIII,14; CD VII,19 u. ö. und s. Fitzmyer, Rom. 264.

[29] Vgl. Koch, Schrift 276; sowie: R. E. Watts, „For I am Not Ashamed of the Gospel": Romans 1.16–17 and Habakuk 2:4, in: Romans and the People of God, FS G.D. Fee, Grand Rapids 1999, 3–25.

[30] So mit Nachdruck Koch, Schrift 290f.

[31] So mit Schlatter, Röm 43f.; vor allem Schlier, Röm. 45f. und Fitzmyer Rom. 265 Zu vergleichen wäre Röm 10,6: ἡ δὲ ἐκ πίστεως δικαιοσύνη.

1,18–4,25 Das Evangelium als Offenbarung der Gerechtigkeit Gottes für alle Glaubenden

1,18–3,20 Die Offenbarung des Zornes Gottes über Heiden und Juden

Ehe der Apostel des näheren ausführt, was es bedeutet, daß im Evangelium Gottes Gerechtigkeit für alle Glaubenden offenbart wird (3,21–31), zeigt er in einer weit ausholenden Darstellung auf, daß alle – die Völker insgesamt, aber auch die Juden als Gottes erwähltes Volk – Sünder sind und daher ohne Ausnahme der in Christus erwiesenen Barmherzigkeit Gottes bedürfen (3,20).[1] Darum wird der Satz von 1,18 mit einem verknüpfenden γάϱ an die Reihe der mit γάϱ eingeleiteten Sätze von 1,16 und 17 angeschlossen und durch Aufnahme des Verbums ἀποκαλύπτεται der gedankliche Zusammenhang betont. Damit wird hervorgehoben, daß „erst jetzt im Zeichen des Evangeliums die verlorene Welt in das Licht des ἔσχατον gerückt ist … Auf die Zeichen der Verlorenheit kann die Welt angesprochen werden und damit auch auf das Gefälle, das ihre Geschichte unter der richtenden Hand Gottes empfangen hat; aber daß ihre Verhaftung an die Sünde so radikal verstanden werden muß, daß die Welt sozusagen schon im Feuerschein des Jüngsten Tages liegt, das muß ihr – eben mit dem eschatologischen Wort 1,18 – gesagt werden."[2]

1,18–32 Die Heiden unter dem Zorn Gottes

18) Denn offenbart wird Gottes Zorn vom Himmel her über alle Gottlosigkeit und Ungerechtigkeit der Menschen, die die Wahrheit in Ungerechtigkeit niederhalten. 19) Denn was erkennbar ist von Gott, ist offenbar bei ihnen. Denn Gott hat es ihnen kundgetan. 20) Denn seine Unsichtbarkeit wird seit Beginn der Schöpfung an seinen Werken kraft vernünftiger Einsicht wahrgenommen, seine ewige Kraft und Gottheit, so daß sie ohne Entschuldigung sind. 21) Denn obwohl sie Gott erkannt haben, haben sie ihm als Gott nicht Ehre und Dank dargebracht, sondern sie wurden zunichte gemacht in ihren

---

[1] M. Luther (Röm. 70f.) zu 1,24: *Nam intendit Apostolus probare, quod omnes fuerint peccatores et Christi gratia eguerunt*.

[2] Bornkamm, Offenbarung 31.

Gedanken und verfinstert wurde ihr unverständiges Herz. 22) Indem sie behaupteten, weise zu sein, wurden sie töricht 23) und haben die Herrlichkeit des unvergänglichen Gottes vertauscht mit der Gleichgestalt des Bildes des vergänglichen Menschen und von Vögeln und Vierfüßlern und Kriechtieren.

24) Darum hat Gott sie dahingegeben in den Begierden ihrer Herzen an Unreinheit, daß ihre Leiber geschändet würden durch sie selbst. 25) Haben sie doch die Wahrheit Gottes verkehrt in den Trug und Verehrung und Dienst erwiesen der Schöpfung statt dem Schöpfer – er sei gepriesen in Ewigkeit. Amen.

26) Darum hat Gott sie dahingegeben an schändliche Leidenschaften. Denn ihre Weiber haben den natürlichen Verkehr vertauscht mit dem widernatürlichen. 27) Ebenso sind auch die Männer, den natürlichen Verkehr mit dem Weibe verlassend, in ihrem Verlangen gegenseitig entbrannt. Männer treiben mit Männern Schande und empfangen den gebührenden Lohn an sich selbst.

28) Und weil sie es nicht wert geachtet haben, Gott zu haben in Erkenntnis, hat Gott sie dahingegeben an haltlosen Sinn, zu tun, was sich nicht gehört. 29) Erfüllt von aller Ungerechtigkeit, Schlechtigkeit, Habsucht, Bosheit; voll von Neid, Mord, Streit, List, Verschlagenheit; Ohrenbläser, 30) Verleumder, Gotteshasser, Gewalttäter, Überhebliche, Prahler; erfinderisch im Bösen, den Eltern Ungehorsame, 31) unverständig, unbeständig, lieblos, ohne Erbarmen. 32) Obwohl sie Gottes Rechtssetzung kennen, daß die, die dies tun, des Todes schuldig sind, tun sie es nicht nur, sondern zollen auch denen Beifall, die es tun.

Aletti, cohérence; Baasland, E.: Cognitio Dei im Römerbrief, SNTU 14 (1989) 185–218; Bassler, J.M.: Impartiality: Bell, R.H.: No one seeks for God. An Exegetical and Theological Study of Romans 1.18–3.20, WUNT I, 106, Tübingen 1998; Berkley, Broken Heart; Bietenhard, H.: Natürliche Gotteserkenntnis der Heiden? Eine Erwägung zu Röm. 1, ThZ 12 (1956) 275–288; Bornkamm, Offenbarung; Ders., Gesetz; Conzelmann, Weisheit; Cook, J.G.: The Logic and Language of Romans 1,20, Bib. 75 (1994) 494–517; Dabelstein, R.: Die Beurteilung der ‚Heiden‘ bei Paulus, Bern/Frankfurt a.M. 1981; Eckstein, H.-J.: Denn Gottes Zorn wird vom Himmel her offenbar werden. Exegetische Erwägungen zu Röm. 1,18, ZNW 78 (1987) 74–89; Flückiger, F.: Zur Unterscheidung von Heiden und Juden in Röm. 1,18–2,3, ThZ 10 (1954) 154–158; Gaca, K.L.: Paul's Uncommon Declaration in Romans 1:18–32, HThR 92 (1998) 165–198; Hooker, M.: Adam in Romans I, NTS 6 (1959/60) 297–306; Jeremias, Römer 1; Klostermann, E.: Die adäquate Vergeltung in Rm 1,22–31, ZNW 32 (1933) 1–6; Lührmann, Offenbarungsverständnis 21–26; MacGregor, G.H.C.: The Concept of the Wrath of God in the New Testament, NTS 7 (1960/61) 101–109; Miller, J.E.: The Practices of Romans 1:26: Homosexual or Heterosexual, NT 37 (1995) 1–11; Owen, H.P.: The Scope of Natural Revelation in Rom. I and Acts XVII, NTS 5 (1958/59) 133–143; Popkes, W.: Zum Aufbau und Charakter von Römer 1,18–32, NTS 28 (1982) 490–501; Porter, C.L.: Romans 1,18–32. Its Rôle in the Developing Argument, NTS 40 (1994) 210–228; Schlier, H.: Von den Heiden. Röm. 1,18–32, EvTh 2 (1935) 9–26 = Zeit 29–37; Schulz, S.: Die Anklage in Röm. 1,18–32, ThZ 14 (1958) 161–173; Tobin, T.H.: Controversy and Continuity in Romans 1:18–3:20,

CBQ 55 (1993) 298–318; VOUGA, F.: Römer 1,18–3,20 als narratio, ThGl 77 (1987) 225–236; WALTER, N.: Gottes Zorn und das ‚Harren der Kreatur'. Zur Korrespondenz zwischen Römer 1,18–32 und 8,19–22, in: Christus bezeugen, FS W. Trilling, Leipzig 1989, 218–226 = Praeparatio Evangelica, Studien zur Umwelt, Exegese und Hermeneutik des Neuen Testaments, WUNT I, 98, Tübingen 1997, 293–302.

Mit einer kraftvoll formulierten These setzt der Apostel ein: Offenbart wird Gottes Zorn vom Himmel her. *Absoluto exordio nunc inchoatur disputatio* (MELANCHTHON, Rom., zu 1,18). Der auf diese Weise eingeleitete Abschnitt ist rhetorisch überlegt und kunstvoll gestaltet – sowohl hinsichtlich der Abfolge vorgebrachter Argumente wie auch im Blick auf die Wahl der Ausdrücke und Begriffe.[3] Dabei bedient sich Paulus in weitem Umfang traditioneller Redeweise, wie sie in den hellenistischen Synagogen ausgebildet worden ist (vgl. bes. Sap Sal 13–14). In deren Ausführungen wird die Unkenntnis der Heiden, die sich in ihrer Gottlosigkeit zeigt, durchweg als entschuldbar bewertet, um mit Hilfe einer pädagogisch interessierten Apologie zur wahren Gotteserkenntnis führen zu können (Sap Sal 13,5 u. ö.). Paulus nimmt deren Gedanken auf, um sie zu einer scharfen Anklage zu radikalisieren. Gottlosigkeit und Ungerechtigkeit werden als Schuld beurteilt, die das verdiente Gericht trifft. Die Gerichtsrede zielt zwar auf die Heiden, so daß jüdische Hörer weitgehend zustimmen könnten. Doch tatsächlich ist von den Menschen schlechthin die Rede (vgl. Röm 2,1: ὦ ἄνθρωπε), so daß sich niemand dem Urteil Gottes entziehen kann.

Nicht von den Juden wird zuerst gehandelt, sondern von den Heiden, die ausnahmslos Gottes Gericht verfallen. Doch wäre es verfrüht und verfehlt, wollten jüdische oder judenchristliche Hörer sich in falscher Sicherheit wiegen. Ihnen wird in Kap. 2 das Urteil gesprochen. Durch die Umkehrung der Argumentationsfolge Juden – Heiden in Heiden – Juden verschärft der Apostel die These von der Universalität des Gerichts, um am Ende festzustellen, daß aus Werken des Gesetzes kein Fleisch vor Gott gerechtfertigt werden kann (Röm 3,20) – und daher nur der eine Weg offen steht, im Glauben die im Evangelium offenbarte Gerechtigkeit Gottes zu empfangen (3,21ff.).

Der Abschnitt 1,18–32 ist klar disponiert. Auf die These (V. 18) folgt der Aufweis der Schuld, die die Heiden sich in ihrer Gottlosigkeit und Ungerechtigkeit aufgeladen haben (V. 19–23). Mit einem dreifach wiederholten παρέδωκεν (V. 24.26.28) wird dann in sich steigernder Dringlichkeit Gottes Zorngericht beschrieben, das die Völker verdientermaßen trifft. Paulus charakterisiert schuldhaftes Verhalten abschließend mit einem umfassenden Lasterkatalog (V. 29–31), um die Folgerung zu ziehen, daß der Urteilsspruch nur lauten kann: des Todes schuldig (V. 32).

V. 18: Sowohl durch das verknüpfende γάρ wie auch durch die Wahl des Verbums ἀποκαλύπτεται wird angezeigt, daß V. 18 in engem Zusammenhang mit V. 17 zu

[3] Weitergehende Überlegungen zur rhetorischen Struktur bei Aletti, cohérence 48, der folgendermaßen gliedern möchte: Propositio 1,18 – Narratio 1,18–32 – Probatio 2,1–3,19 – Peroratio 3,20.

begreifen ist. Die im Präsens gehaltene Aussage ist weder als zeitlos gültige Feststellung zu verstehen noch in ein Futurum umzudeuten, als sollte auf das zukünftige Endgericht hingewiesen werden (vgl. 2,6–11).[4] Durch die strenge Entsprechung des ἀποκαλύπτεται in V. 17 und 18 ist vielmehr klargestellt, daß von dem eschatologischen Jetzt die Rede ist, in dem das Evangelium laut wird. Die Offenbarung des göttlichen Zorngerichts geschieht hier und jetzt ἀπ' οὐρανοῦ.[5] Ist von einem „großen Strafgericht vom Himmel her" die Rede (äth Hen 91,7 u.ö.), so wird damit die Unentrinnbarkeit des göttlichen Gerichts angezeigt. Da hilft kein Verstecken und gibt es kein Entrinnen; denn das Urteil trifft alle und jeden, ohne daß man ihm entweichen könnte. Ὀργή ist nicht etwa von einem Affekt, einer Stimmung oder Laune gesagt, sondern bezeichnet – biblischer Redeweise entsprechend – Gottes[6] Richterspruch, der ohne Ansehen der Person erfolgt (vgl. Röm 2,5.8; 3,5; 5,9; 9,22; 1 Thess 1,10 u.ö.). Das Urteil ergeht gegen πᾶσαν ἀσέβειαν καὶ ἀδικίαν ἀνθρώπων. Πᾶσαν weist auf den umfassenden Horizont des Gerichts, das alle Gottlosigkeit und Ungerechtigkeit der Menschen ahndet. Beide Begriffe sind nicht voneinander zu unterscheiden, als würde der erste die Verstöße gegen den ersten Teil des Dekalogs, der zweite aber die Vergehen gegen dessen zweite Hälfte betreffen (so vor allem SCHLATTER, Röm. 49, MICHEL, Röm. 98f. u.a.); sondern sie bilden geradezu eine Einheit (Hendiadyoin), die sogleich durch ἐν ἀδικίᾳ noch einmal aufgenommen wird. Durch ihr Verhalten unterdrücken die Menschen die Wahrheit – d.h. Gottes[7] Wahrheit, wie sich aus dem Zusammenhang ergibt (Röm 1,18; 2,8). Κατέχειν meint hier nicht „festhalten", sondern „niederhalten". Auf Grund der Mißachtung jeglichen Rechtes erweisen sich alle Menschen vor Gott als schuldig.

V. 19: In Anlehnung an geläufige Polemik, wie sie die hellenistische Synagoge gegen Gottlosigkeit und aus ihr folgende Sittenlosigkeit der Heidenwelt ausgebildet hatte[8], wird nun die Schuld beschrieben, die die Menschen dem Zorngericht Gottes verfallen läßt. Διότι leitet begründend ein; τὸ γνωστὸν θεοῦ ist gesagt von

[4] Als futurische Aussage möchte ECKSTEIN 82 den Satz fassen.

[5] Das endzeitliche Geschehen qualifiziert mithin die Gegenwart.

[6] Die Streichung von θεοῦ, die in einigen wenigen Handschriften vorliegt, wird ursprünglich auf Marcion zurückgehen.

[7] Einige Handschriften fügen sekundär τοῦ θεοῦ hinzu.

[8] Jüdisch-hellenistische Argumentation bietet Paulus von ihm aufgenommene Begrifflichkeit an. Doch ist – ungeachtet nicht zu übersehender Parallelen – weder an literarische Abhängigkeit von Sap Sal 13 noch an bewußte Aufnahme von Gen 2–3 (so HOOKER u.a.) zu denken. Der Apostel bedient sich mündlicher Tradition, die sich in breitem Strom ausgebildet und dabei biblische Überlieferung mit popularphilosophischen Gedanken verbunden hatte. Zum Vergleich s. bes. M. WINNINGE, Sinners and the Righteous. A Comparative Study of the Psalms of Salomon and Paul's Letters, CNT 26, Stockholm 1995. Zu Unrecht nimmt W.O. WALKER die starke Verwendung traditioneller Begriffe und Ausdrücke zum Anlaß, den ganzen Abschnitt 1,18–2,29 für eine nichtpaulinsiche Interpolation zu halten: DERS., Romans 1.18–2.29: A Non-Pauline Interpolation? NTS 45 (1999) 533–552.

dem, was an Gott in ihrer Mitte erkennbar ist.[9] Damit werden verbreitete Vorstellungen der hellenistischen Welt aufgenommen, die davon sprechen, daß Gott aus der Schöpfung erkannt und aus ihr die Orientierung sittlichen Verhaltens abgelesen werden kann.[10] Diese Gedanken hat die hellenistische Synagoge mit dem biblischen Schöpfungsglauben verbunden und die Überzeugung ausgebildet, daß der wunderbare Bau des Kosmos seinen Betrachter dazu veranlassen müsse, nach seinem Schöpfer zu fragen.[11] Wird er erkannt, so wird zugleich das von ihm geordnete, alles bestimmende Gesetz begriffen.[12] Darum ist der Schöpfer durch ein verantwortungsvoll geführtes Leben zu ehren. Wo man sich aber der rechten Erkenntnis Gottes verschließt, da sind verabscheuungswürdiger Götzendienst und schändliche Lebensweise die unausbleibliche Folge.

Paulus führt nicht weiter aus, welche Möglichkeiten, zur Erkenntnis Gottes zu gelangen, sich aus aufmerksamer Beobachtung der Natur ergeben könnten. Er ist nicht daran interessiert, eine theologia naturalis zu entwickeln, sondern richtet das Augenmerk ausschließlich darauf, die Verantwortung zu betonen, die alle Menschen vor Gott tragen, und ihre daraus folgende schuldhafte Verfallenheit aufzuweisen. Darum spricht er nicht vom Wesen Gottes, zu dessen Einsicht der Mensch durch nachdenkliche Hinwendung zur Natur aufsteigen könnte. Sondern es wird auf die den Menschen unerreichbare Majestät und Hoheit Gottes hingewiesen, vor der die Verlorenheit aller offenkundig wird. Was von Gott erkennbar ist, wird nicht kraft menschlichen Vermögens erschlossen, sondern ausschließlich durch Gottes majestätisches Handeln eröffnet (φανερόν ἐστιν – ἐφανέρωσεν).

V. 20: Gott, der unsichtbare, kann von der Erschaffung der Welt an an seinen Schöpfungswerken wahrgenommen werden. Dabei spricht der Apostel, griechischem Veständnis folgend, vom Kosmos, statt die atl. Wendung von „Himmel und Erde" zu gebrauchen. Indem τὰ ἀόρατα mit καθορᾶται zusammengebunden wird, ist auf Gottes freies Handeln verwiesen, durch das er sichtbar macht, was und wie es ihm gefällt. Auf seiten des Menschen ist es der νοῦς als verstehendes Vernehmen und kritisches Urteilsvermögen, kraft dessen er zu begreifen vermag. Der νοῦς kann entweder Gottes Forderung verstehend befolgen oder sich gegen sie entscheiden und damit sich gegenüber seinem Willen verschließen.[13] Was er auf Grund göttlicher Kundgabe wahrnehmen sollte, ist ἥ τε ἀΐδιος αὐτοῦ δύναμις καὶ θειότης. 'Αΐδιος – nur hier im NT – ist von ἀεί abgeleitet und be-

[9] 'Εν αὐτοῖς weist nicht auf das Innere des Menschen, sondern auf das Offenbarsein „in ihrer Mitte" hin.

[10] Vgl. bes. Ps-Aristoteles, de mundo 399 a/b: Die Betrachtung der einen Welt führt dazu, auf den einen Gott als ihren Schöpfer und Lenker zu schließen.

[11] Hierzu und zum folgenden vgl. BORNKAMM, Offenbarung 13f.; dort reiche Belege aus stoischer und jüdisch-hellenistischer Überlieferung (Philo von Alexandria). Vgl. auch LÜHRMANN, Offenbarungsverständnis 22–25; weitere Belege: NEUER WETTSTEIN 13–22.

[12] Vgl. die knappe Feststellung, die der Aristeasbrief trifft: μόνος ὁ θεός ἐστιν καὶ διὰ πάντων ἡ δύναμις αὐτοῦ φανερὰ γίνεται: Es ist ein einziger Gott und seine Kraft wird in allem offenbar (132).

[13] Vgl. BULTMANN, Theologie 213f.

tont Gottes ewige Kraft und Gottheit; θειότης – ebenfalls nur hier im NT, doch Sap Sal 18,9 – bezeichnet nach jüdisch-hellenistischer Redeweise die unvergleichliche Hoheit des Schöpfers. Weil „das verstehende Auffassen des Wesens Gottes das Wissen um Gottes Anspruch einschließt"[14], stehen die Menschen ohne Entschuldigung da. Εἰς τὸ εἶναι ist nicht final, sondern konsekutiv zu fassen. Weil die Menschen um Gottes Gebot wissen, aber Recht und Wahrheit in ihr Gegenteil verkehren, darum sind sie unentschuldbar. Es war freilich nicht Gottes Absicht, sie ins Verderben zu stürzen, sondern das geschah allein durch ihre Schuld. „Denn nicht der Höchste hat gewollt, daß Menschen verlorengehen; vielmehr die Geschöpfe selber haben den Namen dessen, der sie geschaffen hat, verunehrt und Undankbarkeit bewiesen gegen den, der ihnen doch das Leben bereitet hat." (4 Esra 8,60)

V. 21: Mit begründendem διότι (vgl. V. 19) fügt Paulus eine erklärende Bemerkung an, die nicht im Präsens, sondern in gnomisch verstandenem Aorist formuliert ist,[15] um auf das gottlose Verhalten hinzuweisen, wie es die Völker immer schon an den Tag gelegt haben. Obwohl sie um Gott und seine Forderung wußten, haben sie ihm geschuldete Ehre und Dank verweigert. Gottes כָּבוֹד ist in LXX durch δόξα wiedergegeben, sie wird ihm durch Anbetung und Dank in gehöriger Weise bezeigt – oder aber verweigert. Wo man sie versagt, da verfallen die Menschen der Nichtigkeit. Paulus übersieht dabei nicht, daß es unter den Völkern mancherlei Religiösität und kultische Verehrung gibt. Doch das alles kann nicht anerkannt werden als wahrer Dienst, der dem einen Gott zu erweisen ist, neben dem alle anderen sog. Götter nur Götzen sind (anders Act 17,23–29). Wie Götzen als Nichtse gelten, so werden ihre Verehrer zunichte, ihre διαλογισμοί verlieren jede Urteilskraft und ihr unverständiges Herz[16] wird verfinstert. Die passiven Formulierungen ἐματαιώθησαν – ἐσκοτίσθη weisen auf Gottes richtendes Urteil hin, der „die Gedanken der Menschen kennt, daß sie nichtig sind" (Ps 94,11). Die bösen Taten der Menschen haben die sie treffende Vergeltung unausweichlich zur Folge.

V. 22: Es hilft ihnen daher nicht, kühn zu behaupten, sie seien weise (vgl. 1. Kor 1,18–21; 3,18f.). Tatsächlich sind sie durch Gottes Urteil zu Toren geworden. **V. 23:** Paulus lehnt sich an biblische Wendungen an, die Israels Abfall von seinem Gott beschreiben – ἐπορεύθησαν ὀπίσω τῶν ματαίων καὶ ἐματαιώθησαν (Jer 2,5).[17] Die Gottlosigkeit der Völker entspricht dem Götzendienst, wie er einst in der Ver-

---

[14] Bultmann, Theologie 213.

[15] Es besteht daher kein Gegensatz der im Aorist gehaltenen Aussagen V. 21–23 zu den vorhergehenden V. 18–20, sondern im Aorist wird beschrieben, was die Heiden aller Zeiten getan haben – und tun (vgl. Fitzmyer, Rom. 282).

[16] Καρδία nicht zur Beschreibung eines Organs, sondern – atl. Redeweise entsprechend – als Hinweis auf das Innere des Menschen, d.h. ihn selbst in seiner Verantwortlichkeit.

[17] Weitere Anklänge sind aufgeführt bei Hübner, Vetus Testamentum 24–26.

ehrung des goldenen Kalbes vollzogen wurde. Geschöpfe und von Menschen gefertigte Werke wurden an die Stelle des Schöpfers gesetzt. Damit wurde die Gott zukommende Ehre (δόξα) in ihr Gegenteil verkehrt. Ὁμοίωμα (= Abbild) und εἰκών (hier = Gestalt) liegen in ihrer Bedeutung dicht beieinander und heben durch die Verbindung beider Begriffe den frevlerischen Charakter des Götzendienstes hervor, der Abbild und Geschaffenes an die Stelle des Schöpfers setzt. So vergingen sich einst die Israeliten gegen ihren Gott, indem sie die Herrlichkeit Gottes gegen das Bild eines Stiers vertauschten (Ps 106,20). Die Heiden haben Götzenbilder in Tiergestalt verehrt, Vögel, Vierfüßler und Kriechtiere – eine Polemik, die sich auf göttliche Verehrung von Tiergestalten bezieht, wie sie vornehmlich in Ägypten weit verbreitet war (vgl. Sap Sal 11,15; 12,24).[18]

Indem der Apostel die Gottlosigkeit der Heiden als ihre Schuld beschreibt, macht er deutlich, daß er weder von natürlicher Gotteserkenntnis noch von einer Offenbarung des göttlichen Seins handeln will, sondern die aus ihrer Schuld folgende Verlorenheit der Menschheit aufzudecken sucht. Es geht nicht darum, aus dem Staunen über die wohlgeordnete Natur auf Gottes Sein und Wesen zu schließen; sondern der Apostel will darlegen, wie es im Licht der göttlichen Offenbarung in Wahrheit um die ganze Menschheit bestellt ist. Sie können um Gott und seine Forderung wissen, aber sie versagten ihm die gebührende Ehre, verfielen darum eitler Nichtigkeit und versanken in der sie treffenden Verlorenheit.

V. 24: Das dreifach ausgesprochene παρέδωκεν des göttlichen Urteils wird durch διό (V. 24), διὰ τοῦτο (V. 26) bzw. einen vorangestellten καθώς – Satz (V. 28) eingeleitet. Der begangenen Schuld entspricht die adäquate Vergeltung: „Wodurch einer sündigt, dadurch wird er gestraft." (Sap Sal 11,16)[19] Παραδιδόναι meint den Entscheid des Richters, mit dem er den Verurteilten zur Vollstreckung des Urteils übergibt (vgl. 1 Kor 5,5). Die fortdauernde Wirkung dieses Richterspruchs[20] betrifft die Auslieferung gerade an die Unrechtstaten, deren die Menschen sich schuldig gemacht haben. Nun müssen sie in ihnen verharren und erfahren darin den Zorn Gottes. Sie bleiben in ihren ἐπιθυμίαι verhaftet, dem bösen Begehren und Streben, das sich vor allem in ausschweifendem sexuellen Verhalten auswirkt. Diese Konsequenz wird durch εἰς ἀκαθαρσίαν angegeben, wobei die Unreinheit nicht in kultischem Sinn, sondern als Unzucht verstanden

---

[18] Vgl. auch Philo, Decal 76–79; Neuer Wettstein 29f.

[19] Vgl. Test Naphth 3,2–3: „Sonne, Mond und Sterne verändern ihre Ordnung nicht; so sollt auch ihr das göttliche Gesetz nicht durch Unordnung eurer Taten verändern. Die Heiden, die sich verführen ließen und den Herrn verließen, änderten ihre Ordnung und folgten Steinen und Hölzern, den Geistern des Irrtums nachfolgend. Ihr nicht so, meine Kinder …, damit ihr nicht wie Sodom werdet, welches die Ordnung seiner Natur änderte." Vgl. Jeremias, Röm. 1, 291.

[20] Vgl. Sap Sal 14,27: „Denn die Verehrung der unaussprechbaren Götzen ist der Anfang alles Übels, seine Ursachen und sein Ende." (D. Georgi, Weisheit Salomos, JSHRZ III,4, Gütersloh 1980, 454) Vgl. auch Act 7,42: παρέδωκεν αὐτοὺς λατρεύειν τῇ στρατιᾷ τοῦ οὐρανοῦ.

ist (vgl. Röm 6,19; Gal 5,19 u. ö.).[21] Durch ihr Verhalten schänden sie ihre Leiber durch sich selbst.[22]

V. 25: Inwiefern Götzendienst und lasterhaftes Leben ursächlich zusammenhängen, wird im folgenden Satz erläutert. Die Wahrheit Gottes haben sie in Lüge verkehrt und Verehrung (ἐσεβάσθησαν) und kultischen Dienst (ἐλάτρευσαν) dem Geschöpf anstelle des Schöpfers erwiesen (vgl. Dtn 4,16–18).[23] Diese schändliche Verkehrung aber mutet den Apostel so verabscheuungswürdig an, daß er den Gedankengang unterbricht und, jüdischer Gebetshaltung entsprechend, eine Benediktion spricht, mit der dem Schöpfer die ihm zustehende Ehre in alle Ewigkeit zuerkannt wird (vgl. Röm 9,5; 11,36; 2 Kor 11,31).[24]

V. 26: Διὰ τοῦτο nimmt das διό von V. 24 auf und spricht mit Nachdruck das Urteil Gottes aus. Er hat die Menschen dahingegeben an Leidenschaften der Schande (Gen. qual.). Wie die in der hellenistischen Welt weit verbreitete sexuelle Freizügigkeit von seiten des Judentums allgemein mit scharfer Kritik bedacht wurde[25], so wurde insbesondere homosexueller bzw. lesbischer Verkehr als Folge heidnischer Gottlosigkeit verurteilt.[26] Zwar gab es in der griechisch-römischen Antike einzelne Stimmen, die Vorbehalte gegenüber homosexuellen Beziehungen äußerten[27]; doch allgemein herrschte die Meinung, daß man keine Bedenken gegen solches Verhalten trug und Knabenliebe sogar durch besondere Hochschätzung auszeichnete. Paulus teilt dagegen die jüdische Auffassung, nach der die Menschen sich an die durch Gottes Schöpfung gesetzte Ordnung zu halten haben. Er spricht zuerst von θήλειαι und charakterisiert damit die Frauen als Geschlechtswesen, die die durch die φύσις gegebene Ordnung mißachten und miteinander widernatürlichen[28] Verkehr[29] treiben. Durch μετήλλαξαν wird ihr schuldhaftes Verhalten (vgl. ἤλλαξαν V. 23) unterstrichen, in dem sich Gottes Zorngericht auswirkt. Nennt Paulus die Frauen an erster Stelle, so beabsichtigt er sicherlich keine Anspielung auf die Geschichte vom Sündenfall, nach der Eva als erste der Versuchung unterlag (so MICHEL, Röm. 105, u.a.), sondern dem Verhalten der Frauen wird steigernd das viel schlimmere Treiben der Männer gegenübergestellt.

---

[21] Zum Sprachgebrauch der hellenistischen Synagoge vgl. Test Jos 4,6: οὐχὶ ἐν ἀκαθαρσίᾳ θέλει κύριος τοὺς σεβομένους αὐτόν, οὔτε τοῖς μοιχεύουσιν εὐδοκεῖ: Der Herr will die ihn Fürchtenden nicht in Unreinheit, noch hat er an Ehebrechern Gefallen. Rabbinische Belege bei BILL. III 62–64.

[22] 'Εν αὐτοῖς – sekundäre Lesart ἐν ἑαυτοῖς – in instrumentaler Bedeutung.

[23] Vgl. Sap Sal 14,12: 'Αρχὴ γὰρ πορνείας ἐπίνοια εἰδώλων, εὕρεσις δὲ αὐτῶν φθορὰ ζωῆς: Denn Anfang der Hurerei ist Ausdenken von Götzenbildern, ihre Erfindung aber Verderb des Lebens.

[24] Rabbinische Belege bei BILL. III 64.

[25] Belege bei BILL. III 64–67.

[26] Belege bei BILL. III 68–74.

[27] Was gegen die Ordnung der Natur verstößt, kann nach stoischer Auffassung grundsätzlich nicht recht sein. Belege bei SCHLIER, Röm. 62 sowie NEUER WETTSTEIN 32–40.

[28] Φυσική/φύσις als in der stoischen Philosophie bevorzugte Begriffe haben kein atl. Äquivalent, wurden aber von der hellenistischen Synagoge aufgenommen und in der sittlichen Unterweisung verwendet.

[29] Χρῆσις bezeichnet hier den geschlechtlichen Verkehr.

V. 27: Die Männer haben den von der Natur gesetzten Verkehr mit dem weiblichen Geschlecht verlassen und sind in sexuellem Verlangen (ὄρεξις) nacheinander entbrannt. In diesem Tun aber, das ihrem Begehren entspricht, trifft sie die Strafe (ἀντιμισθία), die sie verdientermaßen für ihre Ausschweifungen (πλάνη) davontragen.[30] Auf nähere Erörterungen der Frage, ob das vielschichtige Problem der Homosexualität differenzierter beurteilt werden müsse[31], läßt Paulus sich nicht ein. Ihm kommt es darauf an, im Licht der eschatologischen Stunde die Verlorenheit der Menschheit aufzudecken, wie sie sich im hemmungslosen Treiben von Frauen und Männern zeigt. Diesem wird nicht eine zukünftig vergeltende Strafe angedroht, sondern der gegenwärtige Zustand der heidnischen Welt wird als Folge allgemeiner Gottlosigkeit und Sittenlosigkeit begriffen. Was aber die Menschen kühnen Sinnes als Ausdruck ihrer Freiheit und Selbstbestimmung betrachten mögen, ist in Wahrheit sich bereits hier und jetzt vollziehendes Gericht Gottes.

V. 28: Zum dritten Mal spricht der Apostel das wuchtige παρέδωκεν aus und stellt ihm im καθώς-Satz eine zusammenfassende Begründung voran. Δοκιμάζειν bezeichnet das abwägende Prüfen, das zur entsprechenden Entscheidung führt (vgl. Röm 2,18; 12,2; 14,22; Phil 1,10: εἰς τὸ δοκιμάζειν ὑμᾶς τὰ διαφέροντα). Die Menschen aber hielten es nicht für nötig, sich ernsthaft um Erkenntnis des göttlichen Willens zu bemühen, die eine rechte Einsicht in seine gebietende Forderung hätte einschließen müssen. Ἐπίγνωσις meint die Erkenntnis, die zugleich Anerkennung bedeutet (vgl. Röm 3,20; 10,2; Phm 2 u. ö.); ἔχειν ἐν ἐπιγνώσει entspricht einem Infinitiv γνῶναι und hebt hervor, daß es gilt, nicht nur bei flüchtiger Kenntnisnahme zu verharren, sondern Folgerungen für die Lebensführung zu ziehen. Ihrer Verweigerung wegen hat Gott sie dahingegeben εἰς ἀδόκιμον νοῦν. Das Wortspiel οὐκ ἐδοκίμασαν – ἀδόκιμον weist auf, daß Gottes Urteil sie eben dort getroffen hat, wo sie schuldhaft versagt haben, so daß ihr νοῦς nicht mehr imstande ist, auf Grund vernünftiger Abwägung zur gebotenen Entscheidung zu kommen. Im Gegenteil, sie tun nun, was sich nicht gebührt. Τὸ καθῆκον ist geläufiger Terminus philosophischer Ethik, um das sittlich Gebotene zu bezeichnen.[32] Der Begriff hat Eingang in die ethische Unterweisung der hellenistischen Synagoge gewonnen (2 Makk 6,4; 3 Makk 4,16 u. ö.) und wird von Pau-

---

[30] Antike Belege zur Beurteilung homosexuellen Umgangs: NEUER WETTSTEIN 40–50.

[31] Aus der breiten Literatur zur Sache seien besonders genannt: BECKER, J.: Zum Problem der Homosexualität in der Bibel, ZEE 31 (1987) 36–59; SCROGGS, R.: The New Testament and Homosexuality: Contextual Background for Contemporary Debate, Philadelphia 1983; STOWASSER, M.: Homosexualität und Bibel. Exegetische und hermeneutische Überlegungen zu einem schwierigen Thema, NTS 43 (1997) 503–526, sowie: Mit Spannungen leben. Eine Orientierungshilfe des Rates der Evangelischen Kirche in Deutschland zum Thema „Homosexualität und Kirche", EKD-Texte 57, Hannover 1996. Umfangreiche Literaturübersicht bei STRECKER, G.: Homosexualität in biblischer Sicht, KuD 18 (1982) 127–141; THEOBALD, RÖM. 142f.; WENGST, K.: Paulus und die Homosexualität. Überlegungen zu Röm. 1,26f., ZEE 31 (1987) 72–81.

[32] Belege in: NEUER WETTSTEIN 52–54.

lus aus deren Tradition aufgenommen. Jegliche Orientierung ist den Menschen verlorengegangen, die meinten, sich um Gott nicht kümmern zu brauchen.

V. 29–31: An das Ende seiner Gerichtsschilderung setzt der Apostel einen langen sog. „Lasterkatalog", der in umfassender Weise die Verderbtheit sittlicher Verantwortungslosigkeit beschreibt. Solche Aufzählungen verabscheuungswürdiger Verhaltensweisen waren sowohl in der popularphilosophischen Lehre der hellenistischen Umwelt wie auch in zeitgenössischer jüdischer Paränese geläufig.[33] Diese Kataloge nehmen nicht auf aktuelle Vorfälle Bezug, sondern wollen durch die Häufung der aneinander gefügten Begriffe Hörer und Leser aufrütteln. Paulus bedient sich verschiedentlich in seinen Briefen solcher Aufreihungen und paßt sie durch bestimmte Akzentuierung seinem jeweiligen Kontext ein (Röm 13,13; 1 Kor 5,10f.; 6,9f.; 2 Kor 12,20f.; Gal 5,19–21 sowie Deuteropaulinen). Nicht jedes einzelne Wort der langen Kette bedarf eingehender Erörterung, sondern die Reihe will als ganze betrachtet werden. Eine genaue Gliederung läßt sich dabei nicht ausmachen, wohl aber eine gewisse formale Ordnung erkennen. Zunächst sind vier Glieder mit dem vorangestellten Partizip πεπληρωμένους verbunden, dann werden an das Adjektiv μεστούς fünf Begriffe angehängt. Es folgen sechs substantivierte Adjektive von ψιθυριστάς bis ἀλαζόνας, an die zwei doppelgliedrige Ausdrücke angeschlossen werden: ἐφευρετὰς κακῶν, γονεῦσιν ἀπειθεῖς. In V. 31 bilden schließlich vier mit ἀ-privativum gebildete Adjektive den Abschluß.

Von jeglicher (πάσῃ) Bosheit sind die Menschen erfüllt. Dabei rückt der Apostel den Begriff ἀδικία, den er schon in V. 18 betont hervorgehoben hatte, an den Anfang und reiht drei weitere Begriffe an, die sozialschädliches Verhalten kennzeichnen.[34] Boshafte Gesinnung, mit Habsucht gepaart, verdirbt zwischenmenschliche Beziehungen. An μεστούς sind φθόνου und φόνου angefügt, die des Gleichklangs wegen häufig zusammen genannt werden. Streit (ἔρις), List (δόλος) und Verschlagenheit (κακοήθεια) richten sich gegen das Wohl des Nächsten und zerstören die Beziehungen zu ihm. Die Folge von substantivierten Adjektiven wird durch die Ohrenbläser eröffnet, die ebenso wie die ihnen zugeordneten Verleumder durch böse Nachrede Übel stiften. Dasselbe gilt von den im folgenden Genannten, wobei der gegen Gott gerichtete Haß (θεοστυγής hier in aktivem Sinn) auch das Verhältnis zu den Mitmenschen verdirbt. Wer den Eltern ungehorsam ist, verstößt gegen das Gebot, Vater und Mutter zu ehren. Die vier negativ qualifizierten Adjektive stehen am Ende des Katalogs. Die Unverständigkeit bezieht sich auf uneinsichtiges Verhalten gegenüber dem Nächsten; das ἀσύνετος klanglich verwandte ἀσύνθετος gilt von treulosem und unbeständigem Wesen. Die beiden letzten Wörter ἄστοργος und ἀνελεήμων gehören wiederum eng zu-

---

[33] Vgl. VÖGTLE, Lasterkataloge; WIBBING, Lasterkataloge; KAMLAH, Form sowie E. SCHWEIZER, Gottes Gerechtigkeit und Lasterkataloge bei Paulus (inkl. Kol und Eph), in: Rechtfertigung, FS E. Käsemann, Göttingen/Tübingen 1976, 461–478.

[34] Die Reihenfolge der Begriffe wird in einigen Handschriften verändert bzw. πορνεία hinzugefügt (ΠΟΝΗΡΙΑ wird zu ΠΟΡΝΕΙΑ).

sammen und bechreiben lieblose und unbarmherzige Gesinnung, aus der böses Verhalten anderen gegenüber erwächst.

V. 32: Wie in V. 25 wird mit οἵτινες das Fazit eingeleitet, das aus dem Katalog zu ziehen ist. Die Menschen, die sich so abscheulich verhalten, wissen gleichwohl um Gottes Gebot, dem sie hätten folgen sollen. Sie kennen Gottes Rechtsforderung (δικαίωμα wie 2,26; 8,4. 5.18 wird dagegen die rechte Tat bezeichnet). Ihnen ist daher auch bekannt, daß Mißachtung seines Willens und Verstöße gegen seine Gebote die Todesstrafe verdienen. Darum gibt es keine Entschuldigung für ihr Verhalten – um so weniger, als sie nicht nur selbst Schändliches tun, sondern darüber hinaus auch noch denen Beifall zollen, die sich entsprechend verhalten.[35] Wo und wie diese Einstellung sich äußert, wird nicht gesagt. Es ließe sich an öffentliche Rede, Theaterbesuch oder Vergnügungsveranstaltungen denken. Gleichwohl ist deutlich, worauf die Anklage zielt. Denn der sog. Lasterkatalog ist nicht sittlicher Ermahnung dienstbar gemacht und in den Zusammenhang einer Paränese eingefügt, sondern er wird als eine umfassende Anklage verstanden, deren Wucht sich niemand entziehen kann.[36] Hier reicht kein moralischer Appell aus, der zu sittlicher Besserung anhalten mag. Denn durch keine von Menschen zu leistende Anstrengung kann der Zorn Gottes abgewendet werden.

Die Darstellung der Verderbtheit der Menschheit, wie sie sich unter dem Zorngericht Gottes zeigt, bietet keine sorgfältig abwägende Schilderung gesellschaftlicher Verhältnisse, sondern deckt die umfassende Schuldverfallenheit der Menschen auf. Begriffe und Urteile, die in der hellenistischen Synagoge vorgegeben sind, nimmt der Apostel auf und fügt sie in den Zusammenhang seiner Lehre ein.[37] Dabei werden die Themen des ganzen Abschnitts 1,18–32 gewiß nicht zum ersten Mal vom Apostel bedacht worden sein. Sondern Paulus stützt sich offensichtlich auf geprägte Lehraussagen, wie sie von ihm des öfteren in seiner Unterweisung der Gemeinden angesprochen wurden.[38] Diese Ausführungen werden nun in die Komposition des Römerbriefes eingebracht, wobei die ἀδικία der Menschen der δικαιοσύνη θεοῦ in scharfem Kontrast gegenübergestellt wird. Wollten Hörer und Leser anfänglich noch meinen, hier sei ja nur von der Sittenlosigkeit der hellenistischen Gesellschaft die Rede, so spitzt der Apostel die Anklage dahingehend zu, daß er – wie einst der Prophet Nathan gegenüber dem König David – dem seiner selbst gewissen Menschen die Maske vom Gesicht reißt und auf ihn mit der Anrede zugeht, der er nicht ausweichen kann: „Du bist der Mann.“ (2 Sam 12,7)

---

[35] Vgl. Test Ass 6,2: Die Zwiegesichtigen werden zwiefach bestraft: ὅτι καὶ πράσσουσι τὸ κακὸν καὶ συνευδοκοῦσιν τοῖς πράσσουσιν: Denn sie tun auch das Böse und haben Gefallen an denen, die es tun; ferner Seneca, ep mor 39,6: *Turpia non solum delectant, sed etiam placent:* Sie genießen nicht nur Schändliches, sondern haben auch Gefallen daran.

[36] Vgl. Schweizer (s. Anm. 33) 469–471.

[37] Es liegt daher keine „originale synagogale Gerichtspredigt“ (so Schmithals, Röm. 75) vor.

[38] Vgl. Conzelmann, Weisheit 189f. Vgl. ferner: Ders., Die Schule des Paulus, in: Theologia Crucis – Signum Crucis, FS E. Dinkler, Tübingen 1979, 85–96.

Zur rhetorischen Gestaltung des Römerbriefes[39]

Über die Weisheit dieser Welt und eine ihr entsprechende Redeweise hat der Apostel Paulus durchaus kritisch geurteilt (1 Kor 1,18–25). Manche seiner Gegner waren der Meinung, daß

[39] Aus der überquellenden Fülle einschlägiger Veröffentlichungen zur Thematik „Paulus und die antike Rhetorik" seien genannt:

Zu den klassischen Regeln der antiken Rhetorik:

FUHRMANN, M.: Die antike Rhetorik, München/Zürich 1984; LAUSBERG, H.: Handbuch der literarischen Rhetorik, Stuttgart ³1990; MARTIN, J.: Antike Rhetorik, München 1974.

Zu den paulinischen Briefen:

ALETTI: présence; DERS.: Clefs; DERS.: Rhétorique; ANDERSON JR., R.D.: Ancient Rhetorical Theory and Paul, Contributions to Biblical Exegesis and Theology, Kampen 1996, ²Leuven 1998; BETZ, H.D.: The Literary Composition and Function of Paul's Letter to the Galatians, NTS 21 (1974/75) 353–379 = Studien 63–97; DERS.: A Commentary on Paul's Letter to the Churches in Galatia, Philadelphia 1979 = Der Galaterbrief, München 1988; BULTMANN: Stil; CAMPBELL, D.A.: Determining the Gospel through Rhetorical Analysis in Paul's Letter to Roman Christians, in: Gospel in Paul, FS R. Longenecker, JSNT.S 108, Sheffield 1994, 315–336; CLASSEN, C.J.: Paulus und die antike Rhetorik, ZNW 82 (1991) 1–33; DERS.: Philologische Bemerkungen zur Sprache des Apostels Paulus, in: ΣΦΑΙΡΟΣ, FS H. Schwabe, Wiener Studien 107–108, Wien 1994/95, 321–331; DERS.: Melanchthon's Use of Rhetorical Categories in Criticism of the Bible, in: L. Ayres (Hg.), The Passionate Intellect, Essays on the Transformation of Classical Traditions, FS J.G. Kidd, New Brunswick/London 1995, 297–322; DERS.: Rhetorical Criticism of the New Testament, WUNT I, 128, Tübingen 2000; CRAFTON, J.A.: Paul's Rhetorical Vision and the Purpose of Romans. Toward a New Understanding, NT 32 (1990) 317–339; ELLIOTT, N.: The Rhetoric of Romans. Argumentative Constraint and Strategy and Paul's Dialogue with Judaism, JSNT.S 45, Sheffield 1990; HALLOWAY, P.A.: Paul's Pointed Prose: The Sententia in Roman Rhetoric and Paul, NT 40 (1998) 32–53; HOPPE, R.: Der erste Thessalonicherbrief und die antike Rhetorik, BZ 41 (1997) 229–237; HORN, F.W.: Paulusforschung, in: Ders. (Hg.), Bilanz und Perspektiven gegenwärtiger Auslegung des Neuen Testaments, BZNW 75, Berlin 1995, 30–59, darin: Zur rhetorischen Analyse des Römerbriefs, 34–40; HÜBNER: Rhetorik; DERS.: Die rhetorische Analyse des Römerbriefs, in: Theologie 239–258; JEWETT, R.: Following the Argument of Romans, in: Word and World 6 (1986) 382–389 = Donfried, Debate 265–277; KENNEDY, G.: New Testament Interpretation through Rhetorical Criticism, Chapel Hill 1984; KLAUCK, H.J.: Die antike Briefliteratur und das Neue Testament, Paderborn 1998; MACK, B.L.: Rhetoric and the New Testament, Minneapolis 1990; REED, J.T.: Using Ancient Rhetorical Categories to interpret Paul's Letters, in: S.E. Porter/T.O. Olbricht (Hg.), Rhetoric and the New Testament, Essays from the 1992 Heidelberg Conference, JSNT.S 90, Sheffield 1993, 292–320; REICHERT, A.: Gratwanderung (2001) 50–57; SCHMELLER, T.: Paulus und die Diatribe, NTA 19, Münster 1987; SCHNEIDER, N.: Die rhetorische Eigenart der paulinischen Antithese, HUTh 11, Tübingen 1970; SCHRAGE, W.: Der erste Brief an die Korinther, EKK VII/1, Zürich/Neukirchen 1991, 71–94; SCROGGS, R.: Paul as Rhetorician, Two Homilies in Romans 1–11, in: Essays in Honor of W. D. Davies, Leiden (1976) 271–298; STOWERS, S.K.: The Diatribe and Paul's Letter to the Romans, SBL.DS 57, 1981; STRECKER, G.: Literaturgeschichte des Neuen Testaments, Göttingen 1992, 66–95: Der Brief als literarische Gattung im Horizont antiker Briefschreibung und gegenwärtiger Forschung; VOS, J.S.: Sophistische Argumentation im Römerbrief des Apostels Paulus, NT 43 (2001) 224–244; DERS.: Die Kunst der Argumentation bei Paulus. Studien zur antiken Rhetorik, WUNT I, 149, Tübingen 2002; VOUGA, F.: Römer 1,18–3,20 als narratio, ThGl 77 (1987) 225–236; DERS.: Romains 1,18–3,20 comme narratio, in: F. Bühler/J.F. Habermacher (Hg.), La narration. Quand le récit devient communication, Genf 1988, 145–151; WEISS, J.: Beiträge zur Paulinischen Rhetorik, in: Theologische Studien, Prof. D.B. Weiß dargebracht, Göttingen 1897, 165–247; WUELLNER, W.: Paul's Rhetoric of Argumentation in Romans, CBQ 38 (1976) 330–351 = Donfried (Hg.), Debate 128–146; DERS.: Greek Rhetoric and Pauline Argumentation, in: Early Christian Literature and the Classical Intellectual Tradition, FS R.M. Grant, ThH 4, Paris 1979, 177–188.

seine Rede, mit der er vor die Gemeinden trat, schwach und kläglich wirken konnte (2 Kor 10,10). Seine Briefe aber – so setzen selbst seine Kritiker dagegen – wiegen schwer und sind stark (ebd.). Aus dieser Bemerkung klingt heraus, worin die kraftvolle Wirkung, die vom Apostel ausging, begründet war. Die Schärfe seines Denkens zeigt sich in seinen Briefen und vermag zu fesseln und zu überzeugen.

Schwingt in den Worten, mit denen Paulus die Kritik an seinem rednerischen Talent pariert, eine leise Ironie mit, so kann diese zugleich dazu dienen, ungerechtfertigte Herabsetzung abzuwehren und auf die Botschaft aufmerksam zu machen, die er bezeugt. So unbestreitbar das Wort vom Kreuz vor dem Forum der Welt als törichte Kunde erscheint, so wenig sieht sich der Apostel gehindert, die griechische Umgangssprache, der er sich stets bediente, in überlegter Gestaltung einzusetzen und dabei auch rhetorische Stilmittel zu verwenden, um seiner Gedankenführung gebührenden Nachdruck zu verleihen.

Im gesellschaftlichen Leben der hellenistisch-römischen Antike kam der Rhetorik hohe Bedeutung zu. Als gebildet konnte nur derjenige gelten, der gelernt hatte, seinem Wissen und seiner Kenntnis überzeugenden Ausdruck zu verleihen. Nach verbreiteter Ansicht, wie sie in rhetorischer Unterweisung tradiert wurde, sollte eine wohl überlegte Rede in der Regel aus den Teilen Exordium, Narratio, Confirmatio und Peroratio bestehen. Diese Gliederung stellte jedoch kein starres Schema dar, das keine Abwandlung oder Veränderung hätte vertragen können. Vor allem mußte ein geschulter Redner darauf bedacht sein, daß beim mündlichen Vortrag, der vorher gut einstudiert werden sollte, die Zuhörer nicht etwa sich daran stören könnten, daß zu schematisch eingehaltene Ordnungsprinzipien der geneigten Aufnahme der Argumentation hinderlich sein könnten.[40]

Der Apostel Paulus ist schwerlich jemals mit einer hellenistischen Rhetorschule in Berührung gekommen. Seine Briefe bieten keinerlei Anhaltspunkte, die eine solche Vermutung rechtfertigen könnten. Da er aber von Jugend auf im Studium der Schrift und der von den Vätern überkommenen Überlieferungen unterwiesen worden war, hatte er aus den Lehrvorträgen der Synagoge und den Debatten, die in ihrem Schulbetrieb geführt wurden[41], lernen können, wie man einen Gedankengang schlüssig vorzutragen hat. Hatte doch die hellenistische Synagoge mit der griechischen Sprache auch manche Formen ihrer geschickten Handhabung übernommen.

Wie zu allen anderen Paulusbriefen ist auch im Blick auf Aufbau und Struktur des Röm zu prüfen, wie weit sie unter Beachtung rhetorischer Regeln gestaltet wurden. Hatten schon einige Kirchenväter geltend gemacht, daß der Apostel im Röm in rhetorisch überlegter Weise argumentiere[42], so brachte dann vor allem MELANCHTHON Gesichtspunkte rhetorischer Gestaltung sowohl bei der Auslegung der einzelnen Textabschnitte wie auch im Blick auf den besonderen Charakter dieses Schreibens als eines lehrhaften Dokuments zur Geltung. In der gegenwärtigen Forschung ist die Frage rhetorischer Gestaltung des Röm mit neuer Intensität erörtert worden. Vergleichende Betrachtung läßt ihn einer Rede am nächsten kommen, durch die Hörer und Leser vom Inhalt der ihnen nahegebrachten Darlegungen überzeugt werden sollen (sog. „epideiktische Rede").[43]

---

[40] Vgl. die in Anm. 39 aufgeführten Handbücher zur antiken Rhetorik.

[41] Vgl. hierzu H.-J. KLAUCK, Hellenistische Rhetorik im Diaspora-Judentum, Das Exordium des vierten Makkabäerbuchs (4 Makk 1,1–12), NTS 35 (1989) 451–465; sowie VOS (s. Anm. 39) 230–244, mit charakteristischen Beispielen.

[42] Belege vor allem in den angegebenen Arbeiten von CLASSEN (s. Anm. 39).

[43] So vor allem WUELLNER (1976, s. Anm. 39) 135: „Romans is epideictic." Vgl. auch BYRNE, Rom. 4–8.

Versucht man die Kriterien des rhetorisch bestimmten Aufbaus auf die Gedankenführung des Röm anzuwenden, so könnte dessen Aufriß etwa in folgender Weise beschrieben werden: 1,1–15: Exordium – 1,16f.: Propositio – 1,18–15,13: Argumentatio – 15,14–16,23: Peroratio.[44] Ähnliche Vorschläge zur rhetorischen Struktur des Röm finden sich auch – bei gewissen Abweichungen im einzelnen – in einer stattlichen Reihe neuerer Diskussionsbeiträge.[45] Dabei wird jeweils dem Abschnitt 1,1–17, der zur Angabe des Themas hinführt, die Position eines einleitenden Exordium, dem weit ausgreifenden Hauptteil 1,18–15,13 die Durchführung der Argumentation (Narratio o.ä.) und dem Schluß 15,14–16,23 die Aufgabe einer abschließenden Peroratio zugewiesen. Doch fragt sich, welchen Gewinn die Anwendung eines so grobmaschigen und weitgespannten Schemas für das Verständnis der Struktur des umfangreichen Schreibens wirklich austrägt. In der spätantiken Rhetorik konnte einerseits die Gestaltung einer Rede mancherlei Abwandlungen und Variationen im einzelnen erfahren.[46] Andererseits hat sich Paulus in keinem seiner Briefe in Abhängigkeit von einem vorgegebenen rhetorischen Schema begeben. Vielmehr bedient er sich in großer Freiheit und nach wechselnder Wahl unterschiedlicher Ausdrucks- und Stilmittel, die ihm jeweils am geeignetsten erscheinen, seine Gedanken zu entfalten.[47]

Schließlich will eine einfache, jedoch folgenreiche Feststellung nicht außer acht gelassen werden. Der Apostel schreibt Briefe und keine Redekonzepte.[48] Zwar kommen einige Abschnitte seiner Schreiben traktatähnlichen Stücken nahe. Aber die Form, in die er seine Überlegungen und Mitteilungen faßt, ist die des Briefes, der an bestimmte Adressaten gerichtet ist und sie in der Situation, in der sie sich befinden, anreden und ihnen die Botschaft des Evangeliums darlegen will. Daher wäre es nicht angemessen, ein vorgegebenes Schema – wie das des Aufbaus einer Rede – an die Gedankenfolge eines paulinischen Briefes anzulegen. Sondern es ist umgekehrt zu verfahren. In sorgfältiger Analyse der einzelnen Zusammenhänge ist zu prüfen, welche Stilmittel verwendet wurden und in wieweit rhetorische Gestaltung der Gedankenführung zu erkennen ist.[49] Die Exegese hat daher vom einzelnen literarischen Werk auszugehen, „von dessen Gattung, Autor, Zeit und Adressaten usw., weiter dem Aufbau, der Argumentation, den sprachlichen Ausdrucksmitteln" und diese dann in ihrer jeweiligen „Funktion zu bestimmen und wenn möglich einander zuzuordnen, um auf diese Weise die Intention des Ganzen zu ermitteln".[50]

Wenn man den gesamten Röm nicht in das Schema einer rhetorisch gestalteten Rede zwängen kann, so kann doch durch vergleichende Gegenüberstellung zu rhetorischen Leitlinien der besondere Charakter einzelner Abschnitte deutlicher hervortreten. Auf der einen Seite hebt sich der einleitende Teil mit seiner Hinführung zur den ganzen Brief bestimmenden „propositio generalis" (1,16f.) klar heraus. Auf der anderen Seite aber läßt sich beobach-

---

44 So in Anlehnung an den von WUELLNER (in: Donfried, Debate 133–146) vorgetragenen Versuch einer Gliederung. Doch vgl. dagegen JEWETT (s. Anm. 39) 265–277: 1,1–12, exordium; 1,13–15, narratio; 1,16f., propositio; 1,18–15,13, probatio mit den Unterteilen: 1,18–4,25, confirmatio; 5,1–8,39, exornatio; 9,1–11,36, comparatio; 12,1–15,13, exhortatio.

45 Vgl. hierzu die oben S. 94 vorgelegte Literaturübersicht.

46 Vgl. CLASSEN (1991, s. Anm. 39) 28: „Wo ein *exordium*, eine *confirmatio* und eine *peroratio* vorkommen, muß nicht auch eine *narratio* zu finden sein; und selbst wenn sich eine *narratio* nachweisen läßt, bleibt immer noch zu überprüfen, ob sie im Einzelfall die übliche Funktion einer *narratio* erfüllt."

47 Vgl. ALETTI, Dispositio 394.

48 Vgl. KLAUCK (s. Anm. 39) 179f.

49 Vgl. CLASSEN (1991, s. Anm. 39) 27; erneut mit Recht betont von HOPPE (s. Anm. 39) 237: „Rhetorische Analyse kann nur ein analytisches Verfahren im Zuge einer Untersuchung des Briefes sein."

50 CLASSEN (1991, s. Anm. 39) 27.

ten, wie in den großen Gedankenschritten des Briefes stets ein überlegter Aufbau die Abfolge der Argumentation leitet (1,18–4,25; 5,1–8,39; 9,1–11,36; 12,1–15,13). Dabei bleibt die „propositio generalis" in allen Kapiteln bestimmendes Leitmotiv. In den einzelnen Teilen des Briefes aber wird diese jeweils unter einer neuen Perspektive wieder aufgenommen und in einer überlegt gestalteten, in sich gerundeten Entfaltung der bestimmenden Gesichtspunkte betrachtet.[51] Auf Grund der Analyse und Interpretation der einzelnen Abschnitte läßt sich dabei des genaueren beobachten, welcher rhetorischen Mittel der Apostel sich bedient hat, um sich seinen Hörern und Lesern verständlich zu machen.

2,1–29 Die Juden unter dem Zorn Gottes

Hatte der Apostel ausgeführt, daß Gottes Zorn über alle Gottlosigkeit und Ungerechtigkeit der Menschen offenbart ist, und dabei in erster Linie vom göttlichen Gericht über die Völker gesprochen, so richtet sich nun die Spitze der Argumentation vornehmlich gegen die Juden, die bisher möglicherweise seinen Ausführungen mit Zustimmung gefolgt sind. Zwar wendet Paulus sich an alle Menschen als seine Zuhörer; doch die inhaltliche Begründung seiner Ausführungen nimmt in hohem Maß jüdische Traditionselemente auf und kehrt sie gegen deren Vertreter, indem er sie in den Horizont des göttlichen Gerichts rückt, das über alle ergeht. Dabei wird zuerst daran erinnert, daß Gottes richtendes Urteil gerecht ist und es kein Ansehen der Person vor ihm gibt (2,1–11). Weil Juden darum wissen, sind sie genauso wie die Heiden vor Gottes Gericht verantwortlich; denn nicht nur den Juden, sondern auch den Heiden ist bekannt, daß sie Gottes Forderung zu genügen haben (2,12–16). Erst in V. 17 wird der Jude ausdrücklich als Adressat der Gerichtsrede genannt und ihm nun mit aller Eindringlichkeit vor Augen gehalten, daß er um nichts besser dasteht als die Heiden, auf deren Verhalten er so gern geringschätzig hinabsieht (2,17–29). Nicht vermeintliche äußere Vorzüge weisen den rechten Juden aus, sondern allein Beschneidung des Herzens.

2,1–11 Gottes gerechtes Gericht

1) **Darum bist du ohne Entschuldigung, o Mensch, jeder, der du richtest. Denn worin du den anderen richtest, verurteilst du dich selbst. Denn du tust dasselbe, der du richtest.** 2) **Wir wissen aber, daß Gottes Gericht der Wahrheit entsprechend über diejenigen ergeht, die solche Dinge tun.** 3) **Meinst du etwa, o Mensch, der du über diejenigen richtest, die solche Dinge tun, und dasselbe tust, daß du Gottes Gericht entrinnen wirst?** 4) **Oder verachtest du den Reichtum seiner Güte, Geduld und Langmut, ohne zu erkennen, daß Gottes Güte dich zur Umkehr führen will?** 5) **In deinem Starrsinn und deinem unbußfertigen Herzen häufst du dir Zorn an auf den Tag des Zorns und der Of-**

[51] Vgl. hierzu die verschiedenen Arbeiten von ALETTI, bes. seinen Entwurf: Dispositio 392.

fenbarung des gerechten Gerichtes Gottes. 6) Er wird jedem vergelten nach seinen Werken: 7) Denen, die in beharrlichem Festhalten an gutem Werk Herrlichkeit, Ehre und Unvergänglichkeit suchen, ewiges Leben; 8) denen aber, die selbstsüchtig sind und der Wahrheit nicht gehorchen, sondern der Ungerechtigkeit gehorsam sind, Zorn und Grimm. 9) Bedrängnis und Angst über jede Menschenseele, die das Böse tut, Juden zuerst und auch Griechen; 10) Herrlichkeit, Ehre und Friede aber für jeden, der das Gute tut, Juden zuerst und auch Griechen. 11) Denn es gibt kein Ansehen der Person vor Gott.

Aletti, J.-N.: Romains 2, Sa cohérence et sa fonction, Bib. 77 (1996) 153–177 = Israël 41–69; Bassler, Impartiality 43–58; Campbell, D.A.: A Rhetorical Suggestion Concerning Romans 2, SBL.SP 131 (1995) 34, 140–167; Carras, G.P.: Romans 2,1–29: A Dialogue with Jewish Ideals, Bib 73 (1992) 183–207; Cambier, jugement 187–213; Dunn, J.D.G.: What was the Issue between Paul and „Those of the Circumcision"?, in: Hengel, Paulus 295–317; Flückiger, F.: Die Werke des Gesetzes bei den Heiden, ThZ 8 (1952) 17–42; Grobel, K.: A Chiastic Retribution-Formula in Romans, in: Zeit und Geschichte, FS R. Bultmann, Tübingen 1964, 255–261; Jüngel, E.: Ein paulinischer Chiasmus. Zum Verständnis vom Gericht nach den Werken in Röm. 2,1–11, ZThK 60 (1963) 69–74 = Unterwegs 173–178; Schlier, H.: Von den Juden. Römerbrief 2,1–29, EvTh 5 (1938) 263–275 = Zeit 38–47; Snodgrass, K.R.: Justification by Grace – to the Doers: An Analysis of the Place of Romans 2 in the Theology of Paul, NTS 32 (1986) 72–93.

Paulus spricht nun den Menschen an, der sich rasch bereitfindet, über andere ein Urteil zu fällen. Dabei geht der Apostel von der bisherigen Argumentationsweise in dritter Person zu einem lebendigen Dialog in zweiter Person nach Art der Diatribe über. Der Abschnitt ist mit dem vorhergehenden eng verbunden, wie sich insbesondere an Aufnahme und Fortführung bereits verwendeter Begrifflichkeit zeigt: ἀναπολόγητος (2,1: 1,20) – ἀλήθεια (2,2.8: 1,18) – ἀποκάλυψις/ἀποκαλύπτεσθαι (2,5: 1,18) – ὀργή (2,5.8: 1,18) – ἀφθαρσία/ἄφθαρτος (2,7: 1,23) – ἀδικία (2,8: 1,18.29). Dem selbstgerecht urteilenden Menschen wird in V. 1–5 die ihn treffende Anklage entgegengehalten und in V. 6–11 das Urteil gesprochen. Obwohl er erst in V. 17 als Jude angeredet wird, ist doch aus der inhaltlichen Gestaltung schon von V. 1 an zu erkennen, daß von der Offenbarung des göttlichen Zorns über die Juden die Rede ist.

V. 1: Διό mutet als Einleitung merkwürdig an. Denn es wird keine unmittelbare Schlußfolgerung gezogen, sondern es liegt der Beginn eines neuen Abschnitts vor. Doch wird weder damit zu rechnen sein, daß V. 1 eine sekundäre Glosse darstellt[1], noch ist διό zu einer „farblosen Übergangspartikel" (Lietzmann, Röm. 39) abzuschwächen. Denn der Satz in V. 3 nimmt V. 1 auf. Dieser aber setzt den Gedanken voraus, daß der jüdische bzw. judenchristliche Zuhörer Beifall zollt, wenn über die Unsittlichkeit der Heiden Gottes Zorn ergeht. Insofern knüpft V. 1 an die

[1] So Bultmann, Glossen 281: V. 1 fasse sekundär den Sinn von V. 2f. zusammen, ursprünglich habe V. 2 an 1,32 angeschlossen.

vorangegangenen Ausführungen an und richtet sich an jeden, der mit seinem scharfen Urteil schnell zur Stelle ist. Denn worin[2] er über den anderen seinen Richterspruch fällt, verurteilt er sich selbst (vgl. die Warnung vor dem Richten Mt 7,2 par. Lk 6,37).[3] Verhält er sich doch nicht anders als die von ihm verachteten Heiden. Darum ist er gleich ihnen ἀναπολόγητος.

V. 2: Mit οἴδαμεν, das Paulus des öfteren verwendet, um allgemein anerkannte Sätze einzuleiten (vgl. 3,19; 7,14; 8,22.28 u. ö.), beruft er sich auf die unstrittige Überzeugung, daß Gottes Gericht nach dem Maßstab (κατά) der Wahrheit ergeht. Es trifft alle, die sich so verhalten, wie 1,18–32 aufgeführt worden war. Da gibt es kein Ausweichen und kein Entrinnen. **V. 3:** Denn das weiß auch der Dialogpartner, den Paulus erneut direkt anspricht. Er kann und darf – wie ihm in Form einer Frage vorgehalten wird – unter keinen Umständen die Übeltäter richten, weil er sich doch selbst nicht anders verhält als sie, und soll nicht meinen, Gottes Richterspruch entkommen zu können. Mit dieser zugespitzten Formulierung wendet sich der Apostel gegen Vorstellungen, wie sie im damaligen Judentum verbreitet waren – so Sap Sal 15,1–3: „Du aber, unser Gott, bist gütig (χρηστός) und wahrhaftig (ἀληθής), langmütig (μακρόθυμος) und regierst das All mit Erbarmen. Denn auch wenn wir sündigen, bleiben wir doch dein, weil wir deine Macht kennen. Wir wollen aber nicht sündigen, weil wir wissen, daß wir zu den Deinigen gerechnet werden. Denn dich kennen ist die vollkommene Gerechtigkeit, und von deiner Kraft wissen ist die Wurzel der Unsterblichkeit."[4] Die Gerechten sind der Auffassung, daß diejenigen, die Unrecht tun, des Herrn Gericht nicht entgehen (Ps Sal 15,8). Doch kommt ihnen dabei nicht der Gedanke, daß eben dieses Gericht sie selbst treffen könnte. Der Stolz der Erwählten, die sich auf ihre Abrahamskindschaft meinen berufen zu können (vgl. Mt 3,9 par. Lk 3,8), gibt ihnen die trügerische Überzeugung ein, sie würden von Gottes Richterspruch verschont werden und ungestraft bleiben können.

V. 4: Mit sich steigernder Schärfe fügt Paulus eine zweite Frage hinzu, der gegenüber es gleichfalls kein Ausweichen gibt: Wird der Reichtum göttlicher Güte gering geachtet? Von πλούτου sind die drei Begriffe χρηστότης, ἀνοχή und μακροθυμία abhängig, mit deren gemeinsamer Nennung der eben zitierte Satz Sap Sal 15,1 zu vergleichen ist. Wenn Gott wartet und sich geduldig zeigt, indem er das Gericht noch hinausschiebt, so kann diese von ihm erwiesene Langmut doch nur bedeuten, daß er Gelegenheit geben will, vom falschen Weg umzukehren. Der weitgehend jüdischer Tradition entnommenen Terminologie entspricht es, daß Paulus – wie sonst nur noch 2 Kor 7,9f. (vgl. auch μετανοεῖν 2 Kor 12,21) – die μετάνοια nennt, was den hebräischen Begriff תְּשׁוּבָה = Umkehr wiedergibt. Ἄγει ist Präs.

[2] Ἐν ᾧ = ἐν τούτῳ ἐν ᾧ.

[3] Durch die in einigen Handschriften vorgenommene Hinzufügung von κρίματι wird der Anklang an das oben angegebene Herrenwort verstärkt.

[4] Zum Gedanken, daß die Heiden im Gericht verurteilt werden, Israel aber verschont bleibt, vgl. auch Sap Sal 11,9f.; 12,22 u.a.

de conatu: Gottes Güte (τὸ χρηστόν = χρηστότης) will zur Umkehr führen und darf daher mitnichten falsch eingeschätzt und im Sinn ungerechtfertigter Sicherheit mißverstanden werden.[5] **V. 5:** Denn so, wie die selbstgerechten Leute sich verhalten, sammeln sie nicht etwa Verdienste, durch die sie das Leben gewinnen könnten.[6] Sondern sie sind verstockt wie einst Pharao und die Ägypter und häufen sich in ihrem Starrsinn und der Unbußfertigkeit ihres Herzens Zorn auf für das zukünftige Gericht. Prophetischer Rede entsprechend wird das Gericht als Tag des Zorns bezeichnet (vgl. Zeph 1,14f.18; 2,3; Jes 13,9; 37,3 u.ö.). Bei der zukünftigen Offenbarung (ἀποκάλυψις) wird enthüllt werden, was jetzt noch verhüllt ist: daß Gott gerecht richtet. Der zusammengesetzte, selten vorkommende Begriff δικαιοκρισία wird von Paulus nur hier verwendet. Er ist gleichfalls durch jüdische Tradition geprägt (vgl. LXX Hos 6,5/Quinta; Or Sib III 704; Test Levi 3,2; 15,2).

V. 6: Auf die Anklage folgt nun das Urteil des göttlichen Gerichtes. Dabei wird wiederum auf das Wissen Bezug genommen, wie es gerade auch den selbstgerecht urteilenden Menschen längst geläufig ist. Mit einem Zitat aus Ps 62,13[7] erinnert der Apostel daran, daß in der Schrift in aller Deutlichkeit gesagt ist, Gott werde einem jeden seinen Werken entsprechend vergelten. Vor seinem Gericht gibt es keine Ausnahme, und jeder muß von seinen Taten Rechenschaft ablegen, die er begangen oder aber unterlassen hat. **V. 7:** Diesen biblischen Satz – wiederum jüdischer Überlieferung entsprechend – erläutert Paulus im folgenden, indem er in chiastischer Ordnung Gottes gerechtes Urteil beschreibt: A V.7: Vergeltung der guten, B V.8: der bösen Taten; B V.9: Bestrafung der Schuldigen, A V.10: Entlohnung der Gerechten.[8] Die knappe Ausdrucksweise, in der Verben überhaupt fehlen, läßt erkennen, daß Paulus traditionelles Gut anführt[9], dem der Apostel durch die Betonung, daß das Gericht Juden wie Griechen gleicherweise trifft (V. 9f.), einen besonderen Akzent hinzufügt und mit dem Satz, es gebe kein Ansehen der Person vor Gott, einen wirkungsvollen Abschluß verleiht.

Wie wird es bei Gottes Gericht zugehen? Zuerst weist Paulus auf diejenigen hin, die am guten Werk festgehalten und beharrlich sich auf δόξα, τιμή und ἀφθαρσία gerichtet haben. Die drei Begriffe bezeichnen miteinander das erstrebte Ziel künftiger Herrlichkeit, die ihnen eröffnet werden soll. **V. 8:** Den anderen wird das Gegenteil zugemessen. Οἱ ἐξ ἐριθείας sind diejenigen, die von Selbstsucht geleitet sind.[10] Ihnen sind Leute an die Seite gerückt, die der Wahrheit den Gehorsam ver-

---

[5] Vgl. Sap Sal 11,23: „Aber du bist gegen alle barmherzig, weil du alles vermagst und übersiehst die Sünden der Menschen, damit sie Buße tun."

[6] Vgl. Ps Sal 9,5: Ὁ ποιῶν δικαιοσύνην θησαυρίζει ζωὴν αὑτοῦ παρὰ κυρίῳ: Wer rechtschaffen handelt, erwirbt sich Leben beim Herrn.

[7] Vgl. auch Prov 24,12.

[8] Detaillierte Analyse bei Grobel 256–261.

[9] Die von Grobel 259 geäußerte Vermutung, die angeführte jüdische Tradition könnte ursprünglich in Hebräisch oder Aramäisch abgefaßt gewesen sein, hat keinen Anhalt am Text. Paulus stützt sich auf Überlieferung der hellenistischen Synagoge.

[10] Ἐριθεία von ἐριθεύομαι abgeleitet = Selbstsucht, Eigennutz. Vgl. Bauer-Aland 626 s.v.

sagen, stattdessen aber der Ungerechtigkeit Folge leisten. Wie 1,18.29 und 1,18.25 sind ἀδικία und ἀλήθεια in scharfem Gegensatz einander gegenübergestellt. Wer der Wahrheit den Gehorsam versagt und der Ungerechtigkeit Folge leistet, den treffen Gottes Zorn und Grimm.[11]

V. 9: Was denen widerfährt, die sich der Wahrheit Gottes verschließen, wird nun durch θλῖψις und στενοχωρία beschrieben, um angstvolle Bedrängnis zu kennzeichnen, die über jeden Menschen kommt, der Böses tut. Der Apostel bedient sich des biblischen Ausdrucks ψυχὴ ἀνθρώπου (=ihn) und fügt wie auch in V. 10 die betonte Aussage an, daß dieses Gericht in gleicher Weise Juden und Griechen trifft. Dabei hebt Paulus das πρῶτον, wie es schon 1,16 hieß, erneut hervor. Weil die Juden vor allen anderen um Gottes Willen und Gebot wissen, trifft sie als erste das göttliche Gericht.[12] **V. 10:** Wer hingegen Gutes tut, dem sind δόξα, τιμή und εἰρήνη verheißen.[13] **V. 11:** Denn – so heißt es abschließend – vor Gott gibt es kein Ansehen der Person. Der Begriff προσωπολημψία ist von der atl. Wendung πρόσωπον λαμβάνειν abgeleitet. Er taucht zwar erst im NT auf, war aber vermutlich schon im hellenistischen Judentum verwendet.[14] Nach orientalischem Brauch hatte man sich bei ehrfürchtiger Begrüßung zu Boden zu werfen. Hob die auf diese Weise geehrte Persönlichkeit das Antlitz desjenigen auf, der sich tief gebeugt hatte, so wurde damit ein Zeichen der Wertschätzung und Anerkennung gegeben; doch konnte es sich auch um einen Ausdruck ungerechtfertigter Bevorzugung handeln. Gott aber richtet stets gerecht und nimmt keinerlei falsche Rücksicht. Weil gerade auch die selbstgerecht urteilenden Menschen, die ihre eigenen Verfehlungen großzügig übersehen, um diese Weise göttlichen Gerichts wissen, hätten sie sich völlig anders verhalten müssen: umkehren statt hochmütig urteilen. Darum sind sie ausnahmslos schuldig vor Gottes Gericht.

Spricht der Apostel in diesen Sätzen mit deutlichen Worten vom Gericht, das nach den Werken ergeht, so scheint eine widersprüchliche Spannung zwischen diesen Aussagen und dem Leitmotiv vorzuliegen, das die Offenbarung der Gerechtigkeit Gottes nicht nach ἔργα, sondern allein nach Gottes Barmherzigkeit dem Glaubenden widerfahren läßt.[15] Diese Spannung hat in der Geschichte der Exegese zu unterschiedlichen Erklärungsversuchen geführt: Wie verhalten sich Rechtfertigung und Endgericht in der Theologie des Apostels zueinander?[16] Sollte Paulus in den Versen 2,7–10 gleichsam nur hypothetisch reden, als würde es „so

---

[11] Zur Verbindung von θυμός und ὀργή, die nahezu gleichbedeutend nebeneinander gestellt sind, vgl. auch Apk 14,10.19; 16,19; 19,15.

[12] Vgl. Lohse, Juden zuerst 117–128.

[13] Waren in V. 7 δόξα und τιμή – nebeneinander auch Ex 28,2 Ps 8,6 – mit ἀφθαρσία verbunden, so wird nun εἰρήνη statt ἀφθαρσία genannt. Hier wie dort geht es um das endzeitliche Heil.

[14] Eph 6,9 und Kol 3,25 steht das Wort innerhalb einer Haustafel, die alte paränetische Tradition enthält. Auch Jak 2,1 weist auf jüdisch-hellenistische Tradition. Vgl. E. Lohse, ThWNT VI, 780.

[15] Den kohärenten Gedankengang in Röm 2 hat jedoch Aletti noch einmal klar herausgearbeitet.

[16] Vgl. bes. Braun: Gerichtsgedanke; Donfried: Justification; E. Lohse, Theologische Ethik des Neuen Testaments, Stuttgart 1988, 79–83; Mattern: Verständnis; Synofzik: Vergeltungsaussagen.

kommen, wenn das Evangelium nicht wäre, und die Erfüllung des Gesetzes möglich wäre"? (LIETZMANN, Röm. 40) Oder ist daran gedacht, daß auch Christen, die Gottes gnädige Rechtfertigung erfahren haben, sich dessen bewußt bleiben sollen, daß sie dereinst vor Gottes bzw. Christi Richtstuhl treten müssen? (vgl. 14,10; 2 Kor 5,10) In der Tat teilt der Apostel mit der gesamten frühen Christenheit die Überzeugung, daß alle vor Gottes Gericht sich werden verantworten müssen. Die Glaubenden sollen darauf vertrauen, daß sie vor Gott niemals aufgrund ihrer Taten bestehen können. Doch gerade darin werden sie begreifen, daß allein Christus, der für uns eintritt, Rettung und Heil eröffnet (1 Thess 1,9f.; Röm 8,33f.).

Wenn in V. 7 und 10 davon die Rede ist, daß diejenigen, die sich um gute Taten bemüht haben, am Ende Herrlichkeit und ewiges Leben empfangen sollen, so zitiert Paulus in diesen Sätzen jüdisches Traditionsgut, ohne es kritisch zu kommentieren. Doch will er mitnichten sagen, hier ließe sich eine Möglichkeit eröffnen, auf Grund eigener Taten gerecht werden zu können. Sondern mit dem Hinweis auf die Lehre vom Gericht, wie sie auch den selbstgerechten Kritikern sehr wohl zur Kenntnis gelangt ist, sucht er ihnen klar zu machen: Wie die Heiden von Gottes ewiger Gottheit und der daraus ergehenden Forderung wissen konnten und darum voll verantwortlich sind (1,20), so sind die Juden, denen Gottes kommendes Gericht oft genug vorgehalten wurde, ohne Entschuldigung, wenn sie hochmütig über andere richten wollen, aber selbst Gottes Gebote mißachten. Weder will der Apostel davon sprechen, daß die Möglichkeit einer vermeintlichen natürlichen Gotteserkenntnis weiterhin offen stünde (1,19f.), noch hält er es für denkbar, unter Berufung auf eigene Taten vor Gottes Urteil bestehen zu können (2,7.10). Sondern weil Juden und Heiden ihre Verantwortung vor Gott sträflich mißachtet haben, darum verfallen sie ohne Ausnahme dem göttlichen Strafgericht.

2,12–16 Gleiches Gericht über Heiden und Juden

12) Denn die ohne das Gesetz gesündigt haben, werden auch ohne das Gesetz umkommen, und die unter dem Gesetz gesündigt haben, werden durch das Gesetz gerichtet werden. 13) Denn nicht die Hörer des Gesetzes sind vor Gott gerecht, sondern die Täter des Gesetzes werden gerecht gesprochen werden. 14) Denn wenn Heiden, die das Gesetz nicht haben, das tun, was das Gesetz fordert, dann sind sie sich selbst Gesetz, obwohl sie das Gesetz nicht haben. 15) Sie erweisen, daß das Werk des Gesetzes in ihre Herzen geschrieben ist, worüber ihr Gewissen Zeugnis ablegt und die Gedanken, die einander verklagen und verteidigen 16) – an dem Tag, wenn Gott das Verborgene der Menschen richten wird nach meinem Evangelium durch Christus Jesus.

BORNKAMM, Gesetz; FINSTERBUSCH, K.: Die Thora als Lebensweisung für Heidenchristen. Studien zur Bedeutung der Thora für die paulinische Ethik, StUNT 20, Göttingen 1996; FLÜCKIGER, F.: Die Werke des Gesetzes bei den Heiden (nach Römer 2,14ff.), ThZ 8 (1952) 17–42; KUHR, F.: Römer 2,14f. und die Verheißung Jeremia 31,31ff., ZNW 55 (1964)

243–261; LAMP, J.S.: Paul, the Law and the Gentiles: A Contextual and Exegetical Reading of Romans 2:12–16, JETS 42 (1999) 37–51; MAERTENS, P.: Une étude de Rm. 2.12–16, NTS 46 (2000) 504–519; MARTENS, J.W.: Romans 2,14–16. A Stoic Reading, NTS 40 (1994) 55–67; MICHEL, O.: „Natürliche Theologie" bei Paulus?, ThLZ 86 (1961) 627f.; REICKE, B.: Syneidesis in Röm. 2,15, ThZ 12 (1956) 157–161; SAAKE, H.: Echtheitskritische Überlegungen zur Interpolationshypothese von Römer II,16, NTS 19 (1972/73) 486–489; SOUČEK, J.B.: Zur Exegese von Röm. 2,14ff., in: Antwort, FS K. Barth, Zürich 1956, 99–113; WALKER, R.: Die Heiden und das Gericht. Zur Auslegung von Römer 2,12–16, EvTh 20 (1960) 302–314.

Gottes Gericht, das kein Ansehen der Person kennt, trifft gleicherweise Juden und Heiden. Diese eben aufgestellte These bedarf begründender Erläuterung, die nun von Paulus gegeben wird. Dabei werden zum ersten Mal die für die folgenden Gedankengänge so bedeutungsschweren Begriffe νόμος, ἁμαρτάνειν und δικαιοῦν im Blick auf Gottes unbestechliches Urteil genannt. Unbestritten gilt, daß nicht Hörer des Gesetzes, sondern nur seine Täter vor Gottes Gericht Anerkennung finden. Wie steht es dann aber um Heiden, die die Thora nicht kennen? Der Apostel antwortet: Auch sie wissen darum, daß Gottes Wille und Gebot Gehorsam verlangen, und sind darum ohne Entschuldigung, wenn sie sich gegen diese sie im Gewissen treffende Forderung verschlossen haben. Die Thora zu haben und zu kennen, bedeutet darum kein Privileg, das die Juden in Abgrenzung gegen die Heiden geltend machen könnten. Sondern ohne Ausnahme haben sich Heiden und Juden vor Gott zu verantworten, der – wie V. 16 abschließend feststellt – das Verborgene der Menschen richten wird.

V. 12: Alle Menschen müssen vor Gottes Gericht erscheinen, und alle werden sie nach demselben Maßstab ihr Urteil empfangen. Durch ein erläuterndes γάρ ist der Zusammenhang mit dem vorangegangenen Gedankengang hergestellt. Haben Heiden, die das Gesetz nicht kennen, ohne die Thora gegen Gottes Gebote verstoßen, so werden sie auch ohne diese dem Verderben verfallen.[1] Die sie treffende Vergeltung wird durch das allgemeiner gefaßte ἀπολοῦνται bezeichnet; denn sie werden als Sünder allesamt zugrundegehen. Den Juden hingegen, die ja die Thora kennen und in ihrem Herrschafts- und Geltungsbereich leben (ἐν νόμῳ), gilt der schärfer gefaßte Begriff κριθήσονται. Dabei weist das Futurum auf das zukünftige Gericht hin und umschreibt die passive Formulierung das Handeln Gottes, der auf Grund des Gesetzes richtet, ohne irgendeine falsche Rücksicht zu nehmen.[2]

[1] Ἀνόμως bedeutet nicht „gesetzlos" sondern: „ohne die Thora"; denn im folgenden wird gezeigt, daß auch die Heiden um Gottes Gesetz wissen. Paulus geht es darum, den Unterschied gegenüber den Juden zu charakterisieren, die ja die Thora kennen. Vgl. auch 1 Kor 9,21.

[2] Rabbinische Belege zur Lehre vom Gesetz als dem allein gültigen Maßstab des Gerichts bei BILL. III 84.

V. 13: Denn – so wird abermals durch γάρ die gedankliche Verknüpfung angezeigt – darüber kann ja kein Zweifel bestehen, daß es darauf ankommt, den Willen Gottes nicht nur zu hören, sondern auch zu tun. Gottes Gebot vernommen zu haben, kann niemals genügen, um als Gerechter zu bestehen; sondern nur die Täter des Gesetzes werden dieses freisprechende Urteil empfangen. Paulus beruft sich mit diesem Satz auf eine allgemein anerkannte Regel, wie sie insbesondere in zeitgenössischer jüdischer und urchristlicher Paränese immer wieder eingeschärft wurde. Sagt doch die Thora in aller Deutlichkeit: „Ihr sollt meine Satzungen halten und meine Rechte. Denn der Mensch, der sie tut, wird durch sie leben." (Lev 18,5) „Nicht die Lehre ist die Hauptsache, sondern die Tat" – heißt es in Mischna Av I,17. Und Jak 1,22 zieht die entsprechende Folgerung mit der Mahnung: „Seid aber Täter des Worts und nicht Hörer allein."[3]

V. 14: Gilt diese Regel allgemein, so muß sich die Frage stellen, inwiefern sie gleicherweise auf alle Menschen angewendet werden kann. Wieder wird durch γάρ der Anschluß an die vorhergehenden Sätze hergestellt. Versteht man im Judentum die Thora als Gottes Gabe, die Israel vor allen anderen Völkern auszeichnet, so läßt Paulus im Blick auf das Gericht weder diesen noch andere Vorzüge gelten. Denn zwar kennen die Heiden das Gesetz Israels nicht, aber sie tun gleichwohl von Natur aus, was das Gesetz gebietet. Τὰ τοῦ νόμου ist von den Forderungen gesagt, die das Gesetz enthält und die immer auf entsprechende Befolgung zielen (V. 15: τὸ ἔργον τοῦ νόμου). Wie aber kann Paulus sagen, daß es auch unter Heiden Befolgung des Gesetzes gibt und immer dann, wenn (ὅταν) sie[4] den Forderungen des Gesetzes genügen, sie sich selbst Gesetz sind, obwohl sie das Gesetz nicht haben? Die Erklärung wird in dem Hinweis auf die φύσις gegeben, kraft welcher sie tun, was das Gesetz fordert. Dieses Stichwort ist stoischer Tradition entnommen, deren ethische Lehre den Nachdruck darauf legt, der Mensch werde sich dann sittlich verhalten, wenn er den Zusammenhang der kosmischen Ordnung begreift und in Übereinstimmung mit der φύσις handelt. Dabei wird die φύσις von der θέσις unterschieden, die im Lauf der Geschichte auch den jeweiligen νόμος setzt.[5] Offensichtlich bezieht sich auch hier der Apostel auf Überlieferungen, wie sie das hellenistische Judentum in Aufnahme popularphilosophischen Gedankenguts ausgebildet hat (vgl. im folgenden die Bezugnahmen auf den νόμος ἄγραφος und die συνείδησις). Dabei will er weder der Natur den Rang zuweisen, göttliche Offenbarungsquelle zu sein, noch von Möglichkeiten natürlicher Gotteserkennntnis reden, wie sie allgemein gegeben sein könnten. Sondern er stellt

[3] Rabbinische Belege bei BILL. III 84–88. Wenn gelegentlich in Zeiten der Verfolgung gesagt werden kann, angesichts lebensbedrohender Gefahr könne auf die Befolgung einzelner Gebote verzichtet werden, nicht jedoch auf das Studium des Gesetzes (ebd. 85–88), so widerspricht man damit nicht der allgemeinen Regel, sondern zählt die Beschäftigung mit der Thora zum wichtigsten Ausdruck ihrer Befolgung.

[4] Bei ἔθνη steht kein Artikel, weil nicht von der Gesamtheit aller Völker die Rede ist, sondern von Heiden, unter denen es durchaus Gehorsam gegenüber Gottes Willen gibt.

[5] Reiche Belege bei H. KÖSTER, ThWNT IX, 254–256.

mit Hilfe überkommener Argumente heraus, daß der Jude in keiner Weise einen Vorrang vor den Heiden besitzt, diese aber auch nicht anders dastehen als Israel, das Volk des Gesetzes.[6]

V. 15: Um diesen Gedanken näher zu erläutern, führt der Apostel aus, inwiefern die Heiden deutlich zu erkennen geben, daß sie um die Forderung des Gesetzes wissen. Wieder nimmt Paulus Vorstellungen auf, die in der hellenistischen Synagoge ausgebildet wurden. Dabei spielt er zunächst auf die Lehre vom sog. νόμος ἄγραφος an, der – ohne kodifiziert zu sein – allen Menschen ins Herz geschrieben ist. Ein Anklang an Jer 31,33 – wie immer wieder vermutet worden ist – liegt hingegen sicher nicht vor. Denn zwar ist dort davon gesprochen, im neuen Bund solle Gottes Gesetz in die Herzen der Menschen geschrieben werden; doch weder zeigt der Apostel eine Bezugnahme auf ein Schriftwort an, noch erwähnt er hier den neuen Bund. Vielmehr weist er auf die in der Antike verbreitete Vorstellung hin, daß alle Menschen von Gottes Geboten wissen, weil sie in ihre Herzen geschrieben sind.[7] Diese Gedanken hatten auch Eingang in die Lehre der Synagogen gefunden, in der gesagt werden konnte, in den Tagen der Erzväter sei das Gesetz, obwohl es noch nicht aufgezeichnet war, schon allgemein bekannt gewesen (syr Bar 57,2)[8], so daß das Leben des Stammvaters Abraham selbst Gesetz und ungeschriebene Satzung war.[9]

Dieses positive Urteil, das die sittliche Verantwortung, deren Heiden sich bewußt sind, den nach dem Gesetz lebenden Juden gegenüberstellt, hat seit AUGUSTIN immer wieder zu der Überlegung geführt, ob der Apostel hier nicht statt von Heiden von Heidenchristen spricht, die wissen, was Gott gebietet und nach dieser ihnen eröffneten Erkenntnis leben.[10] Zwar kann Paulus mit ἔθνη auch Heidenchristen bezeichnen (Röm 11,13; 15,9; Gal 2,12.14); doch geht dieser Bezug dann jeweils aus dem Kontext eindeutig hervor. Von den Heidenchristen würde er weder sagen, daß sie das Gesetz nicht haben, noch daß ihnen das ἔργον τοῦ νόμου ins Herz geschrieben sei. Spricht er hier im Singular[11] vom Werk, wie das Gesetz es verlangt,[12] so zielt er auf die konkrete Forderung ab, um die es jeweils im νόμος geht, und nimmt damit den vorangegangenen Ausdruck τὰ τοῦ νόμου auf.

Daß den Heiden dieser Anspruch in ihre Herzen[13] geschrieben ist, beweist ihre συνείδησις, die in jedem Menschen ihre Stimme deutlich vernehmbar erhebt.

---

[6] BORNKAMM, Gesetz 103: „Φύσει bezeichnet also klar den Grund, warum es zu einem Tun des Gesetzes bei den Heiden kommt."

[7] Zu dieser Lehre vgl. HIRZEL, R.: ΑΓΡΑΦΟΣ ΝΟΜΟΣ, ASGW 20,1, Leipzig 1900; KRANZ, W.: Das Gesetz des Herzens, RMP NF 94,1 (1951) 222–241; KUHR bes. 257 f; sowie POHLENZ, M.: Paulus und die Stoa, ZNW 42 (1949) 69–104 = Darmstadt 1964.

[8] Vgl. BILL. III 160.

[9] Philo Abr 276: Νόμος αὐτὸς ὢν καὶ θεσμὸς ἄγραφος: [Das Leben Abrahams] war selbst Gesetz und ungeschriebene göttliche Satzung. Vgl. NEUER WETTSTEIN 71; weitere Belege ebd. 72–85.

[10] Vgl. die kritische Musterung, die KUHR vornimmt: von AUGUSTIN bis zu BARTH, FLÜCKIGER, SOUČEK u.a., zuletzt auch CRANFIELD, Rom. 156.

[11] Sonst durchweg im Plural ἔργα νόμου (vgl. Röm 3,20.28; Gal 2,16; 3,2 u.ö.).

[12] Vgl. τὸ δικαίωμα τοῦ νόμου (8,4).

[13] Καρδία nicht zur Bezeichnung eines Organs, sondern des verantwortlichen „Ich" des Menschen.

Vorstellung und Begriff des Gewissens sind wiederum aus dem Umfeld der hellenistischen Synagoge genommen, die popularphilosophische Redeweise mit der Sprache der Bibel zu verbinden suchte.[14] Liegt es im „Mitwissen mit sich selbst" begründet, daß dem Menschen die Gabe eigen ist, kritisch über sich selbst urteilen zu können, so meldet sich das Gewissen als innere Stimme zu Wort, um glaubwürdige Versicherung über rechtes Handeln bzw. ihm widersprechende Versäumnisse zu artikulieren. Diese Urteilsfähigkeit des Menschen, durch die das Ich des Menschen sich selbst kritisch gegenübertreten kann, setzt Paulus bei allen Menschen voraus. Niemand kann sich herausreden, als hätte er nicht wissen können, wie er sein Leben zu führen hat. Ohne Ausnahme sind darum alle Menschen schuldig, weil sie dieser Aufgabe nicht genügen, so daß Juden und Heiden in gleicher Weise unter dem Strafgericht Gottes stehen.

Verwendet Paulus an dieser Stelle das Kompositum συμμαρτυρεῖν, so könnte sich der Gedanke nahelegen, als wollte er das Gewissen zusammen mit anderen Zeugen aufbieten, so daß eine Sache aus zweier oder dreier Zeugen Mund als gültig anerkannt werden muß (Dtn 19,15). Da jedoch kein im Dativ stehender Begriff mit dem Partizip verbunden ist, wird das Kompositum nur als Verstärkung des Simplex zu werten sein, dessen Zeugnis durch die mit καί eingeleitete Wendung erläutert wird. Dieser zweite Genetiv-Ausdruck ist dem ersten untergeordnet und beschreibt, auf welche Weise das Gewissen Zeugnis gibt.[15] Ohne daß der Mensch es zu steuern oder zum Schweigen zu bringen in der Lage wäre, meldet es sich zu Wort, indem es vor allem zu kritischer Überlegung anhält und schuldhaftes Verhalten anklagend benennt. Eben daran aber erweist sich, daß nicht nur die Juden, die ihre ethische Unterweisung aus der Thora empfangen haben, sondern alle Menschen davon wissen, daß Gottes Gesetz gehorsame Befolgung durch ihm entsprechende Taten verlangt.[16]

V. 16: Sollten die präsentischen Aussagen von V. 14 und 15 beschreiben, was hier und jetzt gilt, so wird nun der Blick wieder auf den kommenden Tag des Gerichts gelenkt, auf den schon in V. 12 und 13 hingewiesen wurde. Um den harten und unverbunden wirkenden Übergang zu mildern, sind etliche Versuche der Erklärung vorgelegt worden. Die verschiedenen Textvarianten deuten darauf hin, daß die Schwierigkeit, einen durchlaufenden Gedankengang zu erkennen, schon seit alters empfunden wurde. Sind V. 14 und 15 gleichsam als eine Parenthese zu betrachten, so daß V. 16 gedanklich an V. 12f. anzuschließen ist? Oder könnte es sich in V. 14f. gar um eine nachträglich eingefügte Glosse handeln?[17] Läßt sich ein besserer An-

---

[14] Vgl. C. Maurer, ThWNT VII, 897–918; Eckstein, Begriff; Lohse, Berufung; dort bibliographische Angaben.

[15] Vgl. Bornkamm, Gesetz 111.

[16] Mitnichten aber will Paulus sagen, daß „Heiden neben Israel einen Sonderweg in bezug auf thoragemäßes Verhalten gehen können". So Finsterbusch 21; dagegen mit Recht E. Reinmuth, ThLZ 122 (1997) 670.

[17] J. Weiss, Beiträge zur paulinischen Rhetorik in: FS B. Weiß, Leipzig 1897, 165–247.218.

schluß gewinnen, wenn man einen Zwischengedanken einschiebt, der etwa lauten müßte: „Dieser verborgene Tatbestand wird am Tage des Gerichts aufgedeckt, nämlich dann, wenn Gott die Verborgenheit richten wird, wie ich es in meinem Evangelium durch Jesus Christus verkündige." (MICHEL, Röm. 126)[18] Die Verlegenheit läßt sich jedenfalls nicht durch die Annahme beheben, das Präsens ἐνδείκνυνται in V. 15 futurisch zu fassen und damit enger an V. 16 heranzuführen (LIETZMANN, Röm. 42); denn es ist eindeutig auf die Gegenwart bezogen.

Mit einem Gewaltstreich könnten die Probleme behoben werden, wenn man V. 16 als nachträglich eingefügte Glosse bezeichnen würde.[19] In der Tat lassen sich für diese Annahme gewichtige Argumente anführen. Abgesehen von den inhaltlichen Spannungen, die bereits genannt wurden, kann auch geltend gemacht werden, daß die Wendung κατὰ τὸ εὐαγγέλιόν μου sich sonst nur in Aussagen findet, die als deuteropaulinisch zu beurteilen sind (2 Tim 2,8; Röm 16,25), und sich die Frage stellt, ob Paulus auch die Ankündigung des Gerichts zum Inhalt der von ihm verkündigten frohen Botschaft rechnen könnte. Sollte es sich daher um eine nachträgliche Anmerkung eines Glossators handeln, die in Anlehnung an 1 Kor 4,5 formuliert worden sein könnte, tatsächlich aber einen Fremdkörper im Text darstellt?[20] So ansprechend diese Erklärung erscheinen mag, so steht die einhellige Textüberlieferung gegen sie und beweisen gerade die späteren Textvarianten, daß diese Fassung als „lectio difficilior" den Anspruch auf Ursprünglichkeit behält. Daher muß V. 16 in den Kontext eingeordnet und aus dessen Zusammenhang heraus verstanden werden.

Der mit V. 12 einsetzende Gedankengang fordert einen abschließenden Hinweis auf den Tag des Gerichts, von dem auch die Heiden wissen können. Auf ihn zeigt die jüdisch-hellenistische Missionspredigt mit Nachdruck hin. An diese knüpfte die urchristliche Verkündigung an, die hier als das auch von Paulus gepredigte Evangelium genannt wird (1 Thess 1,9f.).[21] Ob das Verbum als κρίνει oder κρινεῖ zu lesen ist, macht keinen sachlichen Unterschied. Denn der futurische Sinn ist eindeutig: Der zukünftige Tag des Gerichts wird offenbar machen, daß Gott das Verborgene kennt und sein Urteil ohne Ansehen der Person fällt. Deshalb darf christliche Verkündigung nicht auf die Predigt des Gerichts verzichten. Διὰ Χριστοῦ Ἰησοῦ könnte mit dem Verbum verbunden werden und anzeigen, daß Gott durch Christus als den Weltenrichter das Gericht vollziehen wird (vgl. 1 Kor 4,4; 2 Kor 5,10).[22] Doch eher ist die Wendung als klangvoller liturgischer Abschluß anzusehen (KÄSEMANN, Röm. 63f.). Ist unmißverständlich festgestellt, daß Heiden und Juden in gleicher Weise und nach demselben für alle geltenden Maßstab von Gottes richtendem Urteil getroffen werden, so kann sich gerade der Jude unter keinen Umständen seiner Verantwortung entziehen.

---

[18] Ähnlich früher mit anderen ALTHAUS, Röm. 26.

[19] So in Aufnahme älterer Vorschläge BULTMANN, Glossen 282f.

[20] Vgl. auch BORNKAMM, Gesetz 116f.

[21] Vgl. KÄSEMANN; Röm. 63: „Evangelium meint hier einfach die apostolische Predigt."

[22] Vgl. E. LOHSE, Christus als der Weltenrichter (1975) in: Studien II (1982), 70–81.

2,17–29 Die Schuld der Juden

17) Wenn du dich aber Jude nennst und dich auf das Gesetz verläßt und dich Gottes rühmst 18) und den Willen kennst und zu prüfen weißt, worauf es ankommt, da du aus dem Gesetz unterwiesen bist, 19) dir zutraust, ein Führer der Blinden zu sein, Licht derer, die in Finsternis sind, 20) ein Erzieher der Unverständigen, ein Lehrer der Unmündigen, da du die Gestalt der Erkenntnis und der Wahrheit im Gesetz hast – 21) der du den anderen lehrst, dich selbst lehrst du nicht? Der du predigst, nicht zu stehlen, du stiehlst? 22) Der du sagst, die Ehe nicht zu brechen, du brichst die Ehe? Der du die Götzen verabscheust, du beraubst Tempel? 23) Der du dich des Gesetzes rühmst, durch Übertretung des Gesetzes nimmst du Gott die Ehre. 24) Denn der Name Gottes wird um euretwillen unter den Heiden gelästert, wie geschrieben steht.

25) Denn die Beschneidung ist nützlich, wenn du das Gesetz hältst; wenn du aber ein Übertreter des Gesetzes bist, dann ist deine Beschneidung zur Unbeschnittenheit geworden. 26) Wenn nun die Unbeschnittenheit die Rechtsforderungen des Gesetzes beachtet, wird dann nicht seine Unbeschnittenheit als Beschneidung angerechnet werden? 27) So wird von Natur bestehende Unbeschnittenheit, die das Gesetz erfüllt, dich richten, der du bei Buchstabe und Beschneidung Übertreter des Gesetzes bist. 28) Denn nicht ist rechter Jude, wer es sichtbar ist, und nicht ist rechte Beschneidung, die es sichtbar am Fleisch ist. 29) Sondern der ist rechter Jude, der es im Verborgenen ist, und das ist rechte Beschneidung, die es am Herzen ist im Geist, nicht im Buchstaben. Dessen Lob kommt nicht von Menschen, sondern von Gott.

Barclay, J.M.G.: Paul and Philo on Circumcision. Romans 2,25–9 in Social and Cultural Context, NTS 44 (1998) 536–556; Berkley T.W.: From a Broken Covenant to Circumcision of the Heart. Pauline Intertextual Exegesis in Romans 2:17–29, SBL.DS 175, Atlanta 2000; Bornkamm, Anakoluthe 76–78; Derrett, J.D.M.: You Abominate False Gods; but Do You Rob Shrines? (Rom 2.22 b), NTS 40 (1994) 558–571; Garlington, D.B.: Hierosylein and the Idolatry of Israel (Romans 2,22), NTS 36 (1990) 142–151; Käsemann, E.: Geist und Buchstabe, in: Perspektiven 237–285; Goppelt, L.: Der Missionar des Gesetzes, in: Basileia, FS W. Freytag, Stuttgart 1959, 199–207 = Aufsätze 137–146; Kamlah, E.: Buchstabe und Geist. Die Bedeutung dieser Antithese für die alttestamentliche Exegese des Apostels Paulus, EvTh 14 (1954) 276–282; Marcus, J.: The Circumcision and the Uncircumcision in Rome, NTS 35 (1989) 67–81; Schneider, Eigenart 79–83; Schweizer, E.: Der Jude im Verborgenen …, dessen Lob nicht von Menschen, sondern von Gott kommt: Zu Röm 2,28f. und Mt 6,1–18, in: Neues Testament und Kirche, FS R. Schnackenburg, Freiburg 1974, 115–124.

Der Apostel redet nun seinen Adressaten, an den er sich schon seit Beginn des 2. Kap. gewandt hat, unmittelbar als Juden an und argumentiert in der lebendigen Redeweise der Diatribe. In fünf kurzen Wendungen wird zunächst der Stolz des Juden beschrieben, mit dem er in der hellenistischen Welt auftritt (V. 17f.). Dann schließt sich der Hinweis auf fälschlich begründetes Vertrauen an (V. 19f.), wobei zunächst vier Substantive vom vorangestellten Verbum πέποιθας abhängig sind und dann an fünfter Stelle eine längere Partizipialwendung angefügt wird. Die Reihe der Argumente, die auf den Widerspruch zwischen Wort und Tat aufmerksam machen sollen, bricht ohne Antwort ab. Dann werden vier Partizipialausdrücke angehängt, denen jeweils eine Frage folgt (V. 21f.). An fünfter Stelle steht eine Aussage, durch die jeder selbstgerechte Anspruch abgewiesen wird (V. 23). Ein Schriftzitat aus Jes 52,5 rundet diesen Gedankengang ab (V. 24).

In V. 25 wird mit thetischen Aussagen neu eingesetzt und an die Argumentation von 2,12–16 angeknüpft. Waren dort Heiden und Juden im Blick auf den Unterschied von Hören und Tun des göttlichen Willens einander gegenübergestellt, so werden nun Beschneidung und Unbeschnittenheit daraufhin betrachtet, was in Wahrheit vor Gott bestehen kann.

V. 17: Mit εἰ δέ wird ein langer Bedingungssatz eingeleitet, dem am Ende keine erwartete Folgerung entspricht. Um das Anakoluth zu vermeiden, ist in späteren Handschriften – erleichtert durch Itazismus – in ἴδε (= „sieh") geändert worden. Doch der Apostel will offensichtlich seinen jüdischen Gesprächspartner darauf aufmerksam machen, wie er sich im Widerstreit zwischen Anspruch und Wirklichkeit befindet.[23] Mit Stolz nennt er sich Jude. Hatte man in alter Zeit die eigene Zugehörigkeit zum Gottesvolk in aller Regel durch die Bezeichnung Israel zum Ausdruck gebracht, während Außenstehende meist von Juden sprachen (vgl. zu 1,16), so gewöhnte man sich in der hellenistischen Welt an diese Benennung und nahm sie als Ehrentitel. Indem man sich darauf berief, ein Jude zu sein, sprach sich das Selbstbewußtsein aus, vor allen Völkern vom einen Gott erwählt worden zu sein, das Geschenk der Thora zu besitzen.[24] Darum wird sogleich hinzugefügt, daß der Jude sich auf das Gesetz stützt[25] und sich seines Gottes rühmt. Sich des Herrn rühmen, kann Paulus mit Jer 9,22f. durchaus positiv werten (1 Kor 1,31), kommt es doch darauf an, worauf man sein Vertrauen setzt – auf die eigenen Fähigkeiten und Möglichkeiten, die nichts anderes sind als vergängliche und eigenmächtige σάρξ, oder auf den barmherzigen Gott, von dessen Gaben allein wirkliches Leben empfangen werden kann.

Der Apostel spielt auf die überhebliche Haltung des Juden an, mit der er in der hellenistischen Umwelt auftritt. Denn die von Paulus geschilderte Einstellung wird auch in zeitgenössischen jüdischen Texten im Bekenntnis zum Gott Israels auf folgende Weise beschrieben: „Denn auf dich vertrauen wir, da dein Gesetz ja bei uns ist; und wir wissen, daß wir nicht fallen, so lange, als wir an deinen Bundesvorschriften festhalten. Zu aller Zeit Heil uns – auch insofern, daß wir nicht unter die Völker gemischt worden sind. Denn wir alle sind *ein* Volk, das einen berühmten

---

[23] In ähnlicher Weise wies Epiktet stoische Philosophen darauf hin, daß sie sich nicht nach der Lehre verhalten, die sie vertreten (Diss II 19,20–28). Vgl. Neuer Wettstein 83f. und Stowers, Diatribe 112f.

[24] Rabbinische Belege bei Bill. III 96f.

[25] Ἐπαναπαύεσθαι = „sich ausruhen auf" verschiedentlich in LXX, so Mi 3,11; Ez 29,7; 1 Makk 8,12.

Namen trägt, die wir von Einem *ein* Gesetz empfangen haben. Und jenes Gesetz, das unter uns weilt, hilft uns, und die vortreffliche Weisheit, die in uns ist, wird uns unterstützen." (syr Bar 48,22–24)[26] Und in den Psalmen Salomos spricht sich die Überzeugung aus: „Herr, du selbst bist unser König immer und ewig; in dir, o Gott, rühmt sich unsere Seele." (Ps Sal 17,1)

V. 18: Paulus fährt fort mit seiner anklagenden Aufzählung: Du weißt ja um Gottes Willen – ϑέλημα ohne nähere Kennzeichnung ist von Gottes Geboten gesagt, die zu kennen Israels Ruhm ausmacht.[27] Daher meint man auch beurteilen zu können, was Gottes Gebot jeweils konkret bedeutet;[28] ist man doch aus dem Gesetz unterwiesen und daher fähig, unterscheiden und somit entscheiden zu können.

V. 19: Das Verbum πέποιϑας ist immer noch von εἰ δέ (V. 17) abhängig; es leitet eine Aufzählung ein, in der aufgeführt wird, was alles der Jude sich zutraut, zunächst: den Blinden den rechten Weg zu zeigen. Mit den Blinden sind die Heiden gemeint; ihnen tritt der Jude in der Überzeugung gegenüber, zum Licht der Völker erwählt zu sein und die Augen der Blinden öffnen zu können (Jes 42,6f.; 49,6). Daher kann es Sap Sal 18,4 heißen, die verblendeten Ägypter seien es wert gewesen, „des *Lichts* beraubt und in *Finsternis* gefesselt zu werden, weil sie deine Söhne gefangen hielten, durch welche das unvergängliche *Licht des Gesetzes* der Welt gegeben werden sollte" (vgl. auch Test Lev 14,4). Gilt doch, daß die Welt in Finsternis liegt und ihre Bewohner ohne Licht sind (4 Esra 14,20). **V. 20:** Dieses Bewußtsein gibt dem Juden, der in der Diaspora lebt, das erhabene Gefühl, unter einem Gesetz zu leben, wie keines besser gedacht werden kann. Daher meint er, den anderen zeigen zu können, was dessen vortreffliche Weisungen beinhalten. Als παιδευτής ist er Erzieher der Unverständigen, als Lehrer weiß er die Unmündigen anzuleiten, besitzt er doch Einsicht in Gottes Willen, von dessen orientierender Kraft auch die Völker erfahren sollen.

Auch in diesen Worten klingen Wendungen an, wie sie sich häufiger in Dokumenten des zeitgenössischen Judentums finden. Ist man doch überzeugt, durch die Thora vor allen Völkern herausgehoben zu sein (4 Esr 6,55–59); denn das Gesetz des Gottes Israels ist „als ein göttliches voll Weisheit und fehllos" (Arist 31). Weil die Juden sich auch in der Diaspora an die Gebote ihrer vorzüglichen Gesetze streng gebunden wissen, „so soll man zugeben, daß wir die besten Gesetze haben" (Jos c Ap II,38). Ja, man meint, von dem Gesetz des Mose sei eine so starke Wirkung ausgegangen, daß die Philosophen der Griechen von ihm abgeschrieben haben, weil

---

[26] Vgl. auch Sir 39,8. Zur Kritik an dieser verbreiteten Haltung vgl. den Ausspruch des R. Jochanan b. Zakkai († um 80): „Wenn du viel Thora gelernt hast, so tu dir darauf nichts zugute; denn dazu bist du geschaffen worden." (Mischna Av II,8)

[27] Belege bei Bill. III 98; vgl. auch 1 QS IX,23: „Und jeder soll eifern … den Willen (sc. Gottes) zu tun in allem, woran er Hand anlegt."

[28] Zur Wendung δοκιμάζειν τὰ διαφέροντα vgl. auch Phil 1,10.

sie seine unbestreitbare Überlegenheit anerkennen mußten.[29] Inmitten einer andersgläubigen Umgebung weiß man sich dazu berufen, sie – wo immer sich Gelegenheit bietet – darüber zu belehren, was das Gesetz zu sagen hat. Denn man ist stolz darauf, die Gestalt der Erkenntnis und der Wahrheit im Gesetz zu besitzen. Die Wendung μόρφωσις τῆς γνώσεως καὶ τῆς ἀληθείας klingt geradezu wie die Bezeichnung einer Schrift hellenistisch-jüdischer Missionspropaganda (LIETZMANN, Röm. 43, SCHLIER, Röm. 85). Jedenfalls gibt sie an, daß der Jude die Thora als Quelle aller Erkenntnis und Wahrheit versteht.

Die durch εἰ δέ eingeleitete Aufzählung bricht hier plötzlich ab, ohne daß die Satzperiode zu Ende geführt wird. Damit wird durch die anakoluthe Struktur des Satzes die für Paulus entscheidende Aussage nachhaltig unterstrichen. Denn alle Vorzüge, die der Jude aufführen und in gedrängter Fülle geltend machen könnte, fallen unter der Schärfe der Anklage göttlichen Gerichts in sich zusammen.[30]

V. 21: Der Apostel setzt nun noch einmal neu an, indem er in vier Fragen, die in gedrängter Folge ausgesprochen werden, den Widerspruch herausstellt, der zwischen dem Stolz auf das Gesetz einerseits und dem tatsächlichen Verhalten andererseits besteht. Die Verben διδάσκειν, κηρύσσειν und λέγειν beschreiben das Verhalten, mit dem der Jude sich gegenüber seiner heidnischen Umwelt brüstet – als Lehrer, als Prediger und als Ausleger der Schrift. Dabei wendet er jedoch den Inhalt der Lehre, den er anderen zu vermitteln sucht, nicht auf sich selbst an. Predigt er, man solle nicht stehlen, so stiehlt er doch selbst. **V. 22:** Und sagt er unter Berufung auf die Schrift, man dürfe nicht ehebrechen, so bricht er doch selbst die Ehe. Verabscheut er die Götzen, so scheut er sich doch nicht, Tempelraub zu begehen. Bei diesem Vorwurf ist sicherlich nicht daran gedacht, daß Juden ihrem eigenen Tempel in Jerusalem etwas entwenden. Vielmehr werden Kritikpunkte aufgenommen, wie sie in der hellenistischen Welt gegenüber Juden geltend gemacht wurden. Kam es doch gelegentlich vor, daß einzelne Juden sich nicht scheuten, sich an heidnischen Tempeln zu vergreifen. Tempelraub aber galt in der alten Welt als besonders schändliches Verbrechen, das durch die Todesstrafe geahndet werden müsse.[31] An diesem Vorwurf zeigt sich auf der einen Seite, daß eine Argumentation aus dem Bereich der Diaspora vorgetragen wird, da weder von der heiligen Stätte in Jerusalem noch dem dort vollzogenen Kultus die Rede ist. Auf der anderen Seite aber ist klar, daß die aufgezählten Beispiele sich nicht auf jüdisches Verhalten schlechthin beziehen, sondern einzelne Fälle nennen, an denen beson-

---

[29] Belege bei BILL. III 98–100; vgl. auch P. DALBERT, Die Theologie der hellenistisch-jüdischen Missionsliteratur unter Ausschluß von Philo und Josephus, ThF 4, Hamburg 1954. Daß dagegen die rabbinischen Lehrer Palästinas weitaus zurückhaltender urteilten, zeigen die von BILL. III 100–105 zusammengestellten Belege.

[30] Vgl. BORNKAMM, Anakoluthe 78.

[31] Belege NEUER WETTSTEIN 91–94. Zu Übergriffen von Juden gegenüber heidnischen Tempeln Belege bei BILL. III 113 f.

ders eklatant der Widerspruch zwischen Worten, die man überheblich äußert, und tatsächlichem Verhalten hervortritt.[32]

V. 23: An letzter Stelle steht ein Satz, der nicht mehr als Frage zu verstehen ist, die den der Kritik ausgesetzten Partner in die Enge treiben soll, sondern als abschließende Feststellung. Rühmt sich der selbstbewußte Jude seines Gottes, indem er sich auf die Thora beruft (vgl. V. 17), so macht er doch durch seine Übertretung des Gesetzes[33] diesen Stolz zunichte; ja mehr, er raubt durch sein Verhalten Gott die ihm geschuldete Ehre.[34] **V. 24:** Darin aber erfüllt sich eine prophetische Ansage, für die Paulus sich auf Jes 52,5 nach dem Text der Septuaginta (LXX) bezieht. Dabei versteht er das Zitat als Anklage, die sich gegen Israel richtet, das Gott nicht die Ehre erweist, sondern vor den Völkern seinen Namen schmäht. Lautet der Gottesspruch nach LXX Jes 52,5 δι' ὑμᾶς διὰ παντὸς τὸ ὄνομά μου βλασφημεῖται ἐν τοῖς ἔθνεσιν, so spricht Paulus vom ὄνομα θεοῦ und stellt δι' ὑμᾶς nach, um auf die Schuldigen hinzuweisen, die die Lästerung Gottes verursacht haben. Das Schriftwort ist eng an den vorangegangenen Zusammenhang angeschlossen, so daß die Zitatformel καθὼς γέγραπται – ausnahmsweise – an den Schluß rückt.[35] Das Schriftwort wiederholt mit biblischen Wendungen, was Paulus in eigener Formulierung V. 23 gesagt hatte, und dient somit dazu, den scharfen Angriff, den er gegen jüdisches Selbstbewußtsein gerichtet hatte, zu bestätigen und abzusichern.[36]

V. 25: Bisher hatte Paulus im Stil prophetischer Anklage seinem jüdischen Gesprächspartner vor Augen gerückt, daß es um ihn in keiner Weise besser steht als um den Heiden, den zu richten er sich rasch bereitfinden mag. Der Apostel wechselt nun den Stil und fährt nicht mehr fort, bohrende Fragen zu stellen, denen der Befragte nicht ausweichen kann. Sondern er reiht thetische Feststellungen aneinander, denen zunächst auch der Jude durchaus zustimmen kann. Denn davon ist er überzeugt, daß es sehr wohl von Nutzen ist, beschnitten zu sein. Hatte bisher der Begriff des νόμος im Mittelpunkt der Argumentation gestanden, so wird er nun von dem der περιτομή abgelöst. Man folgt den Weisungen der Thora. Νόμον πράσσειν nimmt den geläufigen Ausdruck עָשָׂה אֶת־הַתּוֹרָה u.ä. auf, wie er sich u.a. des öfteren in den Qumranschriften findet (1 Qp Hab VIII, 1; XII, 4; CD IV, 8; VI, 14 u.ö.). Entsprach es rabbinischer Überzeugung, daß die Beschneidung vor dem ewigen Verderben bewahrt, so widerspricht Paulus mit Entschiedenheit der Auf-

---

32 Zu innerjüdischer Kritik gegenüber Mißständen im Ungehorsam gegen Gottes Gebote vgl. die rabbinischen Belege bei Bill. III 105–107.

33 Παράβασις – im Unterschied zu ἁμαρτία – von der konkreten Übertretung eines Gebotes. Vgl. auch 4,15; 5,14; Gal. 3,19. Zur Übertretung des Gesetzes, dessen man sich rühmt, siehe oben zu 2,1.

34 Belege zum Stolz der Juden auf das Gesetz bei Bill. III 115–118. Vgl. weiter den Ausspruch des R. Schim'on ben El'azar (um 190 n. Chr.): „Wenn die Israeliten Gottes Willen tun, dann wird sein Name verherrlicht in der Welt. Wenn sie aber nicht seinen Willen tun, so wird sein Name gewissermaßen entheiligt in der Welt." (Mekh Ex 15 [44 b]), vgl. Bill. I 414.

35 Vgl. Koch, Schrift 105.

36 Vgl. Koch, Schrift 260.

fassung, von ihr werde eine Wirkung „ex opere operato" ausgehen.[37] Es kommt vielmehr darauf an, das Gesetz wirklich zu halten. Wird es hingegen[38] übertreten, dann ist Beschnittenheit dem Unbeschnitten-Sein gleich. Mit den Begriffen περιτομή und ἀκροβυστία werden hier also Juden und Heiden einander gegenübergestellt.

V. 26: Ja mehr, wenn die unbeschnittenen Heiden die Rechtsforderungen halten, die das Gesetz stellt, dann wird ihnen ihr Unbeschnitten-Sein in Gottes Gericht[39] angerechnet, als wären sie beschnitten. Was 2,14 gesagt worden war, wird nun im Blick auf die περιτομή wiederholt, um zu betonen, daß das Gesetz wirklich zu befolgen ist; es reicht nicht aus, sich mit Worten auf die Thora zu berufen, sondern es zählt allein, ob man ihren Weisungen gehorcht oder nicht. Paulus geht mit dieser Argumentation über vergleichbare Aussagen, wie sie im zeitgenössischen Judentum gelegentlich formuliert wurden, erheblich hinaus. Denn zwar konnte man sich denken, daß auch einzelne Heiden Gottes Gebote halten. Doch niemals hätte man sie deshalb mit den Gliedern des Bundesvolkes auf eine Stufe gestellt oder sogar als ihnen überlegen gelten lassen.[40]

V. 27: Dem Abbau aller Privilegien, wie Paulus ihn vollzieht, entspricht es, nunmehr seinem Gesprächspartner klar zu machen, daß alle Vorrechte genommen, ja in ihr Gegenteil verkehrt sind. Um das zu verdeutlichen, greift der Apostel einen Gedanken auf, wie er in zeitgenössischen jüdischen und urchristlichen Aussagen verschiedentlich ausgesprochen wurde: daß im göttlichen Gericht der Mensch an anderen Menschen gemessen wird, so daß diese gleichsam seine Richter sind.[41] So kann es dazu kommen, daß von Natur aus Unbeschnittene, die das Gesetz erfüllt haben, im Gericht über die zu urteilen haben, die zwar den Buchstaben des Gesetzes und die Beschneidung haben[42], aber gleichwohl das Gesetz übertreten – eine für jüdische Ohren schreckliche Vorstellung, die Paulus nun mit einer scharf formulierten Antithese begründet.

V. 28: Die Frage, wer denn ein rechter Jude sei, wird beantwortet, indem φανερός und κρυπτός, σάρξ und καρδία, γράμμα und πνεῦμα einander gegenübergestellt werden. Die Beschneidung, die am Fleisch vollzogen wurde, gehört zum Be-

---

[37] Rabbinische Belege bei BILL., im Exkurs IV,23–40: Das Bescheidungsgebot.

[38] 'Εάν leitet einen Eventualis ein.

[39] Das Futurum weist auf das zukünftige Gottesgericht hin.

[40] Vgl. Belege bei BILL. III 124. Entgegen der seit alters vertretenen Annahme (LUTHER, Röm., zu 2,26: der Apostel rede von dem Unbeschnittenen, der an Christus glaubt), Paulus meine hier den Heidenchristen (so auch BULTMANN, Theologie 262 Anm. 1), spricht er durchaus von Heiden, deren Verhalten er dem der Juden gegenüberstellt. Abschwächend SCHLIER, Röm. 88: „Unbewußt geht Paulus vom Heiden zum Heidenchristen über. Er sieht den Heiden im Licht des Evangeliums."

[41] Vgl. Mt 12,41f. par Lk 11,31f.; 1 Kor 6,2; rabbinische Belege bei Bill. III 124. Ein direkter Anklang an ein Herrenwort liegt jedoch nicht vor.

[42] Διά vom begleitenden Umstand (so LIETZMANN, Röm. 44 u.a.). Vgl. KÄSEMANN 246: die Präposition διά gewinne geradezu antithetischen Sinn: „Gesetzesübertreter trotz Buchstabe und Beschneidung."

reich des φανερόν. Doch obwohl der Jude voller Stolz auf dieses Bundeszeichen blickt, hält ihm Paulus entgegen, daß Gott das κρυπτόν ansieht. **V. 29:** Die wahre Beschneidung ist daher die des Herzens. Der Apostel knüpft damit an eine prophetische Tradition an, die bis in das zeitgenössische Judentum fortwirkte und sich sowohl in den Texten der Gemeinde von Qumran wie auch in den Schriften des Philo von Alexandria findet. Sie hob hervor, daß es der Beschneidung des Herzens bedarf, um wahre Umkehr zu vollziehen und vor Gott bestehen zu können (Jer 4,4; 6,10; 9,25; Ez 44,7; Dtn 10,16; 30,6; Lev 26,41).[43] Paulus nimmt diese Vorstellung auf, radikalisiert sie jedoch. Denn nun geht es nicht mehr allein um eine Erneuerung, wie sie innerhalb des Judentums in dessen frommen Gemeinschaften zu vollziehen ist. Sondern es wird auf die Erneuerung gezielt, die allein durch den Geist ermöglicht wird. Während man im Judentum die heiligen Schriften als ἱερὰ γράμματα zu bezeichnen pflegte (vgl. zu Röm 1,2), spricht Paulus im Singular vom Buchstaben und unterscheidet ihn vom πνεῦμα.

Dieser Gegensatz, den Paulus auch Röm 7,6 und 2 Kor 3,6f. hervorhebt, macht deutlich, was allein gilt, wenn Gott sein Urteil spricht. Dabei wird nicht in idealistischem Sinn der Innerlichkeit der Vorzug vor dem bloß Äußerlichen zuerkannt. Sondern als γράμμα charakterisiert der Apostel das Gesetz in seiner tötenden Wirkung, weil der Buchstabe „den Menschen in den Dienst der eigenen Gerechtigkeit zwingt".[44] Der Geist hingegen, von dem hier nicht in anthropologischem Sinn die Rede ist, schafft Leben, wie allein Gott es zu schenken vermag. Daher lenkt die Antithese von γράμμα und πνεῦμα den Blick auf das endzeitliche Geschehen. Ist es doch nicht Sache von Menschen, Lob aus- und zuzusprechen, sondern dieses wird allein von Gott zuteil, der in das Verborgene blickt. Daß der Buchstabe des Gesetzes in Gefangenschaft und Tod führt (vgl. Röm 7,7–25), wird erst durch die Wirklichkeit des πνεῦμα erhellt, die Paulus von der Christologie her begreift.[45] Damit ist klar, daß der wahre Jude erst da in Erscheinung tritt, wo der Geist herrscht. Ohne daß Paulus die Konsequenzen, die sich aus dieser These ergeben, näher ausführt, muß die Folgerung gezogen werden, daß „das Phänomen des wahren Juden" allein „eschatologisch im Christen realisiert" ist.[46] Der Apostel führt diesen Gedankengang jedoch nicht weiter; denn ihm war daran gelegen, dem Juden die Schuldverfallenheit zu verdeutlichen, in der er sich befindet, ohne sich daraus befreien zu können. Ihm geht es daher nicht anders als den Heiden in ihrer Verlorenheit. Denn darin besteht in der Tat „das ganze Geschäft des Apostels und seines Herrn: die Stolzen zu demütigen, sie zur Erkenntnis ihrer Lage zu bringen, sie zu lehren, daß sie der Gnade bedürfen".[47]

---

[43] Für Qumran vgl. 1 QS V,5; 1 QpHab XI,13 u.a., ferner Jub 1,23; Od Sal 11,1–3 u.a. Belege aus Philos Schriften bei Bill. III 126. Das rabbinische Judentum blieb auffallend zurückhaltend gegenüber diesem Gedanken (siehe ebd.).

[44] Käsemann 258.

[45] Vgl. Käsemann 253.

[46] Vgl. Käsemann 250f.

[47] Luther zu 2,27: *Hoc est enim totum negotium Apostoli et domini eius, ut superbos humiliet et ad huius rei agnitionem perducat et gratia eos indigere doceat.*

3,1–8 Einwände und Gegenargumente

1) Was ist nun der Vorzug des Juden, oder was ist der Nutzen der Beschneidung? 2) Viel in jeder Hinsicht. Zuerst, daß ihnen die Worte Gottes anvertraut wurden. 3) Was denn? Wenn einige untreu wurden, wird dann etwa ihre Untreue Gottes Treue zunichte machen? 4) Das sei ferne. Möge vielmehr Gott sich als wahr erweisen, jeder Mensch aber als Lügner, wie geschrieben steht: Damit du recht behältst in deinen Worten und siegst, wenn man mit dir rechtet.

5) Wenn aber unsere Ungerechtigkeit Gottes Gerechtigkeit erweist, was sollen wir sagen? Ist Gott etwa ungerecht, wenn er den Zorn verhängt? – Nach Menschenweise rede ich. – 6) Das sei ferne. Denn wie könnte sonst Gott die Welt richten? 7) Wenn aber Gottes Wahrheit durch meine Lüge groß geworden ist zu seiner Verherrlichung, was werde ich dann als Sünder gerichtet? 8) Doch nicht, wie wir verleumdet werden und wie einige behaupten, wir sagten: Laßt uns das Böse tun, damit das Gute komme. Deren Verurteilung geschieht zu Recht.

ACHTEMEIER, P.J.: Romans 3: 1–8: Structure and Argument, in: Christ and His Communities, FS R.H. Fuller, Cincinnati 1990, 77–87; BORNKAMM, Teufelskunst 140–148; CAMPELL, W.S.: Romans III as a Key to the Structure and Thought of the Letter, NT 23 (1981) 22–40; COSGROVE, C.H.: What if Some Have not Believed? The Occasion and Thrust of Romans 3,1–8, ZNW 78 (1987) 90–105; DOEVE, J.W.: Some Notes with Reference to τὰ Λόγια τοῦ θεοῦ in Romans III 2, in: Studia Paulina, FS J. de Zwaan, Haarlem 1953, 111–123; HALL, D.R.: Romans 3.1–8 reconsidered, NTS 29 (1983) 183–197; JEREMIAS, Gedankenführung; DERS., Chiasmus; PENNA, R.: La funzione strutturale di 3,1–8 nella lettera ai Romani, Bib. 69 (1988) 507–542; PIPER, J.: The Demonstration of the Righteousness of God in Romans 3,1–8, ThZ 36 (1980), 3–16; RÄISÄNEN, H.: Zum Verständnis von Röm 3,1–8, SNTU 10 (1985) 93–108 = The Torah and the Christ, SESJ 45, Helsinki 1986, 186–205; STOWERS, S.K.: Paul's Dialogue with a Fellow Jew in Romans 3:1–9, CBQ 46 (1984) 707–722.

Der Apostel wechselt wiederum den Stil seiner Argumentation. An die Stelle lehrhafter Aussagen tritt eine Reihe von Fragen, die als Einwände gegen die von Paulus vorgetragenen Ausführungen gerichtet werden könnten. Sie sind nach Art der Diatribe formuliert und werden entsprechend mit kurzen Sätzen zurückgewiesen. Dabei bleibt der Zusammenhang mit der bisherigen Gedankenführung durchaus gewahrt, wie schon daran zu erkennen ist, daß verschiedene Begriffe, die im vorangegangenen Abschnitt verwendet wurden, wieder aufgenommen werden – so: περιτομή (2,25: 3,1), κρίμα und ὀργή Gottes (2,8.27: 3,4–8), ἀδικία (2,8: 3,5) u.a. Obwohl die Form, in der die Einwände aufgeführt und widerlegt werden, sich von der bisherigen Redeweise unterscheidet, liegt nicht eine Abschweifung vor[1], sondern behält der Apostel fest im Auge, zu welchem Ziel er seine Hörer und Leser

[1] Zur Stellung des Abschnitts im Kontext vgl. weiter BORNKAMM, Teufelskunst 140f.

führen möchte: einzusehen, daß alle – Juden und Heiden – unter der Knechtschaft der ἁμαρτία stehen (3,9).

Da diatribischer Stil die Gedankenführung bestimmt und Paulus gegen mögliche Widersprüche grundsätzlich argumentiert, erübrigt es sich, die rasch aufeinander folgenden Fragen bestimmten Gesprächspartnern zuzuordnen und jeweils zu prüfen, ob sie jüdischer, judenchristlicher oder allgemein antipaulinischer Herkunft gewesen sein könnten. Die Einwände, wie sie in den knapp formulierten Sätzen ausgesprochen werden, mögen dem Apostel in der einen oder anderen Weise immer wieder vorgehalten worden sein. Sie werden durch τί οὖν (V. 1), τί γάρ (V. 3), εἰ δέ – τί ἐροῦμεν (V. 5) bzw. εἰ δέ – τί ἔτι (V. 7) eingeleitet. Eine falsche Schlußfolgerung wird zweimal durch die Wendung μὴ γένοιτο abgetan (V. 4.6)[2], der dann jeweils eine Richtigstellung folgt. Der Ton der Auseinandersetzung nimmt an Schärfe zu, so daß am Ende den Opponenten verdiente Verurteilung im göttlichen Gericht angedroht wird (V. 8).

V. 1: War gesagt worden, es komme vor Gott nicht auf die äußere Beschneidung an, sondern auf die des Herzens und wahrer Jude sei nicht ὁ ἐν τῷ φανερῷ Ἰουδαῖος, sondern ὁ ἐν τῷ κρυπτῷ Ἰουδαῖος, so muß diese These die Frage wekken, ob es denn überhaupt einen Vorzug gibt, durch den der Jude sich von seiner heidnischen Umwelt unterscheidet.[3] Kommt denn angesichts der eben vorgetragenen Ausführungen der Beschneidung noch ein erkennbarer Nutzen zu?

V. 2: Die Antwort klingt überraschend: In der Tat, die περιτομή ist und bleibt von beträchtlicher Bedeutung. Inwiefern? Dem einleitenden πρῶτον μέν folgt kein δεύτερον δέ (vgl. 1,8), obwohl der Apostel durchaus noch weitere gewichtige Punkte zu nennen wüßte (vgl. 9,4f.).[4] In der raschen Folge vorgetragener Argumente unterbleibt es, die begonnene Aufzählung fortzuführen. Doch macht das πρῶτον darauf aufmerksam, worin vor allem anderen der Vorzug des Juden begründet liegt: weder in seinem Verhalten noch in vorweisbaren Leistungen, sondern allein in Gottes erwählendem Ratschluß, an dem er in verläßlicher Treue festhält. Daher bestimmen die Wörter, die aus der Wurzel πιστ- gebildet sind, die Sätze in V. 2 und 3: ἐπιστεύθησαν – ἠπίστησαν – ἀπιστία – πίστις. Die beiden Hinweise auf Treulosigkeit derer, die von Gottes Worten angeredet sind, werden von den Versicherungen eingerahmt, daß Gott Treue hält. Τὰ λόγια wird in antikem Sprachgebrauch verschiedentlich von göttlichen Orakeln gesagt, in biblischen Zusammenhängen jedoch von Sprüchen Gottes, mit denen er sich seinem Volk

---

[2] Μὴ γένοιτο häufig bei Paulus: Röm 3,3.6.31; 6,2.15; 7,7.13; 9,14; 11,1.11.

[3] Zum substantivierten Adjektiv τὸ περισσόν (= ἡ περισσεία 5,17; 2 Kor 8,2; 10,5) vgl. Wendungen wie τὸ γνωστόν, τὸ χρηστόν u.a. Der Jude ist zwar im Singular genannt, aber in kollektiver Bedeutung verstanden.

[4] Erleichternde Varianten – so vor allem πρῶτοι (schon bei ORIGENES) – haben versucht, die im Text vorhandene Spannung auszugleichen.

zuwendet.[5] Seine Worte (vgl. Act 7,38: λόγια ζῶντα) bekräftigen seine Bundestreue. Diese Worte sind seinem Volk anvertraut und zeichnen es unaufhebbar vor den Heiden aus.

V. 3: Doch – so gibt ein zweiter Einwand zu bedenken – bleibt es bei der Gültigkeit göttlicher Zusagen, wenn es unter deren Adressaten immer wieder zu Untreue kommt?[6] Τινές ist zurückhaltend gesagt (vgl. 11,17), kann doch die Treulosigkeit „einiger" unmöglich Gottes Treue aufheben.[7] Πίστις ist hier nicht in der geläufigen Bedeutung „Glaube" gebraucht, sondern nennt die unbedingte Verläßlichkeit Gottes, der zu seinem Wort steht.[8]

V. 4: Darum die schroffe Zurückweisung durch μὴ γένοιτο, der eine kurze Begründung folgt: Es wird sich herausstellen, daß Gott wahr ist, jeder Mensch aber ein Lügner. Sagte schon Ps 116,2 (LXX 115,2) πᾶς ἄνθρωπος ψεύστης, so folgt mit ausdrücklichem Hinweis auf die Schrift ein Zitat aus dem Bußpsalm 51,6, das sich an den Text LXX Ps 50,6 anschließt – mit der einen Ausnahme, daß statt des Konjunktivs νικήσῃς das Futurum νικήσεις steht[9]. Dadurch wird die Gewißheit göttlichen Obsiegens nachdrücklich betont. Will man mit ihm rechten – κρίνεσθαι = Medium –, so wird sich immer herausstellen, daß Gott recht behält (δικαιωθῇς/νικήσεις). Daß Gott allein gerecht ist, bekennen Beter im Aufblick zu ihm: „Meine Sünden, meine Übertretungen, meine Verfehlungen samt der Verderbtheit meines Herzens gehören zur Menge des Gewürms und derer, die in Finsternis wandeln. Denn (k)ein Mensch (bestimmt) seinen Weg, kein Mensch lenkt seinen Schritt; sondern bei Gott ist die Gerechtigkeit ... und durch seine Gnadenerweise kommt meine Gerechtigkeit." (1 QS XI,9–14; vgl. auch 1 QH I,26f.; IX,14f. u. ö.; sowie PsSal 2,15; 8,23 u. ö.). Werden von Gott πίστις, ἀληθής und δικαιοσύνη gesagt, so vom Menschen ἀπιστία, ψεύστης und ἀδικία.[10] Gottes Gerechtigkeit steht unwandelbar fest; seine Worte sind wahr und bleiben uneingeschränkt gültig. Die kurzen Antworten, die der Apostel auf die Frage nach der Stellung der Juden vor Gott gegeben hat, intonieren das Thema, das dann in den Kapp. 9–11 wieder aufgenommen und ausführlich erörtert wird. Mit dem Schriftzitat, das zur strittigen Sache gültigen Entscheid bietet, ist jedoch zunächst das Bedenken des Fragestellers abgewehrt, nicht jedoch die Reihe der Einwände abgeschlossen.

[5] Belege bei DOEVE 111–123; vgl. auch NEUER WETTSTEIN 98: Arist 177: τὰ λόγια Gottes.

[6] Εἰ ἠπίστησάν τινες muß nicht auf die Bedeutung eingeengt werden: „They have not believed in God's promised Messiah Jesus." (so COSGROVE 98) Es geht Paulus hier um die Bundestreue überhaupt.

[7] Καταργεῖν = „zunichte machen" auch 3,31; 4,14; 6,6; 7,2.6 u. ö.

[8] Von der Treue Gottes auch 2 Tim 2,13: ἐκεῖνος πιστὸς μένει.

[9] Die Konjunktivform, die einige Handschriften bieten, ist sicher als sekundäre Angleichung an LXX zu beurteilen.

[10] Vgl. PETERSON, Röm. 69; ebenso ALETTI, cohérence 59.

V. 5: Die Aussage, daß Gott in seinen Worten recht behält (ἵνα δικαιωθῇς), provoziert eine weitere Frage, die sich nun direkt gegen die theologische Position des Paulus richtet, um ihm Inkonsequenz vorzuhalten.[11] ʽΗ ἀδικία ἡμῶν und θεοῦ δικαιοσύνη(ν)sind in chiastischer Ordnung einander gegenübergestellt, wobei die angehängten Genetivi subjectivi dazu dienen, die jeweilige Eigenschaft von Gott und Menschen zu bezeichnen.[12] Wenn also – so argumentiert der Einwand – unsere Ungerechtigkeit eine positive Wirkung erzielt und Gottes Gerechtigkeit nur um so deutlicher herausstellt, dann darf doch Gott als Richter nicht Zorn walten lassen. Die eigentlich erwartete Folgerung, die sich aus dem Bedingungssatz ergeben würde, hätte lauten müssen: Ist Gott dann nicht ungerecht? Aber eine so ungeheuerliche Behauptung darf niemandem über die Lippen kommen. Daher wird durch τί ἐροῦμεν neu angesetzt und lautet die Frage, ob Gott etwa unter der angenommenen Voraussetzung im Gericht verurteilen kann. Auch darin spricht sich eine allzu keck geäußerte Annahme aus, zu deren Entschuldigung der Apostel in einer Parenthese bemerkt, er spreche hier eben so, wie Menschen nun einmal reden.[13]

V. 6: Die Reaktion des Paulus kann nur entschiedene Abweisung sein, die abermals durch μὴ γένοιτο (vgl. V. 4) erfolgt. Die Begründung wird durch eine Gegenfrage gegeben. ʼΕπεί leitet einen Hauptsatz ein: Denn wie könnte sonst Gott die Welt richten?[14] Da er Richter über alle Welt ist, kann er unmöglich ungerecht urteilen oder gar ungerecht sein. Mit diesem schroff formulierten Satz zeigt der Apostel an, daß er jede weitere Erörterung dieses Themas ablehnt – „weil man Narren und ganz besonders konsequenten Narren nur kurz antworten kann und soll".[15]

V. 7. Die Auseinandersetzung steigert sich zuletzt zu noch stärkerer Herausforderung. Wenn gilt, daß Gott allein wahr, jeder Mensch aber Lügner ist (V. 4), dann – so wird in Aufnahme des schon in V. 5 angedeuteten Gedankens behauptet (ἀληθής V. 5/ἀλήθεια V. 7) – müßte ja das Gericht jeder Berechtigung entbehren. Gesetzt den Fall, daß wirklich Gottes ἀλήθεια, die mit seiner Gerechtigkeit identisch ist (vgl. V. 5), durch – ἐν in instrumentaler Bedeutung – meine Lüge nur um so herrlicher aufleuchtet, wie kann ich dann überhaupt als Sünder zur Verantwortung gezogen werden? Das ἐγώ, von dem hier die Rede ist, ist in allgemeinem Sinn verstanden. Müßte der fiktive Gesprächspartner nicht dafür gelobt werden, zur Mehrung der göttlichen Wahrheit beigetragen zu haben, statt als Sünder dem Gericht zu verfallen?

---

[11] Zur Struktur vgl. Jeremias, Chiasmus 289: es liege eine chiastische Ordnung in V. 4–8 vor: von den beiden Schriftzitaten in V. 4 greife Paulus zuerst in V. 5 das zweite, dann in V. 7–8a das erste auf.

[12] Vgl. Jeremias, Chiasmus 278 Anm. 20.

[13] Vgl. 6,19; 1 Kor 9,8; 15,32; Gal 3,15 und C.J. Bjerkelund, „Nach menschlicher Weise rede ich." Funktion und Sinn des paulinischen Ausdrucks, STL 26 (1972) 63–100.

[14] Der Zusammenhang fordert, κρινεῖ zu lesen.

[15] Barth, Röm. (Kurze Erklärung) 47.

V. 8: Eine weitere Frage verschärft den Angriff. Paulus führt einen Vorwurf an, den übelmeinende Kritiker gegen ihn geltend machen, bemerkt aber sogleich, daß es sich um eine verleumderische These handelt, die als ausgesprochene Verdächtigung zugleich an Gotteslästerung grenzt (βλασφημεῖν). Sie lautet: Laßt uns das Böse tun, damit das Gute komme. Hinter diesem Satz steht die Behauptung, die paulinische Verkündigung habe keinen Platz für die Ethik. Wenn gelten soll: je mehr Sünde, um so mehr Gnade –, dann ergibt sich die kritische Frage, ob man nun umgekehrt folgern kann: Also laßt uns unbedenklich tun, was immer beliebt; es wird sich um so mehr die Macht der Gnade ausbreiten. Mit dieser Behauptung, die immer wieder dem Apostel als böswillige Verdrehung seiner Lehre entgegengehalten wurde, wird er sich später intensiv auseinandersetzen (Kap. 6). Hier ist das Thema nur kurz genannt. Damit jedoch kein Mißverständnis entsteht, weist Paulus jene übelmeinenden Einwände schon hier auf das schärfste zurück: Wo die Rechtfertigung des Sünders in eine Rechtfertigung der Sünde verkehrt wird, wird Gott gelästert und sein Bote verleumdet. Wer solche Dinge behauptet, über den ergeht verdientermaßen das Gericht Gottes (κρίμα = κατάκριμα).

Die rasch aufeinander folgenden Einwände und ihre scharfe Zurückweisung zeigen auf, daß es keine Ausrede und keine Möglichkeit des Entrinnens gibt, durch die der Mensch sich Gottes Gericht entziehen könnte. Noch ist der Apostel nicht so weit vorgestoßen, sein Verständnis der Gerechtigkeit Gottes zu entfalten. Daher würden die kurzen Sätze überfrachtet, wenn man ihnen die Last aufladen wollte, hier sei von einem kosmischen Rechtsstreit die Rede, in dem der Schöpfer gegenüber der ihm den Gehorsam versagenden Welt sein Recht durchsetze.[16] Dem Apostel kommt es darauf an, die universale Verlorenheit aller, der Juden wie der Heiden, aufzuzeigen, aus der sich niemand durch raffinierte Ausflüchte herausreden kann. Alle, Juden und Heiden, sind unter die Macht der Sünde versklavt (V. 9), so daß kein Fleisch aus Werken des Gesetzes gerechtfertigt werden kann (V. 20).

3,9–20 Die Schuldverfallenheit aller Menschen

9) Was nun? Haben wir einen Vorteil? Nicht entscheidend. Denn wir haben vorher Anklage erhoben, daß Juden wie Griechen, alle unter der Sünde sind; 10) wie geschrieben steht: Da ist kein Gerechter, auch nicht einer. 11) Da ist kein Verständiger, da ist keiner, der Gott sucht. 12) Alle sind abgewichen, ja unbrauchbar geworden. Da ist keiner, der Güte erweist, auch nicht einer. 13) Ein geöffnetes Grab ist ihr Rachen, mit ihren Zungen betrogen sie, Schlangengift ist unter ihren Lippen. 14) Ihr Mund ist voll Fluch und Bitterkeit. 15) Schnell sind ihre Füße, Blut zu vergießen. 16) Verwüstung und Elend sind auf ihren Wegen, 17) und den Weg des Friedens erkannten sie nicht. 18) Da ist

[16] So KÄSEMANN, Röm. 76: „Paulus hört aus dem Psalmzitat heraus, daß die Weltgeschichte mit dem Siege Gottes über seine Feinde und mit der Manifestation seines Rechtes über den Geschöpfen endet." Zur kritischen Auseinandersetzung vgl. BORNKAMM, Teufelskunst 140.145f.148.

keine Gottesfurcht vor ihren Augen. 19) **Wir wissen aber, daß das, was das Gesetz sagt, zu denen spricht, die unter dem Gesetz leben, so daß jeder Mund gestopft wird und alle Welt vor Gott schuldig ist.** 20) **Denn aus Werken des Gesetzes wird kein Fleisch vor ihm gerecht; denn durch das Gesetz kommt nur Erkenntnis der Sünde.**

Aletti, J.-N.: Romains 2, Bib. 77 (1996) 153–177; Bachmann, Rechtfertigung; Dahl, N.A.: Romans 3,9. Text and Meaning, in: Paul and Paulinism, FS C.K. Barrett, London 1982, 184–204; Fitzmyer, J.A.: The Use of explicit Old Testament Quotations in Qumran Literature and in the New Testament, NTS 7 (1960/61) 297–333; Hays, R.B.: The Law in Romans 3–4, in: J.D.G. Dunn (Hg.), Pauls and the Mosiac Law, WUNT I,89, Tübingen 1996, 151–164; Hofius, O.: Der Psalter als Zeuge des Evangeliums (1999), in: Paulusstudien II 17–37; Keck, L.E.: The Function of Romans 3,10–18. Observations and Suggestions, in: God's Christ and His People, FS N.A. Dahl, Oslo 1977, 141–157; Koch, Schrift 179–184; van der Minde: Schrift 54–58; Moyse, S.S.: The Catena of Romans 3,10–18, ET 106 (1995) 367–370.

Die 3,1 gestellte Frage wird in V. 9 noch einmal aufgenommen und dahin beantwortet, daß Juden und Griechen, alle ohne Ausnahme, unter der Herrschaft der Sünde stehen. Für diese zusammenfassende Feststellung wird dann eine ausführliche Schriftbegründung aufgeboten, die durch eine gedrängte Folge von Belegen gegeben wird, die zu einer neuen Einheit zusammengefügt sind. Daß diese anklagenden Sätze wirklich auch auf die Juden zutreffen, wird in V. 19 aufgezeigt, an den in V. 20 die sich an Ps 143,2 anlehnende Feststellung anschließt, daß kein Fleisch aus Werken des Gesetzes gerechtfertigt wird. Damit ist der große Zusammenhang von der Offenbarung des göttlichen Zorngerichts über alle Welt zum Ende gebracht und zugleich der Übergang zum nächsten Abschnitt gewonnen: der Offenbarung der Gerechtigkeit Gottes am Kreuz Jesu Christi.

V. 9: Wie steht es nun? Mit τί οὖν war auch die Reihe der in Frageform gehaltenen Einwände in V. 1 eingeleitet worden. Was die Struktur des Satzes betrifft, so wird sicherlich ebenso hinter τί οὖν wie auch hinter das folgende Verbum προεχόμεθα ein Fragezeichen zu setzen sein. Die knappe Antwort wird durch οὐ πάντως gegeben und im anschließenden γάρ-Satz eine begründende Erklärung angefügt.[1] Προέχειν wird im Aktiv in intransitivem Sinn als „sich hervortun“, „etwas voraushaben“ verwendet.[2] Im Medium ist die Bedeutung „sich etwas zum Schutz vorhalten“ belegt. Sollte dieses Verständnis hier vorliegen, so wäre ausgesprochen, daß die Juden nichts aufweisen können, wodurch sie sich gegen Gottes Zorn schützen könnten; οὐ πάντως würde dann eine entschiedene Verneinung anzeigen. Doch mit dieser Erklärung würde nur recht mühsam ein halbwegs verständlicher Sinn

[1] Unsicherheiten, die die Struktur des Satzes betreffen, schlagen sich in Textvarianten der handschriftlichen Überlieferung nieder. Keiner von ihnen kann jedoch Anspruch auf Ursprünglichkeit zuerkannt werden. Vgl. auch Moo, Rom. 197.

[2] Vgl. Bauer-Aland, s.v.

gewonnen. Daher wird anzunehmen sein, daß das Medium wie das Aktiv hier die Bedeutung hat „einen Vorzug haben“, obwohl andere Belege für diesen Gebrauch fehlen.[3] Haben die Juden, mit denen Paulus sich in dieser Frage zusammenschließt, am Ende einen Vorteil vor den Heiden, wenn sie von Gottes Gericht getroffen werden?[4] Οὐ πάντως lautet die knappe Antwort. Wie ist diese zu verstehen? Sie könnte eine schroffe Zurückweisung beinhalten: „Überhaupt nicht“, „in keiner Weise“.[5] Dann würde ein direkter Gegensatz zu V. 1 und der ihm folgenden Begründung vorliegen. Dort war darauf hingewiesen worden, daß Gottes Israel zugesagten Worte gültig bleiben. Daher wird es näher liegen, οὐ πάντως im Sinn einer behutsam einschränkenden Antwort zu begreifen: „Nicht entscheidend.“[6] Daß die Juden um Gottes Wort und Gebot wissen, mindert mitnichten ihre Verantwortlichkeit, im Gegenteil: Sie müssen vor Gottes Gericht Rechenschaft ablegen.

Denn – so begründet Paulus sein οὐ πάντως – „wir haben vorher Anklage erhoben“. Προαιτιᾶσθαι wird von zuvor ausgesprochener Anklage gesagt, wie sie in den Ausführungen über die Offenbarung des göttlichen Zorngerichts ausgesprochen worden war: Auch hier werden die Juden als erste genannt, da das πρῶτον (1,16; 2,9f.) eindeutig in Geltung bleibt. Weil die Juden nicht weniger schuldig sind als die Griechen, ist nicht zu bezweifeln, daß sie alle ohne Ausnahme unter der Herrschaft der Sünde stehen.

Ἁμαρτία[7]

An dieser Stelle wird zum ersten Mal im Röm der Begriff der Sünde genannt, der in der Argumentation des Briefes an vielen Stellen wieder aufgenommen wird. Im Sprachgebrauch des zeitgenössischen Judentums und des Urchristentums wird von der Sünde, biblischer Redeweise entsprechend, sowohl im Singular wie auch im Plural gesprochen, um die Übertretungen göttlicher Gebote zu bezeichnen, die sich zu verhängnisvoller Vielzahl summieren können. Nur wenn Gott Sünden vergibt, kann ihre böse Folgewirkung aufgehoben werden.

---

[3] So mit Recht von den meisten Auslegern erklärt; vgl. CRANFIELD, Rom. 188f.; KÄSEMANN, Röm. 81; WILCKENS, Röm. I 172 u.a. sowie CH. MAURER, ThWNT VI, 693.

[4] Eine Minderheit von Auslegern vertritt die Auffassung, es sei an passive Bedeutung „bevorzugt werden“ zu denken (so FITZMYER, Rom. 330f.).

[5] Vgl. BAUER-ALAND, s. v. πάντως „durchaus nicht“, „ganz und gar nicht“. Vgl. auch WILCKENS, Röm. I 172, FITZMYER, Rom. 330 u.a.

[6] Vgl. die Ausführungen bei LIETZMANN, Röm. 47: „Antwort: ‚Nicht so schlechthin, denn trotz des V. 2 Gesagten sind wir Juden in der Hauptsache in gleicher Verdammnis‘.“ Siehe auch SCHLIER, Röm. 98 u.a., KÄSEMANN, Röm. 81: „Der heilsgeschichtliche Vorrang begründet nicht mehr Ansprüche.“

[7] Zum Begriff der Sünde bei Paulus, vgl. insbesondere BARROSSE, T.: Death and Sin in St. Paul's Epistle to the Romans, CBQ 15 (1953) 438–459; BULTMANN, Theologie § 23–25; GRUNDMANN, W.: ThWNT I, 311–317; MERKLEIN, H.: Paulus und die Sünde, in: H. Frankemölle (Hg.), Sünde und Erlösung im Neuen Testament, QD 161, Freiburg 1996, 127–184 = Studien zu Jesus und Paulus II, WUNT I, 105, Tübingen 1998, 316–356; RÖHSER, G.: Metaphorik und Personifikation der Sünde, WUNT II,25, Tübingen 1987; SCHOTTROFF, L.: Die Schreckensherrschaft der Sünde und die Befreiung durch Christus nach dem Römerbrief des Paulus, EvTh 39 (1979) 497–510 sowie die einschlägigen Abschnitte in den Lehrbüchern der Theologie des NT, zuletzt STRECKER, Theologie 136–142.

Mit der frühesten urchristlichen Verkündigung teilt Paulus die Überzeugung, daß Christus ὑπὲρ τῶν ἁμαρτιῶν ἡμῶν gestorben und auferstanden ist (1 Kor 15,3–5) und durch seine Hingabe und Auferweckung unsere παραπτώματα vergeben sind, sowie die δικαίωσις geschenkt ist (Röm 4,25). Heißt es im Bekenntnis, daß Christus sich hingegeben hat „für unsere Sünden" (Gal 1,4), so bedeutet das, daß unsere Sünden als Ursache für Christi Leiden begriffen werden und sein Sterben dem Ziel diente, sie uns abzunehmen. Paulus nimmt diese Aussagen des urchristlichen Kerygmas auf und erläutert sie in seinen Briefen.[8]

Weit häufiger verwendet jedoch der Apostel den Begriff ἁμαρτία im Singular und versteht sie als eine machtvolle Gewalt, die ihre Herrschaft über alle Menschen aufgerichtet hat. Durch den Ungehorsam Adams hat sie Eingang in die Welt gefunden (Röm 5,12). Bei dieser Aussage ist kein spekulatives Interesse im Spiel, sondern Paulus redet von der faktischen Herrschaft der Sünde über alle Menschen, die Macht hat, seit es Menschen gibt. Ihre Gewalt bedeutet nicht einfach schicksalhaftes Verhängnis, sondern wird gerade durch das Schuld aufladende Verhalten jedes einzelnen Menschen befestigt (Röm 5,12: ἐφ' ᾧ πάντες ἥμαρτον). Alle Menschen sind ihr in ohnmächtiger Verfallenheit untertan und empfangen von ihr am Ende den Tod als verdienten Sold (Röm 6,23). Auch das Gesetz hat nicht dem Walten der Sünde Schranken setzen können, sondern im Gegenteil: Die ἁμαρτία hat sich mit dem νόμος verbündet, so daß seine Gebote nur um so mehr das sündhafte Begehren des Menschen hervorrufen und ihn um so tiefer in sein Verhängnis stürzen (Röm 7,7–25).

Indem Paulus den Begriff der Sünde dahin verschärft, daß er unter der ἁμαρτία nicht nur wie Judentum und Urchristentum die einzelne Tatsünde begreift, sondern sie als kosmische Macht versteht, die die ganze Menschheit versklavt hält, geht er über alle vergleichbaren Aussagen – auch derjenigen der Apokalyptik und Qumrantexte – hinaus. Er denkt vom Kreuz Christi her und erkennt, daß die Macht der Sünde nicht mit Hilfe des Gesetzes gebrochen werden konnte. Gott aber hat seinen Sohn gesandt ἐν ὁμοιώματι (= Gleichbild) σαρκὸς ἁμαρτίας καὶ περὶ ἁμαρτίας κατέκρινεν τὴν ἁμαρτίαν ἐν σαρκί (Röm 8,3). Christus ist Mensch geworden und damit in den Herrschaftsbereich der ἁμαρτία eingetreten. Indem er in der σάρξ Gott gehorsam blieb, gehorsam bis zum Tod am Kreuz (Phil 2,8), hat er die Sünde auf ihrem eigenen Feld bezwungen (Röm 8,3; 5,19). Somit wird erst vom Kreuz Christi her offenbar, was die ἁμαρτία wirklich ist. Dabei redet Paulus nicht davon, daß die Sünde als böses Erbe naturhaft von einer Generation an die nächste weitergereicht würde. Sondern die Sünde ist Feindschaft gegen Gott (Röm 8,7), in der sich die Menschen immer schon vorfinden; zugleich aber ist diese Feindschaft jeweils Schuld des einzelnen, in der er sich gegen Gott auflehnt. Die ἁμαρτία ist daher das selbstmächtige Wollen des Menschen, dessen Begierde sich gerade an Gottes Gebot entzündet. Das aber heißt: Die Sünde, die durch Adams Tat in die Welt gekommen ist, hat ihre unwiderstehliche Macht durch das Zusammenwirken mit dem Gesetz so verstärkt, daß es für niemanden die Möglichkeit gibt, ihr zu entkommen.[9]

V. 10–18: Die Wahrheit dieser Feststellung wird durch die Schrift unwiderlegbar bezeugt, wie Paulus mit einer ausführlichen Kombination atl. Zitate begründet. Deren Textfassung folgt durchweg der griechischen Übersetzung des AT

[8] So z.B. in der pluralischen Rede von den Sünden in 1 Kor 15,17.

[9] Daß die Menschen Sünder sind, steht auch für das zeitgenössische Judentum fest. Doch wird dieser Gedanke niemals mit so starker Radikalität ausgesprochen wie bei Paulus. Man weiß das Beispiel einzelner Frommer aufzuführen, die ohne Sünde geblieben sind – so Abraham, Isaak und Jakob, Mose, Elia und andere vorbildliche Gerechte. Belege bei BILL. III 155–157.

(LXX), die herangezogenen Stellen werden freilich teilweise in verkürzter bzw. leicht veränderter Form angeführt:[10] in V. 10–12: Ps 14,1–3, verbunden mit Eccl 7,20, verkürzt und verändert; V. 13: Ps 5,10 und 140,4 wörtlich; V. 14: Ps 10,7 leicht verändert; V. 15–17: Jes 59,7f. leicht verändert und verkürzt; V. 18: Ps 36,2 fast wörtlich. Die atl. Belege sind zu einem neuen, mit eindrucksvoller Wucht sprechenden Zusammenhang verbunden, ohne daß diesem strophische Gliederung (so MICHEL, Röm. 142) oder liturgischer Charakter (so WILCKENS, Röm. I 171) zuzusprechen wäre.[11] Der Apostel bietet das Zeugnis der Schrift auf, um die Anklage gegen alle Menschen in ihrer Unausweichlichkeit noch einmal zusammenfassend zum Ausdruck zu bringen.

Gelegentlich kann, wie in schriftgelehrten Diskussionen üblich, der Apostel zwei Schriftstellen zu einem einzigen Zitat zusammenschließen. Doch nirgendwo findet sich in seinen Briefen eine solche Häufung von Schriftworten, die wie hier zu einer geschlossenen Komposition miteinander verbunden worden sind.[12] Daß man im zeitgenössischen Judentum wie auch im frühen Christentum gelegentlich Sammlungen einschlägiger Schriftworte zu einer bestimmten Thematik gebildet hat, ist gut bezeugt.[13] Verschiedentlich hat man vermutet, der Apostel könnte hier eine ihm bereits vorgegebene Kollektion verwendet haben[14], zumal sich bei Justin Mitte des 2. Jh. n. Chr. eine vergleichbare Folge atl. Belegstellen findet (Dial 27,3).[15] Doch ist wahrscheinlich Justin von Paulus abhängig. Denn die Abweichungen im Wortlaut der Textfassungen sind minimal und Justin teilt mit Röm 3,10–18 die darin enthaltenen Abänderungen der jeweiligen LXX-Vorlage.[16] Der Gedankengang in V. 10–18 weist seinerseits keine Anzeichen dafür auf, daß Paulus eine bereits vorhandene Vorlage benutzt hätte. Andererseits muß es als höchst unwahrscheinlich gelten, daß der Apostel erst während des Diktats eine so komplizierte Komposition atl. Belegstellen hergestellt hat. Daher wird anzunehmen sein, daß die in V. 10–18 dargebotene Folge von Zitaten in der mündlichen Unterweisung des Paulus verschiedentlich verwendet worden ist und in seinem Schulvortrag einen festen Platz eingenommen hat. Dem theologischen Urteil des Apostels entspricht es, daß er an den Anfang eine aus Eccl 7,20 entnommene Wendung ὅτι οὐκ ἔστιν δίκαιος gestellt und diese mit Ps 14,1–3 verbunden hat. Auf die gedankliche Vorarbeit, wie er sie in der Gemeindekatechese bereits geleistet hatte, kann Paulus zurückgreifen,

---

[10] Vgl. die übersichtliche Aufstellung bei HÜBNER, Vetus Testamentum 52–57.

[11] Ein Bußgebet liegt sicher nicht vor, da – im Unterschied zu den Psalmtexten der Gemeinde von Qumran – weder in der Ich- noch der Wir-Form gesprochen wird.

[12] Zur Sache vgl. bes. KOCH, Schrift 179–184.

[13] Deutlichstes Beispiel ist die Florilegiensammlung 4 Q flor.

[14] Vgl. die Aufstellung bei KOCH, Schrift 180 Anm. 52.

[15] Die Annahme, Paulus habe ein ihm vorgegebenes Florilegium benutzt, ist vor allem vertreten worden durch KECK.

[16] So betont von KOCH, Schrift 181, der mit Recht folgert: „Weder die Textform der einzelnen Schriftanführungen noch deren Umfang nötigen zu der Annahme, daß Justin eine von Röm 3,10–18 unabhängige Vorlage verwendet hat.“ (182)

um die allgemeine Schuldverfallenheit aller Menschen so herauszustellen, daß allen denkbaren Einwänden auf das nachdrücklichste widersprochen wird.

Mit wuchtiger Wiederholung wird fünfmal betont: οὐκ ἔστιν οὐδὲ εἷς. Da ist niemand – weder ein Gerechter, noch ein Verständiger, keiner, der Gott sucht, keiner, der Güte erweist, auch nicht ein einziger (V. 10–12). Zum sechsten Mal wird das οὐκ ἔστιν am Schluß der Zitate in V. 18 wieder aufgenommen.

In den nächsten Versen werden Schriftworte zusammengestellt, die, biblischer Redeweise entsprechend, die Glieder des Menschen als Subjekt seines verderbten Handelns aufführen: der Rachen, die Zunge, der Mund und die Füße (V. 13–15). Die Folge ist, daß Verwüstung und Elend auf ihren Wegen liegen und sie den Weg des Friedens nicht erkannten (V. 16f.). Am Ende steht ein Satz, der noch einmal mit οὐκ ἔστιν eingeleitet wird: Frevel allerorten.

Zu dieser konzentrierten Anklage finden sich verwandte Aussagen in den Texten aus Qumran. So kann der Beter sagen, er habe erkannt, „daß beim Menschen keine Gerechtigkeit ist und nicht beim Menschenkind vollkommener Wandel. Beim höchsten Gott sind alle Werke der Gerechtigkeit, aber der Wandel des Menschen steht nicht fest, es sei denn durch den Geist, den Gott ihm schuf, um den Wandel der Menschenkinder vollkommen zu machen." (1 QH IV,30–32) „Denn niemand ist gerecht in deinem Ge[richt], und niemand un[schuldig in] deinem Prozeß." (1 QH IX,14f.; vgl. weiter 1 QH VII,17.28f.; XII,31f.; XIII,16f.; XVI,11 u.ö.) Sind sich die Beter dessen bewußt, als die, die das Gesetz empfangen haben, ihrer Sünden wegen den Untergang zu verdienen, so bleibt es doch ihre Überzeugung, das Gesetz werde nicht verlorengehen, sondern in seiner Herrlichkeit bestehen (4 Esra 9,36f.). Wenn daher Gott in seiner Barmherzigkeit den Sünder rettet, indem er ihn unter das Gesetz zurückführt, so eröffnet er ihm damit den Weg zum Leben. Von solchen Gedanken findet sich jedoch bei Paulus keine Spur: Alle Menschen sind ausnahmslos Gottes Gericht verfallen.

V. 19: Am Ende unterstreicht der Apostel, daß aufmerksamen Hörern und Lesern der Schrift dieses Wissen gemeinsam ist: daß das Gesetz – νόμος hier wie des öfteren von der ganzen Schrift[17] – zu denen spricht, die unter der Bestimmung des Gesetzes (= der Schrift) leben. Der Schärfe der Anklage, wie sie aus den vielen Schriftzitaten laut geworden ist, kann sich kein jüdischer Hörer entziehen, indem er etwa sagen wollte, die eine oder andere Aussage sei doch weit eher auf Heiden als auf Juden anzuwenden. Nein, wer sich von den Weisungen der Schrift geleitet weiß, der muß sich von ihnen auch angeredet und getroffen wissen mit der Folge[18], daß – wie es in Anlehnung an Ps 63,12 heißt – jeder Mund gestopft wird und alle Welt vor Gott schuldig ist. In chiastischer Ordnung sind die Begriffe einander gegenübergestellt: a/πᾶν στόμα, b/φραγῇ, b'/ὑπόδικος γένηται, a'/πᾶς ὁ κόσμος (FITZMYER, Rom. 337). Mit πᾶς ὁ κόσμος wird die gesamte Menschheit

[17] Vgl. z.B. auch 1 Kor 14,21: Ein Zitat aus Jes 28,11f. wird mit der Wendung eingeführt: ἐν τῷ νόμῳ γέγραπται.

[18] Ἵνα hier nicht im Sinn, die Absicht anzugeben, sondern in konsekutiver Bedeutung.

genannt. Wenn erwiesen ist, daß das Zeugnis der Schrift die Juden als vor Gott schuldig ausweist, so steht ohnehin außer Zweifel, daß auch die Heiden vor Gottes Gericht gestellt werden und mithin alle Welt vor ihm in ihrer Schuldverfallenheit dasteht.

V. 20: Durch διότι wird auf ein letztes, besonders gewichtiges Schriftwort aus Ps 143,2 Bezug genommen, das Paulus in ähnlicher Weise auch Gal 2,16 in veränderter Form aufnimmt.[19] Lautet der Satz in LXX ὅτι οὐ δικαιωθήσεται ἐνώπιόν σου πᾶς ζῶν, so tritt an die Stelle der zweiten die dritte Person (ἐνώπιον αὐτοῦ) und wird πᾶς ζῶν durch πᾶσα σάρξ ersetzt. Die gewichtigste Veränderung, die Paulus im Wortlaut des Psalmzitats vornimmt, liegt darin, daß er wie in Gal 2,16 die Worte ἐξ ἔργων νόμου hinzufügt. Damit bedient er sich eines Ausdrucks, der sich nur gelegentlich in jüdischen Texten der damaligen Zeit findet, um mit ihm die negative Seite der Lehre von der Rechtfertigung zu charakterisieren.

Σάρξ[20]

Den Menschen, der allein aus seinen eigenen Möglichkeiten und Fähigkeiten den Sinn seines Lebens finden und gestalten will, charakterisiert Paulus durch den Begriff σάρξ. So bedient er sich im Anschluß an das AT des Ausdrucks πᾶσα σάρξ (Röm 3,20; Gal 2,16), wenn er alle Menschen meint. Als σὰρξ καὶ αἷμα ist der Mensch in seiner Vorfindlichkeit beschrieben (Gal 1,16). Σάρξ kann auch ähnlich wie σῶμα vom Leib des Menschen gesagt werden: Die Schwachheit des Fleisches (ἀσθένεια τῆς σαρκός) ist eine leibliche Krankheit (Gal 4,13), der Pfahl im Fleisch (σκόλοψ τῇ σαρκί) ein körperliches Leiden (2 Kor 12,7), die Beschneidung am Fleisch (ἐν σαρκὶ περιτομή) die Beschneidung am Körper (Röm 2,28). Natürliche Verwandtschaft ist durch die σάρξ gegeben, so daß der Apostel die Juden seine Verwandten nach dem Fleisch (συγγενεῖς κατὰ σάρκα) (Röm 9,3) nennt und von Christus sagt, er stamme τὸ κατὰ σάρκα aus Israel (Röm 9,5). Weist an den genannten Stellen das Wort σάρξ auf die Leiblichkeit des Menschen hin, so ist darin eingeschlossen, daß das Fleisch sterben muß und dem Tod verfällt (1 Kor 5,5).

Fleisch ist der Mensch in seiner Hinfälligkeit und zugleich in seiner Eigenmächtigkeit. Die σάρξ gehört zum Bereich des φανερόν (Röm 2,28f.), d.h. zu dieser Welt. Daher wird der Satz: „Ich bin σάρκινος“ durch die Worte erläutert: „verkauft unter die Sünde“ (Röm 7,14). Σάρξ und ἁμαρτία stehen also in einem bestimmten Zusammenhang. Dabei ist nicht in erster Linie an die sog. „fleischlichen Sünden“ gedacht, obwohl moralische Vergehen unter den ἔργα τῆς σαρκός aufgezählt werden (Gal 5,19–21). Sondern σάρξ ist der Mensch, der Böses tut, aber auch der Fromme, der sich selbst rechtfertigen und seine eigene Gerechtigkeit auf-

[19] Zur Sache vgl. R.B. Hays, Psalm 143 and the Logic of Romans 3, JBL 99 (1980) 107–115.

[20] Bauer, Leiblichkeit; Brandenburger, Fleisch; Frey, J.: Die paulinische Antithese von „Fleisch“ und „Geist“ und die palästinisch-jüdische Weisheitstradition, ZNW 90 (1999) 45–77; Heine, S.: Leibhafter Glaube. Ein Beitrag zum Verständnis der theologischen Konzeption des Paulus, Wien 1976; Jewett, Terms; Käsemann, E.: Zur paulinischen Anthropologie, in: Perspektiven 9–60; Sand, A.: Der Begriff ‚Fleisch‘ in den paulinischen Hauptbriefen, BU 2, Regensburg 1967; Schweizer, E.: ThWNT VII, 124–136 (ältere Lit. ebd. 98); Strecker, Theologie 132–136.

richten will.[21] Wer auf das Gesetz und die Beschneidung sein Vertrauen setzt, der baut auf die σάρξ (Phil 3,3f.). Diese Einsicht wird jedoch erst gewonnen, wenn man begreift, daß der Mensch sich niemals aus eigenen Kräften aus der Gefangenschaft unter ἁμαρτία und νόμος zu befreien vermag (Röm 7,7–25), sondern allein aus Gottes Barmherzigkeit das neue Leben empfängt (Phil 3,4–11).

Ἔργα νόμου[22]

Von Werken des Gesetzes spricht Paulus sowohl im Röm wie auch im Gal (Gal 2,16; 3,2.5.10; Röm 3,20.28; 4,2.6; 9,12.32)[23], jeweils im Zusammenhang seiner Theologie der Rechtfertigung. Durch diese Begriffsverbindung wird eine Lehre polemisch abgewehrt, die auf Werke bauen möchte, wie das Gesetz sie fordert. Da diese Redeweise in der rabbinischen Tradition nicht belegt ist,[24] hat man früher vielfach vermutet, es könnte sich um einen Ausdruck handeln, den der Apostel geprägt hat, um die polemische Alternative hervorzuheben, wie sie Röm 3,28 in scharfer Gegenüberstellung ausgesprochen ist. Doch finden sich in den Qumrantexten einige Belege, die zeigen, daß bereits in vorchristlichen jüdischen Texten von Werken des Gesetzes die Rede gewesen ist. In 4 QMMT wird von „einigen Werken des Gesetzes" (מַעֲשֵׂי הַתּוֹרָה: 4 QMMT C 27) in dem Sinn gesprochen, daß es sich um Forderungen handelt, die das Gesetz stellt. Dem hier gebrauchten Ausdruck sind ähnliche Wendungen zu vergleichen, die an anderen Stellen belegt sind, so: מַעֲשָׂיו בַּתּוֹרה = „seine Taten im Gesetz" (1 QS V,21; VI,18); מַעֲשֵׂי הַצְּדָקָה = „Taten der Gerechtigkeit" (1 QH I,26; IV,31); auch *opera praeceptorum* = „Werke der Gebote" (syr Bar 57,2). Gemeint sind damit jeweils die Taten, die das Gesetz fordert und die im Gehorsam erfüllt sein wollen. Zwar kann dabei an bestimmte Vorschriften gedacht sein, die sich auf Tempel, Priester, Opfer und Reinheit beziehen (so in 4 QMMT); doch ist der Ausdruck keineswegs nur auf Werke eingeengt, die Israels Identität im Unterschied zu den Heiden betreffen – wie Sabbat-, Speise- und Reinheitsgebote.[25] Vielmehr beziehen sich die

---

[21] MELANCHTHON, Rom., zu 2,29 bestimmt den Begriff „Fleisch" treffend dahin, daß er den Menschen schlechthin bezeichne, sofern er ohne den heiligen Geist tätig sei: *Carnem vocat, quidquid natura humana sine spiritu sancto efficit.*

[22] BACHMANN, Rechtfertigung; DERS.: 4 QMMT und Galaterbrief, מעשי תורה und ΕΡΓΑ ΝΟΜΟΥ, ZNW 89 (1998) 91–113; BLANK, J.: Warum sagt Paulus: „Aus Werken des Gesetzes wird niemand gerecht"? EKK-Vorarbeiten 1, Neukirchen 1969, 79–95; CRANFIELD, C.E.B.: „The Works of the Law" in the Epistle to the Romans, JSNT 43 (1991) 89–101; DUNN, J.D.G.: Works of the Law and the Curse of the Law (Galatians 3,10–14), NTS 31 (1985) 523–542; DERS.: 4 QMMT and Galatians, NTS 43 (1997) 147–193; DERS., Once More; FITZMYER, J.A.: Paul's Jewish Background and the Deeds of the Law, in: Studies 18–35; FLUSSER, D.: Die ‚Gesetzeswerke' in Qumran und bei Paulus, in: Geschichte – Tradition – Reflexion, FS M. Hengel, Tübingen 1996, I, 395–404; GRELOT, P.: Les oeuvres de la Loi (à propos de 4 Q 394–398), RdQ 16/63 (1994) 441–448; HÜBNER, Werke; WILCKENS, U.: Was heißt bei Paulus: „Aus Werken des Gesetzes wird kein Mensch gerecht"? EKK Vorarbeiten 1, Neukirchen 1969, 51–77 = Aufsätze, 77–109.

[23] Im Singular Röm 2,15: τὸ ἔργον νόμου.

[24] Vgl. BILL. III 160–162. Die Begriffsverbindung findet sich nur im sehr späten Traktat מעשי תורה. Vgl. G. STEMBERGER, Einleitung in den Talmud, München ^{8}1992, 333f.

[25] In diesem Sinn möchte DUNN, Rom. 154 seine Erklärung fassen, um dann folgern zu können, es gehe auch Paulus bei der Erwähnung der ἔργα νόμου darum, Israels „boundary-markers" kritisch zu beleuchten, durch die die Juden sich von den Heiden in nationalem Stolz abheben. Vgl. auch DUNN, Theology 336–338.371f.514f. Dagegen siehe FITZMYER, Rom. 338 sowie HÜBNER, Werke 166–174 und MOO, Rom. 208 Anm. 59.

„Taten des Gesetzes" auf den Gehorsam schlechthin, wie er den halakhischen Weisungen der Thora gegenüber zu vollziehen ist, um durch Erfüllung der „Taten der Gerechtigkeit" sich als gerecht erweisen zu können. Es ist daher charakteristisch, daß im Zusammenhang von 4 QMMT der Ausdruck מַעֲשֵׂי הַתּוֹרָה in einem Kontext steht, in dem auch der Begriff der Gerechtigkeit auftaucht, der die Stellung des Menschen vor Gott kennzeichnet.[26]

Paulus spricht von den ἔργα νόμου stets in der Bedeutung, daß die Thora Werke fordert, die der Fromme im Gehorsam zu erfüllen hat. Dann kann er als „nach der Gerechtigkeit, die das Gesetz fordert, untadelig" gelten – wie der Apostel im Rückblick auf seine eigene jüdische Vergangenheit sagt (Phil 3,6). Dabei bestreitet Paulus nicht, daß der Mensch gute Taten vollbringen könne, wenngleich die Erfahrung des Ungenügens sich stets einstellt (Röm 7,7–25). Doch im Licht der Christusbotschaft ist ein für allemal klar geworden, daß der Weg über die ἔργα νόμου nicht zum Heil führt, sondern die δικαιοσύνη θεοῦ, die Gott in seiner Barmherzigkeit in Christus offenbart hat, allein im Glauben empfangen und gelebt werden kann (Gal 2,16).

Der Apostel schließt den langen Zusammenhang, der von Gottes Zorngericht über Heiden und Juden handelt, mit der Feststellung ab, kein Fleisch könne aus Werken des Gesetzes gerechtfertigt werden[27] – eine kompromißlose Aussage, die keine Erweichung zuläßt. Was das Gesetz zu leisten vermag, ist lediglich: ἐπίγνωσις ἁμαρτίας. 'Επίγνωσις ist von der konkreten Erfahrung gesagt (vgl. Röm 3,20; 7,7f.; 2 Kor 5,21), die unausweichlich aufweist, was Sünde ist.[28] Wohl kann das Gesetz verdeutlichen, daß der Mensch seiner ausweglosen Verlorenheit ansichtig wird; doch zu rettender Befreiung kann es die Tür nicht öffnen. Kann aber das Gesetz niemals zum Heil führen, sondern nur aufzeigen, daß und wie es im Bund mit der ἁμαρτία steht, so ist mit dieser scharf abgrenzenden Aussage zugleich der Übergang zum anschließenden Zusammenhang gewonnen, der der Offenbarung des göttlichen Gerichts die Offenbarung der δικαιοσύνη θεοῦ gegenüberstellt. Um der Gewalt der Sünde entgegenzutreten, reicht weder das Gesetz noch irgendeine gewonnene Erkenntnis aus, sondern kann allein Christus Rettung schenken.

3,21–4,25 Gottes Gerechtigkeit für alle Glaubenden

Mit einem entschiedenen νυνὶ δέ hebt der Apostel den Neueinsatz hervor, mit dem er der Offenbarung des Zorngerichts Gottes über alle Menschen die Offenbarung der Gottesgerechtigkeit am Kreuz Jesu Christi entgegenstellt. Ohne jedes

[26] So 4 QMMT C 27; vgl. Fitzmyer, Rom. 339, sowie Ders., The Dead Sea Scrolls and Christian Origins, Grand Rapids/Cambridge U.K. 2000, 29f.

[27] Das Futurum δικαιωθήσεται hat gnomischen Sinn.

[28] Ähnlich klingende Formulierungen aus der Umwelt sind doch keine Parallelen in der Sache, so der Satz des Epikur als Zitat bei Seneca, epist 28: „*Initium est salutis notitia peccati*" = Anfang der Rettung ist die Erkenntnis der Versäumnis. Denn es handelt sich bei Paulus nicht darum, aus gewonnener Einsicht entsprechende Schlüsse zu ziehen und danach Fortschritte zu machen, sondern der Versuch, mithilfe des Gesetzes die Sünde überwinden zu wollen, bleibt aussichtslos.

Zutun des Gesetzes, das zwar Erkenntnis der Sünde zu wecken, aber niemals Heil zu wirken vermag, ist Gottes Gerechtigkeit offenbar geworden – die Gerechtigkeit Gottes durch Glauben an Jesus Christus für alle Glaubenden. Während in den langen Ausführungen von 1,18–3,20 weithin Traditionen aus der hellenistischen Synagoge aufgenommen wurden und deren verschärfende Zuspitzung nur durch die Bemerkung von 2,16 in Beziehung zum Evangelium gebracht wurde, tritt nun spezifisch christliche Terminologie in den Vordergrund, die der Explikation des urchristlichen Kerygmas dient.

Unter starker Betonung der Begriffe δικαιοσύνη θεοῦ und πίστις wird die zentrale Aussage in kompakten Wendungen in 3,21–26 entfaltet und anschließend sowohl gegen denkbare Einwände verteidigt wie auch in ihrer universalen Bedeutung aufgewiesen (3,27–31). In Kap. 4 schließt sich eine ausführliche Begründung aus der Schrift an, indem der Erzvater Abraham als Exempel für die Rechtfertigung angeführt wird, die vertrauendem Glauben widerfährt. In der Auslegung des Evangeliums als Offenbarung der Gerechtigkeit Gottes für alle Glaubenden kommen die Verheißungen der Schrift zu ihrer gottgewollten Erfüllung, so daß das Bekenntnis der Christenheit zum gekreuzigten und auferstandenen Christus im Sinne der um Christi willen geschenkten Rechtfertigung begriffen werden muß (4,25).

3,21–31 Die Offenbarung der Gerechtigkeit Gottes am Kreuz Jesu Christi

21) **Nun aber ist ohne Gesetz Gottes Gerechtigkeit offenbar geworden, bezeugt vom Gesetz und den Propheten,** 22) **Gottes Gerechtigkeit durch Glauben an Jesus Christus für alle Glaubenden. Denn da ist kein Unterschied.** 23) **Denn alle haben gesündigt und ermangeln der Herrlichkeit Gottes;** 24) **umsonst werden sie gerechtfertigt in seiner Gnade durch die Erlösung in Christus Jesus.** 25) **Ihn hat Gott öffentlich aufgestellt als Sühne – durch den Glauben – in seinem Blut zum Erweis seiner Gerechtigkeit um der Vergebung der zuvor geschehenen Sünden willen** 26) **unter der Geduld Gottes; zum Erweis seiner Gerechtigkeit in der jetzigen Zeit, auf daß er gerecht sei und gerecht mache den, der aus Glauben an Jesus lebt.**

27) **Wo bleibt nun das Rühmen? Es ist ausgeschlossen. Durch welches Gesetz? Etwa der Werke? Nein, sondern durch das Gesetz des Glaubens.** 28) **Denn wir urteilen, daß der Mensch gerecht wird durch Glauben, ohne Werke des Gesetzes.** 29) **Oder ist Gott nur der Gott der Juden? Nicht auch der Heiden? Ja, auch der Heiden –** 30) **wenn denn Gott einer ist, der die Beschneidung aus Glauben und die Unbeschnittenheit durch Glauben rechtfertigen wird.** 31) **Schaffen wir etwa das Gesetz ab durch den Glauben? Das sei ferne. Wir richten vielmehr das Gesetz auf.**

Campbell, D.A.: The Rhetoric of Righteousness in Romans 3,21–26, JSNT.S 65, Sheffield 1992; Fitzer, Ort; Howard, G.: Romans 3,21–31 and the Inclusion of the Gentiles, HThR 63 (1970) 223–233; Hübner, H.: Sühne und Versöhnung, KuD 29 (1983) 284–305 = Aufsätze

110–131; KÄSEMANN, Verständnis; KERTELGE, Rechtfertigung; KLEIN, Probleme; KLUMBIES, P.-G.: Der Eine Gott des Paulus, Römer 3,21–31 als Brennpunkt paulinischer Theologie, ZNW 85 (1994) 192–206; KOCH, H.: Römer 3,21–31 in der Paulusinterpretation der letzten 150 Jahre, Diss. Göttingen 1971; KRAUS, W.: Der Jom Kippur und die ‚Biblische Theologie'. Ein Versuch, die jüdische Tradition in die Auslegung von Röm. 3,25f. einzubeziehen, JBTh 6 (1991) 155–172; KÜMMEL, Rechtfertigungslehre; LOHSE, Märtyrer 149–154; DERS., Glaube; LÜHRMANN, Rechtfertigung; MEYER, B.F.: The Pre-Pauline Formula in Rom. 3,25–26a, NTS 29 (1983) 198–208; PIPER, J.: The Demonstration of the Righteousness of God in Romans 3,25–26, JSNT 7 (1980) 2–32; PLUTA, A.: Gottes Bundestreue. Ein Schlüsselbegriff in Röm. 3,25a, SBS 34, Stuttgart 1969; REUMANN, Gospel; SCHRAGE, W.: Römer 3,21–26 und die Bedeutung des Todes Jesu bei Paulus, in: P. Rieger (Hg.), Das Kreuz Jesu, Forum 12, Göttingen 1969, 65–88; SCHULZ, S.: Zur Rechtfertigung aus Gnaden in Qumran und bei Paulus, ZThK 56 (1959) 155–185; STUHLMACHER, P.: Zur neueren Exegese von Röm 3,24–26, in: Jesus und Paulus, FS W.G. Kümmel, Göttingen 1975, 315–333; TALBERT, C.H.: A non-Pauline Fragment at Romans 3,24–26, JBL 85 (1966) 287–296; THEOBALD, M.: Das Gottesbild des Paulus nach Röm 3,21–31, StNTU 6/7 (1981/82) 131–168 = Studien 30–67; THOMPSON, R.W.: The Inclusion of the Gentiles in Rom. 3,27–30, Bib. 69 (1988) 543–546; WENGST, K.: Gerechtigkeit Gottes für die Völker, in: Ja und Nein, FS W. Schrage, Neukirchen 1998, 127–138; WILCKENS, U.: Zu Römer 3,21–4,25, EvTh 24 (1964) 586–610 = Paulusstudien 50–76; ZELLER, D.: Sühne und Langmut. Zur Traditionsgeschichte von Röm. 3,24–26, ThPh 43 (1968) 51–75.

In schwer befrachteten Sätzen, die unter der dicht gedrängten Fülle ihres Inhaltes fast zerbrechen, wird entfaltet, was die Offenbarung der Gerechtigkeit Gottes meint und welche Bedeutung ihr für die Glaubenden zukommt. Die Substantive sind, wie es in lehrhaften Aussagen des öfteren geschieht, vielfach ohne Artikel gesetzt. Der Apostel bezieht sich in V. 25.26a auf eine ihm vorgegebene urchristliche Formulierung, die von Christi Sühntod als Erweis der göttlichen Gerechtigkeit gegenüber dem Bundesvolk handelt, und kommentiert diese sowohl durch die Hervorhebung des schlechthin entscheidenden Rangs, der dem Glauben zukommt, wie auch durch eine aktualisierende Fortführung ihres bekenntnishaften Charakters in V. 26.

Mit V. 27 wechselt der Stil. An die Stelle thetischer Feststellungen, die die Offenbarung der Gottesgerechtigkeit proklamieren, tritt nun dialogisch formulierte Rede. Mögliche Einwände, die in Frageform vorgebracht werden, tut der Apostel durch kurze Zurückweisungen ab. Aus dem Bekenntnis zum einen Gott, dem niemand und nichts an die Seite gestellt werden kann, wird auf seine universale Herrschaft geschlossen, die nicht nur den Juden, sondern ebenso auch den Heiden in ihrer Kraft entgegentritt. Bekennt man sich zum einen Gott, der über Juden und Heiden gebietet, so muß dieses Bekenntnis die Einsicht einschließen, daß Juden ebenso wie Heiden die Rechtfertigung nur im Glauben und auf keine andere Weise empfangen können. Damit aber wird nicht etwa das Gesetz abgeschafft, sondern gelangt es in Wahrheit zu seiner von Gott gewollten Bestimmung.

V. 21: Nun aber – mit νυνὶ δέ ist die alles entscheidende Wende hervorgehoben, die mit der Offenbarung der Gerechtigkeit Gottes eingetreten ist. Νυνὶ δέ ist nicht nur adversativ zu begreifen, weil der Gegensatz gegen die Offenbarung des göttlichen Zorngerichts scharf herausgestellt wird, sondern zugleich in eschatologischem Sinn zu verstehen, der das Christusgeschehen kennzeichnet. Der Hinweis auf den endzeitlichen Kairos ist verbunden mit der Bemerkung, daß das Gesetz mit ihm nichts zu schaffen hat: Ohne Gesetz, weil Christus des Gesetzes Ende ist (Röm 10,4). Damit wird aufgenommen, was eben in V. 20 gesagt worden war: Das Gesetz vermag zwar zur Erkenntnis der Sünde zu führen, doch niemals Heil zu eröffnen. Darum ist die δικαιοσύνη θεοῦ, von der in 1,17 thematisch die Rede war, ohne jede Mitwirkung der Thora offenbar geworden. Damit ist auf die „propositio principalis“ Bezug genommen, die der Apostel nun in ihrer grundsätzlichen Bedeutung entfaltet wird.[1] Πεφανέρωται greift das ἀποκαλύπτεται von 1,17f. auf; doch an die Stelle der präsentischen ist die perfektische Aussage getreten. Sie weist auf ein bestimmtes Geschehen der Vergangenheit – den Kreuzestod Christi – hin, das die Gegenwart durch seine verwandelnde und erneuernde Kraft qualifiziert. Das helle Licht, das von dieser Kundgabe ausstrahlt, geht alle Welt an und wird bezeugt vom Gesetz und den Propheten. Hieß es einerseits χωρὶς νόμου, so nimmt der Apostel nun die Thora mitsamt den prophetischen Schriften in positiver Bedeutung in Anspruch als Schriftbegründung für die Wahrheit des Evangeliums.[2] Μαρτυρεῖν, das in den paulinischen Briefen nur selten vorkommt, ist in forensischer Bedeutung zu verstehen: Die ganze Schrift legt verbindliches Zeugnis ab. Paulus bedient sich einer geläufigen Wendung, wenn er sich auf νόμος und προφῆται bezieht[3], ohne daß dabei die Verheißungsworte der Propheten besonders hervorgehoben werden.[4] Er will betonen, daß die Schriften nur im engen Bezug auf das Christuskerygma – und umgekehrt dieses nur in fester Verbindung zur Botschaft von Gesetz und Propheten – in ihrer rechten Bedeutung begriffen werden. Damit ist das Gesetz nicht etwa abgetan, sondern nunmehr zu seiner wahren Gültigkeit gebracht (vgl. V. 31).

V. 22: Den zentralen Begriff der δικαιοσύνη θεοῦ, der den ganzen Abschnitt beherrscht, nimmt der Apostel wieder auf, um ihn genauer zu erläutern. Dabei ist deutlich, daß die Genetivverbindung im Sinn eines Gen. auct. zu verstehen ist; denn nur so wird die Verbindung von Gottes rechtfertigendem Handeln zu διὰ πίστεως Ἰησοῦ Χριστοῦ deutlich.[5] Jesus Christus ist als der Inhalt des Glaubens

---

[1] Vgl. J. Woyke, ‚Einst' und ‚Jetzt' in Röm 1–3, Zur Bedeutung von νυνὶ δέ Röm 3,21, ZNW 92 (2001) 195–206: νυνὶ δέ markiert „einerseits die *erläuternde Affirmation* der Hauptthese von Röm 1,17“ und signalisiert „andererseits *die Einführung eines* die Argumentation von Röm 1,18–3,20 *entscheidend durchbrechenden neuen Aspekts*“. (206; Hervorhebung durch Autor)

[2] Vgl. Koch, Schrift 344: „Die Schrift ist – von Röm 3,21 her geurteilt – für Paulus Zeuge des εὐαγγέλιον schlechthin, das innerhalb der paulinischen Theologie in der Rechtfertigungslehre zu seiner klarsten begrifflichen Explikation gelangt.“ Vgl. Ders., „... bezeugt durch das Gesetz und die Propheten“. Zur Funktion der Schrift bei Paulus, in: H. H. Schmid/J. Mehlhausen (Hg.), Sola Scriptura. Das reformatorische Schriftprinzip in der säkularen Welt, Gütersloh 1991, 169–179.

[3] Vgl. 2. Makk 15,9; 4 Makk 18,10; Mt 5,17; 7,12; 11,3; 22,40; Luk 16,16; Act 13,15; 24,14 u.ö.

[4] So Wilckens, Röm. I 186 mit Hinweis auf 1,2.

[5] Ἰησοῦ fehlt nur in wenigen Handschriften und wird als ursprünglich festzuhalten sein.

angegeben, der bekennt, Jesus sei der Christus.[6] Die πίστις Ἰησοῦ Χριστοῦ ist daher der Glaube εἰς Χριστόν, der auf ihn als den Kyrios sein ungeteiltes Vertrauen setzt. War von Christus im Eingang des Briefes mit Nachdruck die Rede (1,1–7), im langen Abschnitt über das Zorngericht Gottes aber nur 2,16 auf das Evangelium von Christus Jesus Bezug genommen worden, so wird nun erneut das Christuskerygma in den Mittelpunkt der Ausführungen über die δικαιοσύνη θεοῦ gerückt. Deren Verkündigung kann nur im Glauben auf die einzig angemessene Weise empfangen werden, wie sogleich durch die anschließende Wendung εἰς πάντας τοὺς πιστεύοντας noch einmal unterstrichen wird.[7] Im Glauben wird Gottes die Welt umspannender Herrschaft Raum gegeben, deren Universalität es entspricht, daß sie auf alle Glaubenden – aus Juden und Heiden – zielt (vgl. oben S. 68,78). Alle einst trennenden Schranken, die das erwählte Gottesvolk von der Welt der Völker geschieden hatten, sind niedergerissen.

Nun zeigt sich, daß es keinen Unterschied gibt, auf den man sich etwa hätte berufen können. **V. 23:** Denn – so wird in einer Zwischenbemerkung ausgeführt – „alle haben sie gesündigt". Auch hier weist πάντες darauf hin, daß es keine Ausnahme gab und gibt; hat sich doch die Tat Adams in jedem einzelnen Menschengeschick wiederholt (vgl. 5,12). Alle sind sie schuldhaft der Gottesferne verfallen und ermangeln der δόξα τοῦ θεοῦ. Paulus bezieht sich mit diesem Satz auf die Vorstellung, daß die Menschen im Paradies an der Herrlichkeit Gottes teilhatten, diese aber durch ihren Ungehorsam verspielt haben. So wurde der Mensch der Herrlichkeit Gottes entfremdet (Apk Mos 20f.). Waren die Menschen ursprünglich vom Glanz Gottes umgeben, so wurde ihnen dieser nach dem Sündenfall entzogen.[8] Die Folge ist, daß alle Menschen der δόξα τοῦ θεοῦ verlustig sind, was gleichbedeutend mit der Feststellung ist, daß alle unter der knechtenden Gewalt der ἁμαρτία stehen (3,9) und es da auch keinen einzigen gibt, der δίκαιος genannt werden könnte.

V. 24: Mit dem durch δικαιούμενοι eingeleiteten Satz führt der Apostel den Gedankengang fort, der von der Offenbarung der Gerechtigkeit Gottes handelt. Dabei greift er, wie deutlich zu erkennen ist, auf vorgegebene Begriffe zurück, mit denen die urchristliche Verkündigung die Heilsbedeutung des Todes Christi charakterisierte. Nicht leicht zu entscheiden ist jedoch die Frage, wo die Aufnahme eines ausdrücklichen Zitats einsetzt. Einige Exegeten sehen dessen Beginn bereits

---

[6] In der Geschichte der Auslegung ist immer wieder erwogen worden, ob im Sinn eines Gen. subj. an den Glauben, den Jesus Christus selbst hatte, gedacht werden könne. So u.a. G. Howard, On the Faith of Christ, HThR 60 (1967) 459–465; Ders., The Faith of Christ, ET 85 (1973/74) 212–215; M. Hooker, ΠΙΣΤΙΣ ΧΡΙΣΤΟΥ, NTS 35 (1989) 321–342: „through the fidelity of Jesus Christ"; A. Vanhoye, Πίστις Χριστοῦ: fede in Cristo o affidabilità di Cristo, Bib. 80 (1999) 1–21. Doch der Gedankengang, der mit εἰς πάντας τοὺς πιστεύοντας fortgeführt wird, läßt diese Deutung nicht zu.

[7] Die Wendung εἰς πάντας τοὺς πιστεύοντας hat gegenüber den Textvarianten als ursprünglich zu gelten.

[8] Rabbinische Belege bei G. Kittel, ThWNT II, 249f.

in der Partizipialwendung δικαιούμενοι.[9] Doch wird zu bedenken sein, daß allein der Einsatz mit einem Partizip und die Verwendung des traditionellen Begriffs ἀπολύτρωσις noch kein hinreichendes Argument für diese These bieten.[10] Tatsächlich finden sich sowohl die Wörter δωρεάν und χάρις wie auch die Formel ἐν Χριστῷ Ἰησοῦ des öfteren in den paulinischen Briefen, so daß nur ἀπολύτρωσις als ein Wort übrigbleibt, das der Apostel sonst nicht zu gebrauchen pflegt. Daher wird erst mit V. 25 das Zitat einer geprägten vorpaulinischen Wendung einsetzen, V. 24 aber als von Paulus formulierte Hinführung zu diesem anzusehen sein.[11]

Der Freispruch göttlicher Rechtfertigung wird allein durch Gottes Barmherzigkeit zuteil, wie sowohl durch δωρεάν wie auch durch τῇ αὐτοῦ χάριτι unterstrichen wird. Gottes Gnadenerweis wird ohne jede Bedingung als Geschenk allen denen zugeeignet, die im Glauben den Zuspruch seines rechtfertigenden Urteils empfangen. Damit geschieht Erlösung in Christus Jesus. Von ἀπολύτρωσις ist in der hellenistischen Umwelt im Zusammenhang mit der sog. sakralen Sklavenbefreiung die Rede. Nachdem der erforderliche Kaufpreis im Tempel hinterlegt worden war, wurde einem Sklaven die Freiheit geschenkt.[12] Obwohl Paulus gelegentlich den Gedanken des Loskaufs aufnimmt und ihn auf die Befreiung anwendet, die durch Christus geschehen ist (1 Kor 6,20; 7,23), wird an unserer Stelle nicht an diesen Zusammenhang zu denken sein. Spricht man in der urchristlichen Verkündigung von Erlösung, so ist dieser Begriff durch das Vorbild der Befreiung geprägt, durch die einst Israel aus der Knechtschaft in Ägypten herausgeführt worden war (Ex 6,6; 15,13; Dtn 7,8; 9,26 u. ö.).[13] Nun aber ist durch Christus, der sein Leben als Lösegeld für viele (= alle) dahingegeben hat (Mk 10,45), die endzeitliche Befreiung geschehen. Christus ist daher für uns zur ἀπολύτρωσις geworden (1 Kor 1,30), so daß ἀπολύτρωσις in der urchristlichen Verkündigung des öfteren gleichbedeutend mit ἄφεσις ἁμαρτιῶν gebraucht wird (Kol 1,14; Eph 1,7). Die Erlösung ist ἐν Χριστῷ Ἰησοῦ bewirkt. Zum ersten Mal im Röm begegnet hier der formelhafte Ausdruck „in Christus", der sich noch nicht in vorpaulinischen Aussagen findet, sondern erst durch den Apostel geprägt und häufig gebraucht wurde.

---

[9] Vgl. Bultmann, Theologie 49; Käsemann, Verständnis 96; Reumann, Gospel 36–38 u.a.

[10] U.a. betont von Schlier, Röm. 107 Anm. 8 und Cranfield, Röm. 200 Anm. 1, die überhaupt bestreiten, daß ein vorpaulinisches Zitat vorliege. Sie nehmen vielmehr an, der Apostel habe unter Aufnahme traditioneller Begrifflichkeit selbst formuliert.

[11] C. H. Talbert, A Non-Pauline Fragment (1966), erkennt zwar den nichtpaulinischen Charakter des Satzes an, möchte jedoch eine nachträgliche Interpolation annehmen. Gegen diese Vermutung spricht sowohl die einhellige handschriftliche Überlieferung wie auch vor allem der Umstand, daß der Apostel das aufgenommene Zitat im folgenden seinerseits interpretiert.

[12] Vgl. Deissmann, Licht 271–284.

[13] Weitere atl. Belege bei Hübner, Vetus Testamentum 56f.

In Christus[14]

Nach dem Verständnis des Paulus ist der Mensch jeweils von Mächten bestimmt, die Gewalt über ihn haben. Wer auf der Seite Adams steht, über den herrschen Sünde, Gesetz und Tod. Er lebt ἐν σαρκί (Gal 2,20; Röm 8,8f. u. ö.), bzw. ἐν νόμῳ (Röm 2,12.23), d.h. ὁ νόμος κυριεύει τοῦ ἀνθρώπου ἐφ' ὅσον χρόνον ζῇ (Röm 7,1). Wer aber zu Christus gehört, der befindet sich im Herrschaftsbereich Christi. Durch die Taufe εἰς Χριστόν (Röm 6,3) wurde er in den Leib Christi eingefügt und als Glied des endzeitlichen Gottesvolkes der Gewalt von Sünde, Gesetz und Tod entrissen. Lebt jemand in Christus, so ist er καινὴ κτίσις (2 Kor 5,17). In-Christus-Sein bedeutet daher für Paulus das neue Leben schlechthin, so daß ἐν Χριστῷ auch als formelhafte Wendung in verschiedenen Zusammenhängen gebraucht werden kann, u.a. auch in der Bedeutung des Adjektivs „christlich". Auszugehen ist jedoch stets von der Grundbedeutung, daß ἐν Χριστῷ das Bestimmtsein durch das Christusgeschehen, das Leben im Herrschaftsbereich Christi bezeichnet.

V. 25: Mit ὃν προέθετο setzt ein vorpaulinisches Zitat ein, das dem Apostel vorgegeben war. Ursprünglich muß eine kurze Aussage vorangegangen sein, an die der Relativsatz dann angehängt werden konnte, etwa: Gelobt sei Jesus Christus o.ä.[15] Innerhalb des Satzes fällt die Häufung von Begriffen auf, die sonst bei Paulus nicht oder nur höchst selten gebraucht werden: Ἱλαστήριον ist singulär bei Paulus; προτίθεσθαι steht auch Röm 1,13, dort aber in der Bedeutung „sich vornehmen"[16], hier dagegen: „öffentlich aufstellen". Vom αἷμα Χριστοῦ wird in den paulinischen Briefen nur in traditionellen Wendungen gesprochen (Röm 5,9; 1 Kor 10,16; 11,25.27; vgl. auch Eph 1,7; 2,13). Πάρεσις (= ἄφεσις) ist Hapaxlegomenon bei Paulus, ἁμάρτημα kehrt nur 1 Kor 6,18 wieder, der Plural entspricht urchristlichem Sprachgebrauch; von der ἀνοχή Gottes redet der Apostel nur noch Röm 2,4. Hingegen heben sich die Worte διὰ τῆς[17] πίστεως deutlich als paulinisches Interpretament heraus, das mit besonderer Betonung den Nachdruck auf den Glauben legt, durch den allein Gottes freisprechende Rechtfertigung empfangen werden kann. Die Vorlage, die der Apostel aufgenommen hat, dürfte dann so ausgesehen haben:[18]

ὃν προέθετο ὁ θεὸς ἱλαστήριον [διὰ τῆς πίστεως] ἐν τῷ αὐτοῦ αἵματι εἰς ἔνδειξιν τῆς δικαιοσύνης αὐτοῦ διὰ τὴν πάρεσιν τῶν προγεγονότων ἁμαρτημάτων ἐν τῇ ἀνοχῇ θεοῦ.

---

[14] Bouttier, En Christ; Neugebauer, Christus; Strecker, Theologie 98–101.125–132; Wedderburn, A.J.M.: Some Observations on Paul's Use of the phrases ‚in Christ' and ‚with Christ', JSNT 25 (1985) 83–97.

[15] Zum Relativeinsatz eines Zitats vgl. auch Phil 2,6; 1 Tim 3,16; 1 Petr 2,23.

[16] Nur durch umständliche Interpretation kann man den vergeblichen Versuch machen, auch hier den Sinn „sich vornehmen" einzutragen, so Cranfield, Rom. 208–210.

[17] Der gut bezeugte Artikel τῆς wird als ursprünglich angesehen werden dürfen. Doch auch wenn er fehlen sollte, würde sich keine Sinnverschiebung ergeben.

[18] Vgl. Dunn, Rom. 163. Ob die Vorlage ursprünglich ihren Sitz im Leben in der Abendmahlsliturgie (so u.a. Michel, Röm. 153 Anm. 16; Käsemann, Röm. 94) oder aber in der Tauffeier (so F. Hahn, Taufe und Rechtfertigung, in: Rechtfertigung, Festschrift E. Käsemann, Göttingen/Tübingen 1976, 112) gehabt haben könnte, muß ungewiß bleiben.

Gott hat – so wird in der kompakt formulierten Aussage ausgeführt – Christus als „Sühne" öffentlich aufgestellt. Was bedeutet dieser Satz?

'Ιλαστήριον

In der Geschichte der Exegese ist immer wieder die Auffassung vertreten worden, daß mit ἱλαστήριον die im AT oft genannte כַּפֹּרֶת gemeint sein könnte.[19] Damit wird ein Kultgegenstand des alten Tempels bezeichnet, an den am großen Versöhnungstag das Blut des Sühnopfers gesprengt wurde (Lev 16,14). Die Kapporet wird daher als der Ort verstanden, an dem vor Gottes Angesicht die Versöhnung erfolgt. Wenn daher an dieses Geschehen auch in der von Paulus zitierten Aussage gedacht sein sollte, so wäre im Bild gesagt, was das Opfer Christi bedeutet: „Ebenso wie Gott früher seine Gnadengegenwart am Gnadenstuhl offenbarte, so hat er sie jetzt endgültig in Christus, vor allem in seinem Kreuzestod offenbart. Und ebenso wie das auf den Gnadenstuhl gesprengte Blut zur Versöhnung des Volkes führte, so ist die Versöhnung der Welt ein für allemal an den Kreuzestod Christi geknüpft, an die Versöhnung in seinem Blut."[20]

Die von Christus geleistete Sühne würde damit antitypisch der Sühne gegenübergestellt, die im alten Bund möglich war. Zwar war mit der Zerstörung des alten Tempels auch die Kapporet verlorengegangen, und der neue Tempel, der nach der Rückkehr aus dem Exil errichtet worden war, hatte nicht wieder eine Kapporet besessen. Doch wurde in rabbinischen Diskussionen weiterhin lebhaft über die Bedeutung diskutiert, die der Kapporet beizumessen sei – ein Beweis dafür, daß auch dem spätantiken Judentum Vorstellung und Bedeutung der Kapporet als Ort der Sühne bekannt gewesen sind.[21] Daher stellt sich die Frage, ob mit ἱλαστήριον an unserer Stelle die Kapporet gemeint sein kann.

Folgende Gründe sprechen gegen diese Annahme[22]:

1. In den Versen 24–26 deutet sonst nichts darauf hin, daß Christus mit der Kapporet verglichen werden sollte. Obwohl V. 25.26 a der Tradition entstammen und ursprünglich in einen anderen Zusammenhang gehört haben, müßte doch Paulus seinen Hörern und Lesern durch einen Hinweis angezeigt haben, wenn an den Kultgegenstand des alten Bundes gedacht werden sollte.

2. In LXX wird die כַּפֹּרֶת an der ersten Stelle, an der sie im AT genannt wird, mit ἱλαστήριον ἐπίθεμα wiedergegeben (Ex 25,16[17]). Damit ist ihre Übersetzung eingeführt, um im folgenden dann stets die Kapporet als τὸ ἱλαστήριον zu bezeichnen. Niemals aber fehlt der Artikel, auch nicht Hebr 9,5, der einzigen Stelle im NT, an der sich das Wort sonst findet. Falls daher Röm 3,25 auf die Kapporet hätte hingewiesen werden sollen, so hätte eine nähere Bestimmung des Begriffes als ἱλαστήριον ἐπίθεμα bzw. τὸ ἱλαστήριον gegeben werden müssen;

---

[19] Vgl. Fitzer, Ort; A. Nygren, Christus der Gnadenstuhl, in: W. Schmauch (Hrsg.) In memoriam Ernst Lohmeyer, Stuttgart 1951, 89–93; L. Morris, The Meaning of ἱλαστήριον in Romans III, 25, NTS 2 (1955/56) 33–43; Stuhlmacher 315–333 sowie die Kommentatoren Schlatter, Röm. 146; Althaus, Röm. 32f. (unsicher); Wilckens, Röm. I 190–192; Stuhlmacher Röm. 55–57 u.a.

[20] Nygren (s. Anm. 19) 89.

[21] Belege zur Sache bei Bill. III 165–185.

[22] Mit den im folgenden genannten Argumenten (vgl. Lohse, Märtyrer 149–154) hat sich Stuhlmacher (s. Anm. 19) 321–325 kritisch auseinandergesetzt.

3. Προέθετο heißt „er stellte öffentlich auf". Die Kapporet aber stand einst im Allerheiligsten und war niemandem sichtbar. Wenn man daher an der Kapporet-Vorstellung festhalten will, so muß man schon annehmen, daß hier ein bewußter Gegensatz betont sein sollte, indem nämlich Christus als die offenbar gemachte Kapporet der verborgenen des alten Bundes gegenübergestellt wird. Daß hier jedoch ein solcher Gegensatz beabsichtigt wäre, kann aus dem Zusammenhang nicht wahrscheinlich gemacht werden.[23]

4. Wäre Christus mit der Kapporet verglichen worden, so würde der Vergleich dadurch schief, daß das Blut Christi an die Kapporet, die er selbst wäre, gesprengt werden müßte. Wenn überhaupt an die Kapporet gedacht sein sollte, so hätte man erwartet, daß das Kreuz, nicht aber Christus selbst so bezeichnet sein müßte.

Aus diesen Gründen wird eine Bezugnahme auf den Kultgegenstand des alten Bundes nicht vorliegen. Ἱλαστήριον ist mit dem folgenden Ausdruck ἐν τῷ αὐτοῦ αἵματι eng zusammenzunehmen, so daß die Begriffsverbindung im Sinn eines sühnenden Opfers zu verstehen ist. Zu dieser Vorstellung bietet die zeitgenössische jüdische Märtyrerüberlieferung die nächsten Parallelen. So heißt es 4 Makk 17,21f. von den Gerechten, die im Widerstand gegen die gottlosen Feinde ihr Leben hingegeben haben: sie seien gleichsam ein ἀντίψυχον (Ersatz) für die Sünde des Volkes geworden. „Durch das Blut (αἷμα) jener Frommen und ihren sühnenden Tod (τοῦ ἱλαστηρίου τοῦ θανάτου αὐτῶν) hat die göttliche Vorsehung das vorher schwer bedrängte Israel gerettet." Der Tod der Frommen hat Sühne geleistet für die Sünden des Volkes, die kraft des vergossenen Blutes wirksam ist. Gott aber hat ihr Sterben angenommen und daraufhin das Volk gerettet. Kultische Terminologie wird verwendet, um die unvergleichliche Bedeutung dieses Sterbens hervorzuheben, das zur Rettung Israels geschah. Diese Begrifflichkeit hat die urchristliche Verkündigung aufgenommen, um die Heilsbedeutung des Todes Christi zu charakterisieren. Während aber die Märtyrer durch ihren Tod nur auf begrenzte Zeit göttliche Rettung erwirken konnten, ist Christi Tod ein für allemal geschehen, weil Gott selbst ihn hingab als Sühnopfer.[24] Nicht durch menschliche Initiative ist Sühne geschaffen worden, sondern Gott selbst hat in seiner unergründlichen Barmherzigkeit Christus dahingegeben, ihn als Sühne öffentlich aufgestellt und eben darin seine Gerechtigkeit als seine Bundestreue erwiesen.[25]

Gottes Barmherzigkeit wird in der gnädigen Vergebung der Sünden erwiesen. Das selten vorkommende Wort πάρεσις, das sich im NT nur an dieser Stelle findet, ist nicht in der Bedeutung des Hingehenlassens zu verstehen, sondern gleichbedeu-

---

[23] Auch nicht durch einen Hinweis auf 2 Kor 3,6ff.; so F. Büchsel, ThWNT III, 322.

[24] Für die Deutung von ἱλαστήριον als Sühnopfer/Sühnemittel treten u.a. ein: Peterson, Röm. 89; Michel, Röm. 150–152; Kümmel, Rechtfertigungslehre 264f.; Schlier, Röm. 110f.; Zeller, Röm. 86f.; Schmithals, Röm. 121f.; Dunn, Rom. 170–172; Moo, Rom. 231–237. Zur Sache vgl. weiter N. Fryer, The Meaning and Translation of Hilasterion in Romans 3,25, EvQ 59 (1987) 99–116; Breytenbach, Versöhnung 166–168; J. Piper, The Demonstration of the Righteousness of God in Romans 3,25.26, in: S.E. Porter/C.A. Evans (Hg.), The Pauline Writings, Sheffield 1995, 175–202; W. Kraus, Der Tod Jesu als Heiligtumsweihe. Eine Untersuchung zum Umfeld der Sühnevorstellung in Röm. 3,25.26a, WMANT 66, Neukirchen 1996.

[25] Die später entwickelte Satisfaktionstheorie des Anselm von Canterbury verfehlt den Sinn der Aussage von V. 25. Nicht Gott mußte durch ein allgenugsames Opfer versöhnt werden, sondern er selbst stiftete die Versöhnung, indem er Christus als Sühnopfer dahingab. Zum Problem vgl. M. Gaukesbrink, Die Sühnetradition bei Paulus, FzB 82, Würzburg 1999.

tend mit ἄφεσις.[26] Gott hat sich als dem Bunde treu erzeigt, indem er um Christi willen die Sünden vergab, die in der Vergangenheit begangen worden waren. Empfänger der Versöhnung ist also das Bundesvolk, von dessen Sünden in kollektivem Sinn gesprochen wird, die in der nun zum Ende gebrachten Zeit göttlicher Geduld begangen wurden. Diese Zeit, in der der Bund durch Sünden entweiht wurde, ist nun vergangen; denn durch den Erweis der göttlichen Gerechtigkeit ist umfassende Vergebung der Sünden gewährt worden. Mit ἔνδειξις wird auf Gottes Handeln als den Erweis seines gnädigen Tuns hingewiesen, der auf die vertrauende Annahme von seiten derer zielt, denen er zugewandt ist (zu ἔνδειξις = Erweis vgl. auch 2 Kor 8,24; Phil 1,28).

Dieser Erweis der göttlichen Gerechtigkeit – darauf legt der Apostel nun allen Nachdruck – kann nur im Glauben empfangen werden. Indem Paulus den Begriff der πίστις ohne Rücksicht auf den grammatischen Zusammenhang des Satzes in die vorgegebene Formulierung hineinsetzt, will er das „sola fide" in seiner schlechthin bestimmenden Gültigkeit herausstellen.[27]

V. 26: Was die Verbindung von δικαιοσύνη θεοῦ und πίστις für das Verständnis des Evangeliums bedeutet, das der Apostel aller Welt auszurichten hat, zeigt er in der interpretierenden Fortführung des vorgegebenen Zitats. Dabei werden die Wendung εἰς ἔνδειξιν τῆς δικαιοσύνης αὐτοῦ in leichter stilistischer Abwandlung durch πρὸς τὴν ἔνδειξιν τῆς δικαιοσύνης αὐτοῦ und der Begriff der πίστις durch das an den Schluß gestellte ἐκ πίστεως Ἰησοῦ wieder aufgenommen. Wurde in V. 25 kollektiv von den Sünden des Bundesvolkes (bzw. der Menschen) gesprochen, so zeigt Paulus nun, daß Gott in der durch die Offenbarung seiner Gerechtigkeit bestimmten Gegenwart sich darin als gerecht erweist, daß er denjenigen freispricht, der aus dem Glauben an Jesus lebt.[28] Die finale – nicht konsekutive – Wendung εἰς τὸ εἶναι αὐτὸν δίκαιον wird durch καὶ δικαιοῦντα interpretiert, indem auf Gottes gnädige Tat hingewiesen wird. Die universale Heilskraft des Kreuzestodes Christi hat den Rahmen des Bundesvolkes gesprengt und gilt aller Welt. Jeder Mensch, der in der vertrauenden Zuversicht auf den Gekreuzigten lebt, empfängt daher die Rechtfertigung, die zum neuen Leben befreit und in Pflicht nimmt.[29]

V. 27: In raschem Wechsel zwischen Fragen und kurzen Antworten, wie es der Diatribe entspricht (vgl. 3,1–8), setzt der Apostel den Gedankengang fort. Dabei argumentiert Paulus nicht mehr wie in V. 21–26 in kompakten, lehrhaften Aussagen,

---

[26] Vgl. vor allem LIETZMANN, Röm. 51 und KÜMMEL, Rechtfertigungslehre 261–263.

[27] Mit διὰ τῆς πίστεως wird daher weder auf Gottes Bundestreue (so PLUTA) noch auf Christi „Faithfulness" (so: B.W. LONGENECKER, Πίστις in Romans 3.25: Neglected Evidence for the ‚Faithfulness of Christ'?, NTS 39 [1993] 478–480) hingewiesen.

[28] Die handschriftliche Überlieferung spricht eindeutig dafür, zu ἐκ πίστεως Ἰησοῦ nicht noch Χριστοῦ hinzuzufügen.

[29] Vgl. KÜMMEL, Rechtfertigungslehre 265: „Gott hat seine Gerechtigkeit kundgetan, indem er durch die Erlösung in Christus die Rechtfertigung des Sünders wirksam werden ließ, d.h. indem er Christus durch seinen Tod die Sünden sühnen ließ und dadurch den Glaubenden von der Schuld befreite."

sondern nimmt in lebhafter Rede die Auseinandersetzung mit denkbaren Einwänden vor. Wo bleibt die καύχησις? – so wird zu Beginn gefragt und damit auf die Haltung des Menschen hingewiesen, in der er sich seiner eigenen Fähigkeiten, Möglichkeiten und Taten meint rühmen zu können. Ist der Jude der Ansicht, er könne sich auf die Thora berufen und vor Gott und den Menschen Werke geltend machen, deren Erfüllung das Gesetz fordert, so täuscht er sich von Grund auf und vertraut in Wahrheit nur auf die σάρξ (Phil 3,3; vgl. o. zu 2,17). Der Apostel antwortet daher auf die Frage mit der knappen Bemerkung, jeder Art des Sich-Rühmens sei schlechterdings der Boden entzogen.[30] Gegen den Einwand, wieso und weshalb dieser entschiedene Ausschluß Geltung habe[31], wird durch die hinzugefügten Fragen διὰ ποίου νόμου; τῶν ἔργων; die prägnante Erklärung eingeleitet: οὐχί, ἀλλὰ διὰ νόμου πίστεως. Mit νόμος τῶν ἔργων ist die Thora gemeint, die Werke fordert. Darin kann jedoch gewiß nicht die Ursache dafür liegen, daß die καύχησις keinerlei Basis mehr hat. Vielmehr ist sie ausgeschlossen durch den νόμος πίστεως.

Der Apostel bedient sich dieser Wortverbindung in kürzester Formulierung, ohne einen Artikel zu setzen. Vielfach wird erwogen, für den Gebrauch des Begriffes νόμος einen Bedeutungswechsel anzunehmen, so daß nun nicht mehr an die Thora, sondern in weiterem Sinn an eine Regel zu denken sei, die an die Stelle der alten Ordnung getreten ist. Doch bedarf es dieser Hilfskonstruktion nicht, um den Sinn der Aussage zu erfassen. Tatsächlich spricht Paulus nicht von zwei verschiedenen Gesetzen, sondern von ein und demselben νόμος, der das Rühmen ausschließt.[32] Wie er in V. 21 einerseits jede Mitwirkung der Thora bei der Offenbarung der Gerechtigkeit Gottes ausgeschlossen hatte, aber andererseits νόμος und προφῆται als deren Zeugen aufgeboten , so weist er auch hier darauf hin, daß in recht verstandenem Sinn das Gesetz den Glauben verkündigt. Die Geschichte Abrahams, die in der Genesis zu lesen ist, belegt diese Auffassung auf das nachdrücklichste (Kap. 4). Ist aber das Gesetz auf diese Weise verstanden, dann wird es in Wahrheit aufgerichtet und zu seiner eigentlichen Bedeutung gebracht. Sie aber schließt jeden Mißbrauch – und damit jede καύχησις – grundsätzlich aus.

V. 28: In einer lehrhaft formulierten Feststellung spricht der Apostel die Überzeugung aus, für die er in der Gemeinschaft aller Glaubenden eintritt (vgl. auch Gal 2,16). Λογίζεσθαι, von Paulus im Röm des öfteren verwendet (2,3.26; 4,3f.6.10f.24; 6,11; 8,18.36; 9,8; 14,14), bezeichnet die feste Gewißheit, die Verfasser

---

30 Auf den gedanklichen Zusammenhang mit 4,2 macht aufmerksam: LAMBRECHT, Boasting. Aus 4,2 folgt: „If there is righteousness through works, then there is also reason for boasting." (29) Aber: „‚Abraham believed God, and it was reckoned to him as righteousness.' This is thus exactly why boasting is excluded ... Boasting is manifestly, primarily and completely excluded by the law of faith." (30)

31 Ἐκκλείειν vom entschiedenen Ausschluß auch Gal 4,17.

32 Vgl. G. FRIEDRICH, Das Gesetz des Glaubens Röm. 3,27, ThZ 10 (1954) 401–416 = Aufsätze 107–122. Zur Sache vgl. weiter H. RÄISÄNEN, Das ‚Gesetz des Glaubens' (Röm. 3,27) und das ‚Gesetz des Geistes' (Röm. 8,2), NTS 26 (1979/80) 101–117, der wieder dafür eintritt, den uneigentlichen Wortgebrauch anzunehmen, nach dem die Wahl des Wortes νόμος „einen polemisch-spielerischen Bezug auf das mosaische Gesetz" habe (117).

und Leser zu bekennender Gemeinschaft zusammenschließt. Die Aussage bringt die Glaubensüberzeugung auf eine knappe, ohne Verwendung von Artikeln formulierte Fassung: daß jeder Mensch – Jude wie Heide[33] – nur auf eine einzige Weise gerechtfertigt werden könne: durch den Glauben, nicht durch Werke, wie das Gesetz sie fordert. Der scharfe Gegensatz, der damit aufgezeigt wird, verlangt die Wiedergabe durch ein den Glauben hervorhebendes „allein", wie bereits gelegentlich in der altkirchlichen und mittelalterlichen Exegese[34], dann vor allem aber von den Reformatoren nachdrücklich betont wurde. Diese Übersetzung, über die lange Zeit in der kontroverstheologischen Diskussion gestritten wurde, ist heute nahezu allgemein anerkannt und bereitet dem ökumenischen Dialog keine Schwierigkeiten mehr.[35] Denn es geht Paulus in der Tat darum, im Gegensatz zu einer Auffassung, nach der Gerechtigkeit auf ἔϱγα νόμου gegründet werden könnte, die ausschließliche Gültigkeit des „sola fide" herauszustellen. Daß dieser Glaube, der aus der Kraft des erfahrenen Zuspruchs lebt, Früchte zu zeitigen hat, die aus der vertrauenden und gehorsamen Zuversicht erwachsen, unterliegt freilich für den Apostel nicht dem geringsten Zweifel (Gal. 5,6).[36]

V. 29: Nach der bekenntnisartigen Aussage von V. 28 fährt Paulus in lebendiger, dialogischer Argumentation fort, um den Gedankengang zum Abschluß zu bringen. Bedeutet nun die in V. 28 vorgetragene These – so könnte eingewandt werden –, daß Juden und Heiden einander vollkommen gleichgestellt sind, da nur durch die πίστις der göttliche Freispruch empfangen und niemals durch ἔϱγα νόμου erworben werden kann? Wie steht es – fragt der Apostel –: Ist Gott nur der Gott der Juden? Oder nicht auch der Gott der Völker? Die Antwort kann nur lauten: auch der Völker, d.h. der Heiden; ist er doch der eine Gott, der die ganze Welt geschaffen hat und erhält. **V. 30:** Denn dazu bekennt sich jeder Jude täglich, indem er die Worte spricht: „Höre, Israel, der Herr unser Gott ist Herr allein." (Dtn 6,4)[37] Ist Gott der eine, neben dem es keine anderen Götter gibt und geben kann, so ist er der Gott der Juden wie auch der Völker.[38] Hat Gott sich durch Christus ein für

[33] Die Wiedergabe von ἄνϑϱωπον durch „man" wäre zu blaß. Zum generischen Gebrauch von ἄνϑϱωπος vgl. auch 1 Kor 4,1; 7,1 u.ö.

[34] Belege zusammengestellt bei Fitzmyer, Rom. 360f.

[35] Unter den neueren katholischen Kommentaren seien hierzu nur beispielhaft Zeller, Röm. 93; Fitzmyer, Rom. 363f.; Byrne, Rom 139 u.a. genannt. Den Charakter des Verses als „Basissatz" bzw. „Lehrsatz" hebt mit Nachdruck hervor M. Theobald, Der Kanon von der Rechtfertigung (Gal. 2,16; Röm. 3,28) in: T. Söding (Hg.) Worum geht es in der Rechtfertigungslehre?, QD 180, Freiburg 1999², 2001, 131–192 = Studien (2001) 164–235.

[36] Vgl. Peterson, Röm. 94: „Die Werke, die für den Eintritt der Rechtfertigung außer Rechnung bleiben, … als Lebensäußerung des Glaubens."

[37] Zur Sache vgl. die wichtige Monographie von E. Peterson, Εἷς ϑεός. Epigraphische, formgeschichtliche und religionsgeschichtliche Untersuchungen, FRLANT 24, Göttingen 1926 sowie Grässer, Gott.

[38] Rabbinische Auffassung konnte hieraus jedoch nach dem berühmten Ausspruch des R. Schim'on b. Jochai (um 150 n.Chr.) folgern: „Gott sprach zu den Israeliten: Gott bin ich über alle, die in die Welt kommen, aber meinen Namen habe ich nur mit euch vereint; ich heiße nicht der Gott der Völker der Welt, sondern der Gott Israels." (Ex R 29 [88 b]); vgl. Bill. III 185.

allemal als der einzige Gott für alle Welt kundgemacht, so folgt daraus, daß dem Einssein Gottes das Einssein aller Glaubenden entspricht.[39] Denn ohne Ausnahme sind sie durch den Erweis seiner Barmherzigkeit gerechtfertigt und haben seinen Freispruch in vertrauender Zuversicht empfangen.[40] Paulus bringt diese Folgerung zum Ausdruck, indem er in gedrängter Formulierung die Worte ἐκ πίστεως und διὰ πίστεως ohne Bedeutungsunterschied aufeinander folgen läßt[41]; kann es doch für die Beschneidung wie für die Unbeschnittenheit nur die eine Möglichkeit des „sola fide" geben, durch die das Heil empfangen wird.

V. 31: Am Schluß bleibt eine letzte, gewichtige Frage zu bedenken: Bedeutet diese Betonung der πίστις, daß das Gesetz aufgehoben ist? Der Einwand wird durch μὴ γένοιτο (vgl. auch Röm 6,1f.15f.) schroff zurückgewiesen, um diese Zurückweisung anschließend zu begründen: Im Gegenteil, wir richten das Gesetz auf! Paulus bedient sich in seiner Formulierung einer Terminologie, wie sie auch in rabbinischen Debatten durchaus geläufig war. Danach bedeutete das „Aufrichten der Thora", ihren ursprünglich gemeinten Sinn zu erheben und zur Geltung zu bringen.[42] In V. 21 hatte der Apostel Gesetz und Propheten als Zeugen für die Offenbarung der Gerechtigkeit Gottes aufgeboten. Daher ist der Satz νόμον ἱστάνομεν sowohl als abschließende Feststellung auf den durch die These von V. 21 bestimmten Gedankengang, wie auch als leitendes Motiv[43] für das folgende Kap. 4 bezogen.[44]

---

[39] Vgl. GRÄSSER, Gott 256f. Zum „Monotheismus" des Paulus und seiner atl.-frühjüdischen Tradition vgl. W. SCHRAGE, Unterwegs zur Einheit Gottes, BThSt 48, Neukirchen 2002.

[40] Vgl. C. DEMKE, „Ein Gott und viele Herren". Die Verkündigung des einen Gottes in den Briefen des Paulus, EvTh 36 (1976) 473–484: „Gott ist derselbe für jedermann, weil er sich als Gott für den Glauben bestimmt hat." (475)

[41] Vgl. S.K. STOWERS, ΕΚ ΠΙΣΤΕΩΣ and ΔΙΑ ΤΗΣ ΠΙΣΤΕΩΣ in Romans 3:30, JBL 108 (1989) 665–774. Er möchte freilich πίστις auf „Christ's faithfulness" beziehen und meint, Paulus verwende ἐκ stets mit Bezug auf die Juden und διά im Blick auf die Heiden.

[42] Vgl. SCHLATTER, Röm. 156 sowie BILL. I 241f. und LOHSE, Glaube 124.

[43] Vgl. KÄSEMANN, Röm. 98f.: Der Satz greift einerseits „auf die Aussage von 21 b zurück", wird andererseits aber „nur als Überleitung zu c. 4 sinnvoll".

[44] Paulus nimmt Abraham als Zeugen des Glaubens in Anspruch, dessen Gültigkeit hier und jetzt von bestimmender Relevanz ist.

Neue Erwägungen zur Paulusauslegung [45]

Reformatorische Theologie hat einst die Lehre von der Rechtfertigung als den „articulus stantis et cadentis ecclesiae" bezeichnet. Diese Beurteilung ist durch verschiedene Untersuchungen, die im angelsächsischen Bereich angestellt wurden, kritischer Überprüfung unterzogen worden. Dabei richtet sich die Kritik einer „New Perspective on Paul" auf der einen Seite gegen Luthers Verständnis der Rechtfertigung, das zu stark auf das Individuum bezogen sei, statt den universalen Rahmen des Christusgeschehens zu beachten. Auf der anderen Seite aber wird mit grundsätzlichen Einwänden gegen eine Paulusinterpretation argumentiert, der u.a. vorgehalten wird, von den jüdischen Voraussetzungen, die das Denken des Apostels maßgebend bestimmt hatten, ein unzutreffendes Zerrbild gezeichnet zu haben.

1. In mehreren gewichtigen Studien hat E.P. SANDERS die Frage nach der Mitte paulinischer Theologie unter eine neue Perspektive gerückt. Dabei hat er der geläufigen protestantischen Paulus-Exegese den Vorwurf gemacht, davon ausgegangen zu sein, Paulus habe zum Thema der Gerechtigkeit Gottes einen Zugang gewonnen, der den Erfahrungen Luthers ähnlich gewesen sei. Wie Luther die spätmittelalterliche Kirche in das Dunkel einer gesetzlichen Frömmigkeit gehüllt habe, so habe man auch das Judentum, aus dem Paulus gekommen war, als eine Gesetzesreligion dargestellt, vor deren düsterem Hintergrund die christliche Verkündigung des Evangeliums in hellem Glanz habe hervorgehoben werden können. Doch Luthers Probleme seien nicht die paulinischen gewesen, und man interpretiere daher den Apostel falsch, wenn man ihn mit Luthers Augen betrachte.[46]

SANDERS kennzeichnet das von ihm entworfene Bild des antiken Judentums mit dem Begriff eines *Bundesnomismus*, dessen Struktur in folgendem besteht: „1) Gott hat Israel erwählt und 2) das Gesetz gegeben. Das Gesetz beinhaltet zweierlei: 3) Gottes Verheißung, an seiner Erwählung festzuhalten, und 4) die Forderung, gehorsam zu sein. 5) Gott belohnt Gehorsam und bestraft Übertretungen. 6) Das Gesetz sieht Sühnemittel vor, und die Sühnung führt 7) zur Aufrechterhaltung bzw. Wiederherstellung des Bundesverhältnisses. 8) All jene, die durch Gehorsam, Sühnung und Gottes Barmherzigkeit innerhalb des Bundes gehalten werden, gehören zur Gruppe derer, die gerettet werden. Eine wichtige Interpretation des ersten und letzten Punktes besteht darin, daß Erwählung und letztliche Errettung nicht als menschliches Werk, sondern als Tat der Barmherzigkeit Gottes verstanden werden."[47]

Zunächst ist SANDERS darin zuzustimmen, wenn er christliche Exegeten dazu anhält, nicht leichtfertig eine Karikatur des Judentums zu entwerfen. Jeder Ausleger der paulinischen Briefe ist vielmehr dazu verpflichtet, den zum Vergleich anstehenden Texten so gewissenhaft wie irgend möglich zu begegnen, damit sie ihre eigene Sprache reden können, ohne daß man ihnen voreilig ins Wort fällt. Der Interpret aber hat sich Rechenschaft darüber ab-

---

[45] SANDERS, Judentum; DERS., Paulus; DUNN, J.D.G.: Romans 1–8.9–16, Dallas/Tex. 1988; DERS./SUGGATE, A.M.: The Justice of God. A fresh look at the old Doctrine of Justification by Faith, Carlisle U.K. 1993; DERS., Theology (Lit.); STENDAHL, Paul.

Zur kritischen Auseinandersetzung: BYRNE, B.: Interpreting Romans Theologically in a Post-„New Perspective"-Perspective, HThR 94 (2001) 243–284; HÜBNER, H.: Pauli Theologiae Proprium, NTS 26 (1979/80) 445–473 = Aufsätze 40–68; DERS.: Zur gegenwärtigen Diskussion über die Theologie des Paulus, JBTh 7 (1992) 399–413; LOHSE, E.: Theologie der Rechtfertigung im kritischen Disput, GGA 249 (1997) 6–81.

[46] SANDERS, Paulus 64f. Vgl. weiter u. S. 143.

[47] SANDERS, Judentum 400.

zulegen, wieweit er in seiner Sicht von hergebrachten Ansichten oder gewissen Vorurteilen abhängig sein könnte.

Indem SANDERS sich darum bemüht, dieser Forderung zu genügen, meint er, aus den jüdischen Texten heraushören zu können, daß sie durchgehend einen Vorrang der göttlichen Gnade vor allem menschlichen Tun betonen. Die Zuwendung, die Gott mit dem Bund seinem Volk Israel erwiesen habe, habe den Anfang gesetzt. Nicht durch eigene Bemühungen, sondern aufgrund göttlicher Erwählung sei Israel in den Bund aufgenommen worden. Daher sei der von ihm geforderte Gehorsam gegen Gottes Gebote nicht darauf gerichtet, sich durch strebendes Bemühen das erhoffte Heil erwerben zu müssen. Sondern die Werke, die es zu erbringen gelte, sollten allein dazu dienen, nicht aus dem Bundesverhältnis herauszufallen, in das der gnädige Gott die Seinen versetzt habe.

Mit dieser Sicht hat SANDERS die weithin geläufige Beurteilung jüdischen Selbstverständnisses geradezu umgekehrt. Doch muß er zugestehen, daß der Begriff des Bundes in den zeitgenössischen Texten bei weitem nicht so häufig vorkommt und eine zentrale Rolle spielt, wie der Begriff eines Bundesnomismus vermuten oder erhoffen lassen möchte.[48] Dieser Befund aber läßt sich nicht durch die Annahme entkräften, der Gedanke des Bundes – und insbesondere seine göttliche Seite – werde häufiger vorausgesetzt als unmittelbar erörtert.[49] Denn tatsächlich ist nach dem allen Juden gemeinsamen Verständnis die Thora die bestimmende Gabe, die Gott seinem Volk Israel anvertraut hat, damit es im Gehorsam ihr gegenüber lebe. Denn nur dann werde man am Ende vor Gottes Gericht bestehen können, bei dem ohne Ansehen der Person geurteilt wird. Im Gericht aber kommt es allein auf die Menge der Taten an (Mischna Av III,15). Weil Gottes Gericht unbestechlich und gerecht sein wird, behalten die Sätze der Thora das erste und letzte Wort.[50] Jüdischer Glaube und ihm entsprechendes Handeln stellen einen „way of life“ dar, für dessen Gestaltung die Weisungen des Gesetzes anzeigen, wie man sich verhalten soll, um in Gottes Urteil als gerecht gelten zu können.

Die These, dem palästinischen Judentum liege die Grundstruktur eines *gnadenhaft bestimmten Bundesnomismus* zugrunde, erweckt den Eindruck, nicht so sehr aus jüdischen Voraussetzungen als vielmehr von christlichen Kategorien her entworfen zu sein. Es ist daher kein Zufall, daß von kompetenter jüdischer Seite gegen diesen Entwurf der Einwand erhoben wurde, seine Konzeption sei gewonnen worden, indem vom paulinischen Denken ausgegangen sei und dieses dann auf die tannaitisch-rabbinischen Quellen übertragen wurde.[51] Statt die verschiedenen Überlieferungen das zu Gehör bringen zu lassen, was ihnen vor allen anderen Erwägungen zu sagen wichtig ist, werde ihnen ein vorgefaßtes Schema aufgezwängt, das unvermeidlicherweise eine entsprechende Engführung der erzielten Aussagen zur Folge haben müsse.

2. Wie bei seiner Darstellung der jüdischen Frömmigkeit geht SANDERS auch in seiner Beschreibung der paulinischen Lehre von der Frage aus, wie ein Mensch der gnädigen Zuwendung Gottes teilhaftig werden könne. Während Israel diese durch Gottes Bundesschluß erfahren habe und ihm in seinem Gehorsam gegenüber den Geboten entsprechen solle, hätten Christen durch ihre Teilhabe an Christus die göttliche Barmherzigkeit empfangen. Diese *Par-*

---

[48] SANDERS, Judentum 222ff.398f. u. ö.

[49] Ebd.

[50] Zur Kritik, die aufgrund der Worte des R. Aqiba an Sanders' Konstruktion zu üben ist, vgl. C.L. QUARLES, The Soteriology of R. Akiba und E.P. Sanders' „Paul and Palestinian Judaism“, NTS 42 (1996) 185–195.

[51] Vgl. J. NEUSNER, HR 18 (1978) 177–191.180.

tizipation, die ihnen geschenkt wurde, habe einen Wandlungsprozeß ausgelöst, „der bei der Wiederkehr des Herrn seinen Höhepunkt erreicht".[52] Um auf dieses Ziel geradenwegs zuzugehen, hätten alle, die als Glieder am Leib Christi leben, ethisch verantwortlich zu handeln. Denn nur dann würden sie im Gericht, das nach den Werken gehalten wird, am Ende bestehen können. Für sie gelte daher: „Sie sollten moralisch vollkommen sein."[53]

Indem SANDERS die Mitte paulinischen Denkens im Gedanken der Christus-Partizipation zu finden meint, werden alle anderen theologischen Überlegungen, die Paulus vorträgt, als Interpretamente dieser zentralen Vorstellung gedeutet. Die Christen seien von einem Zustand in einen anderen versetzt worden, indem sie als Glieder des Leibes Christi zur neuen Schöpfung gemacht würden. Von Gott angenommen zu sein, besage: „von der Gruppe derer, die verdammt werden wird, überzugehen in die Gruppe derer, die gerettet werden wird. Dieser Übergang aber schließt einen Wandel der Person ein, so daß Christus in und durch die Gläubigen lebt."[54]

Wird das Leitmotiv paulinischer Lehre auf diese Weise – nämlich als *„Partizipation an Christus"* – beschrieben, so muß die Theologie der Rechtfertigung in ihrer Bedeutung relativiert werden. Diese Entscheidung wird von SANDERS bewußt vertreten. Denn „die tieferen Schichten des paulinischen Denkens" seien „nicht in den rechtlichen Kategorien, sondern in denen, welche die Teilhabe der Gläubigen an Christus oder am Geist ausdrücken", zu finden – „eine Teilhabe, die einen realen Wandel bewirkt".[55] Verknüpfe doch Paulus – wie SANDERS meint – „ethische Vorschriften nicht mit der ‚Lehre' der Gerechtigkeit aus Glauben", „sondern ganz prinzipiell mit zwei anderen Anschauungen: der Zugehörigkeit zum Leib Christi und dem Sein im Geist".[56] Da die Teilhabe an Christus mit einem auf die zukünftige Vollendung gerichteten Wandlungsprozeß unlöslich verbunden sei, komme der Ethik entsprechend hoher Rang zu, wie er ihr auch in zeitgenössischer jüdischer Frömmigkeit beigemessen werde. Denn das letzte Wort darüber, ob die geschenkte Christus-Partizipation festgehalten oder aber vertan wurde, würde im Endgericht gefällt werden, bei dem nach den Werken gefragt wird.

Um diese vereinfachende Deutung vertreten zu können, hat SANDERS einen hohen Preis gezahlt. Denn aus Paulus ist nun ein missionarischer Praktiker geworden, der weder ein „theoretischer Theologe"[57] noch ein „systematischer Theologe"[58] gewesen sei. Konsequente Gedankenführung könne man von ihm nicht erwarten; denn er sei auf pragmatisches Handeln bedacht gewesen, so daß „seine eigene Haltung" „je nach den Umständen einmal diese, einmal jene" gewesen sei.[59] Auf diese Weise aber habe er mit Geschick sein Ziel verfolgen können, Juden und Heiden durch den Glauben an Christus zu neuer Gemeinschaft zusammenzuführen.

SANDERS nennt die Gleichheit von Juden- und Heidenchristen „das einzige höchstwichtige Thema des Briefes an die Römer" und weist zur Begründung auf den Satz hin, das Evangelium sei „eine Kraft Gottes, die alle rettet, die daran glauben, die Juden zuerst und ebenso die Griechen" (Röm 1,16). Dann läßt er eine Reihe weiterer ausgewählter Zitate folgen, die

[52] Vgl. SANDERS, Paulus 91.
[53] Ebd.
[54] Vgl. SANDERS, Paulus 101.
[55] Vgl. SANDERS, Paulus 98.
[56] Vgl. SANDERS, Paulus 96.
[57] Vgl. SANDERS, Paulus 122f.
[58] Vgl. SANDERS, Paulus 167.
[59] Vgl. SANDERS, Paulus 80.

einerseits vom Gericht handeln, das Juden und Heiden trifft, andererseits von der Aufhebung der Trennung von Juden und Griechen.[60] Dadurch entsteht der irrige Eindruck, als ob hiermit das Thema angegeben würde, dessen Erörterung sich wie ein roter Faden durch den ganzen Röm zieht. Das Zitat von 1,16f. ist jedoch nur unvollständig angeführt worden, so daß der für den Apostel entscheidende Gesichtspunkt herausfällt. Denn Paulus kommt es darauf an, den Inhalt des Evangeliums, dessen er sich vor aller Welt nicht schämt, mit den Worten anzugeben, in ihm werde die Gerechtigkeit Gottes offenbart, „welche kommt aus Glauben zum Glauben" (1,17). Nicht als ein Interpretament, das gelegentlich hier oder dort herangezogen werden mag, sondern als den zentralen Inhalt der Frohen Botschaft hebt der Apostel die Offenbarung der Gerechtigkeit Gottes hervor, die allein der Glaube zu empfangen vermag, um aus dieser Kraft zu leben.

Die neue Perspektive, unter der SANDERS die paulinische Theologie sehen möchte, läßt sein Denken als soziologische Erwägungen zur Begründung einer neuen Gruppenmentalität erscheinen. Am Ende schrumpfen die Ausführungen des Apostels darauf zusammen, den Übergang von einer Gruppenzugehörigkeit zu einer anderen zu legitimieren, die durch das vorangestellte christliche Vorzeichen charakterisiert wird. Bereits bei Paulus lasse sich erkennen, „wie das Christentum im Begriff ist, eine neue Form von Bundesnomismus zu werden, und zwar eine Bundesreligion, der man durch die Taufe beitritt, deren Mitgliedschaft Heil eröffnet und die einen spezifischen Katalog von Geboten besitzt".[61]

3. Weitreichende Konsequenzen für die Interpretation der paulinischen Theologie hat DUNN aus der von SANDERS vorgenommenen Gegenüberstellung gezogen. Hinsichtlich der Wertung des dem Apostel zeitgenössischen Judentums setzt DUNN die von SANDERS dargelegte Sicht als gegeben voraus und verschärft diese zu der kühnen Behauptung: „Classic Jewish teaching here is very like classic Reformation teaching: that good works are the outworking of God's acceptance not the cause of it, the fruit not the root".[62] DUNN macht sich die Kritik zu eigen, mit der SANDERS die von der reformatorischen Theologie geleitete Paulus-Interpretation bedenkt, zumal diese Annahme zur Folge gehabt habe, Paulus habe gegen eine pharisäische Frömmigkeit in einer Weise protestiert, die Luthers Auseinandersetzung mit der spätmittelalterlichen Kirche vergleichbar sei.[63] Obwohl mit dieser Kennzeichnung Luthers Theologie in recht pauschalisierender Weise vereinfacht wird, ist das Bedenken ernstzunehmen, daß der Paulusexeget die zeitgenössischen jüdischen Texte mit besonnener Fairneß zu analysieren hat. Einer einseitigen Darstellung sucht DUNN mithilfe des von SANDERS übernommenen Begriffs eines *Bundesnomismus* entgegenzutreten, um zugleich den fortbestehenden gedanklichen Zusammenhang zwischen jüdischem Glauben und paulinischer Theologie aufzeigen zu können. Verbinde doch beide die Grundüberzeugung von einem vorangegangenen Akt göttlicher Gnade und einer ihm entsprechenden Antwort, die nicht als Versuch angesehen werden dürfe, Gottes Gunst zu erwerben.[64]

Das zeitgenössische Judentum – darauf weist DUNN immer wieder hin – habe die göttliche Gabe der Thora in einseitiger Weise mißverstanden und daher falsche Folgerungen für sein praktisches Verhalten gezogen. Denn man habe das Gesetz vornehmlich als eine Israel zuteilgewordene Auszeichnung betrachtet, durch die es von den Völkern unterschieden und

[60] Vgl. SANDERS, Paulus 87f.
[61] Vgl. SANDERS, Judentum 492.
[62] Vgl. DUNN/SUGGATE (s. Anm. 45) 20.
[63] Vgl. DUNN, Rom. LXV.
[64] Vgl. DUNN, Rom. LXVIII.

von ihnen abgesondert worden sei. Statt die Universalität der göttlichen Gnade zu erkennen, habe man auf eine Israel gewährte nationale Auszeichnung gesehen und die Vorschriften des Gesetzes als „identity markers" begriffen, durch die man sich von den Heiden abgrenzte und die eigene Identität hervorhob. Sabbath, Beschneidung, Reinheits- und Speisevorschriften hätten daher „increasing significance for their boundary-defining character" gewonnen.[65] Diese Deutung der Thora habe daher die scharfe Trennung zwischen Israel und den Völkern zur Folge gehabt, so daß das Gesetz als Mittel dafür begriffen worden sei „to maintain Israel's set-apartness from other nations".[66]

Sicherlich ist mit dieser Charakterisierung ein Zug jüdischer Lebensweise zutreffend beschrieben, der insbesondere seit der Makkabäerzeit das Verhältnis der Juden zu den sie umgebenden Völkern im Sinn einer sich verschärfenden Trennung beeinflußt hat. Doch fragt sich, ob diese Auffassung sich in besonderer Weise auch in der Begriffsgruppe „Gerechtigkeit/Rechtfertigung" ausdrücken konnte. In den Texten der Gemeinde von Qumran, die als authentische Zeugnisse für das vorchristliche Judentum von großer Bedeutung sind, werden diese Begriffe häufig verwendet. Nirgendwo aber stehen sie im Zusammenhang mit der Frage nach dem Verhältnis zwischen Juden und Heiden. Stets sind sie auf das Verhältnis zwischen dem Beter und seinem Gott bezogen. Vor seinem Angesicht begreifen die Frommen ihre Verlorenheit, in der sie vor dem Höchsten nicht bestehen können. Zugleich erkennen sie voller Dank, daß sie aus Gottes Barmherzigkeit angenommen werden, um aufgrund der ihnen widerfahrenen Erneuerung nun als „Gerechtfertigte" mit ungeteiltem Gehorsam sich der Thora zuzuwenden und nach ihren Weisungen untadelig zu leben.

Auf die Frage, was Bekehrung und Berufung des Paulus zum Apostel Christi Jesu bedeuten, wird geantwortet: als Jude habe er die Christen verfolgt, weil sie die Israel von den Völkern abhebende Erwählung aufgesprengt und Heiden in ihre Gemeinschaft aufgenommen haben. Doch als er Christ geworden war, lernte er gegen das zu protestieren „what he had defended so vigorously as a Pharisee". Und „this was the conviction that God's election of Israel meant Israel's maintaining its set-apartness from Gentiles; that Gentiles as Gentiles were sinners and unacceptable to God as such; that only by being or becoming a Jew, coming ‚under the Law', could Gentiles participate in the blessings which belonged to Israel through the covenant". Zum Beleg wird auf Gal 1,16 verwiesen, wo Paulus von seiner ihm zuteil gewordenen Beauftragung sagt, sie sei ihm widerfahren, „damit ich ihn (sc. den Sohn Gottes) verkündigen sollte unter den Heiden".

In dieser Interpretation kommen die Aussagen, die der Apostel über den Inhalt der Botschaft, deren Verständnis ihm erschlossen und deren Verkündigung ihm aufgetragen wurde, zu kurz. Sicherlich war es nicht die Meinung des Paulus, dem nach dem Gesetz lebenden Israel lediglich vorhalten zu müssen, es habe im Verhältnis zu den Heiden zu sehr auf jüdischer Exklusivität bestanden. Und von den Werken, die das Gesetz fordert, redet der Apostel mitnichten nur aus dem Grund, weil die Juden sich in unzulässiger Weise von den Völkern abgrenzten durch „the practice of the law which distinguished Jew from Gentile, which set apart the people of God, as consisting of Jews practising the law, from all other nations". Gewiß hat Paulus in seinen polemischen Auseinandersetzungen, wie er sie vor

[65] Vgl. DUNN, Rom. LXXI.

[66] Vgl. DUNN/SUGGATE (s. Anm. 45) 23. Die folgenden Zitate ebd. 22–27.

allem im Gal vornimmt, Praktiken wie Beschneidung und Speisegebote vor Augen. Doch er hat eine grundsätzliche Auseinandersetzung „Christus – oder Gesetz“ vorzunehmen und nicht nur in einigen Bereichen eine verengte Auffassung des Gesetzes zu korrigieren.

Die paulinische Position wird von Dunn so zusammengefaßt, daß „the covenant is no longer to be defined in nationalistic terms or in terms of observing works of the law ... For Paul the Gentiles are no longer a lesser breed without the law, either to be exterminated or to come in at last to learn from Israel and in fact to acknowledge Zion's primacy ... The incoming of the Gentiles is now envisaged as preceding the restoration of Israel“.[67] So richtig diese Feststellungen sind, so wenig erschöpft sich doch der genuin paulinische Charakter der Rechtfertigungslehre darin, daß erklärt wird: „Justification by faith is in Paul's fundamental objection to the idea that God has limited his saving goodness to a particular people“.[68]

Den verschiedenen Versuchen, wie sie zur Ausbildung einer „New Perspective on Paul“ unternommen wurden, ist respektvolle Beachtung, aber auch Kritik entgegenzusetzen. Dabei ist den kritischen Bedenken zuzustimmen, die mit Recht darauf hingewiesen haben, daß diese Interpretation „minimizes the content of the Pauline gospel, confuses the objective and subjective aspects of the experience of the Christ-event, and is no more intelligible to modern readers of Paul than justification“.[69]

4,1–25 Die Schriftbegründung für die Gerechtigkeit aus Glauben

4,1–8 Die Glaubensgerechtigkeit Abrahams

1) Was sollen wir nun sagen, daß Abraham, unser Vorvater nach dem Fleisch, gefunden habe? 2) Wenn Abraham aus Werken gerechtfertigt wurde, dann hat er Ruhm, aber nicht vor Gott. 3) Denn was sagt die Schrift? Es glaubte aber Abraham Gott, und das wurde ihm zur Gerechtigkeit angerechnet. 4) Dem, der Werke tut, wird der Lohn nicht nach Gnade angerechnet, sondern nach Schuldigkeit. 5) Dem aber, der nicht Werke tut, sondern an den glaubt, der den Gottlosen rechtfertigt, wird sein Glaube zur Gerechtigkeit angerechnet. 6) Wie auch David die Seligpreisung über den Menschen ausspricht, dem Gott Gerechtigkeit anrechnet ohne Werke: 7) Selig diejenigen, deren Frevel vergeben und deren Sünden bedeckt sind. 8) Selig der Mann, dem der Herr Sünde nicht anrechnet.

Aletti, J.-N.: L'acte de croire pour l'apôtre Paul, RSR 77 (1989) 233–250; Ders.: Romains 4. Le cas d'Abraham. Foi et oeuvres, ou foi et particularité juive?, in: Israël 71–100;

---

[67] Vgl. Dunn, Rom. 693, zu 11,26f.

[68] Vgl. Dunn/Suggate (s. Anm. 45) 28.

[69] Vgl. J.A. Fitzmyer, A Biblical Basis of Justification by Faith, in: J. Reumann, „Righteousness“ in the New Testament, Philadelphia/New York 1982, 193–227.217f. Im übrigen besteht weithin Übereinstimmung darüber, daß auch die reformatorische Auslegung der paulinischen Texte kritisch betrachtet werden muß; vgl. v.a. zu Röm 7, s.u. S. 213.

Berger, K.: Abraham in den paulinischen Hauptbriefen, MThZ 17 (1966) 47–89; Cranford, M.: Abraham in Romans 4, NTS 41 (1995) 71–88; Dietzfelbinger, Paulus; Goppelt, L.: Paulus und die Heilsgeschichte. Schlußfolgerungen aus Röm. 4 und 1. Kor. 10,1–13, NTS 13 (1966/67) 31–42 = Aufsätze 220–233; Grässer, E.: Der ruhmlose Abraham (Röm 4,2). Nachdenkliches über Gesetz und Sünde bei Paulus, in: Paulus, Apostel Jesu Christi, FS G. Klein, Tübingen 1998, 3–22; Guerra, A.J.: Romans 4 as Apologetic Theology, HThR 81 (1988) 251–270; Hahn, F.: Gen. 15,6 im Neuen Testament, in: Probleme biblischer Theologie, FS G. v. Rad, München 1971, 90–107; Heidland, Anrechnung; Jeremias, Gedankenführung; Ders.: Die Gedankenführung in Röm 4, in: Barth, Foi 51–58; Käsemann, E.: Der Glaube Abrahams in Römer 4, in: Perspektiven 140–177; Klein, Idee; Ders., Probleme; Lührmann, Glaube; Mayer, G.: Aspekte des Abrahambildes in der hellenistisch-jüdischen Literatur, EvTh 32 (1972) 118–127; Neubrand, M.: Abraham – Vater von Juden und Nichtjuden. Eine exegetische Studie zu Röm 4, FzB 85, Würzburg 1997; v. Rad, G.: Die Anrechnung des Glaubens zur Gerechtigkeit ThLZ 76 (1951) 129–132 = Gesammelte Studien zum Alten Testament, TB 8, München 1958, 130–135; Vielhauer, P.: Paulus und das Alte Testament, in: Studien zur Geschichte und Theologie der Reformation, FS E. Bizer, Neukirchen 1969, 33–62 = Aufsätze zum Neuen Testament II, TB 65, München 1979, 196–228; Wilckens, U.: Die Rechtfertigung Abrahams nach Römer 4, in: Studien zur Theologie der altestamentlichen Überlieferungen, FS G. v. Rad, Neukirchen 1961, 111–127 = Paulusstudien 33–49; Ders.: Zu Römer 3,21–4,25, EvTh 24 (1964) 586–610 = Paulusstudien 50–76.

Das biblische Zeugnis für die Gerechtigkeit aus Glauben entfaltet der Apostel in einem lebendig geführten Dialog. Einwände werden formuliert und zurückgewiesen – wie es der Vortragsweise der Diatribe entspricht. Gegenfragen werden gehört und neue Argumente vorgebracht.[1] Maßstab und Norm ist für Paulus wie für seine Gesprächspartner die Schrift, die als göttliches Wort zu begreifen ist. Sie wird entsprechend den Regeln ausgelegt, wie sie üblicherweise schriftgelehrte Debatten bestimmen. Zum Zitat aus der Thora (Gen 15,6) wird daher ein passendes Psalmwort aus Ps 32,1f. hinzugesetzt, um darzutun, wie die ganze Schrift in ihrem vollen Umfang belegt, daß die Rechtfertigung durch keinerlei Aufweis von Werken gewonnen, sondern allein im Glauben empfangen werden kann. Trotz aller Schärfe der Argumentation ist der Dialog von einem Ton werbender Anrede geleitet, um Hörer und Leser in den Gedankengang hineinzunehmen und sie zur Zustimmung einzuladen.

V. 1: Was sollen wir nun sagen? Mit dieser rhetorischen Frage, wie man sie in der Argumentation der Diatribe häufig verwendet (vgl. 3,5; 6,1; 7,7; 8,31; 9,14.30 u.ö.), setzt der Apostel ein. Doch wird diese Wendung mit einer zweiten Frage – τί εὕρηκεν Ἀβραάμ – zusammengebunden.[2] Der Satz wirkt daher ein wenig

[1] Der enge Zusammenhang mit dem vorangehenden Gedankengang zeigt sich an der Aufnahme und Fortführung bestimmender Begriffe wie: Καύχησις 3,27–4,2; ἔργα/ἐργάζεσθαι 3,27f.–4,2.5.6; νόμος 3,27f.30–4,13–16; δικαιοῦν/δικαιοσύνη 3,28.30–4,2f.5f.9.11.13.22; λογίζεσθαι 3,8–4,3–6.8–11.22–24; πίστις / πιστεύειν 3,27f.30f. – 4,3.5.9.11–14.16–18.20.24. Vgl. Moo, Rom. 244f.

[2] Vgl. Jeremias 52.

überfrachtet. Dadurch ist in die handschriftliche Überlieferung eine gewisse Unsicherheit hineingekommen, die später zu Versuchen sprachlicher Glättung geführt hat.[3] Doch ist sowohl an der selten gebrauchten Charakterisierung Abrahams als Vorvater[4] wie auch am Verbum εὑρηκέναι als ursprünglichen Lesarten festzuhalten. Die Frage spielt unverkennbar auf Gen 18,3 an, wo es heißt, Abraham habe Gnade vor Gott gefunden. Wird Abraham unser Vorvater nach dem Fleisch genannt[5], so trägt κατὰ σάρκα keinen negativen Ton, sondern bezeichnet wie Röm 9,3.5 die leibliche Abstammung, kraft derer Israel Abraham seinen Vater nennt (Jes 51,2). Redet der Apostel in erster Linie jüdische Gesprächspartner an, so schwingt darin nach, daß er durch Rückgriff auf die Geschichte Abrahams judaistische Angriffe gegen seine Verkündigung hatte abwehren müssen (Gal 3,1–18). Doch wird hier keine polemische Auseinandersetzung geführt, sondern das Zeugnis der Schrift als sachgemäße Begründung für die Botschaft von Gottes rechtfertigendem Handeln erläutert: Gnade hat Abraham vor Gott gefunden.

V. 2: Das Beispiel Abrahams spielte in den Überlegungen des zeitgenössischen Judentums eine herausragende Rolle. Er war – wie rühmend hervorgehoben wird – auch in der Stunde der schwersten Anfechtung, als ihm das Opfer seines Sohnes abgefordert wurde, gehorsam geblieben. Er wurde „in der Versuchung treu erfunden, und das wurde ihm als Gerechtigkeit zugerechnet" (1 Makk 2,52).[6] Seine Lebensführung galt als Erweis seiner Gesetzestreue, in der er lange Zeit vor Übergabe der Thora an Israel die Werke tat, die einem Menschen wohl anstehen, der auf Gottes Gebot achtet und danach lebt (Sir 44,19–23; Jub 23,10; syr Bar 57,2; Mischna Qid IV,14 u. ö.). Dabei deutet man auch seinen Glauben als Ausdruck für rechte Frömmigkeit. Wenn ihm sein Handeln als Gerechtigkeit zugerechnet wird, so ist damit gemeint, daß aus der Summe seiner Taten das Verhalten aufgebaut wird, das nach dem Gesetz gefordert und ermöglicht ist. Sein Glaube stellt dabei ein Verdienst neben anderen dar, die er vor Gott geltend machen kann. „So findest du" – wird im Midrasch ausgeführt –, „daß unser Vater Abraham diese und die zukünftige Welt nur durch das Verdienst des Glaubens in Besitz genommen hat, mit welchem er an den Herrn geglaubt hat, wie es heißt: Er glaubte an den Herrn, und er rechnete es ihm zur Gerechtigkeit an."[7]

---

[3] Deshalb muß der Text jedoch mitnichten für „heillos verdorben" gehalten werden. So R. Bultmann, ThWNT III, 649 Anm. 36.

[4] Sekundär in einigen Handschriften zum geläufigeren πατέρα abgewandelt. Προπάτωρ sonst nicht im NT, in LXX nur 3 Makk 2,21.

[5] Κατὰ σάρκα ist eindeutig zu τὸν προπάτωρα, nicht zum Verbum εὑρηκέναι zu ziehen. Ist doch nicht daran gedacht, zwischen einem Finden „nach dem Fleisch" und einem solchen „nach dem Geist" zu unterscheiden. Vgl. weiter R.B. Hays, Have We Found Abraham to be our Forefather according to the Flesh? A reconsideration of Rom 4:1, NT 27 (1985) 76–98.

[6] Zur Wendung vgl. jetzt auch 4QMTT C 31f.: „damit es dir zur Gerechtigkeit angerechnet wird, weil du getan hast das Gerade und Gute vor ihm".

[7] Mekh Ex 14,31 (40 b), vgl. Bill. III 200. Vgl. ebd. 186: „Abraham ist ausschließlich aufgrund seiner

Diesem Bild von Abrahams Verhalten und seiner Anerkennung durch Gott stellt Paulus seine These von der Gerechtigkeit Gottes entgegen.[8] Dabei schiebt der Apostel die in der Tradition entwickelte Auslegung der Abrahamsgeschichte beiseite und geht unmittelbar auf die Aussage der Schrift selbst zurück, um darzulegen, was der Glaube Abrahams bedeutet. Als vertrauende Zuversicht hat dieser mit Werken nichts zu tun. Paulus spricht hier allgemein von ἔϱγα, ohne das Gesetz zu erwähnen. Denn Gottes rechtfertigendes Handeln ist allen menschlichen Werken, welche immer es seien, vorgeordnet.[9] Leistung und Lohn sind daher rundweg ausgeschlossen.[10] Wenn Abraham aus Werken gerechtfertigt wurde, dann mag er Ruhm haben, aber nicht vor[11] Gott. Der Bedingungssatz läßt sich als Realis auffassen, doch liegt es näher, ihn als Irrealis zu begreifen. In jedem Fall aber ist deutlich, daß der Apostel jeden Grund des Rühmens ausschließt, der vor Gott geltend gemacht werden könnte. Mag man sich auch vor den Menschen auf diese oder jene Tat berufen, so ist das vor Gott ganz unmöglich.

V. 3: Hier spricht die Schrift ihr entschiedenes Wort, an dem nicht zu deuteln ist. Durch τί γὰϱ ἡ γϱαφὴ λέγει leitet Paulus das Zitat aus Gen 15,6 ein, das er hier und in der polemischen Auseinderandersetzung von Gal 3,6 nach der Fassung der LXX anführt.[12] Die Geschichte Abrahams zeigt, daß er sich in ungeteiltem Vertrauen auf Gottes verheißende Zusage verlassen hat und sich so in dem einzig rechten Verhältnis zu Gott befand. Die Anrechnung zur Gerechtigkeit ist daher als forensischer Begriff zu verstehen, der das Verhältnis der Menschen zu Gott bezeichnet.[13] Während λογίζεσθαι in der jüdischen Tradition im Sinne von „Buchen" aufgefaßt wurde (so schon 1 Makk 2,52)[14], betont Paulus die ausschließliche Gültigkeit des

Werke für gerecht anerkannt worden, und darum hat er großen Ruhm nicht nur bei Menschen, sondern auch bei Gott. Wenn aber die Schrift sagt, Abraham glaubte Gott, und das rechnete er ihm zur Gerechtigkeit an, so ist der Glaube genau so als ein verdienstliches Werk anzusehen, wie irgendeine andere Gebotserfüllung. Dieser Grundsatz, daß der Mensch durch seine Werke Gerechtigkeit vor Gott erlange, wird also durch die Schriftstelle Gen. 15,6 gar nicht berührt, geschweige denn aufgehoben." Zum Verhältnis von „Werk" und „Gnade" im rabbinischen Schrifttum vgl. auch H. Conzelmann, ThWNT IX, 378f.

[8] Man mag im Blick auf die paulinische Auslegung der Abrahamsgeschichte von einem Midrasch sprechen; doch ist sicher nicht daran zu denken, daß eine vorpaulinische Überlieferung vom Apostel aufgenommen und kommentiert wurde. Gegen van der Minde, der in V. 3.11.12.13.16.17a und 18c eine vorpaulinische Vorlage annehmen möchte (Schrift, 68–73).

[9] Vgl. Grässer 18.

[10] Ders., ebd.

[11] Πϱός wie atl. לִפְנֵי.

[12] Lediglich ein δέ ist hinter ἐπίστευσεν eingefügt.

[13] Vgl. v. Rad 134: „Hier … wird … gesagt, daß der Glaube in das rechte Verhältnis zu Jahwe setze … Abraham … hat sich ‚in Jahwe' festgemacht … Nur der Glaube, das Ernstnehmen der Verheißung Jahwes, bringt den Menschen ins rechte Verhältnis, ihn ‚rechnet' Jahwe ‚an'. Zu λογίζεσθαι εἰς δικαιοσύνην vgl. auch Ps 106,31 = LXX 105,31; zur Sache vgl. weiter L. Gaston, Abraham and the Righteousness of God (1980), in: Paul and the Torah, Vancouver 1987, 45–63; A. Behrens, Gen. 15,6 und das Verständnis des Paulus, ZAW 109 (1997) 327–341.

[14] Jak 2,23 stellt eine christliche Fassung jüdischer Tradition dar, die nicht direkt auf das paulinische Ver-

„sola fide", wie es am Beispiel Abrahams abzulesen ist. Bezieht er dabei das Zeugnis der Schrift direkt auf die gegenwärtige Situation der Christen (V. 24), so begreift er doch Abraham als eine bestimmte Gestalt vergangener Geschichte. Diese ist aber nicht durch eine Kette kontinuierlich verlaufener Geschichte mit der Gegenwart verbunden[15], „sondern die Identität Gottes ist es, was die Einheit der Schrift mit der Heilsoffenbarung in Christus konstituiert".[16] Abrahams Glaube erscheint als Urbild des Glaubens überhaupt, wie er hier und jetzt in der christlichen Gemeinde lebendig ist, die auf die Botschaft vom gekreuzigten und auferstandenen Christus ihr Vertrauen setzt.[17]

V. 4: Mit Hilfe eines Vergleichs macht der Apostel klar, was das λογίζεσθαι bedeutet. Ein Arbeiter erhält verdienten Lohn nicht als Geschenk, sondern als ihm geschuldete Auszahlung. Doch der angesetzte Vergleich wird nicht zu Ende geführt, sondern Paulus geht nun zur Anwendung über. **V. 5:** Die Entsprechung hätte etwa so lauten müssen: „Wer nicht arbeitet, bekommt auch keinen Lohn – höchstens gnadenweise." Doch ἐργάζεσθαι wird nun auf die Geschichte Abrahams bezogen und erhält daher die Bedeutung „mit Werken zu tun haben" – im Unterschied zur πίστις, die sich allein auf Gottes gnädigen Freispruch verläßt. Daher gilt: Wer nicht mit Werken umgeht, sondern – wie Abraham – glaubt, dem wird sein Glaube zur Gerechtigkeit angerechnet.[18] Als Inhalt des Glaubens[19] wird das Vertrauen auf den genannt, der den Gottlosen gerecht spricht. Von ἀσεβής / ἀσέβεια ist in den Abrahamserzählungen nicht die Rede; eher ließe sich ein so schroffer Ausdruck aus dem folgenden Zitat Ps 32,1f. herleiten, obwohl er auch dort sich nicht wörtlich findet. Paulus wählt diese Formulierung, um den Gegensatz des christlichen Glaubens gegenüber jeder Vermengung von Glauben und Werk unmißverständlich herauszustellen. Die Glaubenden bekennen, daß Christus für uns, die wir ἀσεβεῖς waren (Röm 5,6) – ἔτι ὄντων ἡμῶν ἀσθενῶν = ἔτι ἁμαρτωλῶν ὄντων ἡμῶν (5,8) – gestorben ist. Der Gottlose hat nicht das Geringste aufzuweisen, das er vor Gott geltend machen könnte[20]; ihm bleibt allein, auf die gnädige Zusage Gottes zu vertrauen, der ihn durch seine Barmherzigkeit in das rechte Verhältnis zu sich versetzt.[21] Wenn daher das Beispiel Abrahams, der als exemplarischer Gerechter angesehen wurde, zeigt, daß es Rechtfertigung nur „sola

---

ständnis der Glaubensgerechtigkeit, sondern auf gewisse Schlagworte eines vulgären Paulinismus Bezug nimmt.

[15] Vgl. hierzu Käsemann 153f.: „Paulus deckt gerade nicht eine wahrnehmbare und irdisch ungebrochene Kontinuität zwischen Abraham und Christus, welche unter die theologische Formel von Verheißung und Erfüllung zu bringen wäre."

[16] Vielhauer 54

[17] Vgl. auch Käsemann 166.

[18] Z.St. vgl. A. Kolenkow, The Ascription of Romans 4:5, HThR 60 (1967) 228–230.

[19] Πιστεύειν ἐπί – gleichbedeutend mit πιστεύειν εἰς– selten im biblischen Sprachgebrauch, vgl. Sap Sal 12,2; Röm 4,24; Act 22,19.

[20] Zur Wendung δικαιοῦν τὸν ἀσεβῆ vgl. LXX Ex 23,7; Jes 5,23; Prov 17,15; 24,24.

[21] Vgl. Schlatter, Röm. 161: Der εὐσεβής hingegen ist „der Wirkende", der „ein Anrecht an die Gegenleistung" hat, die „seinen Werken entspricht".

gratia" und „sola fide" gibt, dann muß auch für alle anderen Menschen gelten, daß allein der Glaube zur Gerechtigkeit angerechnet wird.

V. 6: Die Berufung auf Gen 15,6 wird durch ein zweites Schriftwort unterstützt. Der Apostel bezieht sich auf Ps 32,1f., wo gleichfalls das Verbum λογίζεσθαι vorkommt. Paulus bedient sich dabei einer hermeneutischen Regel, wie sie in schriftgelehrter Exegese in Gestalt eines sog. Analogieschlusses ausgebildet worden war. Danach legen sich zwei Schriftworte gegenseitig aus, wenn in ihnen identische oder gleichbedeutende Begriffe vorkommen.[22] David, der als Verfasser des Psalms genannt wird, hat den Menschen selig gesprochen, dem Gott Gerechtigkeit anrechnet ohne Werke.

V. 7–8: Diese Charakterisierung, die der Apostel dem wörtlichen Zitat aus LXX voranstellt, ist aus der Verknüpfung mit der Rechtfertigung Abrahams hergeleitet, wie sie durch das hier wie dort begegnende Stichwort λογίζεσθαι begründet ist. Heil wird denen zugerufen, die Verzeihung für ihre Verstöße gegen Gottes Gebote empfangen haben und denen ihre Sünden bedeckt, d.h. vergeben sind. Heil ruft der Psalm dem Mann zu, dem der Herr Sünde nicht anrechnet. Rechtfertigung wird mit Vergebung der Sünden in dem Sinn gleichgesetzt, in dem von ihr in urchristlicher Verkündigung die Rede war (1 Kor 15,3; Röm 4,25). Obwohl Paulus in seiner Theologie vornehmlich von der ἁμαρτία als zwingender Macht spricht, deren Herrschaft durch Christus gebrochen wurde, setzt er hier traditionelle Redeweise voraus. Dem Ausdruck von der Anrechnung zur Gerechtigkeit korrespondiert daher die Feststellung von der Vergebung der Sünden, die der Glaube in vertrauender Zuversicht empfängt.

4,9–12 Abrahams Glaubensgerechtigkeit ohne die Beschneidung

9) **Bezieht sich diese Seligpreisung nun auf die Beschneidung oder auch auf die Unbeschnittenheit? Denn wir sagen ja: Angerechnet wurde Abraham der Glaube zur Gerechtigkeit.** 10) **Wie wurde nun angerechnet? Als er sich im Stand der Beschneidung oder der Unbeschnittenheit befand? Nicht in der Beschneidung, sondern in Unbeschnittenheit.** 11) **Und das Zeichen der Beschneidung empfing er als Siegel der Gerechtigkeit des Glaubens im Stand der Unbeschnittenheit, damit er Vater aller sei, die im Stand der Unbeschnittenheit glauben, so daß ihnen Gerechtigkeit angerechnet wird.** 12) **Er sollte auch Vater der Beschneidung sein für diejenigen, die nicht nur zur Beschneidung gehören, sondern auch den Spuren des im Stand der Unbeschnittenheit bewährten Glaubens unseres Vaters Abraham folgen.**

---

[22] Die sog. גְּזֵירָה שָׁוָה – der Analogieschluß – war die zweite der sieben Auslegungsnormen des berühmten Lehrers R. Hillel. Vgl. hierzu Jeremias, Gedankenführung 271f.; ferner Koch, Schrift 221f.

Cranford, M.: Abraham in Romans 4: The Father of All who Believe, NTS 41 (1995) 71–88; Dinkler, E.: Jesu Wort vom Kreuztragen, in: Neutestamentliche Studien für Rudolf Bultmann, BZNW 21, Berlin 1954 = ²1957, 110–129 = Signum Crucis, Tübingen 1967, 77–98; Dölger, F. J.: Sphragis, Studien zur Geschichte und Kultur des Altertums V, 3–4, Paderborn 1911; Swetnam, J.: The Curious Crux at Romans 4,12, Bib. 61 (1980) 100–115.

Jetzt stellt sich die Frage, ob die Glaubensgerechtigkeit Abrahams nur für die Juden gilt, deren Vorvater nach dem Fleisch er war, oder ob auch die Heiden einbezogen sind. Paulus beantwortet diese Frage, indem er Ps 32,1f. von Gen 15,6 her auslegt und geltend macht, daß der Bericht über Abrahams Beschneidung erst im 17. Kap. der Genesis folgt. Somit ist die Glaubensgerechtigkeit der Beschneidung vorangegangen. Daher gilt, daß Abraham, dem im Stand der Unbeschnittenheit der Glaube zur Gerechtigkeit angerechnet wurde, sowohl Vater derer ist, die als Unbeschnittene glauben, wie auch derer, die aus der Beschneidung kommen und den Spuren des Glaubens folgen, wie Abraham ihn als Unbeschnittener bewährt hat.

V. 9: In V. 1–8 hatte der Apostel dem Zitat aus Gen 15,6 die Sätze aus Ps 32,1f. an die Seite gestellt, um zu verdeutlichen, was das Anrechnen des Glaubens zur Gerechtigkeit beinhaltet. Nun geht er umgekehrt vom Psalmwort aus und bezieht dieses auf die Geschichte Abrahams. Auf diese Weise kann er zeigen, daß die Glaubensgerechtigkeit Abrahams nicht nur Exempel für glaubende Juden(christen) ist, sondern sogar in erster Linie die Heiden(christen) betrifft. War doch Abraham noch gar nicht beschnitten, als er glaubend sich auf die Verheißung seines Gottes verließ. Die einleitende Frage, ob sich die eben genannte Seligpreisung auf Beschneidung oder Unbeschnittenheit bezieht, wird daher mit einer dem Sinn nach wiederholten Zitierung von Gen 15,6[1] verbunden und kann dann eindeutig beantwortet werden. Damit setzt Paulus sich entschieden von jüdischer Auffassung ab, die von der Seligpreisung aus Ps 32 sagte, sie beziehe sich nur auf Israel.[2] Von Abraham aber hieß es: „Er beobachtete die Gebote des Höchsten und trat in den Bund mit ihm ein. An seinem Fleische machte er mit ihm eine Abmachung, und in der Versuchung wurde er treu erfunden." (Sir 44,20) Paulus dagegen argumentiert mit Berufung auf die Abfolge der Kapitel im Buch Genesis und begründet sein Urteil unmittelbar aus der Schrift.

V. 10: Die exegetische Frage lautet: In welchem Zustand befand sich Abraham, als ihm der Glaube zur Gerechtigkeit angerechnet wurde? War er beschnitten oder unbeschnitten? Da der Bericht von Gen 17 erst nach Gen 15 gegeben wird[3], ist die Antwort klar: Als Unbeschnittener empfing Abraham die Glaubensgerechtigkeit.

[1] Λέγειν wie אמר in schriftgelehrten Diskussionen in der Bedeutung „zitieren".
[2] Belege bei Bill. III 203.
[3] Nach rabbinischer Auffassung erfolgte die Beschneidung Abrahams „volle 29 Jahre später als die Bundschließung, von der Gn 15 handelt" (Bill. III 203).

V. 11: Abraham erhielt die Beschneidung als „Zeichen des Bundes" (Gen 17,11) zum Siegel der im Stand der Unbeschnittenheit empfangenen Glaubensgerechtigkeit.[4] In der rabbinischen Tradition kann die Beschneidung gelegentlich als göttliches Siegel bezeichnet werden[5]; ungewiß bleibt aber, ob diese Bezeichnung dem Apostel bereits vorgegeben gewesen sein könnte. In der frühchristlichen Überlieferung wurde der Begriff σφραγίς verschiedentlich auf die Taufe angewendet[6]; daß Paulus hier jedoch eine Bezugnahme auf die Taufe hätte andeuten wollen, ist unwahrscheinlich. Er will geltend machen, daß die Beschneidung tatsächlich nicht mehr darstellt als eine nachträgliche Bestätigung für die Rechtsgültigkeit der Glaubensgerechtigkeit. Da aber Abraham als Unbeschnittenem der Glaube zur Gerechtigkeit angerechnet wurde, kann über die göttliche Absicht kein Zweifel bestehen. Die Wendung εἰς τὸ εἶναι αὐτὸν κτλ ist final, die anschließende εἰς τὸ λογισθῆναι als konsekutiv zu verstehen.[7] Abraham sollte Vater aller werden, die im Stand der Unbeschnittenheit[8] glauben. Daraus ergibt sich, daß auch[9] ihnen der Glaube zur Gerechtigkeit angerechnet wird. Abraham ist somit sogar in erster Linie Vater der Unbeschnittenen, obwohl er eben noch „unser Vorvater nach dem Fleisch" (V. 1) genannt worden war. Das bedeutet, daß das Vorrecht der Abrahamskindschaft nicht an die leibliche Abstammung gebunden ist, sondern allein an den Glauben.

V. 12: Daher ist Abraham Vater aller Glaubenden – aus den Völkern wie auch aus Israel.[10] Darum wird betont hinzugesetzt, daß es nicht allein auf die Herkunft aus der Beschneidung ankommt, sondern vor allem darauf, den Fußstapfen des Glaubens zu folgen[11], den Abraham im Stand der Unbeschnittenheit bewährt hat. Die Partizipialwendung[12] darf nicht dahin mißverstanden werden, als hätte der Apostel in V. 12 von zwei verschiedenen Gruppen sprechen wollen.[13] Durch καὶ τοῖς στοιχοῦσιν ist das voranstehende τοῖς οὐκ ἐκ περιτομῆς μόνον wiederholend aufgenommen. Abrahams Spuren geben für Juden wie auch für Heiden die Richtung an, der zu folgen ist: Allein im Glauben kann man Gottes Gerechtigkeit empfan-

---

4 Der Akkusativ περιτομήν, wie er sich in einigen Handschriften findet, stellt eine sekundäre Glättung dar.

5 Vgl. t Ber VII, 13: Bei der Beschneidung wird der Bechneidung Isaaks gedacht und der Gott Israels gepriesen, der „seine (Isaaks) Nachkommen mit dem Zeichen des heiligen Bundes versiegelt hat". Vgl. Bill. III 495; weitere Belege bei Bill. IV 32f.

6 Vgl. Dinkler 117–123 = 85–91.

7 Das Stichwort λογισθῆναι knüpft an V. 10 an, ohne daß deshalb V. 11a als Parenthese aufgefaßt werden müßte (so Barrett, Rom. 90).

8 Δι' ἀκροβυστίας in modalem Sinn = „im Stand der Unbeschnittenheit".

9 Καί ist jedoch wohl eher als – zwar sinngemäße, aber doch – sekundäre Einfügung zu beurteilen; ebenso der Artikel τὴν vor δικαιοσύνην.

10 'Εκ zur Bezeichnung der Herkunft und der ihr entsprechenden Zugehörigkeit.

11 Zu στοιχεῖν τοῖς ἴχνεσιν vgl. 1 Petr 2,21: ἐπακολουθεῖν τοῖς ἴχνεσιν; ferner 2 Kor 12,18: περιπατεῖν τοῖς ἴχνεσιν.

12 Durch Konjekturen (Michel, Röm. 167 Anm.6: καὶ αὐτοῖς) hat man den Satz klarer fassen wollen. Doch bedarf es keiner Eingriffe in den Text, sondern ist an der „lectio difficilior" festzuhalten. καὶ τοῖς weist auf οἱ ἐκ περιτομῆς hin. Vgl. Bl-Debr § 276,2.

13 So Swetnam 110–115: Paulus denke an die beiden Gruppen von Juden- und Heidenchristen.

gen, die allen denen als Freispruch zuteil wird, die wie Abraham ihr Vertrauen auf Gottes gnädige Zusage setzen.

4,13–17 Abrahams Glaubensgerechtigkeit ohne das Gesetz

13) Denn nicht durch das Gesetz erging die Verheißung an Abraham oder seinen Samen, daß er Erbe der Welt sein solle, sondern durch Glaubensgerechtigkeit. 14) Denn wenn die Leute, die aus dem Gesetz leben, Erben wären, dann wäre der Glaube entleert und die Verheißung zunichte gemacht. 15) Denn das Gesetz wirkt Zorn; wo aber kein Gesetz ist, da gibt es auch keine Übertretung. 16) Deswegen aus Glauben, damit es nach Gnade zugehe, so daß die Verheißung feststehe für den gesamten Samen, nicht nur für den aus dem Gesetz, sondern auch für den aus Glauben Abrahams, der unser aller Vater ist, 17) wie geschrieben steht: Zum Vater vieler Völker habe ich dich gesetzt – angesichts Gottes, an den er glaubte, als den, der die Toten lebendig macht und dem Nichtseienden ruft, daß es sei.

HAMMER, P.L.: A comparison of kleronomia in Paul and Ephesians, JBL 79 (1960) 267–272; HOFIUS, Gottesprädikationen; KRAUS, Volk 269–333; MUSSNER, F.: Wer ist ‚Der ganze Samen' in Röm. 4,16?, in: Begegnung mit dem Wort, FS H. Zimmermann, BBB 53, Bonn 1980, 213–217; DU TOIT, A.B.: Gesetzesgerechtigkeit und Glaubensgerechtigkeit in Röm 4,13–25, HTS 44 (1988) 71–80.

In Fortführung des vorangehenden Gedankengangs legt der Apostel in erläuternden Sätzen dar, daß die Glaubensgerechtigkeit Abrahams nicht nur mit der Beschneidung nichts zu tun hatte, sondern auch nicht mit dem Gesetz. Während der νόμος mit παράβασις und ὀργή in Verbindung steht, gehören ἐπαγγελία, πίστις und δικαιοσύνη zusammen. Der Glaube aber vertraut auf den Gott, der die Toten lebendig macht und dem Nichtseienden ruft, daß es sei.

V. 13: Das Wort ἐπαγγελία, das ursprünglich „Ankündigung", „Ansage" bedeutet, nahm im hellenistischen und vor allem im biblischen Sprachgebrauch den Sinn von „Verheißung" an. Die Feststellung[1], daß Abraham und mit ihm seiner gesamten Nachkommenschaft[2] verheißen wurde, Erbe der Welt zu sein, faßt die verschiedenen im AT aufgeführten Verheißungen zusammen: die des Erben des Landes wie auch der großen Nachkommenschaft sowie die des Segens mit der Zusage: „Und durch deinen Samen sollen alle Völker auf Erden gesegnet werden." (Gen 22,18) Zugleich erfährt der Inhalt des göttlichen Versprechens eine Steigerung: er solle Erbe der ganzen Welt sein. Dieser Charakterisierung kommen zeitgenössische jüdische Sätze nahe – wie im Sirachbuch: als Vater einer Menge von

[1] Γάρ in erläuterndem Sinn.
[2] Die Konjunktion ἤ hier in der Bedeutung „beziehungsweise".

Völkern solle Abraham das Land zum Eigentum gegeben werden „vom Meere bis zum Meere und vom Euphratfluß bis zu den Enden der Erde" (Sir 44,19.21).[3] Doch wird diese Abraham zugesagte Gabe gerade darauf zurückgeführt, daß er „die Gebote des Höchsten beobachtete und in den Bund mit ihm eintrat" (Sir 44,20).[4] Die Synagoge war der Meinung, die umfassende Verheißung sei Abraham auf Grund seines Gesetzesgehorsams zuteil geworden, den er erwiesen habe, längst ehe die Thora am Sinai Israel übergeben wurde. Paulus dagegen hält sich an den atl. Text und folgt streng seinen Worten: Das Gesetz war an der Abraham zugesprochenen ἐπαγγελία schlechterdings unbeteiligt; sondern sie wurde ihm ausschließlich durch δικαιοσύνη πίστεως zuteil. Zugleich aber sind seine Nachkommen in diese Verheißung einbezogen, wobei σπέρμα im Unterschied zu der zu vergleichenden Argumentation von Gal 3 keine christologische Bedeutung beigelegt wird (Gal 3,16). Auch für alle späteren Generationen, die Abraham ihren Vater nennen, muß daher gelten, daß die Verheißung ohne Zutun des Gesetzes zugesagt wird und allein kraft der im Glauben empfangenen Gerechtigkeit[5] angenommen werden kann. Darum erhält der Begriff der ἐπαγγελία so starke Betonung und bestimmt die Satzfolge (V. 13.14.16 sowie 20.21), um deutlich zu machen, daß die Abrahamskindschaft nicht in Beschneidung und Gesetz, sondern in der Abraham gegebenen Verheißung und der Glaubensgerechtigkeit gründet.[6]

V. 14: Warum Gesetz und Verheißung nichts miteinander zu tun haben, wird mit der folgenden Begründung erläutert. Würden Leute, die vom Gesetz bestimmt sind (vgl. 3,26: τὸν ἐκ πίστεως Ἰησοῦ), Erben sein, dann wäre der Glaube entleert und die Verheißung zunichte gemacht.[7] Die ins Perfekt Passiv gesetzten Verben κεκένωται und κατήργηται drücken dabei die vollkommene Vernichtung aus. **V. 15:** Weshalb das so ist, wird durch eine kurze Zwischenbemerkung erklärt: das Gesetz bewirke Zorn. Der Apostel drückt sich dabei sehr knapp aus; gemeint ist: das Gesetz fordere Übertretungen heraus; wo aber Übertretungen begangen werden, da setzt mit vollem Recht Gottes Gericht ein. Der polemisch gefaßte Vordersatz, der gegen jede Form von Gesetzesgerechtigkeit gerichtet ist, wird durch die anschließende Feststellung begründet: Wo kein Gesetz ist, da ist auch keine Übertretung. Damit wird von der Thora gesagt, daß erst ihre Ge- und Verbote die ἐπιθυμία wecken, die sich über die gegebenen Weisungen kühn hinwegsetzt (vgl.

---

[3] Spätere rabbinische Belege bei BILL. III 209.

[4] Vgl. BILL. III 204; Belege ebd. 204–206.

[5] Πίστεως ist eng mit δικαιοσύνη verbunden und weist auf die allein mögliche Weise hin, durch die die Gerechtigkeit empfangen werden kann.

[6] Vgl. KRAUS, Volk 282.299: „Israel ist nicht eine durch Abstammung und natürliche Generationsfolge definierte Größe …; es verdankt sich vielmehr einem ständigen Berufungshandeln Gottes." Vgl. weiter zu 9,6–13.

[7] Vgl. LUTHER, Röm. zu 4,14: *Fides et promissio sunt relativa*: Glaube und Verheißung gehören zuhauf. (Ellwein)

5,13; 7,7–25). Dabei ist – im Unterschied zur ἁμαρτία – mit παράβασις die jeweilige Überschreitung einer konkreten Vorschrift gemeint.[8]

V. 16: Nach der Zwischenbemerkung von V. 15 wird mit διὰ τοῦτο an den Zusammenhang von πίστις und Glaubensgerechtigkeit angeknüpft, wie er in V. 13 aufgezeigt worden war. Weil Gesetz und Verheißung nichts miteinander zu schaffen haben, darum ist Gottes Absicht zweifelsfrei deutlich. Die Abraham gegebene Verheißung sollte im Glauben und auf keine andere Weise angenommen werden: damit es nach Gnade – sola gratia – zugehe. Nur so konnte die ἐπαγγελία wirklich βεβαία sein, unbedingt gültig und so fest, daß auf sie absolut Verlaß ist – für Abraham wie für seine gesamte Nachkommenschaft[9], deren Vater er ist. War er noch zu Beginn des Kapitels als προπάτωρ ἡμῶν κατὰ σάρκα bezeichnet worden, so wird er nun πατὴρ πάντων ἡμῶν genannt, d.h. der Juden- wie auch der Heidenchristen. Wird auf die einen durch τῷ ἐκ τοῦ νόμου (σπέρματι) hingewiesen, so auf die anderen durch τῷ ἐκ πίστεως Ἀβραάμ (σπέρματι). Die Bestimmtheit der Juden durch das Gesetz ist durch ihre leibliche Abstammung vom Erzvater begründet; doch die Zugehörigkeit zu Abraham ist nun auf alle Völker ausgeweitet, da für alle Menschen der Glaube als die einzige Weise eröffnet ist, durch die Gottes Verheißung in zuversichtlichem Vertrauen empfangen werden kann.

V. 17: Hierzu wird mit dem Zitat von Gen 17,5 LXX eine Begründung aus der Schrift gegeben. Inwiefern aber ist auf diese Verheißung Verlaß, wo doch damals, als sie ausgesprochen wurde, von ihrer Verwirklichung noch nichts zu sehen war? Die Antwort lautet: In dem Augenblick, in dem Abraham glaubend vor Gott stand[10], war er schon der Vater vieler[11] Völker. Hat Gott doch seine Zusage gegeben als der Gott, „der Tote lebendig macht und dem Nichtseienden ruft, daß es sei". Der Apostel nimmt hier offensichtlich eine geprägte bekenntnisartige Wendung auf, die deutliche Anklänge an jüdische Aussagen aufweist.[12] So heißt es in der zweiten Benediktion des sog. Achtzehngebets, das jeder Jude täglich spricht, der Herr sei gepriesen, „der lebendig macht die Toten". Wenn Paulus hier nicht von „Auferwecken", sondern von ζῳοποιεῖν spricht, so könnte die Wahl dieses Wortes durch die Anlehnung an vorgegebene Redeweise bedingt sein.[13] Mit dem Bekenntnis zu Gott, der die Toten ins Leben ruft, ist die Aussage von seiner creatio ex

[8] Zu παράβασις vgl. Röm 2,23; 5,14; Gal 3,19 bzw. παραβάτης Röm 2,25; Gal 2,16.

[9] Durch παντὶ τῷ σπέρματι ist die universale Gültigkeit unterstrichen.

[10] Κατέναντι οὗ ἐπίστευσεν θεοῦ ist aufzulösen in κατέναντι τοῦ θεοῦ ᾧ ἐπίστευσεν. Vgl. BL-DEBR § 294,5.

[11] Πολλῶν im inkludierenden Sinn = „unzähliger", vgl. JEREMIAS, Gedankenführung 55.

[12] Der Partizipialstil weist auf Sprache des Bekenntnisses hin. Vgl. weiter G. DELLING, Partizipiale Gottesprädikationen in den Briefen des Neuen Testaments, St Th 17 (1963) 1–59, bes. 31–32 = Kurzfassung: Geprägte partizipiale Gottesaussagen in der urchristlichen Verkündigung, in: Studien zum Neuen Testament und zum hellenistischem Judentum, Berlin 1970, 401–416, bes. 405.415f.

[13] So mit vielen Exegeten: PETERSON, Röm. 107; KÄSEMANN, Röm. 115; WILCKENS, Röm. I 274 u.a.

nihilo verbunden, zu der sich manche vergleichbaren Sätze jüdischer Rede von Gott finden: „Der du von Anbeginn der Welt hervorgerufen hast, was bis dahin noch nicht war“ (syr Bar 21,4) – „durch ein Wort rufst du ins Leben, was nicht da ist“ (syr Bar 48,8) – „Du höchster, starker Gott, der du das All belebst (ζῳοποιήσας) und aus dem Dunkel es ins Licht rufst und aus dem Irrtum zu der Wahrheit und aus dem Tod zum Leben.“[14] (Jos As 8,9) Daß Gott τὰ μὴ ὄντα ins Dasein ruft ὡς ὄντα, meint nicht, daß das Nichtseiende gelten würde, als ob es seiend wäre; sondern ὡς hat konsekutive Bedeutung: Mit Gottes Wort geht durch sein schöpferisches Walten aus dem Nichts Seiendes hervor – bei der Schöpfung wie gleicherweise bei der Totenerweckung. Glaube, der sich auf Gottes Zusage verläßt, vertraut darauf, daß er jederzeit[15] aus dem Tod Leben zu wecken und wie einst am Anfang so auch hier und jetzt ohne jede Vorgabe Neues zu schaffen vermag. Diese Aussage über das Gott-Sein Gottes aber ist für den Apostel gebunden an das Bekenntnis, daß der Gott Israels durch die Auferweckung Jesu Christi von den Toten offenbar gemacht hat, wer er ist – derselbe, der am Anfang zu dem Nichtseienden sprach, daß es sei. Aus dieser Zuversicht gewinnt der Glaube die Kraft, gegen allen Augenschein auch da zu hoffen, wo anscheinend nichts zu hoffen ist.

Πίστις / πιστεύειν[16]

1. Mit der Betonung des Glaubens, der von Gesetz und Propheten bezeugt wird, nimmt der Apostel einen Begriff auf, der im damaligen Judentum vielfach bedacht wurde. Inmitten einer andersgläubigen Umwelt mußten sich die Juden Gewißheit darüber verschaffen, was den tragenden Grund ihres Lebens und Handelns ausmacht. So ist in den Büchern des jüdischen Geschichtsschreibers Josephus, der im 1. Jahrh.n. Chr. lebte, wiederholt vom Glauben in herausgehobener Bedeutung die Rede. Dabei wird auf Mose als denjenigen verwiesen, der nicht nur seinen Zeitgenossen, sondern auch allen nachfolgenden Generationen den Glauben an Gott eingepflanzt habe (Ap II,169). Gemeint ist dabei die lehrhafte Fassung des jüdischen Gottesglaubens, von dem ein frommes und gerechtes Leben geleitet wird. Im Werk des jüdischen Philosophen Philo von Alexandria, der gleichfalls im 1. Jahrh.n. Chr. wirkte und eine Synthese zwischen atl. Überlieferung und griechischem Denken zu finden

[14] Vgl. weiter 2 Makk 7,28f.; Tob 13,1f.; Sap Sal 11,25; 16,13; hellenistische Belege in: Neuer Wettstein 111f.; ferner: Philo Op 81; Vit Mos II,100; Her 36; Migr 183 u.ö. sowie in der frühchristlichen Überlieferung: Herm vis I 1,6; Mand I 1; 2 Clem 1,8; Const Apost VIII 12,7 u.ö.

[15] Präsens der beiden Partizipien: ζῳοποιοῦντος und καλοῦντος.

[16] Barth, G.: Pistis in hellenistischer Religiosität, ZNW 73 (1982) 110–126; Bartsch, H.-W.: The Concept of Faith in Paul's Letter to the Romans, BR 13 (1968) 41–53; Binder, Glaube; Brandenburger, Pistis; Bultmann, Theologie § 35–37; v. Dobbeler, A.: Glaube als Teilhabe, WUNT II, 22, Tübingen 1987; Friedrich, G.: Glaube und Verkündigung bei Paulus, in: Glaube im Neuen Testament, FS H. Binder, Neukirchen 1982, 93–113; Hofius, Wort; Lohse, Emuna; Lührmann, D.: Pistis im Judentum, ZNW 64 (1973) 19–38; Ders.: Glaube im frühen Christentum, Gütersloh 1976; Schlatter, Glaube; Young, M.: Faith in Jesus and Paul, WUNT II, 147, Tübingen 2002 sowie die einschlägigen Abschnitte der Lehrbücher über Theologie des NT, zuletzt Strecker, Theologie 185–190.

suchte, kommt die Rede häufig auf den Glauben.[17] Philo stellt den Glauben einem Vertrauen gegenüber, das sich auf irdische Dinge bezieht. Weil er sich allein auf Gott richtet, darum ist der Glaube der Weisheit selbst gleichzuachten. Wie die Weisheit sich von allem Irdischen abwendet und der himmlischen Welt zukehrt, so gibt der Glaube allen falschen Meinungen den Abschied und verläßt sich auf Gott als den einzigen, der fest und unwandelbar bleibt, der er ist (All II,89). Diese Erklärung, die den biblischen Begriff für griechisches Denken verständlich zu machen sucht, sollte den jüdischen Gemeinden helfen, durch die Besinnung auf ihren Glauben festen Stand zu gewinnen.

Auch in anderen jüdischen Dokumenten der nt.lichen Zeit soll der Hinweis auf den Glauben Auskunft über die Bestimmtheit eines frommen Lebens geben. So wird in der griechischen Fassung des Buches Jesus Sirach von einem vertrauenden Glauben an den Herrn bzw. das Gesetz gesprochen (Sir 35 [32],24; 36 [33],3). An diesen Begriffsverbindungen ist abzulesen, daß nach jüdischem Verständnis das Verhältnis des Menschen zu Gott durch das Gesetz geordnet wird. Glauben an Gott kann es nur im Gehorsam gegen die Thora geben. Das 4. Makkabäerbuch, das etwa um die Zeit von Christi Geburt in der jüdischen Diaspora entstanden ist, spricht gleichfalls vom Glauben als der Haltung derer, die sich an das Gesetz gebunden wissen (4 Makk 4,7; 7,19.21; 8,7; 15,24; 16,22; 17,2 u.ö).[18] Und in der syr. Baruchapokalypse werden diejenigen erwähnt, „die ohne Makel sind, die sich im Glauben dir und deinem Gesetz unterworfen haben“ (syr Bar 54,5). „Werke haben und Glauben an den Allerhöchsten und Allmächtigen“ (4 Esra 13,23) ist die Bedingung für die Rettung aus den endzeitlichen Drangsalen. Sich auf Gott verlassen, kann – so prägt die Gemeinde von Qumran in ihrem Kommentar zum Buch des Propheten Habakuk ein – nur so bewährt werden, daß die Umkehr zum Gesetz des Mose vollzogen und seiner Auslegung, wie sie der Lehrer der Gerechtigkeit vorgenommen hat, gehorsam Folge geleistet wird (1 Qp Hab VIII, 1–3). Israel bezeugt daher seinen Glauben, indem es nach dem Gesetz lebt und seine Gebote erfüllt.

2. Die erste Christenheit bediente sich zur Entfaltung ihrer Verkündigung der im AT und in der jüdischen Überlieferung vorgegebenen Redeweise. Wie die jüdischen Gemeinden inmitten einer fremden Umgebung Klarheit gewinnen mußten, woran sie sich zu halten haben, hatten auch die Christen die Frage zu beantworten, worauf sich ihre Zuversicht gründet. Dabei wurde der Inhalt ihres Glaubens in knappe Formulierungen gefaßt, die durch die Präposition εἰς oder die Konjunktion ὅτι an πίστις / πιστεύειν angeschlossen wurden. Glauben beinhaltet die Überzeugung ὅτι Ἰησοῦς ἀπέθανεν καὶ ἀνέστη (1 Thess 4,14) bzw. „daß Christus gestorben ist für unsere Sünden nach den Schriften und daß er begraben wurde, und daß er auferweckt wurde am dritten Tag nach den Schriften und daß er Kephas erschien, dann den Zwölf“ (1 Kor 15,3–5).

Als πίστις εἰς Χριστόν ist der Glaube weder als Tugend noch als Gesetzesgehorsam begriffen. Vielmehr wird zum Ausdruck gebracht, daß er sich auf den gekreuzigten und auferstandenen Christus bezieht, zu dem sich die Gemeinde als dem erhöhten Herrn bekennt. Dieser Glaube wird in der ὁμολογία in verbindlicher Rede öffentlich ausgesagt. Werden Röm 10,9 ὁμολογεῖν und πιστεύειν in gegenseitige Beziehung zueinander gesetzt, so sind in dem streng parallel gebauten Satz die inhaltlichen Aussagen zusammenzunehmen: Herr ist Jesus – Gott hat ihn von den Toten auferweckt. Das heißt: Wer an den gekreuzigten und auferstandenen Christus glaubt, der bekennt ihn als den Herrn. Und umgekehrt: Christus

---

[17] Vgl. LÜHRMANN (s. Anm. 16) 29–32 sowie H. BRAUN, Wie man über Gott nicht denken soll, dargelegt an Gedankengängen Philos von Alexandria, Tübingen 1971, bes. 79–94.

[18] Vgl. LÜHRMANN, ebd. 34.

kann nur als Herrn bekennen, wer die Predigt von seiner Auferweckung von den Toten angenommen hat. „Fides quae creditur“ und „fides qua creditur“ bilden daher eine Einheit im Hören auf die Christusbotschaft, so daß Glaubensinhalt und Glaubensvollzug unlöslich zusammengehören.

3. Das gemeinchristliche Evangelium von Kreuz und Auferstehung Christi, das auf glaubende Annahme zielt, legt der Apostel Paulus in seiner Theologie aus und nimmt daher in seinen Briefen des öfteren formelhafte Zusammenfassungen der πίστις auf (1 Thess 4,14; 1 Kor 15,3–5 u.a.). Mit der ersten Christenheit bekennt er, daß Christus „dahingegeben wurde um unserer Sünden willen und auferweckt um unserer Gerechtigkeit willen“ (Röm 4,25). Dieses Zitat eines urchristlichen Satzes wird durch die Worte eingeleitet „wir glauben an den, der Jesus, unseren Herrn, von den Toten auferweckt hat“ (Röm 4,24). Diese Verkündigung erkennt der Glaube als wahr an, so daß der erfahrene Zuspruch der Rettung fortan das ganze Leben des Glaubenden bestimmt.

Der Glaube bleibt sich stets dessen bewußt, nicht auf sich selbst gegründet zu sein, sondern allein aus der Kraft des Gnadenerweises Gottes zu leben. Daher bedeutet „im Glauben an den Sohn Gottes leben, der mich geliebt und sich für mich hingegeben hat“, daß nunmehr „nicht mehr ich lebe, sondern Christus in mir“ (Gal 2,20). Wenn aber Gottes Handeln allein im Glauben erfahren und angenommen werden kann, dann folgt daraus: Nicht durch Aufweis von Werken, wie das Gesetz sie fordert, sondern nur durch die πίστις kann die Rechtfertigung zuteil werden. Damit unterscheidet sich das christliche Verständnis des Glaubens, wie Paulus es in Fortführung der ihm vorgegebenen urchristlichen Tradition entwickelt, vom Glaubensbegriff, den das zeitgenössische Judentum ausgebildet hatte. Denn während dieses den Glauben an die Treue zum Gesetz band, kann der christliche Glaube seinem Wesen nach allein auf das Evangelium vom gekreuzigten und auferstandenen Christus bezogen werden. Daher gilt: ἐκ πίστεως ἵνα κατὰ χάριν (Röm 4,16) und ist die Zeit des Gesetzes durch den Glauben beendet worden (Gal 3,23.25).

Für dieses Verständnis des Glaubens legt der Apostel eine Begründung aus dem AT vor, durch die er den judenchristlichen Gemeinden, aber auch seinen jüdischen Gesprächspartnern zeigen möchte, daß der christliche Glaube sich zu Recht als Erbe der in der Schrift verbürgten Verheißungen versteht. Paulus setzt den Glauben Abrahams in Beziehung zum christlichen Glauben, ja behauptet letztlich, er sei mit ihm identisch.[19] So deutlich Paulus sich des zeitlichen Abstands zwischen der Gegenwart und Abraham bewußt ist, so unmißverständlich stellt er fest: Der Glaube Abrahams unterscheidet sich in der Sache nicht von dem der Christen; verläßt sich doch der Glaube Abrahams nicht anders als der der Christen allein auf das Wort Gottes, das ihn trifft.

Dieser Glaube ist frei von jedem Anschein des Selbstruhms, er stellt vielmehr dessen vollkommenes Gegenteil dar. Wer wie Abraham sich in ungeteiltem Vertrauen auf die göttliche ἐπαγγελία verläßt[20], der wird auf jeden Versuch der Selbstbehauptung verzichten und sich als Glaubender dem Ziel entgegenstrecken, das vor ihm liegt, um es zu ergreifen, nachdem er von Christus Jesus ergriffen worden ist (Phil 3,12). Im Aufblick zum gekreuzigten und auferstandenen Herrn legt er jeden Versuch ab, eigenes Wirken und Tun für sich geltend machen zu wollen, und vertraut allein auf die Zusage der Barmherzigkeit Gottes.

---

[19] Vgl. Käsemann, Der Glaube Abrahams, in: Perspektiven, 140–177, bes. 140f.

[20] Vgl. Kraus, Volk 325: „‚Gottesvolk‘ ist für Paulus ein Verheißungsbegriff.“

4,18–25 Der Glaube Abrahams und der Glaube der Christen

18) Er glaubte gegen Hoffnung auf Hoffnung, so daß er Vater vieler Völker wurde nach dem Wort: So soll dein Same sein. 19) Ohne im Glauben schwach zu werden, richtete er sein Augenmerk auf seinen erstorbenen Leib – war er doch an hundert Jahre alt – und auf den erstorbenen Mutterschoß Saras. 20) An Gottes Verheißung zweifelte er nicht im Unglauben, sondern wurde stark im Glauben, indem er Gott die Ehre gab 21) und völlig gewiß war: Was er verheißen hat, das vermag er auch zu tun. 22) Darum wurde es ihm zur Gerechtigkeit angerechnet. 23) Es wurde das aber nicht allein um seinetwillen geschrieben: Es wurde ihm angerechnet, 24) sondern auch um unseretwillen, denen es angerechnet werden soll, die wir an den glauben, der Jesus, unseren Herrn, von den Toten auferweckt hat, 25) der dahingegeben wurde um unserer Übertretungen willen und auferweckt um unserer Rechtfertigung willen.

CRANFORD, M.: Abraham in Romans 4: The Father of All Who Believe, NTS 41 (1995) 71–88; PATSCH, H.: Zum alttestamentlichen Hintergrund von Römer 4,25 und I. Petrus 2,24, ZNW 60 (1969) 273–279; ROMANIUK, K.: „L'origine des formules pauliniennes ‚Le Christ s'est livré pour nous' …", NT 5 (1962) 55–76; RUIZ, J.M.G.: Muerto por nuestras pecados y resuscitado por nuestra justification (Rom 4,25), Bib. 40 (1959) 837–858; SASS, G.: Leben aus den Verheißungen, Traditionsgeschichtliche und biblisch-theologische Untersuchungen zur Rede von Gottes Verheißungen im Frühjudentum und beim Apostel Paulus, FRLANT 164, Göttingen, 1995.

Der Apostel bringt den Gedankengang des ganzen Kapitels zum Abschluß, indem er zunächst zusammenfassend darlegt, was der Glaube Abrahams bedeutet. Dann wird die Anwendung auf die christliche Gemeinde vollzogen, indem der Glaube Abrahams zu dem der Christen in Beziehung gesetzt wird: Hier wie dort geht es um die feste Zuversicht, daß Gott sein Wort wahr macht, indem er aus dem Tod zu neuem Leben erweckt.

V. 18: Was für ein Glaube war es, mit dem Abraham auf Gottes verheißende Zusage vertraute? Paulus antwortet: ein Glaube, der gegen alle irdische Hoffnung auf die allein wahre Hoffnung baute, die sich an Gottes Wort hält. Die ἐλπίς richtet sich nicht auf die Dinge, die schon da sind. Was man sehen kann, braucht man nicht zu erhoffen (Röm 8,24f.). Der Inhalt der Hoffnung ist daher nicht gegenwärtig, sondern zukünftig. Auf die πίστις gegründet und mit der ἀγάπη verbunden (1 Kor 13,13), rechnet sie nicht mit Verfügbarem, sondern erwächst aus der Kraft des Glaubens und blickt voller Vertrauen in die Zukunft, die Gottes ist.

Unter Menschen übliche Hoffnung ist – wie LUTHER treffend hervorgehoben hat – in aller Regel auf Erwartungen gegründet, für deren Erfüllung sichere Möglichkeiten bestehen. Die Hoffnung der Christen aber „ist unter lauter Nein gewiß. Denn sie weiß, daß kommen muß und nicht verhindert werden kann, was man hofft. Denn Gott kann niemand hindern".[1] So sagte Abraham aller menschlichen Hoffnung ab und hielt sich allein an die Verheißung, die Gott ausgesprochen hatte. Diese Hoffnung folgt nicht utopischen Vorstellungen, sondern vertraut Gottes Wort und hält seine Zusage für gewisser als alle Argumente, die gegen sie sprechen.

Die folgende Infinitivwendung könnte mit ἐπίστευσεν in dem Sinn verbunden werden, daß εἰς τὸ γενέσθαι αὐτὸν πατέρα πολλῶν ἐθνῶν als Inhalt des Glaubens angegeben werden sollte. Doch würde solche Bestimmung der πίστις völlig singulär dastehen. Daher wird man den durch εἰς bezeichneten Anschluß entweder in finaler oder besser in konsekutiver Bedeutung fassen.[2] Weil Abraham Gottes Verheißung unbedingtes Vertrauen erwies, ging deren Zusage gemäß dem Gotteswort in Erfüllung: „So (groß) soll dein Same sein." Gen 15,5 wird nach LXX angeführt, in einigen späteren Handschriften nachträglich vervollständigt.

V. 19: Wie geartet Abrahams Glaube war, wird nun zunächst im Blick auf die Charakterisierung παρ' ἐλπίδα, sodann in V. 20 hinsichtlich der Gründung ἐπ' ἐλπίδι erläutert. Abraham wurde nicht schwach im Glauben.[3] Daher konnte er die Realitäten, die der Verwirklichung der ἐπαγγελία entgegenstanden, in aller Nüchternheit betrachten. Wußte er doch, daß sein an hundert Jahre alter Leib erstorben war[4] und daher seine Zeugungsfähigkeit verloren hatte, sowie daß Saras Mutterschoß nicht mehr fruchtbar war.[5] Spätere Abschreiber haben die Härte der Aussage nicht mehr verstanden und sie abschwächen wollen, indem ein οὐ vor κατενόησεν eingefügt wurde[6]: als wäre ein Blick auf die gegebenen Realitäten, die der Verheißung entgegenstehen, zu vermeiden, um nicht im Glauben schwach zu werden. Paulus aber will sagen: Wer nicht schwach, sondern im Glauben gestärkt ist, der macht sich keine falschen Illusionen, sondern kann sich wie Abraham entgegen aller menschlichen Hoffnung auf die allein rechte Hoffnung stützen.

V. 20: Abraham zweifelt nicht im Unglauben an Gottes Verheißung.[7] Durch die vorangestellte, negativ formulierte Aussage, tritt die nun folgende positive Feststel-

---

[1] LUTHER, Röm., zu 4,18: „*Spes Christianorum de negativis est certa. Quia scit, quod non potest non venire vel impediri res speranda, dummodo speratur. Quia Deum nemo potest impedire.*" (Übersetzung nach Ellwein, 309)

[2] So mit Recht die meisten Exegeten.

[3] Τῇ πίστει = Dativ der Beziehung (vgl. BL-DEBR § 197), in einigen Handschriften sekundär durch ἐν angeschlossen.

[4] Die Hinzufügung von ἤδη, wie sie in einigen Handschriften vorliegt, ist als sekundär zu beurteilen. Daß ein Mann von an 100 Jahren einen erstorbenen Leib hat, ist nicht als „schon" eingetreten anzusehen.

[5] Auffallende Berührungen im Vokabular, die zu Hebr 11,11f. bestehen, lassen daran denken, daß Paulus sich auf geprägte Überlieferung bezieht: „Durch den *Glauben* (πίστει) empfing auch Sara, die unfruchtbar war, *Kraft* (δύναμιν), Nachkommen hervorzubringen trotz ihres Alters; denn sie hielt den für treu (πιστόν), der es verheißen hatte (ἐπαγγειλάμενον). Darum sind auch von dem einen, dessen Kraft schon erstorben war (νενεκρωμένου), so viele gezeugt worden wie die Sterne am Himmel." Vgl. JEREMIAS, Gedankenführung 56.

[6] Die Einfügung ist breit bezeugt, vor allem durch den Mehrheitstext, gleichwohl sicher sekundär.

[7] Τῇ ἀπιστίᾳ = Dativus causae, vgl. BL-DEBR § 196_1.

lung um so schärfer hervor: Er wurde im Glauben gestärkt. Das Passiv ἐνεδυναμώθη zeigt an, daß Gott seinem Glauben Kraft verlieh[8]; Abraham aber brachte seinen Glauben dadurch zum Ausdruck, daß „er Gott die Ehre gab" (vgl. Jos 7,19; Jes 42,12; Jer 13,16 u. ö.). **V. 21:** Das nicht häufig gebrauchte Wort πληροφορεῖν „füllen", „erfüllen" wird hier verwendet, um die von Gott gewirkte Stärke der Überzeugung zu kennzeichnen. Sie besteht darin, daß sie sich auf Gottes Wort mehr verläßt als auf alles andere. Denn kraft seiner δύναμις ist er imstande, das, was er verheißen hat, auch in die Tat umzusetzen. **V. 22:** Darum – so lautet die abschließende Schlußfolgerung, die in paraphrasierender Wendung noch einmal auf das Zitat von Gen 15,6 zurückgreift – wurde es ihm zur Gerechtigkeit angerechnet.[9] Solcher Glaube, wie Abraham ihn Gottes Wort entgegenbrachte, ist es also, den Gott als Gerechtigkeit anrechnet.[10]

V. 23: Diese Geschichte Abrahams aber geht die Christen unmittelbar an[11], wie die Verse 23–25 klar machen.[12] Denn wenn in der Schrift von Abraham berichtet wird, daß der Glaube „ihm angerechnet wurde" – wie es mit nochmaligem Hinweis auf Gen 15,6 heißt –, dann gilt das auch für diejenigen, die glauben wie er (vgl. 1 Kor 10,6.11).

V. 24: Indem der Apostel dazu übergeht, in der 1. Person Plural zu sprechen, schließt er sich mit den Adressaten zur bekennenden Gemeinde zusammen. Sie aber sind diejenigen, denen der Glaube (zur Gerechtigkeit) angerechnet werden soll. Durch μέλλει wird auf das endzeitliche Gericht hingewiesen, bei dem der Freispruch des barmherzigen Gottes wirksam wird. Die auf die Zukunft bezogene Erwartung aber qualifiziert bereits die Gegenwart.[13] Glaubte Abraham an den Gott, der Tote lebendig macht (V. 17), so richtet sich der Glaube der Christen auf[14] den Gott, „der Jesus, unseren Herrn" – wie es in der Sprache des Bekenntnisses heißt – „von den Toten auferweckt hat". Hier wie da also πίστις, die auf den Leben schaffenden Gott vertraut. Bei dieser Bestimmung, die den Inhalt des Glaubens angibt, wird der Nachdruck auf die Auferweckung Jesu von den Toten gelegt.

---

8 Ἐνεδυναμώθη wird in V. 21 wieder aufgenommen: δυνατός ἐστιν καὶ ποιῆσαι.

9 Die Hinzufügung eines καί wird als sekundär anzusehen sein.

10 Daß Abraham nach Gen 25,1f. später mit Ketura weitere Söhne gezeugt habe, wird von Paulus nicht berücksichtigt. Der Blick bleibt allein auf den Erben der Verheißung gerichtet.

11 Vgl. Käsemann, Röm. 119: V. 23–25 „rufen dem Leser zu: tua res agitur".

12 Zu Unrecht bestritten von Cranford 87f. Er legt den Ton darauf „that Abraham is not offered as a model for our faith", sondern Abraham komme die Rolle zu „setting the boundaries for God's people as their representative and forefather" – also als Vater von Juden und Heiden, die miteinander in Gottes Bund aufgenommen sind.

13 Vgl. Jeremias, (s. Anm. 5) 57, dort: Anm. 22 sowie Luz, Geschichtsverständnis 113 Anm. 367.

14 Der Ausdruck πιστεύειν ἐπί folgt offenbar der Wendung ἐλπίζειν ἐπί. Vgl. Bultmann, ThWNT VI, 212 Anm. 273.

V. 25: Im abschließenden Satz ist von Christi Tod und Auferstehung die Rede. Diese Formulierung war dem Apostel offensichtlich durch die urchristliche Überlieferung vorgegeben. Auf Traditionsgut deutet nicht nur der Einsatz des Zitates mit relativem ὅς (vgl. Phil 2,6; 1 Tim 3,16 u. ö.) sowie die im Parallelismus membrorum gehaltene Struktur der Bekenntnisaussage hin, sondern auch die Voranstellung der beiden Verba passiva, die den Gottesnamen umschreiben, sowie die Verwendung der Begriffe παραπτώματα (im Plural) und δικαίωσις (nur noch Röm 5,18).[15]

Der Bekenntnissatz nimmt deutlich auf Jes 53 Bezug. LXX Jes 53 heißt es in V. 6 καὶ κύριος παρέδωκεν αὐτὸν ταῖς ἁμαρτίαις ἡμῶν, findet sich in V. 11 der Begriff δικαίωσις und endet in V. 12 das Lied mit der Zeile: διὰ τὰς ἀνομίας αὐτῶν παρεδόθη. Auf palästinisch-judenchristliche Überlieferung weisen sowohl der Anklang an 1 Q Jes [a.b] zu 53,12 fin[16] wie auch die Berührung mit Targum Jes 53,12 hin.[17] In Aufnahme der Schilderung, die das Lied vom leidenden Gottesknecht vorgegeben hatte, spricht das urchristliche Bekenntnis von der Heilsbedeutung, die Christi Tod und Auferstehung eignen (vgl. 1 Kor 15,3–5).

Die passiven Formulierungen beschreiben Gottes Handeln, das sich in Tod und Auferweckung Christi ereignet hat.[18] Dabei dürfen die beiden streng parallel gebauten Zeilen nicht auseinandergerissen werden, sondern sind in ihrer gegenseitigen Bezogenheit aufeinander zu verstehen. Weder darf die Sündenvergebung nur mit dem Tod Christi verknüpft, noch die Rechtfertigung nur mit seiner Auferstehung verbunden werden. Sondern beide Wendungen gehören als eine Aussage zusammen.[19] Durch Kreuz und Auferweckung Christi ist die Sündenvergebung als der Freispruch der Rechtfertigung bewirkt; das bedeutet, daß in diesem Ereignis Gottes Gerechtigkeit offenbar geworden ist.

Mit dem Rückgriff auf das gemeinchristliche Bekenntnis hat der Apostel einen gewissen Abschluß seiner Ausführungen erreicht, die von der Offenbarung der Gerechtigkeit Gottes handeln. Damit hat er zugleich den Übergang zum folgenden Abschnitt gewonnen. Nun gilt es darzulegen, was es heißt, daß der Gerechte aus Glauben leben wird (1,17).

---

[15] Vgl. LOHSE, Märtyrer 133.

[16] Vgl. PATSCH, Hintergrund, 276f.: 1 Q Jes[a]: ולפשעיהמה יפגע; 1 Q Jes[b]: ולפשעיהם יפגיע.

[17] Vgl. JEREMIAS (s. Anm. 5) 58, dort: Anm. 26: Ithmesar ba'awajathanu.

[18] Zu παραδιδόναι im Zusammenhang mit Christi Passion vgl. 1 Kor 11,23; Gal 2,20; Röm 8,32 sowie Mk 9,31 Par.; 10,33 Par. u. ö.

[19] Den beiden Wendungen der Präposition διά ist daher nicht unterschiedlicher Sinn beizulegen, so WILCKENS, Röm. I 278, CRANFIELD, Rom. 252 u. a., die zunächst kausale, dann aber finale Bedeutung annehmen möchten. Dagegen mit Recht KÄSEMANN, Röm. 150: „Die beiden διά entsprechen sich." Vgl. auch ZELLER, Röm. 104: „Das erste ‚wegen' ist … ebenso final wie das zweite zu nehmen."

5,1–8,39 Das Evangelium als Eröffnung von Heil und Leben

Mit einer zusammenfassenden Feststellung über die Rechtfertigung aus Glauben (5,1) setzt der Apostel neu ein und schließt zugleich an den vorherigen Gedankengang an (4,25). Indem er die Folgerungen, die sich aus der bisher vorgetragenen Argumentation ergeben, auf einen knappen Ausdruck bringt, kann er sich nun der Thematik zuwenden, was das Evangelium für das Leben der Glaubenden bedeutet.[1]

Die Frage nach der gedanklichen Gliederung in Kap. 5 wird unterschiedlich beurteilt.[2] Zunächst ist festzustellen, daß in breitem Umfang Bezugnahmen auf die Kapp. 1–4 vorliegen, mit denen zentrale Begriffe wieder aufgenommen werden. An der Verwendung dieser Begriffe lassen sich diese gedanklichen Verknüpfungen deutlich ablesen: Δίκαιος findet sich viermal in Kapp. 1–4 (1,17; 2,13; 3,10.26) und kehrt zweimal in Kap. 5 wieder (V. 7 und 19), sonst im Röm nur noch 7,12. Das Verbum δικαιοῦν wird neunmal in Kapp. 1–4 gebraucht (2,13; 3,4.20.24.26.30; 4,2.5), zweimal in Kap. 5 (V.1 und 9), später in 6,7 und 8,30.33. Δικαιοσύνη wird vierzehnmal in Kapp. 1–4 verwendet (1,17; 3,5.21.22.25.26; 4,3.5.6.9.11 [zweimal].13.22), zweimal in Kap. 5 (V. 17 und 25). Von δικαίωμα ist jeweils zweimal die Rede (1,32; 2,26–5,16.18), dann noch einmal 8,4. Δικαίωσις ist im einen wie im anderen Abschnitt nur einmal vertreten (4,25–5,18), sonst nicht im Röm. Für die Begriffsgruppe des Sich-Rühmens ergeben sich folgende Vergleiche: Καυχᾶσθαι zweimal (2,17.23) bzw. dreimal (5.2.3.11), sonst nicht; καύχημα nur 4,2; καύχησις 3,27, dann noch einmal 15,17. Vom Zorn (Gottes) wird in Kapp. 1–4 eingehend gehandelt (1,18; 2,5.8; 3,5; 4,15), dann wieder 5,9 und später an fünf weiteren Stellen. Der traditionelle Ausdruck „Blut Christi" wird 3,25 und wieder 5,9 aufgenommen. Die Reihe der sprachlichen Verbindungen ließe sich weiter verlängern.[3]

Die Thematik der Gerechtigkeit Gottes hält Kap. 5 mit Kapp. 1–4 verknüpft. Man könnte daher erwägen, entweder das ganze 5. Kap. oder doch wenigstens 5,1–11 in engem Zusammenhang mit Kapp. 1–4 zu sehen und entsprechend zu in-

[1] Außer den Kommentaren sind zu Kapp. 5–8 zu vergleichen: E. Fuchs, Die Freiheit des Glaubens, Römer 5–8 ausgelegt, BEvTh 14, München 1949; Knox, Life; P. Lamarche et C. Le Dû, Épître aux Romains V-VIII. Structure et sens, Paris 1980; Rolland, antithèse.

[2] Zur Gliederung des Römerbriefes vgl. außer den Kommentaren: Bultmann, Theologie 279f.; Luz, Aufbau; Wolter, Rechtfertigung 201–216; C.D. Myers, The Place of Romans 5,1–11 within the Argument of the Epistle, Diss. Princeton 1985.

[3] Vgl. die Aufstellung bei Cranfield, Rom. 253.

terpretieren.[4] Gelegentlich wird vorgeschlagen, Kap. 5 als einen in sich geschlossenen Teil des Briefes anzusehen.[5] Willkürlich mutet jedoch der Vorschlag an, 5,1–11 überhaupt aus dem Zusammenhang herauszunehmen und als einen Einschub anzusehen, der durch einen späteren Redaktor aus einem anderen Paulusbrief nachträglich an diese Stelle gesetzt worden sei.[6]

Mit der Wendung δικαιωθέντες οὖν ἐκ πίστεως markiert der Apostel die Überleitung zu einem neuen Gedankengang. Dabei wechselt in auffallender Weise die Stilform, indem zur Rede in der 1. Person Plural übergegangen wird. Mit dem Zitat einer bekenntnisartigen Wendung war in 4,25 ein gewisser Abschluß der Ausführungen über die Glaubensgerechtigkeit erreicht. Nun beschreibt Paulus im Wir-Stil, wie dieses Bekenntnis der Christenheit die Wirklichkeit des neuen Lebens bestimmt. Dabei spricht der Apostel „mit Frohlocken und jubelnder Freude" (LUTHER, Röm., zu 5,1).[7] Dieser frohe Klang, den der Apostel mit Beginn des 5. Kap. anschlägt, schwingt durch den gesamten folgenden Zusammenhang, der am Ende mit einem von fester Gewißheit erfüllten Hymnus abgeschlossen wird (8,31–39).[8]

Waren in den Kapp. 1–4 die Begriffsgruppen „Gerechtigkeit"/„rechtfertigen" sowie „Glaube"/„glauben" in bestimmender Häufigkeit immer wieder betont worden, so werden sie zwar in Kap. 5 wieder aufgenommen, doch treten nun die Wörter „Friede", „Hoffnung", „Liebe", „Heil" und „Leben" in den Vordergrund. Dabei liegen einige deutliche Entsprechungen vor, die insbesondere zwischen den Abschnitten 5,1–11 und 8,18–39 bestehen[9], wie z.B.: „Liebe Gottes"/„Liebe Christi" (5,5.8–8,35.39); δικαιοῦν (5,1.9–8,30[zweimal].33); δόξα (5,2–8,18.21.30); ἐλπίς/ἐλπίζειν (5,1–8,20.24[viermal].25); 5,3[zweimal]-8,35); σωτηρία/σῴζειν (5,9f.–8,24); ὑπομονή (5,3f.–8,25). Diese Beobachtungen, die sowohl die Form der Rede in den Kapp. 5–8 betreffen, wie auch den Inhalt der Ausführungen, sprechen eindeutig dafür, in 5,1 einen neuen Einsatz zu erkennen. Paulus führt nun aus, daß die Liebe Gottes, die er in der Offenbarung seiner Gerechtigkeit am Kreuz Christi ein für alle Mal erwiesen hat, der Hoffnung der Christen festen Grund und damit kraftvolle Gewißheit verleiht.

---

[4] So u.a. WILCKENS, Röm. I 93.181f.286, der 1,18–5,21 unter der Thematik „Rechtfertigung des Gottlosen auf Grund des Glaubens an Jesus Christus" zusammenfaßt. LUZ (Aufbau 161–181) nimmt einen Einschnitt zwischen 5,11 und 5,12 an. In der älteren Exegese wird verschiedentlich die Einteilung nach dogmatischen Gesichtspunkten vertreten: Kapp. 1–5: Rechtfertigung, 6–8: Heiligung. Doch vgl. auch KUSS, Röm. 199.

[5] Vgl. die bei WOLTER, Rechtfertigung 205 aufgeführten Exegeten.

[6] So SCHMITHALS, Röm. 153: „Der Redaktor hat zwischen 4,25 und 5,12 einen paulinischen Text eingestellt und redaktionell mit dem Römerbrief zu verknüpfen versucht, der von seinem Ursprung her nicht in die Korrespondenz des Paulus mit Rom gehört." Dabei sollen überdies die Verse 6–7 eine nichtpaulinische sekundäre Glosse darstellen (ebd. 163).

[7] „*Jucundissimus et gaudio plenissimus Apostolus in hoc capitulo loquitur.*"

[8] Während in Kapp. 1–4 die 1. Pers. Plur. nur an 13 Stellen verwendet wird, finden sich in Kapp. 5–8 48 Wir-Stellen. Vgl. MOO, Rom. 292 Anm. 9.

[9] Vgl. die Aufstellung bei MOO, Rom. 292f.

In Kap. 5 wird dargelegt, daß das durch die Rechtfertigung erschlossene neue Leben zwar noch Gegenstand der Hoffnung ist, aber bereits die Gegenwart der Glaubenden in umfassender Gültigkeit erfüllt. Ihre Wirkung übertrifft bei weitem die Folgen der Tat Adams. Damit aber hat die Sünde und mit ihr auch das Gesetz die Herrschaft über die Gerechtfertigten verloren (6,1–7,6). In 7,7–25 schildert Paulus die Knechtschaft des unerlösten Menschen unter der machtvollen Allianz von Sünde und Gesetz. Nachdem diese aber durch Christus aufgesprengt worden ist, liegt am Tage, daß Gesetz und Gebot Gottes ihrem Ursprung nach heilig, gerecht und gut sind und bleiben. In Kap. 8 handelt Paulus in abschließenden Ausführungen, die in einen jubelnden Hymnus münden, vom Leben im Geist und in der Gewißheit der kommenden Vollendung.

5,1–21 Rechtfertigung als rettende Versöhnung

5,1–11 Hoffnung aus der Kraft der Liebe Gottes

1) Gerechtfertigt also aus Glauben, haben wir Frieden mit Gott durch unseren Herrn Jesus Christus, 2) durch den wir im Glauben Zugang bekommen haben zu diesem Gnadenstand, in dem wir stehen; und wir rühmen uns der Hoffnung auf die Herrlichkeit Gottes. 3) Nicht aber nur das, sondern wir rühmen uns auch der Bedrängnisse. Denn wir wissen, daß die Bedrängnis Ausdauer bewirkt, 4) die Ausdauer aber Bewährung, die Bewährung aber Hoffnung. 5) Die Hoffnung aber läßt nicht zuschanden werden. Denn die Liebe Gottes ist ausgeschüttet in unsere Herzen durch den heiligen Geist, der uns geschenkt ist. 6) Denn Christus ist, als wir noch schwach waren, für damals Gottlose gestorben. 7) Kaum nämlich wird jemand für einen Gerechten sterben. Für den Guten wird vielleicht einmal jemand es auf sich nehmen zu sterben. 8) Seine Liebe zu uns aber erweist Gott, daß, als wir noch Sünder waren, Christus für uns gestorben ist. 9) Um wieviel mehr also werden wir, die wir jetzt durch sein Blut gerechtfertigt sind, durch ihn gerettet werden vor dem Zorngericht. 10) Wenn wir nämlich als Feinde mit Gott versöhnt wurden durch den Tod seines Sohnes, um wieviel mehr werden wir als Versöhnte gerettet werden durch sein Leben. 11) Nicht nur aber das, sondern wir rühmen uns auch Gottes durch unseren Herrn Jesus Christus, durch den wir jetzt schon die Versöhnung empfangen haben.

BIERINGER, R.: Aktive Hoffnung im Leiden. Gegenstand, Grund und Praxis der Hoffnung nach Röm. 5,1–5, ThZ 51 (1995) 305–325; BLACK, C.C.: Pauline Perspectives on Death in Romans 5–8, JBL 103 (1984) 413–433; BORNKAMM, Anakoluthe 78–80; BREYTENBACH, Versöhnung; DAHL, N.A.: Two Notes on Romans 5, StTh 5 (1951) 37–48; DUPONT, Réconciliation; HOFIUS, Sühne; KÄSEMANN, Erwägungen; KECK, L.E.: The Post-Pauline

Interpretation of Jesus' Death in Rom. 5,6–7, in: Theologia crucis – Signum crucis, FS E. Dinkler, Tübingen 1979, 237–248; LÜHRMANN, Rechtfertigung; MC DONALD, P.M.: Romans 5: 1–11 as a Rhetorical Bridge, JSNT 40 (1990) 81–96; NAUCK, W.: Freude im Leiden, ZNW 46 (1955) 68–80; NEBE, Hoffnung; PORTER, S.E.: The Argument of Romans 5: Can a Rhetorical Question make a Difference?, JBL 110 (1991) 655–677; SAHLIN, H.: Einige Textemendationen zum Römerbrief, ThZ 9 (1953) 92–100; WOLTER, Rechtfertigung.

Durchgehend in der Wir-Form argumentierend, hebt der Apostel zunächst hervor, daß Rechtfertigung Frieden mit Gott bedeutet, aus dem die Hoffnung der Glaubenden erwächst (V. 1–2). In einem angefügten Kettenschluß zeigt er deren unbedingte Gültigkeit auf; denn Gottes Liebe ist durch den heiligen Geist geschenkt worden (V. 3–5). In einer erläuternden Begründung wird dann auf die rettende Kraft des Kreuzestodes Christi verwiesen, in dem Gott seine Liebe hat offenbar werden lassen (V. 6–8). Sie aber führt zu der jubelnden Gewißheit, Versöhnung mit Gott empfangen zu haben (V. 9–11).

V. 1: Die aus Glauben Gerechtfertigten – mit dieser knappen Formulierung knüpft Paulus an seine bisher vorgetragenen Ausführungen an (vgl. auch V. 9)[10] – haben Frieden mit Gott. Zwar ist die konjunktivische Verbform handschriftlich gut bezeugt[11], doch entspricht allein der Indikativ der Aussage, auf die es dem Apostel ankommt. Da O und Ω bei Aufnahme des Diktats leicht verwechselt werden konnten[12], hat sich möglicherweise schon bei der Niederschrift des Röm ein Versehen eingestellt. Der Friede mit Gott, den die aus Glauben Gerechtfertigten haben, betrifft weder eine Stimmung der Seele noch die innere Verfassung des einzelnen, sondern meint den Frieden im Sinn des atl. שָׁלוֹם. Dieser Friede, durch den die tiefe Trennung, die die Menschen von Gott schied, überwunden ist, wurde durch das Kommen des Christus gestiftet (Lk 2,14). Es ist der Friede, der alles Begreifen übersteigt (Phil 4,7) und als Friede Jesu Christi von den Glaubenden empfangen wird. Darum fügt Paulus die feierliche Wendung „durch unseren Herrn Jesus Christus" an, die in V. 11 noch einmal aufgenommen wird, um den unvergleichlichen Charakter der von Gott gestifteten Versöhnung zu kennzeichnen.[13]

V. 2: „Durch ihn" – so fährt der Apostel fort – „haben wir Zugang zu der χάρις empfangen, in der wir stehen." Dabei hebt Paulus erneut die zentrale Bedeutung der πίστις hervor, so daß der Satz ein wenig überladen wirkt und manche Abschreiber eine gewisse Glättung vorgenommen haben, indem sie τῇ πίστει fortlie-

[10] Οὖν zieht Konsequenzen und leitet zugleich über.

[11] Einige Exegeten möchten an dieser Lesart festhalten und dann der Aussage den Charakter einer Aufforderung verleihen. Doch solche Interpretation fügt sich nicht in den Kontext ein, der in der Form von Aussagen Schlußfolgerungen aus der erfahrenen Rechtfertigung zieht.

[12] Vgl. auch Röm 14,19 und BL-DEBR § 28_1.

[13] Vgl. W. THÜSING, Gott und Christus in der paulinischen Soteriologie, Bd. I: Per Christum in Deum. Das Verhältnis der Christozentrik zur Theozentrik, NTA 1/1, Münster 1965, ³1986.

ßen.[14] Der Begriff προσαγωγή wird nicht in kultischem Sinn zu verstehen sein (so Käsemann, Röm. 124 u.a.). Dem Zusammenhang ist nicht zu entnehmen, daß an ungehinderten Zugang zum Heiligtum gedacht wäre. Vielmehr ist betont, daß freie Zulassung im weitesten Sinn eröffnet ist – wie etwa Gesandte nach vollzogenem Friedensschluß in den Palast des einstigen Gegners hereingebeten werden. Die προσαγωγή führt in die χάρις als den Bereich, in dem die Glaubenden auf Grund des göttlichen Gnadenerweises nunmehr stehen.[15] In diesem Stand aber können „wir" uns der Hoffnung rühmen, die sich auf die Herrlichkeit[16] Gottes richtet. Damit nimmt Paulus den Begriff auf, mit dem die Haltung Abrahams charakterisiert worden war, der gegen alle menschliche Hoffnung auf die allein wahre Hoffnung gebaut hatte, die auf Gottes Zusage glaubend vertraut (4,18). Während jede Art eigenmächtigen Stolzes von Paulus auf das entschiedenste ausgeschlossen wurde (3,27f.), ist hier von der καύχησις die Rede, die sich in keiner Weise eigener Vorzüge oder Verdienste, sondern allein des Herrn rühmt (vgl. 1 Kor 1,31). In LXX kann der Gegenstand des Rühmens durch die Präpositionen ἐν (1 Reg 2,10; 1 Chr 16,35 u.ö.) oder ἐπί Ps 48[49],6 u.ö.) angefügt werden. Paulus folgt diesem Sprachgebrauch und verbindet καυχᾶσθαι sowohl mit ἐν (V. 3) wie hier mit ἐπί. Die Hoffnung, deren die Glaubenden sich rühmen[17], streckt sich aus nach der zukünftigen Vollendung, die mit der Offenbarung der göttlichen Herrlichkeit kommen wird.[18] Zwar steht die Vollendung noch aus, doch die Kraft der Hoffnung, die der Erfüllung gewiß ist, qualifiziert bereits die Gegenwart.

V. 3: Durch οὐ μόνον, ἀλλὰ καί wird eine kleine Zäsur angezeigt, die zugleich dazu überleitet, den Gegenstand des Sich-Rühmens genauer zu bezeichnen. Denn ungeachtet aller Hoffnung auf die zukünftige Herrlichkeit Gottes bezieht sich das καυχᾶσθαι der im Glauben Gerechtfertigten gerade auch auf die θλίψεις. Durch die Präposition wird nicht der Ort angegeben, an dem sich das Rühmen vollzieht, sondern dessen Gegenstand genannt.[19] Die θλίψεις sind die endzeitlichen Drangsale, die Anlaß zu furchtsamem Erschrecken geben. Doch konnte das zeitgenössische Judentum den Leiden, wie sie auch und gerade den Frommen auferlegt werden, durchaus eine positive Bedeutung beilegen. Denn Gott kann sich der Prüfungen als eines Mittels bedienen, durch das einerseits wohlverdiente Strafen

---

[14] Die Auslassung ist durch BDFG u.a. relativ gut bezeugt, wird aber als sekundäre stilistische Glättung anzusehen sein.

[15] Vgl. 1 QS XI,13–15: „Durch sein Erbarmen hat er(= Gott) mich nahe gebracht, und durch seine Gnadenerweise kommt meine Gerechtigkeit. Durch die Gerechtigkeit seiner Wahrheit hat er mich gerichtet, und durch den Reichtum seiner Güte sühnt er alle meine Sünden, und durch seine Gerechtigkeit reinigt er mich von aller Unreinheit des Menschen und von der Sünde der Menschenkinder, Gott zu loben für seine Gerechtigkeit und den Höchsten für seine Majestät."

[16] In der lateinischen Überlieferung findet sich der Zusatz: filiorum = „der Söhne Gottes".

[17] Vgl. L. de Lorenzi, La speranza nostro vanto, Rom 5,2 c, in: Glaube und Eschatologie, FS W.G. Kümmel, Tübingen 1985, 165–188.

[18] Vgl. Wolter, Rechtfertigung 136.

[19] Gegen lokales Verständnis des ἐν vgl. Käsemann, Röm. 126.

bereits hier auf Erden abgetragen und Verschuldungen gesühnt werden können, andererseits aber zur Umkehr gerufen wird.[20] Paulus dagegen begreift Bedrängnisse, wie er sie in seinem apostolischen Wirken in überreichem Maß hat erfahren müssen, als Leiden um Christi willen, in denen er immer wieder den göttlichen Trost empfangen hat, der ihn instand setzte, seinerseits Betrübte zu trösten (vgl. 8,35; 1 Kor 4,11–13; 7,26–32; 15,30–32; 2 Kor 1,3–10; 11,23–27). Darum können die Glaubenden durch θλίψεις, die sie als Zeichen der eschatologisch bestimmten Gegenwart begreifen, nicht niedergedrückt werden, im Gegenteil: Sie rühmen sich ihrer.

Diese unvergleichliche Eigenart des christlichen καυχᾶσθαι erläutert der Apostel mit dem Hinweis auf ein Wissen, wie es allen Christen gemeinsam ist (vgl. 6,9.16; 7,14; 13,11; 1 Kor 15,58; 2 Kor 4,14; 5,6.11). Dieses Wissen bezieht sich auf die rechte Beurteilung der Bedrängnisse, wie durch Rückgriff auf eine katechetische Tradition begründet wird. Darin werden die Begriffe θλῖψις, ὑπομονή, δοκιμή und ἐλπίς zueinander in Beziehung gesetzt und in einem Kettenschluß miteinander verknüpft.[21] Die Bedrängnisse, denen die Glaubenden ausgesetzt werden, rufen standhaften Widerstand hervor und wecken damit das geduldige Ausharren, das auferlegte Lasten durch „Darunterbleiben" zu tragen vermag und imstande ist durchzuhalten. Die ὑπομονή weist nicht auf die allgemeine Tugend der Geduld hin, sondern kennzeichnet das aktive Verhalten der Standhaftigkeit, die nicht nachgibt, sondern festen Stand behält (vgl. 2,7; 8,25; 15,5; 2 Kor 1,6; 6,4; 12,12).

V. 4: Aus der ὑπομονή erwächst die δοκιμή, die Bewährung, wie sie sich durch entsprechende Prüfung erweist (vgl. 2 Kor 2,9; 8,2; 9,13; 13,3; Phil 2,22). Sie aber führt zur ἐλπίς, die dieser Erprobtheit entspricht. Mit dem an das Ende der Reihe gesetzten Begriff der ἐλπίς ist der Höhe- und Schlußpunkt der Klimax erreicht. **V. 5:** Die auf diese Weise bewährte ἐλπίς aber bleibt frei von jeder Enttäuschung und läßt darum nicht zuschanden werden.[22] Von ἐλπίς ist dabei im Sinn atl. Rede gesprochen: Der Beter beruft sich vor Gott darauf, daß die Väter ihre Hoffnung auf Gottes Hilfe gesetzt und wunderbare Rettung erfahren haben. (Ps 22,6; ferner Ps 25,3.20 u. ö.)

Für diese kraftvolle Aussage gibt der ὅτι-Satz eine Begründung: „Gottes Liebe ist ausgegossen in unsere Herzen durch den heiligen Geist." Der ungewöhnliche Ausdruck, die Liebe sei ausgeschüttet, dürfte dadurch veranlaßt sein, daß das göttliche Geschenk der Liebe sogleich mit der Gabe des Geistes verknüpft wird, vom

---

[20] Belege bei Bill. II 274–282; III 221f. sowie W. Wichmann, Die Leidenstheologie, BWANT IV,2, Stuttgart 1930.

[21] Zu vergleichen sind die gleichfalls traditionellen Gedankenketten Jak 1,3f. (δοκίμιον τῆς πίστεως–ὑπομονή–ἔργον τέλειον) und 1 Petr 1,6f. (θλῖψις–ὑπομονή–δοκιμή –ἐλπίς). Zur Sache siehe E. Lohse, Glaube und Werke. Zur Theologie des Jakobusbriefes (1957), 13f. = Studien I, 297f.

[22] Möglich wäre auch, das Futurum καταισχυνεῖ zu lesen. Doch will Paulus sicherlich betonen, daß die Hoffnung hier und jetzt die Gegenwart bestimmt.

Geist es aber des öfteren heißt, er werde ausgegossen (Joël 3,1; Act 2,17; 10,45 u. ö.).[23] Durch das πνεῦμα ἅγιον, das als göttliches Unterpfand auf die kommende Vollendung den Glaubenden bereits gegeben wurde (Röm 8,23; 2 Kor 1,22; 5,5), hat Gott den Seinen seine Liebe zugewandt, die ihre Herzen mit zuversichtlicher Gewißheit und standfester Hoffnung erfüllt. Die Passiva ἐκκέχυται und δοθέντος lassen keinen Zweifel, daß es sich in der Begriffsverbindung ἀγάπη θεοῦ um einen Genetivus subjectivus handelt. Daher ist die mittelalterliche, auf AUGUSTIN zurückgehende Auffassung, nach der des Menschen Liebe zu Gott gemeint sei, die sich als „fides caritate formata" ausdrückt, auszuschließen.[24] Denn allein das Geschenk der göttlichen Liebe – und keinerlei wie immer geartetes Handeln von Menschen – verleiht der Hoffnung der Glaubenden festen Grund und unerschütterliche Kraft.

V. 6: In den Versen 6–8 wird erläutert, was Gottes Liebe beinhaltet. In einem ungefüge geratenen Satz verdeutlicht der Apostel, wie unerhört Gottes Liebe ist.[25] Dabei ringt Paulus darum, für das unvergleichliche Geschehen des Kreuzestodes Christi angemessenen Ausdruck zu finden.[26] Denn die Leute, für die Christus sein Leben hingegeben hat, boten in keiner Weise Anlaß dafür, daß er sich ihnen hätte liebevoll zuwenden sollen. Daher entsprechen einander die Begriffe ἀσθενεῖς, ἀσεβεῖς, ἁμαρτωλοί und ἐχθροί. Erst in V. 8 gelangt Paulus zur klaren Formulierung, daß Christus für die Sünder den Tod erlitten hat. Zunächst heißt es, er sei gestorben, „als wir noch schwach waren". Diese Aussage aber ist gleichbedeutend mit der folgenden, Christus sei für Menschen gestorben, die zur damaligen Zeit Gottlose waren. Die Angabe κατὰ καιρόν könnte so aufgefaßt werden, daß sie auf den rechten Zeitpunkt des Sterbens Christi zu beziehen sei. Doch liegt es näher, sie als Verdeutlichung des vorangehenden ἔτι anzusehen: Christus ist – wie Paulus das gemeinchristliche Bekenntnis (1 Kor 15,3) interpretiert – für die gestorben, die zum damaligen Zeitpunkt seines Todes noch Gottlose waren. Damit wird das „sola gratia" des Kreuzestodes nachdrücklich herausgestellt. Kann dieses Geschehen doch nur als Erweis der unerforschlichen Liebe Gottes begriffen werden.

---

[23] Vgl. DIBELIUS, Worte: „'Εκκέχυται ist gesagt von der Liebe, gedacht vom heiligen Geist. Die Liebe ist nach Paulus gar nicht dadurch bestimmt, daß sie ‚ausgegossen' wird, sondern indem der heilige Geist den Gläubigen geschenkt, d. h. ausgegossen wurde, tat ihnen Gott seine Liebe kund." (ebd. 6)

[24] So auch von katholischen Auslegern beurteilt, vgl. SCHLIER, Röm. 150f.; ZELLER, Röm. 110; FITZMYER, Rom 398 u. a.

[25] Vgl. BORNKAMM, Anakoluthe, sowie insbesondere E. SEITZ, Korrigiert sich Paulus? Zu Röm 5,6–8, ZNW 91 (2000) 279–287: „Die Bedeutung des stellvertretenden Sterbens für einen anderen (das Thema von V. 6–8) hat Paulus stilistisch für den Hörer/Leser dadurch eindrucksvoll sichtbar gemacht, daß er viermal dafür die Satzendstellung wählt (ἀπέθανεν, ἀποθανεῖται, ἀποθανεῖν, ἀπέθανεν)." (287)

[26] Das zweimal gebrauchte Wörtchen ἔτι hat zu verschiedenen Varianten geführt, die eine Glättung des Ausdrucks vorzunehmen suchen. Doch ist sicher daran festzuhalten, daß sowohl ἔτι γάρ am Anfang wie auch ἔτι in der Mitte des Satzes als ursprünglich zu gelten haben.

V. 7: Eine kurze Zwischenbemerkung[27] soll diesen Gedanken erläutern: Für einen Gerechten dürfte kaum[28] jemand den Tod auf sich nehmen.[29] Doch Paulus korrigiert sogleich diesen Satz, indem er hinzufügt: Für den Guten könnte jemand vielleicht[30] zu dieser Hingabe bereit sein.[31] Grammatisch könnten δικαίου und τοῦ ἀγαθοῦ, die in synonymer Bedeutung gebraucht sind, als Neutrum oder Maskulinum verstanden werden. Der Zusammenhang, in dem jeweils von Menschen die Rede ist, für die ein Tod erlitten wird, legt es nahe, daß an denjenigen gedacht ist, für den ein anderer stirbt. In jedem Fall aber wird es so sein, daß in derjenigen Person, für die ein anderer sein Leben einzusetzen bereit ist, ein erkennbarer Anlaß für eine so außerordentliche Hingabe vorhanden sein muß. Dann mag es in besonderen Fällen geschehen, daß ein Mensch für einen anderen den Tod erleidet.

V. 8: Christus aber starb nicht nur für einen einzelnen und dazu auch guten Menschen, sondern für diejenigen, die in gar keiner Weise Liebe verdient hätten. Er gab sein Leben für Gottlose, für Sünder dahin. Darin bezeigte Gott seine Liebe[32], daß Christus „für uns" den Tod erlitten hat. Der im Bekenntnis enthaltenen Aussage, Christus sei „für unsere Sünden" gestorben (1 Kor 15,3), wird durch die Erläuterung, Christus sei für uns gestorben, als wir noch Sünder waren, starke Betonung verliehen. Der Glaubende darf daher davon überzeugt sein, von Gott wahrhaft geliebt zu sein.[33]

V. 9: Am Ende des Abschnitts wird noch einmal auf den Anfang zurückgegriffen und das Verhältnis der bereits empfangenen Rechtfertigung (δικαιωθέντες) zur künftigen Rettung in zwei einander parallelen Sätzen genauer bestimmt. Dabei ist im zweiten Satz die Aussage des ersten wieder aufgenommen und zugleich verschärft. Denn Gottes Liebe gilt nicht nur verlorenen Sündern, sondern sogar Feinden.[34] Durch πολλῷ μᾶλλον wird ein Schluß vom „Geringeren" auf das „Grö-

---

[27] Die handschriftliche Überlieferung des Textes bietet jedoch keinerlei Anhaltspunkt, mit FUCHS (s. Anm. 1) 16, KECK 241–248 und SCHMITHALS, Röm. 158 in V. 7 bzw. 7 und 8 eine nachpaulinische Glosse anzunehmen.

[28] Μόλις im Sinaiticus und einigen anderen Handschriften sekundär zu μόγις abgewandelt.

[29] Der Indikativ Futur hier in gnomischer Bedeutung. Vgl. BL-DEBR § 349,1.

[30] Τάχα = „vielleicht", vgl. BL-DEBR § 102_2; in Verbindung mit τολμᾷ erhält die Aussage den Charakter eines Potentialis; vgl. BL-DEBR § 385_2.

[31] Zum Motiv des edlen Todes, der für andere gestorben wird, vgl. D. SEELY, The Noble Death. Graeco-Roman Martyrology and Paul's Concept of Salvation, JSNT.S 28, Sheffield 1990 sowie A.D. CLARKE, The Good and the Just in Romans 5:7, TynB 41 (1990) 128–142.

[32] In der handschriftlichen Überlieferung schwankt die Stellung von ὁ θεός; doch sprechen die besten Zeugen für die betonte Position am Ende.

[33] Vgl. MELANCHTHON, Rom., zu 5,7: „*Huc enititur fides, ut statuat nos a Deo diligi.*"

[34] Vgl. EICHHOLZ, Theologie: „Das macht Gottes Liebe aus, daß sie in ihrem Vorsprung uneinholbar ist, daß sie dem Sünder gilt." (167) Vgl. auch die knappe Feststellung M. LUTHERS in These 32 der Heidelberger Disputation von 1518: Gottes Liebe finde den Gegenstand ihrer Liebe nicht vor, sondern schaffe ihn. Die Liebe des Menschen hingegen erwachse aus seinem Gegenstand der Liebe: „*Amor Dei non invenit sed creat suum diligibile, Amor hominis fit a suo diligibili.*"

ßere" eingeleitet – eine Form der Argumentation, wie sie in schriftgelehrten Erörterungen gern verwendet wurde.[35] Bereits erfahren wurde von uns – so sagt der Apostel mit dem urchristlichen Bekenntnis – die Rechtfertigung durch den stellvertretenden Tod Christi. Paulus bedient sich herkömmlicher Redeweise, indem er wie 3,25 auf das Blut Christi verweist, durch das die Rechtfertigung bewirkt wurde. Daraus aber darf im Blick auf die Vollendung gefolgert werden, daß die zukünftige Rettung gewiß ist. Die Glaubenden sind davon überzeugt, daß sie vor dem kommenden Zorngericht gerettet werden. Ὀργή ist vom Endgericht gesagt, bei dem alle vor Gottes bzw. Christi Richterstuhl treten müssen (Röm 14,10; 2 Kor 5,10). Dann wird die in der Rechtfertigung bereits erfahrene σωτηρία (Röm 1,16) vor aller Augen offenbar werden.

V. 10: Diese Überzeugung wird noch ein zweites Mal in Form eines Schlusses vom „Geringeren" auf das „Größere" ausgesprochen. Bereits erfahren wurde die Versöhnung mit Gott. In der Reihe der Begriffe, mit denen die Empfänger des göttlichen Liebeserweises bezeichnet werden (ἀσθενεῖς – ἀσεβεῖς – ἁμαρτωλοί), stellt der letzte die höchste Steigerung dar: „Als wir noch ἐχθροί waren, hat Gott uns seine Versöhnung zugewandt." Ἐχθροί kann im aktiven (= Feinde)[36] oder im passiven Sinn (= Verhaßte)[37] verstanden werden. Obwohl möglicherweise beide Bedeutungen mitschwingen, liegt es doch näher, im Zusammenhang mit den vorangehenden Ausdrücken einen Hinweis auf das Verhalten der Menschen zu sehen – eben ihre Feindschaft gegen Gott. Doch in seiner unergründlichen Barmherzigkeit hat Gott als „das alleinige Subjekt versöhnenden Handelns"[38] selbst seinen Feinden seine Liebe durch[39] den Tod seines Sohnes geschenkt.

Mit κατηλλάγημεν wird δικαιωθέντες (V. 9) aufgenommen, so daß deutlich ist, daß die bei weitem seltener verwendete Rede von der Versöhnung (vgl. v.a. 2 Kor 5,18–21) dem Apostel dazu dient, die für ihn zentrale Bedeutung der Rechtfertigungslehre zu präzisieren.[40] Daß das Motiv der καταλλαγή liturgischen Zusammenhängen entnommen sein sollte, die von einem den Kosmos umgreifenden Geschehen handelten,[41] ist bei dem hier entfalteten Schluß vom „Geringeren" auf das „Größere" nicht angedeutet. Bezeichnet καταλλάσσειν die Zusammenfügung einst Getrennter (vgl. 1 Kor 7,11), so geht es bei der Versöhnung, die Gott durch den Tod Christi gewirkt hat, darum, die tiefe Trennung, wie sie zwischen Gegnern und Feinden bestand, zu überwinden und „Frieden mit Gott" zu stiften,

[35] Vgl. Bill. III 223–226; C. Maurer, Der Schluß ‚a minore ad maius' als Element paulinischer Theologie, ThLZ 85 (1960) 149–152; H. Müller, Der rabbinische Qal-Wachomer-Schluß in paulinischer Typologie, ZNW 58 (1967) 73–92.

[36] So Schlier, Röm. 155; Käsemann, Röm. 130; Wilckens, Röm. I 298 u.a.

[37] So Lietzmann, Röm. 60; Wolter, Rechtfertigung 86 u.a.

[38] Käsemann, Erwägungen 50.

[39] Vgl. Käsemann, Röm. 130: „Die Präpositionen wechseln rhetorisch, sind aber beide instrumental."

[40] Vgl. Käsemann, Erwägungen 49.

[41] So Käsemann, Erwägungen 51: es werde in dieser Botschaft „die Machtergreifung Gottes und seines Heilandes angesagt".

wie ihn die um Christi willen Gerechtfertigten empfangen haben (Röm 5,1f.). „Wieviel mehr" – so folgert der Apostel – „werden wir als Versöhnte gerettet werden durch sein Leben." Als der auferstandene Herr ist Christus der Lebendige, so daß auch hier sein Kreuz und seine Auferstehung in ihrer unlösbaren Zusammengehörigkeit als Grund des Heils angegeben werden (vgl. Röm 4,25). An seinem Leben aber will er den Seinen teilgeben, so daß die künftige Rettung unbezweifelbar gewiß ist.

V. 11: Mit der Wendung οὐ μόνον δέ,[42] ἀλλὰ καί (vgl. V. 3) führt Paulus zum Abschluß noch einmal eine Steigerung ein, die zugleich auf den Anfang des Abschnittes Bezug nimmt: „Wir rühmen[43] uns Gottes" (vgl. 1 Kor 1,31) – nicht nur der Hoffnung (V. 2) und der Bedrängnisse (V. 3). Der Ruf jubelnden Bekenntnisses spricht den Gott geschuldeten Dank aus „durch unseren Herrn Jesus Christus", wie es schon zu Beginn mit liturgisch klingendem Ausdruck hieß (V. 1). Haben die „schon" Gerechtfertigten durch ihn bereits die Versöhnung empfangen (νῦν: V. 9 und 11), so können sie sich voller Zuversicht Gottes rühmen und ihm die Ehre geben.

5,12–21 Triumph der Gnade

12) Darum wie durch einen Menschen die Sünde in die Welt kam und durch die Sünde der Tod und so der Tod zu allen Menschen gelangte, weil alle sündigten – 13) Denn bis zum Gesetz war Sünde in der Welt, Sünde aber wird nicht angerechnet, wenn es kein Gesetz gibt. 14) Aber der Tod herrschte von Adam bis auf Mose auch über diejenigen, die nicht gesündigt hatten entsprechend der Übertretung Adams, der ein Urbild des Kommenden ist. 15) Aber nicht wie die Übertretung, so auch die Gnadengabe. Denn wenn infolge der Übertretung des Einen die Vielen gestorben sind, so ist um so mehr die Gnade Gottes und das gnädige Geschenk des einen Menschen Jesus Christus reichlich zu den Vielen gekommen. 16) Und nicht verhielt es sich mit dem Geschenk wie mit dem Einen, der sündigte. Denn das Gericht kam von dem Einen her zur Verurteilung, die Gnadengabe aber führte von vielen Übertretungen zur Gerechtsprechung. 17) Denn wenn durch die Übertretung des Einen der Tod die Herrschaft gewann durch den Einen, dann werden um so mehr diejenigen, die den Reichtum der Gnade und das Geschenk der Gerechtigkeit empfangen haben, im Leben herrschen durch den einen Jesus Christus. 18) Also, wie es durch die Übertretung des Einen für alle Menschen zur Verurteilung kam, so auch durch die Rechttat des Einen für alle Menschen

[42] In einigen Handschriften wird ein τοῦτο sekundär eingefügt.

[43] Das – indikativisch zu verstehende – Partizip καυχώμενοι wird von einigen handschriftlichen Zeugen zum – hier besser passenden, darum aber sicher sekundären – Verbum finitum καυχώμεθα abgewandelt.

zur Gerechtsprechung des Lebens. 19) Denn wie durch den Ungehorsam des einen Menschen die Vielen zu Sündern gemacht wurden, so werden auch durch den Gehorsam des Einen die Vielen zu Gerechten gemacht werden. 20) Das Gesetz aber kam dazwischen hinein, damit sich die Übertretung mehre. Wo aber die Sünde sich gemehrt hatte, da wurde die Gnade überreichlich, 21) damit, wie die Sünde durch den Tod zur Herrschaft kam, so auch die Gnade herrsche durch Gerechtigkeit zum ewigen Leben durch Jesus Christus, unseren Herrn.

ALETTI, J.-N.: Romains 5.12–21. Logique, sens et fonction, Bib. 78 (1997) 3–32; DERS.: Romains 5,12–21. Adam, la Loi, le Christ, in: Israël 101–133; BARTH, K.: Christus und Adam nach Röm 5, ThSt 35, Zürich 1952; BORNKAMM, Anakoluthe 80–90; BRANDENBURGER, Adam; BULTMANN, R.: Adam und Christus nach Römer 5, ZNW 50 (1959) 145–165 = Exegetica 424–444; CAMBIER, J.: Péchés des hommes et péché d'Adam en Rom V. 12, NTS 11 (1964/65) 217–255; CARAGOUNIS, C.C.: Romans 5.15–16 in the Context of 5.12–21: Contrast or Comparison?, NTS 31 (1985) 142–148; ENGLEZAKIS, B.: Rom 5,12–21 and the Pauline Teaching of the Lord's Death: Some Observations, Bib. 58 (1977) 231–236; FEUILLET, A.: Le Règne de la mort et le règne de la vie (Rom V,12–21), RB 77 (1970) 481–521; GRELOT, P.: Pour une lecture de Romains 5,12–21, NRTh 116 (1994) 495–512; HOFIUS, Antithese; JÜNGEL, E.: Das Gesetz zwischen Adam und Christus. Eine theologische Studie zu Röm 5,12–21, ZThK 60 (1963) 43–74 = Unterwegs 145–172; KERTELGE, Adam; MEISER, M.: Die paulinischen Adamsaussagen im Kontext frühjüdischer und frühchristlicher Literatur, in: H. Lichtenberger/G.S. Oegema, Jüdische Schriften in ihrem antik-jüdischen und urchristlichen Kontext I, Gütersloh 2002, 376–401; MONTAGNINI, F.: Rom. 5.12–14 alla luce del dialogo rabbinico, RivBib Suppl 4, Brescia 1971; H. MÜLLER, Typologie; SCHUNACK, Problem; THEOBALD, M.: Die überströmende Gnade, FzB 22, Würzburg 1982.

Gewichtige Aussagen werden in dichter Folge aneinander gereiht, so daß der Gedankengang nahezu überladen wirkt. Der Apostel geht von der bekenntnishaften Rede in der 1. Person Plural zur 3. Person über und führt aus, welch universale Bedeutung das Christusgeschehen hat. Diese wird an der Gegenüberstellung zur Tat Adams und dem Todesverhängnis verdeutlicht, das alle Menschen trifft. Der in V. 12 angesetzte Vergleich wird jedoch nicht durchgeführt, sondern der Satz bricht ab. In V. 13f. schiebt der Apostel einen Zwischengedanken ein, der die Herrschaft des Todes über alle Menschen erläutert. Indem er Adam als „Typus" des Kommenden bezeichnet, leitet Paulus zur Gegenüberstellung mit Christus über. In V. 15–17 wird der Vergleich, zu dem in V. 12 angesetzt wurde, wieder aufgenommen. Dabei liegt der Ton darauf, daß letztlich Unvergleichbares zueinander in Beziehung gesetzt wird. Haben doch Christi Erlösungstat und die durch sie bewirkten Folgen die Übertretung Adams und das durch sie ausgelöste Todesverhängnis unendlich übertroffen. Erst in V. 18f. kann der begonnene Vergleich zu Ende geführt und der Triumph der Gnade herausgestellt werden. Am Schluß wird kurz auf die Frage eingegangen, welche Rolle dem Gesetz in diesem Geschehen zukam: Den Sieg der göttlichen Barmherzigkeit konnte es weder herbeiführen noch vermochte es ihn aufzuhalten. Denn durch Christus ist die

Herrschaft der Gnade angebrochen, die den Tod überwunden und den Zugang zum Leben eröffnet hat.[1]

V. 12: Mit der Wendung διὰ τοῦτο schafft Paulus nicht nur einen lockeren Übergang[2], sondern er zieht aus den bisher vorgetragenen Gedanken eine Schlußfolgerung. Dabei braucht nicht vorausgesetzt zu werden, der ganze Zusammenhang von 1,18 an sollte in den Blick gefaßt werden.[3] Wohl aber wird die Aussage aufgenommen, daß durch Christi Tod die alle Menschen betreffende Versöhnung bewirkt wurde (5,10). Deren universale Bedeutung wird nun des näheren erläutert.[4] Paulus setzt zu einem Vergleich an, den er durch ὥσπερ einleitet; doch folgt keine Entsprechung, wie man sie hätte erwarten sollen. Die anakoluthe Struktur des Satzes ist nicht als stilistische Ungeschicklichkeit zu beurteilen, sondern Ausdruck dafür, daß eine Wahrheit ausgesprochen werden soll, die sich kaum in angemessene Worte fassen läßt.[5] Dem universalen Verhängnis, das durch die Machtergreifung von Sünde und Tod über alle Menschen gekommen ist, wird der Triumph der Gnade entgegengesetzt, der die zwingenden Gewalten zerbrochen und Leben und Seligkeit heraufgeführt hat.

Durch den Ungehorsam des einen Menschen, der Gottes Gebot mißachtete, hat die Sünde Eingang in die Welt gefunden. Mit dem Kosmos ist – wie die anschließende Aussage εἰς πάντας ἀνθρώπους anzeigt – die gesamte Menschheit gemeint. Sie ist der Herrschaft der Sündenmacht und dem ihr folgenden Todesgeschick unterworfen, ohne sich entziehen oder ausweichen zu können. Das Verbum εἰσῆλθεν wird durch διῆλθεν aufgenommen und gesteigert. Dabei ist schwerlich daran gedacht, daß der Tod gleichsam durch die Reihen aller Menschen hindurchgegangen ist (so Michel, Röm. 186), sondern διέρχεσθαι bedeutet „hinkommen", „hingelangen".[6] Der Tod ist als der Sünde Sold (6,23) zu allen Menschen gekommen, so daß er ihnen nicht nur als physisches Ereignis widerfährt, sondern als Nichtigkeit der Ferne von Gott aufgezeigt wird.

Diese weltweite Herrschaft von Sünde und Tod aber begegnete den Menschen nicht als blindes Geschick, das über sie mit unwiderstehlicher Gewalt hereingebro-

---

[1] Zur Struktur des Abschnitts vgl. bes. Bornkamm, Anakoluthe 82; Aletti 6. Den universalen Horizont, in den die durch Christus bewirkte Rettung gerückt wird, betont R.H. Bell, Rom. 5.18–19, NTS 48 (2002) 417–432.

[2] Als lockere Übergangspartikel gewertet durch Lietzmann, Röm. 61; Bultmann 433; Schlier, Röm. 159 u.a.

[3] So in übertreibender Wertung vor allem Nygren, Röm., der in 5,12–21 den Höhe- und Zielpunkt des ganzen Briefes sehen möchte: „Der Gedanke an die beiden Äonen hat die ganze Zeit über im Hintergrund gestanden." (ebd. 156) Doch mit dieser Betonung werden die Gewichte im Gedankengang verschoben. In 1,16f. ist die Thematik des Briefes klar formuliert. Aus dieser wird nun gefolgert, daß mit der Gabe der Gerechtigkeit Gottes Heil und Leben für alle Welt erschlossen wurden.

[4] Vgl. Cranfield, Rom. 271: „The fact that this reconciliation is a reality in the case of believers does not stand by itself: It means that something has been accomplished by Christ which is as universal in its effectiveness as was the sin of the first man."

[5] Vgl. Bornkamm, Anakoluthe 89.

[6] Vgl. Bauer-Aland, s.v.

chen ist; sondern sie alle haben sich ohne Ausnahme selbst schuldhaft vergangen. Der Apostel spekuliert nicht über einen Urstand, der jenem Ereignis vorauslag, sondern er trifft mit knappen Worten die nüchterne Feststellung: „Die Sünde kam durch das Sündigen in die Welt."[7] Der kurze Satz ἐφ' ᾧ πάντες ἥμαρτον ist in der Geschichte der Auslegung auf unterschiedliche Weise verstanden worden. Er will sicherlich nicht besagen, daß die Sünde Adams durch physische Abkunft in der Folge der Generationen von allen Menschen ererbt worden sei. So hatte einst AUGUSTIN erklärt, „daß alle in jenem ersten Mensch gesündigt haben, als er sündigte, und daß von daher durch die Geburt die Sünde ererbt wird".[8] Diese Auslegung, die in der abendländischen Kirche bis in die Zeit der Humanisten allgemein gegolten hat, kann nicht aufrecht erhalten werden; denn weder heißt es ἐν ᾧ noch legt es sich nahe, eine Verbindung zu dem am Anfang des Verses genannten „einen Menschen" anzunehmen. Ebensowenig überzeugt der Versuch, ἐφ' ᾧ auf das näher stehende Wort θάνατος zu beziehen und damit den Begriff des Todes in weiterem Sinn als Verderbtheit der menschlichen Natur zu verstehen.[9] Vielmehr ist ἐφ' ᾧ aufzulösen zu ἐπὶ τούτῳ ὅτι und bedeutet „weil" (vgl. Phil 3,12; 2 Kor 5,4). Beide Aussagen stehen somit hart nebeneinander: Durch Adams Fehltritt sind Sünde und Tod in die Welt gekommen und haben über alle Menschen Herrschaft ergriffen – und: Alle haben gesündigt und sich damit das Verderben zugezogen.

Paulus setzt hier Vorstellungen voraus, wie sie sich auch in jüdischen Texten der damaligen Zeit finden: So heißt es in der Weisheit Salomos, Gott habe den Menschen zum ewigen Leben geschaffen, aber durch den Neid des Teufels sei der Tod in die Welt gekommen. Das besagt, der Teufel habe zur Sünde verleitet und so sei dem Todesverhängnis die Tür geöffnet worden. (Sap Sal 2,23f.). An Gott wird die Klage gerichtet: „Du legtest ihm (d.h. Adam) ein einziges Gebot von dir auf (nämlich: nicht von der verbotenen Frucht zu essen), er aber übertrat es. Alsobald verordnetest du über ihn den Tod, wie über seine Nachkommen." (4 Esra 3,7), bzw.: „Denn um seines bösen Herzens willen geriet der erste Adam in Sünde und Schuld, und ebenso alle, die von ihm geboren sind." (4 Esra 3,21) Darum wird vol-

---

[7] Vgl. BORNKAMM, Anakoluthe 83; BULTMANN, Theologie 251.

[8] SCHELKLE, Paulus 177.

[9] Eine Übersicht über die Vielfalt von Erklärungen, die in verschiedenen Versuchen vorgebracht wurden, bietet FITZMYER, Rom. 413–416, der – schwerlich zu Recht – seinerseits die Auffassung vertritt, es liege eine konsekutive Bedeutung vor: „with the result that all have sinned." Zur Sache vgl. weiter: CRANFIELD, C.E.B.: An Interpretation of Rm 5,12, SJT 22 (1969) 324–341; DANKER, F.W.: Romans V. 12: Sin Under Law, NTS 14 (1967/68) 424–439; FITZMYER, J.A.: The Consecutive Meaning of ἐφ' ᾧ in Romans 5.12, NTS 39 (1993) 321–339; KIRBY, J.T.: The Syntax of Romans 5.12: A Rhetorical Approach, NTS 33 (1987) 283–286; KNAUER, P.: Erbsünde als Todverfallenheit. Eine Deutung von Röm. 5,12 aus dem Vergleich mit Hebr. 2,14f., ThGl 58 (1968) 153–158; LYONNET, S.: Le sens de ἐφ' ᾧ en Rom 5,12 et l'exégèse des Pères grecs, Bib. 36 (1955) 431–456; DERS.: Le Péché originel en Rom 5,12: L'Exégèse des pères grecs et les décrets du Concile de Trente, Bib. 41 (1960) 325–355; DERS.: À propos de Romains 5,12 dans l'oeuvre de saint Augustin. Note complémentaire, Bib. 45 (1964) 541–542; SCULLION, J.J.: An Interpration of Rm 5,12, ABR 16 (1968) 31–36; WEDDERBURN, A.J.M.: The Theological Structure of Romans V. 12, NTS 19 (1972/73) 339–354.

ler Trauer ausgerufen: „Ach Adam, was hast du getan. Als du sündigtest, kam dein Fall nicht nur auf dich, sondern auch auf uns, deine Nachkommen." (4 Esra 7,118)

Diese Tat hatte zur Folge, daß Adam den Tod (in die Welt) brachte „und verkürzte die Jahre derer, die von ihm abstammen" (syr Bar 17,3; vgl. weiter 23,4; 48,42f.). Auf der anderen Seite aber wird gesagt: „Wenn Adam zuerst gesündigt und über alle den vorzeitigen Tod gebracht hat, so hat doch von denen, die von ihm abstammen, jeder einzelne sich selbst die zukünftige Pein zugezogen und wiederum hat sich jeder einzelne von ihnen die zukünftige Herrlichkeit erwählt ... Adam ist also einzig und allein für sich selbst die Veranlassung, wir alle aber sind ein jeder für sich selbst zu Adam geworden." (syr Bar 54,15.19) In rabbinischer Lehre gilt der Grundsatz, wie ihn R. Ammi (um 300) knapp formuliert hat: „Es gibt keinen Tod ohne Sünde und keine Leiden (Züchtigungen) ohne Schuld."[10] Ein logischer Ausgleich zwischen den verschiedenen Aussagen wird nicht hergestellt. Zwar heißt es, Adams Tat habe für die ganze Menschheit Tod zur Folge gehabt. Aber das bedeutet nicht, daß alle Menschen gleichsam einem Zwang unterworfen worden wären zu sündigen.

Der Apostel knüpft an diese Gedanken an und verschärft sie dahin, daß durch Adams Übertretung die ἁμαρτία als kosmische Macht zur Herrschaft gelangt und dadurch das Todesverhängnis über alle Menschen gekommen sei. Die Gefangenschaft, in die sie gegenüber der Gewalt der Sünde geraten sind, stellt zwar ein unentrinnbares Verhängnis dar; zugleich aber ist dieses immer durch schuldhaftes Verhalten ausgelöst: Weil eben alle – niemand ausgeschlossen – gesündigt haben.[11]

V. 13: In einer Zwischenbemerkung wird V. 13f. die Frage verhandelt, inwiefern denn von einer so weitreichenden Herrschaft die Rede sein kann, die Sünde und Tod gewonnen haben.[12] Paulus erklärt: Sünde war schon in der Welt, ehe das Gesetz kam. Die Aussage ist in äußerster Knappheit formuliert, die Begriffe stehen ohne Artikel. Gleichwohl ist deutlich, daß nicht irgendein Gesetz gemeint ist, sondern die Thora, die Mose am Sinai übergeben wurde. Ehe sie da war, war die Sünde – von Adam her – längst zur Herrschaft gelangt. Doch konnte sie noch nicht dingfest gemacht werden, wie man eine Schuld in ein Rechnungsbuch einträgt.[13]

V. 14: Die Macht des Todes, die seit Adams Ungehorsam zur Herrschaft über alle Menschen gelangt war, beweist, daß auch diejenigen ihrer Gewalt unterworfen wa-

---

[10] b Schab 55a; vgl. Bill. III 228.

[11] Vgl. Peterson, Röm. 138: „Die Sünde kommt erst in den Kosmos, und dann sündigen sie alle"; ebd. 148: „Das Primäre ist also nicht, daß alle Menschen sterben, sondern daß der Tod in die Welt gekommen ist. Daß alle Menschen sterben, ist dann nicht mehr verwunderlich, wenn der Tod einmal in den Kosmos, in den Äon eingetreten ist."

[12] Z.St. vgl. C.H. Giblin, A Qualifying Parenthesis (Rm 5:13–14) and Context, in: To Touch the Text, FS J.A. Fitzmyer, New York 1989, 305–315; J.C. Poirier, Romans 5:13–14 and the Universality of Law, NT 38 (1996) 344–357.

[13] Ἐλλογεῖν heißt „auf die Rechnung setzen", „in Rechnung stellen". Vgl. G. Friedrich, Ἁμαρτία οὐκ ἐλλογεῖται Röm. 5,13, ThLZ 77 (1952) 523–528 = Wort 123–131.

ren, die nicht[14] ebenso[15] wie Adam sündigten. Denn ihnen war kein bestimmtes Verbot gegeben, gegen das sie hätten verstoßen können. Gleichwohl herrschte der Tod „als sofortige Strafe in der Zeit von Adam bis Mose über die, die nicht ein konkretes Gottesgebot übertreten hatten, wie es bei Adam der Fall war".[16] Jener erste Mensch, durch dessen Ungehorsam die Sünde und mit ihr der Tod zur Herrschaft über alle Welt gelangte, ist – wie im angehängten Relativsatz bemerkt wird – ein Typus des Kommenden, d.h. Christi. Der Begriff τύπος meint das Vorbild bzw. Urbild, das auf sein Gegenbild verweist (vgl. 1 Kor 10,6; ferner Phil 3,17; 1 Thess 1,7).[17] So wird Adam als derjenige, der den Tod als Gottesferne verursacht hat, zu Christus in Beziehung gesetzt, der den Tod überwunden und das Leben gebracht hat.[18]

Adam und Christus[19]

Wie an unserer Stelle so werden auch 1 Kor 15 Adam und Christus als Typ und Antityp einander gegenübergestellt: „Denn durch einen Menschen der Tod, so auch durch einen Menschen Auferstehung der Toten." (1 Kor 15,21) Diese Aussage ist in lehrhaftem Stil gehalten; weder stehen Artikel bei den Substantiven noch findet sich ein Verb im Satz, aus dem dann gefolgert wird: „Denn wie in Adam alle sterben, so werden in Christus alle lebendig gemacht werden." (1 Kor 15,22) Später heißt es dann im selben Kapitel, der erste Mensch sei zu einer ψυχὴ ζῶσα geschaffen worden, der letzte Adam aber εἰς πνεῦμα ζῳοποιοῦν. Doch das Pneumatische stehe nicht am Anfang, sondern das Psychische, danach komme erst das Pneumatische. Der erste Mensch stamme von der Erde, der zweite aber vom Himmel (1 Kor 15,45–47). Das bedeutet: Alle, die zu Adam gehören, sind dem Tod verfallen – von der Sündenmacht ist hier nicht die Rede. Die aber zu Christus gehören, werden das Bild des Himmlischen tragen.

---

[14] Durch Streichung des μή setzen spätere Abschreiber das Verhalten seiner Nachkommen dem Ungehorsam Adams gleich.

[15] Ὁμοίωμα in der Bedeutung „Gleichheit", „Gleichbild". Vgl. U. Vanni, Ὁμοίωμα in Paolo, Gr. 58 (1977) 321–345.

[16] Vgl. Friedrich (s. Anm. 13) 528 = 131.

[17] Vgl. Brandenburger, Adam 241: Adam ist Typus „als geschichtliche Vorabbildung und Vorausdarstellung des ebenfalls im Bereich der Geschichte sich vollziehenden Heilsgeschehens Christi"; sowie: K.-H. Ostmeyer: Typologie und Typus: Analyse eines schwierigen Verhältnisses, NTS 46 (2000) 112–131, hier 128: „Zwischen Adam und Christus existieren nur zwei Gemeinsamkeiten: zum einen das Menschsein und zum anderen die Rolle des Prägenden bzw. die Stammvaterfunktion."

[18] Ὁ μέλλων ist weder mit ὁ ἐρχόμενος (Mt 11,3 Hebr 10,37) gleichzusetzen und als messianisches Prädikat zu verstehen (so Michel, Röm. 188) noch – wie gelegentlich erwogen – durch „Mose" zu ergänzen. Vgl. Wilckens, Röm. I 321 Anm. 1066. Vielmehr wird dem ersten Menschen Christus als der kommende, d.h. letzte Adam gegenübergestellt.

[19] Außer der oben (S. 173) genannten Literatur vgl.: Barrett, Adam; Conzelmann, H.: Der erste Brief an die Korinther, KEK 5, Göttingen ²1981, 349–353; Goppelt, L.: Typos. Die typologische Deutung des Alten Testaments im Neuen, BFTh II 43, Gütersloh 1939 (Nachdruck 1966); Hooker, M.D.: From Adam to Christ, Cambrigde 1990; Jeremias, J.: ThWNT I, 141–143; Langsfeld, P.: Adam und Christus, Essen 1965; Luz, Geschichtsverständnis 193–222; Sahlin, H.: Adam – Christologie im Neuen Testament, StTh 41 (1987) 11–32; Schlier, Röm. Exkurs: Adam bei Paulus; Scroggs, Adam; im übrigen vor allem die Monographie von Brandenburger, Adam, sowie die einschlägigen Abschnitte in den Lehrbüchern über die Theologie des NT, zuletzt Strecker, Theologie 63–69.

In seiner Unterweisung der Gemeinden wird der Apostel die Gegenüberstellung von Adam und Christus in unterschiedlicher Weise verwendet haben. Daher stellt sich die Frage, wo in der spätantiken Religionsgeschichte Vorbilder für einen derartigen Vergleich gefunden werden könnten, deren sich Paulus bedient hätte. Diese Problematik ist in der religionsgeschichtlichen und exegetischen Diskussion der beiden letzten Generationen intensiv verhandelt und recht unterschiedlich beantwortet worden. Dabei besteht kein Zweifel darüber, daß weder die Schriften des AT eine Entsprechung zwischen Adam und Messias kennen noch sich in der nachbiblischen und rabbinischen Literatur ein vergleichbares Vorbild aufweisen läßt. Zwar findet sich im älteren rabbinischen Schrifttum gelegentlich die Bezeichnung Adam als „erster Mensch", doch wird nirgendwo gesagt, daß auf den ersten ein letzter Adam folgen werde.[20] Daher ist diesem breiten Schrifttum kein Beispiel zu entnehmen, das der Apostel hätte aufgreifen und auf die von ihm entfaltete Christologie anwenden können.

1. Zum Vergleich einladende Vorstellungen, die vom Urmenschen am Anfang und vom Erlöser am Ende handeln, kennt der gnostische Mythus, den in der älteren Diskussion manche Gelehrte als Vorbild für die paulinische Adam-Christus-Typologie meinten ansehen zu können.[21] Nach gnostischer Lehre ist der Urmensch nicht infolge von ihm begangener Sünde, sondern durch ein widriges Geschick in die Welt gefallen und in ihr gefangen gehalten worden. Dadurch wurde die ihm verliehene göttliche Pneumasubstanz in das Gefängnis irdischer Materie gebannt. Um das Licht himmlischen Pneumas, das in jeder Menschenseele schlummert, wieder zu befreien, kommt der göttliche Erlöser vom Himmel herab, reißt die Lichtfunken aus ihrer Gefangenschaft und führt die Erlösten mit sich in die himmlische Welt hinauf.

Wenn Paulus von diesem Mythus abhängig sein sollte, müßte er sehr starke inhaltliche Veränderungen vorgenommen haben. Denn die Gnosis erzählt von einem geschichtslosen, zeitlos gültigen Mythus, Paulus aber denkt geschichtlich und blickt auf ein bestimmtes Ereignis am Anfang wie auch am Ende. Die Gnosis handelt von einem tragischen Verhängnis, das über den Urmenschen hereinbrach. Paulus aber weist auf den ursächlichen Zusammenhang hin, in dem der Tod auf die Sünde folgt. Und schließlich: Nach dem gnostischen Mythus stehen Erlöste und Erlöser in einer auch durch deren Gefangenschaft nicht aufgehobenen natürlichen Verwandtschaft zueinander, die durch die Befreiung daraus zu neuem Leben erweckt wird. Paulus aber kennt mit der urchristlichen Christologie keine ursächliche Zusammengehörigkeit von Erlösten und Erlöser, sondern sieht die Sendung des Christus ausschließlich im unerforschlichen Ratschluß des gnädigen Gottes begründet.[22]

Wird man auf Grund der genannten Unterschiede schwerlich annehmen können, daß der Apostel ein fertig ausgeprägtes Vorbild aus der Umwelt übernommen hat, so liegen doch sowohl im Dualismus der Gnosis wie auch in jüdischen Adamsspekulationen wichtige Voraussetzungen vor, an die Paulus anknüpfen konnte, um die Adam-Christus-Typologie auszubilden.

2. Von erstem und zweitem Menschen ist in der hellenistisch-jüdischen Anthropologie die Rede, wie sie vor allem der Philosoph Philo von Alexandria entwickelt hat.[23] Bekanntlich

---

20 Vgl. BILL. III 477f.

21 Unter ihnen BULTMANN 431–444; BORNKAMM, Anakoluthe 80–90; vorsichtiger: BRANDENBURGER, Adam 68–157; STRECKER, Theologie 63–69.

22 Zur kritischen Beurteilung vgl. vor allem C. COLPE, Die religionsgeschichtliche Schule. Darstellung und Kritik ihres Bildes vom gnostischen Erlösermythus, FRLANT 60, Göttingen 1961.

23 Vgl. insbesondere All I, 31f. und Op 134.

wird in der biblischen Schöpfungsgeschichte zweimal von der Erschaffung des Menschen berichtet, Gen 1,26f. und Gen 2,7. Philo nahm an, daß es sich dabei um zwei verschiedene Schöpfungen gehandelt habe. Gen 1,27 wird daher auf den himmlischen Menschen bezogen; denn das Erste ist das Wertvollere. Gen. 2,7 dagegen ist von der Erschaffung des irdischen Menschen berichtet. Der himmlische Mensch ist nicht geformt, sondern nach dem Bild Gottes gestaltet worden. Er empfing das göttliche πνεῦμα und hat weiterhin daran teil. Anders der irdische Mensch: Er beging den Sündenfall und wurde aus dem Paradies verjagt. Er hat die flüchtige Berührung mit dem Geist Gottes durch den Sündenfall wieder verloren. Der erste Mensch, der nach dem Ebenbild Gottes geschaffen wurde, ist eine Idee im platonischen Sinne. Der zweite Mensch aber, auf den Gen 2,7 bezogen wird, ist Adam, der sündigte. Von ihm stammt die irdische Menschheit ab.[24]

In formaler Hinsicht läßt sich diese Gegenüberstellung mit der Adam-Christus-Typologie vergleichen; doch ihrem Inhalt nach besteht ein fundamentaler Unterschied. Denn die paulinische Argumentation ist eschatologisch bestimmt und erkennt daher dem zweiten Adam grundsätzliche Überlegenheit gegenüber dem ersten zu. Philo aber ist an der platonischen Ideenlehre orientiert und sieht daher nicht im zweiten, sondern im ersten Menschen das bei weitem höher zu wertende Urbild, von dem der zweite Mensch deutlich abgehoben wird. Weder eine gedankliche Verbindung, noch das Verhältnis einer gegenseitigen Abhängigkeit läßt sich daher bei einem Vergleich der paulinischen Texte mit den Ausführungen des Philo feststellen.

3. Für die frühe Christenheit sind ebenso wie für den Apostel Paulus verbreitete Vorstellungen vorauszusetzen, wie sie einerseits in apokalyptischen Aussagen über die Schuld Adams und das durch sie ausgelöste Todesverhängnis, andererseits in einem pessimistischen Weltverständnis der frühen vorchristlichen Gnosis ausgebildet wurden.[25] Diese Gedanken konnte der Apostel aufgreifen und in seine Christologie einbeziehen. Dabei legt er den Nachdruck seiner Ausführungen nicht darauf, über das Geschick Adams zu spekulieren, sondern hebt er die in jeder Hinsicht unvergleichliche universale Reichweite des Christusgeschehens hervor. Von diesem her aber kann erhellt werden, welche Folgen einst durch Adams Ungehorsam ausgelöst wurden, so daß – im Unterschied sowohl zur Apokalyptik wie auch zur Gnosis – erst im Licht der Christusbotschaft erkannt wird, wie die Sünde zu universaler Herrschaft gelangt war. Doch Christus hat den Sieg gewonnen über die kosmischen Gewalten von Sünde und Tod.

1 Kor 15 wendet Paulus die Adam-Christus-Typologie auf den Gegensatz von Tod und Auferstehung an und zieht daraus Folgerungen für die Anthropologie. Die Art seiner Argumentation macht den Eindruck, daß den Lesern seine Überlegungen aus der Unterweisung der Gemeinde wenigstens in Grundzügen bekannt gewesen sein werden. Jetzt aber kommt es darauf an, die entsprechenden Konsequenzen zu bedenken. Röm 5 geht Paulus über die den Korinthern vorgetragenen Sätze einen wesentlichen Schritt hinaus, indem er nicht nur vom θάνατος und seiner Überwindung, sondern auch von der ἁμαρτία und ihrer Entmachtung handelt. Leitender Gesichtspunkt ist auch hier das Christuskerygma, dessen Gültigkeit für alle Welt aufgezeigt werden soll. Doch lassen die Ausführungen erkennen, daß der Apostel darum ringen muß, den rechten Ausdruck zu finden.[26] Der eingangs angesetzte

---

[24] Vgl. die Übersicht bei CONZELMANN, 1 Kor. (s. Anm. 19) mit der behutsamen Auswertung der von ihm zusammengetragenen Belege.

[25] Vgl. insbesondere die Belege, die SCHLIER, Röm. 179–189, aufgeführt hat.

[26] Vgl. LUZ, Geschichtsverständnis 197.

Vergleich zerbricht in einer nicht zu Ende geführten Satzkonstruktion (V. 12). Und nach einem ersten Zwischengedanken, der sich hieran anschließt (V. 13f.), muß er darauf hinweisen, daß letztlich die Gegenüberstellung von Adam und Christus eine so wesentliche Verschiedenheit aufweist, daß sie nicht nur unzureichend, sondern eigentlich nicht möglich ist.

V. 15: Nach der Zwischenbemerkung von 13f. setzt der Apostel erneut an, um den in V. 12 angekündigten Vergleich durchzuführen. Adam und Christus sind grundsätzlich voneinander unterschieden (V. 15–17). Erst V. 18f. wird die Adam-Christus-Typologie abgeschlossen.[27] Die überlegt gewählten Begriffe enden jeweils auf -μα, um den konkreten Bezug herzustellen und die Folgenschwere sowohl der begangenen Übertretung wie auch des göttlichen Gnadenerweises zu unterstreichen.[28] Die einander gegenübergestellten Ausdrücke entsprechen in Wahrheit einander doch nicht, παράπτωμα auf der einen und χάρισμα auf der anderen Seite. Als χάρισμα bezeichnet Paulus des öfteren eine vom Geist gewirkte Gnadengabe (Röm 12,6; 1 Kor 12,4.31 u. ö.); hier ist jedoch an den göttlichen Gnadenerweis im Christusgeschehen gedacht. Dieser wird in knapper Formulierung, die auf Prädikate verzichtet, der von Adam begangenen Übertretung entgegengesetzt. Durch die Übertretung des Einen, d. i. Adams, ist einst der Tod über alle[29] gekommen. Doch Gottes Barmherzigkeit und sein gnädiges Geschenk sind von ungleich größerer Wirkung. Die Steigerung ist nicht nur durch πολλῷ μᾶλλον, sondern auch durch ἐπερίσσευσεν ausgedrückt. Was durch den einen Menschen Jesus Christus geschah, ist in überströmender Fülle allen, d.h. der ganzen Menschheit, zuteil geworden.

Der Apostel nimmt auch hier Vorstellungen auf, wie sie in vergleichbaren jüdischen Texten ausgesprochen wurden. Man vertrat den allgemeinen Grundsatz, daß das Maß der Güte Gottes allemal größer ist als das Maß der strafenden Gerechtigkeit[30] und richtete die Hoffnung darauf, daß Gott am Ende eine wunderbare Ernte geben wird: „Ein Körnchen bösen Samens war von Anfang an in Adams Herz gesät. Doch welche Sündenfrucht hat es bis jetzt getragen und wird noch weiter tragen, bis daß die Dreschzeit kommt. Ermiß nun selbst! Wenn schon ein Körnchen bösen Samens solch eine Sündenfrucht getragen hat, welch große Ernte wird es geben, wenn einst des Guten Ähren ohne Zahl gesät werden.“ (4 Esra 4,30–32) Paulus aber spricht nicht von einer auf die Zukunft gerichteten Erwartung, sondern handelt von der universalen Wirkung des Christusgeschehens und verleiht damit seiner Aussage starken Nachdruck.

V. 16: Zuerst wird die Gabe göttlichen Geschenks genannt, die durch den Einen erfolgte, und dann ein erläuternder Satz angeschlossen, der die unvergleichliche

---

[27] Vgl. MÜLLER, Typologie 80f.

[28] Vgl. BL-DEBR § 488_8.

[29] Οἱ πολλοί = הָרַבִּים in der Bedeutung „alle“; vgl. J. JEREMIAS, ThWNT VI, 543. Doch wird man in dem Satz δίκαιοι κατασταθήσονται schwerlich eine Wiedergabe von Jes 53,11 c zu sehen haben.

[30] Belege bei BILL. III, 230.

Überlegenheit der Gnadengabe über das Gerichtsurteil benennt. Wiederum sind knappe Formulierungen gewählt, die ohne Verben bleiben: Das richtende Urteil (κρίμα) führte von dem Einen, d.h. Adam, zur Verurteilung (κατάκριμα), die das Ende des ersten wie aller anderen Menschen ist. Auf der anderen Seite aber steht der Gnadenerweis, bei dem Christus es nicht nur mit der Sünde des Einen zu tun hatte, sondern mit den Übertretungen der Vielen, d.h. aller. „Das Fundament, der Pfeiler der Gnade ist also breiter und also die Tragfähigkeit der Gnade stärker."[31] Die Substantiva mit der Endung -μα zielen wieder auf den konkreten Bezug: δώρημα, κρίμα–κατάκριμα, χάρισμα. Die Verknüpfung der Adam-Christus-Typologie mit der Theologie der Rechtfertigung erfolgt daher durch den an das Ende des Satzes gestellten Begriff δικαίωμα.

V. 17: Anders als in den beiden vorhergehenden Versen wird nicht mit einer kurzen These eingesetzt, der dann eine Erläuterung folgt; sondern durch γάρ eingeleitet gibt Paulus sofort eine Begründung, die noch einmal durch ein steigerndes „um so mehr" den Triumph der Gnade gegenüber dem einst heraufgeführten Verhängnis beschreibt.[32] Dabei wird der Blick auf die Wirkung gerichtet, die einerseits von Adams Übertretung, andererseits von Christi Gnadentat ausgelöst wurde.

Adams Tat hatte zur Folge, daß der Tod zu allgemeiner Herrschaft gelangte. Doch alle, die den überströmenden Reichtum der Gnade und das Geschenk der Gerechtigkeit[33] empfangen haben, werden durch den Einen, Jesus Christus, im Leben herrschen. Die Tat Christi unterscheidet sich auf das deutlichste von der Tat Adams. Denn: (1) Sie wirkt nicht zwangsläufig wie die Folgen, die Adam einst ausgelöst hatte. Der Gnadenerweis Gottes in Christus will vielmehr im Glauben angenommen sein (λαμβάνοντες). (2) Alle Nachkommen Adams sind der fremden Gewaltherrschaft des Todes unterworfen. Die aber zu Christus gehören, sollen an seiner Herrschaft teilhaben, die bleibendes, gültiges Leben an die Stelle des Todes setzt. (3) Daher wechseln die Tempora. Dem ingressiven Aorist ἐβασίλευσεν wird das Futurum βασιλεύσουσιν entgegengesetzt. Alle, die um Christi willen im Glauben die Rechtfertigung empfangen haben, werden mit ihm am Triumph der Gnade und daher an der Herrschaft des Kyrios teilhaben, die durch ein Leben ausgezeichnet ist, das kein Ende haben wird. Dieser zukünftigen Vollendung sind diejenigen gewiß, die sich zum gekreuzigten und auferstandenen Christus bekennen und darum schon hier und jetzt aus dem Regiment des Todes befreit und zum wahren Leben geführt worden sind.

V. 18: Nunmehr kann der Apostel Schlußfolgerungen ziehen und in V. 18 und 19 in kritischem Vergleich, der durch ὡς bzw. ὥσπερ–οὕτως bezeichnet wird, Adam und Christus einander gegenüberstellen. Dabei werden jeweils der Eine und die Vielen genannt und die Wirkungen der einen wie der anderen Tat hervorgehoben:

---

[31] BORNKAMM, Anakoluthe 86.

[32] Zur Struktur der Sätze vgl. bes. SCHLIER, Röm. 167.

[33] Nur in C fehlt – sekundär – τῆς δικαιοσύνης.

παράπτωμα – κατάκριμα, sowie δικαίωμα–δικαίωσις. Der Satz ist wiederum lehrhaft gehalten und spricht in knappen Formulierungen, denen Verben fehlen, die Antithese aus. Kam es durch die Übertretung des Einen für alle Menschen zur Verurteilung, die im Tod besteht, so durch die Rechttat des Einen für alle Menschen zur Gerechtsprechung des Lebens. Der angefügte Begriff ζωῆς könnte als Genetivus qualitatis bzw. objectivus verstanden werden und würde dann den Charakter der δικαίωσις hervorheben. Näher liegt es jedoch, daß er einen Genetiv des Zweckes darstellt[34], der das Ziel angibt, zu dem die Rechtfertigung führt: Leben und Seligkeit.

V. 19: Ein zweites Mal wird ein Vergleich ausgesprochen, bei dem nun an die Stelle der Begriffe παράπτωμα und δικαίωμα die Gegenüberstellung παρακοή und ὑπακοή tritt. In scharfem Gegensatz zu Adams Ungehorsam, mit dem er das ihm erteilte Verbot übertrat, steht Christi Verhalten, mit dem er Gottes Willen erfüllte und gehorsam war bis zum Tod, ja zum Tod am Kreuz – wie Paulus die ihm vorgegebene Aussage eines urchristlichen Hymnus betont hervorhebt (Phil 2,8).

War es Wirkung der ersten Tat, daß die Vielen – d.h. alle – zu Sündern gemacht wurden, so die des Gehorsams des Einen, daß die Vielen – wiederum: alle – zu Gerechten gemacht werden. Das Verb καθιστάναι = „(jemanden) hinstellen" macht eindeutig klar, daß es für Paulus keinen Unterschied zwischen Gerechterklärung und Gerechtmachung gibt. Denn wen Gott gerecht spricht, der ist gerecht, weil die δικαιοσύνη nicht eine ethische Qualität bezeichnet, sondern das Verhältnis zu Gott.[35] Das Futurum κατασταθήσονται könnte in eschatologischem Sinn als Hinweis auf den Urteilsspruch verstanden werden, den Gott am Jüngsten Tag fällen wird. Obwohl ein endzeitlicher Bezug sicherlich eingeschlossen ist, empfiehlt es sich, logische Bedeutung anzunehmen. Denn der Apostel will die bereits die Gegenwart bestimmende Bedeutung der Rechtfertigung betonen.[36] Denn „das, woraufhin die Menschen nun leben können (und sollen), ist das von Jesus Christus angebotene und in der Hingabe für uns bereits realisierte Leben, das Gottes χάρις als Gottes δωρεά und Gottes Gerechtigkeit gewährt" (Schlier, Röm. 176).

V. 20: Mit V. 19 ist ein gewisser Abschluß des Gedankengangs erreicht; denn Gegenüberstellung wie auch Unvergleichlichkeit Adams und Christi sind dargelegt worden. Doch wie oben zu V. 13f. und an anderen Stellen seiner Briefe stellt sich für Paulus auch hier die Frage, wie es denn um das Gesetz stehe (vgl. Gal 3,19). Wo immer der Apostel von der durch die Rechtfertigung zuteil gewordenen Rettung spricht, steht ihm der Einwand vor Augen, ob denn das Gesetz in der Geschichte der Menschheit keine Möglichkeit hatte eröffnen können, zum Heil zu führen.

---

[34] Vgl. Bl-Debr § 166_1.

[35] Vgl. Bultmann 160 = 438.

[36] Zu den unterschiedlichen Auffassungen der Exegeten vgl. Käsemann, Röm. 149, der sich für ein eschatologisches Futur entscheidet.

Das verneint Paulus mit aller Entschiedenheit. Das Gesetz ist dazwischengekommen – „und zwar kam es nicht so, daß es die Sünde beseitigte und beseitigen sollte, sondern so, daß es neben die Sünde zu stehen kam" (PETERSON, Röm. 172). Dadurch aber weckte es die ἐπιθυμία, die zur Übertretung führte (7,7–25). Der Apostel formuliert daher die provokative These, daß das Gesetz dazu in die Geschichte der Menschheit eintrat, damit die Übertretung sich mehre. Vom παράπτωμα als der konkreten Verletzung göttlichen Gebotes kommt es zur Herrschaft der ἁμαρτία als den Kosmos knechtender Gewalt (vgl. 5,12). Wo sie aber ihr Regiment aufrichtete, da konnte die Gnade nur um so reichlicher zur Wirkung gelangen. So war es Gottes Wille, daß sie gerade dort walten sollte, wo die Sünde mächtig ist. Gegen mißverstehende und mißdeutende Folgerungen, die man in polemischer Erwiderung aus diesem herausfordernden Satz meint ableiten zu können, wendet sich Paulus in Kap. 6 und weist sie in scharfer Replik zurück. Zunächst aber lenkt er die Aufmerksamkeit auf die entschiedene Feststellung, daß nicht das Gesetz Heil zu schaffen vermochte, sondern allein durch Christus die Gnade zur Herrschaft kam.

V. 21: In einem zweiten ἵνα-Satz wird die Absicht Gottes beschrieben, die den Weg zur Rettung wies: War die Sünde im Bündnis mit dem Tod zu universaler Herrschaft gelangt, so sollte die Gnade ihre Herrschaft aufrichten durch die Gerechtigkeit, die durch Jesus Christus das ewige Leben schenkt. Die Tyrannei der machtvollen Verbindung von Sünde und Tod ist ein für allemal gebrochen und der Triumph der Gnade offenbar geworden.[37] Mit der vollklingenden liturgischen Wendung „Jesus Christus unser Herr" bringt Paulus seinen Gedankengang zum Abschluß und stimmt in den Lobpreis ein, den die Christenheit in ihrem Bekenntnis zum Ausdruck bringt. Die Frage aber, was die Gabe des auf diese Weise erschlossenen Lebens nun für das Verhalten und Handeln der Christen bedeutet, wird im folgenden Kap. aufgenommen.

6,1–23 Rechtfertigung als Heiligung

Im 6. Kap. setzt sich der Apostel mit kritischen Einwänden auseinander, die gegen seine Auslegung des Evangeliums durch die Theologie der Rechtfertigung erhoben wurden. Diese betreffen vor allem die Konsequenzen, die aus dem empfangenen Freispruch für den Lebensvollzug der Glaubenden zu ziehen sind. Gelten „sola gratia" und „sola fide", so könnte es gleichgültig erscheinen, wie man sich verhält – ob gesetzestreu oder auch libertinistisch. Der Apostel weist solche Bedenken nicht nur zurück, sondern begründet diesen Widerspruch, indem er Rechtfertigung als Heiligung begreifen lehrt. Dabei ist die Heiligung nicht als eine zweite Größe von der Rechtfertigung als erster unterschieden, sondern sie wird mit ihr gleichgesetzt.

---

[37] Vgl. LUZ, Geschichtsverständnis 205: „Die Unheilsgeschichte dient also letztlich nur dazu, die Gewißheit des Heils und seine alles überwindende Kraft ermessen zu lassen."

Wen der barmherzige Gott um Christi willen gerecht gesprochen hat, der gilt nicht nur als gerecht, sondern er ist es. Das aber bedeutet, daß er sich entsprechend zu verhalten hat: Freiheit von der Sünde (6,1–14) beinhaltet zugleich die Freiheit zum Gehorsam (6,15–23).

Die Ausführungen des Apostels werden gegliedert durch die beiden Einsprüche, die in schlagwortartigen Formulierungen zitiert werden. Dabei stellen die Verse 12–14, die von einigen Exegeten zum folgenden Abschnitt gezogen werden, einen gewissen Übergang vom ersten zum zweiten Teil dar. Denn sie bieten im Anschluß an die in V. 11 ausgesprochene Folgerung eine paränetische Konkretisierung. Daher empfiehlt es sich, hinsichtlich der Gliederung den beiden mit τί οὖν beginnenden Einsätzen in V. 1 und V. 15 zu folgen und die Struktur des Kapitels entsprechend zu bestimmen.[1] Steht in V. 1–14 der Gegensatz von Tod und Leben im Mittelpunkt des Gedankengangs, so in V. 15–23 der von Knechtschaft und Freiheit.

6,1–14 Die Befreiung von der Gewalt der Sünde

1) Was sollen wir nun sagen? Sollen wir bei der Sünde bleiben, damit die Gnade sich mehre? 2) Das sei ferne! Die wir der Sünde gestorben sind, wie könnten wir noch in ihr leben? 3) Oder wißt ihr nicht, daß wir, die wir auf Christus Jesus getauft sind, in seinen Tod getauft worden sind? 4) Wir wurden also mit ihm begraben durch die Taufe in den Tod, damit, wie Christus von den Toten auferweckt wurde durch die Herrlichkeit des Vaters, so auch wir in der neuen Wirklichkeit des Lebens wandeln. 5) Denn wenn wir verbunden wurden mit dem Abbild seines Todes, so werden wir es auch mit dem seiner Auferstehung sein. 6) Das wissen wir, daß unser alter Mensch mitgekreuzigt wurde, damit der Leib der Sünde vernichtet würde, so daß wir der Sünde nicht mehr dienen. 7) Denn wer gestorben ist, der ist frei von der Sünde. 8) Wenn wir aber mit Christus gestorben sind, glauben wir, daß wir auch mit ihm leben werden. 9) Wissen wir doch, daß Christus, von den Toten auferweckt, nicht mehr stirbt; der Tod hat keine Herrschaft mehr über ihn. 10) Denn was er gestorben ist, das ist er der Sünde gestorben ein für allemal. Was er aber lebt, lebt er Gott. 11) So seht auch ihr euch selbst als tot für die Sünde an, lebendig aber für Gott in Christus Jesus.

12) Darum soll die Sünde nicht herrschen in eurem sterblichen Leib, daß ihr seinen Begierden gehorcht. 13) Und stellt nicht eure Glieder als Waffen der Ungerechtigkeit der Sünde zur Verfügung, sondern stellt euch Gott zur Verfügung als solche, die aus Toten lebendig geworden sind, und eure Glieder als Waffen der Gerechtigkeit für Gott. 14) Denn die Sünde wird nicht mehr herrschen über euch; denn ihr seid nicht mehr unter dem Gesetz, sondern unter der Gnade.

---

[1] Zur Bestimmung der Struktur des Kapitels vgl. bes. Fitzmyer, Rom. 431f.; sowie B. Byrne, Living out the Righteousness of God: The Contribution of Rom 6:1–8:13 to an Understanding of Paul's Ethical Presupposition, CBQ 43 (1981) 557–581.

Agersnap, S.: Baptism and the New Life. A Study of Romans 6,1–14, Aarhus 1999; Bornkamm, Taufe; Braumann, G.: Vorpaulinische christliche Taufverkündigung, BWANT V, 2, Stuttgart 1962; Ders.: Das Verständnis der Taufe nach Römer 6, in: Bewahren und Erneuern, FS Th. Schaller, Speyer 1980, 135–153; Dinkler, E.: Das Verhältnis von Taufe und Rechtfertigung bei Paulus, in: de Lorenzi (Hg.), Battesimo 83–126; Eckert, J.: Die Taufe und das neue Leben in Röm 6. Beobachtungen zur ethischen Dimension der paulinischen Gerechtigkeitsauffassung, MThZ 38 (1987) 203–222; Eckstein, H.J.: Auferstehung und gegenwärtiges Leben nach Röm. 6,1–11, Theol Beitr 28 (1997) 8–23; Fazekaš, L.: Taufe als Tod in Röm 6,3ff., ThZ 22 (1966) 305–318; Frankemölle, H.: Das Taufverständnis des Paulus, SBS 47, Stuttgart 1970; Gäumann, N.: Taufe und Ethik. Studien zu Römer 6, BEvTh 47, München 1967; Hahn, F.: Taufe und Rechtfertigung. Ein Beitrag zur paulinischen Theologie in ihrer Vor- und Nachgeschichte, in: Rechtfertigung, FS E. Käsemann, Göttingen/Tübingen 1976, 95–124; Klaar, E.: Die Taufe nach paulinischem Verständnis, TEH 53, München 1961; Lohse, E.: Taufe und Rechtfertigung bei Paulus, KuD 11 (1965) 308–324 = Studien I 228–244; Ders., Der Wandel der Christen im Zeichen der Auferstehung, BEThL CLXV (2002) 315–322; Légasse, S.: Être baptisé dans la mort du Christ. Étude de Romains 6,1–14, RB 98 (1991) 544–559; Schlarb, R.: Röm 6,1–11 in der Auslegung der frühen Kirchenväter, BZ 33 (1989) 104–113; Ders.: Wir sind mit Christus begraben. Die Auslegung von Römer 6,1–11 im Frühchristentum bis Origenes, BGBE 31, Tübingen 1990; Schlier, H.: Die Taufe nach dem 6. Kapitel des Römerbriefes, EvTh 5 (1938) 325–347 = Zeit 47–56; Schnackenburg, R.: Todes- und Lebensgemeinschaft mit Christus: Neue Studien zu Röm 6,1–11, MThZ 6 (1955) 32–53; Ders.: Die Adam-Christus-Typologie (Röm 5:12–21) als Voraussetzung für das Taufverständnis Röm 6:1–14, in: de Lorenzi (Hg.), Battesimo 37–55; Schnelle, Gerechtigkeit; Tanghe, V.: Die Vorlage in Römer 6, EThL 73 (1997)) 411–414; du Toit, A.B.: Dikaiosyne in Röm 6, ZThK 76 (1979) 261–291; Umbach, H.: In Christus getauft – von der Sünde befreit, FRLANT 181, Göttingen 1999; Wagner, G.: Das religionsgeschichtliche Problem von Römer 6,1–11, AThANT39, Zürich 1962; Warnach, V.: Taufe und Christusgeschehen nach Römer 6, ALW 3 (1954) 284–366; Ders.: Die Tauflehre des Römerbriefes in der neueren theologischen Diskussion, ALW 5 (1958) 274–322; Wedderburn, A.J.M.: Hellenistic Christian Traditions in Romans 6, NTS 29 (1983) 337–355; Ders., Baptism; Zeller, D.: Die Mysterienkulte und die paulinische Soteriologie (Röm 6,1–11), in: H.P. Siller (Hg.), Suchbewegungen: Synkretismus – kulturelle Identität und kirchliches Bekenntnis, Darmstadt 1991, 21–61.

Paulus begründet seinen entschiedenen Widerspruch gegen verleumderische Behauptungen, wie sie gegen seine Verkündigung der Rechtfertigung immer wieder geltend gemacht wurden (V. 1), mit Hinweis auf die Taufe: Wer mit Christus gestorben ist, darf unmöglich noch unter der Herrschaft der ἁμαρτία bleiben. Die Verbundenheit mit dem auferstandenen Herrn verpflichtet dazu, nun auch im neuen Leben zu wandeln (V. 2–4). Die Verse 5–7 und 8–10 entfalten zunächst negativ, dann positiv[2], was es bedeutet, durch die Taufe zu Christus als dem Gekreuzigten und Auferstandenen zu gehören. In V. 11 wird eine eindeutige Schlußfolge-

[2] Zum parallelen Aufbau der Sätze vgl. Bornkamm, Taufe 39.

rung formuliert, aus der sich die ihr entsprechenden Konsequenzen für die Lebensführung der Glaubenden ergeben (V. 12–14).[3]

Paulus führt die Auseinandersetzung nicht mit seinen Kritikern, sondern er wendet sich an seine Leser, damit sie instand gesetzt werden, ein klares Urteil zu gewinnen und sich entsprechend zu verhalten. Darum ist die lebendige dialogische Rede in der 1. Person Plural gehalten, so daß die Adressaten an das Bekenntnis erinnert werden, das in der Wir-Form gesprochen wird und die Verpflichtung zum Gehorsam des Glaubens einschließt, auf die Paulus am Schluß (V. 11–13) mit Nachdruck hinweist.[4]

V. 1: In der durch die Frage τί οὖν ἐροῦμεν eingeleiteten Argumentation bedient sich der Apostel einer durch die Diatribe vorgegebenen Redefigur, die er des öfteren verwendet, um kritische Einwände gegen seine Lehre zurückzuweisen und dagegen seine Position um so deutlicher herauszustellen (vgl. 3,5; 4,1; 6,15; 7,7; 8,31; 9,14.30 u. ö.). Von welcher Seite der aufgenommene Einspruch kam, wird nicht gesagt. Es könnte sich um Libertinisten handeln, die sich auf Paulus berufen zu können meinten, um eine lockere Lebensweise zu legitimieren. Möglicherweise haben aber auch Gesetzeslehrer ihre Kritik gegen Folgerungen geltend machen wollen, die von der Freiheit vom Gesetz zu gesetzlosem Verhalten führen könnten. Wahrscheinlich hat Paulus nicht nur eine einzige Gruppe von Opponenten vor Augen, sondern wendet er sich gegen Schlagworte, die man bei verschiedenen Anlässen in der einen oder anderen Weise ihm entgegenhielt. Hat der Triumph der Gnade eine „billige Gnade" (D. BONHOEFFER) zur Folge, die alsbald zur Schleuderware verkommt? **V. 2:** Ein deutliches Nein ist die Antwort des Apostels. Seine Kritik faßt er in eine Gegenfrage, die zugleich die entscheidende Aussage enthält: Es kommt überhaupt nicht in Betracht, etwa unter der Herrschaft der Sünde verbleiben zu wollen.[5] Der Sünde – der Begriff wird im folgenden Gedankengang immer wieder aufgenommen (V. 2.6f.; 10.12) – ist vielmehr eine klare Absage erteilt, die es nun zu vollziehen gilt. Paulus schließt sich mit allen Christen zusammen und stellt heraus, daß sie alle der Sünde bereits abgestorben sind. Der Dativ τῇ ἁμαρτίᾳ weist auf den Herrn hin, dem man einst zu Dienst verpflichtet war.[6] Bei der Sünde bleiben zu wollen, würde bedeuten, im Tod zu verharren.

---

[3] Paulus schreibt also weder einen Traktat über die Taufe noch entwickelt er in extenso eine Theologie des Sakraments. Vielmehr erläutert er seine Theologie der Rechtfertigung mit Rückgriff auf die Taufe, so daß Sakrament und Ethik aufeinander bezogen werden. Vgl. FRANKEMÖLLE 106: „Nicht die Taufe steht im Mittelpunkt der Ausführungen von Röm. 6, sondern der durch die Taufe vermittelte Herrschaftswechsel der Getauften."

[4] Zur dialogischen Struktur des Abschnitts vgl. D. HELLHOLM, Enthymemic Argumentation in Paul: The Case of Romans 6, in: T. Engberg-Pedersen (Hg.), Paul in His Hellenistic Context, Minneapolis 1994/Edinburgh 1995, 119–179.

[5] Zu ἐπιμένειν mit folgendem Dativ vgl. Phil 1,24: ἐπιμένειν τῇ σαρκί; weiter Röm 11,22f.; Kol 1,23.

[6] Vgl. 14,7f.: dem Kyrios leben oder sterben.

Durch das Sterben aber, das die Glaubenden mit Christus erfahren haben, ist dieser Sklaverei ein Ende bereitet. Daher stehen sie nicht mehr in ihrem Herrschaftsbereich[7], da sie kein Leben zu geben vermag.

V. 3: Zur Erläuterung bezieht sich der Apostel auf die Einsicht, die den Lesern als Getauften längst bekannt ist[8]: Wir alle, die wir auf Christus Jesus getauft sind, sind in seinen Tod getauft worden. In der Taufe ist die Übereignung an Christus als den Herrn geschehen, die fortan das ganze Leben der Seinen in allen Bereichen bestimmt. Die Präposition εἰς wird schwerlich als eine Verkürzung der sonst gebräuchlichen Formel εἰς τὸ ὄνομα (Χριστοῦ) (vgl. 1 Kor 1,13)[9] anzusehen sein, sondern hat finalen Sinn. In der Taufe hat ein Herrschaftswechsel stattgefunden, der einen definitiven Bruch mit der Vergangenheit bedeutet, die unter dem Regiment der Sünde gestanden hatte. Denn die Taufe begründet die Zugehörigkeit zum gekreuzigten Christus, so daß sein Tod für die Seinen den Bruch mit der ἁμαρτία einschließt.

V. 4: Diese bereits vollzogene Absage an die Vergangenheit ist endgültig, wie das Begräbnis eines Verstorbenen die Realität des Todes besiegelt. Sagt der Apostel, die Glaubenden seien nicht nur mit Christus gestorben, sondern auch mit ihm begraben, so bezieht er sich unverkennbar auf das gemeinchristliche Bekenntnis, das nicht nur den Kreuzestod, sondern ausdrücklich auch das Grab Christi nennt (1 Kor 15,4). Dabei ist die Wendung εἰς τὸν θάνατον mit den vorangehenden Worten διὰ τοῦ βαπτίσματος, nicht mit dem Verbum συνετάφημεν zu verbinden. War doch eben gesagt worden: εἰς τὸν θάνατον αὐτοῦ ἐβαπτίσθημεν.[10]

Folgte man nun den Worten des urchristlichen Credo, so könnte es sich nahelegen fortzufahren: „Und so sind wir auch mit ihm auferstanden." (vgl. Kol 2,12) Doch der Apostel argumentiert anders. Zunächst lehnt er sich an geprägte Redeweise des Bekenntnisses an und sagt, Christus sei durch die δόξα Gottes des Vaters auferweckt worden. In dieser liturgisch klingenden Wendung ist δόξα gleichbedeutend mit δύναμις gebraucht (vgl. Röm 1,4; 1 Kor 6,14). Die Auferweckung Jesu ist damit als Machterweis Gottes begriffen. Dieses Geschehen aber betrifft alle, die auf den gekreuzigten und auferstandenen Herrn getauft sind; denn er ist der lebendige Kyrios. Doch besagt das nicht, daß die Auferstehung mit Christus schon geschehen wäre. Vielmehr steht das Leben der Christen unter der Herrschaft des erhöhten Herrn, mit dem die Seinen einst bei der Auferstehung der Toten vereint werden sollen. Paulus zieht darum die Folgerung, daß die Getauften im

---

[7] Die Präposition ἐν weist auf den Bereich hin, dem man jeweils zugehört und durch den man bestimmt ist. Vgl. 10,5: ζήσεται ἐν αὐτοῖς.

[8] Zur Wendung ἢ ἀγνοεῖτε bzw. οὐκ οἴδατε zur Einleitung von Einsichten, die den Gemeinden bekannt sind, vgl. 6,16; 7,1; 11,2; 1 Kor 3,16; 5,6; 6,2f.9.15f.19; 9,13.24 u.ö.

[9] Zu dieser vgl. bes. G. DELLING, Die Zueignung des Heils in der Taufe. Eine Untersuchung zum neutestamentlichen „Taufen auf den Namen", Berlin 1961; L. HARTMAN, Auf den Namen des Herrn Jesus. Die Taufe in den neutestamentlichen Schriften, SBS 148, Stuttgart 1992.

[10] Vgl. B. FRID, Röm 6,4–5. Εἰς τὸν θάνατον und τῷ ὁμοιώματι τοῦ θανάτου als Schlüssel zu Duktus und Gedankengang in Röm. 6,1–11, BZ 30 (1986) 188–203.

Blick einerseits auf die schon geschehene Auferstehung Christi und andererseits auf die zukünftige Auferweckung ihr Leben ἐν καινότητι ζωῆς zu gestalten haben (vgl. 7,6). „Die künftige Auferstehung will also schon jetzt im Wandel der von der Sünde Befreiten offenbar werden."[11] Das Leben der Getauften steht daher im Zeichen der Neuschöpfung, die das Alte endgültig vergangen sein läßt (2 Kor 5,17).

Die Taufe in den Tod Christi[12]

Paulus setzt als selbstverständlich voraus, daß alle Glieder der Gemeinde getauft sind (Röm 6,3; 1 Kor 12,13). Die Taufe wird auf den Namen bzw. im Namen des Kyrios vollzogen (1 Kor 1,13; 6,11). Dabei wird die Vergebung der Sünden und die Gabe des Geistes zuteil (1 Kor 6,11; 2 Kor 1,21f.). Offensichtlich hat sich der Apostel nicht unmittelbar an das Taufverständnis der palästinischen Urgemeinde, wie es Act 2,38 knapp zusammengefaßt ist, angeschlossen. Nach seiner Bekehrung ist er nicht nach Jerusalem gezogen, sondern mit dem hellenistischen Christentum des syrischen Raumes in Berührung gekommen (Gal 1,17). Dort wurde die Taufe zwar gleichfalls geübt, aber in der Bedeutung verstanden, daß der Täufling mit dem Geschick des Todes und der Auferstehung Christi verbunden werde. Mit diesem Verständnis suchten die frühchristlichen Gemeinden den Sinn der Taufe so zu beschreiben, daß sie in der synkretistischen Welt verständlich gemacht werden konnte.

Seit in der älteren religionsgeschichtlichen Forschung die Meinung vertreten wurde, das Taufverständnis der hellenistischen Gemeinden sei unter Einfluß von Vorstellungen der sog. Mysterienreligionen entwickelt worden, hat man diese Auffassung intensiv diskutiert. Um ein begründetes Urteil zu gewinnen, gilt es jede Übertreibung zu vermeiden, nach der man entweder vorschnell Analogien bzw. gegenseitige Beziehungen annimmt oder bestreitet. Denn tatsächlich bleiben unsere Kenntnisse über Ursprung und Inhalt der Mysterienweihen lückenhaft, da diese vom Schleier einer sog. Arkandisziplin umhüllt wurden und daher nur spärliche mehr oder weniger deutliche Zeugnisse erhalten sind.[13] Auch wird der Ansicht zu widersprechen sein, als hätte der Apostel Paulus seinerseits unmittelbar Gedanken aus den Mysterienreligionen aufgenommen und sei von ihnen abhängig.[14]

Höchst unterschiedlich stehen die Vorstellungen der Mysterien einerseits und der frühchristlichen Tauflehre und -praxis andererseits einander gegenüber. In den Mysterien wird das mythische Schicksal einer Naturgottheit nachgebildet, um durch genauen Vollzug des Ritus ein mystisches Verhältnis des Einzuweihenden zu seiner Gottheit zu begründen. In der Taufe aber erhält der Täufling Anteil an dem ein für allemal geschehenen Ereignis von Kreuz

---

[11] BORNKAMM, Taufe 38.

[12] Außer der S. 185 aufgeführten Literatur ist bes. zu nennen: BARTH, G.: Die Taufe in frühchristlicher Zeit, BThSt 4, Neukirchen 1981, ²2001; CULLMANN, O.: Die Tauflehre des Neuen Testaments, AThANT 12, Zürich 1948, ²1958; DELLING, G.: Die Taufe im Neuen Testament, Berlin 1963; DERS.: Die Heilsbedeutung der Taufe im Neuen Testament, KuD 16 (1970) 259–281; KUSS, O.: Zur Frage einer vorpaulinischen Todestaufe, in: Auslegung 162–186; LANG, F.: Das Verständnis der Taufe bei Paulus, in: Evangelium, Schriftauslegung, Kirche, FS P. Stuhlmacher, Göttingen 1997, 255–268; SCHNACKENBURG, Heilsgeschehen; WEDDERBURN, A.J.M.: The Soteriology of the Mysteries and Pauline Baptismal Theology, NT 29 (1987) 53–72.

[13] Eine – überaus kritische – Sichtung des Materials bei WAGNER 69–269.

[14] So die ältere religionsgeschichtliche Schule von Gunkel, über Heitmüller und Bousset bis Reitzenstein. Vgl. das Referat bei WAGNER 15–31.

und Auferstehung Christi, um nun in der Zugehörigkeit zu seinem Herrn sein Leben zu führen.[15] Während die antiken Götter einst als unsterblich galten, so daß ihnen weder Schmerz noch Tod zustoßen können, schrieb man in der synkretistischen Welt der hellenistischen Zeit den in Mysterien verehrten Gottheiten – Osiris, Tammuz, Attis, Adonis u.a. – ein Leidensgeschick zu. Dieses wurde im Kultus vergegenwärtigt, so daß der Myste daran teil bekommen sollte. Kraft der Auferweckung, wie sie die Kultgottheit erfahren hatte, sollten ihre Verehrer zur Unsterblichkeit geführt werden.

Über den Vollzug einer Mysterienweihe berichtet im 4. Jahrh. n. Chr. Firmicus Maternus in seiner Schrift „De Errore Profanarum Religionum“: In der Nacht werde ein Götzenbild (des Osiris bzw. Attis?) auf einer Bahre hereingetragen und durch rhythmisch gegliedertes Wehklagen betrauert. Dann werde ein Licht hereingebracht, allen, die weinten, die Kehle gesalbt und vom Priester mit leisem Murmeln zugeflüstert, sie sollten zuversichtlich sein. Denn da der Gott gerettet wurde, werde es auch für die Mysten Rettung aus den Leiden geben (22,1).[16] Ausführlicher gehalten ist die Darstellung, die im 2. Jahrh. n. Chr. in den Metamorphosen des Apulejus über eine Isisweihe geboten wird. Danach wurde in der Weihe die Abbildung eines freiwillig erlittenen Todes vorgenommen, um dann dem Mysten den Aufstieg zum Licht zu eröffnen, damit er durch die Weihe Vergottung erfahre (XI, 21,6–8; 23,1–9).[17] Zwar beruft sich der Myste auf die ihm auferlegte Pflicht zur Geheimhaltung, doch erklärt er: „Ich bin an die Grenze des Todes gekommen und habe die Schwelle der Proserpina betreten, durch alle Elemente bin ich gefahren und dann zurückgekehrt, um Mitternacht habe ich die Sonne in blendend weißem Licht leuchten sehen, den Göttern droben und drunten bin ich von Angesicht zu Angesicht genaht und habe sie aus nächster Nähe angebetet.“ (23,8) Indem der Myste in das Geschick der Gottheit, die aus dem Tod zu neuem Leben erweckt wurde, hineingenommen wird, ist er in eine schicksalhafte Verbundenheit zum göttlichen Geschehen versetzt und empfängt unverlierbare Lebenskraft.

Offensichtlich hat man in den hellenistischen Gemeinden diesen Gedanken, daß in einer gottesdienstlichen Handlung Anteil an Tod und Auferstehung des Kyrios erfahren wird, aufgenommen und ihn mit dem Christusbekenntnis verknüpft. Das bedeutet, daß der Täufling in der Taufe mit dem Geschehen von Sterben und Auferstehen seines Herrn verbunden wird, so daß sich alsbald die Ansicht nahelegen konnte, er sei nicht nur mit Christus gestorben, sondern auch mit ihm auferstanden (Kol 2,12). Daraus konnten enthusiastische Folgerungen gezogen werden, als sei das Reich der Seligen bereits angebrochen (1 Kor 4,8) und ähnlich wie in der Weihe, die in den Mysteriengemeinschaften vollzogen wurde, dem Täufling unverlierbare Kraft vermittelt worden (vgl. 1 Kor 15,29). Mit derartigen Auffassungen, wie sie auch von den Pneumatikern in Korinth vertreten wurden, setzt Paulus sich in scharfer Kritik auseinander, indem er das urchristliche Verständnis der Taufe durchdenkt und vertieft.

Den in den hellenistischen Gemeinden ausgebildeten Gedanken, daß die Taufe Anteil am Sterben und Auferstehen Christi gewährt, nimmt Paulus auf, gibt ihm nun aber eine neue Wendung. Er betont, daß die Auferstehung der Glaubenden, die auf Christus getauft wurden, erst in der zukünftigen Auferweckung der Toten verwirklicht werden soll. Der Wandel der Getauften ist darum bestimmt von dem in Christi Sterben und Auferstehen gewonnenen Sieg über die Gewalten dieses Äons und vollzieht sich im Zeichen der noch ausstehenden Auferstehung der Toten.

---

[15] Vgl. die Gegenüberstellung bei G. BORNKAMM, ThWNT IV, 810–814.

[16] Vgl. NEUER WETTSTEIN 124 und S. 77 zu 1,16.

[17] Zur Sache vgl. v.a.: M. DIBELIUS, Die Isisweihe bei Apuleius und verwandte Initiations-Riten, SHAW 4 (1917) = Aufsätze II, 30–79.

V. 5: In V. 5–11 zieht der Apostel Folgerungen, die sich aus den grundsätzlichen Ausführungen in V. 1–4 ergeben, und erläutert, in welchem Zusammenhang Christologie und Ethik zueinander stehen. Dabei will die weitgehend parallele Struktur beachtet sein, in der die Sätze V. 5–7 und 8–10 gehalten sind.[18] V. 5 und 8 setzen jeweils mit einem durch εἰ eingeleiteten Bedingungssatz ein. Es folgt eine Partizipialwendung in V. 6 (γινώσκοντες) und V. 9 (εἰδότες), mit der auf das der Gemeinde geläufige Wissen Bezug genommen wird. Beide Teile schließen mit einem erläuternden γάρ-Satz ab (V. 7.10). Während in V. 5–7 in negativen Formulierungen von der Teilhabe am Tod Christi und den entsprechenden Konsequenzen die Rede ist, sind die Verse 8–10 positiv gehalten und weisen auf, was es bedeutet, zum auferstandenen Christus zu gehören und unter seiner Herrschaft zu leben.

„Sind wir" – so setzt Paulus ein – „mit dem Gleichbild seines Todes verbunden, so werden wir es auch mit (dem) seiner Auferstehung sein."[19] Das Adjektiv σύμφυτος bedeutet wörtlich „zusammengewachsen", doch wurde es im Sprachgebrauch der hellenistischen Welt in allgemeinerem Sinn als „verbunden mit" verstanden.[20] Es erübrigt sich daher, Erwägungen über einen etwaigen Wachstumsprozeß o.ä. anzustellen, zumal der Apostel keinerlei Andeutung macht, als wollte er auf den Vollzug der Taufe durch Unter- und Auftauchen in übertragenem Sinn anspielen. Mit Christus zusammengewachsen sein, besagt nichts anderes als „mit ihm gestorben sein" (V. 8). Die Häufung der mit σύν verbundenen Ausdrücke unterstreicht diesen Charakter der in der Taufe begründeten Christuszugehörigkeit. Obwohl in V. 5ff. spezifische Taufterminologie nicht mehr verwendet wird, bleibt doch der Sache nach der Bezug auf die Taufe im Blick. In ihr wurde der Herrschaftswechsel vollzogen, der nunmehr für die Gestaltung des neuen Lebens bestimmend ist.[21]

Der Begriff ὁμοίωμα[22] bezeichnet das Abbild, die Kopie eines Originals oder einfach die Gestalt in dem Sinn, „daß ὁμοίωμα das Wesen des Abgebildeten in sich zur Darstellung bringt".[23] Sagt Paulus Röm 8,3 von Christus, er sei von Gott gesandt worden ἐν ὁμοιώματι σαρκὸς ἁμαρτίας, so soll zugleich eine Beziehung – Christus wurde Mensch – wie auch eine Unterscheidung – er war nicht der

[18] Vgl. Bornkamm, Taufe 38f.

[19] Außer den Kommentaren sind bes. zu nennen: O. Kuss, Zu Röm. 6:5a, ThGl 41 (1951) 430–437 = Auslegung 151–161; F. Mussner, Zusammengewachsen durch die Taufe mit seinem Tode, TThZ 63 (1954) 257–265; J. Gewiess, Das Abbild des Todes Christi (Röm. 6,5) HJ 77 (1958) 339–346.

[20] Vgl. W. Grundmann, ThWNT VII, 786.790–792.

[21] Vgl. Schnackenburg 49: „Die σύν-Aussagen verbinden das uns in der Taufe widerfahrene Heilsgeschehen mit dem Christus widerfahrenen Geschehen, das ihn zum Anfänger und Repräsentanten, zum Anführer und Haupt der erlösten Menschheit gemacht hat." Zu den mit der Wendung σὺν Χριστῷ angesprochenen Zusammenhängen vgl. weiter: E. Lohmeyer, Σὺν Χριστῷ, in: Deißmann-Festgabe, Tübingen 1927, 218–257; Dupont, Union; P. Bonnard, Mourir et vivre avec Jésus Christ selon saint Paul, RHPhR 36 (1956) 101–112; O. Kuss, Röm. (Exkurs „Mit Christus") 319–381; Tannehill, Dying; E. Schweizer, Die „Mystik" des Sterbens und Auferstehens mit Christus bei Paulus, in: Beiträge 183–203.

[22] Vgl. oben zu 1,23 und 5,14.

[23] Vgl. Bornkamm, Taufe 42.

Macht der ἁμαρτία unterworfen – zum Ausdruck gebracht werden (vgl. auch im vorpaulinischen Hymnus Phil 2,7: ἐν ὁμοιώματι ἀνθρώπου γενόμενος). Das heißt: „Nicht die Gestalt, die er trägt, unterscheidet ihn von uns, aber die Träger, die diese gleiche Gestalt tragen, sind zu unterscheiden."[24] So weist auch an unserer Stelle die Begriffsverbindung ὁμοίωμα τοῦ θανάτου αὐτοῦ auf den Gekreuzigten hin, mit dem die Seinen fest verbunden sind – und nicht auf die Taufe. In letzterem Sinn wollen die Exegeten interpretieren, die zu σύμφυτοι ein αὐτῷ ergänzen, τῷ ὁμοιώματι τοῦ θανάτου αὐτοῦ in instrumentaler Bedeutung fassen und auf die Taufe beziehen, durch die das Zusammenwachsen mit Christus geschehen sei.[25] Gegen diese Interpretation spricht, daß ein αὐτῷ eingetragen werden muß. Die Auslegung des Satzes aber muß bei seinem vorliegenden Wortlaut bleiben, σύμφυτοι mit τῷ ὁμοιώματι τοῦ θανάτου αὐτοῦ zusammennehmen und die Wendung parallel zu σὺν Χριστῷ verstehen.[26] In der Taufe ist der ein für allemal geschehene Tod Christi gegenwärtig, aber in einer vom Kreuz auf Golgatha unterschiedenen Weise. Es geht Paulus darum hervorzuheben, „daß wir in der Taufe mit Christus gestorben und deshalb der Sündenmacht entzogen sind" (KÄSEMANN, Röm. 160).

Wenn das so ist, dann[27] werden die Getauften auch verbunden sein mit der Gleichgestalt der Auferstehung Christi. Hier liegt nicht ein logisches, sondern ein echtes Futur vor. Denn der Apostel will noch einmal die Überzeugung unterstreichen, daß unsere zukünftige Auferstehung zwar noch unter Niedrigkeit und Sterben verhüllt, aber uns bereits gültig verbürgt ist (vgl. Phil 3,9f.21), so daß es nun darauf ankommt, der neuen Wirklichkeit des Lebens im gehorsamen Lebenswandel zu entsprechen.

V. 6: Um die Bedeutung dieses vollzogenen Herrschaftswechsels zu erläutern, erinnert der Apostel an die Einsicht, wie sie aus der Unterweisung der Gemeinden allen ihren Gliedern bekannt ist (γινώσκοντες). Sie hat zum Inhalt, daß der alte Mensch mitgekreuzigt wurde, damit der der Sünde hörige Leib vernichtet würde. In chiastischer Ordnung entsprechen einander ὁ παλαιὸς ἡμῶν ἄνθρωπος und τὸ σῶμα τῆς ἁμαρτίας sowie die Verben συνεσταυρώθη und καταργηθῇ. Dabei gibt der Apostel dem gemeinchristlichen Wissen, auf das er sich bezieht, eine seiner Theologie entsprechende Formulierung mit der Betonung des Begriffs σῶμα, den er in seiner Anthropologie häufig verwendet. Als σῶμα begegnet der Mensch dem anderen und tritt so mit seiner Umwelt in Verbindung. Das σῶμα haftet dem Menschen nicht nur äußerlich an, wie man nach geläufigem griechi-

---

[24] BORNKAMM, ebd.

[25] So kurz und prägnant R. BULTMANN, ThWNT III, 19f. Anm. 88: es handle sich um einen verkürzten Ausdruck, der aufzulösen sei: „Wir sind mit seinem Tode durch dessen ὁμοίωμα – die Taufe – zusammengewachsen." Ähnlich mit anderen Exegeten auch FITZMYER, Rom. 435.

[26] Nicht überzeugend ist die Deutung auf die Kirche, die als der Leib Christi das Abbild seines Todes bedeuten sollte. So W. SCHRAGE, Ist die Kirche das „Abbild seines Todes"?, in: Kirche, FS. G. Bornkamm, Tübingen 1980, 205–219.

[27] ΑΛΛΑ konnte leicht in ΑΜΑ verschrieben werden (so FGlatt).

schen Verständnis die äußere Gestalt bzw. die Form vom inneren Gehalt unterscheidet. Sondern der Mensch, der sein σῶμα hat, ist als ganzer σῶμα (1 Kor 6,15; 12,27). Als solcher steht er unter dem Anspruch seines Schöpfers, dem er zugehören soll. Versagt er sich diesem Anspruch, so gelangt er nicht etwa in einen Bereich, in dem er frei über sich verfügen könnte. Sondern dann gewinnen Mächte und Gewalten die Herrschaft über ihn und zwingt ihn die ἁμαρτία unter ihr Joch, so daß sein σῶμα ein σῶμα ἁμαρτίας wird. Gleichwohl bleibt er aber auch als Sünder Gottes Geschöpf, das zum Gehorsam gegenüber seinem Schöpfer zurückgerufen werden soll. Christus erlitt seinen Tod διὰ τοῦ σώματος (7,4), damit das σῶμα nun nicht mehr unter die ἁμαρτία versklavt sei, sondern dem Kyrios gehören soll (1 Kor 6,13).

War der Mensch als σῶμα τῆς ἁμαρτίας der παλαιὸς ἄνθρωπος, so ist nun, nachdem er mit Christus gekreuzigt wurde, der endgültige Bruch mit der Sünde erfolgt (vgl. V. 1f.), so daß die Getauften ihr fortan weder untertan sind noch ihr zu Diensten sein dürfen (vgl. 6,12–14 sowie Gal 5,24).[28] **V. 7:** Für das definitive Ende der Sündenherrschaft bietet der Apostel eine Begründung, indem er sich auf eine geläufige Regel bezieht: Wer gestorben ist, der ist aller Verpflichtungen ledig, denen er bis dahin unterworfen war.[29] In der rabbinischen Tradition lautet die entsprechende Regel: „Alle, die sterben, erlangen durch den Tod Sühne.“[30] Das bedeutet, daß der Verstorbene frei (δικαιοῦσθαι) von Schuld (ἁμαρτία) ist und jeder Rechtsanspruch, der bis dahin geltend gemacht werden konnte, erledigt ist (vgl. Sir 26,29; Act 13,38).

Der Apostel greift diesen Rechtssatz auf und gibt seiner Aussage im Zusammenhang seiner Argumentation prägnanten Sinn: Unter der ἁμαρτία wird die Sündenmacht verstanden und unter δεδικαίωται der um des Kreuzestodes Christi willen im Glauben empfangene Freispruch. Wer mit Christus, der die Gewalt der Sünde gebrochen hat, gestorben ist, der ist von der Macht der ἁμαρτία frei geworden, so daß sie keinerlei Anspruch mehr auf ihn erheben kann.

V. 8: Welche positiven Folgerungen sich daraus ergeben, daß die Getauften mit Christus gestorben sind, wird nun in V. 8–10 ausgeführt. Der Bedingungssatz (vgl. V. 5) weist auf den mit Christus erlittenen Tod hin und formuliert die Konsequenz, die daraus zu ziehen ist: πιστεύομεν ὅτι καὶ συζήσομεν αὐτῷ. Ebenso wie in V. 5 liegt auch hier ein echtes Futur vor. Im Eschaton wird die Christuszugehörigkeit, die durch das Mitsterben mit ihm begründet wurde, ihre Vollendung erfahren. Dann wird gelten: „Wir werden beim Herrn sein allezeit“ (1 Thess 4,17; vgl. ferner Phil 1,23; 2 Tim 2,11). **V. 9:** Wiederum beruft Paulus sich auf die Gewißheit,

---

[28] Τοῦ μηκέτι δουλεύειν ist als Infinitiv der Folge zu bestimmen. Vgl. Bl-Debr, § 400,8.

[29] Vgl. K.G. Kuhn, Rm 6,7 ὁ γὰρ ἀποθανὼν δεδικαίωται ἀπὸ τῆς ἁμαρτίας, ZNW 30 (1931) 305–310; R. Scroggs, Romans VI.7 ὁ γὰρ ἀποθανὼν δεδικαίωται ἀπὸ τῆς ἁμαρτίας, NTS 10 (1963/64) 104–108; E. Klaar, Rm 6,7: Ὁ γὰρ ἀποθανὼν δεδικαίωται ἀπὸ τῆς ἁμαρτίας, ZNW 59 (1968) 131–134.

[30] SiNu § 112; vgl. Kuhn (s. Anm. 29); weitere Belege bei Bill. III 232.

die allen Gliedern der Gemeinde bekannt ist. Sie betrifft das Christusbekenntnis, bezogen auf die Gültigkeit seines Todes und vor allem seiner Auferstehung (vgl. 1 Kor 15,3–5). Der auferweckte Christus hat den Sieg über den Tod errungen, so daß dessen Macht für immer gebrochen ist. Ist Christus aber Sieger über den Tod, dann triumphiert das Leben, dessen Gültigkeit und Kraft nicht mehr in Frage gestellt werden kann. **V. 10:** Damit aber ist die entscheidende Zäsur gewonnen, die fortan gilt. In einem vorangestellten Objektsakkusativ ὃ γάρ[31] weist Paulus auf Christi Tod hin, was so viel besagt wie: τὸν θάνατον, ὃν ἀπέθανεν, διὰ τὴν ἁμαρτίαν ἀπέθανεν τὴν ἡμετέραν.[32] Christus ist diesen seinen Tod ein für allemal gestorben.[33] Zwar hatte auch er im Herrschaftsbereich von Sünde, Gesetz und Tod gestanden (Gal 4,4) und war von unserer ihm auferlegten Sünde so sehr bedeckt worden, daß er geradezu zur ἁμαρτία gemacht wurde (2 Kor 5,21). Doch hat er als der einzige, der bis zum Tod am Kreuz gehorsam blieb (Phil 2,8), die Sünde auf ihrem eigenen Feld besiegt und damit ihre Gewalt endgültig zerbrochen.[34] Als der Auferstandene steht der Gekreuzigte auf der Seite des Lebens und gehört sein Leben allein Gott. Diesem Herrn haben die Seinen als diejenigen gehorsam zu sein, die mit ihm gestorben sind, mit ihm leben und ihm als dem allein wahren Kyrios dienen sollen.

V. 11: Das Ergebnis, das dieser Überzeugung entspricht, leitet Paulus durch οὕτως καί ein und geht von der im Wir-Stil gehaltenen Argumentation zur Anrede über, um Hörer und Leser dazu anzuleiten, selbst die gebotenen Konsequenzen zu ziehen. Das Verb λογίζεσθαι will dabei nicht etwa eine subjektive Meinung bezeichnen, die so oder auch anders lauten könnte, sondern die feste Gewißheit des Glaubens ausdrücken (vgl. zu 3,28). Denn die Glaubenden können aus der ihnen geschenkten Christuszugehörigkeit nur die eine Folgerung ziehen, daß der befreiende und verpflichtende Herrschaftswechsel endgültig stattgefunden hat.[35] Der Bruch mit der Sünde ist darum ein für allemal geschehen und kann auch nicht im geringsten relativiert werden. Denn das Leben derer, die mit Christus verbunden sind, gehört ungeteilt dem in Christus Jesus[36] offenbaren Gott.[37]

---

[31] Vgl. Bl-Debr § 154₃.

[32] Formulierung des im 12. Jahrh. lebenden byzantinischen Theologen Euthymius. Vgl. Michel, Röm. 208.

[33] Zu ἐφάπαξ vgl. 1 Petr 3,18; Hebr 9,12.28. Vgl. Schmithals, Röm. 193: Paulus formuliert so, „daß der Satz von Christus spricht, der Leser aber zugleich an sich selbst denkt".

[34] Der Dativ τῇ ἁμαρτίᾳ ist als Dat. incommodi zu bestimmen. Vgl. Bl-Debr § 188,3.

[35] Der Infinitiv εἶναι dürfte als eine Hinzufügung zu beurteilen sein, die schon in etlichen frühen Handschriften bezeugt ist. Liturgische Vollständigkeit wird angestrebt, indem τῷ κυρίῳ ἡμῶν von einigen Abschreibern hinzugefügt wurde.

[36] Zur formelhaften Wendung ἐν Χριστῷ Ἰησοῦ vgl. oben zu 3,24.

[37] Vgl. Bornkamm, Taufe 47: „Das Geschehen, von dem wir herkommen, ist die Taufe, d.h. der Tod (ἀπεθάνομεν), gegenwärtig unser ist der Glaube (πιστεύομεν), zukünftig ist das Leben (συζήσομεν). Im Glauben, der auf das Geschehene sich gründet und nach dem Kommenden sich streckt, sind Tod und Leben in einem präsent."

Taufe und Rechtfertigung[38]

Betrachtet man die paulinischen Aussagen über die Taufe, so muß auffallen, daß zwar in ihnen immer wieder von Gottes Handeln „für uns“ und „an uns“ die Rede ist, daß aber weder von der Rechtfertigung noch vom Glauben gesprochen wird. Umgekehrt aber ist festzustellen, daß dort, wo Paulus von der Rechtfertigung des Sünders handelt, die Taufe kaum erwähnt wird. Daher stellt sich die Frage, wie sich im Zusammenhang der paulinischen Theologie Taufe und Rechtfertigung zueinander verhalten.

Die Einwände, die man gegen die Theologie von der Rechtfertigung des Sünders erhebt – „Sollen wir nicht bei der Sünde bleiben, damit die Gnade sich mehre?“ (Röm 6,1) –, weist Paulus zurück, indem er sich zur Begründung seiner Ausführungen über die Gerechtigkeit aus Glauben auf die Taufe beruft. Am Kreuz Christi ist die Herrschaft der Sündenmacht gebrochen worden. Wer auf Christus getauft ist, der ist ihr daher nicht mehr unterworfen, sondern steht im neuen Leben in Christus. Auf diese Weise wird die Rechtfertigung durch die Taufe und die Taufe durch die Rechtfertigung interpretiert. Ähnlich argumentiert Paulus auch den Korinthern gegenüber, indem er hervorhebt, daß Vollzug und Wirkung der Taufe an die Verkündigung des Evangeliums gebunden sind. Wer auf den Namen Christi getauft ist (1 Kor 1,13) und im Glauben das Wort vom Kreuz annimmt, der empfängt Rettung und Heil (1 Kor 1,17f.). Erst da, wo die Taufe in Verbindung mit der Verkündigung des Wortes vom Kreuz verstanden wird, ist ihr Sinn recht erfaßt.

Dieser Zusammenhang tritt noch klarer hervor, wenn beachtet wird, daß Paulus ganz parallele Aussagen macht, die sich einmal auf die Rechtfertigung aus Glauben, ein anderes Mal auf die Taufe beziehen – freilich ohne daß eine systematische Verbindung zwischen diesen einander entsprechenden Aussagereihen hergestellt wäre: 1. Wie es für Paulus Leben und Wandel ἐν Χριστῷ nur auf Grund der Taufe εἰς Χριστόν gibt, durch die der Christ der Herrschaft des Kyrios unterstellt ist, so gibt es Gerechtigkeit und Leben nur da, wo der Mensch als Glaubender in dem allein rechten Verhältnis zu Gott steht, in dem er das Pochen auf sein eigenes Wirken und Tun fahren läßt. 2. In der Taufe wie in der Rechtfertigung erfährt der Mensch Gottes Handeln an ihm. Wie deshalb in passiven Formulierungen von Gottes Tat in der Taufe gesprochen wird, so kann auch nur durch passive Wendungen sachgemäß ausgedrückt werden, daß der Sünder durch Gottes Gnade gerechtfertigt wird. 3. Wie der Getaufte von Christi Tod und Auferstehung bestimmt ist, der zukünftigen Auferstehung aber entgegengeht, so ist auch die Rechtfertigung zugleich Gegenwart des Heils und Gegenstand der eschatologischen Hoffnung. 4. Taufe wie Rechtfertigung stellen daher den Christen in die Spannung von Indikativ und Imperativ hinein. Er hat in der Rechtfertigung bereits die Befreiung erfahren und wird nun aufgerufen, seiner Berufung im gehorsamen Lebensvollzug zu entsprechen.

Wie die Rechtfertigung allein im Glauben empfangen wird, so müssen im Zusammenhang der paulinischen Theologie auch Taufe und Glaube notwendig zusammengesehen werden. Der Apostel kann nämlich vom Christ-Werden einmal so sprechen, daß er die Taufe nennt, ein anderes Mal so, daß er auf das Gläubig-geworden-Sein hinweist. Zu Beginn des Kapitels über die Auferstehung der Toten erinnert Paulus die Korinther an das Evangelium von Kreuz und Auferstehung Christi, das er ihnen einst gebracht hat und das sie angenommen haben (1 Kor 15,1–5). Von dem entscheidenden Schritt, mit dem ihr Christ-Sein anhob, spricht Pau-

[38] Zur Sache vgl. die oben S. 185 genannte Literatur, bes. die Aufsätze von DINKLER und HAHN.

lus dabei mit dem Wort ἐπιστεύσατε (1 Kor 15,2). Der Aorist deutet auf einen bestimmten Punkt in der Vergangenheit hin, an dem die Korinther das Ja des Glaubens als Antwort auf das Evangelium gesprochen haben. Dieses Ja wurde in dem Bekenntnis laut, das bei der Taufe öffentlich ausgesprochen wurde. Auf diese ὁμολογία nimmt Paulus Bezug, wenn er Röm 10,9 „Herr ist Jesus", „Gott hat ihn von den Toten auferweckt" als Inhalt des bei der Taufe bekannten Glaubens anführt. Und in den von Taufterminologie durchzogenen Sätzen am Schluß von Röm 13, in denen vom Ablegen der Werke der Finsternis, Anlegen der Waffen des Lichts und Anziehen des Herrn Jesus Christus gesprochen wird, weist der Apostel auf den Anfang des Christ-Seins wieder mit dem Wort ἐπιστεύσαμεν hin: „Wir sind zum Glauben gekommen." (Röm 13,11) Das aber bedeutet nichts anderes als: Wir haben die in der Taufe empfangene Rechtfertigung des Sünders im Glauben ergriffen.

Wenn sich also in der paulinischen Theologie so weithin parallel gehende Aussagen einerseits von der Rechtfertigung, andererseits von der Taufe finden, so muß gefragt werden, warum sich der Apostel nicht auf die Predigt von der Gerechtigkeit Gottes beschränkte, sondern der Taufe so große Bedeutung in seiner Theologie einräumte. Die Antwort auf diese Frage kann nicht lediglich darin bestehen, daß Paulus die Taufe als bereits bestehende kirchliche Praxis vorfand und als solche auch seinerseits gelten ließ. Es muß vielmehr eine tiefere, in der paulinischen Theologie begründete Ursache dafür vorliegen, daß der Apostel der Taufe so grundlegenden Sinn für Glauben und Leben des Christen beimaß. Dieser ist darin zu sehen, daß Wortverkündigung und Taufe in einer sachlichen Bezogenheit zueinander stehen. Denn durch die Taufe – wie auch durch das Herrenmahl – wird das rechte Verständnis der Wortverkündigung gesichert und diese vor Spiritualisierung bewahrt. Umgekehrt schützt die Predigt vor einem dinglichen oder schwärmerischen Mißverständnis der Taufe und verwehrt eine magische Auffassung, aber auch eine Deutung im Sinne einer „ex opere operato" sich vollziehenden Wirkung, die allein auf Grund eines vorschriftsmäßig vorgenommenen Ritus sich notwendig einstellen müßte. Die Taufe zeigt unübersehbar an, daß Gottes Heilstat in Christus die Getauften geschichtlich betrifft, indem leiblich an ihnen gehandelt wird, d.h. der der Sünde unterworfene Leib getötet und das σῶμα nunmehr dem Kyrios übergeben ist.

Wie im Geschehen von Kreuz und Auferstehung Christi Versöhnung und Heil für alle Welt beschlossen liegen, so steht am Anfang des Christ-Seins das Geschehen der Taufe, in der der alte Mensch mit Christus gekreuzigt und der neue Mensch als Glied dem Leib Christi eingefügt wird. Wie Christus einmal und damit ein für allemal gestorben und auferstanden ist, so wird auch die Taufe am Menschen nur einmal vollzogen. Die Predigt von der Rechtfertigung aber, die einer ständigen Wiederholung bedarf, erinnert den Getauften immer wieder an den von Gott gelegten Grund seines Christ-Seins und ruft ihn auf, sein Leben im Gehorsam des Glaubens zu führen. „Die Sache, um die es Paulus geht, ist konstant, seine Wortwahl ist variabel."[39]

Die paulinische Rede von der Rechtfertigung ist somit bestimmend auch für die Bedeutung, die der Apostel der Taufe beimißt – und umgekehrt, so daß gilt: „In der Taufe ist für dieses und das zukünftige Leben uns alles gegeben; es bleibt nichts, was wir hinzuzutun hätten. Der Gehorsam der Glaubenden kann nicht weiter dringen als bis zu dem, was im Anfang an uns geschehen ist, er vollzieht sich im ständigen ‚Unter-die-Taufe-Kriechen' (Luther). In diesem Sinne darf man pointiert formulieren: Die Taufe ist die Zueignung des neuen Lebens, und das neue Leben ist die Aneignung der Taufe."[40]

---

[39] Dinkler 102.

[40] Bornkamm, Taufe 50.

V. 12: Um diese Aneignung geht es in der kurzen Paränese der V. 12–14.[41] Sie hebt an mit der Aufforderung, die Sünde solle nicht mehr herrschen am sterblichen Leib derer, die mit Christus der ἁμαρτία gestorben sind. Ihr Leib ist nicht mehr der Knechtschaft der Sünde unterworfen, sondern gehört dem Kyrios. Gleichwohl bleibt er sterblich und muß den physischen Tod erleiden; doch der kann das neue Leben, das mit Christus geschenkt wird, nicht zerstören. Darum darf den Begierden, die vom σῶμα ausgehen, nicht Folge geleistet werden. Zwar sagt Paulus des öfteren, daß die ἐπιθυμίαι[42] von der σάρξ hervorgerufen werden (vgl. Röm 13,14; Gal 5,16.24 u.a.), aber niemals heißt es, daß das σῶμα sie wecke. Daher ist anzunehmen, daß an dieser Stelle der Begriff σῶμα zur Bedeutung von σάρξ hinüberneigt.[43] Der Gehorsam derer, die zu Christus gehören, gebührt allein ihm als dem Herrn ihres Lebens. Denn es gilt – wie gleich betont wird – die Zuversicht: Die Sünde wird nicht herrschen über euch (V. 14).

V. 13: Die Paränese geht nun zur Anrede in der 2. Person über und hält dazu an, die Glieder nicht als Waffen der Ungerechtigkeit der Sünde zur Verfügung zu stellen. Das Bild der geistlichen Waffenrüstung ist in den Schriften der Gemeinde von Qumran vielfach verwendet worden, um den Streit der Söhne des Lichts gegen die Söhne der Finsternis zu beschreiben. Er muß ausgefochten werden, um nicht den Bedrohungen zu erliegen, die von der bösen Welt ausgehen, und dem Gesetz treu zu bleiben.[44] Diese bildliche Rede wird von der urchristlichen Unterweisung aufgenommen, nun aber nicht auf den Gesetzesgehorsam, sondern auf den rechten Dienst der Christen bezogen, um die Verpflichtung zu einem Lebenswandel zu charakterisieren, die der erfahrenen Berufung entspricht. Der Imperativ μηδὲ παριστάνετε wird durch ἀλλὰ παραστήσατε wiederholt. Der Aorist will besagen: Haltet euch für solche, die sich Gott bereits zur Verfügung gestellt haben. Dem Objekt τὰ μέλη ὑμῶν entspricht das sogleich folgende ἑαυτούς. Daran zeigt sich, daß Glieder und Leib nicht „etwas“ am Menschen sind, sondern er selbst, der er als Leib durch seine Glieder handelt. Sie sind nun nicht mehr zum Dienst gegenüber der ἁμαρτία bestimmt, sondern haben allein und ausschließlich Gott Gehorsam zu erweisen. Ganz und ungeteilt gehören sie ihrem Gott und Schöpfer als solche, die von den Toten zum Leben gekommen sind.[45] Zum lebendigen Herrn gehörig, sind die Seinen der künftigen Auferstehung der Toten gewiß. Da-

[41] Vgl. J. Marcus, Let God Arise and End the Reign of Sin. A Contribution to the Study of Pauline Parenesis, Bib. 69 (1988) 386–395.

[42] Ἐπιθυμία hier nicht als Eifer, sondern als Begierde verstanden.

[43] Wird in einigen Handschriften an die Stelle von ταῖς ἐπιθυμίαις αὐτοῦ ein αὐτῇ gesetzt, so ist dieses auf ἁμαρτία in der ersten Satzhälfte bezogen. Doch wird damit sekundär eine Glättung vorgenommen, die den harten Ausdruck vermeidet, daß die ἐπιθυμίαι vom σῶμα – statt von der σάρξ – ausgehen.

[44] Vgl. K.G. Kuhn, ThWNT V, 297–300; E. Lohse, Militia Christi, Bursfelder Universitätsreden 9, Göttingen 1990. Dort genauere Belege.

[45] Wird sekundär an die Stelle des Akkusativ ζῶντας, der auf ἑαυτούς bezogen ist, der Nominativ ζῶντες gesetzt, so soll dieser mit dem im Imperativ enthaltenen Subjekt verbunden werden.

her können und dürfen Leib und Glieder nicht mehr als ὅπλα ἀδικίας Knechtsdienst leisten, sondern haben sie als Waffen der Gerechtigkeit Gott zur Verfügung zu stehen.

V. 14: Diesen Aufruf bestärkt der Apostel durch den ermutigenden Zuspruch, daß die Sündenherrschaft vergangen ist. Warum aber ist die Zeit, in der sie Gewalt auszuüben vermochte, endgültig zu Ende? Paulus antwortet: Denn ihr seid nicht mehr unter dem Gesetz, sondern unter der Gnade. Wie 5,20 (und 7,7–25) wird das Gesetz auch hier mit der Sünde in Verbindung gesehen. Denn es dämmt nicht etwa die Sünde ein; sondern indem es die Begierden weckt, ruft es die ἁμαρτία hervor, so daß sie ihre Herrschaft mit unwiderstehlicher Gewalt aufrichten und befestigen konnte. Diese ihre Zeit aber ist nun, wo der Triumph der Gnade angebrochen ist, ein für allemal zu Ende. Darum gilt: „Die Gnade ist die Kraft des Gehorsams.“(BARTH, Röm. 192)

In diesen kurzen Worten der Ermahnung stellt der Apostel beide Aussagen hart nebeneinander: einerseits den Zuspruch, die Sünde werde nicht mehr herrschen (V. 14) – andererseits den Aufruf, die Sünde solle nicht mehr herrschen am sterblichen Leib (V. 12). Da sowohl der Indikativ wie auch der Imperativ nahezu gleichlautend mit denselben Begriffen formuliert werden[46], ist deutlich, daß sie auf das engste aufeinander bezogen sind.[47] Auf der einen Seite trägt der Indikativ volles Gewicht: Ihr seid mit Christus der Sünde abgestorben. Auf der anderen Seite gilt uneingeschränkt: Laßt die Sünde nicht herrschen an eurem sterblichen Leib. Der Indikativ begründet darum den Imperativ, wie dieser aus jenem folgt. Deshalb gilt: „Das Werden dessen, was der Gläubige schon ist, besteht in dem ständigen glaubenden Ergreifen der χάρις und d.h. zugleich in der konkreten, nunmehr möglichen ὑπακοή im περιπατεῖν.“[48] Weil das neue Leben, das der Christ schon empfangen hat, noch verborgen ist, darum ist es notwendig, daß beides ausgerichtet wird: der Zuspruch des in Christus geschenkten Heils und der Aufruf, diese Gabe im Glauben zu ergreifen, um zu verwirklichen, was Christus schon verwirklicht hat.

---

[46] Vgl. Gal 3,27: In der Taufe haben die Seinen Christus angezogen – Röm 13,14: Zieht den Herrn Jesus Christus an; Gal 5,25: Εἰ ζῶμεν πνεύματι, πνεύματι καὶ στοιχῶμεν; sowie 1 Kor 5,7: Fegt den alten Sauerteig aus – wie ihr ja Ungesäuerte seid.,

[47] Zum Problem vgl. v.a.: BULTMANN, Problem; DERS., Theologie § 38; H. WINDISCH, Das Problem des paulinischen Imperativs, ZNW 23 (1924) 265–281; G. BORNKAMM, Taufe; LOHSE, Grundriß 98f.; STRECKER, Theologie 206–208 (dort weitere Literatur).

[48] BULTMANN, Theologie 354.

6,15–23 Die Befreiung zum Gehorsam

15) Was nun? Sollen wir sündigen, weil wir nicht unter dem Gesetz, sondern unter der Gnade sind? Das sei ferne! 16) Wißt ihr nicht: Wem ihr euch als Knechte zur Verfügung stellt zum Gehorsam, dem seid ihr Knechte und müßt ihm gehorchen, entweder der Sünde zum Tod oder des Gehorsams zur Gerechtigkeit. 17) Dank aber sei Gott, daß ihr Knechte der Sünde wart, aber von Herzen gehorsam geworden seid der Gestalt der Lehre, der ihr übergeben wurdet, 18) befreit aber von der Sünde, wurdet ihr zu Knechten gemacht für die Gerechtigkeit. 19) Auf menschliche Weise rede ich um der Schwachheit eures Fleisches willen. Denn wie ihr eure Glieder als Knechte zur Verfügung stelltet der Unreinheit und Gesetzlosigkeit zur Gesetzlosigkeit, so stellt nun eure Glieder der Gerechtigkeit zur Verfügung zur Heiligung. 20) Als ihr nämlich Knechte der Sünde wart, wart ihr frei gegenüber der Gerechtigkeit. 21) Welche Frucht hattet ihr also damals? Dinge, über die ihr euch jetzt schämen müßt. Denn der Tod war ihr Ergebnis. 22) Jetzt aber, von der Sünde befreit und zu Knechten gemacht für Gott, habt ihr eure Frucht zur Heiligung, als Ergebnis aber ewiges Leben. 23) Denn der Sold der Sünde ist der Tod, die Gnadengabe Gottes aber ewiges Leben in Christus Jesus, unserem Herrn.

AAGESON, J.W.: ‚Control' in Pauline Language and Culture. A Study of Rom 6, NTS 42 (1996) 75–89; BOUTTIER, M.: La vie du chrétien en tant que service de la justice pour la sainteté. Romains 6,15–23, in: de Lorenzi (Hg.), Battesimo 127–176; JONES, F.S.: „Freiheit" in den Briefen des Apostels Paulus, Göttingen 1987; LYALL, F.: Roman Law in the Writings of Paul – The Slave and the Freedman, NTS 17 (1970/71) 73–79; V.D. OSTEN-SACKEN, Perspektiven; REED, J.T.: Indicative and Imperative in Rom 6,21–22: The Rhetoric of Punctuation, Bib. 74 (1993) 244–257; VOLLENWEIDER, Freiheit.

Ein zweites Mal greift der Apostel einen grundsätzlichen Einwand auf, der gegen seine Verkündigung als Kritik einerseits von Libertinisten, andererseits von Gesetzeslehrern geltend gemacht wurde (vgl. V. 1). Dabei formuliert er diesen Einwand im Anschluß an seine eigene These, daß wir nicht mehr unter dem Gesetz, sondern unter der Gnade stehen (V. 14). Die Zurückweisung, die auch hier in aller Eindeutigkeit erfolgt, wird in ähnlicher Weise begründet wie zu Beginn des Kap. Doch rückt Paulus nun den Gegensatz von Knechtschaft und Freiheit in den Mittelpunkt der Ausführungen. Wiederum stellt er zunächst die indikativische Aussage heraus, um zu zeigen, daß die alles verwandelnde Entscheidung bereits ein für allemal erfolgt ist. Die Zeit der Knechtschaft ist abgetan, die der Freiheit hat bereits begonnen (V. 16–19a). Doch Freiheit bedeutet nicht Beliebigkeit, sondern bindet und verpflichtet zum Dienst des Gehorsams. Darum folgt – erneut betont der Apostel dieses Grundmotiv seiner Theologie – aus dem Indikativ notwendig der Imperativ: Die Lebensgestaltung soll im Vertrauen darauf vollzogen werden, daß am Ende aller Wege das ewige Leben steht (V. 19b–23).

V. 15: Die in V. 1 gestellte Frage wird wieder aufgenommen: Sollte man nicht guten Mutes sündigen können und tun, was immer gefällt? Dem Einwand folgt hier kein ἵνα-Satz wie in V. 1, sondern eine angebliche Begründung, die sich paulinischer Terminologie bedient, ihren Sinn aber in sein Gegenteil verkehrt: Wer unter der χάρις steht, den gehe der νόμος nichts mehr an (vgl. V. 14, Ende). Dann könnte dem Sündigen freie Bahn geöffnet sein. Diese Konsequenz würde von Gesetzeslehrern als schwerwiegender Einwand erhoben, von Libertinisten aber als überhebliche Selbstrechtfertigung ausgesprochen werden können. Solchen Behauptungen hält Paulus jedoch seine eindeutige Ablehnung entgegen: Derlei Erwägungen kommen überhaupt nicht in Betracht.

V. 16: Die Begründung wird in einer rhetorischen Frage wiederum im Rückgriff auf bekanntes Wissen vorgenommen, wie der Apostel es bei seinen Lesern voraussetzen kann (vgl. oben zu V. 3).[1] Jedem Menschen der alten Welt ist bekannt, daß ein Sklave seinem Herrn zum Gehorsam verpflichtet ist und dessen Befehlen sich nicht entziehen kann. Auf die Einrichtung der Sklaverei, wie sie in der antiken Gesellschaftsordnung als selbstverständliche Gegebenheit allgemein verbreitet war, weist Paulus hier wie auch an anderen Stellen seiner Briefe hin, um an der Gegenüberstellung von Knechtschaft und Freiheit die Bestimmung christlicher Lebensgestaltung zu verdeutlichen (vgl. Gal 4,1–7; 1 Kor 7,22f.). Dabei wird nicht über Recht oder Unrecht der Sklaverei diskutiert; sondern Paulus greift das Beispiel auf, um daran zu zeigen, daß menschliche Existenz niemals in vermeintlicher Unabhängigkeit und Selbstherrlichkeit gelebt werden kann, sondern sich so oder so immer unter einem Herrn vollzieht. Die Frage kann daher nur lauten, wem man untertan ist und wessen Weisungen man gehorchen muß, weil man sich ihm unterstellt hat bzw. ihm untergeben ist. Möglicherweise steht dem Apostel dabei vor Augen, daß es zu seiner Zeit gelegentlich vorkam, daß verarmte und verelendete Menschen sich freiwillig als Sklaven verkauften und damit der Herrschaft eines anderen unterwarfen, um von ihm versorgt zu werden.[2]

Als Knecht ist man zur ὑπακοή verpflichtet. Diese gültige Ordnung ruft Paulus in Erinnerung, ohne die sozialen Gegebenheiten weiter zu erörtern. Der Vergleich ist vielmehr ganz von der Sachaussage geleitet, auf die es ihm ankommt. Denn die Alternative, die es zu bedenken gilt, kann nur lauten: entweder der ἁμαρτία zu dienen mit dem Ergebnis, damit der Nichtigkeit des Todes[3] unentrinnbar ausgeliefert zu sein – oder der Gerechtigkeit untertan. Wer Herr derer ist, die an Christus glauben, ist bereits gültig entschieden. Der Gegensatz von ἁμαρτία auf der einen und δικαιοσύνη auf der anderen Seite ist nicht ganz konsequent ausgedrückt, weil Paulus sofort auf den Gesichtspunkt der zu leistenden ὑπακοή hinweist. Doch ist

[1] In Anlehnung an ἢ ἀγνοεῖτε in V. 3 fügen einige spätere Abschreiber auch hier ein einleitendes ἢ ein.

[2] Vgl. K.R. Bradley, Slaves and Masters in the Roman Empire. A Study in Social Control, New York/Oxford 1987.

[3] Die Fortlassung von εἰς θάνατον in D und einigen späteren Zeugen verdirbt die Pointe und hat zweifellos als sekundär zu gelten.

klar, was gemeint ist: entweder der Sünde unterworfen oder der δικαιοσύνη zum Gehorsam verpflichtet. Eigentlich wäre zu erwarten gewesen, daß es geheißen hätte: ἤτοι ἁμαρτίας εἰς θάνατον ἢ δικαιοσύνης εἰς ζωήν. Freie Verfügungsmöglichkeit aber gibt es überhaupt nicht, weil es niemals ohne ὑπακοή abgeht.[4] Steht aber der um Christi willen Gerechtfertigte unter dem Regiment der δικαιοσύνη, so kann es keinen Zweifel daran geben, daß der Herrschaftswechsel mit bindender Wirkung bereits geschehen ist. Die Knechtschaft unter der Sünde ist unwiderruflich zerbrochen, die um Christi willen widerfahrene Gerechtigkeit aber weist die Richtung, in die das neue Leben führt.

V. 17: In Form eines kurzen Dankgebets, wie Paulus es gern in seine Ausführungen einflicht (vgl. Röm 7,25; 1 Kor 15,57; 2 Kor 2,14; 8,16; 9,15), spricht er aus, daß die Vergangenheit von einst abgetan ist und die Gegenwart unter der grundlegenden Erneuerung steht, die für alle Bereiche des Lebens ohne jede Einschränkung gilt.[5] Darum ist auch klar, wem Gehorsam zu erweisen ist: nicht mehr der ἁμαρτία, wie es einst geschah, sondern der δικαιοσύνη als der allein gültigen gegenwärtigen Wirklichkeit.[6] Dieser Gedanke käme klarer heraus, wenn man einen unmittelbaren Anschluß herstellen würde, so daß die Antithese lauten würde: χάρις δὲ τῷ θεῷ, ὅτι ἦτε δοῦλοι τῆς ἁμαρτίας, ἐλευθερωθέντες δὲ ἀπὸ τῆς ἁμαρτίας ἐδουλώθητε τῇ δικαιοσύνῃ. In diesem Sinn hat BULTMANN – und manche Exegeten sind seiner Rekonstruktion gefolgt – einen ursprünglichen Text herstellen wollen und die dazwischen stehende Bemerkung ὑπηκούσατε δὲ ἐκ καρδίας εἰς ὃν παρεδόθητε τύπον διδαχῆς als Glosse beurteilt, die erst später in einem „stupiden Zwischensatz" eingetragen worden sei.[7] Zur Begründung dieser Annahme wird u.a. geltend gemacht, daß die Wendung ἐκ καρδίας sich sonst bei Paulus nicht findet[8] und auch die Begriffsverbindung τύπος διδαχῆς singulär dasteht. Doch bietet die handschriftliche Überlieferung keinen Anhalt dafür, daß hier ein späterer Einschub vorliegen sollte. Zu ἐκ καρδίας ist ähnliche Ausdrucksweise zu vergleichen, wie sie z.B. der kurze Satz Röm 10,9 verwendet: ἐὰν … πιστεύσῃς ἐν καρδίᾳ. Der Bezug auf den τύπος διδαχῆς nimmt offensichtlich einen vorgegebenen urchristlichen Ausdruck auf, den der Apostel zitiert. Dadurch wird der Satz gedanklich überfrachtet. Die intendierte Aussage tritt jedoch deutlich hervor: entweder Sklaven der ἁμαρτία – oder, nun von der Knechtschaft der Sünde befreit, der Gerechtigkeit verpflichtet zu sein.

Wie aber ist die Zwischenbemerkung zu verstehen, in der im Blick auf die schon erfolgte Wende gesagt wird, die Gerechtfertigten seien dem τύπος διδαχῆς übergeben und ihm von Herzen gehorsam? Der Begriff τύπος bezeichnet die Vorabbildung bzw. das Vorbild (Röm 5,14; 1 Kor 10,6; Phil 3,17; 1 Thess 1,7). In Verbindung

[4] Dabei liegt es nicht nahe, an die ὑπακοή Christi zu denken, wie SCHLIER, Röm. 207 erwägt.
[5] Das Imperfekt ἦτε will besagen: Ihr „seid gewesen, seid aber nicht mehr". Vgl. BL-DEBR § 327_3.
[6] Vgl. TACHAU, Einst, bes. 116–123.
[7] BULTMANN, Glossen 283.
[8] Doch vgl. 1 Tim 1,5; 2 Tim 2,22; 1 Petr 1,22; Mk 12,30.33; Lk 10,27.

mit dem folgenden Genetiv διδαχῆς wird er als zusammenfassende Bezeichnung urchristlicher Unterweisung zu verstehen sein, wie sie bei der Taufe in Gestalt gemeinchristlichen Bekenntnisses ausgesprochen und angenommen wurde.[9] Während in der missionarischen Verkündigung das Kerygma öffentlich proklamiert wird, ist die διδαχή der Gemeinde zugewandt und dient der Begründung und Erläuterung der Inhalte des Glaubens. Mit dem Verweis τύπος διδαχῆς denkt Paulus sicher nicht an eine besondere Ausprägung seiner Theologie, sondern er erinnert an das kurz gefaßte Summarium christlicher Lehre[10], wie sie im Bekenntnis angenommen wurde, das bei der Taufe abgelegt wurde.[11] Sonst heißt es meistens, daß geprägte Sätze der Überlieferung weitergegeben bzw. übergeben wurden (vgl. παραδιδόναι 1 Kor 11,23; 15,3); hier aber wird gesagt, daß eine Übergabe an den τύπος διδαχῆς – „das Evangelium, soweit es in lehrhafter Überlieferung ausgeprägt ist" (Peterson, Röm. 201) – erfolgt sei. Die passive Ausdrucksweise dürfte bewußt gewählt worden sein, um hervorzuheben, daß Gott selbst gehandelt hat und die Zuwendung zur Annahme der befreienden Christusverkündigung durch seine gnädige Barmherzigkeit bewirkt wurde. Die διδαχή wurde in der Unterweisung der Gemeinde gelehrt und erlernt (16,17); doch bleibt bewußt, daß nicht eigenes Streben und Mühen zum Erfolg geführt hat, sondern Gottes Tat als befreiende Erneuerung erfahren wurde, die nun „von Herzen" in glaubendem Vertrauen bejaht wird.

V. 18: Daher kann nur eine einzige mögliche Konsequenz gezogen werden: sich entschlossen von der Sündenknechtschaft abzukehren und die geschenkte Freiheit zu leben, indem – wie in paradox klingender Formulierung gesagt wird – nun der δικαιοσύνη der geschuldete Dienst erwiesen wird.[12] Damit ist die Ethik „in die Rechtfertigungsbotschaft integriert".[13] Denn allein im Gehorsam gegen die Gerechtigkeit kann echte und gegründete Freiheit gestaltet werden.

V. 19: In einer kurzen Zwischenbemerkung begründet der Apostel, warum er sich dieser eben entfalteten Redeweise bedient. Er redet „nach menschlicher Weise"[14], um auf die Schwachheit des Fleisches Rücksicht zu nehmen. Mit der ἀσθένεια τῆς σαρκός ist nicht die angefochtene Situation christlicher Existenz gemeint (so Käsemann, Röm. 174), sondern das begrenzte Fassungsvermögen des Begreifens.

---

[9] Zur Erklärung vgl. J. Kürzinger, Τύπος διδαχῆς und der Sinn von Röm 6,17f., Bib. 39 (1958) 156–176; F.W. Beare, On the Interpretation of Romans 6,17, NTS 5 1958/59) 206–210; U. Borse, „Abbild der Lehre" (Röm 6,17) im Kontext, BZ 12 (1968) 95–103; R.A.J. Gagnon, Heart of Wax and a Teaching that Stamps: ΤΥΠΟΣ ΔΙΔΑΧΗΣ (Rom 6:17b) Once more, JBL 112 (1993) 667–687.

[10] Vgl. die – auf jüdische Lehrunterweisung zu beziehende – Begriffsverbindung μόρφωσις γνώσεως (Röm 2,20), sowie den – auf urchristliche Lehrgestalt verweisenden – Ausdruck ὑποτύπωσις (2 Tim 1,13).

[11] Vgl. Norden, Theos 270f.

[12] Die Motive von Sklaverei und Freiheit lassen sich nicht in vorpaulinischer Tauftradition nachweisen, sondern sind als paulinische Interpretation anzusehen. Vgl. Vollenweider, Freiheit 330.

[13] Vollenweider, Freiheit 333.

[14] Ἀνθρώπινον ist als Akkusativ Neutrum wie ein Adverb gebraucht; vgl. κατὰ ἄνθρωπον λέγω Röm 3,5; Gal 3,15. Zur Redeweise vgl. C.J. Bjerkelund, ‚Nach menschlicher Weise rede ich': Funktion und Sinn des paulinischen Ausdrucks, StTh 26 (1972) 63–100.

Darum bedarf die widersprüchlich erscheinende Rede von Freiheit und Knechtschaft näherer Erläuterung. Christliche ἐλευθερία ist nicht dahin mißzuverstehen, als könnte man nun – etwa im Sinn stoischer Philosophie und ihres Verständnisses von Freiheit – hingehen, wohin man wolle, und frei über sich verfügen. Sondern es gilt ein sich ausschließender Gegensatz: Die Glieder – d.h. der durch die Glieder handelnde Leib, mithin der ganze Mensch – sind jeweils einem Herrn unterstellt, dem Gehorsam zu erweisen ist.[15]

Einst übten Unreinheit und Gesetzlosigkeit die Herrschaft über die Glieder aus. Die Verbindung von ἀκαθαρσία und ἀνομία, wie sie häufig den Heiden als die sie kennzeichnenden Vergehen vorgehalten wurden, mutet wie „der Rest eines Lasterkataloges"[16] an. Das Ergebnis dieses einst geführten Lebens konnte nichts anderes sein als ἀνομία[17], jener Ungehorsam, der weder Gottes Willen tut noch nach ihm fragt. Ist damit die Vergangenheit nach Art geläufiger Polemik charakterisiert, wie sie von Juden gegen die gottlosen Völker geübt wurde, so hebt dagegen Paulus nun hervor: Was vergangen ist, gilt nicht mehr. Die Gegenwart aber ist von dem, was einst war, von Grund auf unterschieden. Der Imperativ, der aus der schon gefallenen Entscheidung folgt, lautet daher: Haltet euch für solche, die ihre Glieder bereits als Knechte[18] der δικαιοσύνη zur Verfügung gestellt haben.[19] Die erneute Betonung der δικαιοσύνη (vgl. V. 13.16.17) unterstreicht, daß durch die erfahrene Rechtfertigung die Wirklichkeit des neuen Lebens qualifiziert ist. Den negativen Formulierungen εἰς θάνατον (V. 16) und εἰς τὴν ἀνομίαν (V. 19) wird die positive Bestimmung εἰς ἁγιασμόν entgegengesetzt. Entspricht die Heiligung aller Bereiche unseres Lebens dem göttlichen Willen (1 Thess 4,3.7), so ist diese nicht erst durch unser Tun zu gewinnen, sondern als die bereits zuteil gewordene Erneuerung zu vollziehen (vgl. 1 Kor 6,11: ἡγιάσθητε). Es ist also nicht von einer Entwicklung die Rede, die erst zu dem gesetzten Ziel hinführen sollte, sondern die Heiligung wird „als tägliche Aufgabe gelebter Rechtfertigung" (Käsemann, Röm. 175) begriffen.

V. 20: Einst und Jetzt werden noch einmal scharf gegeneinander abgehoben. Dabei stehen sich ausschließende Gegensätze gegenüber:[20]

Einst	Jetzt
V. 20f. Sklaven der Sünde	V. 22 Frei von der Sünde
Frei für die Gerechtigkeit	Sklaven Gottes
Frucht zum Schämen	Frucht zur Heiligung
Ergebnis: der Tod	Ergebnis: ewiges Leben

---

[15] Zur Ausdrucksweise vgl. E. Schweizer, Die Sünde in den Gliedern, in: Abraham unser Vater, FS O. Michel, ASGU 5, Leiden 1963, 437–439.

[16] Tachau, Einst 123.

[17] Εἰς ἀνομίαν fehlt nur in Codex B und einigen wenigen Handschriften.

[18] Das Neutrum δοῦλα ist adjektivisch auf das Neutrum τὰ μέλη bezogen.

[19] Zum Imperativ Aorist παραστήσατε vgl. oben zu V. 13.

[20] Vgl. Schmithals, Röm. 202.

Knechtschaft unter der Sünde bedeutete, daß man mit der δικαιοσύνῃ nichts zu schaffen hatte. Das Adjektiv ἐλεύθεροι soll besagen, daß man damals der Gerechtigkeit in keiner Weise verpflichtet war.[21] **V. 21:** Was aber war dabei das Ergebnis? Mit καρπός wird auf den Ertrag jener Zeit unter der ἁμαρτία verwiesen.[22] Auf die Frage folgt in einem Relativsatz eine kurze Antwort; zu ergänzen ist dabei ein voranzustellendes τοιαῦτα, an das ἐφ' οἷς anzuschließen ist. Was einst geschah, bietet Anlaß, sich dessen nun schämen zu müssen.[23] Am Ende solchen Lebens aber steht allemal der Tod als Ergebnis der Gottesferne (vgl. V. 23). Dabei weist der Apostel mit dem Begriff τέλος nicht nur auf das jeweilige Resultat, sondern zugleich auf Gottes Gericht hin, bei dem das endgültige Urteil unwiderruflich ergeht.

V. 22: Freiheit von der Sünde kann es nur so geben, daß sie in Knechtschaft Gott gegenüber empfangen und festgehalten wird. Die Frucht dieses neuen Lebens zielt auf die Heiligung (vgl. ἁγιασμός V. 19/Ende). Als Ziel aber ist im scharfen Kontrast zum eben genannten Tod, zu dem die Vergangenheit führte, das ewige Leben genannt – Leben in der Gemeinschaft mit Gott. **V. 23:** Die Sünde – so heißt es in ironischer Formulierung abschließend – zahlt ihren Leuten geschuldeten Lohn, wie ein Soldat seinen Sold erhält.[24] Das Entgelt, das sie zu bieten hat, ist jedoch stets der Tod, zu dem sie unweigerlich führt. Ganz anders Gott: Er gibt nicht verdienten Lohn, sondern allemal gnädiges Geschenk. Der Begriff χάρισμα weist wie 5,15 auf Gottes Gnadengabe hin, die er ohne jedes menschliche Verdienst aus lauter Barmherzigkeit gibt. Sie besteht in der ζωὴ αἰώνιος (vgl. V. 22/Ende) in Christus Jesus, dem Herrn. Mit dieser feierlichen liturgischen Wendung ist der Gedankengang zum Abschluß gebracht (vgl. 5,21: διὰ Ἰησοῦ Χριστοῦ τοῦ κυρίου ἡμῶν; 6,11: ἐν Χριστῷ Ἰησοῦ), der die erfahrene Rechtfertigung als Heiligung zu begreifen lehrt, die die Wirklichkeit des neuen Lebens bestimmt.

7,1–25 Freiheit vom Gesetz

Vom Gesetz hat der Apostel bisher im Röm mehrfach mit kurzen Hinweisen gesprochen: Das Gesetz bringt zwar Erkenntnis der Sünde, aber macht nicht von ihr frei (3,20). Wo das Gesetz ist, da ist auch Übertretung; daher ruft das Gesetz Gottes Zorn hervor (4,15). Das Gesetz ist in der Geschichte zwischen Adam und Chri-

[21] Der Dativ τῇ δικαιοσύνῃ drückt die Beziehung aus. Vgl. Bl-Debr § 197.

[22] Zu dieser Bedeutung von καρπός vgl. Gal. 5,19: ἔργα τῆς σαρκός; 22: ὁ δὲ καρπὸς τοῦ πνεύματος.

[23] Das Verbum ἐπαισχύνομαι ist hier nicht in Verbindung mit Aussprechen oder Versagen des Bekenntnisses zu verstehen (so 1,16), sondern auf die Schande bezogen, von der man sich nun abwendet.

[24] Vgl. Lk 3,14; 1 Kor 9,7. Mit ὀψώνιον wird das Entgelt, die Löhnung bezeichnet. Zur Sache vgl. C.C. Caragounis, ΟΨΩΝΙΟΝ: A Reconsideration of its Meaning, NT 16 (1974) 35–57.

stus gleichsam dazwischen hineingekommen, damit sich die Übertretung mehre; wo aber die Sünde reichlich geworden ist, da ist die Gnade noch reichlicher geworden (5,20). Dann gilt für diejenigen, die zu Christus gehören, daß sie nicht mehr unter dem Gesetz, sondern unter der Gnade stehen (6,14). Die Aussagen, die der Apostel in diesen knappen Bemerkungen über das Gesetz gemacht hat, weisen eine deutliche Steigerung auf, so daß die Fragen klar hervortreten: Wenn die Glaubenden unter der Gnade und nicht mehr unter dem Gesetz stehen, was bedeutet dann das Gesetz? Was heißt es, vom Gesetz frei zu sein? Und welcher Rang – negativ wie positiv – ist dem Gesetz zuzumessen?

Mit diesen Fragen setzt Paulus sich im 7. Kap. des Röm auseinander, indem er entfaltet, was – neben Freiheit von Sünde und Tod – Freiheit vom Gesetz beinhaltet. In einem ersten Abschnitt stellt Paulus dar, wie durch den Tod Christi die Befreiung vom Gesetz bewirkt wurde (7,1–6). Dann schildert der Apostel, wie sich die Sünde auf verhängnisvolle Weise des Gesetzes bedient hat, um ihre Herrschaft unwiderstehlich zu befestigen (7,7–13). Und schließlich wird die Gefangenschaft beschrieben, in der sich der unerlöste Mensch unter der Knechtschaft von Sünde und Gesetz befand (7,14–25). Aus ihr vermochte er sich unmöglich aus eigener Kraft zu lösen. Um so größer ist daher der Jubel darüber, daß die Glaubenden von der Herrschaft des Gesetzes befreit sind, um nun Dienst im neuen Wesen des Geistes zu tun und nicht im alten des Buchstabens (V. 6).

Literatur zum ganzen Kap. 7: Aletti, J.-N.: Romans 7,7–25. Rhetorical Criticism and its Usefulness, SEÅ 61 (1996) 77–95 = Israël 135–165; Althaus, P.: Paulus und Luther über den Menschen, Gütersloh 1938, [3]1958; Benoit, P.: Gesetz und Kreuz nach Paulus (Röm 7,7–8,4), in: Exegese und Theologie, Gesammelte Aufsätze, Düsseldorf 1965, 221–245; Bornkamm, Sünde; Braun, H.: Römer 7,7–25 und das Selbstverständnis des Qumran-Frommen, ZThK 56 (1959) 1–18 = Studien 100–119; Bultmann, Anthropologie; Diaz-Rodelas, J.: Pablo y la ley. La novedad de Rom 7,7–8,4 en el conjunto de la reflexion paulina sobre la ley, Navarra 1994; Dunn, J.D.G.: Rom 7,14–25 in the Theology of Paul, ThZ 31 (1975) 257–273; Ellwein, E.: Das Rätsel von Römer VII, KuD 1 (1955) 247–268; Gundry, R.H.: The Moral Frustration of Paul before his Conversion, in: Pauline Studies, FS F.F. Bruce, Exeter 1980, 228–245; Hofius, Mensch; Hommel, H.: Das 7. Kapitel des Römerbriefs im Licht antiker Überlieferung, ThViat 8 (1961/62) 90–116 = Sebasmata II (1984) 141–173; Hübner, H.: Zur Hermeneutik von Röm 7, in: Dunn (Hg.), Paul 207–214; Kertelge, K.: Exegetische Überlegungen zum Verständnis der paulinischen Anthropologie nach Römer 7, ZNW 62 (1971) 105–114 = Grundthemen 174–183; Kümmel, Bekehrung; Kürzinger, J.: Der Schlüssel zum Verständnis von Röm 7, BZ 7 (1963) 270–274; Lambrecht, J.: The Wretched „I" and its Liberation. Paul in Romans 7 and 8, Louvain 1992; de Lorenzi, Law; Luck, U.: Das Gute und das Böse, in Römer 7, in: Neues Testament und Ethik, FS R. Schnackenburg, Freiburg 1989, 220–237; Schnackenburg, Zusammenhang; Seifrid, M.A.: The Subject of Rom 7:14–25, NT 34 (1992) 313–333; Shogren, M.J.: The Wretched Man of Romans 7: 14–25 as Reductio ad absurdum EvQ 72 (2000) 119–134; Stones, S.K.: Romans 7:7–25 as a Speech-in-Character (προσωποποιΐα), in: T. Engberg-Pedersen (Hg.), Paul in His Hellenistic Context, Edinburgh 1995, 180–202; Theissen, Aspekte; Ziesler, J.A.: The Role of the Tenth Commandment in Romans 7, JSNT 33 (1988) 41–56.

7,1–6 Die Befreiung vom Gesetz durch Christi Tod

1) Oder wißt ihr nicht, Brüder – denn ich spreche doch zu Kennern des Gesetzes –, daß das Gesetz Macht hat über den Menschen, solange er lebt? 2) Denn die verheiratete Frau ist durch Gesetz an den Mann zu dessen Lebenszeit gebunden. Wenn aber der Mann gestorben ist, ist sie vom Gesetz des Mannes gelöst. 3) Also wird sie zu Lebzeiten des Mannes Ehebrecherin genannt, wenn sie sich einem anderen Mann hingibt. Wenn aber der Mann gestorben ist, ist sie frei vom Gesetz, so daß sie keine Ehebrecherin ist, wenn sie sich einem anderen Mann hingibt. 4) Daher, meine Brüder, seid auch ihr dem Gesetz gegenüber abgetötet durch den Leib Christi, so daß ihr einem anderen zugehört, dem, der von den Toten auferweckt ist, damit wir für Gott Frucht bringen. 5) Denn als wir im Fleisch waren, da wirkten die Leidenschaften der Sünden in unseren Gliedern, so daß wir dem Tod Frucht brachten. 6) Jetzt aber sind wir losgelöst vom Gesetz, indem wir dem gestorben sind, worin wir gefangengehalten wurden, so daß wir im neuen Wesen des Geistes Dienst tun und nicht im alten des Buchstabens.

Siehe oben S. 204 und BURCHARD, C.: Römer 7,2–3 im Kontext, in: Antikes Judentum und Frühes Christentum, FS H. Stegemann, BZNW 97, Berlin 1999, 428–442; DERRETT, J.D.M.: Fresh Light on Romans VII,1–4, JJS 15 (1964) 97–108 = Law in the New Testament, London 1970, 461–471; EARNSHAW, J.D.: Reconsidering Paul's Marriage Analogy in Romans 7,1–4, NTS 40 (1994) 68–88; GIENIUSZ, A.: Rom 7,1–6: Lack of Imagination? Function of the Passage in the Argumentation of Rom 6,1–7,6, Bib. 74 (1993) 389–400; HELLHOLM, D.: Die argumentative Funktion von Römer 7,1–6, NTS 43 (1997) 385–411; KÄSEMANN, E.: Geist und Buchstabe, in: Perspektiven 237–285; LITTLE, J.A.: Paul's Use of Analogy: A Structural Analysis of Romans 7:1–6, CBQ 46 (1984) 82–90.

Mit der unmittelbaren Anrede an seine Leser, die er nach 1,13 zum ersten Mal wieder verwendet und in V. 4 wiederholt, markiert der Apostel einen neuen Ansatz. Nun geht es um eine gründliche Erörterung der Gesetzesproblematik. Allerdings wird mehrfach deutlich auf die voranstehenden Gedankengänge, die von der Freiheit von Sünde und Tod gehandelt haben, Bezug genommen, indem bestimmende Begriffe und Motive wiederkehren wie: καταργεῖσθαι 6,6–7,2.6; κυριεύειν 6,9.14–7,1; καρπός / καρποφορεῖν 6,18.20.22–7,6.[1] Daher ist verständlich, daß immer wieder erwogen wurde, die Verse 7,1–6 enger an Kap. 6 heranzuziehen. Doch – ungeachtet der gedanklichen Verknüpfung – ist 7,1 als Übergang zu einer neuen Frage zu begreifen, die für den Apostel von überaus starkem Gewicht ist: Wie steht es um das Gesetz?

Auf diese Thematik spricht Paulus seine Leser mit der einleitenden Bemerkung an, durch die er sie als urteilsfähige Leute zum Mitdenken einlädt. Mit einem Beispiel, das aus den eherechtlichen Bestimmungen des Gesetzes genommen ist, sucht er zu erklären, daß durch den Tod alle verpflichtenden Bindungen aufgehoben

[1] Zur engen Verklammerung des Abschnitts mit dem Kontext vgl. weiter HELLHOLM, bes. 391f.

sind. Die Anwendung, mit der die für die Leser gültige Folgerung gezogen wird, lautet: Durch Christi leiblichen Tod und den Tod, den die Glaubenden mit ihm erlitten haben, sind sie von der Herrschaft des Gesetzes freigemacht (V. 4). Diese Freiheit aber hat eine neue Bindung ermöglicht: Die zum auferstandenen Christus gehören, sollen Gott Frucht bringen. Der Apostel geht dabei von der Anrede zur Aussage in der 1. Person Plural über, in der er sich mit den Lesern zur bekennenden Gemeinschaft zusammenschließt. Die Knechtschaft unter Sünde, Gesetz und Tod ist ein für allemal abgetan. Nun gilt nicht mehr das alte Wesen des Buchstabens, sondern allein das neue des Geistes (V. 5f.)

V. 1: Der Apostel appelliert mit der Wendung ἢ ἀγνοεῖτε an bekanntes Wissen. Dieses bezieht sich seinem Inhalt nach nicht wie 6,3 auf das gemeinchristliche Bekenntnis, sondern auf die gültigen Regeln des Gesetzes. Denkbar wäre, νόμος hier in allgemeinem Sinn zu verstehen und dann auf das römische Recht zu beziehen (so Käsemann, Röm. 179 u.a.). Doch da es Paulus – wie der folgende Gedankengang zeigt – darauf ankommt, von der Thora und deren Gültigkeit zu handeln, wird sicher gleich im ersten Satz diese Thematik angesprochen. Werden die „Brüder" als Glieder der Gemeinde Kenner des Gesetzes genannt, so muß dabei keineswegs angenommen werden, sie müßten Judenchristen sein, die über gründliches Wissen in den Bestimmungen der Thora verfügten. Auch ehemalige „Gottesfürchtige", die als Sympathisanten am Leben der Synagogen teilnahmen, hatten durchaus Grundkenntnisse über das Gesetz erworben. Daher kann die „captatio benevolentiae"[2], mit der auf die Urteilsfähigkeit der Leser angespielt wird, ebenso Heiden- wie Judenchristen als freundliche Einladung gelten, das folgende aus dem Gesetz genommene Beispiel aufmerksam zu bedenken. Das Gesetz hat bestimmende Gültigkeit für den Menschen, solange er lebt. Durch den Tod aber werden alle Verpflichtungen aufgehoben (vgl. 6,7). Dieser Grundsatz hat in der rabbinischen Tradition R. Jochanan († 279) auf die knappe Formulierung gebracht: „Wenn ein Mensch gestorben ist, ist er frei von der Thora und von den Gebotserfüllungen." (Schab. 30 a)[3]

V. 2: Ein konkretes Beispiel veranschaulicht den allgemeinen Grundsatz: Eine verheiratete[4] Frau ist an ihren Mann zu dessen Lebzeiten gebunden. Stirbt aber der Mann, dann ist sie frei vom Gesetz, das sie an den Mann band.[5] **V. 3:** Daraus folgt, daß eine Frau[6] nur dann als Ehebrecherin[7] gilt, wenn sie sich zu Lebzeiten ihres Mannes einem anderen hingibt. Wenn dagegen der Ehemann gestorben ist, ist sie

[2] Die Wendung γινώσκουσιν γὰρ νόμον … stellt eine Parenthese dar. Vgl. Bl-Debr § 465_2.

[3] Weitere Belege bei Bill. III 232.

[4] Das Adjektiv ὕπανδρος gibt der herrschenden patriarchalischen Ordnung Ausdruck und findet sich verschiedentlich in LXX: Nu 5,20.29; Prov 6,24.29; Sir 9,9; 41,21; ferner: Test Lev 14,6.

[5] In diesem Sinn ist νόμος τοῦ ἀνδρός zu verstehen. Von dessen Aufhebung durch den Tod vgl. Qid I,1: Eine Frau „erwirbt sich selbst durch Scheidebrief oder Tod des Gatten".

[6] Χρηματίζειν hier in der Bedeutung „einen Namen führen/benannt werden/heißen". Vgl. Bauer-Aland, s. v. Das Futur hat gnomische Bedeutung; vgl. Bl-Debr § 349,1.

[7] Μοιχαλίς des öfteren in LXX: Prov 18,22; 24,55; Hos 3,1; Mal 3,5; Ez 16,38; 23,45.

frei vom Gesetz[8], und kann einem anderen Mann[9] angehören, ohne einen Vorwurf befürchten zu müssen.[10] Somit zeigt das Gesetz eindeutig, daß durch den Tod jede Verpflichtung aufgehoben ist, die eine Erfüllung der im Gesetz ausgesprochenen Forderungen verlangt.

V. 4: Nun geht der Apostel, wie er durch ὥστε und erneute Anrede der Leser anzeigt, zur Anwendung über: Ihr seid dem Gesetz gestorben durch den Tod Christi, in den ihr hineingenommen wurdet, so daß ihr nun frei seid, einem anderen anzugehören – dem lebendigen Herrn. Doch – wie es Paulus auch sonst gelegentlich unterläuft – das Bild und die daraus abgeleitete Folgerung sind nicht recht stimmig geraten. Eigentlich wäre folgende Argumentation zu erwarten gewesen: Im Eherecht tritt die Lösung von dessen bestimmender Gültigkeit durch den Tod des Gatten ein. Dann sollte gelten: Die Bindung an das Gesetz ist durch dessen Tod gelöst worden. Doch das wird so nicht gesagt, sondern als lossprechendes Ereignis wird der Tod Christi genannt und durch ἐθανατώθητε auf den Tod der Glaubenden hingewiesen, den sie mit ihm gestorben sind.

In der Geschichte der Exegese sind verschiedene Versuche unternommen worden, durch allegorische Deutung der gedanklichen Unstimmigkeit abzuhelfen.[11] Solche Versuche schaffen jedoch nur unzutreffende Komplikationen, die dem Text nicht gerecht werden. Denn der Apostel will den entscheidenden Gesichtspunkt betonen, daß durch den Tod die Bindung an das Gesetz aufgehoben ist. Das aber bedeutet: Durch das Sterben Christi ist die Herrschaft des Gesetzes beendet. Da die Glaubenden in der Taufe in diesen Tod einbezogen und mit ihm getötet wurden, sind sie frei und dürfen sich nun mit einem anderen verbinden. Der Tod Christi, den er leibhaft und damit in aller Härte erlitt[12], hat das Tor zur Freiheit geöffnet. Denn ihr – so redet der Apostel die Leser an – seid dadurch dem Gesetz[13] abgetötet worden[14]. Damit aber ist es möglich geworden, sich nun einem anderen Herrn anzuschließen: dem von den Toten auferweckten Christus. Auch hier betont Paulus, daß aus dem Indikativ der erfahrenen Heilszusage die Verpflichtung des die Lebensführung bestimmenden Imperativs folgt, dem er sich mit allen Glaubenden unterstellt weiß. Um die Konsequenz zu benennen, die mit bindender Kraft gilt, geht der Apostel daher zur Formulierung in der 1. Person Plural über: Wir – wir alle – haben Frucht zu bringen für Gott.

---

[8] Ἐλευθερία ἀπό zur Bezeichnung der Trennung; vgl. BL-DEBR § 182,3.

[9] Der Dativ ἑτέρῳ gibt die Zugehörigkeit an; vgl. BL-DEBR § 188,2; 189,2.

[10] Der Infinitiv τοῦ μὴ εἶναι ist in konsekutivem Sinn zu verstehen: vgl. BL-DEBR § 400_{10}.

[11] So z.B. AUGUSTIN, Propos. 36: „die Frau sei die Seele, ihr Ehemann die Sünde; die Seele sterbe der Sünde und werde so vom Gesetz der Sünde frei, um Christus zu gehören." Vgl. WILCKENS, Röm. II 66 Anm. 256 mit weiteren Hinweisen.

[12] Der Ausdruck διὰ τοῦ σώματος τοῦ Χριστοῦ ist auf den Kreuzestod Christi zu beziehen, ohne daß ein ekklesiologischer Bezug zur Gemeinde als dem Leib Christi vorliegt.

[13] Die Dative τῷ νόμῳ und ἑτέρῳ drücken die Zugehörigkeit aus. Vgl. oben Anm. 9.

[14] Heißt es nicht „gestorben sein", sondern ἐθανατώθητε, so soll möglicherweise das Passiv Gottes Tat hervorheben, durch die der Herrschaftswechsel eingetreten ist.

V. 5: Mit dem Stichwort καρποφορεῖν leitet Paulus zur Beschreibung der Wende über, die durch den vollzogenen Herrschaftswechsel eingetreten ist. Diese Wende wird durch eine scharfe Gegenüberstellung von Einst (V. 5) und Jetzt (V. 6), bzw. „neu" und „alt" charakterisiert[15], mit der der Apostel zugleich die Thematik der folgenden Abschnitte ankündigt (Einst: 7,7–25; Jetzt: Kap. 8). Einst – so wird zuerst die Vergangenheit charakterisiert – lebten wir im „Fleisch"[16].

Die irdische Existenz wird von Paulus des öfteren Leben in der vergänglichen Daseinsweise des Fleisches genannt; auch die Christen bleiben dem Tod unterworfen und sind darum ἐν σαρκί (vgl. Gal 2,20; 2 Kor 10,3; Phil 1,23). Aber sie sind nicht mehr von der Eigenmächtigkeit bestimmt, in der der Mensch auf seine Fähigkeiten und Möglichkeiten meint vertrauen zu können, so daß sie zwar „im Fleisch", aber nicht mehr κατὰ σάρκα wandeln (Röm 8,5–8). Ist an unserer Stelle von der Vergangenheit ἐν σαρκί die Rede, so ist dem Ausdruck „kausale Kraft" (Schlatter, Röm. 228) beigemessen im Sinn von κατὰ σάρκα. Damals – so fügt der Apostel hinzu – erwiesen sich die παθήματα τῶν ἁμαρτιῶν als wirksam. Mit παθήματα wird der 6,12 verwendete Begriff der ἐπιθυμίαι wieder aufgenommen, so daß nicht von Leidenserfahrungen (so Röm 8,18; 2 Kor 1,5f.; Phil 3,10), sondern von den Leidenschaften die Rede ist, die die fleischliche Existenz kennzeichnen (Gal 5,24). Werden die „Sünden" im Plural genannt, so bedient sich der Apostel geläufiger jüdischer und urchristlicher Ausdrucksweise. Die Leidenschaften, die von den ἁμαρτίαι ausgelöst werden und zu entsprechenden Taten führen, sind in unseren Gliedern wirksam und bestimmen damit unsere leibliche Existenz (6,12: ἐν τῷ θνητῷ σώματι ὑμῶν), so daß das Ergebnis immer nur lauten kann, daß nicht Gott (V. 4 Ende), sondern dem Tod Frucht gebracht wird.

V. 6: Dieser Vergangenheit aber wird mit einem entschiedenen νυνὶ δέ die Gegenwart entgegengestellt. Was gewesen ist, gilt nicht mehr, sondern ist ein für allemal abgetan. Denn alle, die zu Christus gehören, haben durch Gottes Tat – auf diese weist der passive Ausdruck κατηργήθημεν hin – die Freiheit empfangen. Sie sind gelöst vom Gesetz, sind sie doch[17] ihm gestorben, durch das „wir gefangen gehalten wurden". Die Folge, die sich aus diesem Geschehen ergibt, wird wiederum durch eine mit der Präposition εἰς eingeleitete Infinitivwendung aufgezeigt. Nicht in Willkür oder Beliebigkeit, sondern allein in dem neuen Dienstverhältnis (vgl. 6,5f.) kann die widerfahrene Freiheit gelebt werden: ἐν καινότητι πνεύματος καὶ οὐ παλαιότητι γράμματος. Ist die neue Existenz von der Kraft des göttlichen Geistes getragen, so war das alte, sarkische Wesen tötendem Buchstaben unterworfen.[18] Das Gesetz übte seine knechtende Herrschaft durch den Buchstaben seiner Vorschriften

[15] Vgl. Tachau, Einst, bes. 126f.

[16] Zum Begriff σάρξ vgl. oben den Exkurs S. 125.

[17] Der knappe Ausdruck ist um ein τούτῳ nach dem Partizip zu ergänzen: ἀποθανόντες τούτῳ ἐν ᾧ κατειχόμεθα. Der in einigen Handschriften vorgenommene Ersatz von ἀποθανόντες durch τοῦ θανάτου stellt zweifellos eine sekundäre Abwandlung dar.

[18] Zum Gegensatz von Fleisch und Geist vgl. weiter unten S. 233f. zu 8,5–8.

aus (vgl. 2 Kor 3,6), doch das neue Wesen ist vom Leben, das der Geist wirkt, erfüllt (vgl. 6,4: ἐν καινότητι ζωῆς). Dem Gegensatz von Fleisch und Geist entspricht der von γράμμα und πνεῦμα. Denn „der Buchstabe tötet, weil er den Menschen in den Dienst der eigenen Gerechtigkeit zwingt, selbst wenn er es im Namen Gottes tut".[19] Befreiung von den Gewalten Sünde und Tod schließt daher notwendig Freiheit vom Gesetz ein. Diese Freiheit aber ist „durch den Geist ermöglicht" und kann „auch nur im Geiste festgehalten werden" (KÄSEMANN, Röm. 183).

Mit diesen scharfen Formulierungen hat der Apostel Aussagen gemacht, die für jüdische- und weithin auch judenchristliche – Ohren geradezu als Provokation wirken mußten: nicht nur, daß das Gesetz die Sünde nicht einzudämmen imstande war, sie vielmehr im Gegenteil geradezu hervorrief, sondern auch daß die Thora, der in jüdischer Frömmigkeit ewige Gültigkeit in dieser und der kommenden Welt beigemessen wurde, für diejenigen abgetan ist, die mit Christus gestorben und zum neuen Leben berufen sind. Was bedeutet dann aber das Gesetz? Welche Rolle ist ihm zuzuerkennen? Und wie ist über seinen Rang zu urteilen? Auf diese Fragen, die mit bedrängender Schärfe hervortreten, muß Antwort gegeben werden. Darum bemüht sich der Apostel nunmehr im Abschnitt 7,7–25.[20]

Νόμος[21]

1. Der Begriff νόμος ist in den langen Gedankengängen des Röm nicht wie in den Ausführungen des Gal auf eine aktuelle Auseinandersetzung bezogen, die dort entsprechend scharfe polemische Formulierungen aufweisen. Der breite Bedeutungsrahmen des Nomos kann so weit reichen, daß sich zu einzelnen Aussagen die Frage stellt, ob νόμος als allgemeine Ord-

---

[19] KÄSEMANN 258. LUTHER, Röm., zu 7,6, betont, daß das Evangelium nur dann recht bezeugt wird, wenn es als frohe Botschaft ausgelegt wird. Wird es aber in ein Gesetz verkehrt, dann wird aus Christus ein Mose gemacht.

[20] Zum Gedankengang in Kap. 7 vgl. HOFIUS, Mensch 122.

[21] BERGMEIER, Gesetz; BLÄSER, P.: Das Gesetz bei Paulus, NTA 19,1–2, Münster 1941; BYRNE, B.: The Problem of NOMOS and the Relationship with Judaism in Romans, CBQ 62 (2000) 294–309; VAN DÜLMEN, Theologie; DUNN, Paul; GASTON, L.: Paul and the Torah, Vancouver 1987; HAHN, Gesetzesverständnis; HOFFMANN, H.: Das Gesetz in der frühjüdischen Apokalyptik, StUNT 23, Göttingen 1999; HOFIUS, Mose; HÜBNER, Gesetz; KUSS, O.: Nomos bei Paulus, MThZ 17 (1966) 173–227; LAMBRECHT, J.: Gesetzesverständnis bei Paulus, in: K. Kertelge (Hg.), Das Gesetz im Neuen Testament, QD 108, Freiburg 1986, 88–127 = Studies 231–270; LIEBERS, R.: Das Gesetz als Evangelium. Untersuchungen zur Gesetzeskritik des Paulus, AThANT 75, Zürich 1989; LICHTENBERGER, H., Paulus und das Gesetz, in: M. Hengel/U. Heckel (Hg.), Paulus und das antike Judentum WUNT I, 58, Tübingen 1991, 361–378; MARTIN, Christ; MAURER, C.: Die Gesetzeslehre des Paulus nach ihrem Ursprung und in ihrer Entfaltung dargelegt, Zürich 1941; V.D. OSTEN-SACKEN, P.: Das paulinische Verständnis des Gesetzes im Spannungsfeld von Eschatologie und Geschichte, EvTh 37 (1977) 549–587 = Aufsätze 159–196; DERS., Heiligkeit; RÄISÄNEN, Paul; SCHELLONG, D.: Paulus und das Gesetz nach dem Römerbrief, JBTh 6 (1991) 69–88; SEIFRID, Revelation; SNODGRASS, K.: Spheres of Influence. A Possible Solution to the Problem of Paul and the Law, JSNT 32 (1988) 93–113; STUHLMACHER, Understanding; WILCKENS, Entwicklung; WINGER, M.: By What Law? The Meaning of „Nomos" in the Letters of Paul, Atlanta 1992; ZELLER, Diskussion 481–488.

nung oder Regel zu verstehen ist, die nicht nur den Juden, sondern alle Menschen bindet (vgl. bes. zu 7,21–23). Doch ist durchweg davon auszugehen, daß Paulus unter νόμος die Thora und die ihr entsprechende Auslegung begreift. Dabei reflektiert er nicht wie manche Kreise des hellenistischen Judentums über eine Differenzierung zwischen sittlichen Geboten und rituellen Vorschriften, die man vielfach in übertragenem Sinne zu lesen und in ethischer Bedeutung zu fassen suchte. Für Paulus enthält vielmehr das Gesetz immer Gottes Gebot und Weisung. Seine Forderung geht grundsätzlich alle Menschen an. Zwar ist allein Israel am Sinai die Thora übergeben und anvertraut worden (9,4); aber auch die Heiden wissen um Gottes Forderung; denn ihnen ist das Werk des Gesetzes ins Herz geschrieben (2,14f.). Der Wille Gottes ist daher den Menschen nicht verborgen, für die Heiden an den Schöpfungswerken erkennbar, den Juden im Gesetz des Mose ausdrücklich kundgetan. Das göttliche Gebot ist und bleibt „heilig, gerecht und gut" (7,12).

2. Das Gesetz ist jedoch zum tötenden Buchstaben für die Menschen geworden, weil sie immer schon von der Sünde beherrscht sind, wenn sie dem Gesetz begegnen. Die Sünde bedient sich des Gesetzes, um mit seiner Hilfe ihre Macht zu steigern. (7,7–11; s. unten S. 216f.) Das Gesetz dämmt nicht etwa die Sünde ein, sondern weckt sie auf, so daß sie zur vollen Wirkung gelangt, indem die ἐπιθυμία erregt wird. Darin aber vollzog sich Gottes Wille. Denn das Gesetz sollte aufdecken, daß der Mensch Sünder ist, d.h. daß er verloren ist und sich nicht aus eigenem Vermögen vor Gott rechtfertigen kann. (3,20)

Warum aber hat Gott dann das Gesetz gegeben? Zwar göttlichen Ursprungs und gültiger Zeuge von Gottes Willen und Gebot, vermochte es nicht zum Leben zu führen, sondern bewirkte und bewirkt das Gegenteil: den Tod. So aber hatte es nach Gottes Ratschluß, wie er erst in Christus erkannt werden kann, sein sollen: Am Anfang war das Gesetz noch nicht da; es ist vielmehr – zwischen Adam und Christus – dazwischengekommen, ἵνα πλεονάσῃ τὸ παράπτωμα = „damit die Übertretung reichlich würde" (5,20). Paulus hält gleichwohl – anders als später Marcion – daran fest, daß das Gesetz aus Gottes Hand kam. Aber indem sich die Sünde des Gesetzes bediente, wurde die Macht der ἁμαρτία ungemein gesteigert, so daß das Gesetz zutage bringt, daß der Mensch ausweglos unter der Sünde gefangen ist.

Diese Funktion des Gesetzes, wie Paulus sie beschreibt, steht in scharfem Widerspruch zur Hochschätzung der Thora, wie sie in allen Gruppen und Gemeinschaften des Judentums geteilt wird. Nach ihrem Verständnis ist das Gesetz Ausdruck des göttlichen Gnadenerweises, der Israel als Zeichen seiner Erwählung widerfahren ist. Paulus aber betrachtet das Gesetz vom Christusbekenntnis her und sieht daher dessen Zeit, in der man in ihm den Weg zum Heil suchen mochte, in Christus an sein Ende gelangt. Denn Christus ist τέλος, d.h. Ende und nicht: Ziel des Gesetzes (10,4). An seinem Kreuz ist offenbar gemacht, daß der Mensch auf keine Weise durch sein Tun und Handeln – d.h. Werke, wie das Gesetz sie fordert – Gott recht werden kann; sondern allein im Glauben, der auf Gottes schenkende, barmherzige Gerechtigkeit vertraut, nimmt er in rechter Weise an, was Gott für ihn getan hat. Daher kann das Gesetz unmöglich den Weg zum Heil auftun.

3. Ist das Gesetz aus der Umklammerung durch die Sünde gelöst, so können seine Gebote wieder in ihrer ursprünglichen Bedeutung begriffen werden: nicht dazu mißbraucht, dem Menschen Anlaß zur Selbstrechtfertigung zu bieten, sondern als Gottes heiligen und guten Willen, durch dessen gehorsame Erfüllung Gott die ihm allein geschuldete Ehre zu erweisen ist (7,12; 13,8–10). Wird die Thora recht gelesen – d.h. von Christus her und auf Christus hin – dann wird sie nicht als Aufforderung zum Erbringen von ἔργα νόμου und Aufrichten der ἰδία δικαιοσύνη verstanden, sondern als Zeuge für die Gerechtigkeit Gottes, die von Gesetz und Propheten bezeugt wird (3,21). Als νόμος πίστεως (3,27) redet das Gesetz von der

Glaubensgerechtigkeit, wie sie an der Geschichte Abrahams abgelesen werden kann (4). Paulus kann deshalb zu Recht behaupten, daß er das Gesetz nicht etwa auflöse, sondern aufrichte, d.h. zu seiner wahren Bedeutung bringe (3,31). Denn nunmehr ist dem Gesetz sein rechter Platz angewiesen: die Verlorenheit des Menschen aufzudecken und Christus als die Gerechtigkeit Gottes zu bezeugen.

7,7–13 Die Knechtschaft unter Sünde und Gesetz

7) Was sollen wir nun sagen? Ist das Gesetz Sünde? Das sei ferne. Denn die Begierde hätte ich nicht kennen gelernt außer durch das Gesetz. Denn von der Begierde wüßte ich nichts, wenn das Gesetz nicht sagen würde: Du sollst nicht begehren. 8) Die Sünde aber machte sich das Gebot zunutze und bewirkte dadurch in mir jede Begierde. Denn ohne das Gesetz war die Sünde tot. 9) Ich aber war einst lebendig ohne das Gesetz. Als aber das Gebot kam, kam die Sünde zum Leben, 10) ich aber geriet in den Tod. Und so stellte sich heraus, daß das Gebot, das zum Leben führen sollte, mich gerade in den Tod führte. 11) Denn die Sünde machte sich das Gebot zunutze und betrog mich und tötete mich mit seiner Hilfe. 12) Daher ist das Gesetz zwar heilig und das Gebot heilig, gerecht und gut. 13) Ist mir nun das Gute zum Tod geworden? Das sei ferne. Aber die Sünde bewirkte, damit sie als Sünde in Erscheinung träte, mir durch das Gesetz den Tod, damit die Sünde durch das Gebot im Übermaß sündig würde.

Siehe oben S. 204 und Bergmeier, R.: Röm 7,7–25 a (8,2). Der Mensch – das Gesetz – Gott – Paulus – die Exegese im Widerspruch, KuD 31 (1985) 162–172; Blank, J.: Der gespaltene Mensch. Zur Exegese von Römer 7,7–25, BiLe 9 (1968) 10–20 = Schriftauslegung in Theorie und Praxis, München 1969, 158–173; Cambier, J.: Le ‚Moi' dans Rom 7, in: de Lorenzi (Hg.), Law 13–72; Édart, J.-B.: De la nécessité d'un sauveur. Rhétorique et théologie de Rm 7,7–25, RB 105 (1998) 359–396; Fuchs, E.: Existentiale Interpretation von Römer 7,7–12 und 21–23, ZThK 59 (1962) 285–314 = Glaube und Erfahrung, Tübingen 1965, 364–401; Lyonnet, S.: Tu ne convoiteras pas (Rom VII 7), in: Neotestamentica et Patristica, FS O. Cullmann, Leiden 1962, 157–165; Moo, D.J.: Israel and Paul in Romans, 7,7–12, NTS 32 (1986) 122–135; Philipp, T.: Die Angst täuscht mich und die Materie bringt mich zur Verzweifelung. Röm 7,7–25 in der Auslegung Juan-Luis Segundos, ZKTh 121 (1999) 377–395; Ziesler, J.A.: The Role of the Tenth Commandment in Romans 7, JSNT 33 (1988) 41–56.

Was der Knechtsdienst bedeutete, der im alten Wesen des Buchstabens geleistet wurde, wird im Abschnitt 7,7–25 dargelegt. Dabei kommt es dem Apostel darauf an, den Zusammenhang zwischen Sünde und Gesetz aufzuzeigen und einer unberechtigten Herabsetzung des Gesetzes entgegenzutreten. Weil aber die Sünde sich des Gesetzes bediente und mit ihm eine verhängnisvolle Verbindung einging, mußte diese zum Elend des Menschen und seinem Untergang im Tod führen. Die Verse 7–13 schildern zunächst im Tempus der Vergangenheit, wie es dazu kam, daß die Sünde mit Hilfe des Gesetzes ihre unwiderstehliche Macht aufrichten konnte.

Das heißt aber, daß das Sündigen von der Sünde kommt, Gesetz und Gebot hingegen als Gottes Gabe heilig, gerecht und gut sind und bleiben. Mit dieser Klarstellung ist der durch den fragenden Einwand (V. 7) eingeleitete Gedankengang abgeschlossen. Der Appell an das Wissen der Leser bezeichnet einen neuen Ansatz (V. 14). Von da an wird im Tempus der Gegenwart ausgeführt, wie sich die Allianz von Sünde und Gesetz auswirkt, indem die aktuellen Folgen für das Bild des Menschen aufgewiesen werden.

V. 7: Die kritischen Bemerkungen, die der Apostel an mehreren Stellen des Röm über die Rolle des Gesetzes gemacht hat, können Anlaß zur Frage bieten, wie denn das Verhältnis von Gesetz und Sünde zueinander zu beurteilen sei. Wenn, wie in V. 5 gesagt wurde, die παθήματα τῶν ἁμαρτιῶν in den Gliedern des Menschen durch das Gesetz zur Wirkung kamen, könnte sich die Folgerung ergeben, das Gesetz sei geradezu mit der Sünde gleichzusetzen. Mit der rhetorischen Frage τί οὖν ἐροῦμεν bezieht Paulus sich im Stil der Diatribe auf einen Einwand, wie er als Vorwurf gegen seine Lehre sich nahelegen könnte (vgl. 4,1; 6,1; 8,31 u.ö.). Doch der Gedanke, eine derartige Konsequenz ziehen zu wollen, wird scharf zurückgewiesen und anschließend eine Begründung für diese Ablehnung geboten. Unmöglich kann man das Gesetz mit der Sünde gleichsetzen. Doch bedarf allerdings die Frage, wie ihr gegenseitiges Verhältnis zu bestimmen sei, einer klärenden Antwort. Diese Antwort wird durch den Satz eingeleitet, daß „ich" die Sünde gar nicht kennengelernt hätte, wenn das Gesetz nicht das Verbot aufgerichtet hätte: Du sollst nicht begehren. Das Verb ἔγνων bezieht sich auf die unmittelbare Konfrontation mit dem Gebot des Gesetzes (vgl. 2 Kor 5,21). Das Verbot des Begehrens ist nicht wie im Dekalog mit der Benennung eines oder mehrerer Objekte verbunden (vgl. Ex 20,17; Dtn 5,21), sondern wird in seiner schlechthin gültigen Allgemeinheit angeführt. In ähnlicher Weise wurde bereits im zeitgenössischen Judentum das den Dekalog abschließende und zusammenfassende Gebot in knappen Worten ausgedrückt, indem jegliche Art des Begehrens untersagt wurde.[1] Doch während nach jüdischer Lehre das Verbot dazu erlassen wurde, um die Sünde einzuschränken, sagt Paulus, daß durch die Untersagung des Begehrens dieses mitnichten eingedämmt, sondern im Gegenteil erst hervorgerufen wurde. Die ἐπιθυμία entzündet sich gerade in der Konfrontation mit den Geboten des Gesetzes.[2] Dabei schwingt ein Anklang an die Erzählung vom Sündenfall des Menschen nach. Wie die Frau sich dazu verlocken ließ, entgegen der ergangenen Weisung die verbotene Frucht zu nehmen (Gen 3,6), so weckte das Verbot des Begehrens die ἐπιθυμία und ließ sie zur Wirkung gelangen. Das Verbum ᾔδειν nimmt das vorangehende ἔγνων auf. Beide Aussagen stehen in der 1. Person Singular; denn jene Erfahrung, wie Begierde und Sünde geweckt und zur Entfaltung gebracht wurden, geht jeden Menschen an und darum gerade „mich". Wer aber ist mit jenem „Ich" gemeint?

[1] Vgl. 4 Makk 2,6: μὴ ἐπιθυμεῖν εἴρηκεν ὁ νόμος. Ähnlich knappe Fassungen finden sich in den Targumim zu Ex 20,17 und Dtn 5,21; Belege bei BILL. III 234f. und LYONNET 157–165.

[2] Vgl. BORNKAMM, Sünde 54.

Das ἐγώ in Röm 7[3]

In der Geschichte der Auslegung sind unterschiedliche Antworten auf die Frage gegeben worden, wie das Problem des ἐγώ in Röm 7 zu lösen sei. Einige der wichtigsten Versuche, die zu seiner Klärung unternommen wurden, seien kurz charakterisiert:

1. Mit AUGUSTIN[4] haben die Reformatoren das „Ich" in Röm 7 auf den Christen Paulus bezogen. Der Apostel spreche von belastenden Erfahrungen, die der Christ im Widerstreit zwischen Wollen und Mißraten mache. Der geistliche Mensch seufzt unter dieser Spannung und klagt darüber, daß er nicht so kann, wie er will. Als „simul iustus et peccator" müsse er diesen Kampf erleiden, weil er zwar im neuen Äon lebt, der alte Äon jedoch weiterhin bestehe. Von dieser Auslegung ist starke Wirkung ausgegangen, die bis heute anhält, so daß sie nach wie vor von einigen Exegeten vertreten wird.[5]

Gewichtige Argumente sprechen jedoch gegen diese Erklärung: a) 7,1–6 heißt es, die Glaubenden seien wie von der Knechtschaft der Sünde, so auch vom Regiment des Gesetzes frei geworden. Der in 7,7ff. geschilderte Mensch aber steht unter der Herrschaft des Gesetzes wie auch dem Zwang der Sünde – eine Situation, die nach 7,5 der Vergangenheit angehört (V. 5: „als wir im Fleisch waren"). b) In 7,7–25 ist mit keinem Wort vom πνεῦμα die Rede. Nicht Geist und Fleisch stehen einander gegenüber, sondern der νοῦς, der als verstehendes Urteilsvermögen jedem Menschen eigen ist, und die σάρξ. Während diese Auseinandersetzung unausweichlich mit einer Niederlage enden muß, werden die Christen, die den Begierden des Fleisches widerstehen und im πνεῦμα wandeln, diesen Widerstreit siegreich ausfechten können (Gal 5,16–18.19–25). Das „Ich" von Röm 7 dagegen ist ausweglos dem Tod verfallen, so daß es sicher nicht auf den Christen Paulus bezogen werden kann.

2. Eine weitere biographische Deutung, die in der älteren Exegese vielfach vertreten wurde, meint, Paulus spreche in Röm 7 von seiner eigenen vorchristlichen Vergangenheit. Er rede von den Tagen unschuldiger Kindheit, als ihm „mit dem Begriff der ‚Sünde' das Schuldgefühl noch fremd" war:[6] Doch durch das „Du sollst", wie es im Gesetz ausgesprochen wurde, seien dann die Qualen des Schuldgefühls erzeugt worden.[7] Angeregt von psychoanalytischer Interpretation wurde auch der Versuch unternommen, den Konflikt, in dem sich das „Ich" befindet, auf die inneren Spannungen zu beziehen, in denen Paulus sich vor dem Damaskusereignis befunden habe. Erst vor Damaskus habe sich „diese Zerrissenheit des Paulus zwischen seinen als Scheitern empfundenen eigenen Bemühungen und den ihm so offen vor Augen stehenden, seine eigene Sehnsucht verkörpernden Anhängern Jesu" entladen, so daß

---

[3] Literatur s. oben S. 204f. und S. 211, v.a.: BORNKAMM, Sünde; BULTMANN, Anthropologie; KÜMMEL, Bekehrung; J.-N. Aletti, Rm 7.7–25 encore une fois: enjeux et propositions, NTS 48 (2002) 358–376.

[4] AUGUSTIN hatte zunächst die Auffassung vertreten, es sei vom unerlösten Menschen die Rede. In Auseinandersetzung mit Pelagius änderte er jedoch sein Verständnis dahin, daß das „Ich" in Röm 7 auf den Christen Paulus zu beziehen sei. Zu Augustins Auslegung von Röm 7 vgl. E. DINKLER, Die Anthropologie Augustins, FKGG 4, Stuttgart 1934, 267–274.

[5] So zuletzt vor allem CRANFIELD, Rom. 341, DUNN, Rom. 382 u.a.

[6] Vgl. A. DEISSMANN, Paulus, Tübingen ²1925, 73.

[7] Unter Berücksichtigung psychologischer Aspekte formuliert THEISSEN, Aspekte 204: „Wer in Röm 7 das ἐγώ dem Paulus abspricht, hat die Beweislast zu tragen. Das Nächstliegende ist, an ein ‚Ich' zu denken, das persönliche und typische Züge vereint."

Paulus „seinen Umschlag vom Verfolger zum Prediger" „als Erfahrung der Ewigkeit sowie als Befreiung von Gesetz und Sünde verstanden" habe.[8]

Gegen die unterschiedlichen Versuche biographischer Deutung sind schwerwiegende Einwände geltend zu machen: a) Zu keiner Zeit könnte von einem jüdischen Kind gesagt werden, einst habe es ohne Gesetz gelebt – auch nicht im Blick auf die frühen Jahre, ehe ein Knabe im Alter von 13 Jahren als „Bar-Mizwah" (= Sohn des Gebotes) dazu verpflichtet wird, die Gebote der Thora gewissenhaft zu befolgen[9], um im Kampf zwischen dem guten und dem bösen Trieb sich eindeutig auf die Seite des guten zu stellen.[10] b) Wo Paulus von der Zeit spricht, die er als Jude vor seiner Bekehrung gelebt hat, ist niemals von einem inneren Kampf die Rede, wie er Röm 7 beschrieben wird. Im Gegenteil, er sagt ausdrücklich, daß er als Jude in dem Bewußtsein gelebt habe, die Gebote des Gesetzes gewissenhaft befolgt zu haben, „nach der Gerechtigkeit, die das Gesetz fordert, untadelig" (Phil 3,6). Anders als Luther mußte Paulus nicht durch eine Zeit quälender Zweifel und tiefer Niedergeschlagenheit hindurchgehen, ehe er zur Überzeugung gelangte, allein im Glauben die befreiende Rechtfertigung des barmherzigen Gottes zu empfangen. Sondern Paulus lebte als Jude im Stolz auf das Gesetz und erkannte erst in der Begegnung mit dem auferstandenen Christus, daß alles, was er zuvor als Gewinn betrachtet hatte, um Christi willen „für Schaden und Dreck" zu gelten hat (Phil 3,7f.).

3. Seit der Zeit der alten Kirche ist immer wieder darauf aufmerksam gemacht worden, daß sich in Röm 7 deutliche Anklänge an die Geschichte vom Sündenfall der ersten Menschen finden, so daß man daran denken könnte, das „Ich" auf Adam zu beziehen, der Gottes Gebot übertrat und dadurch der Macht der Sünde Eingang in den Kosmos eröffnete (Röm 5,12). Nach Auffassung einer heilsgeschichtlichen Deutung ist nicht nur Adam als Einzelperson, sondern das ganze Volk der Thora im „Ich" zu erkennen.[11] Doch die Ausführungen des Apostels lassen weder eine Beschränkung auf Adam noch einen ausschließlich auf die Juden gerichteten Bezug erkennen. Zwar liegen deutliche Anspielungen auf die Geschichte vom Sündenfall vor, doch diese sind in das Bild fest einbezogen, das vom geknechteten Menschen gezeichnet wird. Weder ist davon die Rede, daß eine paradiesische Unschuld verspielt wurde, noch daß das Gesetz – das erst durch Mose gegeben wurde – von allem Anfang an da gewesen sei. Vielmehr wird vom Menschen schlechthin gesprochen und seine Verlorenheit aufgedeckt, wie sie sich erst dem geschärften Blick derer erschließt, die die Befreiung durch Christus erfahren haben. Diese Perspektive, wie sie sich aus dem Kontext im Röm ergibt, muß daher auch für die Beantwortung der Frage bestimmend sein, wer mit dem „Ich" von Röm 7 gemeint ist.

4. Diese Frage kann nur beantwortet werden, wenn sorgfältig auf den gedanklichen Zusammenhang geachtet wird, in dem der Abschnitt 7,7–25 steht.[12] V. 6 war das für die Christen

---

[8] So G. LÜDEMANN, Psychologische Exegese oder: Die Bekehrung des Paulus und die Wende des Petrus in tiefenpsychologischer Perspektive, in: F.-W. Horn (Hg.), Bilanz und Perspektiven gegenwärtiger Auslegung des Neuen Testaments, BZNW 75, Berlin 1995, 91–111.106.

[9] Rabbinische Belege zum Widerstreit zwischen dem guten und dem bösen Trieb bei BILL. III 92–96 sowie IV 466–483.

[10] Entgegen einer biographischen Deutung, die die Verben ἔζων und ἀπέθανον (V. 9f.) psychologisierend auf unterschiedliche Gemütszustände bezieht („ich führte ein unbekümmertes Kinderleben" – „ich fühlte mich betrogen"), sind beide Verben in prägnantem Sinn zu verstehen als „Bestehen" bzw. „Vergehen vor Gott".

[11] Eine heilsgeschichtliche Deutung wurde schon in der alten Kirche, bes. durch Chrysostomus vertreten. Vgl. weiter E. STAUFFER, ThWNT II, 355–360.

[12] Es ist das bleibende Verdienst der bahnbrechenden Studie von W.G. KÜMMEL (Bekehrung) unter dieser Perspektive das Problem von Röm 7 gelöst zu haben.

entscheidende νυνί der Gegenwart genannt worden, die nicht vom alten Wesen des Buchstabens, sondern von der neuen Wirklichkeit des Geistes bestimmt ist. Am Anfang von Kap. 8 wird dieser Gedanke wieder aufgenommen und von der Freiheit des neuen, vom Geist geschenkten Lebens gesprochen (8,1f.). Was unmöglich unter dem Gesetz geschehen konnte, das hat Gott in seiner Barmherzigkeit durch die Sendung des Sohnes bewirkt, so daß die Herrschaft von Sünde und Gesetz ein für allemal abgetan ist (8,3). Der Kontext zeigt also eindeutig, daß in 7,7–25 der Blick vom Standort der durch Christus Befreiten auf die Knechtschaft gerichtet wird, in der verhaftet ist und bleibt, wer sich ἐν παλαιότητι γράμματος befindet. Durch den der Sünde und dem Gesetz erwiesenen Dienst bringt der Mensch am Ende dem Tod Frucht und verfällt unentrinnbar seinem Verderben. Der Zwiespalt, daß zwar das Gute gewollt wird, doch schließlich im Todesverhängnis immer nur das Gegenteil zustande kommt, wird in jedem Menschen ausgetragen, er sei Jude oder Grieche, es sei ihm bewußt oder nicht.

Um diese Wahrheit zu veranschaulichen, hat der Apostel die konkrete Redeweise in der 1. Person Singular gewählt. Diese Stilform wird auch sonst verwendet, so z.B. Röm 3,5: „Wenn aber unsere Ungerechtigkeit Gottes Gerechtigkeit erweist, was wollen wir sagen?" 3,7: „Wenn aber Gottes Wahrheit durch meine Lüge groß geworden ist ..."; vor allem 1 Kor 13,1: „Wenn ich mit Menschen- und mit Engelszungen redete und hätte die Liebe nicht", ebenso V. 2f.

In der Umwelt des NT ist diese Stilform vielfältig bezeugt, insbesondere in den Lob- und Dankliedern der Gemeinde von Qumran. Das „Ich" des Beters ist dabei jeweils so charakterisiert, daß jeder Fromme, der diese Worte nachspricht, sich mit diesem „Ich" identifizieren kann[13]: „Ich gehöre zur ruchlosen Menschheit ... meine Sünden, meine Übertretungen, meine Verfehlungen samt der Verderbtheit meines Herzens gehören zur Menge des Gewürms ... Ich aber, wenn ich wanke, so sind Gottes Gnadenerweise meine Hilfe auf ewig. Und wenn ich strauchle durch die Bosheit des Fleisches, so besteht meine Gerechtigkeit durch die Gerechtigkeit Gottes in Ewigkeit ... Durch die Gerechtigkeit seiner Wahrheit hat er mich gerichtet, und durch den Reichtum seiner Güte sühnt er alle meine Sünden ... Gepriesen seist du, mein Gott, der du zu Erkenntnis auftust das Herz deines Knechtes." (1 QS XI, 9–16; vgl. weiter 1 QH II,7–30; III,19–21; IV,30–39; XVI, 11f. u.ö.) Die Rede in der 1. Person bringt ein Bekenntnis zum Ausdruck, in dem letztgültige Wahrheit ausgesprochen wird, wie sie dem Beter, der sich durch Gottes Barmherzigkeit mit der Gabe der Freiheit beschenkt weiß, eröffnet wurde. In diesem Zusammenhang gewinnen die auf das Geschick Adams Bezug nehmenden Anklänge ihren rechten Ort.[14]

Das aber bedeutet, daß mit der Schilderung des „Ich" in Röm 7 „die Situation des unter dem Gesetz stehenden Menschen überhaupt" charakterisiert wird, „und zwar so, wie sie für das Auge desjenigen, der durch Christus vom Gesetz befreit wurde, sichtbar geworden ist".[15] Dieser Rückblick wird nicht im Gefühl der Überheblichkeit vorgenommen, als ginge diese Vergangenheit nun den Christen nichts mehr an. Es wird nicht etwa vom sicheren Ufer des Glaubens zurückgedacht an den Sturm und die Gefährdungen, die dem Glaubenden auf

[13] Zum Verhältnis von Röm 7 zu den Qumran-Aussagen vgl. BRAUN 100–119 sowie DERS., Qumran 1, 177f.

[14] Vgl. BORNKAMM, Sünde 59; KÄSEMANN, Röm. 189: „So kann er in der Stilform der Bekenntnisrede sich selbst mit Adam identifizieren."

[15] Vgl. BULTMANN, Anthropologie 198.

seiner Fahrt bis zu diesem Ufer begegnet sind.[16] „Vielmehr bleibt die Vergangenheit und Verlorenheit des Unerlösten in einem sehr bestimmten Sinne Gegenwart auch für den Christen, nämlich als vergebene und überwundene." Der Freispruch, der in der Rechtfertigung zuteil geworden ist, wird niemals sicherer Besitz, sondern bleibt allezeit Geschenk des barmherzigen Gottes, das allein im Glauben in rechter Weise angenommen werden kann.

V. 8: Wie konnte die Sünde ihren Angriff erfolgreich vortragen? Sie bediente sich des Gesetzes als Ausgangsbasis; ἀφορμή kann auch in militärischem Sinn den Brückenkopf, die günstige Position zu siegreichem Unternehmen bezeichnen. Dabei ist διὰ τῆς ἐντολῆς mit ἀφορμὴν λαβοῦσα zusammenzunehmen. Die Waffe, von der man eigentlich hätte erwarten sollen, daß sie gegen die Sünde hätte eingesetzt werden sollen, ergriff die ἁμαρτία und machte sie sich dienstbar. Und so bewirkte sie jedwede Begierde (πᾶσαν ἐπιθυμίαν) – nicht nur das einzelne Begehren, sondern die Begierde überhaupt. Denn – so wird in knapper Feststellung gesagt, die weder ein Verbum noch Artikel im Satz verwendet – ohne das Gesetz war[17] die Sünde tot; das Adjektiv νεκρά hebt die vollständige Passivität hervor, die totale Unwirksamkeit (vgl. Jak 2,17: ἡ πίστις, ἐὰν μὴ ἔχῃ ἔργα, νεκρά ἐστιν καθ' ἑαυτήν).[18] Wo kein Gesetz ist und es kein Gebot gibt, hat die Sünde keine Möglichkeit zum Angriff. Doch am Gebot bzw. Verbot entzündet sich das Begehren, es zu übertreten oder durch seine Erfüllung die eigene Gerechtigkeit aufzurichten. Damit wird so oder so immer unausweichlich der Weg ins Verderben beschritten.

V. 9: Als es kein Gesetz gab – so lautet die Confessio – da war „ich" am Leben. Als aber das Gebot kam, da erwachte die Sünde und kam sie zum Leben.[19] Damit hat sich die Lage grundsätzlich gewandelt und tritt der Tod an die Stelle des Lebens. **V. 10:** Das Gebot, das nach Überzeugung der Frommen zum Leben gegeben sein sollte[20], trug den Tod ein. In diesem Satz begnügt sich der Apostel nicht damit, menschliches Ungenügen auszusprechen, das sich dazu verleiten läßt, nach Verbotenem zu streben und zu begehren, was versagt ist.[21] Vielmehr weist das Prädikat εὑρέθη auf das Ergebnis hin, das bei allem Handeln und Tun herauskommt: statt des vorgehaltenen Zieles, das Leben zu gewinnen, endet alles Begehren und Wollen im Tod.

---

[16] Vgl. hierzu und zum Folgenden Bornkamm, Sünde 68f.

[17] Ein zu ergänzendes Prädikat ἦν wird von einigen späteren Handschriften eingefügt.

[18] Vgl. Röm 4,15: Wo kein νόμος ist, da ist auch keine παράβασις; 5,13: Ohne das Gesetz wird die Sünde nicht angerechnet.

[19] Der Aorist ἀνέζησεν weist auf das Erwachen bzw. Aufleben hin. Dem Präfix ἀνα- kommt verstärkende Bedeutung zu.

[20] Rabbinische Belege bei Bill. III 237.

[21] So nach der geläufigen Regel, daß die verbotenen Früchte am süßesten schmecken. Vgl. Ovid, Am. 3,4.17: *„Nitimur in vetitum semper cupimusque negata"* = Wir streben immer nach Verbotenem und begehren, was verwehrt ist.

V. 11: Mit fast gleichlautenden Worten wird die Aussage von V. 8 wiederholt: Die ἁμαρτία hat sich des Gebots als Ausgangs- und Angriffsbasis bedient. Wie konnte das geschehen? Der Apostel führt den Satz weiter, indem er auf das betrügerische Vorgehen der Sünde hinweist. Sie hatte sich das Gebot zunutze gemacht und mit seiner Hilfe vorgegaukelt, man könnte durch Gesetz und Gebot zum Leben – wirklichem, bleibendem Leben – gelangen. Aber in Wahrheit stellte sich heraus, daß auf diesem Weg das genaue Gegenteil erreicht wird: Indem gesagt wurde „Tue dies, so wirst du leben", wurde bewirkt, daß das Gesetz seine versklavende Herrschaft befestigen konnte. Dabei wurde nicht bemerkt, daß immer die Sünde hinter dem Gesetz steht und zwar vortäuscht, man könnte das Leben gewinnen, tatsächlich aber immer der Tod die unausweichliche Folge ist. Dieses Verderben aber ist nicht durch einen bedauerlichen oder vielleicht verzeihlichen Irrtum bewirkt worden, sondern durch einen verhängnisvollen Betrug, der am Ende das Leben kostete (vgl. Gen. 3,13).

V. 12: Wenn es sich so verhält, daß die Sünde sich des Gesetzes bedient und dadurch den Menschen getäuscht und betrogen hat, trifft dann auch das Gesetz Schuld am endgültigen Scheitern? Paulus antwortet auf diese Frage, indem er mit dem einleitenden ὥστε die bisherigen Überlegungen zu einem überraschend wirkenden Schluß zusammenfaßt: das Gesetz sei heilig und das Gebot, das jeweils die konkrete Weisung ausspricht, heilig, gerecht und gut. Nachdem die totale Verderbnis der Sünde aufgedeckt ist, wird das Gesetz von allen unbilligen Vorwürfen befreit. Kam es doch aus Gottes Hand und bleibt als heilige Weisung seinem Willen verpflichtet. Das Gebot zeichnet Paulus durch drei Adjektive aus, die seinen unvergleichlichen Rang aufzeigen: heilig, weil es Gottes Gebot ist – gerecht, weil es von Gottes Gerechtigkeit Zeugnis gibt – und gut, weil es seinen Willen bekannt macht.[22] Die Folgerung, die der Apostel mit diesem Satz aus seinen bisherigen Ausführungen zieht, ist mit einem μέν versehen; dann aber folgt nicht ein erwartetes δέ, um dem „zwar" ein „aber" gegenüberzustellen. Doch das in V. 13 benutzte ἀλλά läßt sich als Ausdruck der Gegenüberstellung verstehen.

V. 13: Noch einmal greift der Apostel die V. 7 gestellte Frage auf, in welchem Verhältnis Gesetz und Sünde zueinander stehen: Ist denn nun das Gute, als welches Gottes Gebot qualifiziert wurde, durch die Allianz von Sünde und Gesetz zum Tod geworden? Eine solche Folgerung aus seiner Darlegung zu ziehen, lehnt der Apostel mit einem entrüsteten μὴ γένοιτο ab und begründet danach diese Zurückweisung. Dabei kommt in dem anakoluth abbrechenden Satz den beiden durch ἵνα eingeleiteten Nebensätzen nicht konsekutive, sondern finale Bedeutung zu.[23] Der Satz ist daher in folgender Weise zu strukturieren: ἡ ἁμαρτία (erg. ἐμοὶ ἐγένετο θάνατος) ἵνα φανῇ ἁμαρτία … ἵνα γένηται καθ' ὑπερβολὴν …

[22] Rabbinische Belege zur Qualifizierung der Thora als „gut" bei Bill. III, 238.

[23] Vgl. hierzu Kümmel, Bekehrung 57; ferner bes. Käsemann, Röm. 190.

Die beiden ἵνα-Sätze sind als parallele Aussagen zu verstehen, wobei der zweite durch καθ' ὑπερβολήν noch eine Steigerung enthält. So sollte es nach Gottes Willen sein: daß die Sünde ihr wahres Wesen enthüllte.[24] Ihr Übermaß trat dadurch in Erscheinung, daß sie sich das Gebot zu Diensten machte, so daß alles Tun und Lassen am Ende nichts anderes einträgt (κατεργαζομένη) als den Tod.[25]

7,14–25 Das Elend des Menschen unter Gesetz und Sünde

14) Wir wissen doch, daß das Gesetz geistlich ist, ich aber bin fleischlich, verkauft unter die Sünde. 15) Denn was ich bewirke, erkenne ich nicht. Denn nicht was ich will, tue ich, sondern das, was ich hasse, tue ich. 16) Wenn ich aber gerade das, was ich nicht will, tue, stimme ich dem Gesetz zu, daß es gut ist. 17) Dann aber bewirke nicht ich es mehr, sondern die Sünde, die in mir wohnt. 18) Denn ich weiß, daß in mir, das heißt in meinem Fleisch, nicht Gutes wohnt. Denn das Wollen liegt bei mir, das Bewirken des Guten aber nicht. 19) Denn nicht das Gute, das ich will, tue ich, sondern das Böse tue ich, das ich nicht will. 20) Wenn ich aber gerade das tue, was ich nicht will, dann bewirke nicht mehr ich es, sondern die Sünde, die in mir wohnt. 21) Ich finde also das Gesetz, daß bei mir, der ich das Gute tun will, gerade das Böse liegt. 22) Denn ich habe Freude am Gesetz nach dem inneren Menschen. 23) Ich sehe aber ein anderes Gesetz in meinen Gliedern, das im Streit liegt mit dem Gesetz meiner Vernunft und mich gefangen nimmt unter das Gesetz der Sünde, das in meinen Gliedern ist. 24) Ich elender Mensch! Wer wird mich erretten von diesem Leib des Todes? 25) Dank aber sei Gott durch Jesus Christus, unseren Herrn. Also diene ich mit meiner Vernunft dem Gesetz Gottes, mit dem Fleisch aber dem Gesetz der Sünde.

Siehe oben S. 204 sowie S. 211 und Blank, J.: Der gespaltene Mensch. Zur Exegese von Röm 7,7–25, BiLe 9 (1968) 10–20; Ders.: Gesetz und Geist, in: de Lorenzi (Hg.), Law 73–127; Brandenburger, Fleisch; Burgland, N.A.: Eschatological Tension and Existential Angst: ‚Now' and ‚Not Yet' in Romans 7,14–25 and 1 QS 11, CTQ 61 (1997) 163–176; Dunn, J.D.G.: Rom 7:14–25 in the Theology of Paul, ThZ 31 (1975) 257–273; Heckel, T.K.: Der innere Mensch: Die paulinische Verarbeitung eines platonischen Motivs, WUNT II, 53, Tübingen 1993; Jonas, H.: Philosophische Meditation über Paulus, Römerbrief, Kapitel 7, in: Zeit und Geschichte, FS R. Bultmann, Tübingen 1964, 557–570; Lichtenberger, H.:

[24] Vgl. Kümmel, Bekehrung 57: „Das war also Gottes Absicht mit dem Gesetz, die Sünde tötete durch den Mißbrauch des Gesetzes den Menschen, aber zugleich wurde dadurch ihr gottwidriges Wesen erkennbar." Sowie Hofius, Mensch 127: „Das Gesetz *wirkt* die Sünde nicht, es gibt aber den *Anlaß* dazu, daß die Realität der Sünde sichtbar und die Sünde so in ihrer Schrecklichkeit entlarvt wird."

[25] Vgl. Hofius, Mensch 121: Die Verse 7,7–13 berichten „von Adams Sünder-Werden als von der Geschichte, in der über *alle* und so über *mich* entschieden ist ... In Entsprechung dazu kommt in den Versen 7,14–23 das Sünder-Sein *aller* Menschen – und so auch *mein* Sünder-Sein – zur Sprache, wie es durch Adams Fall konstituiert ist."

Der Beginn der Auslegungsgeschichte von Römer 7: Röm 7,25 b, ZNW 88 (1997) 284–295; MÜLLER, F.: Zwei Marginalien im Brief des Paulus an die Römer, ZNW 40 (1941) 249–254; RÜGER, H.P.: Hieronymus, die Rabbinen und Paulus. Zur Vorgeschichte des Begriffspaares „innerer und äußerer Mensch", ZNW 68 (1977) 132–137; SCHMITHALS, W.: Die theologische Anthropologie des Paulus: Auslegung von Röm 7,17–8,39, Stuttgart 1980; SEIFRID, M.A.: The Subject of Rom 7:14–25, NT 34 (1992) 313–333.

Mit V. 14 setzt Paulus neu ein. War bis dahin im Tempus der Vergangenheit gezeigt worden, wie es zur tödlichen Allianz von Sünde und Gesetz kam, so wird nun in der Zeitform der Gegenwart dargelegt, wie sich diese verhängnisvolle Verbindung auswirkt.[1] In der Vergangenheit ist eine nicht aufzuhebende Entscheidung gefallen, die nun das gesamte Dasein des Menschen beherrscht. Zwar ist das Gesetz geistlich und göttlichen Ursprungs, „aber ich bin fleischlich", d. h. unter die Sünde verkauft. Dieser Satz wird im folgenden erläutert. Dabei führen jeweils die Verse 15–17 und 18–20 zu einer nahezu gleichlautenden Folgerung: In „mir" wohnt die Sünde; sie bestimmt alles, was „ich" tue und bewirke, aber doch nicht begreife. Die Verse 21–24 ziehen aus dieser Einsicht die Konsequenz: In auswegloser Situation erfolgt der Schrei nach Erlösung (V. 24). Darauf antwortet ein Ruf des Dankes, der artikuliert werden kann, nachdem die Freiheit in Christus geschenkt worden ist (V. 25 a). Die nunmehr beendete Gefangenschaft wird in einem abschließenden Satz noch einmal charakterisiert (V. 25 b), ehe der Apostel dazu übergeht, in Kap. 8 das neue Leben zu schildern, das durch die Kraft des Geistes gewirkt ist und durch sie Gestalt gewinnen soll.

V. 14: Mit dem vorangestellten Verb οἴδαμεν appelliert Paulus an eine Einsicht, die für alle Christen gilt (vgl. 2,2; 5,3; 6,9 u. ö.). Deren Inhalt wird in einer scharfen Antithese ausgesagt, wie sie der Theologie des Apostels entspricht. Zu Beginn heißt es: Das Gesetz ist „geistlich". Ein Ausdruck solcher Wertschätzung geht über vergleichbare Worte, mit denen im zeitgenössischen Judentum die Thora gewürdigt wurde, deutlich hinaus. Konnte man von ihr sagen, daß sie himmlischen Ursprungs sei, so findet sich doch nirgendwo die Charakterisierung als geistlich.[2] Paulus schreibt damit dem Gesetz eine ungemein hohe Auszeichnung zu, wie er sie schon kurz zuvor angezeigt hatte: das Gesetz sei heilig und das Gebot heilig, gerecht und gut (V. 12). Aber gerade darum tut sich ein tiefer Gegensatz zu „meiner" Verlorenheit auf. Der passivische Ausdruck πεπραμένος zeigt an, was mit dem Adjektiv σάρκινος[3] gemeint ist: „Ich" finde „mich" immer schon unter der Herrschaft der ἁμαρτία vor und bin doch diesem Geschick nicht blindlings, sondern schuldhaft ausgeliefert, weil der Sünde Dienst erwiesen wird (5,12). Während

[1] Der Übergang von der Vergangenheit zum Präsens darf nicht psychologisierend interpretiert werden, als ginge es darum, daß nun das Bewußtwerden des über „mich" verhängten Geschicks geschildert werden sollte.

[2] Vgl. BILL. III 238.

[3] Zu σάρκινος (= der Variante σάρκικος) vgl. Röm 15,27; 1 Kor 3,3; 9,11; 2 Kor 1,12; 10,4 sowie den Exkurs zum Begriff σάρξ oben S. 125.

das Gesetz auf die Seite Gottes gehört, ist der Mensch, der vom Gesetz geleitet und beherrscht wird, hinfälliges Fleisch, das unter dem Regiment der Sünde dem Tod preisgegeben ist.

In Gebeten frommer Juden jener Zeit kann gleichfalls darüber geklagt werden, tief in Sünden verfallen zu sein; so z.B. 4 Esra 9,36f.: „Wir, die das Gesetz empfangen, müssen wegen unserer Sünden verloren gehen samt unserem Herzen, in das es getan ist; das Gesetz aber geht nicht verloren, sondern bleibt in seiner Herrlichkeit"; in Gebeten der Gemeinde von Qumran heißt es: „Ich gehöre zur ruchlosen Menschheit, zur Menge des frevelnden Fleisches ... Wenn ich wanke, so sind Gottes Gnadenerweise meine Hilfe auf ewig" (1 QS XI,9.12).[4] Doch diese Bekenntnisse zielen nicht darauf, von der Herrschaft des Gesetzes befreit zu werden. Die Hoffnung des Beters geht vielmehr dahin, daß Gottes Barmherzigkeit ihn wieder unter das Gesetz zurückbringen möge, damit sein Wandel sich nach seinen Weisungen vollzieht. Paulus aber verbindet die Aussage, das „Ich" sei unter das Gesetz verkauft, mit der Zuversicht, daß diese Sklaverei durch Christi Befreiungstat ein für allemal zerbrochen ist.

V. 15: Das Bekenntnis blickt auf das Handeln, wie es sich unter dem Regiment von Sünde und Gesetz vollzieht. Zu dessen Bezeichnung werden die Verben κατεργάζεσθαι, πράσσειν und ποιεῖν verwendet, deren Bedeutung nahe beieinanderliegt. Während jedoch πράσσειν und ποιεῖν vom konkreten Tun reden, ist κατεργάζεσθαι auf dessen Ergebnis gerichtet.[5] Es besteht demnach nicht nur ein Gegensatz zwischen dem geistlichen νόμος und dem fleischlichen Menschen, sondern dieser befindet sich selbst in einem tiefen Zwiespalt. Vermag er doch nicht zu begreifen[6], zu welchem Resultat sein Handeln führt. Denn er handelt nicht, wie er will, sondern tut, was er haßt. Daher kommt immer ein anderes Ergebnis heraus, als es gewollt war. **V. 16:** Diese Aussage geht weit über vergleichbare Sätze hinaus, wie sie in der alten Welt des öfteren ausgesprochen wurden, um den Widerspruch zwischen guter Absicht und dennoch eintretendem Mißlingen zu beschreiben.[7] „Moralische Mängel vermag auch der ‚natürliche' Mensch an sich und anderen zu erkennen, und moralische Integrität ist kein Spezifikum des Christen." (Schmithals, Röm. 245)

Der Apostel will keineswegs lediglich von einem sittlichen Konflikt sprechen, in dem das Mißraten einer durchaus vorhandenen Einsicht in das Rechte gegenübergestellt wird. Sondern er beschreibt die Gefangenschaft des Menschen unter der Knechtschaft von ἁμαρτία und νόμος, die den Weg zum Leben versperrt hat und

[4] S. oben S. 215; dort weitere Belege.

[5] So mit Nachdruck betont von Bultmann, Anthropologie 198–209.

[6] Οὐ γινώσκω meint nicht etwa „ich handle unbewußt", sondern spricht vom begreifenden Verstehen des „Ich".

[7] So besonders treffend formuliert von Ovid, Metamorphosen VII,20f.: „*Video meliora proboque. Deteriora sequor*" = „Ich sehe das Bessere und billige es; aber ich folge dem Schlechteren." Vgl. auch Epiktet, Diss. II 26,4: Ὃ θέλει οὐ ποιεῖ καὶ ὃ μὴ θέλει ποιεῖ = „Was er will, tut er nicht; und was er nicht will, tut er." Vgl. Vollenweider, Freiheit 350–352.

alles Tun – es sei von noch so edler Gesinnung geleitet – immer im Tod enden läßt. Daß stets dieses Ende eintritt, erscheint unbegreiflich. Denn der Mensch will doch das Leben gewinnen und stimmt dem Gesetz zu, daß es gut ist.[8] Was das Gesetz gebietet, bleibt in der Tat gut. Aber das Handeln führt entgegen bestem Wollen immer zum Gegenteil dessen, was erstrebt worden war.

V. 17: Warum das so ist, wird in einer ersten Schlußfolgerung festgestellt. In diesem Tun zeigt sich, daß der Mensch unter die Sünde verkauft ist. Denn was er zustandebringt, bewirkt die Sünde, die in ihm wohnt.[9] Wie Dämonen in Besessenen Wohnung genommen haben, so hat sich die Sünde im Menschen eingenistet. Die Verlorenheit, in der er sich befindet, besteht also „darin, daß der Mensch das Gegenteil von dem tut, was er will, nämlich eigentlich im *Grunde* will".[10] „Der Mensch, der in der Illusion des Lebens hoffnungslos gefangen ist", hat das Leben längst schon eingebüßt.[11]

V. 18: Paulus setzt noch einmal neu an[12]: „Ich weiß, daß in mir, der ich Fleisch bin, nicht Gutes[13] wohnt." Der geknechtete Mensch ist also gar nicht mehr in sich selbst zu Hause. Zwar ist das Wollen des Guten vorhanden; das Gute[14] zustande zu bringen aber nicht.[15] **V. 19:** Die Aussage von V. 15 wird erklärend wieder aufgenommen, um noch einmal den Zwiespalt zu schildern. Die Einsicht in das Gute bleibt am Ende kraftlos. Denn trotz guten Wollens kommt immer das Schlechte heraus.[16] **V. 20:** Wenn das aber so ist, dann bestätigt sich die bereits in V. 17 formulierte Folgerung: Tut er[17] genau das, was er nicht will, so ist das Ergebnis allen Handelns von der Sünde bestimmt, die sich im Menschen eingenistet hat.[18]

---

[8] Sekundär: καλόν ἐστιν FG.

[9] Das Partizip οἰκοῦσα wird in einigen Handschriften sekundär zu ἐνοικοῦσα verstärkt.

[10] R. Bultmann, Christus des Gesetzes Ende, BEvTh 1, München 1940, 16 = Glauben II 46; vgl. auch Bornkamm, Sünde 63.

[11] Bornkamm, Sünde 61.

[12] Sicherlich darf vermutet werden, daß der Apostel in diesen Ausführungen an Formulierungen anknüpft, die er des öfteren in seinen Lehrvorträgen verwendet hat. Doch ist deshalb nicht mit Schmithals anzunehmen, in V. 17 liege der Übergang zu einem „dogmatischen Traktat in 7,17–8,39" vor, „dem einzigen allgemeinen Lehrstück innerhalb des im übrigen durchgehend auf die Thematik der Universalität von Sünde und Gnade bezogenen Lehrschreibens nach Rom" (225). Dieser Traktat soll nach Schmithals erst nachträglich „durch den Redaktor des Röm, den Herausgeber der Briefsammlung" an seinen jetzigen Platz gebracht worden sein (231).

[13] Sekundär ist in einigen Handschriften der Artikel τό hinzugefügt.

[14] Die Betonung des Guten als ἀγαθόν wie auch καλόν entspricht der in der hellenistischen Welt verbreiteten Charakterisierung des Ziels, auf das sich alles rechte ethische Verhalten zu beziehen hat.

[15] Der Satz schließt abrupt mit οὔ; glättend haben manche späteren Abschreiber ein Verb hinzugesetzt, entweder οὐχ εὑρίσκω oder οὐ γινώσκω. Die kürzere Lesart ist jedoch ohne Zweifel die ursprüngliche.

[16] Statt οὐ θέλω sekundär in wenigen Handschriften μισῶ.

[17] Das betonte ἐγώ, das in manchen Handschriften fortgelassen wird, dürfte ursprünglich sein.

[18] Hieraus aber folgt: „Der Mensch muß ein ganz anderer werden, als er faktisch (ontisch) ist, will er er selbst werden." (Schmithals 247)

V. 21: Was bisher über die Gefangenschaft des Menschen gesagt wurde, faßt der Apostel nun zusammen. Dabei ist der Begriff νόμος in auffallender Häufung gebraucht und ihm ein weiter Bedeutungsrahmen gegeben.[19] Bestimmend bleibt jedoch das leitende Verständnis, daß der dem Gesetz unterworfene Mensch sich immer in einer Knechtschaft befindet, die er auch bei noch so starkem Bemühen nicht aufzubrechen vermag. Spricht der Apostel in unterschiedlichen Nuancen der Bedeutung vom νόμος, so zeigt er damit an, daß mit der Schilderung des Elends, in dem der Mensch befangen ist, nicht nur der Jude, der der Thora gehorsam ist, sondern ebenso auch der Heide charakterisiert wird, dem die Forderung des νόμος ins Herz geschrieben ist (2,14f.). Im einleitenden ersten Satz dieses Verses stellt Paulus den Befund fest, wie er sich nach dem vorher Gesagten ergibt. Es gilt der νόμος als allgemeine Regel: Obgleich der Mensch das Gute will, bringt er es doch niemals zustande.

V. 22: Dieses Gegeneinander von Wollen und Zustandebringen wird in V. 22f. aufgezeigt, indem nicht nur vom Gespalten-Sein des „Ich", sondern auch einer Spaltung des Gesetzes die Rede ist, so daß dem νόμος τοῦ θεοῦ der νόμος ἁμαρτίας gegenübergestellt wird. Dabei bedient sich der Apostel hellenistischer Terminologie, indem er vom „inneren" Menschen spricht (vgl. 2 Kor 4,16), den man vom „äußeren" Menschen zu unterscheiden pflegte[20], und gleich darauf in derselben Bedeutung den anthropologischen Begriff des νοῦς verwendet (V. 23). Nach dem inneren Menschen – so heißt es – wird dem Gesetz Gottes[21] zugestimmt. Dem Willen Gottes, der hier genannt ist, antwortet ein freudiges Ja. **V. 23:** Aber es muß festgestellt werden, daß ein anderes Gesetz in den Gliedern dem Gesetz der Vernunft widerstreitet. Was für ein Kampf zwischen Gesetz und Gesetz wird da ausgetragen? In der Lehre der Gemeinde von Qumran ist von der Auseinandersetzung zwischen dem Geist der Wahrheit und dem des Frevels die Rede, die miteinander um die Herrschaft über den Menschen ringen (1 QS III,13–IV,23). Und die rabbinische Tradition kennt den Widerstreit zwischen dem guten und dem bösen Trieb, der den Menschen dazu herausfordert, sich im Gehorsam gegen das Gesetz auf die rechte Seite zu stellen.[22] Doch die Auseinandersetzung, auf die Paulus hinweist, vollzieht sich zwischen Gesetz und Gesetz: Ein ἕτερος νόμος steht gegen den νόμος τοῦ νοός μου.

Spricht Paulus in diesem Zusammenhang, der die Zustimmung zu Gottes Gesetz aussagt (V. 25 b), vom νοῦς, so wird dieser nicht als höherer Teil des Menschen im Unterschied zur σάρξ beurteilt. Sondern gemeint ist der ganze Mensch, dem die Gabe und Möglichkeit des Verstehens gegeben ist.[23] „Der νοῦς ist also das

[19] Vgl. hierzu bes. ALETTI 87f. = Israël 147–150.

[20] Der Begriff stammt aus der platonischen Philosophie; vgl. Plato, Resp 589 A: τοῦ ἀνθρώπου ὁ ἐντὸς ἄνθρωπος = „des Menschen innerer Mensch." Die Ausdrucksweise ist in der hellenistischen Umwelt gebräuchlich und hat auch in das hellenistische Judentum Eingang gefunden. Vgl. WILCKENS, Röm. II 93 Anm. 384, sowie H.-D. BETZ, The Concept of the ‚Inner Human Being', (ὁ ἔσω ἄνθρωπος) in the Anthropology of Paul, NTS 46 (2000) 315–341.

[21] Eindeutig sekundär: τοῦ νοός in B.

[22] Vgl. Bill. IV 466–483.

[23] Vgl. BULTMANN, Theologie § 19.

eigentliche Ich des Menschen ... Und zwar ist dieses Ich ein verstehendes, das den im Gesetz laut werdenden Willen Gottes hört, ihm zustimmt, ihn sich zueigen macht. Der νοῦς ist das Ich, welches das Subjekt des θέλειν von V. 15f.,19–21 ist, das auf das καλόν bzw. ἀγαθόν geht, und dessen Gelingen die Sünde, die ‚in den Gliedern wohnt', vereitelt."[24] Weil es zum Wesen des Menschen gehört, das Gute zu wollen, richtet sich dieses sein Wollen auf das, was das Gesetz fordert.[25]

Der ἕτερος νόμος, der in den Gliedern des Menschen seine Wirksamkeit ausübt, ist der νόμος ἁμαρτίας (V. 25 b), das Gesetz, dessen die Sünde sich bemächtigt hat, um ihre Herrschaft unwiderstehlich zur Wirkung zu bringen. Der in der Existenz – in den Gliedern – des Menschen tobende Kampf zwischen „Gesetz" und „Gesetz" führt unbeschadet der Zustimmung, die der Mensch als verstehendes Wesen der im Gesetz enthaltenen Forderung des Guten gibt, stets in das Elend der Niederlage und der ihr folgenden Gefangenschaft. Verweist Paulus in V. 23 zweimal auf die μέλη des Menschen, so wird damit betont, daß alles Handeln des Menschen ohne Ausnahme dem νόμος ἁμαρτίας unterworfen ist, der alles Tun und Handeln zunichte werden läßt.[26]

V. 24: Die Schilderung des Kampfes, der sich im Menschen vollzieht, endet mit einem Stoßseufzer. Ein Wort der Klage wird ausgesprochen, zu dem manche Sätze in den Psalmen sowie im Buch Hiob zu vergleichen sind. In ähnlichen Wendungen haben Worte der Klage in Gebeten frommer Juden Ausdruck gefunden, so z.B. 4 Esra 7,62f.: „Ich antwortete und sprach: O Erde, was hast du gezeugt, wenn die Vernunft (= νοῦς) aus dem Staub entstanden ist wie jede andere Kreatur. Besser wäre es gewesen, der Staub selber wäre niemals entstanden, daß die Vernunft nicht daraus gekommen wäre."[27] Der Apostel hebt in dem Ruf, den das im Elend befindliche ἐγώ ausstößt, als entscheidendes Stichwort das Verbum ῥύεσθαι hervor. Erlösung aus der Gefangenschaft vermag allein Christus als der Retter zu bewirken (vgl. 1 Thess 1,10; 2 Kor 1,10; Röm 11,26 [=σῴζειν]; 15,31). Insofern weist der Klageruf schon auf die Antwort hin, die ihm als rettender Bescheid gegeben wird. Ist dabei davon gesprochen, die Erlösung möge ἐκ τοῦ σώματος τοῦ θανάτου τούτου erfolgen, so zielt diese Bitte nicht in dualistischem bzw. gnostischem Sinn darauf, als sollte das „Ich" aus leiblicher Existenz befreit werden, um sich unbeschwert entfalten zu können. Vielmehr ist gemeint, das σῶμα möge von der zwingenden Gewalt des Todes erlöst werden, der es unter dem Regiment von Sünde und Gesetz ausgeliefert ist.[28] Paulus redet keiner Leibfeindlichkeit das Wort und

---

[24] Bultmann, Theologie 213.

[25] Vgl. Bultmann, ebd.

[26] Vgl. Bornkamm, Sünde 65: Dies ist die Lage des „Ich", „das unter die Sünde verkauft ist, sich selbst verloren hat und in dieser Verfehlung seiner selbst, in der Nichtigung seiner selbst seine Existenz hat".

[27] Zu Aussagen in Gebeten der Gemeinde von Qumran s.o. S. 215. Zu vergleichen sind auch Klagen und Hilferufe im hermetischen Traktat Kore Kosmou § 34–37; s. Wilckens, Röm. II 95 Anm. 389.

[28] Τούτου wird am besten auf ἐκ τοῦ σώματος, nicht auf τοῦ θανάτου zu beziehen sein. Doch vgl. Kümmel, Bekehrung 64: „Das Ich sucht also Befreiung von dem Leib, in dem dieser Tod, d.h. die Sünde, herrscht."

denkt also nicht an eine Erlösung vom Leibe. Sondern ihm ist bewußt, daß die σώματα der Glaubenden dem Kyrios gehören (1 Kor 6,13), aber sterblich bleiben (6,12). Doch durch Christus ist dem Tod seine Macht entrissen, so daß nicht mehr der Tod, sondern der Kyrios das letzte Wort über das σῶμα behält.

V. 25: Auf den Hilferuf folgt sogleich die Antwort, die in Form eines kurzen Dankgebets gegeben wird, das an Gott durch den Kyrios Jesus Christus gerichtet ist.[29] Dieser Dank wird im Glauben an Christus ausgesprochen, der die Situation des unter Sünde und Gesetz geknechteten Menschen in der Gewißheit betrachtet, daß die Befreiung aus der Gefangenschaft schon erfolgt ist (vgl. 8,2).

Eigenartig unverbunden schließt sich an V. 25 a der Satz von 25 b an, der noch einmal zusammenfassend dem Elend des unerlösten Menschen Ausdruck gibt. Dieser überraschende Satz hat zu verschiedenen Versuchen geführt, entweder durch nachträgliche Umstellungen[30] oder durch die Annahme, in V. 25 b liege eine nachträglich eingefügte Glosse vor, um zu einem glatteren Text zu gelangen. Für die Vermutung, V. 25 b als Glosse anzusehen, wird nicht nur geltend gemacht, daß der Satz den Gedankengang zu unterbrechen scheint, sondern daß auch die Voranstellung des Wörtchens ἄρα als Hinweis darauf zu betrachten ist, in sehr früher Zeit sei schon eine abschließende Folgerung von einem Leser an den Rand der ihm vorliegenden Handschrift notiert worden. Diese Bemerkung sei dann alsbald versehentlich in den Text aufgenommen worden. Diese von BULTMANN scharfsinnig begründete Hypothese hat bei vielen Exegeten Zustimmung gefunden.[31] Doch setzt diese Rekonstruktion die Annahme voraus, „daß die gesamte Textüberlieferung nicht auf das paulinische Original, sondern auf eine Handschrift zurückgeht, in der die Glosse bereits in den Text eingeführt war" (WILCKENS, Röm. II 97). Diese Vermutung aber muß als unwahrscheinlich angesehen werden, so daß es sich empfiehlt, bei dem überkommenen Text als der „lectio difficilior" zu bleiben.

Es ist nicht ungewöhnlich, daß in jüdischen und frühchristlichen Texten – wie in V. 25 a – eine Benediktion in den Gedankengang eingefügt wird, um Gott die Ehre zu geben. Dann aber läßt sich V. 25 b nach dem vorangegangenen Lobpreis sinnvoll als abschließende Zusammenfassung betrachten[32], die noch einmal in knapper For-

---

[29] Textliche Varianten erweisen sich eindeutig als sekundär, so auch die schon früh bezeugte Abwandlung zu εὐχαριστῶ. Sie erklärt sich durch Verdoppelung des ΤΩ zu ΧΑΡΙΣ ΤΩ ΤΩ ΘΩ und die Auffüllung durch vorangestelltes ΕΥ. Vgl. LIETZMANN, Röm. 77f.

[30] So z. B. MÜLLER, der als ursprüngliche Abfolge annehmen möchte: V. 22.23.25b.24.25a; 8,2.1.3. Doch bleibt gegen diese und ähnliche Versuche der Einwand gültig, daß sich nicht erklären läßt, wie eine ursprünglich klar verlaufende Gedankenfolge nachträglich durcheinandergeraten sein sollte. Vgl. K. ALAND, Glosse, Interpolation, Redaktion und Komposition in der Sicht neutestamentlicher Textkritik, in: Studien zur Überlieferung des Neuen Testaments und seines Textes, ANTT 2, Berlin 1967, 35–57.53–55. Zum Problem vgl. zuletzt LICHTENBERGER, 290f.

[31] BULTMANN, Glossen 278–284.278f. Zustimmend u. a. BORNKAMM, Sünde 66; KÄSEMANN, Röm. 203f.; SCHLIER, Röm. 235; WILCKENS, Röm II 97; zuletzt HOFIUS, Mensch 151f.

[32] Die Annahme, zwischen V. 25 a und V. 25 b habe eine Diktierpause gelegen (ZELLER, Röm. 145), hilft freilich kaum weiter.

mulierung die Verlorenheit des unerlösten Menschen kennzeichnet.[33] Mit dem verstehenden und urteilenden νοῦς stimmt der Mensch dem Gesetz zu und will auf diese Weise Gott dienen. Doch faktisch dient er in der konkreten Existenz der σάρξ dem Gesetz, das von der Sünde beherrscht wird. Bei dieser Gegenüberstellung ist nicht etwa daran gedacht, zwischen einem höheren und niederen Teil im Menschen zu unterscheiden. Vielmehr geht es um die eine Person, die zwar um Gottes Willen weiß, aber der Sünde verfallen ist. Daher vermag sie durch keinerlei Anstrengungen, die dem Gesetz Genüge tun sollen, dem Todesverhängnis zu entrinnen.[34]

Simul iustus et peccator

Der Rückblick auf die Knechtschaft, in der der Mensch sich unter Sünde und Gesetz befand, wird in der Gewißheit vorgenommen, daß in Christus die Freiheit eröffnet ist und darum die Seinen nicht mehr den παθήματα τῶν ἁμαρτιῶν unterworfen sind (7,6). Doch auf die Vergangenheit wird nicht etwa im überheblichen Bewußtsein zurückgeschaut, als seien die Mächte, von denen bedrohende Gefährdung ausgeht, vollkommen verschwunden. Zwar sind sie besiegt, aber sie sind noch da. Darum behält die Schilderung „der für den Christen überwundenen Unheilssituation ihre Aktualität, weil sie ihn an seine Existenz in einer immer noch brüchigen Welt und unerlösten Menschheit mahnt. Der Blick auf die ungelösten Nöte in der vorfindlichen Welt bewahrt vor Schwärmerei und ruft zum Dienst an den Menschen."[35] Der Widerstreit zwischen dem selbstmächtigen Fleisch und dem von Gott gegebenen Geist, in den der Christ hineingestellt ist, vollzieht sich jedoch nicht mehr in der ausweglosen Gefangenschaft, in der sich der Mensch in der Vergangenheit befand. Aus dieser weiß sich vielmehr der Christ befreit und darum aufgerufen, den Angriffen des Fleisches siegreich zu widerstehen (Gal 5,16–24). Blickt er dabei auf die ihm widerfahrene Erlösung, die die Herrschaft von Sünde und Gesetz zerbrochen hat, so weiß er sich bestärkt, nun aus der Kraft der ihm zuteil gewordenen Erneuerung zu leben.

In seiner Auslegung von Röm 7 hat LUTHER in dieses Kap. die Situation des Kampfes hineingelesen, den der Christ durchfechten muß. Dabei hat er eine kraftvolle Neuinterpretation der paulinischen Aussagen vorgenommen, durch die er zugleich über diese hinausgeht.[36]

---

[33] Fehlt V. 25 b in ℵ* FGlatt, so suchen die Abschreiber dadurch einen glatteren Übergang zum Beginn von Kap. 8 herzustellen.

[34] LICHTENBERGER 284–295 sieht V. 25 b in inhaltlicher Spannung zu V. 14–24 und vermutet, ein unbekannter Glossator habe – Paulus mißverstehend – das Sein des Christen charakterisieren wollen, so daß sich das lutherische „simul iustus et peccator" an diesen Satz habe hängen können (294). Doch will beachtet sein, daß nicht πνεῦμα und σάρξ, sondern νοῦς und σάρξ einander gegenübergestellt sind.

[35] SCHNACKENBURG, Zusammenhang 300.

[36] So v. a. schon in der frühen Vorlesung über den Römerbrief 1515/1516, der die im folgenden angeführten Zitate zu Kap. 7 entnommen sind. Zu Luthers Vorlesung über den Röm vgl. bes. P. ALTHAUS, Paulus und Luther über den Menschen, Gütersloh 1938, ⁴1963; W. JOEST, Paulus und das lutherische simul iustus et peccator, KuD 1 (1955) 269–320; B. LOHSE, Luthers Theologie, Göttingen 1995, 80–97; zur Begriffsbildung „simul iustus et peccator" ebd. 89f. sowie 280; O.H. PESCH, Simul iustus et peccator, LThK³ IX (2000) 612–615; T. SCHNEIDER/G. WENZ (Hg.), Gerecht und Sünder zugleich? Ökumenische Klärungen, Dialog der Kirchen 11, Freiburg/Göttingen 2001; M. THEOBALD, Concupiscentia im Römerbrief. Exegetische Beobachtungen anläßlich der lutherischen Formel „simul iustus et peccator", in: Studien 250–276.

Die Schilderung des geknechteten und in sich gespaltenen Menschen deutet er auf den Christen Paulus, der in der Ich-Form seine eigenen Erfahrungen beschreibt. Dabei gelten die Begriffe Fleisch und Geist nicht von Teilbereichen der menschlichen Existenz, sondern „ein und derselbe Mensch ist zugleich Geist und Fleisch".[37] Ebenso werden Sünder- und Gerechter-Sein als zwei einander gegenüberstehende Charakterisierungen verstanden, die jeweils den ganzen Menschen im Blick haben. „Die Heiligen sind zugleich, indem sie gerecht sind, Sünder; gerecht, weil sie an Christus glauben … aber Sünder, weil sie das Gesetz nicht erfüllen."[38] Daraus folgert Luther: „Ich also, ein und derselbe Mensch, bin zugleich geistlich und fleischlich … Siehe da, ein und derselbe Mensch dient zugleich dem Gesetz Gottes und dem Gesetz der Sünde, er ist zugleich gerecht und ein Sünder."[39]

Wie deutlich erkennbar, begreift LUTHER die Erfahrungen, die er in seinen Anfechtungen im Kloster gemacht hatte, im Licht dessen, was Paulus über den Kampf sagt, der sich im geknechteten Menschen vollzieht. Dabei geht er von der Annahme aus, es sei von christlicher Existenz in ihrem inneren Widerstreit die Rede. Hätte sich die reformatorische Interpretation[40] hierzu eher auf Gal 5 als Röm 7 berufen können, so hebt sie doch mit allem Nachdruck hervor, daß unsere Gerechtigkeit immer Gottes uns zuteil werdende Gabe ist und niemals uns zur Verfügung stehender Besitz wird. Dabei beschreibt die Formel „simul iustus – simul peccator" die Theologie der Rechtfertigung unter der Perspektive, daß auch der Gerechtfertigte in seiner fleischlichen Existenz immer zugleich ganz und gar Sünder bleibt, der ungeteilt auf Gottes Barmherzigkeit angewiesen ist.

Der Apostel hat gleichfalls stets den Geschenkcharakter der Rechtfertigung betont, doch unterstreicht er dabei die Wirklichkeit der in Christus geschenkten Erneuerung. Sie hat der Herrschaft des von der Sünde mißbrauchten Gesetzes endgültig ein Ende gesetzt.[41] Das heißt also, daß Christus „das Ende eines Lebens ist, das … die eigene Gerechtigkeit aufrichten will".[42] Während Paulus dieses Verständnis in Auseinandersetzung mit der Gesetzesfrömmigkeit seiner Tage entfaltet, setzt Luthers Theologie „eine Tiefe der Reflexion voraus, die erst in der christlichen Geschichte möglich geworden ist".[43]

Mit allem Nachdruck hat der Apostel herausgestellt: Zu Christus gehören bedeutet, der Sünde abgestorben und der knechtenden Gewalt des Gesetzes entrissen zu sein. Gegen den Einwand, ob denn das Gesetz Sünde sei, wird scharfer Einspruch eingelegt. Weil die Sünde sich auf unheilvolle Weise des Gesetzes bediente, ist die Knechtschaft unter der Sünde zum unentrinnbaren Verhängnis geworden, dem sich niemand entziehen kann. Erst in der Freiheit der Christuszugehörigkeit kann erkannt werden, wie unheilvoll dieses Geschick war, das sich zugleich jeder Mensch schuldhaft zugezogen hat. Das Gesetz aber bleibt heilig und das Gebot heilig, gerecht und gut. Doch es macht offenkundig, daß niemand aus eigener

---

[37] *Idem homo simul est spiritus et caro.* (ELLWEIN II,50)

[38] *Simul sancti, dum sunt iusti, sunt peccatores; iusti, quia credunt in Christum … peccatores autem, quia non implent legem.* (ELLWEIN II,44)

[39] *Igitur ego ipse, i.e. unus et idem simul spiritualis sum et carnalis … Vide, ut unus et idem homo simul servit legi Dei et legi peccati, simul iustus est et peccat.* (ELLWEIN II,42)

[40] Melanchthon und Calvin stimmen in allen wesentlichen Punkten mit Luthers Auslegung überein.

[41] Zum Verhältnis von Luthers Verständnis zu dem des Paulus vgl. vor allem die in Anm. 36 genannten Arbeiten von ALTHAUS und JOEST.

[42] BULTMANN (s. Anm. 10) 18 = 48.

[43] BULTMANN, ebd. 17 = 47.

Kraft Gott recht werden kann, sondern alle unter den Ungehorsam eingeschlossen sind, damit Gott sich aller erbarme. Die Lehre, die vom Verhältnis von Gesetz und Sünde, ihrer schicksalhaften Allianz, aber auch ihrer notwendigen Unterscheidung handelt, gehört darum als integraler Bestandteil in die Entfaltung der Theologie der Rechtfertigung hinein. Denn nunmehr ist gerade im Blick auf die Anthropologie unbestreitbar deutlich, daß Gottes Gerechtigkeit immer nur als sein gnädiges Geschenk, als Erweis seiner barmherzigen Zuwendung in Christus im Glauben und nur im Glauben empfangen werden kann, damit das neue Leben Wirklichkeit werden kann, das durch die Kraft des Geistes eröffnet und gestaltet wird.

8,1–39 Das Leben im Geist und die Gewißheit der kommenden Vollendung

Im Kontrast zur Schilderung der Vergangenheit, die unter der Knechtschaft von Sünde und Gesetz stand, wird nun die Wirklichkeit des neuen Lebens beschrieben, die durch die Erlösung aus der Gefangenschaft und die vom Walten des Geistes erfüllte Freiheit eröffnet ist.[1] Jetzt gilt nicht mehr die drückende Herrschaft des Buchstabens des Gesetzes (7,5), sondern das neue Wesen des Geistes bestimmt die auf die Zukunft ausgerichtete Gegenwart (7,6).

Der Gedankengang des 8. Kap. verläuft in durchgehender Argumentation, ohne daß scharfe Zäsuren die einzelnen Abschnitte voneinander abheben. Die Begriffe Geist und Leben werden in auffallender Häufung genannt und dadurch mit besonderer Betonung versehen. In der Freiheit des Geistes zu stehen (8,1–4), bedeutet, nun nicht mehr κατὰ σάρκα, sondern κατὰ πνεῦμα zu wandeln (8,5–8) und dadurch den Willen Gottes zu erfüllen. In direkter Anrede seiner Leser zeigt der Apostel sodann auf, was die Gabe des Geistes für das neue Leben der Glaubenden bedeutet (V. 9–11).

Im Abschnitt 8,12–17 wird von der Gotteskindschaft gehandelt, die der Geist schenkt. Mit ihr verbunden ist das von Gott zugeeignete Erbe. Miterben Christi geworden zu sein, schließt jedoch ein, auch mit ihm zu leiden, um dann mit ihm verherrlicht zu werden. Damit ist das Stichwort für den anschließenden Gedankengang gegeben, der die Leiden dieser Zeit ins Verhältnis zur kommenden Herrlichkeit setzt (V. 18–30). Das Seufzen der Glaubenden darf als Ausdruck ihrer zuversichtlichen Hoffnung begriffen werden, da der Geist bereits als Angeld auf die zukünftige Erlösung geschenkt worden ist. Diese Gewißheit wird in einem Kettenschluß bekräftigt, der aus der erfahrenen Rechtfertigung die unwiderrufliche Zusage Gottes begründet, die kommende Erlösung zu verwirklichen (V. 28–30). Mit hymnischen Sätzen werden die langen Ausführungen zum Abschluß gebracht (V. 31–39). Nichts und niemand vermag die Glaubenden von der bereits erfahrenen Liebe Gottes zu trennen, die ihnen die endzeitliche Rettung verbürgt.

[1] Diese Gegenüberstellung entspricht dem Gegensatz von Einst und Jetzt, von dem der Apostel des öfteren spricht. Vgl. TACHAU, Einst 126f. Anm. 103.

Literatur zum ganzen Kap. 8: Balz, Heilsvertrauen; Dillon, R.J.: The Spirit as Taskmaster and Troublemaker in Romans 8, CBQ 60 (1998) 682–702; Fuchs, E.: Der Anteil des Geistes am Glauben des Paulus: Ein Beitrag zum Verständnis von Römer 8, ZThK 72 (1975) 293–302; v.d. Osten-Sacken, Soteriologie; Paulsen, Überlieferung.

8,1–11 Der Geist des Lebens

1) Es gibt also keine Verdammnis für die, die in Christus Jesus sind. 2) Denn das Gesetz des Geistes des Lebens hat dich in Christus Jesus vom Gesetz der Sünde und des Todes befreit. 3) Denn was dem Gesetz unmöglich ist, weil es schwach war durch das Fleisch – Gott, der seinen eigenen Sohn sandte in der Gestalt des sündigen Fleisches und der Sünde wegen, verdammte die Sünde im Fleisch, 4) damit die Rechtsforderung des Gesetzes unter uns erfüllt werde, die wir nicht nach dem Fleisch wandeln, sondern nach dem Geist. 5) Denn die, die nach dem Fleisch sind, trachten nach dem, was des Fleisches ist; die aber nach dem Geist nach dem, was des Geistes ist. 6) Denn das Trachten des Fleisches ist Tod, das Trachten des Geistes aber Leben und Friede. 7) Denn das Trachten des Fleisches ist Feindschaft gegen Gott; denn es ordnet sich nicht dem Gesetz Gottes unter und kann es auch nicht. 8) Die aber im Fleisch sind, können Gott nicht gefallen. 9) Ihr aber seid nicht im Fleisch, sondern im Geist, wenn denn Gottes Geist in euch wohnt. Wenn aber einer Christi Geist nicht hat, der gehört nicht zu ihm. 10) Wenn aber Christus in euch ist, ist der Leib zwar tot um der Sünde willen, der Geist aber Leben um der Gerechtigkeit willen. 11) Wenn aber der Geist dessen, der Jesus von den Toten auferweckt hat, in euch wohnt, wird er, der Christus von den Toten auferweckt hat, auch eure sterblichen Leiber lebendig machen durch seinen Geist, der in euch wohnt.

Siehe oben S. 228 und Dibelius, Worte; Finsterbusch, K.: Die Thora als Lebensweisung für Heidenchristen, StUNT 20, Göttingen 1996; Lohse, E.: Zur Analyse und Interpretation von Röm. 8,1–17, in: de Lorenzi (Hg.), Law 129–166; Lyonnet, S.: Le Nouveau Testament à la lumière de l'Ancien, à propos de Rom 8,2–4, NRTh 87 (1965) 561–587; Moule, C.F.D.: Justification in its Relation to the Condition κατὰ πνεῦμα (Rom. 8:1–11), in: de Lorenzi (Hg.), Battesimo 177–187; Vollenweider, S.: Der Geist als Selbst der Glaubenden. Überlegungen zu einem ontologischen Problem in der paulinischen Anthropologie, ZThK 93 (1996) 163–192.

Der Abschnitt 8,1–11 setzt ein mit der Feststellung, nun gebe es keine Verurteilung gegen diejenigen, die in Christus Jesus sind (V. 1), und erläutert diese Aussage mit dem Hinweis darauf, daß durch die Hingabe Jesu Christi die Macht der Sünde gebrochen ist, so daß die Rechtsforderung des Gesetzes erfüllt wurde unter denen, die nicht mehr nach dem Fleisch wandeln, sondern nach dem Geist (V. 2–4). In V. 5–8 wird dargelegt, daß bestimmende Kraft nun nicht mehr der σάρξ, sondern allein dem πνεῦμα zukommt. Abschließend faßt der Apostel den Gedankengang dahin zusammen, daß die Gabe des Geistes die Gewißheit der kommenden Vollendung verbürgt und daher zu einem Leben im Geist verpflichtet (V. 9–11).

V. 1: Die Schlußfolgerung, die der Apostel zieht, läßt sich nicht mit dem in 7,7–25 entfalteten Gedankengang, wohl aber mit dem in 7,25 a ausgesprochenen Dankgebet, vor allem jedoch mit dem in 7,5f. dargelegten Gegensatz verbinden, der dem Leben unter dem Gesetz die Freiheit in der Erneuerung des Geistes gegenüberstellt. Die Aussage, die nach den vorangegangenen Ausführungen ein wenig unerwartet anmutet, hat Anlaß zu Erwägungen gegeben, den Vers entweder hinter V. 2 einzuordnen (MICHEL, Röm. 248 u.a.) oder als sekundäre Glosse zu betrachten.[2] Doch die völlig einheitliche handschriftliche Überlieferung steht solchen Überlegungen entgegen. Zudem entspricht sowohl die formelhafte Wendung ἐν Χριστῷ (s. S. 133) als auch der Begriff κατάκριμα durchaus paulinischem Sprachgebrauch. Röm 5,16.18 ist davon die Rede, durch Adams Ungehorsam sei es zur Verdammnis (κατάκριμα) für alle Menschen gekommen. Und das Verbum κατακρίνειν bezeichnet des öfteren Gottes richtendes Urteil (8,3.34; vgl. ferner Röm 2,1; 14,23; 1 Kor 11,32), in unserem Zusammenhang in V. 3 als Aufnahme des Substantivs κατάκριμα. Dieser in V. 3 hergestellte Bezug spricht gleichfalls dafür, daß V. 1 an die Stelle gehört, an der er im Röm steht. Die in Christus Jesus sind[3], verfallen nicht dem verdammenden Urteil des Gerichts. Die durch ἄρα eingeleitete kurze Folgerung stellt ebenso wie 7,25 b eine Art Merksatz dar, der für den Leser in wenigen Worten zusammenfaßt, was er sich einzuprägen und zu behalten hat (STUHLMACHER, Röm. 109).

V. 2: Die Begründung für die vorangestellte These wird in V. 2 gegeben. Dabei ist zweimal vom νόμος die Rede, sowohl hinsichtlich des Leben schaffenden Geistes wie auch im Blick auf Sünde und Tod, von denen du[4] – wie der Apostel in der Form der Anrede sagt – befreit bist. Durch die Befreiung, die das πνεῦμα τῆς ζωῆς in Christus gewirkt hat, ist die Macht von Sünde und Tod endgültig besiegt und damit aufgehoben worden. Die ἁμαρτία hatte sich des Gesetzes bedient, um ihr hartes Regiment aufzurichten (5,12–21), das allemal die ihr Unterworfenen zum Tod bringt. Mit dem Begriff νόμος ist nicht auf eine allgemeine Ordnung verwiesen[5], sondern auf die Thora. Der Apostel hebt auch hier hervor, daß alle, die unter dem Gesetz stehen, sich in auswegloser Knechtschaft befinden. Das Tor zur Freiheit kann daher nur von außen aufgebrochen werden. Diese Befreiung aber ist durch das Christusgeschehen erfolgt, das im Geist seine gegenwärtige Kraft zur Wirkung bringt.

---

[2] So BULTMANN, Glossen 279.

[3] Die in einigen Handschriften hinzugefügte Wendung μὴ κατὰ σάρκα περιπατοῦσιν (ἀλλὰ κατὰ πνεῦμα) stellt eine sekundäre Ergänzung dar, die den folgenden Gedankengang vorwegnehmend charakterisieren soll (V. 4).

[4] Die von zahlreichen Handschriften bezeugte Variante με stellt eine Angleichung an die in 7,7–25 verwendete Stilform in der Rede des „Ich" dar. Paulus bedient sich der 2. Person Sing., „um etwas Allgemeingültiges in lebhafter Weise am Beispiel eines Einzelnen ... vorzuführen" (BL-DEBR § 281).

[5] So von einigen Exegeten vermutet; vgl. KUSS, Röm. 490.

Warum aber spricht Paulus auch im Blick auf diese Befreiung von einem νόμος? Läßt sich die Bedeutung von νόμος nicht dahin abschwächen, daß in allgemeinem Sinn von einer jeweils bestimmenden Ordnung die Rede sei, so will die Verbindung von πνεῦμα und νόμος von 7,14 her verstanden sein: ὁ νόμος πνευματικός[6]. Begründet das πνεῦμα die Wirklichkeit des neuen Lebens, so ist der νόμος aus dem Mißbrauch befreit, der ihm durch die ἁμαρτία widerfahren war. Denn nun dient seine Befolgung nicht mehr dem trügerischen Versuch, durch seine Erfüllung die eigene Gerechtigkeit aufzurichten, sondern sie zielt auf den Gehorsam, durch den Gott die Ehre gegeben wird.[7] Unter der Herrschaft, die Sünde und Gesetz im Verein miteinander ausübten, war es schlechterdings unmöglich, der Rechtsforderung des Gesetzes zu genügen. Doch nun steht das neue Leben im Zeichen der in Christus bewirkten Befreiung.[8] Wo daher das im Geist gewirkte Leben waltet, da ist das Gesetz der νόμος τοῦ πνεύματος τῆς ζωῆς; denn in der Liebe, die Gottes heiliges und gerechtes Gebot achtet, wird das Gesetz erfüllt.[9] Der νόμος τῆς ἁμαρτίας καὶ τοῦ θανάτου ist in Christus ein für allemal abgetan. Wer zu Christus gehört, ist in die Freiheit gestellt[10]; diese aber bedeutet zugleich Gebundenheit eines ἔννομος Χριστοῦ (1 Kor 9,21), der den Willen Gottes begreift und tut.

V. 3: In einer vorangestellten Akkusativ-Wendung[11] wird auf das Unvermögen des Gesetzes verwiesen[12] und dieses damit begründet[13], daß es schwach war durch das Fleisch.[14] Der mit diesen Worten eingeleitete Satz bricht jedoch ab, ohne daß er zu Ende geführt würde. Vermutlich hatte der Apostel etwa sagen wollen: Was dem Gesetz unmöglich ist, das hat Gott getan (= ὁ θεὸς ἐποίησε). Das dem Subjekt θεός zugeordnete Prädikat folgt im Verbum κατέκρινεν: Gott hat die Sünde im Fleisch verurteilt.

---

[6] So mit einigen anderen Exegeten (Wilckens, Röm. II 122f.; Cranfield, Rom. 375–378; Hübner, Gesetz 95.125f. u.a.) Lohse, Ὁ νόμος τοῦ πνεύματος τῆς ζωῆς. Exegetische Bemerkungen zu Röm. 8,2 = Studien II 128–136.

[7] Vgl. E. Fuchs, Die Freiheit des Glaubens, Römer 5–8 ausgelegt, BEvTh 14, München 1949, 85.

[8] Vgl. Käsemann, Röm. 207.

[9] Vgl. H. Räisänen, Das ‚Gesetz des Glaubens' (Röm. 3,27) und das ‚Gesetz des Geistes' (Röm 8,2), NTS 26 (1979/80) 101–107, der für die Wendung „Gesetz des Geistes" uneigentlichen Wortgebrauch annimmt.

[10] Die Zuordnung der Wendung ἐν Χριστῷ Ἰησοῦ ist nicht sicher zu bestimmen: ob zur vorangehenden Begriffsverbindung oder – wie wohl am wahrscheinlichsten – zum Prädikat zu ziehen.

[11] Vgl. Bl-Debr § 160_2: „was … betrifft."

[12] Die substantivierte Wendung τὸ ἀδύνατον ist nicht in abstraktem, sondern in konkretem Sinn zu verstehen; vgl. τὸ γνωστόν, τὸ χρηστόν u.a.; Bl-Debr § 263,2.

[13] Ἐν ᾧ wird nicht in modaler (= worin), sondern in kausaler Bedeutung aufzufassen sein. Vgl. Bl-Debr § 219_2.

[14] Im hellenistischen Griechisch wird zwischen διά mit Genetiv und διά mit Akkusativ nicht mehr klar unterschieden; vgl. Lietzmann, Röm. 79.

Wie aber ist diese Verdammung erfolgt? Paulus antwortet, indem er eine urchristliche Bekenntnisaussage zitiert und diese in seine Argumentation einfügt. Der vorgegebene Satz lautet: Gott sandte seinen Sohn.[15] Der Präexistente wurde von Gott ἐν ὁμοιώματι σαρκὸς ἁμαρτίας in die Welt gesandt.[16] Diese Charakterisierung klingt an den urchristlichen Hymnus Phil 2,7 an: ἐν ὁμοιώματι ἀνθρώπου γενόμενος.[17] Hier jedoch verbindet der Apostel den Begriff der abbildlichen Gestalt mit der Wendung σὰρξ ἁμαρτίας.[18] Dabei wird die Inkarnation nicht etwa dahin verstanden, daß der Fleischgewordene auch der Sünde unterworfen worden wäre. Paulus hält vielmehr an der Überzeugung fest, Gott habe τὸν μὴ γνόντα ἁμαρτίαν „uns zugut" zur ἁμαρτία gemacht (2 Kor 5,21). Deshalb fügt er den Begriff ὁμοίωμα ein. An unserer Stelle meint ὁμοίωμα ein Concretum – „nicht die abstrakte Eigenschaft der Ähnlichkeit oder Gleichheit"[19] –, nämlich die Erniedrigung Christi in der von Fleisch und Sünde bestimmten Welt der Menschen. Dabei wird auf der einen Seite die enge Verbindung, auf der anderen Seite aber ein Unterschied zum Ausdruck gebracht. Doketische Vorstellungen liegen Paulus fern. Christus wurde wirklich Mensch, aber anders als alle Nachfahren Adams war er der einzig Gehorsame, der nicht der ἁμαρτία erlegen ist, die die σάρξ versuchte und beherrschte. Mit der Einfügung des Wortes ὁμοίωμα zeigt der Apostel an, daß „nicht die Gestalt, die er trägt", ihn von uns unterscheidet, „aber die Träger, die diese gleiche Gestalt tragen, sind zu unterscheiden."[20]

Durch die Sendung des Sohnes hat Gott die Macht der Sünde auf ihrem eigenen Feld, dem der σάρξ, endgültig gerichtet[21] und durch sein Verdammungsurteil ein für allemal gefällt. Deshalb fügt der Apostel die Wendung περὶ ἁμαρτίας hinzu, die den Satz ein wenig überladen erscheinen läßt.[22] In LXX kann περὶ ἁμαρτίας das Sündopfer bezeichnen; darum vertreten viele Exegeten die Ansicht, diese Bedeutung liege hier vor, so daß von Christus als sühnendem Opfer die Rede sei.[23] Doch gegen diese Interpretation ist einzuwenden, daß sich in V. 3 keinerlei Hinweis auf Opfervorstellungen findet. Die Sendung Jesu geschah nicht, um ein Opfer

---

[15] Vgl. E. Schweizer, Zum religionsgeschichtlichen Hintergrund der ‚Sendungsformel' Gal 4,4f. Rm 8,3f. Joh 3,16f. 1. Joh 4,9, ZNW 57 (1966) 199–210 = Beiträge 83–95; Ders., Was meinen wir, wenn wir sagen ‚Gott sandte seinen Sohn …'?, NTS 37 (1991) 204–224.

[16] Außer den Kommentaren vgl. hierzu: V.P. Branick, The Sinful Flesh of the Son of God (Rom 8:3). A Key Image of Pauline Theology, CBQ 47 (1985) 246–262; F.M. Gillman, Another Look of Romans 8:3: ‚In the Likeness of Sinful Flesh', CBQ 49 (1987) 597–604; M.D. Greene, A Note on Romans 8:3, BZ 35 (1991) 103–106.

[17] Möglicherweise lehnt Paulus sich an diese Wendung an; vgl. Käsemann, Röm. 208f.

[18] Zur Wendung σὰρξ ἁμαρτίας ist die Begriffsverbindung „Fleisch des Frevels" in den Qumrantexten zu vergleichen (1 QS XI,9; 1 QM IV,3 u.ö.).

[19] Bornkamm, Taufe 42.

[20] Bornkamm, ebd.

[21] Vgl. Dodd, Rom. 137: „Christ therefore entered the sphere which Sin had claimed as his own."

[22] Daher ist in einigen späteren Handschriften die Wendung καὶ περὶ ἁμαρτίας fortgelassen worden.

[23] So mit älteren Exegeten in neuerer Zeit Käsemann, Röm. 209; Wilckens, Röm. II 126; Dunn, Rom. 439f.; Stuhlmacher Röm. 110; Moo, Rom. 480f.; Byrne, Rom. 243 u.a.

darzubringen, sondern ihr Ziel war und ist es, die Sünde zu verurteilen und zu vernichten.[24]

V. 4: Der Sohn wurde in die Welt gesandt, um die Rechtsforderung des Gesetzes zu erfüllen. Als der Gehorsame konnte Christus der ἁμαρτία widerstehen und sie besiegen. Die Wirkung dieses Geschehens bestimmt fortan das Leben aller derer, die zu Christus gehören – die nicht nach dem Fleisch wandeln, sondern nach dem Geist. Die negative Charakterisierung wird vorangestellt, um die positive um so nachdrücklicher hervorzuheben.[25] Nicht mehr die Schwachheit des Fleisches, sondern die Leben weckende und erhaltende Kraft des πνεῦμα ist die Norm für Wandel und Tun der Glaubenden, so daß die Rechtsforderung des Gesetzes erfüllt wird „in denen, die nicht mehr κατὰ σάρκα, sondern κατὰ πνεῦμα leben".[26] Dabei geht es Paulus – wie die Passivform πληρωθῇ anzeigt – „nicht primär um das, was wir tun, sondern um das, was Gott getan und ermöglicht hat, indem er Christus sterben ließ" (KÄSEMANN, Röm. 210). Die Rechtsforderung des Gesetzes besteht nach wie vor, daß der Mensch Gott ganz und gar gehören soll. Sie kommt aber nun erst zur Erfüllung, wo der Geist die Norm ist, die den Wandel des neuen Lebens bestimmt.

Kein anderer Begriff begegnet in den Abschnitten 8,1–11 und 8,12–17 in derartiger Häufung wie das Wort πνεῦμα. Rund dreißigmal im Röm genannt, findet sich mehr als die Hälfte der Stellen davon im 8. Kap.

Πνεῦμα[27]

1. Mit der ersten Christenheit begreift Paulus das πνεῦμα als göttliche Gabe, die den Glaubenden zuteil geworden ist. Daher kann er die eschatologische Existenz der Glaubenden εἶναι ἐν Χριστῷ nennen, aber auch εἶναι ἐν πνεύματι (Röm 8,9), als ausgerichtet κατὰ

[24] Vgl. G. FRIEDRICH, Die Verkündigung des Todes Jesu im Neuen Testament, BThSt 6, Neukirchen 1982, 70f. Vgl. SCHMITHALS, Röm. 263; ferner SCHLIER, Röm. 241–243; FITZMYER, Rom. 486 u.a.

[25] Dabei liegt nicht – wie verschiedentlich vermutet – ein Anklang oder gar eine bewußte Anspielung auf atl. Aussagen wie die von Jer 31,33 oder Ez 36,25f. vor.

[26] E. SCHWEIZER, ThWNT VI, 429.

[27] Literatur s.o. S. 228, ferner besonders zu nennen: BULTMANN, Theologie § 18,38; BRANDENBURGER, Fleisch; CHEVALLIER, M.-A.: Esprit de Dieu, paroles d'hommes: Le Rôle de l'Esprit dans les ministères selon l'apôtre Paul, BT(N), Neuchâtel 1966; DERS.: Souffle de Dieu. Le Saint-Esprit dans le Nouveau Testament, PoTh 26, Paris 1978; DUNN, J.G.D.: Jesus and the Spirit, London 1975; FEE, G.D.: God's empowering Presence. The Holy Spirit in the Letters of Paul, Peabody/Mass. 1994; FREY, J.: Die paulinische Antithese von „Fleisch" und „Geist" und die palästinisch-jüdische Weisheitstradition, ZNW 90 (1999) 45–77; HERMANN, I.: Kyrios und Pneuma. Studien zur Christologie der paulinischen Hauptbriefe, StANT 2, München 1961; HORN, Angeld; LUCK, U.: Historische Fragen zum Verhältnis von Kyrios und Pneuma bei Paulus, ThLZ 85 (1960) 845–848; PFISTER, W.: Das Leben im Geist nach Paulus: Der Geist als Anfang und Vollendung des christlichen Lebens, SF 34, Freiburg 1963; RABENS, V.: The Development of Pauline Pneumatology, BZ 43 (1999) 161–179; SCHWEIZER, E.: ThWNT VI, 413–436, dort ältere Literatur; VOS, J.S.: Religionsgeschichtliche Untersuchungen zur paulinischen Pneumatologie, GTB 47, Assen 1973.

πνεῦμα oder κατὰ Χριστὸν Ἰησοῦν (Röm 15,5) beschreiben, ohne daß dabei eine Änderung der Aussage eintritt. Paulus begreift den Geist nicht wie die hellenistische Umwelt als eine göttliche Substanz, die als dinglicher Stoff faßbar werden kann. Vielmehr knüpft der Apostel an das atl. Verständnis des Begriffes an und lehrt, daß der Geist als Gabe der Endzeit der Gemeinde geschenkt ist, in der sie Gottes gegenwärtiges Handeln erfährt.[28] Den Gliedern der Gemeinde ist das πνεῦμα in der Taufe verliehen worden (1 Kor 6,11; 12,13 u. ö.).

Einzelne Wendungen, deren Paulus sich gelegentlich bedient, könnten die Vermutung nahelegen, daß πνεῦμα doch als eine Art Stoff vorgestellt wäre: „Der Geist nimmt Wohnung" (Röm 8,9), „der Geist wird ausgegossen" (Röm 5,5) u. a. An diesen Stellen liegt aber – wie gelegentlich auch im AT – bildliche Redeweise vor. Daß Paulus dabei an keine stoffliche Größe denkt, ist aus verschiedenen Aussagen eindeutig zu erkennen: „Der νόμος ist πνευματικός", d. h. von Gott gegeben und nicht aus dieser Welt stammend (Röm 7,14); wird das Leben unter dem Gesetz durch γράμμα, so das neue Leben in Christus durch πνεῦμα bezeichnet (Röm 2,29; 7,6).

2. Im Abschnitt Röm 8,9–11 folgen ohne Bedeutungsunterschied aufeinander die Wendungen πνεῦμα θεοῦ (V. 9), πνεῦμα Χριστοῦ (V. 9), Χριστὸς δὲ ἐν ὑμῖν (V. 10), τὸ πνεῦμα τοῦ ἐγείραντος τὸν Ἰησοῦν ἐκ νεκρῶν (V. 11). Im πνεῦμα ist Gott in Christus gegenwärtig, der als der Herr das neue Leben der Glaubenden begründet und ermöglicht. Die Gabe des Geistes bezeichnet somit das Geschehen, durch das dem Menschen Gottes Heilshandeln in Jesus Christus offenbart und zugesprochen wird, so daß er fortan davon lebt.[29] Dieses πνεῦμα ist allen Gliedern der Gemeinde gegeben, die auf Christus getauft sind. Dabei kann sich das πνεῦμα in bestimmten Charismen an einzelnen Christen besonders mächtig erweisen (1 Kor 12,1–12; Röm 12,5 f.). Mit der Gabe des πνεῦμα hat das eschatologische Geschehen bereits angehoben, dessen zukünftige Verwirklichung durch das verliehene Unterpfand gültig zugesagt ist (Röm 8,23; 2 Kor 1,22; 5,5). Durch das πνεῦμα handelt der erhöhte Herr an den Seinen. Wo das aber geschieht, da ist Freiheit (2 Kor 3,17), die sich im Leben derer vollzieht, die ihren Wandel im Geist führen.

3. Das πνεῦμα wird daher von Paulus als die den Wandel der Christen bestimmende Norm verstanden. Nicht mehr die σάρξ, die Eigenmächtigkeit des Menschen, sondern der Geist, Gottes eschatologische Tat in Christus, begründet und leitet das Leben der Glaubenden: ἡμῖν τοῖς μὴ κατὰ σάρκα περιπατοῦσιν ἀλλὰ κατὰ πνεῦμα (Röm 8,4). Die Galater erinnert Paulus daran, daß sie im πνεῦμα angefangen haben. Vom Geist würden sie jedoch wieder zum Fleisch zurückfallen, wenn sie sich beschneiden ließen und das Gesetz übernehmen würden (Gal 3,2 f.). Denn auf das Gesetz vertrauen bedeutet nichts anderes, als auf die σάρξ bauen (Phil 3,4). Fleisch und Geist aber stehen im Kampf miteinander (Gal 5,17). Der Widerstreit ist an seinen Auswirkungen zu erkennen. In einem Lasterkatalog werden die ἔργα τῆς σαρκός aufgezählt (Gal 5,19–21), denen dann die eine Frucht des Geistes gegenübergestellt wird, die in der Vielfalt ihres Wirkens in Erscheinung tritt (Gal 5,22 f.). Der Kampf zwischen σάρξ und πνεῦμα, den der Christ ausfechten muß, ist jedoch von dem ausweglosen Ringen deutlich unterschieden, in dem sich nach Röm 7 der unerlöste Mensch befindet (s. S. 222 f.). Weil er unter der zwingenden Gewalt der Sünde, des Gesetzes und des Todes steht, vermag er sich nicht von ihnen zu befreien und muß unterliegen. Anders der

[28] Auf die atl. Voraussetzungen des paulinischen Geist-Begriffs macht mit Nachdruck aufmerksam: Hübner, Theologie 301–306, indem er einen eingehenden Vergleich hinsichtlich der Struktur der Texte in Ez 36/37 einerseits und Röm 8 andererseits vornimmt.

[29] Vgl. E. Schweizer, ThWNT VI, 424.

Christ: Er ist durch Christus befreit, er hat das πνεῦμα empfangen und damit den Grund des neuen Lebens erhalten. Nun wird er dazu aufgerufen, sich vom πνεῦμα bestimmen zu lassen und gegen die σάρξ zu streiten. Weil ihm Gottes gnädiges Handeln in Christus widerfahren ist, soll und kann er aus der Kraft des Gnadenerweises leben und den Kampf siegreich ausfechten.

4. Nach der Lehre der Gemeinde von Qumran ringen zwei Geister, der der Wahrheit und der des Frevels, miteinander und tragen ihren Streit im Herzen des Menschen aus (1 QS III,13–IV,25). Der paulinische Gegensatz spricht nicht von zwei Geistern, sondern stellt die beiden Begriffe σάρξ und πνεῦμα einander gegenüber. Er ist jedoch in der Hinsicht dem Dualismus der Qumrangemeinde vergleichbar, daß vom Menschen eine Entscheidung gefordert wird, die er kämpfend durchhalten muß. Es gibt keine neutrale Indifferenz, sondern die Auseinandersetzung soll und kann bestanden werden. Dabei ist das πνεῦμα, das im Gegensatz zur σάρξ steht, nicht etwa als ein höherer Teil im Menschen vorgestellt, der sich nicht vom niederen Teil unterdrücken lassen darf. Wie zuvor die σάρξ den ganzen Menschen betroffen hat, so bestimmt nun das πνεῦμα den ganzen Menschen. Weil ihm durch Gottes Gnadentat die Freiheit erschlossen ist, gilt es nun κατὰ πνεῦμα περιπατεῖν (Röm 8,4), der σάρξ abzusagen, die doch immer zum Tod führt, und dem πνεῦμα zu folgen, das ζωή und εἰρήνη schenkt. (Röm 8,6). Εἰ ζῶμεν πνεύματι, πνεύματι καὶ στοιχῶμεν (Gal 5,25). Der Imperativ, mit dem zum Leben im Geist aufgerufen wird, gründet im Indikativ, der die Wirklichkeit des neuen Lebens in Christus beschreibt.

V. 5: Die Verse 5–8 sind durch einen lehrhaften Stil gekennzeichnet. Der Wandel nach dem Geist ist diametral dem Wandel nach dem Fleisch[30] entgegengesetzt. Dabei kann es kein „teils – teils", sondern nur ein entschiedenes „Entweder – oder" geben. Dem Trachten[31] der σάρξ wird das Walten des πνεῦμα gegenübergestellt. **V. 6:** Der scharfe Gegensatz wird noch einmal hervorgehoben: Das Trachten des Fleisches trägt auch in dem besten Leben allemal den Tod ein. Dagegen führt das Trachten des Geistes zu Leben und Frieden. Der Begriff der ζωή, der in unserem Abschnitt starke Betonung trägt (V. 2.6.10.38), ist mit dem der εἰρήνη verbunden, um zu unterstreichen, daß der Friede gemeint ist, der als eschatologische Gabe alles Begreifen übersteigt (Phil 4,7). Denn Gott ist der Gott des Friedens (vgl. Röm 15,23; 1 Thess 5,23; 1 Kor 14,33; 2 Kor 13,11; Phil 4,9), dessen βασιλεία Friede ist (Röm 14,17). **V. 7:** Der folgende Satz erläutert, warum das Trachten des Fleisches immer nur zum Tod führen kann. Denn es ist ἔχθρα εἰς θεόν. Seine feindliche Haltung aber ist dem Gesetz Gottes nicht untertan. Es[32] ist dazu nicht imstande, selbst wenn es dieses wollte. **V. 8:** Was dieses οὐδὲ γὰρ δύναται bedeutet, wird in einer kurzen Begründung erläutert: Die in der σάρξ sind[33] – d.h. von der σάρξ bestimmt sind –, können Gott nicht gefallen. Das Verbum ἀρέσκειν hat hier

---

30 Vgl. MELANCHTHON, Röm. z.St.: *„quod ‚caro' significet totam naturam hominis, i.e. sensum et rationem."*

31 Φρονεῖν in der Bedeutung „trachten", „aus sein auf". Vgl. BAUER-ALAND, s.v. 2.

32 Οὐδὲ γάρ = „denn auch nicht". Vgl. BL-DEBR § 452_4.

33 Gleichbedeutend mit οἱ κατὰ σάρκα ὄντες; doch hat die Präposition ἐν kausale Bedeutung und betont die Ursache, warum sie Gott nicht gefallen können.

aktive Bedeutung im Sinn von „zu Gefallen handeln"[34], können sie doch Gottes Willen weder begreifen noch tun (vgl. V. 7: τῷ γὰρ νόμῳ τοῦ θεοῦ οὐχ ὑποτάσσεται).

V. 9: Der Apostel redet nun seine Leser unmittelbar an – nicht mit Ermahnungen, sondern mit Worten des Zuspruchs[35]: Ihr seid nicht vom Fleisch, sondern vom Geist[36] geleitet. Die Entscheidung muß nicht erst getroffen werden, sondern sie ist schon gefallen. Darauf wird in dem durch εἴπερ eingeleiteten Nebensatz noch einmal hingewiesen.[37] Genauso wirklich, wie die Sünde im unerlösten Menschen Wohnung genommen hatte (7,18.20), wohnt nun Gottes πνεῦμα in den Glaubenden[38]. Der Geist aber übt nicht wie die ἁμαρτία einen unwiderstehlichen Zwang aus, sondern das πνεῦμα eröffnet Freiheit (2 Kor 3,17). Darum folgt aus dem Zuspruch die Aufforderung, unter der Leitung des πνεῦμα die Lebensführung verantwortlich zu gestalten (Gal 5,25). Das πνεῦμα θεοῦ ist – wie der folgende Satz zeigt – identisch mit dem πνεῦμα Χριστοῦ. Wo das πνεῦμα wirkt, da handelt Gott in Christus und ist Christus im Geist gegenwärtig. Wer aber das πνεῦμα Χριστοῦ nicht hat, der ist nicht sein und gehört nicht zu ihm.[39]

V. 10: Wenn aber – so wird als den Lesern zugesprochene Feststellung konstatiert[40] – Christus als der im πνεῦμα gegenwärtige Herr „in euch ist", dann bleibt zwar das σῶμα νεκρόν, doch der Geist ist als Leben schaffende Kraft wirksam.[41] Der Begriff σῶμα ist hier anstelle von σάρξ gebraucht, aber offensichtlich gewählt, weil gleich anschließend von der Auferweckung der σώματα die Rede ist und Paulus niemals von der Auferstehung der σάρξ spricht. Der von der σάρξ bestimmte Mensch ist gestorben und um der Sünde willen tot. Das πνεῦμα aber ist Leben um der Gerechtigkeit willen. Denn der Mensch, der vom Geist geleitet ist, wandelt in der Wirklichkeit der ihm widerfahrenen Gerechtigkeit.[42] Dabei meint der Begriff des Geistes „das göttliche πνεῦμα, das gleichsam zum Subjekt der

---

[34] Zu θεῷ ἀρέσκειν bzw. θεῷ εὐάρεστον vgl. Röm 12,1; 14,18; 1 Kor 7,32; 2 Kor 5,9; Phil 4,18; 1 Thess 2,15; 4,1.

[35] Zu den Versen 9–11 vgl. G.D. Fee, Christology in Romans 8:9–11 – and elsewhere: Some Reflections on Paul as a Trinitarian, in: J.B. Green/M. Turner (Hg.), Jesus of Nazareth: Lord and Christ, Grand Rapids 1994, 312–331.

[36] Ἐν σαρκί bzw. ἐν πνεύματι wie oben κατὰ σάρκα bzw. κατὰ πνεῦμα. Vgl. zu Anm. 33.

[37] Εἴπερ hier nicht konditional, sondern affirmativ = „so gewiß", „wenn anders". Vgl. Bl-Debr § 454_2.

[38] Zur Traditionsgeschichte der Vorstellung der göttlichen Einwohnung im Einzelnen vgl. Vollenweider 169–172.

[39] Durch den Genetiv αὐτοῦ wird die Zugehörigkeit bezeichnet. Vgl. Bl-Debr § 162,7. Vgl. auch 1 Kor 3,23: ὑμεῖς δὲ Χριστοῦ.

[40] Εἰ mit dem Indikativ der Wirklichkeit. Vgl. Bl-Debr § 372_7

[41] Auch hier bezeichnet der Gegensatz σῶμα / πνεῦμα nicht etwa den niederen Teil des Menschen im Unterschied zum höheren (so Lietzmann, Röm. 80), sondern jeweils den ganzen Menschen.

[42] Vgl. Bultmann, Theologie 209.

Gläubigen geworden ist".[43] Der Apostel hebt damit hervor: Wenn Christus in euch ist, dann wohnt auch das πνεῦμα in euch, das Leben schafft.[44] Mit der kausal zu verstehenden Wendung διὰ δικαιοσύνην legt Paulus noch einmal den Akzent auf die Botschaft von der Rechtfertigung.[45]

V. 11: Die Aussage von V. 10 wird wieder aufgenommen und gleichfalls mit einem εἰ-Satz eingeleitet. Dabei beantwortet Paulus die Frage, die sich aus der Feststellung in V. 10 ergibt: Was bedeutet es, daß der Leib tot sei, der Geist aber Leben schafft?[46] Gottes Geist wird hier unter Aufnahme einer bekenntnisartigen Wendung (vgl. 4,17.24; 6,4.9 u ö.) als das πνεῦμα dessen bezeichnet, der Jesus[47] von den Toten auferweckt hat. Der formelhafte Ausdruck wird in leichter Abwandlung[48] ein zweites Mal wiederholt. Die Schlußfolgerung lautet: Wenn in Christi Tod und Auferstehung der Sieg über Sünde und Tod gewonnen ist, dann muß denen, die zu Christus gehören, das gleiche Geschick zuteil werden.[49] So wird Gott auch[50] die sterblichen Leiber der Glaubenden – Paulus bleibt bei der Form des anredenden Zuspruchs – lebendig machen durch seinen Geist, der in ihnen wohnt.[51] Dabei ist das πνεῦμα nicht als eine Substanz begriffen, die gleichsam notwendig die Auferstehung herbeiführen würde. Sondern es ist vom Leben schaffenden Geist Gottes die Rede, durch den er kraftvoll handelt. Das endzeitliche Geschehen der Auferweckung der Toten qualifiziert die Gegenwart, so daß auch die σώματα nicht mehr sind, was sie waren: Der Leib ist nicht mehr σῶμα τοῦ θανάτου τούτου (7,24), sondern gehört dem Kyrios (1 Kor 6,13). Zwar sterblich, steht er doch unter dem Zeichen der künftigen Auferstehung (1 Kor 6,14). Die widerfahrene Rechtfertigung verbürgt daher die zukünftige Vollendung. Darum wird der Mensch seine Geschöpflichkeit nur dann verwirklichen, wenn er Gott als den Schöpfer erkennt und anerkennt, ihm dankt und gehorsam ist. Das bedeutet: wenn er glaubend darauf vertraut, daß der, der Jesus Christus von den Toten auferweckt hat, auch die sterblichen Leiber der Seinen auferwecken wird durch seinen Geist, der in ihnen wohnt.

---

[43] Bultmann, ebd.
[44] Vgl. Bultmann, ebd.
[45] Vgl. Vollenweider 373.
[46] Vgl. v.d. Osten-Sacken 155.
[47] Vor Ἰησοῦν ist der – von manchen Handschriften ausgelassene – Artikel τόν zu lesen.
[48] Entgegen unterschiedlichen Varianten ist zu lesen: ὁ ἐγείρας Χριστὸν ἐκ νεκρῶν.
[49] Vgl. v.d. Osten-Sacken 241.
[50] Das Wort καί ist in einigen Handschriften sekundär fortgelassen.
[51] Die beiden Lesarten – διὰ τοῦ ἐνοικοῦντος αὐτοῦ πνεύματος bzw. διὰ τὸ ἐνοικοῦν αὐτοῦ πνεῦμα sind jeweils stark bezeugt. Wahrscheinlich stellt die Akkusativ-Wendung eine sekundäre Angleichung an die Akkusativ-Wendungen in V. 10 dar: διὰ ἁμαρτίαν bzw. διὰ δικαιοσύνην. Anders E. Schweizer, ThWNT VI, 419. Ein Sinnunterschied liegt dabei nicht vor, weil im hellenistischen Griechisch διά gleichbedeutend mit dem Genetiv oder Akkusativ verbunden werden kann (s. Anm. 14).

8,12–17 Der Geist der Gotteskindschaft

12) Wir sind nun, Brüder, nicht verpflichtet dem Fleisch, nach dem Fleisch zu leben. 13) Denn wenn ihr nach dem Fleisch lebt, müßt ihr sterben. Wenn ihr aber durch den Geist die Handlungen des Leibes tötet, werdet ihr leben. 14) Denn welche vom Geist Gottes geführt werden, die sind Söhne Gottes. 15) Ihr habt ja nicht einen Geist der Knechtschaft empfangen, wieder zur Furcht, sondern ihr habt den Geist der Sohnschaft empfangen, in dem wir rufen: Abba, Vater! 16) Der Geist selbst bezeugt unserem Geist, daß wir Kinder Gottes sind. 17) Wenn aber Kinder, dann auch Erben, nämlich Erben Gottes; dann aber Miterben Christi, wenn wir denn mitleiden, damit wir auch mitverherrlicht werden.

Siehe S. 228 und Bieder, W.: Gebetswirklichkeit und Gebetsmöglichkeit bei Paulus, ThZ 4 (1948) 22–40; Cambier, J.M.: La Liberté du Spirituel dans Rom 8,12–17, in: Paul and Paulinism, Essays in Honour of C.K. Barrett, London 1982, 205–220; Jeremias, J.: Abba, ThLZ 79 (1954) 213f.; Ders.: Abba, in: Studien 15–67; de la Potterie, I.: Le Chrétien conduit par l'Esprit dans son cheminement eschatologique (Rom 8,14), in: de Lorenzi, Law 209–241; Wolter, M.: Der Apostel und seine Gemeinden als Teilhaber am Leidensgeschick Jesu Christi: Beobachtungen zur paulinischen Theologie, NTS 36 (1990) 535–557.

In 8,12–17 werden die Konsequenzen gezogen, die sich aus den voranstehenden Ausführungen ergeben. Die mit ἄρα οὖν eingeleitete Schlußfolgerung, die in V. 13 zur direkten Anrede der Leser übergeht, ist bezogen auf den Gedankengang von V. 1–11, so daß manche Exegeten zu der Ansicht neigen, V. 12f. noch zu V. 1–11 zu ziehen und erst in V. 14 den Beginn eines neuen Abschnitts anzunehmen.[1] Doch V. 12f. sind durch die angeschlagenen Stichworte eng mit den folgenden Sätzen verbunden.[2] Ungeachtet der rasch wechselnden Stilform – von der 1. zur 2. Person (V. 12f.), dann von der 3. (V. 14) wieder zur 2. (V. 15 a) und 1. Person (V. 15b–17) – entfalten die Verse 12–17 einen durchlaufenden Gedankengang, der das Leben im Geist als Leben in der Gotteskindschaft beschreibt.

In V. 14 wird eine in der 3. Person gehaltene Feststellung getroffen und darin der bis dahin noch nicht gebrauchte Begriff des Sohnes aufgenommen: Alle, die durch den Geist Gottes geführt werden, sind Söhne Gottes. Die in V. 15 daraus abgelei-

---

[1] So in neuerer Zeit Fitzmyer, Rom. 480, 497; Moo, Rom. 471; Byrne, Rom. 235, 247 u.a.; Peterson, Röm. 226; Wilckens, Röm II 117–121 u.a. fassen den gesamten Gedankengang V. 1–17 zu einer Einheit zusammen.

[2] Vgl. Paulsen, Überlieferung 77–106, bes. 83f., der darauf aufmerksam macht, daß jeweils ein Stichwort im folgenden Vers wieder aufgenommen und expliziert wird:

V. 12 κατὰ σάρκα	– V. 13 κατὰ σάρκα
V. 13 πνεύματι	– V. 14 πνεύματι
V. 14 υἱοὶ	– V. 15 υἱοθεσία
V. 15 πνεῦμα	– V. 16 πνεῦμα
V. 16 τέκνα	– V. 17 τέκνα.

tete Folgerung wird wieder als Anrede formuliert: Ihr habt den Geist der Sohnschaft empfangen, in dem wir rufen: Abba, Vater! (V. 15) Nun bleibt es bei der Formulierung in der 1. Person Plural: Der Geist bezeugt unserem Geist, daß wir Kinder Gottes sind. Ähnlich wie in dem vergleichbaren Abschnitt am Anfang des 4. Kap. des Gal läßt der Apostel in seiner zupackenden Sprache erkennen, daß die Sache, von der er redet, nur dann recht begriffen und ausgesagt werden kann, wenn sich der Sprechende ebenso wie die Angesprochenen von ihr unmittelbar betroffen weiß.

V. 12: Mit der Wendung ἄρα οὖν, die Paulus des öfteren gebraucht (5,8; 7,3.25; 8,1; 9,16.18; 14,12.19 u. ö.), geht er zu den Folgerungen über, die sich aus den voranstehenden Ausführungen ergeben. Wie wichtig ihm diese Konsequenzen sind, zeigt er dadurch, daß er seine Leser als Brüder (vgl. zu 1,13 f; ferner: 7,1.4; 10,1; 11,25; 12,1; 15,14; 16,17) anredet: Wir – der Apostel mitsamt allen Christen – stehen in keinem verpflichtenden Schuldverhältnis mehr gegenüber der σάρξ, die auf ihre eigenen Möglichkeiten und Kräfte vertraut, aber nicht nach Gott fragt. Ein Schuldner kann nichts anderes tun, als seine Schuldigkeit einzulösen (vgl. Röm 1,14; 13,7; 15,27; 1 Kor 7,3). Doch gegenüber dem Fleisch besteht eine solche Verpflichtung nicht – nicht mehr; denn die Knechtschaft unter dem Gesetz ist aufgehoben und die gültige Entscheidung bereits gefallen: daß unser Gehorsam dem πνεῦμα und keinem anderen zu gelten hat. Paulus verzichtet darauf, diese positive Aussage hervorzuheben, und nimmt nur die negative Abgrenzung vor; aus ihr folgt jedoch zwingend die positive Konsequenz, daß das Leben der Glaubenden im Geist zu führen ist.[3]

V. 13: Daß die bestimmende Norm für das Leben der Christen allein das πνεῦμα sein kann, zeigt Paulus in zwei parallel gebauten Bedingungssätzen auf, die noch einmal das Entweder – Oder herausstellen: Wenn ihr nach dem Fleisch leben wollt[4], so müßt ihr sterben. Durch μέλλετε wird die absolute Gewißheit der eintretenden Folge ausgedrückt. Ist dabei vom Tod die Rede, so ist nicht an das physische Sterben gedacht, das auch Christen zu erleiden haben, sondern an das Verderben, in dem man vor Gott nicht bleiben kann, sondern dem Nichts verfällt. Wenn jedoch die Glaubenden die πράξεις τοῦ σώματος töten, dann eröffnet sich Leben, das kein Tod wieder vernichten kann. Im Kontrast zum eben genannten Sterben, zu dem der Wandel im Fleisch führt, wird durch die Aufforderung θανατοῦτε zum Vollzug des neuen Lebens aufgerufen. Das Wort πρᾶξις (vgl. Gal 5,19: τὰ ἔργα) kann im allgemeinen Sinn die Handlungen des Menschen bezeichnen (vgl. 12,4); doch erhält der Plural πράξεις im vorliegenden Kontext einen negativen Klang in der Bedeutung „böse Taten", „Machenschaften".[5] Diese gehen vom

---

[3] Der Infinitiv τοῦ ζῆν ist nicht in finaler Bedeutung (so KÄSEMANN, Röm. 217 u.a.), sondern in konsekutivem Sinn zu verstehen. Vgl. BL-DEBR § 400_4.

[4] Das Präsens ζῆτε hat durative Bedeutung.

[5] Vgl. Kol 3,9: ἀπεκδυσάμενοι τὸν παλαιὸν ἄνθρωπον σὺν ταῖς πράξεσιν αὐτοῦ, weitere Belege bei BAUER-ALAND, s.v. 4 d.

σῶμα aus, das hier die Bedeutung des voranstehenden Begriffes σάρξ hat.[6] Ohne einer Leibfeindlichkeit das Wort zu reden, macht der Apostel doch darauf aufmerksam, daß das σῶμα das Einfallstor der Versuchungen ist, denen der Christ zu widerstehen hat.

Das Wort σάρξ, das bis hierhin häufig gebraucht wurde, um den seiner selbst mächtigen Menschen zu charakterisieren, taucht in den folgenden Ausführungen nicht mehr auf. Aller Nachdruck wird auf das Leben ἐν πνεύματι, bzw. κατὰ πνεῦμα gelegt, das als eschatologische Gabe[7] schon hier und jetzt wirksam wird. Wie in atl. Ermahnungen den Hörern die Alternative zwischen Tod und Leben vor Augen gehalten wird (so Dtn 30,15 u.a.), so verdeutlicht Paulus die Entscheidung, die bereits gefallen ist: nicht nach dem Fleisch, sondern nach dem Geist zu wandeln.

V. 14: Die vom Geist geführt werden, sind – so folgert Paulus – Söhne Gottes. Die Wendung πνεύματι ἄγεσθαι kann in enthusiastischer Bedeutung gebraucht werden und ausdrücken, daß der Geist in der Ekstase ein Hingerissen-Werden bewirkt (vgl. 1 Kor 12,2). Der Apostel will jedoch sicherlich nicht vom Leben im Geist in enthusiastischer Bedeutung sprechen, sondern die Lebensführung derer bezeichnen, die vom Geist geleitet werden.[8] Das Verb ἄγειν ist daher im Sinn von „leiten", „führen" zu verstehen. Zu vergleichen ist der Gedankengang von Gal 5, wo ohne Bedeutungsunterschied die Wendungen πνεύματι περιπατεῖτε (V. 16) und πνεύματι ἄγεσθε (V. 18) aufeinander folgen. Alle[9], die in ihrem Leben vom Geist geführt[10] werden, sind Söhne Gottes.[11] Damit schlägt der Apostel ein Thema an, das atl. Bezüge aufgreift. Im AT wird des öfteren das Volk Israel Sohn seines Gottes und er dessen Vater genannt (Ex 4,22; Jes 1,2; Jer 3,19–22; 31,9; Hos 11,1).[12] Die Verheißung der Gotteskindschaft ist jedoch in der urchristlichen Verkündigung nicht mehr an die Zugehörigkeit zu einem bestimmten Volk gebunden, sondern gilt allen, die an Christus als den Sohn Gottes glauben.[13]

Indem der Apostel sich dem Thema der Gotteskindschaft zuwendet, entfaltet er einen Gedankenzusammenhang, der in seiner Unterweisung der Gemeinden häufiger erörtert worden sein muß. Die auffallende Nähe, in der der Abschnitt

---

[6] In manchen Handschriften ist daher sekundär τοῦ σώματος in τῆς σαρκός abgewandelt worden.

[7] Der eschatologische Charakter wird durch das Futur ζήσεσθε betont.

[8] Käsemann, Röm. 218, betont jedoch stärker den Zusammenhang mit enthusiastischer Sprache und tritt daher für die Übersetzung „vom Geist getrieben werden" ein.

[9] In diesem Sinn ist das vorangetellte ὅσοι zu verstehen. Vgl. Bl-Debr § 304_1.

[10] Durch ἄγονται wird nicht auf die atl. Exodustradition angespielt (so de la Potterie 224–228. 239f.), sondern auf die Lebensführung der Christen hingewiesen.

[11] Die Reihenfolge der Wörter υἱοὶ θεοῦ εἰσιν wird in manchen Handschriften sekundär verändert, ohne daß dabei eine Verschiebung des Sinnes entstünde.

[12] Auch in den Qumrantexten wird Gott als Vater seines Volkes, der Söhne seiner Gerechtigkeit bzw. seiner Wahrheit bezeichnet (1 QS IV,20–23; XI,7f.; 1 QH III,21f.; IV,23; XI,10–12 u.ö.). Vgl. weiter E. Lohse, ThWNT VIII, 359f.

[13] Zum paulinischen Verständnis der Gottessohnschaft der Glaubenden vgl. weiter E. Schweizer, ThWNT VIII, 394f.

Röm 8,14–17 zu Gal 4,1–7 steht, deutet darauf hin, daß die vorgetragene Argumentation bereits in der mündlichen Lehre festere Prägung erhalten hat.[14] In beiden Abschnitten begegnen die Stichworte „Söhne/Sohnschaft" (V. 14–16: Gal 4,4–7), „Erben/Erbschaft" V. 17: Gal 4,1.7), „Knechtschaft" (V. 15: Gal 4,1.3.7). Vor allem aber ist hier wie dort davon die Rede, daß in der Gemeindeversammlung der von kraftvollem Wirken des Geistes erfüllte Ruf „Abba/Vater" laut wird. Da das Verbum κράζειν bei Paulus sonst nur noch Röm 9,27 vorkommt und die Gebetsworte ἀββὰ ὁ πατήρ sich nur an diesen beiden Stellen finden, könnte ein Stück vorpaulinischer Tradition vorliegen.[15] In jedem Fall weist das aramäische Wort „Abba" auf die palästinisch-judenchristliche Gemeinde zurück. Doch ob darüber hinaus in V. 14–17 dem Apostel geprägte Wendungen vorgegeben waren, muß ungewiß bleiben. Wahrscheinlicher ist es, daß er selbst die Gedankenverbindung, die sowohl atl. wie auch urchristliche Begriffe aufnimmt, hergestellt hat, um durch das Thema der Gotteskindschaft zu erläutern, was es heißt, im Geist zu leben.

V. 15: Ihr habt den Geist empfangen, ruft der Apostel seinen Lesern zu und erinnert sie damit daran, daß ihnen in der Taufe Gottes Geist zuteil geworden ist.[16] Diese Gabe wird als πνεῦμα υἱοθεσίας charakterisiert, so daß nun Knechtschaft und Sohnschaft in einem scharf formulierten Gegensatz – οὐ γὰρ ἐλάβετε – ἀλλὰ ἐλάβετε – einander gegenübergestellt werden. Dabei wird auch die δουλεία mit dem Begriff des πνεῦμα verbunden, ohne daß deshalb gemeint wäre, auch die Knechtschaft könnte als Geistesgabe verstanden werden.[17] Sklaven leben unter völlig anderen Bedingungen als freie Söhne. Ein Sklave steht ständig unter der Furcht, wie sein Herr über ihn befinden wird. Er kann daher keinen frohen Ruf ausstoßen, sondern nur leise Worte murmeln.[18] Die Knechtschaft verweist auf die Herrschaft des Gesetzes, die nur zu ängstlicher Furcht führen konnte. Diese Knechtschaft hat in Christus endgültig ihr Ende gefunden. Mit der Freiheit in Christus ist auch der Geist der Sohnschaft geschenkt worden. Obwohl im AT und der

[14] Zur vergleichenden Gegenüberstellung von Röm 8,14–17 und Gal 4,1–7 vgl. außer den Kommentaren bes. PAULSEN, Überlieferung 98–100 sowie V.D. OSTEN-SACKEN, Soteriologie 129–134.

[15] A. SEEBERG, Der Katechismus der Urchristenheit, Leipzig 1903 (²München 1966) 240–246, vermutet, daß der Ruf ἀββὰ ὁ πατήρ auf den Anfang des Herrengebets hinweise, das Bestandteil eines urchristlichen Katechismus gewesen sei. Doch hat seine Rekonstruktion eines vermeintlichen urchristlichen Katechismus mit Recht keine Zustimmung gefunden.

[16] Die Wendung πνεῦμα λαμβάνειν ist geprägter Ausdruck urchristlicher Rede. Vgl. Act 2,38; 8,15.17.19; 10,47; 19,2.

[17] Ausgehend vom christlichen Verständnis des πνεῦμα wendet der Apostel den Begriff auch auf die δουλεία an. Vgl. zu 7,23: zur Ausweitung der Bedeutung des Wortes νόμος, sowie die Begriffsverbindungen „Geist der Wahrheit", „Geist der Lüge", „Geist des Frevels" u.a., 1 QS III,18–26; IV,3–10; V,26 u.ö.

[18] Vgl. LUTHER, Röm., zu 8,14: „*Nam in spiritu timoris non est clamare, sed vix hiscere et mutire. Quia fiducia dilatat cor, frontem et vocem, timor vero hec omnia contrahit et stringit*" = Im Geist der Furcht nämlich kann man nicht schreien, sondern da kann man kaum den Mund auftun und lispeln. Denn das Vertrauen macht Herz, Stirn und Stimme weit, die Furcht aber schnürt und preßt alles zusammen. Vgl. auch ZELLER, Röm. 160.

ihm folgenden jüdischen Überlieferung wiederholt der Gedanke der Gotteskindschaft auf das Volk Israel bezogen wird (s.o. S. 239), fehlt in LXX der Begriff der υἱοθεσία. Im antiken Judentum gab es nicht die Rechtsform der Adoption, durch die jemand an Sohnes Statt angenommen wird und dieselben Rechte erhält wie ein leibliches Kind. Diesen Rechtsakt aber kennt die hellenistisch-römische Umwelt, aus der Paulus daher den Begriff der υἱοθεσία entnommen hat (vgl. Gal 4,5).

Daß die Glaubenden durch die Gabe des Geistes als Söhne Gottes angenommen sind, ist daran zu erkennen, daß sie Gott als Vater anrufen. Das Verbum κράζειν, das diesen Ruf charakterisiert, wird einerseits auf das Schreien der Dämonen und derer angewendet, die von ihnen besessen sind (Mk 3,11 Par.; 5,5 Par.; 10,47 Par.; Mt 14,26.30 u.a.). Andererseits bezeichnet es das inspirierte Rufen, von dem in unterschiedlichen Zusammenhängen die Rede ist (Joh 1,15; 7,28.37; 12,44 u.a.). Es soll auch hier darauf hinweisen, daß der Ruf vom Geist eingegeben ist. Sein Inhalt lautet ἀββὰ ὁ πατήρ. Indem die hellenistischen Gemeinden nicht nur diese Gebetsanrede, sondern auch andere einzelne hebräisch-aramäische Wörter bewahren – Amen, Halleluja, Hosanna u.a. –, bekannten sie sich zur festen Verbundenheit mit der Urgemeinde des Anfangs.

Das aramäische Wort אַבָּא steht im status emphaticus, der auch als Vokativ in der Bedeutung „mein/unser Vater" verwendet wird.[19] Die vertrauensvolle Anrede Gottes als Vater kennzeichnet urchristliches Gebet, das an die Überlieferung von Jesu Beten anknüpft (Mk 14,36 Par.). Einige Exegeten sind der Ansicht, hier werde der Anfang des Herrengebets zitiert.[20] Da jedoch der Ruf nicht nur das aramäische Wort „Abba", sondern zugleich dessen griechisches Äquivalent ὁ πατήρ[21] umfaßt und im Kontext keinerlei Hinweis auf das Vaterunser gegeben wird, dürften die Worte „Abba", „Vater" als Akklamation im Gottesdienst laut geworden sein.[22] Sie enthielten das Bekenntnis zu Gott als dem Vater, der seinen Sohn in die Welt gesandt hat (8,3), um die Glaubenden zu Söhnen zu machen. Da im folgenden der Begriff υἱός durch τέκνον / τέκνα aufgenommen wird, ist deutlich, daß im inklusiven Sinn von der Gotteskindschaft die Rede ist, die alle Glieder der Gemeinde – Frauen, Männer und Kinder – in Christus zusammenschließt.

V. 16: In diesem Rufen – so wird zur Verdeutlichung hinzugefügt – kommt die Gewißheit zum Ausdruck, daß wir Kinder Gottes sind. Diese Gewißheit aber schenkte der Geist. Er gibt darüber „unserem Geist" Zeugnis.[23] Sind die Anfangsworte

[19] Vgl. G. Kittel, ThWNT I, 4–6.

[20] Vgl. Lietzmann, Röm. 83; Kittel (s. Anm. 19); W. Grundmann, ThWNT III, 903f., vor allem Jeremias 15–67, bes. 64–66.

[21] Das Wort mit Artikel hier in der Bedeutung eines Vokativs πάτερ. Vgl. Bl-Debr § 147_5.

[22] So fast alle neueren Kommentare; Wilckens, Röm. II 137, möchte zwischen beiden Erklärungen keine Alternative sehen, „da sich die Entstehung eines isolierten Abba-Rufs m.E. am einfachsten als Verselbständigung der Gebetsanrede des Vaterunsers erklären läßt".

[23] Im Verbum συμμαρτυρεῖν ist nicht das σύν im Sinn von „bezeugen mit" betont, sondern das Kompositum dient, verbreitetem hellenistischen Sprachgebrauch entsprechend, zur Vestärkung des Simplex. Vgl. außer der großen Mehrheit der Kommentatoren H. Strathmann, ThWNT IV, 516.

αὐτὸ τὸ πνεῦμα vom göttlichen Geist gesagt, so muß geklärt werden, was mit „unserem Geist" gemeint ist. Für die Auffassung, auch hier werde vom uns von Gott gegebenen Geist gesprochen, wird geltend gemacht, der in der Gemeindeversammlung waltende Geist bezeuge „ganz objektiv jedem einzelnen Christen, was der diesem persönlich geschenkte Geist ihm ebenfalls sagt" (KÄSEMANN, Röm. 220).[24] Doch ist nicht recht einzusehen, warum der von Gott geschenkte Geist einem ebenfalls von ihm gegebenen πνεῦμα etwas bezeugen sollte.[25] Daher ist τῷ πνεύματι ἡμῶν dem von Paulus gelegentlich verwendeten Gebrauch des Wortes in anthropologischem Sinn zuzuordnen (vgl. zu 1,9; ferner: 1 Thess 5,19; 1 Kor 5,3–5 u. ö.). Paulus hätte auch einfach ἡμῖν sagen können; doch wählt er auf Grund der häufigen Verwendung des Wortes πνεῦμα auch hier den Ausdruck, daß „unserem Geist" Zeugnis gegeben wird. Sein Inhalt lautet kurz und knapp: „daß wir Gottes Kinder sind" (vgl. 1 Joh 3,1: ἵνα τέκνα κληθῶμεν καὶ ἐσμέν, weiter 1 Joh 3,2.10; Röm 9,8f.; Gal 4,28; Phil 2,15 u. ö.).

V. 17: Wenn es aber so ist, daß wir Kinder Gottes sind, dann – so wird in einem Kettenschluß gefolgert – sind wir auch Erben. In den Schriften des AT ist häufig von dem Erbe die Rede, das Gott seinem Volk verheißen hat und das mit der Landnahme von diesem empfangen wird.[26] Die Begriffe גּוֹרָל und נַחֲלָה werden dann auch in übertragenem Sinn verstanden, um auf das Erbteil hinzuweisen, das Gott am Ende den Seinen geben wird.[27] Die urchristliche Verkündigung nahm dieses spirituelle Verständnis der Begriffsgruppe κληρονομία / κληρονόμος auf. Die πραεῖς werden selig gepriesen, ὅτι κληρονομήσουσιν τὴν γῆν (Mt 5,5). Paulus verwendet ebenso wie Gal 4,1–7 das Bild des Erben, um die Teilhabe am künftigen Heil zu bezeichnen, die den Glaubenden gültig zugesprochen ist.[28] Erbe Gottes sein bedeutet, Miterbe Christi geworden sein. Diese Christuszugehörigkeit wird durch die wiederholte Verwendung der Präposition σύν in den Wortverbindungen συγκληρονόμοι – συμπάσχομεν – συνδοξασθῶμεν hervorgehoben.[29]

In einem mit εἴπερ[30] angefügten Nachsatz weist der Apostel darauf hin, daß Gemeinschaft mit Christus beinhaltet, in die Gemeinschaft seiner Leiden aufgenommen zu sein. Die zukünftige Herrlichkeit ist unter dem Kreuz verborgen und kann daher nicht anders erfahren werden als in der Teilhabe an den Leiden Christi (vgl. 2 Kor 4,10f.; 7,3; 13,4; Phil 3,10 u. ö.). Weil sich die Glaubenden zum gekreuzigten Christus bekennen, können sie in ihrem Leidensgeschick der Zugehörigkeit

---

[24] Vgl. auch E. SCHWEIZER, ThWNT VI, 434: bezeichnet werde „das den Menschen von Gott Gegebene, nicht ihm Eigene".

[25] Vgl. SCHLIER, Röm. 254.

[26] Belege bei J. HERRMANN, ThWNT III, 768–775.

[27] So häufig in den Qumrantexten in der Verwendung der genannten Begriffe.

[28] Vgl. die entsprechende Schlußfolgerung Gal 4,7: εἰ δὲ υἱός, καὶ κληρονόμος θεοῦ.

[29] Vgl. E. LOHMEYER, ΣΥΝ ΧΡΙΣΤΩΙ, Festgabe für A. Deißmann, Tübingen 1927, 218–237; sowie die Monographie von DUPONT, Union.

[30] Die Konjunktion εἴπερ ist mit „so gewiß", „wenn anders", „wenn denn" zu übersetzen. Vgl. BLDEBR § 454_2.

zum erhöhten Kyrios und damit der Teilhabe an der kommenden δόξα gewiß sein.[31]

Bei der Interpretation des Zusammenhangs 8,1–17 fällt auf, daß auf der einen Seite der Begriff des πνεῦμα, der bis dahin nur selten im Röm auftauchte (vgl. 1,4; 2,29; 5,5; 7,6), nun in großer Häufung gebraucht und mit starkem Nachdruck versehen ist, auf der anderen Seite weder von der δικαιοσύνη θεοῦ noch von πίστις / πιστεύειν gesprochen wird. Der Sache nach ist freilich ständig vom Glauben die Rede. Denn was anderes kann der Wandel im Geist sein als Leben im Glauben? Der Aufruf, diesen Wandel zu vollziehen, stellt einen Imperativ dar, der auf den Indikativ der erfahrenen Gabe des Geistes bezogen ist. Daran läßt sich ablesen, daß sich der Apostel unterschiedlicher Ausdrucksweisen bedienen kann und keine abgegriffene Formelsprache verwendet. In den Korintherbriefen hat Paulus bei der Entfaltung der Kreuzestheologie die Rechtfertigung des Gottlosen keinen Augenblick aus den Augen verloren; aber dort bedient er sich einer anderen Terminologie als im Gal und Röm. So handelt er auch im 8. Kap. des Röm von der Offenbarung der Gerechtigkeit Gottes, die in der „propositio generalis" des ganzen Briefes hervorgehoben ist (1,16f.), ohne sich in den einzelnen Abschnitten des gesamten Vokabulars zu bedienen, das ihm zur Verfügung steht.

8,18–30 Leiden im Zeichen der kommenden Herrlichkeit

18) **Denn ich urteile, daß die Leiden der gegenwärtigen Zeit in keinem Verhältnis zu der Herrlichkeit stehen, die an uns offenbart werden soll.** 19) **Denn das sehnsüchtige Harren der Schöpfung wartet auf die Offenbarung der Söhne Gottes.** 20) **Denn der Nichtigkeit wurde die Schöpfung unterworfen, nicht freiwillig, sondern durch den, der sie unterworfen hat, auf Hoffnung hin.** 21) **Denn auch sie, die Schöpfung, wird befreit werden von der Knechtschaft der Vergänglichkeit zur herrlichen Freiheit der Kinder Gottes.** 22) **Denn wir wissen, daß die ganze Schöpfung insgesamt seufzt und in Wehen liegt, bis zum heutigen Tag.** 23) **Aber nicht nur das, sondern auch wir, die wir die Erstlingsgabe des Geistes haben, auch wir seufzen miteinander, die wir die Sohnschaft erwarten, die Erlösung unseres Leibes.** 24) **Denn auf Hoffnung wurden wir gerettet; Hoffnung aber, die man sehen kann, ist keine Hoffnung; denn was einer sehen kann, wer wird darauf hoffen?** 25) **Wenn wir aber auf das hoffen, was wir nicht sehen, so warten wir in Geduld.** 26) **Ebenso nimmt sich der Geist unserer Schwachheit an; denn was wir beten sollen, wie es sich gebührt, wissen wir nicht; aber er, der Geist, tritt für uns ein mit unaussprechlichen Seufzern.** 27) **Der aber die Herzen erforscht, weiß, was die Sinnesart des Geistes ist, weil er nach Gottes Willen für die Heiligen eintritt.**

[31] Vgl. WOLTER 537: „Vom Leidensgeschick des Irdischen her erfuhr das Leiden der Christen seine Plausibilität, und es erwies darüber hinaus deren heilsstiftende Zugehörigkeit zum Erhöhten und Wiederkommenden."

28) Wir wissen aber, daß für die, die Gott lieben, alles zum Guten wirkt, für die, die nach der Erwählung berufen sind. 29) Denn die er zuvor erwählt hat, die hat er auch zuvor bestimmt, gleichgestaltet zu sein dem Bild seines Sohnes, auf daß er der Erstgeborene sei unter vielen Brüdern. 30) Die er aber zuvor bestimmt hat, die hat er auch berufen; die er aber berufen hat, die hat er auch gerechtfertigt; die er aber gerechtfertigt hat, die hat er auch verherrlicht.

Siehe oben S. 228 und BAUMBACH, G.: Die Schöpfung in der Theologie des Paulus, Kairos 21 (1979) 196–205; BINDEMANN, W.: Die Hoffnung der Schöpfung: Römer 8,18–27 und die Frage einer Theologie der Befreiung von Mensch und Natur, NStB 14, Neukirchen 1983; HOMMEL, H.: Das Harren der Kreatur, ThViat 4(1952) 108–124 = Sebasmata II, Tübingen 1983/84, 127–140; KÄSEMANN, E.: Der gottesdienstliche Schrei nach der Freiheit, in: Apophoreta, FS E. Haenchen, BZNW 30, Berlin 1964, 142–155 = Perspektiven 211–236; LAMBRECHT, J.: The Groaning Creation. A Study of Rom 8:18–30, LS 15 (1990) 3–18; SCHWANTES, H.: Schöpfung der Endzeit, AzTh 112, Stuttgart 1962; VÖGTLE, A.: Röm 8,19–22: eine schöpfungstheologische oder anthropologisch-soteriologische Aussage?, in: Mélanges bibliques, FS B. Rigaux, Gembloux 1970, 351–366 = Ders., Zukunft 183–208; VOLLENWEIDER, Freiheit 375–396; WEDER, H.: Geistreiches Seufzen. Zum Verhältnis von Mensch und Schöpfung in Römer 8 (1988), in: Einblicke ins Evangelium. Exegetische Beiträge zur neutestamentlichen Hermeneutik, Göttingen 1992, 247–262.

Mit Christus leiden, um mit ihm verherrlicht zu werden (V. 17 b): Die mit diesem Satz gestellte Frage, in welchem Verhältnis gegenwärtiges Leiden und zukünftige Herrlichkeit zueinander stehen, wird aufgenommen und in mehreren, aufeinander folgenden Gedankenschritten beantwortet. V. 18 ist mit einem erläuternden γάρ an V. 17 b angeschlossen und stellt die These voran, daß die gegenwärtigen Leiden sich überhaupt nicht mit der kommenden δόξα vergleichen lassen. Hierfür wird in V. 19ff. zur Begründung angegeben, daß alles auf die vor uns liegende Herrlichkeit hinweist: das Seufzen der ganzen Schöpfung (V. 19–23); weiter – so heißt es steigernd – das Seufzen derer, die schon den Geist als Angeld auf die künftige Erfüllung empfangen haben; und schließlich als Höhepunkt der Hinweis, daß auch das πνεῦμα, das als Vorauszahlung auf die noch ausstehende Verherrlichung schon gegeben wurde, in uns seufzt. Alles streckt sich voller Hoffnung der δόξα entgegen. Diese Gewißheit der ἐλπίς ist in V. 28 in eine lehrsatzartige Feststellung gefaßt, um dann in einer hymnisch klingenden Folge kurzer, ineinander greifender Sätze der Zuversicht Ausdruck zu verleihen, daß die erwartete Verherrlichung bereits die Gegenwart qualifiziert.

Der Apostel bezieht sich in diesen Versen in erheblichem Umfang auf ihm vorgegebene Wendungen. Dabei greift er auf überkommene apokalyptische Vorstellungen zurück, um sie zur Bekräftigung der christlichen Hoffnung in seinen Gedankengang einzufügen, ohne in Spekulationen über die Endzeit zu verfallen.[1]

---

[1] Auf diese Vorgaben haben SCHWANTES und VÖGTLE aufmerksam gemacht. Doch dürfte deren Bedeutung zu gering angesetzt sein, wenn erklärt wird, den Sätzen über die Gegenwart und Zukunft komme keine Aussage –, sondern nur eine deutende Funktion zu (VÖGTLE, Zukunft 208). Vgl. auch VOLLENWEIDER Freiheit 391.

Eine Reihe von Wörtern, die sich in diesem Abschnitt finden, werden sonst von Paulus nicht oder in anderem Sinne verwendet: Die mit σύν zusammengesetzten Verben συστενάζειν (V. 22), συνωδίνειν (V. 22) und συναντιλαμβάνεσθαι (V. 26) kommen sonst nirgendwo in den paulinischen Briefen vor; ματαιότης (V. 20) und πρωτότοκος (V. 29) nur hier in den authentischen Briefen des Apostels. Hapaxlegomenon ist καθὸ δεῖ (V. 26). Das Wort ἀποκαραδία kehrt nur noch Phil 1,20 wieder, ἐραυνᾶν nur noch 1 Kor 2,10, σύμμορφος nur noch Phil 3,2 in einer geprägten Aussage.[2] Wird κτίσις in der Bedeutung von Kosmos gesagt und von ihrer zukünftigen Befreiung gesprochen, so ist V. 21 „die einzige Stelle in den Paulus-Briefen, an der ἐλευθεροῦν im Futur gebraucht und die Befreiung als eine Gabe der Zukunft betrachtet wird".[3] In keinem anderen Satz außer in V. 26 ist der Geist in der Bedeutung eines engelhaften Fürsprechers gesehen.[4] Heißt es in V. 20 διὰ τὸν ὑποτάξαντα, so steht nur an dieser Stelle in den paulinischen Briefen διά mit Akkusativ statt διά mit Genetiv, um die wirksame Ursache anzugeben.[5]

Lassen diese Beobachtungen erkennen, daß Paulus in größerer Häufung Traditionsgut aufnimmt[6], so wird es doch nicht möglich sein, eine durchlaufende Vorlage in einem „deutlich erkennbaren Sachzusammenhang" zu rekonstruieren.[7] Vielmehr ist von Fall zu Fall zu prüfen, wieweit traditionelle Elemente vorgegeben sein könnten, um herauszuarbeiten, in welchem Sinn der Apostel diese aufgenommen und verarbeitet hat.

V. 18: Wer zu Christus gehört, muß auch mit ihm leiden. Doch die Leiden, die es auf- und anzunehmen gilt, sind ganz anderer Art als diejenigen, die den unerlösten Menschen gefangenhalten. Sind diese rückwärts gewandt und gehören zur Knechtschaft unter Sünde, Gesetz und Tod, so sind die Leiden der Glaubenden vorwärts gerichtet und daher unter dem Zeichen der kommenden δόξα zu begreifen. Die thematische Aussage wird durch das vorangestellte λογίζομαι eingeleitet, das das Urteil bezeichnet, über dessen Inhalt es keinen Zweifel geben kann (vgl. Röm 3,28; 6,11; 1 Kor 4,1 u. ö.): Die Leiden, die in der gegenwärtigen Zeit[8] zu tragen sind, fallen nicht ins Gewicht im Blick auf die zukünftige Herrlichkeit. Das entschiedene οὐκ ἄξια setzt das Bild der Waage voraus, deren beiden Schalen sich nicht im Gleichstand befinden[9]. (vgl. auch 2 Kor 4,17f.: „Unsere Trübsal, die zeit-

[2] Vgl. v.d. Osten-Sacken, Soteriologie 80f.

[3] v.d. Osten-Sacken, Soteriologie 85.

[4] v.d. Osten-Sacken, ebd.

[5] v.d. Osten-Sacken, Soteriologie 86 mit Hinweis auf Bauer-Aland, 363.

[6] v.d. Osten-Sacken, Soteriologie 82.

[7] Vgl. die hypothetische Rekonstruktion einer möglicherweise schriftlich vorgegebenen Vorlage bei v.d. Osten-Sacken, Soteriologie 96f.

[8] „Diese gegenwärtige Zeit" wird in der apokalyptischen Erwartung „jenem kommenden Äon" gegenübergestellt. Der Apostel setzt diese Gedanken zwar voraus, führt jedoch weder hier noch an anderer Stelle diese Gegenüberstellung der beiden Äonen aus.

[9] Zu οὐκ ἄξια sind die rabbinischen Wendungen דָּבָר כְּנֶגֶד bzw. דָּבָר שָׁקוּל zu vergleichen. Vgl. Bill. III 244f.

lich und leicht ist, schafft eine ewige und über alle Maßen gewichtige Herrlichkeit, uns, die wir nicht auf das Sichtbare sehen, sondern auf das Unsichtbare.") Durch den passiven Infinitiv ἀποκαλυφθῆναι wird die unbedingte Gewißheit ausgedrückt, daß die verheißene δόξα kommen und enthüllt werden soll.[10]

V. 19–20: Die ganze κτίσις – so lautet die erste erläuternde Begründung – richtet sich in gespannter Erwartung auf die kommende Herrlichkeit. Das selten gebrauchte Wort ἀποκαραδοκία, das bei Paulus auch Phil 1,20 – gleichfalls in Verbindung mit ἐλπίς – vorkommt, spricht die dringende Erwartung aus, die sich der Zukunft in der Zuversicht entgegenstreckt, daß erfüllt werden wird, worauf ihre Hoffnung zielt.[11] Wie weit die mit κτίσις bezeichnete Schöpfung reicht, wird unterschiedlich beurteilt.[12] Da in V. 23f. das Seufzen derer genannt ist, die zu Christus gehören, wird hier nicht an die Menschheit insgesamt zu denken sein (so SCHLATTER, Röm. 269f.). Eher könnte κτίσις auf die ganze Schöpfung ausschließlich der Glaubenden zu beziehen sein.[13] Vor dem Hintergrund vergleichbarer apokalyptischer Aussagen wird mit κτίσις die Schöpfung in ihrer umfassenden Weite gemeint sein, ohne daß genauere Unterscheidungen vorgenommen würden. Da V. 20 sagt, daß die ganze Schöpfung der Nichtigkeit unterworfen wurde, werden die Folgen in den Blick genommen, die aufgrund des Ungehorsams Adams den Kosmos trafen. So heißt es 4 Esra 7,11f. in einem Wort Gottes: „Als Adam meine Gebote übertrat, ward die Schöpfung gerichtet, da sind die Wege in diesem Äon schmal und traurig und mühselig geworden." Und in der rabbinischen Überlieferung ist ein Spruch des R. Berechja (um 340) aufbehalten, den er im Namen des R. Schᵉmuël (um 260) gesagt hat: „Obwohl die Dinge in ihrer Fülle geschaffen worden waren, so wurden sie, nachdem der erste Mensch gesündigt hatte, verdorben, und sie werden nicht eher zu ihrer Ordnung zurückkehren, bis der Ben Perez (d.h. der Messias) kommen wird."[14]

Die Schöpfung hält Ausschau[15] nach der kommenden Erlösung, die als ἀπολύτρωσις τῶν υἱῶν τοῦ θεοῦ bezeichnet wird. Wie einst die Folgen der Tat Adams in verhängnisvoller Weise die ganze κτίσις trafen, so werden am Ende von

[10] Εἰς ἡμᾶς = „an uns", bzw. „in Richtung auf uns" (MICHEL, Röm. 265).

[11] Vgl. G. BERTRAM, Ἀποκαραδοκία, ZNW 49 (1958) 264–270; D.R. DENTON, Ἀποκαραδοκία, ZNW 73 (1982) 138–140; H.-K. CHANG, (ἀπο)καραδοκία bei Paulus und Aquila, ZNW 93 (2002) 268–278.

[12] Zur Interpretation der Verse 19–22 vgl. außer den Kommentaren: N. WALTER, Gottes Zorn und das Harren der Kreatur. Zur Korrespondenz zwischen Römer 1,18–32 und 8,19–22, in: Christus Bezeugen, FS W. Trilling, Leipzig/Freiburg 1989, 218–226 = Praeparatio Evangelica, WUNT I,98, Tübingen 1997, 293–302; E. GRÄSSER, Das Seufzen der Kreatur (Röm 8,19–22). Auf der Suche nach einer ‚biblischen Tierschutzethik', JBTh 5 (1990) 93–117; H.-J. FINDEIS, Von der Knechtschaft der Vergänglichkeit zur Freiheit der Herrlichkeit. Zur Hoffnungsperspektive der Schöpfung nach Röm. 8,19–22, in: Der lebendige Gott, FS W. Thüsing, NTA 31, Münster 1996, 196–225.

[13] Vgl. VÖGTLE 365f. = 207f.; jedoch BALZ, Heilsvertrauen 47: „Κτίσις im umfassenden Sinn als ‚Schöpfung'"; SCHLIER, Röm. 259: „die auf den Menschen bezogene und mit seinem Geschick verbundene Gesamtschöpfung."

[14] Gen R 12 (25 a); vgl. BILL. I 19; weitere Belege BILL. III 247–255.

[15] Ἀπεκδέχεσθαι auch sonst von der eschatologischen Erwartung: vgl. 1 Kor 1,7; Gal 5,5; Phil 3,20.

der Offenbarung der Söhne Gottes weltweite Wirkungen ausgehen.[16] Denn die κτίσις wartet darauf, daß die schicksalhaft über sie verhängte Unterwerfung unter die ματαιότης (vgl. 1,21) aufgehoben wird. Dieses Geschick war um der Schuld Adams willen über sie gebracht διὰ τὸν ὑποτάξαντα. Dabei ist διά hier zwar mit dem Akkusativ verbunden, aber doch gleichbedeutend mit διά mit folgendem Genetiv zu verstehen. Derjenige, der die κτίσις der Nichtigkeit unterworfen hat, kann weder Adam (so ZELLER, Röm. 162; BYRNE, Rom. 258 u.a.) gewesen sein, da dieser ja selbst gefallen ist, noch der Satan, da er nicht Herr über die Schöpfung ist. Vielmehr ist eindeutig von Gott die Rede, der das richtende Urteil gesprochen hat (vgl. Gen 3,17–19).[17] Doch dieses Urteil kann nicht sein letztes Wort bleiben. Vielmehr wird am Ende rettendes Heil stehen, auf das zuversichtliche Hoffnung[18] sich voller Erwartung richtet.

V. 21: Auf den Inhalt der ἐλπίς [19] wird mit einem begründenden γάρ-Satz hingewiesen.[20] Dabei nimmt der Begriff φθορά den vorhergehenden der ματαιότης auf. Die κτίσις soll befreit werden zur herrlichen Freiheit der Kinder Gottes. Die τέκνα θεοῦ sind die in V. 19 genannten υἱοὶ θεοῦ. Paulus bezieht sich auf apokalyptische Vorstellungen, ohne über den Ablauf endzeitlichen Geschehens genauere Belehrung zu geben. Er bedient sich ihrer, um den universalen Horizont der künftigen Erlösung aufzuzeigen und den Zukunftsaspekt der Freiheit zu betonen.[21]

V. 22: Wie auch an anderen Stellen leitet Paulus einen Satz, der eine allen Christen gemeinsame Überzeugung formuliert, durch οἴδαμεν ein (vgl. V. 28 sowie Röm 2,2; 3,19; 7,14; 1 Kor 8,1.4; 2 Kor 5,1 u.ö.): Die sehnsüchtige Erwartung der zukünftigen Befreiung und Verherrlichung durchzittert schon jetzt die ganze κτίσις. Die beiden mit σύν- gebildeten Komposita sind als verstärkende Aussage zu verstehen und beziehen nicht die Glaubenden in das weltweite Seufzen ein. Denn von deren Situation ist in V. 23 die Rede. Daher wird durch die Verben συστενάζειν und συνωδίνειν auf die die ganze κτίσις durchwaltende Hoffnung hingewiesen, wie sie bis zum gegenwärtigen Augenblick wahrzunehmen ist (ἄχρι τοῦ νῦν; vgl. auch V. 18: ὁ νῦν καιρός) – denn die Erfüllung ist noch nicht da. Spätere rabbinische Überlieferung kennt die Vorstellung der sog. messianischen Wehen, die dem Ende und der Erscheinung des Messias vorangehen (vgl. Mk 13,8: ἀρχὴ ὠδίνων).[22] Da mit den von Paulus gewählten Verben keine näheren Erklärungen

---

[16] Die nur schwach bezeugte Variante οὐ θέλουσα (FD u.a.) ist als verdeutlichende sekundäre Interpretation zu beurteilen.

[17] Vgl. das dreifache παρέδωκεν 1,24.26.28.

[18] Ἐφ' ἑλπίδι ist zum Verbum ἐσώθημεν zu ziehen; die Schreibung mit Spiritus asper ist auch sonst gelegentlich bezeugt. Vgl. BL-DEBR § 14_2.

[19] Zum Begriff der ἐλπίς vgl. G. NEBE, Hoffnung bei Paulus. Elpis und ihre Synonyme im Zusammenhang der Eschatologie, StUNT 16, Göttingen 1983.

[20] Zu lesen ist ὅτι, da die Variante διότι durch Dittographie (von ἐλπίδι) zu erklären ist.

[21] Vgl. VOLLENWEIDER, Freiheit 375–396.

[22] Belege bei BILL. I 950 und III 255.

verbunden sind, wird man diese apokalyptischen Gedanken nicht in diesen kurzen Satz hineinzulesen haben.[23] Paulus richtet sein Augenmerk allein darauf, daß alle Welt der Offenbarung der δόξα entgegenhofft.

V. 23: Der Gedankengang erfährt eine Steigerung, indem von den Erfahrungen gesprochen wird, die diejenigen machen, die τὴν ἀπαρχὴν τοῦ πνεύματος empfangen haben. Von einer neuen Ernte werden die ersten Früchte Gott geheiligt, um damit anzuzeigen, daß ihm die ganze Ernte gehört. Denn er hat Wachsen und Gedeihen gegeben (Num 15,20f.). Die Erstlingsgabe steht somit für das Ganze. Inhalt der ἀπαρχή (vgl. Röm 11,16; 16,5; 1 Kor 15,20; 16,15) ist das πνεῦμα (vgl. ἀρραβών 2 Kor 1,22; 5,5), das uns als Angeld auf die zukünftige Vollendung gegeben ist.[24] Das endzeitliche Geschehen hat also mit der Gabe des Geistes bereits begonnen. Der Geist verbürgt, daß die noch ausstehende Vollendung kommen wird.

Nicht nur die κτίσις seufzt, sondern auch (οὐ μόνον δέ, ἀλλὰ καί) wir seufzen ἐν ἑαυτοῖς[25], die wir doch schon in das endzeitliche Geschehen hineingenommen sind.[26] Gegenstand der auf das Ende gerichteten Erwartung ist die Sohnschaft. Obwohl es oben in V. 15 geheißen hatte, daß die Glaubenden schon das πνεῦμα υἱοθεσίας erhalten haben, wird hier die υἱοθεσία als ein noch ausstehendes Hoffnungsgut genannt.[27] Dessen eschatologischen Charakter erläutert die angefügte Wendung τὴν ἀπολύτρωσιν τοῦ σώματος ἡμῶν. Damit ist nicht etwa die Trennung vom vergänglichen Leib gemeint (so LIETZMANN, Röm. 85), sondern wird auch hier das leibliche Sein des Menschen betont, das alle Bereiche seines Lebens umfaßt. Darum kann Paulus den Menschen nur als leibliche Existenz begreifen und versteht er auch die künftige Erlösung als Auferweckung der σώματα (1 Kor 6,13f.). Wie für die ἀπολύτρωσις gilt auch für die υἱοθεσία, daß sie einerseits bereits empfangen wurde, (Röm 3,24; 1 Kor 1,30), andererseits aber als zukünftiges Ereignis erwartet wird.[28] Stehen die Christen in ihrem Stöhnen in Solidarität mit der ganzen Schöpfung, so unterscheidet sich das Leiden der Geretteten doch darin vom Leiden in der Schöpfung, daß es Mitleiden mit Christus ist.[29]

V. 24: Der vorangestellte Begriff τῇ γὰρ ἐλπίδι, der die angefügte Erläuterung einleitet, ist daher in modalem Sinn zu verstehen (KÄSEMANN, Röm. 230; CRANFIELD, Rom. 419; SCHLIER, Röm. 266f.; WILCKENS, Röm II 158 u.a.). Denn

---

[23] Vgl. BALZ, Heilsvertrauen 52–54; V.D. OSTEN-SACKEN, Soteriologie 98 Anm. 65. Vgl. weiter T. TSUMURA, An OT Background to Rom 8,22, NTS 40 (1994) 620f.

[24] Nicht partitiver, sondern epexegetischer Genetiv.

[25] = „in unseren Herzen“ oder treffender wohl: „untereinander“, „miteinander“.

[26] Das Partizip ἔχοντες hat konzessive Bedeutung = „obwohl wir haben“.

[27] Um diese gedankliche Spannung auszuschließen, ist in manchen Handschriften υἱοθεσίαν fortgelassen worden. Doch hat die „lectio difficilior“ eindeutig als ursprünglich zu gelten. Zur Sache vgl. weiter J. SWETNAM, On Romans 8,23 and the ‚Expectation of Sonship‘, Bib. 48 (1967) 102–108.

[28] Vgl. P. BENOIT, Nous gémissons, attendant la délivrance de notre corps (Rom VIII,23), RSR 39 (1951) 267–280 = Exégèse et théologie II, Paris 1961, 41–52.

[29] Vgl. V.D. OSTEN-SACKEN, Soteriologie 269.

„Hoffnung ist die Situation, in der wir ... als Gerettete leben" (KÄSEMANN, ebd.). Durch den Aorist ἐσώθημεν wird auf die bereits zuteil gewordene Rettung hingewiesen.[30] Deren eschatologischer Charakter ist durch eine nähere Bestimmung der ἐλπίς betont. Noch leben wir nicht im Schauen, sondern im Glauben (2 Kor 4,18; 5,7; vgl. auch Hebr 11,1). Was man sehen kann, braucht man nicht mehr zu erhoffen[31]; denn es ist gegenwärtig vorhanden und läßt sich sinnlich fassen (vgl. 4,18: παρ' ἐλπίδα ἐπ' ἐλπίδι). Dabei wird ἐλπίς in Verbindung mit dem passivischen Partizip βλεπομένη in der Bedeutung „Hoffnungsgut" zu verstehen sein.

Der angefügte kleine Satz ist unterschiedlich überliefert. Als ursprünglich darf der kurze Text τίς ἐλπίζει (p[46]; B* u.a.) gelten. Varianten haben das τίς zu der vielfach bezeugten Lesart τίς τί καί bzw. τίς τί oder τίς καί erweitert. Das Verb wird von einigen Zeugen in ὑπομένει abgewandelt – in Anlehnung an den im folgenden Vers genannten Begriff ὑπομονή.[32] Die Hoffnung der Glaubenden kann sich auf βλεπόμενα nicht richten, weil sie πρόσκαιρα sind (2 Kor 4,18) und alles Sichtbare zur Sphäre der σάρξ gehört, „auf die sich keine Hoffnung richten kann".[33]

V. 25: Für das Wesen der Hoffnung gilt daher, daß wir erhoffen, was wir nicht sehen können. Die Hoffnung aber bewährt sich in geduldigem Ausharren (δι' ὑπομονῆς). Mit ἀπεκδεχόμεθα wird die voranstehende Aussage bekräftigt, daß wir die υἱοθεσία erwarten (V. 23). Hier ist jedoch kein Objekt genannt, auf das sich das Warten richtet; die Haltung des ἀπεκδέχεσθαι bestimmt im umfassenden Sinn die ἐλπίς.

V. 26: Der Gedankengang erfährt nun abermals eine Steigerung: Nicht nur die ganze κτίσις und die Glaubenden seufzen, sondern auch der Geist, der bereits als Unterpfand der kommenden Erlösung verliehen wurde.[34] Durch ὡσαύτως[35] wer-

---

[30] Der Aorist ist jedoch nicht in gnomischem Sinn (zu diesem vgl. BL-DEBR § 333) aufzufassen, der eine allgemeine Wahrheit anzeigen sollte.

[31] Zur Übersetzung von V. 24 b vgl. auch BL-DEBR § 442_{25}.

[32] Bei dem – weitaus besser bezeugten – Verb ἐλπίζει besteht freilich gleichfalls ein Bezug zum unmittelbaren Kontext, in dem die ἐλπίς hervorgehoben wird. Deshalb wird von manchen Exegeten ὑπομένει als ursprünglich angesehen (LIETZMANN, Röm. 85f.; R. BULTMANN, ThWNT II, 528; KÄSEMANN, Röm. 230 u.a.).

[33] BULTMANN, ebd. Ein Zusammenhang zwischen ὑπομονή, ἐλπίς und der Gabe des πνεῦμα liegt in vergleichbarer Weise auch 5,1–5 vor (SCHLATTER, Röm. 227f.).

[34] Zu V. 26f. vgl. J. SCHNIEWIND, Das Seufzen des Geistes, in: Nachgelassene Reden und Aufsätze, Berlin 1952, 81–109; A. DIETZEL, Beten im Geist. Eine religionsgeschichtliche Parallele aus den Hodajot zum paulinischen Gebet im Geist, ThZ 13 (1957) 12–32; K. NIEDERWIMMER, Das Gebet des Geistes, Röm. 8,26f., ThZ 20 (1964) 252–265; E. KÄSEMANN, Gottesdienstlicher Schrei (1964), in: Perspektiven ([3]1993) 211–236; E.A. OBENG, The Origins of the Spirit Intercession Motif in Romans 8:26, NTS 32 (1986) 621–632; R. GEBAUER, Gebet bei Paulus, Gießen/Basel 1989, 54–63.164–171.

[35] Zur Bedeutung von ὡσαύτως = „auf eben dieselbe Art, in gleicher Weise, ebenso" vgl. Bauer-Aland, 1793f. s.v. Vgl. weiter G. SMITH, The Function of „Likewise" in Romans 8:26, TynB 49 (1998) 29–38.

den V. 26f. an die beiden vorgehenden Aussagen von V. 19–22 sowie 23–25 angeschlossen. Das Seufzen des Geistes erweist sich darin, daß er sich unserer Schwachheit annimmt; dabei kennzeichnet die ἀσθένεια die Befindlichkeit der Glaubenden schlechthin, die nur stark sind, wenn sie schwach sind (2 Kor 12,10; vgl. auch 1 Kor 9,22; 2 Kor 11,21.29; 12,10; 13, 3.10 u. ö.). Es ist also nicht an eine gelegentliche Verlegenheit oder eine Ausnahmesituation gedacht; sondern die ἅγιοι befinden sich ständig in der ἀσθένεια, daß sie nicht zu beten wissen, wie es sich gebührt. Diese Feststellung kommt unerwartet, nachdem oben vom geisterfüllten Gebetsruf ἀββὰ ὁ πατήρ die Rede gewesen war (V. 15). Die Schwachheit bezieht sich auf das Nicht-Wissen zu beten καθὸ δεῖ, was gleichbedeutend mit κατὰ θεόν gesagt ist (V. 27). Die ἀσθένεια wird durch die δύναμις des Geistes überwunden (1 Kor 2,4f.; 2 Kor 4,7; 12,9 u. ö.), indem er mit unaussprechlichem Seufzen (vgl. 2 Kor 12,4) für uns vor Gott eintritt. Zu ὑπερεντυγχάνει ist sinngemäß ὑπὲρ ἡμῶν zu ergänzen, wie in zahlreichen Handschriften sekundär angegeben ist. Das πνεῦμα nimmt das stammelnde Seufzen der Beter auf und trägt es vor Gott in einer Weise, die seinem Willen entspricht.

Von Käsemann (Röm. 233 u. a.) ist die Auffassung vertreten worden, der Apostel denke bei dieser Bemerkung in besonderer Weise an die von Enthusiasmus erfaßten Glossolalen, die die ihnen verliehene Gabe der Zungenrede maßlos überschätzten und im Gottesdienst ihre Schreie ausstießen. Diese blieben für die Gemeinde unverständlich und bedurften besonderer Interpretation, wenn ihre Bedeutung erklärt werden sollte (1 Kor 14,1–19). Paulus aber wolle darauf hinweisen, daß ihre „himmlische Rede“ in Wahrheit Ausdruck von Schwachheit sei, der aufgeholfen werden müsse. So ansprechend diese antienthusiastische Interpretation erscheinen mag, so wenig läßt sie sich doch mit dem Wortlaut des Textes in Einklang bringen. Denn weder spricht der Apostel davon, daß die στεναγμοὶ ἀλάλητοι einer Verdolmetschung bedürfen, noch hat er nur eine besondere Gruppe von Charismatikern vor Augen. Sondern es ist schlechthin vom Beten der Heiligen und ihrer dabei zutage tretenden Verlegenheit die Rede (Cranfield, Rom. 421f.; Wilckens, Röm. II 161f.; Schlier, Röm 268 u. a.). Ihr Gebet wird vom Geist emporgetragen zu Gott, der dessen unaussprechliche (ἀλάλητοι) Rede zu hören und zu erhören weiß.[36] So tritt das πνεῦμα stellvertretend für die Heiligen ein; es beseitigt ihre Schwachheit nicht, aber nimmt sich ihrer an und weiß den weiten Abstand zu überbrücken, der die Beter von Gott trennt. Doch er rechtfertigt die ἀσθενεῖς (5,6). Das Seufzen des Geistes (στεναγμοί: vgl. V. 22: συστενάζει, V. 23: στενάζομεν) erfüllt unser Gebet mit Kraft, so daß es der Erhörung gewiß sein kann.

[36] Vgl. Gaugler, Röm. I 322: „Der Geist in uns, der nicht eins ist mit unserem Geist, aber unseres Geistes unmögliches Beten vernimmt, nimmt unser Flehen auf und vertritt es vor dem Thron des Ewigen. Er übersetzt es in die Sprache des Geistes, die im Himmel verstanden wird, er läutert es, verwandelt es, formt es nach dem Willen des Vaters und macht es so zum richtigen Gebet, das bittet, wie sich's gebührt.“

V. 27: Gott vermag die στεναγμοὶ ἀλάλητοι, die der Geist vor ihn bringt[37], zu begreifen und zu verstehen.[38] Mit einer atl. Wendung wird er der die Herzen Erforschende genannt (1 Sam 16,7; 1 Kön 8,39; Ps 7,11; 17,3; 139,1; Jer 17,9f. u. ö.).[39] Wir wissen nicht – er aber weiß, worauf das πνεῦμα aus ist (φρόνημα; vgl. oben 8,5–7) – nämlich vor Gott für uns einzutreten.[40] Damit werden auch V. 27f. zu einem „Zeugnis der Rechtfertigungslehre".[41]

V. 28: Mit einer lehrsatzartigen Feststellung bezieht sich der Apostel erneut auf Wissen, das allen Glaubenden gemeinsam ist (vgl. V. 22: οἴδαμεν).[42] Es hat zum Inhalt, daß denen, die Gott lieben, alles zum Guten wirkt. Zu dieser Aussage gibt es zahlreiche vergleichbare Sätze sowohl in der jüdischen Überlieferung als auch in der hellenistischen Umwelt.[43] So heißt es schon in den Sprüchen Achikars: „Der Gerechte unter den Menschen – alle (sc. Menschen oder Ereignisse), die ihn treffen, kommen ihm zur Hilfe." (167)[44] Und in einem Spruch des R. Aqiba († 135) wird gesagt: „Immer gewöhne sich ein Mensch zu sagen: Alles, was der Allbarmherzige tut, tut er zum Guten."[45] Im Corpus Hermeticum findet sich die Bemerkung: „Der wahrhaft Fromme, der über die Gnosis verfügt, wird alles ertragen. Denn für einen so Beschaffenen ist alles gut, auch wenn es nach Auffassung der anderen schlecht ist." (IX,4) Und der Philosoph Plotin lehrt: „Und ist der Leidende gut, so läuft das Unrecht am Ende auf ein Gutes hinaus." (Enn. IV, 3,16) Paulus nimmt also eine in der alten Welt weit verbreitete Sentenz auf und gibt ihr eine vom Gedankengang des Abschnittes bestimmte Bedeutung.

---

[37] Der ὅτι-Satz hat kausale Bedeutung.

[38] Zur intercessio vor Gott vgl. auch V. 34: Der zur Rechten Gottes erhöhte Christus tritt für uns ein. Die Vorstellung vom himmlischen Fürsprecher ist im antiken Judentum in verschiedenen Varianten ausgebildet (Belege bei Bill. II 560–562 sowie Balz, Heilsvertrauen 87–91), jedoch nirgendwo auf den Heiligen Geist bezogen (Fitzmyer, Rom. 518).

[39] Weitere Belege bei Hübner, Vetus Testamentum 128–130.

[40] Diese intercessio des Geistes wird in V. 26f. durch die Verben συναντιλαμβάνεται – ὑπερεντυγχάνει – ἐντυγχάνει nachdrücklich hervorgehoben. Zum „Beten im Geist" vergleichbare Aussagen in den Qumrantexten, bes. 1 QH XVI,11f.: „Und ich will dein Angesicht besänftigen durch den Geist, den du [in mich] gegeben hast, um vollständig zu machen deine [Gnaden]erweise an [deinem] Knecht auf [ewig], um mich zu reinigen durch deinen heiligen Geist und mich in deinem Wohlgefallen nahe zu bringen nach deiner großen Gnade."

[41] Schniewind (s. Anm. 34) 93. Vgl. auch ebd. 91: „Das für Paulus Entscheidende ist in das eine Wort Rechtfertigung zu fassen."

[42] Zu V. 28 vgl.: J.B. Bauer, ΤΟΙϹ ΑΓΑΠΩϹΙΝ ΤΟΝ ΘΕΟΝ, ZNW 50 (1959) 106–112; M. Black, The Interpretation of Romans VIII,28, in: Neotestamentica et Patristica, FS O. Cullmann, NT.S 6, Leiden 1962, 166–172; O. Wischmeyer, ΘΕΟΝ ΑΓΑΠΑΝ bei Paulus, ZNW 78 (1987) 141–144; H. Hommel, Denen, die Gott lieben ... Erwägungen zu Römer 8,28, ZNW 80 (1989) 126–129; P.R. Rogers, The Text of Romans 8:28, JThSt 46 (1995) 547–550.

[43] Vgl. v.d. Osten-Sacken, Soteriologie 63f.; weitere Belege aus der antiken Literatur in: Neuer Wettstein 156–158.

[44] Zur Interpretation dieses Satzes vgl. Bauer (s. Anm. 42) sowie v.d. Osten-Sacken, Soteriologie 63.

[45] bBer 60 b (Bar.). Weitere rabbinische Belege bei Bill. III 255f.

Alles wirkt für die Auserwählten zum Guten. So gewiß dies nur durch Gottes gnädige Zuwendung geschehen kann, so ist doch die nicht schlecht bezeugte Einfügung von ὁ ϑεός, nach der πάντα als Akk. Objekt verstanden werden muß, als sekundär anzusehen. Nach dem ursprünglichen Text hat πάντα als Subjekt des συνεργεῖν zu gelten.[46] Alles – d.h. die bereits erwähnten Leiden sowie die in V. 35 aufgeführten Mächte und Gewalten[47] – ist letztlich doch förderlich[48] εἰς. Dieses Ergebnis bezieht sich nicht lediglich auf einen glücklichen Ausgang, sondern bedeutet im Zusammenhang der Argumentation „das eschatologische Heil" (KÄSEMANN, Röm. 235).[49]

Diejenigen, denen dieses Heil zuteil werden soll, werden mit dem betont vorangestellten biblischen Ausdruck „die, die Gott lieben" genannt (Ex 20,6; Dtn 5,10; 6,5; 7,9). Diese Wendung findet sich des öfteren in der nachbiblischen Literatur des Judentums (Ps Sal 4,25; 6,6; 10,3; 14,1 u.ö.) sowie in urchristlichen Schriften (Jak 1,12; 2,5; 1 Kor 2,9). Doch darf diese Bezeichnung nicht dahin mißverstanden werden, als hätten sie sich durch ihre Gottesliebe auch nur das geringste Anrecht auf das ihnen zugesprochene Heil erworben.[50] Darum interpretiert Paulus den Begriff durch die angefügte Erklärung: τοῖς κατὰ πρόϑεσιν κλητοῖς. Gottes gnädige Erwählung, die er in seinem Ruf verwirklicht, und nichts anderes schenkt Bewahrung und Rettung. Mit den Stichworten πρόϑεσις und καλεῖν aber ist zugleich die Überleitung zum Kettenschluß gegeben, mit dem der Apostel den Gedankengang beendet.

V. 29: Fünf Glieder sind in V. 29f. aneinandergereiht, wobei jeder der kurzen Sätze die voranstehende Aussage aufgreift und weiterführt[51], bis der abschließende Höhepunkt erreicht ist: προέγνω – προώρισεν – ἐκάλεσεν – ἐδικαίωσεν – ἐδόξασεν.[52] Paulus dürfte diese Folge aus der Tradition übernommen haben.[53] Er hat sie jedoch interpretiert durch die an προώρισεν angefügte Angabe der endzeitlichen Rettung und damit dem zweiten Glied in der Gedankenkette besonderen Nachdruck verliehen.[54]

---

[46] BLACK (s. Anm. 42) möchte nach dem vorhergehenden Vers in V. 28 τὸ πνεῦμα als Subjekt der Aussage ansehen: „that ... the Spirit works for good in all things." Doch dieser Vorschlag mutet künstlich an und überzeugt nicht.

[47] Vgl. BALZ, Heilsvertrauen 104: „Paulus greift also mit πάντα auf V. 18ff. zurück, wobei die πᾶς-Formulierungen von V. 22 und 32 eine inhaltliche Klammer bilden."

[48] Im Verb συνεργεῖν liegt kein Ton auf συν -(= Zusammenwirken von Gott und Mensch), sondern das Kompositum verstärkt die Aussage = „verhelfen", „förderlich sein"

[49] Vgl. 10,15: ὡς ὡραῖοι οἱ πόδες τῶν εὐαγγελιζομένων [τὰ] ἀγαϑά (= LXX Jes 52,7).

[50] Vgl. 1 Joh 4,19: Unser Lieben beruht darauf, daß Gott uns zuerst geliebt hat.

[51] Οὓς = τούτους, οὕς vgl. BL-DEBR § 293_{13}.

[52] Zum Kettenschluß vgl. auch 5,3–5 und BL-DEBR § 493,3.

[53] Vgl. V.D. OSTEN-SACKEN, Soteriologie 67–73, der vermutet, es liege eine „fragmentarische katechetische Reihe" (70) vor, die im Zusammenhang mit der Taufe zu sehen sei.

[54] Zu V. 29 vgl. J. KÜRZINGER, συμμόρφους τῆς εἰκόνος τοῦ υἱοῦ αὐτοῦ (Röm 8,29), BZ 2 (1959) 294–299; A.R.C. LEANEY, Conformed to the Image of his Son (Rom VIII,29), NTS 10 (1963/64) 470–479.

Die Reihe setzt bei Gottes vorzeitigem Ratschluß ein.[55] Er hat die Erwählten dazu bestimmt, daß sie gleichgestaltet sein sollten dem Bild seines Sohnes. Die εἰκών weist auf die Ebenbürtigkeit des Bildes mit dem Original hin.[56] Wird Christus das Bild Gottes genannt, so bedeutet das, daß Gott sich in ihm und nur in ihm offenbart hat (2 Kor 4,4; Kol 1,15). Mit der εἰκών ist nicht die Gestalt, sondern das Wesen bezeichnet.[57] Und durch den Begriff σύμμορφος wird angezeigt, daß die von Gott Erwählten an der eschatologischen δόξα des auferstandenen Kyrios teilbekommen sollen (vgl. Phil 3,20f.; 1 Kor 15,49).[58] Seine einzigartige Würde ist mit dem Wort πρωτότοκος angegeben, das nur hier und Kol 1,15.18 sowie Apk 1,5 als Ausdruck für die Hoheit des erhöhten Herrn verwendet wird. Als der Erstgeborene unter vielen Brüdern nimmt er die Seinen in seine δόξα hinein.

V. 30: Gottes Erwählung wird durch den Ruf wirksam, den er in Verkündigung und Zuspruch ausgehen läßt, damit er in glaubender Antwort angenommen werde. Gottes Ruf aber ist mit der Rechtfertigung verbunden, um diese am Ende mit der Verherrlichung zu verknüpfen.[59] Ist die Rechtfertigung in der befreienden Erlösung, die die Glaubenden erfahren haben, bereits geschehen, so weist die Verherrlichung auf die noch ausstehende Erfüllung. Doch statt einer etwa erwarteten futurischen Aussage ist auch das letzte Verbum in den Aorist gesetzt. Zwar hieß es zu Beginn des Abschnitts, daß die gegenwärtigen Leiden in keinem Verhältnis zu der zukünftigen δόξα stehen, die an uns offenbart werden soll (V. 18). Nun aber bringt der Apostel den Gedankengang mit dem jubelnden Ausruf zum Abschluß, daß Gott die Erwählten bereits verherrlicht hat.[60] Auf Christus getauft, haben sie schon die δόξα empfangen, die doch erst am Ende offenbart werden soll. Zwar noch vor der Welt verborgen, bestimmt doch die verheißene Verherrlichung bereits die Gegenwart, in der die Glaubenden ihrer Hoffnung gewiß sind (V. 24).[61]

---

[55] Zu „Erkennen" (hebr. יָדַע) in der Bedeutung „Erwählen" vgl. Am 3,2: „Euch allein habe ich erkannt von allen Geschlechtern der Erde." Zu Begriff und Vorstellung der vorzeitlichen Erwählung vgl. in den Qumrantexten CD,II 7f.; 1 QS III,15f.; XI,10f.17–20; 1 QH I,7f. u.a.

[56] Zur Sache vgl. F.W. ELTESTER, Eikon im Neuen Testament, BZNW 23, Berlin 1958, 165; JERVELL, Imago 271–284.

[57] Vgl. CONZELMANN, Grundriß 113; v.D. OSTEN-SACKEN, Soteriologie 75.

[58] Vgl. BL-DEBR § 182_1: „σύμμορφος τῆς εἰκόνος Röm 8,29 ‚an der Gestalt des Bildes teilhabend'."

[59] Vgl. BALZ, Heilsvertrauen 115: „Rechtfertigung und Verherrlichung sind lediglich zwei verschiedene Aspekte des Heils der Glaubenden."

[60] Vgl. LUZ, Geschichtsverständnis 254: „Was Gott einmal zum Heil begonnen hat, das führt er unweigerlich auch zu Ende."

[61] Zum spannungsvollen Verhältnis zwischen gegenwärtigem und zukünftigem Geschehen vgl. E. DINKLER, Prädestination 241–269.248: Das Ziel der Vorausbestimmung ist „natürlich ein zukünftiges. Es ist gegenwärtig in Hoffnung, aber verankert in Gottes Handeln in der Vergangenheit".

8,31–39 Getroste Zuversicht

31) Was sollen wir nun dazu sagen? Wenn Gott für uns ist, wer kann dann gegen uns sein? 32) Der seinen eigenen Sohn nicht geschont, sondern ihn für uns alle hingegeben hat, wie sollte er nicht auch zugleich mit ihm uns alles schenken? 33) Wer will gegen die Auserwählten Gottes Anklage erheben? Gott ist der, der gerecht spricht. 34) Wer will verurteilen? Christus Jesus ist der, der gestorben ist, mehr: der auferweckt ist, der auch zur Rechten Gottes ist und für uns eintritt. 35) Wer sollte uns trennen von der Liebe Christi? Trübsal oder Angst oder Verfolgung oder Hunger oder Nacktheit oder Gefahr oder Schwert? 36) Wie geschrieben steht: Um deinetwillen werden wir in den Tod gegeben den ganzen Tag, wir sind angesehen wie Schlachtschafe. 37) Aber in all dem tragen wir glänzenden Sieg davon durch den, der uns geliebt hat. 38) Denn ich bin fest überzeugt, daß weder Tod noch Leben, weder Engel noch Herrschaften, weder Gegenwärtiges noch Zukünftiges noch Gewalten, 39) weder Höhe noch Tiefe uns trennen kann von der Liebe Gottes in Christus Jesus, unserem Herrn.

Siehe oben S. 228 ferner DELLING, G.: Die Entfaltung des ‚Deus pro nobis' in Röm 8,31–39, SNTU A 4 (1979) 76–96; FIEDLER, P.: Röm 8,31–39 als Brennpunkt paulinischer Frohbotschaft, ZNW 68 (1977) 23–34; SCHILLE, G.: Die Liebe Gottes: Beobachtungen zu Rm 8,31–39, ZNW 59 (1968) 230–244; SNYMAN, A.H.: Style and the Rhetorical Situation of Romans 8,31–39, NTS 34 (1988) 218–231.

Mit einem Abschnitt von hymnischem Klang bringt der Apostel den langen Gedankengang zum Abschluß, den er in den Kapp. 5–8 entfaltet hat: Gott, der in Christus seine Liebe zu uns erwiesen hat, gebührt alle Ehre. Die einleitende rhetorische Frage (V. 31 a) führt sogleich zur Angabe des Themas: Wenn Gott für uns ist, wer kann dann wider uns sein? (V. 31 b) Dann schließen sich mehrere Fragen an, deren erste die Gewißheit bekräftigen soll, daß Gott uns in Christus alles schenken will (V. 32). Den beiden nächsten Fragen wird jeweils eine kurze Aussage gegenübergestellt (V. 33 a : b; V. 34 a : b). Zwar könnte man erwägen, jeweils auch die zweiten Satzhälften als Fragen zu lesen (LIETZMANN, Röm. 87; SCHLIER, Röm. 275 f.; FITZMYER, Rom. 530 u. a.). Doch dann würde sowohl Gott als auch Christus in eine Reihe mit denen gestellt, die anklagende Vorwürfe gegen die Auserwählten erheben. Deshalb legt es sich nahe, die Hinweise auf den rechtfertigenden Gott (V. 33 b) und Christus, der für uns eintritt (V. 34 b), als Feststellungen zu verstehen, durch die die kritischen Einwände zurückgewiesen werden. Die letzte Frage (V. 35 a) leitet zu einem Katalog von bedrohlichen Erfahrungen (V. 35 b) über sowie zu einem erläuternden Schriftzitat (V. 36). Am Ende wechselt Paulus zur Rede in der 1. Person Plural, um in Worten des Bekenntnisses die feste Gewißheit getroster Zuversicht zu bekräftigen (V. 37–39).

Der Apostel lehnt sich hier wiederholt an Wendungen vorgegebener Überlieferung an – so V. 32: Gott gab seinen Sohn dahin; V. 34: Christus zur Rechten Gottes; und möglicherweise auch in den Aufzählungen V. 35 sowie V. 38f. Der Versuch, eine durchlaufende Vorlage zu rekonstruieren, die Paulus mit kommentierenden Anmerkungen versehen habe[1], zieht jedoch aus der zutreffenden Beobachtung, daß mehrere Bezugnahmen auf traditionelles Gut vorliegen, Folgerungen, die zu weit gehen. Der Apostel greift auf diese Überlieferungen zurück, um in den Sätzen, die in engagierter Rhetorik (WILCKENS, Röm. II 172) gestaltet sind, deutlich aufzuzeigen, daß der jubelnde Lobpreis Ausdruck des gemeinchristlichen Bekenntnisses ist.

V. 31: Mit einer rhetorischen Frage (vgl. 6,1; 7,7 u.ö.) leitet der Apostel den neuen Abschnitt ein; dabei sind die Worte πρὸς ταῦτα nicht nur auf die unmittelbar vorangehenden Sätze zu beziehen[2], sondern sie zeigen an, daß eine abschließende Zusammenfassung des langen Gedankengangs Kapp. 5–8 vorgenommen werden soll. Der folgende Satz, mit dem Antwort gegeben wird, ist gleichfalls als Frage formuliert: Steht Gott, wie er in Kreuz und Auferweckung Jesu Christi erwiesen hat, auf unserer Seite, wer kann dann noch etwas gegen uns[3] ausrichten?

V. 32: Ohne die Antwort „niemand" abzuwarten, schließt sich sogleich eine weitere Frage an. Sie nimmt die geprägte Wendung auf, daß Gott um unseretwillen seinen Sohn dahingegeben hat (vgl. Röm 4,25; ferner Gal 1,4; 2,20; Eph 5,2.25; 1 Tim 2,6; Tit 2,14). Damit verbindet sie den Hinweis, daß er seinen eigenen Sohn nicht geschont hat. Dabei ist der Vordersatz ὅς γε [4] τοῦ ἰδίου υἱοῦ οὐκ ἐφείσατο offensichtlich in Anlehnung an LXX Gen 22,12.16 formuliert, wo es von Abraham heißt: οὐκ ἐφείσω τοῦ υἱοῦ σου τοῦ ἀγαπητοῦ.

Doch während es Abraham erspart blieb, das Opfer vollziehen zu müssen, hat Gott seinen Sohn als Opfer für uns alle dahingegeben. Daß Gott für uns sei, liegt also nicht lediglich in einer freundlichen Gesinnung begründet, die er uns gegenüber hegen mag, sondern ist durch eine konkrete Tat beglaubigt, den Tod Jesu Christi.

Sollte – so hat man wiederholt gefragt – mit der Anspielung auf die Opferung Isaaks noch mehr ausgesagt werden?[5] In der rabbinischen Überlieferung wird ver-

---

[1] So in Weiterführung von SCHILLE vor allem v.D. OSTEN-SACKEN, Soteriologie 14–60.309–319, bes. 47: Rekonstruktion eines sog. katechetischen Formulars, das einer judenchristlichen Gemeinde in der Diaspora zugeschrieben wird.

[2] Gewisse begriffliche Entsprechungen zu V. 28–30 liegen freilich vor: κλητοῖς (V. 28) – ἐκλεκτοί (V. 33); ἐδικαίωσεν (V. 30) – ὁ δικαιῶν (V. 33).

[3] Die Präposition κατά mit folgendem Genetiv in der Bedeutung „gegen"; vgl. BL-DEBR § 225_1.

[4] = qui quidem, „er, der", „der doch sogar". Vgl. BL-DEBR § 439_4.

[5] Vgl. H.-J. SCHOEPS, The Sacrifice of Isaac in Paul's Theology, JBL 65 (1946) 385–392; DERS., Paulus 144–152; N.A. DAHL, The Atonement – an adequate Reward for the Akedah? (Roe 8,32), in: Neotestamentica et Patristica, FS M. Black, Edinburgh 1969, 15–29 = Messiah 146–160; P.R. DAVIES/B.D. CHILTON, The Akedah: A Revised Tradition History, CBQ 40 (1978) 514–546; D.R. SCHWARTZ, Two Pauline Allusions to the Redemptive Mechanism of the Crucifixion, JBL 102 (1983) 259–268; A.F. SEGAL, He Who Did Not Spare His Own Son … Jesus, Paul and the Akedah, in: From Jesus to Paul, FS F. W. Beare, Waterloo/Ont. 1984, 169–184; R. PENNA, Il motivo dell' Aqedah sullo sfondo di Rom 8,32,

schiedentlich Isaak als Prototyp der Märtyrer Israels angesehen und dann auch seiner Fesselung (עֲקֵידָה = Aqedah), durch die er zur Darbringung des Opfers gebunden wurde, sühnende Kraft zugeschrieben.[6] Wenn Paulus diese Vorstellung gekannt hat, könnte ihm bei Formulierung seines Satzes das Beispiel Isaaks vor Augen gestanden haben, um „die Lehre vom messianischen Opfertod eines Gottgesandten zu entwickeln".[7] Doch gegen diese Vermutung spricht der nüchterne Sachverhalt, daß der Gedanke, Isaaks Fesselung sei sühnende Kraft beizumessen, sich erst in der späteren rabbinischen Literatur findet, wie sie von den Amoräern abgefaßt wurde (etwa 200–500 n. Chr.); Belege fehlen jedoch, die der Zeit zuzuordnen wären, in der der Röm abgefaßt wurde (FITZMYER, Rom 531f.). Daher wird eher anzunehmen sein, daß die amoräischen Texte, die von der Sühnewirkung der Fesselung Isaaks handeln, formuliert wurden, um den Versuch zu unternehmen, das Judentum mit einer Gestalt auszuzeichnen, die dem christlichen Verständnis vom Sühnetod Jesu Christi entgegengestellt werden konnte.[8] Auf diese Weise ließ sich begründen, warum man nicht eines Messias bedurfte, der um unseretwillen den Sühnetod erlitt. Wird in jüdischer wie auch in christlicher Tradition auf das Vorbild Isaaks hingewiesen, so handelt es sich wahrscheinlich um Parallelentwicklungen, die nicht in gegenseitiger Abhängigkeit standen.[9]

Paulus wird daher schwerlich im Sinn gehabt haben, eine vergleichende Gegenüberstellung von Isaak und Christus anzudeuten, sondern er nimmt die biblische Wendung aus Gen 22 auf, um das unerhörte Geschehen hervorzuheben, daß Gott seinen eigenen Sohn für uns dahingegeben hat (vgl. LXX Jes 53,6.12). Keine andere Gabe und kein anderes Ereignis kann einen Vergleich hierzu aufnehmen. Ist aber das Größere geschehen, so wird auch das Geringere folgen[10]: Mit ihm wird Gott uns alles schenken.[11] Zwar kann χαρίζεσθαι auch in engerem Sinn „vergeben" bedeuten (2 Kor 2,7.10; 12,13; Eph 4,32 u. ö.).[12] Doch Paulus will, wie er durch τὰ πάντα anzeigt, den umfassenden Charakter der göttlichen Gabe herausstellen (vgl. 1 Kor 3,21–23).

Riv Bib 33 (1985) 425–460; S. MEISSNER, Paulinische Soteriologie und die Aqedat Jitzchaq, Jud. 51 (1995) 33–49; L. KUNDERT, Die Opferung/Bindung Isaaks, 2 Bde, WMANT 78/79, Neukirchen 1998.

[6] Belege vor allem bei SCHOEPS, der aus ihnen den Satz ableitet: „Es genügte schon die Bereitschaft, geopfert zu werden, um Sühne für sein Volk zu erwerben." (Paulus 152)

[7] So SCHOEPS, Paulus 145.

[8] Vgl. SEGAL (s. Anm. 5) 183.

[9] Vgl. DAHL, Messiah (s. Anm. 5) 159: „In many respects it would seem better to regard the early Christian interpretation of Genesis 22 as an independent parallel rather than as derived from Jewish Akedah traditions."

[10] Vgl. AMBROSIASTER zu 8,32: „*Minus est enim vobis omnia cum illo donare, quam alium nostri causa morti tradere.*"

[11] Χαρίσεται: logisches Futurum.

[12] SCHLATTER (Röm. 286) meint daher, die Aussage über Gottes χαρίζεσθαι verkünde „die Wahrheit und Vollständigkeit der Vergebung".

V. 33: Die nun in V. 33–35 folgenden Fragen weisen jeweils auf unmögliche Möglichkeiten hin. Sollte irgendjemand oder irgendetwas das θεὸς ὑπὲρ ἡμῶν aufheben können? Die Antwort kann nur lauten: Niemand und nichts. Wird jemand gegen[13] die Auserwählten Gottes Anklage erheben können? Sie werden mit dem atl. Prädikat ἐκλεκτοὶ θεοῦ[14] benannt (1 Chron 16,13; Ps 89,3; 105,6; Jes 42,1; 43,20; 45,4; 65,9.15.23 u.ö.). Mochten sich Gruppen frommer Juden wie die Gemeinde von Qumran „Auserwählte Gottes" nennen (1 QS VIII,6; 1 QM XII,1.4(?); 1 QpHab X,13 u.ö.), so verstehen sich die Christen entschieden als ἐκλεκτοὶ θεοῦ (Röm 16,13; Kol 3,12) und damit als Erben der in der Schrift verbürgten Verheißungen Gottes. Könnte sich jemand unterstehen, gegen sie aufzutreten? Mit dem juristischen Terminus ἐγκαλεῖν (= anklagen) wird auf die Situation vor Gericht hingewiesen (Sir 46,19; Sap Sal 12,12; Act 19,38; 23,28 u.ö.). Darauf nehmen die folgenden Begriffe δικαιοῦν, κατακρίνειν, ἐντυγχάνεσθαι Bezug.[15] Die knappe Antwort[16] lautet: Gott ist hier als derjenige, der rechtfertigt.[17] Dabei könnte eine Anspielung auf Jes 50,8 mitschwingen: „Er, der mir Recht schafft, ist nahe. Wer will mit mir rechten? Laßt uns zusammen vortreten! Wer will mein Recht anfechten? Der komme her zu mir!" Schwerlich wird irgendjemand die Kühnheit aufbringen, vor Gericht zu gehen und die Auserwählten Gottes anzuklagen. Denn dann müßte er gegen Gott selbst Anklage erheben.

V. 34: Will etwa jemand wagen, ein Urteil zu sprechen[18]? Das wird unmöglich sein. Denn er müßte gegen den erhöhten Herrn selbst antreten. Ist doch Christus Jesus[19] hier, der um unseretwillen gestorben ist. Damit bezieht Paulus sich auf die Aussage des Bekenntnisses zu Christus als dem Gekreuzigten[20] und fährt erläuternd fort: Wird Christus als ὁ ἀποθανών bezeichnet, so muß unbedingt hinzugefügt werden[21], daß er vom Tod auferweckt wurde.[22] Er thront zur Rechten Gottes und tritt als Fürsprecher für uns ein. Die durch μᾶλλον angezeigte Steigerung gelangt nun zu ihrem Höhepunkt. Der Apostel nimmt auch hier eine Aussage urchristlichen Bekenntnisses auf, die er freilich sonst nicht anführt (doch vgl. Kol 3,1, sowie Eph 1,20; Act 2,33; 5,31; 7,55; 1 Petr 3,22; Hebr 1,3; 8,1; 10,12; 12,2; 1 Joh 2,1; Mk 14,62 Par). Die Urchristenheit sah das prophetische Wort von Ps 110,1 in der Auferstehung und Erhöhung Jesu Christi erfüllt: „Setze dich zu meiner Rechten, bis ich

---

13 Die Präposition κατά mit Gen. wieder in der Bedeutung „gegen"; vgl. oben Anm. 3.

14 Der Genetiv zur Bezeichnung des Urhebers; vgl. Bl-Debr § 183,1.

15 Die mit τίς eingeleitete Frage ist allgemein formuliert, ohne daß etwa an den Satan als Ankläger gedacht wäre. (anders Cranfield, Röm. 438; Schmithals, Röm. 310 u.a.)

16 Zum Problem der Interpunktion in V. 33f. s.o. S. 254.

17 Das Partizip ὁ δικαιῶν steht als Apposition.

18 Das Partizip ist – wie der Kontext nahelegt – als Futurum zu lesen: κατακρινῶν; vgl. Bl-Debr § 351_3.

19 Ἰησοῦς fehlt in vielen Handschriften und könnte sekundär sein. Eine Änderung des Sinnes liegt jedoch nicht vor.

20 Der Partizipialstil weist auf ein Zitat einer geprägten Wendung hin.

21 Μᾶλλον δέ in korrigierender Bedeutung = „richtiger gesagt"; vgl. Bl-Debr § 495_{12}.

22 Sekundär daher die Hinzufügung von ἐκ νεκρῶν in einigen Handschriften.

deine Feinde zum Schemel deiner Füße lege."[23] Während die Partizipialwendungen ἀποθανών und ἐγερθείς in der Form der Vergangenheit auf das einmalige Geschehen von Kreuz und Auferstehung Jesu Christi hinweisen, stehen die Verben in den beiden ὅτι-Sätzen im Präsens.[24] Sie ziehen die Konsequenz, die sich aus Christi Tod und Auferweckung für die angefochtenen Glaubenden ergibt, so daß die „rettende Gegenwart des Erhöhten für seine Gemeinde" betont wird.[25] Der zur Rechten Gottes inthronisierte Kyrios tritt für die Seinen ein – im Endgericht, aber auch bereits hier und jetzt. Der Gedanke der priesterlichen Intercessio des Erhöhten wird im Hebräerbrief ausführlicher entfaltet (7,25; 9,24), ist aber, wie die Aussage des Paulus an unserer Stelle erweist, bereits im urchristlichen Bekenntnis angelegt, auf das sich der Apostel bezieht.[26] Können aber die Glaubenden dessen getröstet sein, daß Christus als himmlischer Fürsprecher für sie eintritt, so brauchen sie sich vor keiner Bedrängnis zu fürchten.

V. 35: Denn – so wird eine letzte Frage angefügt[27] – wer oder was wollte uns trennen von der Liebe Christi[28]? In einer Folge von sieben Begriffen führt Paulus Gegebenheiten auf, von denen man sich vorstellen könnte, daß sie solche Scheidekraft ausüben könnten. Die voranstehenden Wörter θλῖψις und στενοχωρία werden des öfteren zusammen genannt, so 2,9 im Blick auf Gottes Urteil im Endgericht und 2 Kor 6,4 in einer vergleichbaren Aufzählung leidvoller Erfahrungen; στενοχωρία und διωγμός stehen 2 Kor 12,10 nebeneinander; λιμός, γυμνότης und διωγμός sind auch in die lange Liste 2 Kor 11,26f. eingefügt, die die apostolischen Leiden aufzählt. Nur zu μάχαιρα gibt es keine Vergleichsstelle. Die hier aufgeführten Begriffe sind allesamt auf Bedrängnisse bezogen, wie der Apostel sie hat selbst durchstehen müssen. Sie treten gleichsam wie persönliche Gegner auf den Plan, die sich als starke Helden gegen uns wappnen (Calvin, Röm., zu 8,35). Doch keiner von ihnen, so kann Paulus glaubhaft versichern, hätte es je gelingen können, uns von der Liebe Christi zu scheiden. Vergleichbare Kataloge finden sich auch in zeitgenössischen Texten, die die Leiden beschreiben, denen ein Gerechter

---

[23] Vgl. W.R.G. Loader, Christ at the right hand – Ps CX.1 in the New Testament, NTS 24 (1977/78) 199–217; vor allem: M. Hengel, „Setze dich zu meiner Rechten!". Die Inthronisation Christi zur Rechten Gottes und Psalm 110,1, in: M. Philonenko (Hg.), Le Trône de Dieu, WUNT I, 69, Tübingen 1993, 108–194.

[24] Vgl. Hengel (s. Anm. 23) 140: Beide Aussagen „gehören untrennbar zusammen". Die „ständige intercessio des erhöhten Herrn ist Konsequenz des ein für allemal geschehenen Sühnetodes".

[25] Hengel (s. Anm. 23) 124f.

[26] Hengel (s. Anm. 23) 140 vermutet, daß auch in den Worten ὃς καὶ ἐντυγχάνει ὑπὲρ ἡμῶν ein weiterer Bezug auf Ps 110 stehen könnte: „Du bist ein Priester ewiglich nach der Weise Melchisedeks." Vgl. weiter P. Stuhlmacher, ‚Christus Jesus ist hier, der gestorben ist, ja vielmehr auch auferweckt ist, der zur Rechten Gottes ist und uns vertritt', in: F. Avemarie/H. Lichtenberger (Hg.), Auferstehung – Resurrection, WUNT I, 135, Tübingen 2001, 351–362.

[27] Vgl. G. Münderlein, Interpretation einer Tradition: Bemerkungen zu Röm. 8,35f., KuD 11 (1965) 136–142.

[28] Die Varianten θεοῦ bzw. θεοῦ τῆς ἐν Χριστῷ Ἰησοῦ sind durch Einfluß von V. 39 entstanden.

oder ein stoischer Weiser ausgesetzt werden kann.[29] So heißt es in einem Brief des Philosophen Seneca: „Was ist denn eigentlich Übles an Qualen und allem anderen, was wir als widrig bezeichnen? Ich glaube, es ist dies, daß der Geist darunter leidet, sich beugen und überwältigen läßt. Das alles kann aber einem Weisen nicht passieren. Er steht aufrecht unter jeder Last … Er kennt seine Kräfte (*vires suas novit*) und weiß, daß er dazu geboren ist, Lasten zu tragen.“ (Ep 71,26)[30] Der wahre Philosoph läßt von außen andrängende Mißlichkeiten nicht an sein eigentliches Ich herankommen, sondern tritt ihnen in innerer Gelassenheit und Festigkeit entgegen, um sie durch die ihm eigenen Kräfte zu überwinden. Paulus hingegen baut nicht auf seine Fähigkeiten oder Möglichkeiten. Vielmehr stützt er sich allein auf die Liebe Christi, die stärker als alles andere ist, was bedrohlich wirken könnte. Darum weiß er um seine Schwachheit, aber vertraut fest darauf, daß gerade dann die Kraft Christi sich in ihm mächtig erweist (2 Kor 12,9f.).

V. 36: Als Schriftzitat ist Ps 44,23 – ein im Parallelismus membrorum gehaltener Satz – genau nach dem Text der LXX (43,23) zur Bekräftigung angeführt.[31] Die Gerechten, die um Gottes willen leiden müssen, klagen ihm, wie sie verachtet und getötet werden.[32] Paulus versteht dieses Wort als Ausdruck der Leiden, die um Christi willen[33] über die Seinen kommen. Die Trübsale, die sie zu erdulden haben, gehören zu den Geschehnissen der letzten Zeit, die dem Ende der Welt vorangehen. **V. 37:** Doch Paulus ist fest überzeugt, daß „durch den, der uns geliebt hat“ der Sieg gewonnen wird. Könnte der stoische Weise im Blick auf alle Mißlichkeiten und Bedrängnisse, die ihm begegnen mögen, die Zuversicht aussprechen, er werde schließlich doch über sie den Sieg davontragen, weil er sich als unbesiegbarer Kämpfer erweisen werde[34], so weist der Apostel mit dem selten gebrauchten Verb ὑπερνικᾶν[35] den überwältigenden Sieg ausschließlich der Liebe Christi zu (vgl. Phil 4,13: πάντα ἰσχύω ἐν ἐνδυναμοῦντί με). Durch ihn siegen wir „weit darüber hinaus“.[36]

---

[29] Vgl. W. SCHRAGE, Leid, Kreuz und Eschaton. Die Peristasenkataloge als Merkmale paulinischer theologia crucis und Eschatologie, EvTh 34 (1974) 141–175; R. HODGSON, Paul the Apostle and First Century Tribulation Lists, ZNW 74 (1983) 59–80; M. EBNER, Leidenslisten und Apostelbrief. Untersuchungen zu Form, Motivik und Funktion der Peristasenkataloge bei Paulus, FzB 66, Würzburg 1991, bes. 365–386.

[30] Vgl. SCHRAGE (s. Anm. 29) 152.

[31] Zu ὅτι als Einleitung eines Schriftzitats vgl. BL-DEBR § 470_2.

[32] In der rabbinischen Literatur wird Ps. 44,23 verschiedentlich auf den Tod von Märtyrern bezogen. Vgl. Bill. III 259f.

[33] Zu ἕνεκεν σοῦ vgl. die Wendungen: διὰ Ἰησοῦν 2 Kor 4,11, διὰ Χριστόν 1 Kor 4,10 und ὑπὲρ Χριστοῦ 2 Kor 12,10 in anderen Peristasenkatalogen sowie SCHRAGE (s. Anm. 29) 161.

[34] Epiktet Diss II 18,22f.: δύναται ταῦτα πάντα νικῆσαι … ὁ ἀνίκητος ἀθλητής.

[35] Vgl. ähnliche Wortbildungen: ὑπερεκπερισσεύειν Röm 5,20; 2 Kor 7,4; ὑπερφρονεῖν Röm 12,3; ὑπερυψοῦν Phil 2,9 u.a. (SCHLIER, Röm. 279).

[36] Vgl. ALTHAUS, Röm. 97: „Die Liebe Christi bewahrt nicht *vor* den Nöten, aber sie bewahrt *in* ihnen und läßt sie überwinden.“

V. 38: Mit einem Satz, der in geradezu triumphierenden Worten diese Zuversicht beschreibt, beendet der Apostel den Abschnitt und damit den ganzen Zusammenhang Kapp. 5–8. Mit dem voranstehenden Verb πέπεισμαι ist die feste Gewißheit bezeichnet (vgl. Hebr 6,9). Der Ausdruck im passiven Perfekt deutet an, daß diese Überzeugung Geschenk Gottes ist, die als in der Vergangenheit zuteil gewordene Gabe die Gegenwart qualifiziert.[37] Inhalt dieser Überzeugung ist, daß keine der Mächte und Gewalten, die uns bedrohen könnten, uns von der Liebe Gottes in Christus zu trennen vermag. In einer kunstvoll geformten Liste werden zehn Begriffe aufgeführt, die zum großen Teil auch an anderen Stellen des Corpus Paulinum wiederkehren.[38] Dabei sind θάνατος / ζωή, ἄγγελοι / ἀρχαί, ὕψωμα / βάθος und ἐνεστῶτα / μέλλοντα jeweils paarweise einander zugeordnet. Nur δυνάμεις und die abschließenden Worte οὔτε τις κτίσις ἑτέρα stehen für sich und erhalten dadurch starke Betonung.

Vergleichbare Reihen finden sich auch in zeitgenössischen Peristasenkatalogen[39]; doch hat der Apostel auch von sich aus Begriffsreihen formuliert, die umfassende Aufzählungen darbieten (vgl. 1 Kor 3,22; 15,24 u.a.). Darum besteht keine zwingende Veranlassung, für unsere Stelle eine vorgegebene Vorlage anzunehmen. Mit dem ersten Begriff θάνατος knüpft Paulus an θανατούμεθα im Schriftzitat an. Tod und Leben als die beiden allgemeinsten Befindlichkeiten, in denen Menschen sein können, sind auch 14,7–9 zusammen genannt. Engel und Gewalten beziehen sich auf kosmische Mächte (vgl. 1 Kor 15,24; Kol 1,16; 2,10.15; Eph 1,21), Gegenwärtiges und Zukünftiges stehen auch 1 Kor 3,22 nebeneinander. Mit δυνάμεις wird ebenso wie ἄγγελοι und ἀρχαί auf Kräfte verwiesen, die sich zwischen Himmel und Erde befinden.

V. 39: Mit dem Begriffspaar ὕψωμα / βάθος bezieht sich der Apostel wahrscheinlich nicht nur auf Dimensionen von Höhe und Tiefe. Denn ὕψωμα wird verschiedentlich als astronomischer Begriff verwendet, der die größte Annäherung eines Sternes zum Zenit bezeichnet.[40] Mit βάθος wäre dann der unter dem Horizont befindliche Himmelsraum gemeint, aus dem die Sterne aufsteigen.[41] Weder der Schicksalslauf, der nach verbreiteter Vorstellung vom Gang der Gestirne bestimmt wird, noch überhaupt eine κτίσις ἑτέρα kann uns bedrohlich werden. Wie in V. 35 ist das Verb χωρίζειν im Blick auf eine etwaige Trennung verwendet. Doch kann sie nicht eintreten, weil überhaupt nichts, was man sich im weiten Kosmos vorstellen mag, sich der Liebe Gottes entgegenstellen kann, die er in Christus gültig und damit endgültig erwiesen hat. Darum spricht sich die triumphierende Gewißheit, die der Apostel hervorhebt, in einer klangvollen liturgischen Wendung aus, wie sie

---

37 Vgl. Bl-Debr § 341_2.

38 Vgl. zu θάνατος / ζωή 1. Kor 3,22; Phil 1,20; ἀρχαί 1 Kor 15,24; ἐνεστῶτα / μέλλοντα 1 Kor 3,22; δυνάμεις 1 Kor 15,24.

39 Zu diesen vgl. oben Anm. 29.

40 Gegenbegriff: ταπείνωμα; Plutarch, Mor 149 a; 782 e; weitere Belege bei Lietzmann, Röm. 88.

41 So Vettius Valens (ed. Kroll) 241.26; vgl. weiter Lietzmann, Röm. ebd. und Fitzmyer, Rom. 535.

in ähnlicher Weise auch an anderen Stellen an den Abschluß eines Gedankenganges gesetzt wird (5,21; 6,23; 7,25 u.a.). Dabei ist das Bekenntnis zu Christus Jesus als dem Kyrios in den doxologischen Lobpreis hineingenommen. Da Gott im gekreuzigten und auferstandenen Herrn sich ein für allemal für uns als der liebende Vater erwiesen hat, kann ihm keine Macht der Welt widerstehen. Darum gebühren ihm allein Ehre und Lob.

9,1–11,36 Das Evangelium im Geschick Israels

Das Problem, wie sich im Licht des Evangeliums das Geschick Israels darstellt, wurde im Röm zunächst nur kurz aufgeworfen: Auf die Frage, was denn der Vorzug der Juden sei, hat der Apostel bereits die knappe Antwort gegeben: „Viel in jeder Hinsicht." (3,1f.) Wenn etliche Glieder des Volkes nicht treu waren und sich im Unglauben gegen Gottes Anrede verschlossen haben, was kann daran schon liegen? Sollte es so sein, daß ihre Untreue Gottes Treue zunichte machen könnte? (3,3) Diese Frage läßt sich nur mit Entschiedenheit verneinen. Was Gott zugesagt hat, bleibt gültig, mögen Menschen auch ungehorsam sein und sein Wort überhören. Wie diese Gewißheit jedoch zu begründen ist, wird nach der kurzen Ankündigung im 3. Kap. dann in Kapp. 9–11 des näheren ausgeführt.

Es handelt sich dabei um ein Fragenbündel von erheblichem Gewicht, das Paulus nicht nur gründlich bedacht hat, sondern auch in seinen Lehrvorträgen des öfteren erörtert haben dürfte. Darauf läßt in formaler Hinsicht der dialogische Stil schließen, der den Gedankengang durchzieht, in Bezug auf den Inhalt aber die außergewöhnliche Häufung atl. Schriftzitate. Sie lassen erkennen, daß der Apostel mit Sorgfalt darauf bedacht ist, aus den Schriften zu entwickeln und zu begründen, warum das Geschick Israels nur im Licht des göttlichen Erbarmens recht verstanden werden kann.[1]

Es könnte sich die Vermutung nahelegen, Kapp. 9–11 seien durch die Situation in der römischen Christenheit veranlaßt worden, in der es judenchristliche Vorurteile gegenüber der Evangeliumspredigt des Paulus, die auf die ganze Welt gerichtet ist, gegeben habe. Dieser könnte dadurch herausgefordert worden sein, sich gegen solche Behauptungen zur Wehr zu setzen.[2] Doch da es ohne Zweifel zur Zeit der Abfassung des Röm eine deutliche heidenchristliche Mehrheit in der römischen Christenheit gegeben hat, treffen solche Annahmen sicher nicht zu.[3] Darum wird das Motiv für Kapp. 9–11 nicht in römischen Gegebenheiten zu suchen sein. Doch auch die Situation, in der sich der Apostel befindet, der seinen bevorstehenden Besuch in Jerusalem im Blick hat, bietet nicht die Ursache für den langen Gedankengang über Israels Geschick.[4] Denn Adressat der Ausführungen des Apostels ist nicht Jerusalem, sondern die Christenheit in Rom (s. o. S. 44f.). Es kommt Paulus darauf an, daß die rasch wachsende Kirche aus Juden und Heiden sich dessen be-

[1] Immer wieder weist der Apostel in Kapp. 9–11 auf Gottes Barmherzigkeit hin. Das Verbum ἐλεεῖν findet sich 9,15f.18 11,30–32, das Substantiv ἔλεος 9,23 und 11,31. Vgl. Cranfield, Rom. 448 Anm. 1.

[2] So Baur, Zweck.

[3] Vgl. Kümmel 24 = 253.

[4] Siehe oben S. 43f.

wußt zu bleiben hat, daß das Evangelium Israel zuerst verkündigt wurde und dort seinen Ursprung genommen hat.

Paulus setzt mit 9,1 neu ein. Die Kapp. 9–11 stellen einen geschlossenen Zusammenhang dar, der mit einer persönlich gehaltenen Einleitung anhebt (9,1–5) und mit einem hymnischen Schluß endet (11,33–36). Doch sind sie weder als ein in sich gerundeter Traktat über Gottes Gnadenwahl noch als ein Exkurs anzusehen, der erst sekundär in den Zusammenhang des Röm eingefügt worden wäre (DODD, Rom. 161–163) und deshalb auch hätte fehlen können, um auf die lehrhaften Ausführungen sogleich die paränetischen Ermahnungen folgen zu lassen. Vielmehr nimmt der Apostel die in 3,1–8 intonierten Fragen auf, um sie nun in aller Gründlichkeit zu bedenken. Röm 9–11 sind ein integraler Teil des ganzen Schreibens, der Gottes Treue und Erwählung (9,6–29) der Verantwortung Israels (9,30–10,21) gegenüberstellt, um dann die bleibende Verheißung Gottes für sein Volk hervorzuheben (11).

Indem Paulus betont, niemals gehe es nach Verdienst der Werke, sondern immer nur durch Gnade des Berufenden (9,12), rückt er die Frage nach dem Geschick Israels in den Horizont der Theologie der Rechtfertigung, wie sie im Zeichen der Offenbarung der Gerechtigkeit Gottes verstanden werden muß (KÄSEMANN, Röm. zu 9–11). Eine eigentümliche Umkehrung hat sich vollzogen: Nicht das zuerst gerufene Volk, sondern Heiden, die von Gott nicht wußten, haben die Gerechtigkeit erlangt (9,30). Um nicht mißverstanden zu werden, fügt Paulus hinzu, er rede hier „von der Gerechtigkeit aus Glauben" – im Unterschied zu einer Gerechtigkeit, die man aus und unter dem Gesetz suchen wollte. Diesen Weg ist Israel gegangen, das nach dem Gesetz der Gerechtigkeit trachtete und es doch verfehlt hat (9,31). Die Zeit des Gesetzes als Weg zum Heil ist beendet, weil mit Christus die Wende der Zeiten gekommen ist (10,4).

Hatte der Apostel im ersten Teil seines Briefes (1–4) nach der Proklamation des Evangeliums Gottes Zorngericht über Heiden und Juden beschrieben und dann Gottes Gerechtigkeit als seine Barmherzigkeit bestimmt, so folgt der Zusammenhang Kapp. 9–11 einem ähnlichen Aufriß. Die beiden Gedankenlinien, mit denen Paulus auf der einen Seite auf Gottes Gnadenwahl (Kap. 9), auf der anderen auf die Verantwortung Israels (Kap. 10) hinweist, führt er am Ende zusammen, um das Bekenntnis zur Treue Gottes, mit der er zu seinem Wort steht, im Blick auf Israels Geschick zu konkretisieren (Kap. 11). Gott hat sein Wort, das er zu den Vätern gesprochen hat, nicht zurückgenommen. Darum gilt die Verheißung, daß ganz Israel gerettet werden soll. (11,26) Gottes Erbarmen wird zuletzt über alle Untreue und allen Ungehorsam triumphieren, so daß die christliche Gemeinde in einem demütigen Hymnus Gottes Willen und sein Handeln anbetend preist (11,33–36).

In der älteren Exegese war Kapp. 9–11 weit weniger Aufmerksamkeit zugewandt worden als Kapp. 1–8. In jüngster Zeit aber ist die Frage nach Israels Geschick mit neuer Dringlichkeit gestellt worden, so daß diese drei Kapitel in den letzten Jahren in einer großen Fülle von Publikationen bedacht worden sind, die deren festen Platz im Zusammenhang des ganzen Röm herausgearbeitet haben.

Zu Kap. 9–11: Aageson, J.W.: Scripture and Structure in the Development of the Argument in Romans 9–11, CBQ 48 (1986) 265–289; Ders.: Typology, Correspondence and the Application of Scripture in Romans 9–11, JSNT 31 (1987) 51–72; Aletti, Israël 167–265; Beker, Paul 328–347; Ders.: Romans 9–11 in the Context of the Early Church, PSB.S 1 (1990) 40–55; Brandenburger, Schriftauslegung; Cambier, J.: L'histoire et le salut dans Rm 9–11, Bib. 51 (1970) 241–252; Dahl, N.A.: The Future of Israel, in: Studies 137–158; Davies, People; Dinkler, Prädestination; Dunn, J.G.D.: Paul: Apostate or Apostle of Israel?, ZNW 89 (1998) 256–271; Ders.: The Jew Paul and his Meaning for Israel, in: Schnelle/Söding (Hg.), Christologie 32–46; Grässer, Bund; Grenholem, C./Patte, D. (Hg.): Reading Israel in Romans. Legitimacy and Plausibility of Divergent Interpretations, Harrisburg 2000; Guerra, Romans; Haacker, K.: Das Evangelium Gottes und die Erwählung Israels, ThBei 13 (1982) 59–72; Ders.: Die Geschichtstheologie von Röm. 9–11 im Licht philonischer Schriftauslegung, NTS 43 (1997) 209–222; Hofius, Evangelium; Käsemann, Paulus; Kim, J.D.: God, Israel and the Gentiles. Rhetoric and Situation in Romans 9–11, Atlanta 2000; Klappert, B.: Traktat für Israel (Römer 9–11), in: M. Stöhr (Hg.), Jüdische Existenz und die Erneuerung der christlichen Theologie, München 1981, 58–137; Kümmel, W.G.: Die Probleme von Römer 9–11 in der gegenwärtigen Forschungslage 13–33 (1977) = Aufsätze II, Marburg 1978, 245–260; Lambrecht, Future; Lodge, J.G.: Romans 9–11. A Reader Response Analysis, Atlanta 1996; Longenecker, B.W.: Different Answers to Different Issues. Israel, the Gentiles and the Salvation History in Romans 9–11, JSNT 36 (1989) 95–123; de Lorenzi, Israelfrage; Lübking, H.-M.: Paulus und Israel. Eine Untersuchung zu Römer 9–11, EHS.T 260, Frankfurt/M. 1986; Luz, Geschichtsverständnis; Marquardt, F.: Die Juden im Römerbrief, ThSt 107, Zürich 1971; C. Müller, Gerechtigkeit; Munck, Paulus; Ders., Christus; Mussner, F.: Traktat über die Juden, München 1979; Ders., Heil; Niebuhr, Heidenapostel; v.d. Osten-Sacken, P.: Römer 9–11 als Schibbolet christlicher Theologie, in: Aufsätze 294–314; Peterson, E.: Die Kirche aus Juden und Heiden, Salzburg 1933 = Theologische Traktate, München 1951, 239–292; Plag, Weg; Räisänen, Analyse; Refoulé, F.: Cohérence ou incohérence de Paul en Romains 9–11, RB 98 (1991) 51–79; Sänger, D.: Rettung der Heiden und Erwählung Israels, KuD 32 (1986) 99–119; Ders.: Die Verkündigung des Gekreuzigten und Israel. Studien zum Verhältnis von Kirche und Israel bei Paulus und im frühen Christentum, WUNT I, 75, Tübingen 1994; Schmidt, K.L.: Die Judenfrage im Lichte der Kapitel 9–11 des Römerbriefs, ThSt 13, Zürich 1943; Siegert, Argumentation; Stegemann, E.: Der eine Gott und die Menschheit. Israels Erwählung und die Erlösung von Juden und Heiden nach dem Römerbrief, Habil. Schrift, Heidelberg 1981; Stendahl, Paul; Theobald, M.: Kirche und Israel nach Röm. 9–11, Kairos 29 (1987) 1–22 = Studien (2001) 324–349; Ders., Röm. 258–285; Walter, Interpretation; Zeller, Juden.

9,1–5 Klage über Israel

1) **Wahrheit sage ich in Christus, ich lüge nicht; es bezeugt mir mein Gewissen**
im heiligen Geist, 2) **daß ich große Trauer habe und unablässigen Schmerz in**
meinem Herzen. 3) **Denn ich wünschte, selbst verflucht zu sein, von Christus**
geschieden, um meiner Brüder willen, meiner Verwandten nach dem Fleisch.
4) **Sie sind ja doch Israeliten. Ihrer sind die Sohnschaft und die Herrlichkeit**

und die Bundesschlüsse und die Gesetzgebung und der Gottesdienst und die Verheißungen. 5) Ihrer sind die Väter, und aus ihnen stammt der Christus nach dem Fleisch. Der über allem waltende Gott sei gepriesen in Ewigkeit. Amen.

Siehe oben S. 264 und CRANFORD, M.: Election and Ethnicity. Paul's View of Israel in Romans 9,1–13, JSNT 50 (1993) 27–41; CRÜSEMANN, F.: „Ihnen gehören die Bundesschlüsse" (Röm. 9,4). Die alttestamentliche Bundestheologie und der christlich-jüdische Dialog, KuI 9 (1994) 21–39; GRÄSSER (s.o. S. 264) 16–20; KAMLAH, E.: Wie beurteilt Paulus sein Leiden?, ZNW 54 (1963) 217–232; LAMBRECHT, Lack; MICHEL, O.: Opferbereitschaft für Israel, in: In memoriam E. Lohmeyer, Stuttgart 1951, 94–100 = Dienst am Wort, Gesammelte Aufsätze, Neukirchen 1986, 103–108; RESE, M.: Die Vorzüge Israels in Röm. 9,4f. und Eph. 2,12: Exegetische Anmerkungen zum Thema Kirche und Israel, ThZ 31 (1975) 211–222; DERS.: Kirche und Israel in Römer 9, NTS 34 (1988) 208–217; STÄHLIN, G.: Zum Gebrauch von Beteuerungsformeln im Neuen Testament, NT 5 (1962) 115–143.

Ohne verbindenden Übergang spricht der Apostel eine in leidenschaftlichem Pathos formulierte Klage um Israel aus. Er versichert, auf die eigene Seligkeit Verzicht leisten zu wollen, wenn dadurch zugunsten seiner leiblichen Verwandten deren Um- und Hinkehr zu Christus bewirkt werden könnte (V. 3). Sie sind und bleiben Israeliten, Glieder des erwählten Volkes, dem Gott in großer Fülle seine Gaben hat zukommen lassen. Die Aufzählung der Israel verliehenen Vorzüge wird mit einer kurzen Doxologie beendet (V. 5 b) – einem Lobpreis, der am Ende des ganzen Zusammenhangs von Kapp. 9–11 in 11,33–36 sein abschließendes Gegenstück findet.

V. 1: Mit Nachdruck erklärt Paulus, die Wahrheit zu sagen. Seine Aussage macht er ἐν Χριστῷ, den er zusammen mit dem πνεῦμα ἅγιον zum Zeugen dafür anruft, daß seine Worte auf das genaueste bedacht worden sind und damit als absolut zuverlässig gelten dürfen. Der Apostel bedient sich rhetorisch vollklingender Wendungen und stellt jeweils einander entsprechende Ausdrücke gegenüber, um seine Worte zusätzlich zu verstärken: Ich sage die Wahrheit und lüge nicht. Ich spreche in Christus, und mein Gewissen legt Zeugnis ab im heiligen Geist. Eine schwurartige Beteuerung, wie sie hier vorliegt, findet sich bei Paulus auch an anderen Stellen (vgl. Röm 1,9; 2 Kor 1,23; 11,31; Gal 1,20). Doch an Kraft der ausgesprochenen Versicherung kommt keine andere Erklärung der hier abgegebenen gleich. Die Berufung auf Christus betont einerseits die unbedingte Zuverlässigkeit der gesprochenen Worte und weist andererseits auf den erhöhten Herrn hin, vor dessen Urteil der Apostel sich zu verantworten hat. Zudem bekräftigt sein Gewissen[5], sein kritisches Selbstbewußtsein, die Glaubwürdigkeit dessen, was nun zu sagen ist. Das Gewissen ist freilich keine letzte Instanz (vgl. 1 Kor 4,4) und könnte auch einem Irrtum unterliegen. Darum wird sein Zeugnis an den heiligen Geist gebunden, der den Worten vollmächtige Kraft verleiht und zugleich deren Aufrichtigkeit ver-

[5] Zum Begriff συνείδησις vgl. zu 2,15.

bürgt. Das Kompositum συμμαρτυρεῖν könnte „mit jemandem Zeugnis ablegen" bedeuten (vgl. zu 2,15; 8,16), wird hier aber als Verstärkung des Simplex aufzufassen sein.

V. 2: Inhalt der mit so starker Betonung eingeführten Aussage ist der tiefe Kummer des Apostels: Große Trauer und unablässigen Schmerz[6] trägt Paulus in seinem Herzen, dem Innersten seiner selbst, wie durch die Entsprechung von μοι und ἐν τῇ καρδίᾳ μου angezeigt wird. Warum ihn dieses Leid beschwert, wird nicht gesagt und muß aus dem Zusammenhang erschlossen werden. Es geht nicht um persönliche Belastungen, wie sie etwa aus Vorwürfen oder Verdächtigungen erwachsen sein könnten, die gegen ihn erhoben wurden. Paulus deutet in keiner Weise an, daß er sich gegen derartige Behauptungen zur Wehr setzen müßte. Grund für seine von Schmerz erfüllte Klage sind nicht eigene Erfahrungen, sondern die bedrängende Frage nach dem Geschick des erwählten Volkes, das sich zu großen Teilen gegenüber dem Evangelium verschlossen hat.

V. 3: Die Verbundenheit mit seinem Volk spricht Paulus in einer Versicherung aus, deren Ernst nicht zu überbieten ist. Denn er wäre bereit, seine eigene Seligkeit preiszugeben, wie er in dem durch ηὐχόμην eingeleiteten Satz erklärt. Εὔχεσθαι kann „beten", „geloben" bedeuten, in allgemeinerem Sinn – wie er hier vorliegen dürfte – „wünschen" (vgl. Act 27,29; 3 Joh 2). Das Imperfekt ist um ein ἄν zu ergänzen und drückt den wirklichen, aber unerfüllbaren Wunsch aus.[7] Paulus wünscht, er könnte zugunsten seiner Brüder und leiblichen Verwandten verflucht sein. Ἀνάθεμα bezeichnet eine Weihegabe, die der Gottheit überantwortet und dadurch aus dem Bereich menschlicher Verfügung herausgenommen wird. Der Begriff ist in LXX als Äquivalent für חֵרֶם = „Bann" gebraucht. Paulus verwendet den Ausdruck in der Bedeutung, daß er bereit wäre, aus der christlichen Gemeinde ausgeschieden und dem Fluch Gottes übergeben zu werden.[8] Durch ἀπὸ τοῦ Χριστοῦ wird der Sinn dieser Hingabe unterstrichen; denn sie schließt nicht weniger ein als die Trennung von Christus[9], von dem – wie eben von ihm versichert worden war – ihn nichts würde scheiden können (8,38f.). Paulus wäre bereit, auch dieses äußerste Leiden preisgegebener Verlorenheit auf sich zu nehmen. Ähnliche Bereitschaft hatte einst Mose gezeigt, als er angesichts der gottlosen Verehrung des goldenen Kalbes Gott gegenüber angeboten hatte: „Nun aber, vergib ihnen doch ihre Sünde. Wenn aber nicht, so streiche mich selbst aus deinem Buch, das du geschrieben hast." (Ex 32,32)[10]

---

[6] Der Begriff λύπη findet sich auch sonst des öfteren in den paulinischen Briefen: 2 Kor 2,1.3.7; 7,10; 9,7; Phil 2,27; ὀδύνη hingegen nur hier (doch vgl. 1 Tim 6,10).

[7] Vgl. Bl-Debr § 359$_5$. Vgl. GAUGLER, Röm. II 8: „Es ist der Indikativ des Imperfekts, der beides zum Ausdruck bringt, daß der Apostel diesen Wunsch wirklich und ernsthaft hegt, und daß er doch zugleich weiß, daß er nicht in Erfüllung gehen kann."

[8] Zu ἀνάθεμα vgl. weiter Gal 1,8f.; 1 Kor 12,3; 16,22.

[9] Zu ἀπό zur Bezeichnung der scheidenden Trennung vgl. BL-DEBR § 211,2.

[10] Bewußte Anspielung auf diese Stelle wird jedoch kaum vorliegen.

Hinter dieser äußersten Opferbereitschaft des Paulus stehen Sühnevorstellungen, wie sie dem zeitgenössischen Judentum vertraut waren: daß Gerechte oder Märtyrer Leiden auf sich nehmen, um sie stellvertretend zu tragen und dadurch Sühne für Israel zu leisten.[11] Doch die christliche Gemeinde vertraut auf das ein für allemal genugsame Sühneleiden Christi und kennt daher neben diesem keine andere Möglichkeit der Sühne, die Menschen durch Hingabe ihres Lebens erbringen könnten.[12] Paulus ist sich dessen bewußt, daß selbst angesichts des verhärteten Unglaubens Israels eine auf ihn fallende Verfluchung und endgültige Trennung von Christus seinen Brüdern nicht so zugute kommen könnten, daß sie sich für den gekreuzigten und auferstandenen Christus öffnen würden. Während Paulus als ἀδελφοί sonst stets die Glieder der christlichen Gemeinde bezeichnet, folgt er hier jüdischem Sprachgebrauch und nennt seine Verwandten nach dem Fleisch seine Brüder.[13] Ihnen weiß er sich weiterhin zugehörig und wünscht nichts sehnlicher, als daß sie für die Annahme des Evangeliums gewonnen werden möchten.

V. 4: Der Ehrenname Ἰσραηλῖται, der vorzugsweise für das erwählte Volk verwendet wird, ist vom Apostel mit Betonung an den Anfang gestellt und fast durchweg in Kapp. 9–11 verwendet, während die Bezeichnung als Juden dem vorfindlichen Volk gilt, wie es Außenstehende zu benennen pflegten (s. o. S. 77).[14] Nicht eigenen Leistungen oder Verdiensten haben sie es zu danken, Israel zu sein, sondern allein der Treue des erwählenden Gottes. Sie gilt unverbrüchlich, so daß es nicht heißt, sie seien Israeliten gewesen, sondern: Sie sind und bleiben es weiterhin. Darum gelten unverkürzt Gottes Gaben, die er seinem Volk als besondere Auszeichnungen zugewandt hat. Diese von Gott verliehenen Vorzüge werden in einer überlegt gestalteten Aufzählung aufgeführt. Auf die beiden im Singular stehenden Begriffe υἱοθεσία und δόξα folgt der Plural fem. διαθῆκαι, sodann ebenso auf νομοθεσία und λατρεία die Mehrzahl der ἐπαγγελίαι. Die kunstvolle Aufreihung könnte darauf zurückgehen, daß Paulus eine Vorlage aufgegriffen hat, die bereits im hellenistischen Judentum formuliert worden sein könnte (so MICHEL, Röm. 259 f.; BYRNE Rom. 285). Obwohl alle Begriffe dem Selbstverständnis Ausdruck geben, Gottes erwähltes Volk zu sein, werden sie doch ausnahmslos aus dem Zusammenhang paulinischer Argumentation verständlich, so daß Paulus kaum eine Vorlage aufgegriffen hat, sondern diese Reihe selbst formuliert haben dürfte (vgl. auch Eph 2,12).

Israel ist im AT wiederholt Gottes erwählter Sohn genannt (Ex 4,22; Dtn 14,1; Jes 1,2; Jer 3,19–22; 31,9; Hos 11,1). So wird υἱοθεσία nicht eine Adoption (vgl.

---

[11] Belege bei BILL. III 260 f.; vgl. weiter LOHSE, Märtyrer 193 f.

[12] Anders WINDISCH, Paulus 241–244, der aus Röm 9,3 eine weitgehende Parallelisierung zwischen Paulus und Christus ableiten will: „Christus der Versöhner für die Heiden, Paulus der Versöhner für die Juden." Von einem „Verzichtopfer" spricht H.-D. BETZ, Geschichte und Selbstopfer: Zur Interpretation von Römer 9, 1–5, Potsdamer Altertumswissenschaftliche Beiträge 6 (2002) 75–87.86.

[13] Vgl. GRÄSSER, Bund 19.

[14] Nur 9,24 und 10,12 ist von Ἰουδαῖοι die Rede in der geläufigen Gegenüberstellung von „Juden und Heiden" bzw. „Juden und Griechen" als Hörer und Empfänger der Verkündigung.

zu 8,15.23), sondern die Sohnschaft bezeichnen. Die δόξα entspricht dem atl. Begriff der כָּבוֹד, die als Gottes Herrlichkeit das Volk in der Wüste begleitete und ihm das Zeichen seiner Gegenwart gab (vgl. Ex 15,6.11; 16,10; 40,34; 1 Kön 8,11 u ö.). An dritter Stelle werden die διαθῆκαι genannt, wobei in Entsprechung zu den ἐπαγγελίαι sicherlich der Plural als Urtext zu gelten hat.[15] Das AT bezeugt, daß Gott zu wiederholten Malen mit den Vätern und seinem Volk einen Bund geschlossen hat – so mit Abraham (Gen 15,18; 17,2.7.9), Isaak (Gen 26,3–5; Ex 2,24), den drei Patriarchen (Ex 6,4f.; Lev 26,42), Mose (Ex 24,7f.; Sir 44,12.18) und David (2 Sam 23,5). An diese Bundesschlüsse[16] wird hier gedacht sein, um sie als Zeichen der Treue Gottes herauszustellen, der sein Volk durch den Lauf der Geschichte geleitet hat.[17]

Die zweite Dreierreihe beginnt mit dem Hinweis auf die νομοθεσία – ein im hellenistischen Judentum geprägtes Wort zur Bezeichnung der Übergabe des Gesetzes an Israel (2 Makk 6,23; 4 Makk 5,35; 17,16 u. ö.). Der folgende Begriff der λατρεία bezieht sich auf die Ausübung des Gottesdienstes und entspricht dem hebräischen Terminus עֲבוֹדָה.[18] Am Ende steht wieder ein Plural: Die ἐπαγγελίαι beziehen sich auf die göttlichen Verheißungen, wie er sie immer wieder den Vätern und ganz Israel zugesprochen hat – Abraham (Gen. 12,2; 13,14–17; 15,4; 17,4–8.16.19; 21,12; 22,16–18), Isaak (Gen 26,3–5), Jakob (Gen 28,13f.), Mose (Dtn 18,18f.), David (2 Sam 7,11–16) und anderen. Gottes Zusagen bleiben gültig und werden von ihm nicht zurückgenommen (11,29). Die sechs Vorzüge, die Paulus aufführt, sind nicht etwa auf vergangene Geschichte beschränkt, sondern gelten – wie das am Anfang stehende Präsens εἰσίν anzeigt – in der Gegenwart, beruhen sie doch allein auf Gottes erwählender Treue hier und jetzt.

V. 5: Noch einmal wird mit ὧν neu angesetzt, um als weiteren Vorzug, der Israel auszeichnet, die Väter zu nennen, die Erzväter Abraham, Isaak und Jakob (Ex 3,13; 13,5 u. ö.) sowie die Frommen in der Geschichte des Gottesvolkes bis hinein in die jüngste Vergangenheit.[19] Ihretwegen sind und bleiben die Israeliten Geliebte Gottes (11,28). Ihren Höhepunkt erreicht die Aufzählung mit der an das Ende gesetzten Wendung, aus ihnen sei der Christus nach dem Fleisch[20] gekommen. Χριστός hat hier titulare Bedeutung und bezeichnet den Messias, der seiner leiblichen Abkunft nach Israel entstammt, dem Volk Gottes – eine Bekenntnisaussage, die der Chri-

---

[15] Die schon früh bezeugte Variante (p^{46}) des Singulars ἡ διαθήκη ist als sekundärer Hinweis auf den Mosebund zu beurteilen.

[16] Der Plural findet sich bereits Sir 44,12.18; 45,17; Sap 18,22; 2 Makk 8,15. Vgl. Grässer, Bund 18, ferner: C. Roetzel, Διαθῆκαι in Romans 9,4, Bib. 51 (1970) 377–390.

[17] Nicht überzeugend daher die Vermutung von Dunn (Rom. 527): der Plural διαθῆκαι könnte auf den alten und den neuen Bund hinweisen.

[18] Belege bei Bill. III 262; vgl. bes. Mischna Av I,2: die Welt beruhe auf drei Dingen, der Thora, dem Kult und der Liebestätigkeit – Ausspruch Simons des Gerechten.

[19] Vgl. den Titel des Mischnatraktats „Sprüche der Väter" (אָבוֹת).

[20] Der Artikel τό vor κατὰ σάρκα drückt eine gewisse Einschränkung aus = „insoweit das Leibliche in Betracht kommt". Vgl. Bl-Debr § 266_4.

stenheit sich bewußt geblieben ist (Röm 1,3; Mt 1,1–17; Lk 3,23–38). Mit dieser Aussage ist die Klimax erreicht, so daß der Apostel – jüdischem Brauch folgend[21] – den Gedankengang mit einer Doxologie beendet.

Die Frage, ob dieser Lobpreis dem eben genannten Messias gilt oder aber Gott, der über allem waltet, ist seit der alten Kirche umstritten. Einer Entscheidung dieses Problems kann man nicht entrinnen, wenn man einer seit langem in Vorschlag gebrachten Konjektur folgen und statt OΩN lesen wollte: ΩNO.[22] Dann würde ὧν ὁ in derselben Bedeutung wie ὧν οἱ zu verstehen und Gott selbst zu den Vorzügen Israels zu zählen sein. Doch angesichts der eindeutigen handschriftlichen Bezeugung des Textes kann einer Konjektur keine Überzeugungskraft zuerkannt werden.

Da antike Handschriften in „scriptio continua" ohne Interpunktionszeichen blieben, ist zu überlegen, ob die Doxologie mit einem Komma anzuschließen und auf Christus zu beziehen oder aber ein Kolon zu setzen ist. Dann würde in einem selbständigen Satz eine Aussage über Gott gemacht. Für die erstere Lösung tritt eine nicht geringe Zahl von Exegeten (ZAHN, Röm. 433f.; LAGRANGE, Rom. 227; ALTHAUS, Röm. 100; MICHEL, Röm. 296–298; CRANFIELD, Rom. 464–470; SCHLIER, Röm. 288; WILCKENS, Röm II 189 u.a.) vor allem mit folgenden Gründen ein: 1. Doxologien seien bei Paulus stets auf das vorangehende Substantiv zu beziehen; 2. bei Lobpreisungen Gottes stehe sonst εὐλογητός voran; und 3.: die Wendung ὁ Χριστὸς τὸ κατὰ σάρκα lasse eine gegenübergestellte Aussage erwarten, die – wie in dem alten Bekenntnis, das Paulus in 1,3f. aufgreift – einen entsprechenden Hinweis auf τὸ κατὰ σάρκα enthalten müsse.

Doch diese Gründe sind nicht zwingend, zumal die paulinischen Doxologien nicht einem starren Schema folgen, sondern eine variable Struktur aufweisen.[23] Vor allem steht einer Verbindung mit Christus entgegen, daß Paulus zwar mit dem urchristlichen Hymnus sagen kann, der Präexistente sei ἴσα θεῷ gewesen, aber niemals von Christus als Gott[24], sondern stets als Gottes Sohn spricht. Daher ist die Doxologie nicht auf Christus, sondern auf Gott zu beziehen (LIETZMANN, Röm. 90; DODD, Rom. 164f.; KUSS[25]; KÄSEMANN, Rom. 249f.; STUHLMACHER, Röm. 132; DUNN, 528f.; BYRNE, Rom. 288 u.a.). Als Jude und Israelit, als

---

[21] Vgl. BILL. III 64.

[22] Diese Konjektur wird bis in die Gegenwart immer wieder in die Diskussion gebracht und als Ausweg gesucht (BARTH, Röm. 314f., HAACKER, Röm. 187 u.a.). Vgl. auch H.W. BARTSCH, Röm. 9,5 und 1. Clem. 32,4. Eine notwendige Konjektur im Römerbrief, ThZ 21 (1965) 401–409. Ein weitergehender Vorschlag geht dahin zu lesen: ὧν ὁ ἐπὶ πάντων θεός, <ὁ ὢν> εὐλογητὸς εἰς τοὺς αἰῶνας. So W.L. MORIMER, Romans IX.3–5, NTS 13 (1966/67) 385f. Grundsätzlich zum Problem: B. METZGER, The Punctuation of Rom. 9:5, in: Christ and Spirit in the New Testament, FS C.F.D. Moule, Cambridge 1973, 93–112 = New Testament Studies, NTTS 10, Leiden 1980, 57–74. Weitere Literatur bei FITZMYER, Rom. 548f.

[23] Vgl. 1,25: παρὰ τὸν κτίσαντα, ὅς ἐστιν εὐλογητὸς εἰς τοὺς αἰῶνας, ἀμήν.

[24] Will man wie Joh 1,1.14 θεός in der Bedeutung „göttlich", „Gott von Art" fassen, so wird zwar eine gewisse Abschwächung vorgenommen, die sich aber gleichwohl nicht in die paulinische Christologie fügt.

[25] Vgl. bes. die ausführliche Begründung bei O. KUSS, Zu Römer 9,5, in: Rechtfertigung, FS E. Käsemann, Göttingen/Tübingen 1976, 291–303.

der er sich weiterhin versteht, wahrt Paulus mit strenger Sorgfalt Gottes Einzigkeit und gibt zu Beginn wie auch hernach am Ende seiner langen Ausführungen über das Geschick Israels ihm allein die Ehre.[26] Zu der knappen Wendung ist als Prädikat ein ἐστίν zu ergänzen. Dem über allem waltenden Gott gebührt alles Lob.[27] Mit einem bekräftigenden ἀμήν, das ist wahr, wird die Zustimmung der bekennenden Gemeinde ausgesprochen, die sich dieses Wort zueigen macht (vgl. 1,25f.).

9,6–29 Gottes freie Gnadenwahl

9,6–13 Gottes Wort über Israel

6) Nicht als wäre das Wort Gottes hingefallen. Denn nicht alle aus Israel sind wirklich Israel. 7) Und nicht, weil sie Same Abrahams sind, sind sie alle Kinder, sondern in Isaak wird dir Same berufen werden. 8) Das heißt: Nicht die Kinder des Fleisches sind Kinder Gottes, sondern die Kinder der Verheißung werden als Same anerkannt. 9) Denn der Verheißung Wort lautet so: Um diese Zeit werde ich kommen, und Sara wird einen Sohn haben.

10) Nicht nur hier ist es so, sondern auch bei Rebekka, die von einem Mann schwanger wurde, unserem Vater Isaak. 11) Denn als sie noch nicht geboren waren und noch nichts getan hatten, weder etwas Gutes noch etwas Schlechtes, – damit Gottes erwählender Ratschluß bestehen bleibt: 12) Nicht auf Grund von Werken, sondern dem entsprechend, der beruft, – wurde ihr gesagt: Der Größere wird dem Kleineren dienen. 13) Wie geschrieben steht: Jakob habe ich geliebt, Esau aber gehaßt.

Siehe oben S. 264 und S. 265 ferner Aletti, J.-N.: L'argumentation paulinienne en Rm 9, Bib. 68 (1987) 41–56; Ders.: Romains 9,6–29. Quel est le peuple de Dieu?, in: Israël 175–199; Dahl, N.A.: Der Name Israel, Jud. 6 (1950) 161–170; Dinkler, E.: Prädestination 241–269; Dunn, Paul 215–238; Montagnini, F.: Elezione e libertà, grazia e predestinazione, a proposito di Rom. 9,6–29, in: de Lorenzi (Hg.), Israelfrage 57–97; Räisänen, H.: Faith, Works and Election in Romans 9, FS H.C. Kee, Philadelphia 1988, 178–206; Stegner, W.: Romans 9.6–29 – a Midrash, JSNT 22 (1984), 37–52.

Ohne verknüpfenden Übergang setzt der Apostel in V. 6 neu ein mit der These, die den gesamten Gedankengang der Kapp. 9–11 einleitet: Gottes Wort, das er gespro-

[26] Vgl. Luz, Geschichtsverständnis 273: „Es liegt in der Art des Privilegs Israels, daß es nicht in Kontinuität kata sarka tradiert werden kann, sondern an Gott gebunden bleibt." Vgl. ferner: W. Schrage, Unterwegs zur Einzigkeit und Einheit Gottes. Zum „Monotheismus des Paulus und seiner alttestamentlich-jüdischen Tradition", EvTh 61 (2001) 190–203; Ders., Unterwegs zur Einheit und Einzigkeit Gottes, Bibl.-Theol. Studien 48, Neukirchen 2002.

[27] Vgl. Bl-Debr § 128_8.

chen und zugesagt hat, kann nicht hinfallen. Dieser Leitsatz wird durch mehrere Schriftzitate erläutert (V. 7.9.12f.). Dabei bezieht Paulus sich vornehmlich auf Verse aus dem Buch Genesis und fügt, wie es schriftgelehrter Argumentationsweise entspricht, bestätigend ein Prophetenwort hinzu (V. 13).

Der dialogische Stil, in dem Schriftzitate und deren Auslegung aneinandergereiht werden, deutet darauf, daß der Apostel auf lehrhafte Gedankenführung zurückgreift, die er des öfteren bedacht und – gleichsam in einem Midrasch[1] – vorgetragen haben wird. In der eingehenden Bezugnahme auf das Alte Testament, sind die Kapp. 9–11 von den vorhergehenden Abschnitten unterschieden, in denen Paulus nur hin und wieder ein Schriftwort zitiert hat. Dabei zeigt sich, daß für den Apostel der Schwerpunkt seiner Schriftverwendung „eindeutig in den eng zusammengehörigen Fragenkreisen der δικαιοσύνη und des Gesetzes sowie der Berufung der Gemeinde aus Juden und Heiden und der Erwählung Israels" liegt.[2] In seiner Entfaltung des gemeinchristlichen Evangeliums fragt der Apostel mit dem urchristlichen Kerygma (1 Kor 15,3–5: κατὰ τὰς γραφάς) nach dem in der Schrift bezeugten Handeln Gottes und legt die frohe Botschaft im Licht der in der Schrift verbürgten Verheißungen aus. Denn wie könnte Gott gerecht sein, wenn das einst zu Israel gesprochene Wort seiner gnädigen Zuwendung hinfällig würde?

Der Blick in die Schriften von Gesetz und Propheten lehrt, daß Gott damals bei der Berufung seines Volkes ebenso gehandelt hat wie jetzt bei der Kundgabe seiner um Christi willen freisprechenden Gerechtigkeit. Was einst bei der Erwählung der Väter geschah, vollzieht sich entsprechend nun in der Heilstat in Christus. Das Zeugnis, das die Schrift von Gottes Handeln gibt, ist somit Erweis für „die Gleichheit des damaligen und jetzigen rechtfertigenden Handelns Gottes".[3] Paulus greift auf einzelne Beispiele zurück, in denen die Schrift von der Treue Gottes spricht.[4] Dabei will er nicht eine fortlaufende Linie göttlichen Handelns aufzeigen, die sich durch die Geschichte bis zur Gegenwart verlängern ließe.[5] Die Aussagen der Schrift, die er heranzieht, geben vielmehr Zeugnis von Gottes Treue, auf die auch in der Gegenwart unbedingt Verlaß ist.[6] Auch in den Kapp. 9–11 spricht der Apostel zu christlichen Lesern und führt keinen direkten Dialog mit der Synagoge. Doch sind seine Darlegungen so gehalten, daß auch ein jüdischer Gesprächspartner dem hier entfalteten Verständnis der Schriften folgen – und ihm wenn irgend angängig zustimmen – kann.

---

[1] Vgl. STEGNER 37–52. Zum Schriftverständnis des Apostels vgl. grundsätzlich HÜBNER, Gottes Ich, und KOCH, Schrift. Während Hübner die Kapp. 9–11 anhand der Abfolge des Textes durchgeht, sind bei Koch die einschlägigen Ausführungen zu den einzelnen Stellen durch die Register aufzufinden.

[2] KOCH, Schrift 288.

[3] Vgl. KOCH, Schrift 314.

[4] Ebd. 304.

[5] KOCH, ebd. Hätte der Apostel eine durchgehende Erwählungsgeschichte hervorheben wollen, so hätte er nach dem Beispiel des Erzvaters Jakob unbedingt auch das Geschick seiner zwölf Söhne ansprechen müssen.

[6] KOCH, Schrift 305.

Macht die zuerst angezogene Abrahamsgeschichte deutlich, daß die Israel widerfahrene Erwählung allein auf der Initiative Gottes beruht, die er mit seinem verheißenden Ruf ergriffen hat (V. 7–9), so wird im zweiten Beispiel hervorgehoben, daß Gottes freie Gnadenwahl, die er mit der Berufung Jakobs vornahm, in keiner Weise von vorher gegebenen Voraussetzungen abhängig war – weder der Erstgeburt noch verdienstvoller Werke –, sondern ihren Grund allein in seinem unerforschlichen Gnadenratschluß hat (V. 10–13).[7] Damit aber ist die Frage nach dem Geschick Israels in den Horizont der Theologie der Rechtfertigung gerückt, die für den ganzen Zusammenhang der Kapp. 9–11 von bestimmender Bedeutung ist.

V. 6: Der Apostel stellt eine kraftvolle „propositio" voran (V. 6 a) und schließt die erläuternde „probatio" an.[8] In der einleitenden Wendung οὐχ οἷον δὲ ὅτι sind die beiden gleichbedeutenden Ausdrücke οὐχ οἷον und οὐχ ὅτι zusammengezogen, um die folgende Aussage nachhaltig zu betonen: Es ist ganz ausgeschlossen, daß ...[9] Gottes Wort hinfallen könnte. Wird durch ὁ λόγος τοῦ θεοῦ Gottes Zuspruch – wo auch immer er laut wird – bezeichnet, so ist im hier gegebenen Zusammenhang an Gottes Zusage gedacht, die er dem von ihm erwählten Volk Israel gegeben hat (vgl. 3,2: τὰ λόγια τοῦ θεοῦ). Die besonderen Gaben, die soeben aufgezählt worden waren (V. 4f.), hat Gott nicht etwa zurückgezogen.[10] Diese Feststellung ist nicht nur gegenüber Juden und Judenchristen, sondern auch für Heidenchristen von Bedeutung, die ihre Zuversicht darauf setzen, daß Gottes Wort ebenso wie für Israel so auch für die Kirche aus Juden und Heiden gültig ist und bleibt.[11]

Im schroffen Gegensatz zur Treue Gottes steht das Verhalten derer, denen seine Zuwendung gilt. Paulus fügt der eben aufgestellten These die gewichtige Erläuterung hinzu, nicht alle, die aus Israel stammen, seien wirklich Israel. Damit wird eine Unterscheidung zwischen leiblicher Herkunft auf der einen und wahrer Zugehörigkeit auf der anderen Seite vorgenommen, wie in ähnlicher Weise dem Juden ἐν τῷ φανερῷ der ἐν τῷ κρυπτῷ Ἰουδαῖος gegenübergestellt wurde (2,28f.). Die Frage, wer wirklich zu Recht den Ehrennamen Israel tragen darf, war bereits in frommen Gemeinschaften der damaligen Zeit gestellt und einschränkend beantwortet worden. So zählt die Gemeinde von Qumran diejenigen, „die abgewichen sind vom Wege" (4 Q flor I,14–19), nicht zu den Söhnen des Lichtes, sondern betrachtet sie als Söhne der Finsternis, die ihre Zugehörigkeit zum wahren Volk Gottes verwirkt haben (vgl. CD IV 2–12).

Für Paulus steht fest, daß nicht Geburt und Herkunft die Zugehörigkeit zum erwählten Gottesvolk verbürgen, sondern daß allein diejenigen als wahre Israeliten

---

[7] Vgl. HÜBNER, Gottes Ich 31: „Wer begreifen will, was Israel ist, muß zuvor begreifen, was Berufung durch Gott ist."

[8] Vgl. ALETTI, Israël 175f.

[9] Vgl. BL-DEBR § 304_4 und § 480_6: „Es ist nicht so, daß."

[10] Das Verbum ἐκπίπτειν wie 1 Kor 13,8 v. l. in der Bedeutung „hinfallen", „ungültig werden".

[11] Vgl. GUTBROD, ThWNT III, 389: „Kann die neue Gemeinde dem Worte Gottes trauen, wenn doch das Wort Gottes an die Judenschaft hinfällig geworden zu sein scheint?"

gelten, die Gottes Wort gehört und sich ihm im Glauben geöffnet haben. Mit dieser Unterscheidung wird der Begriff Israel aufgespalten. Soll mit dieser Differenzierung dem vorfindlichen, historischen Volk das neue Israel als die geistliche Gemeinschaft der Glaubenden (vgl. Gal 6,16: Israel Gottes) entgegengestellt werden?[12] Der Apostel spricht hier jedoch noch nicht davon, daß auch diejenigen, die nicht Gottes Volk genannt wurden, nun zu dessen Gliedern berufen wurden (V. 25f.). Sondern die Unterscheidung zwischen dem einen und dem anderen Israel wird im Sinn einer einschränkenden Eingrenzung vorgenommen. Daher können als wahre Israeliten nur diejenigen gelten, die als Angehörige dieses Volkes Gottes erwählendes und verheißendes Wort angenommen haben – also: die Judenchristen. Gottes Treue besteht jedoch unwandelbar fort. Denn „die Erwählung bleibt, auch wenn der Bund nicht durchgehalten wird".[13] Wird doch auch da, wo Feindschaft gegen Christus vorliegt, Israel weiterhin das geliebte Volk genannt (11,28).[14]

V. 7: Wie der Begriff Israel differenzierend aufgespalten wird, so auch die Rede von der Abrahamskindschaft. Nicht alle, die als Same Abrahams sich der Herkunft von ihm meinen rühmen zu können (vgl. Mk 3,9 par. Lk 3,8), sind wirklich seine Kinder. Vielmehr entscheidet darüber ausschließlich die freie Gnadenwahl Gottes, die er in seinem Ruf ausgesprochen hat. In dem genau nach LXX angeführten Zitat von Gen 21,12[15] liegt für Paulus der Ton auf dem Wort κληθήσεται, das als Passivum divinum zu verstehen und daher auf die allein bestimmende Initiative der Erwählung Gottes zu beziehen ist. Mit dem Verbum καλεῖν ist zugleich das Stichwort angegeben, das im folgenden wiederholt aufgenommen wird, um die uneingeschränkte Hoheit des göttlichen Handelns zu betonen (vgl. V. 12.24–26; ferner 1,1.6f.; 8,28.30; 11,29).

V. 8: Leibliche Abstammung, die nicht nur auf Isaak, sondern auch auf Ismael zutrifft, bewirkt nicht die Abrahamskindschaft; sondern nur die τέκνα τῆς ἐπαγγελίας werden als Same gerechnet.[16] Ismael wird daher von der Kindschaft ausgeschlossen, da ihm die Erwählung fehlt. Aus der Abrahamsgeschichte ist eine Folgerung zu ziehen, die Paulus durch τοῦτ' ἔστιν einleitet. Dabei ist das Verbum καλεῖν durch den Begriff der ἐπαγγελία aufgenommen.[17] **V. 9:** Das eben genannte Wort ἐπαγγελία wird wiederholt und betont an den Anfang des folgenden

---

[12] Vgl. Dinkler, Prädestination 249f. A 19.

[13] Dinkler, Prädestination 267.

[14] Vgl. A. Lindemann, Israel im Neuen Testament, WuD 25 (1999) 167–192, bes. 174–188.

[15] Zum Verständnis von Gen 21,12, das gleichfalls Hebr 11,18 zitiert wird, sind rabbinische Aussagen zu vergleichen, die von einer leiblichen Abstammung die Abrahamskindschaft derer unterscheiden, die „die Bekenner zweier Welten, d.h. die Bekenner der Auferstehung und des Gerichts" sind. Vgl. Bill. III 265.

[16] Die Verbform λογίζεται ist Passiv von λογίζειν. Vgl. Bl-Debr § 311_1.

[17] Vgl. Hübner, Gottes Ich 18: „Wer für Abraham der vor Gott geltende Nachkomme ist, bestimmt sich allein von Gottes καλεῖν, nicht aber vom bloßen Faktum der Vaterschaft."

Satzes gestellt, um mit einem weiteren Schriftwort noch einmal zu unterstreichen, daß es ganz und gar auf Gottes Verheißung ankommt. Das Zitat stützt sich auf den Satz in Gen 18,14, den Paulus mit V. 10 zusammennimmt; darin legt er den Ton auf das Prädikat ἐλεύσομαι[18]: Zur angegebenen Zeit werde ich kommen, und Sara wird einen Sohn haben. Gott allein spricht somit das entscheidende Wort der Verheißung, ehe der Mensch, dem sie gelten soll, gezeugt und empfangen ist.

V. 10: Der Gedankengang erfährt nun eine Steigerung, die durch οὐ μόνον δέ, ἀλλὰ καὶ zum vorhergehenden Beispiel der Abrahamskindschaft in Beziehung gebracht wird. Die knappe Wendung, in der ein Verb fehlt, will sagen, daß es ausschließlich auf Gottes Verheißung ankommt. Das kann man nicht nur aus der Geschichte von Abraham und Isaak, sondern auch aus der von Rebekka und ihren beiden Söhnen lernen.[19] Hier handelt es sich nicht um zwei verschiedene Frauen, die demselben Mann Kinder geboren hatten, sondern die beiden Zwillinge hatten denselben Vater und dieselbe Mutter, die durch Isaak schwanger geworden war. Der Ausdruck κοίτη bedeutet das Lager, dann in speziellerem Sinn das Beilager, so daß κοίτην ἔχειν die sexuelle Gemeinschaft bezeichnet.[20] Obwohl Rebekkas Söhne dieselben Eltern hatten – jüdischer Redeweise entsprechend nennt Paulus Isaak „unseren Vater“ (vgl. „Abraham unser Vater“: 4,11.16–18) –, kehrte Gottes Entscheid die natürliche Ordnung um, so daß nicht Esau, der Erstgeborene, sondern Jakob, der jüngere Bruder, dazu berufen wurde, der Erbe zu sein.

V. 11: Ehe das entsprechende Schriftwort aus Gen 25,23 angeführt wird, sagt Paulus in einer Parenthese, in welcher Weise Gottes Gnadenwahl zur Theologie der Rechtfertigung in Beziehung zu setzen ist (V. 11–12 a). Dabei wird betont, daß die beiden Söhne Rebekkas noch keinerlei Werk verrichtet hatten – weder ein gutes, noch ein schlechtes –, als Gott seine πρόθεσις (vgl. 8,28) faßte, die auf die ἐκλογή zielt. Auf sie kann man sich darum unbedingt verlassen, wie durch das Prädikat μένῃ angezeigt wird.[21] Es steht im Präsens, um die hier und jetzt bestimmende Kraft des göttlichen Ratschlusses zu kennzeichnen.

V. 12: Das aber bedeutet, daß es niemals von Werken der Menschen, sondern immer nur von Gottes Berufung abhängt, wo und wie er seine Erwählung vollzieht. Genannt werden die ἔργα schlechthin, ohne eine Verbindung zu ihrer Bestimmung durch das Gesetz anzugeben. Die Feststellung, die Paulus trifft, soll ohne

---

[18] LXX Gen 18,10: *ἥξω* πρὸς σὲ *κατὰ τὸν καιρὸν τοῦτον* εἰς ὥρας, *καὶ ἕξει υἱὸν* Σάρρα ἡ γυνή σου; 18,14: *εἰς τὸν καιρὸν τοῦτον ἀναστρέψω* πρὸς σὲ εἰς ὥρας, *καὶ ἔσται τῇ Σαρρᾳ υἱός*. Vgl. weiter Koch, Schrift 172.

[19] Zur vorliegenden Brachylogie vgl. Bl-Debr § 479_1. Vgl. weiter Röm 5,3.11 8,23.

[20] Vgl. Bauer-Aland 894.

[21] Zu dieser Bedeutung von μένειν vgl. 1 Kor 13,13, wo das μένειν von Glaube, Liebe und Hoffnung ausgesagt wird. Vgl. weiter 1 Kor 3,14: εἴ τινος τὸ ἔργον μένει; 2 Kor 9,9: ἡ δικαιοσύνη αὐτοῦ μένει εἰς τὸν αἰῶνα.

jede Einschränkung gelten.[22] Zu Rebekka hat Gott das entscheidende Wort gesprochen[23], das in Gen 25,23 bezeugt ist. Der Satz, der nicht ausdrücklich als Schriftzitat gekennzeichnet wird, wird nach dem LXX-Text angeführt. Heißt es, daß der Größere (= Ältere) dem Kleineren (= Jüngeren) dienen soll, so wird damit die von der Natur gegebene Rangfolge umgekehrt.[24]

V. 13: Zur Bekräftigung setzt der Apostel zum Wort, das der Thora entnommen ist, ein Zitat aus den Propheten hinzu, das durch die Wendung καθὼς γέγραπται(vgl. zu dieser 1,17; 2,24; 3,4.10; 4,17; 8,36; 9,33; 10,15; 11,8.25 u. ö.) eingeführt wird. Im Unterschied zur LXX-Fassung von Mal 1,2f. stellt Paulus den Namen Jakobs an den Anfang, so daß „die antithetische Aussage des Schriftwortes noch schärfer zur Geltung kommt".[25] Der Apostel greift diesen Satz auf, ohne auf den Kontext im Buch des Propheten Rücksicht zu nehmen. Sind dort Jakob und Esau in kollektivem Sinn als Völkerschaften verstanden, so begreift Paulus den einen wie den anderen als Individuen, die Gott beruft oder aber übergeht. Die Zurücksetzung des Erstgeborenen wird durch ἐμίσησα angezeigt. Im Hebräischen kann die Gegenüberstellung Lieben/Hassen in der Bedeutung verwendet werden, daß der eine mehr geliebt wird als der andere (vgl. Gen 29,30f.: Er liebte Rahel mehr als Lea; ferner Lk 14,26 „Hassen" gegenüber Mt 10,37 „mehr Lieben"). Hier trägt jedoch ἐμίσησα stärkeren Ton, um die absolute Freiheit der göttlichen Gnadenwahl hervorzuheben. Würde leibliche Abstammung oder natürliche Ordnung in irgendeiner Weise auf den Zuspruch der Verheißung Einfluß haben, dann wäre Gott in seinem Handeln nicht mehr frei und es könnte „nicht mehr von einer κατ' ἐκλογὴν πρόθεσις ... bei ihm die Rede sein, noch von einem καλεῖν (Rufen)" (PETERSON, Röm. 281).

Paulus ist hier am Thema der Prädestination nur insoweit interessiert, als es ausdrückt, „daß Gott frei ist von der natürlichen Ordnung. Gott ist frei gegenüber der natürlichen Abstammung der Abraham- und Isaakkinder; er ist auch frei gegenüber ihren Werken. Niemand kann Gott zwingen, weder aus der natürlichen noch aus der moralischen Ordnung heraus" (PETERSON, Röm. 281). Da in der paulinischen Argumentation aller Nachdruck auf Gottes Ruf liegt, durch den er seine freie Gnadenwahl vollzieht, sagt der Apostel nicht, daß diejenigen verworfen seien, die nicht berufen wurden.[26] Paulus gibt sich keinen Spekulationen über eine etwaige doppelte Prädestination – zum Guten wie zum Bösen – hin, sondern bleibt streng bei der Auslegung der von ihm herangezogenen Schriftstellen. Wie Gott

---

[22] Mit dieser Feststellung wird „die Gottesgeschichte der Vergangenheit" ... „direkt auf die Gegenwart" bezogen. LUZ, Geschichtsverständnis 72.

[23] Das Passivum divinum ἐρρέθη nimmt LXX Gen 25,23 auf: εἶπεν ὁ κύριος αὐτῇ. Es ist daher in der Bedeutung zu fassen: Gott hat gesprochen. Vgl. HÜBNER, Gottes Ich 26.

[24] Vom Verhältnis Synagoge – Kirche, Kirche – Synagoge, an das schon in der Auslegung durch die Kirchenväter und gelegentlich auch in neuerer Exegese gedacht wurde (PETERSON, Röm. 279 u.a.), ist hier jedoch sicher nicht die Rede.

[25] KOCH, Schrift 107.

[26] Vgl. HÜBNER, Gottes Ich 28f.

einst an den Vätern gehandelt hat, so handelt er auch hier und jetzt, indem er in hoheitsvoller Souveränität und unwandelbarer Treue zu seinem Wort steht.[27]

Wie schon in Kap. 4 im Blick auf Abrahams Glaubensgerechtigkeit gesagt worden war, daß weder natürliche Abkunft noch Beschneidung zu Kindern Abrahams macht, sondern allein Gottes Verheißung, die im glaubenden Vertrauen angenommen wird, so ist nun erneut mit Nachdruck betont, daß allein Gottes Erwählung die in der Schrift verbürgten Verheißungen wahr macht und es darum nicht auf vorzuweisende Werke, sondern allein auf seinen Ruf ankommt, durch den er an den Menschen handelt.

9,14–29 Gottes Freiheit in Erbarmen, Zorn und Berufung

14) Was sollen wir nun sagen? Ist etwa Ungerechtigkeit bei Gott? Das sei ferne! 15) Denn zu Mose spricht er: Erbarmen werde ich mich, dessen ich mich erbarme, und barmherzig werde ich sein, dem ich barmherzig bin. 16) Also liegt es nicht an dem, der will, und auch nicht an dem, der läuft, sondern an Gott, der sich erbarmt. 17) Denn die Schrift spricht zu Pharao: Eben dazu habe ich dich auftreten lassen, damit ich an dir meine Macht erweise und damit mein Name verkündigt werde auf der ganzen Erde. 18) Er erbarmt sich also, wessen er will, und verhärtet, wen er will. 19) Du magst mir nun sagen: Warum erhebt er dann noch Vorwürfe? Denn wer hat seinem Willen je widerstanden? 20) O Mensch, wer bist du denn, daß du Gott zu widersprechen wagst? Wird denn das Werk zu seinem Schöpfer sagen: Warum hast du mich so gemacht? 21) Oder hat nicht der Töpfer freie Verfügung über den Ton, aus ein und demselben Lehm das eine Gefäß zum Schmuck, das andere aber zu unansehnlichem Gebrauch zu machen? 22) Wenn aber Gott, der Zorn erweisen und seine Macht kundtun wollte, in großer Geduld die zum Untergang bereiteten Gefäße ertragen hat, 23) und um den Reichtum seiner Herrlichkeit über Gefäße des Erbarmens kundzutun, die er zuvor zur Herrlichkeit bereitet hat – 24) Die er auch berufen hat, uns, nicht nur aus Juden, sondern auch aus Heiden, 25) wie er auch bei Hosea sagt: Rufen werde ich, was nicht mein Volk war, mein Volk und die Nichtgeliebte Geliebte. 26) Und anstelle, daß ihnen gesagt wurde: Nicht seid ihr mein Volk, werden sie gerufen werden Söhne des lebendigen Gottes. 27) Jesaja aber schreit über Israel: Wenn die Zahl der Söhne Israels wäre wie der Sand am Meer, so wird nur der Rest gerettet werden. 28) Denn indem er das Wort vollendet und rasch beendet, wird der Herr handeln auf Erden. 29) Wie auch Jesaja vorausgesagt hat: Wenn nicht der Herr Zebaoth uns Samen gelassen hätte, wir wären wie Sodom geworden und glichen Gomorrha.

[27] Vgl. weiter E. LOHSE, Doppelte Prädestination bei Paulus?, in: Weg und Weite, FS K. Lehmann, Freiburg 2001, 71–80.

Siehe oben S. 264 ferner FITZMYER, J.: The Use of explicit Old Testament Quotations in Qumran Literature, NTS 7 (1960/61) 297–333; PLAG, Wege.

Im Stil der Diatribe führt der Apostel den Gedankengang weiter, indem er zunächst einen Einwand formuliert, wie er gegen die voranstehenden Sätze über Gottes freie Erwählung geltend gemacht werden könnte: Ist Gott dabei nicht ungerecht? (V. 14) Diesen Einwand wehrt Paulus entschieden ab. Die Zurückweisung wird mit einem Zitat aus dem Buch Exodus begründet, dem ein Schriftwort folgt, das von der Verstockung des Pharao handelt (V. 15–17). Die Konsequenz lautet: Gott ist frei in seiner Entscheidung über Erbarmen, aber auch über Verstokkung (V. 18). Ein weiterer Einspruch fragt, ob Gottes Freiheit nicht menschliche Verantwortlichkeit geradezu aufhebe (V. 19). Der Apostel verweist darauf, der Mensch könne mit Gott nicht rechten (V. 20f.). In V. 22–24 ist eine Schlußfolgerung gezogen, die zunächst in einem offen auslaufenden Fragesatz den unendlichen Abstand zwischen Gottes erwählendem Handeln und der tappenden Unkenntnis des Fragestellers bewußt macht (V. 22f.). Dann folgt die These, Gott habe aus Juden und Heiden sein Volk berufen (V. 24), für die eine Kette von Schriftzitaten zur Erläuterung aufgeboten wird (V. 25–29). Mit diesen Verheißungen der Propheten, die in der Gemeinschaft des endzeitlichen Gottesvolkes in Erfüllung gegangen sind, wird der ganze Zusammenhang von V. 6–29 zum Abschluß gebracht.

V. 14: Der Einwand, mit dem der Apostel neu einsetzt, bezieht sich auf die vorher vorgetragenen Ausführungen über Gottes freie Erwählung. Wenn Gott den einen beruft, den anderen aber übergeht, dann könnte man fragen, ob sein Handeln nicht willkürlich und ungerecht sei.[1] Paulus lockert seine Argumentation auf durch Rede und Gegenrede.[2] Daher erübrigt sich die Überlegung, wer denn des näheren mit dem Fragesteller gemeint sein könnte.[3] Paulus verneint das vorgebrachte Argument, das eine falsche Folgerung zieht, und schließt sogleich eine Begründung an.

V. 15: Dabei wird das anstehende Problem zunächst in seiner grundsätzlichen Bedeutung bedacht, ohne daß auf den Zusammenhang, der nach dem Geschick Israels fragt, Bezug genommen wird. Erst in V. 24 nimmt Paulus diese Verbindung mit dem Hinweis auf Gottes Erwählung, durch die er aus Juden und Heiden das endzeitliche Gottesvolk berufen hat, wieder auf. Zunächst wird zur Erläuterung des μὴ γένοιτο ein nach dem Text der LXX angeführtes Gotteswort aus Ex 33,19

---

[1] Ἀδικία von der richterlichen Ungerechtigkeit; vgl. KÄSEMANN, Röm. 257 u.a. Vgl. auch MELANCHTHON, Rom., zu 9,14: „*Judicem decet reddere paria paribus*".

[2] So schon erkannt von MELANCHTHON, Rom., zu 9,14: „*Si Jacob et Esau sunt pares, Deus debebat utrumque pariter aut eligere aut perdere, quia iudicem decet paria paribus reddere. Deus non reddit paria paribus. Igitur est iniquus.*"

[3] Erwogen wird, ob an einen Juden oder Judenchristen zu denken sei.

zitiert, das Gott als der Erbarmer – wie er bereits in jüdischen Bezeichnungen genannt werden konnte[4] – gesprochen hat. Die beiden Hälften des Satzes drücken denselben Gedanken aus, wie er der Thora in einem Wort zu entnehmen ist, das Gott zu Mose als dem Empfänger seiner unmittelbaren Anrede gesprochen hat. Gottes Erwählung steht schlechthin unter dem Vorzeichen seines Erbarmens, wie einerseits als Zusammenfassung der Aussagen von V. 6–13 betont[5], andererseits dann in V. 18 noch einmal bekräftigt wird. Damit ist zunächst erklärt, warum der geltend gemachte Einwand in keiner Weise zutrifft.

V. 16: Die Konsequenz, die hieraus zu ziehen ist, lautet: Es kommt weder auf unser Wollen noch auf unser Laufen an, sondern allein auf Gottes Erbarmen. Paulus spielt hier auf das von ihm verschiedentlich verwendete Agon-Motiv an.[6] Da er den Vergleich mit sportlichem Wettkampf auch in positivem Sinn als anspornendes Beispiel für den Lebensweg des Christen anführen kann, sollen hier nicht etwa Wollen und Laufen allgemein unter negatives Vorzeichen gesetzt werden. Vielmehr wird der Ton darauf gelegt, daß alles Wollen und Laufen nichtig ist, wenn man davon erwarten wollte, das Heil erlangen zu können (LUTHER, Röm., zu 9,16).[7] Dieses zu schenken, steht allein beim barmherzigen Gott.[8]

V. 17: Paulus stellt dem Beispiel von Gottes Erbarmen, wie er es Mose zugesagt hat, ein zweites Schriftwort an die Seite, das von dem Erweis göttlicher Macht an Pharao und dessen Verstockung handelt. Der Spruch wird nicht als unmittelbar ergangenes Gotteswort, sondern als geschriebener Satz (γραφή) eingeführt. Doch mit dem Hinweis auf die Schrift soll schwerlich eine Abwertung gegenüber dem ersten Zitat angedeutet werden, als sollte ein größerer Abstand gegenüber Pharao ausgesagt werden (so MICHEL, Röm. 308 u. a.); denn das Wort der Schrift gilt unbestritten als Gottes Wort. Der Apostel beruft sich auf Ex 9,16, ohne sich jedoch an den Wortlaut der LXX zu halten. Abweichend von diesem stellt Paulus das Verbum ἐξήγειρα an den Anfang, um zu betonen, daß Gottes freier Entscheid den Pharao auf die Bühne der Geschichte gestellt hat. Heißt es in LXX, Gott wolle seine ἰσχύς erweisen, so setzt Paulus an deren Stelle den ihm geläufigen Begriff der göttlichen δύναμις. Beide Veränderungen dienen dazu, Gottes souveränes Handeln hervorzuheben. Daher ist anzunehmen, daß der Apostel sich hier nicht auf eine ihm vorgegebene,

---

[4] Zur „nicht seltenen Gottesbezeichnung“ als der „Barmherzige“ vgl. BILL. III 268, dort Belege.

[5] Vgl. FITZMYER, Rom. 567: „The quotation acts as a summary of what VV 6–13 have affirmed about God's gracious mercy.“

[6] Vgl. Gal 2,2; 5,7; 1 Kor 9,24–26; Phil 2,16; 3,12–14 und zur Sache: V.C. PFITZNER, Paul and the Agon Motif: Traditional Athletic Imagery in the Pauline Literature, NT.S 16, Leiden 1967 sowie B. NOACK, Celui qui court: Rom IX,16, StTh 24 (1979) 113–116.

[7] Im übrigen ermahnt LUTHER, Röm., zu 9,16, niemand möge sich in diese Grübeleien hineinstürzen, dessen Geist noch nicht gereinigt ist, damit er nicht in den Abgrund des Grausens und der Verzweiflung falle. Die Augen des Herzens aber würden gereinigt in der Betrachtung der Wunden Christi.

[8] Zur Partizipialform ἐλεῶντος vgl. die auch sonst gelegentlich begegnende Vermischung der Flexionstypen – ᾶν und – εῖν. Vgl. BL-DEBR § 90.

von LXX abweichende Textüberlieferung stützt, sondern bewußt die ihm wichtige Akzentuierung vorgenommen hat[9], die Gottes machtvolles „Ich" in der Freiheit seiner die Geschichte bestimmenden Entscheidung herausstellen soll. Vom Beispiel des Pharao – so ist der zweite ὅπως-Satz zu verstehen – aber soll als warnendem Zeichen in der Verkündigung die Rede sein. **V. 18:** Die Schlußfolgerung – wie in V. 16 durch ἄρα eingeleitet – lautet daher, daß Gott sich über den erbarmt, dessen er sich erbarmen will, und den verstockt, den er verstocken will. Hat die Verstockung des Pharao, von der in Ex 4–14 immer wieder die Rede ist, als Erweis göttlicher Lenkung der Geschichte zu gelten, so hebt diese die Verantwortlichkeit dessen nicht auf, der in seiner Verstockung schuldig wird. Paulus geht nicht auf diese Frage ein, sondern betont die ihm wichtige Aussage, daß Gott in seiner hoheitsvollen Freiheit sich über den Menschen erbarmt oder aber ihn verstockt.

V. 19: Diese These kann schwerlich ohne Widerspruch bleiben. Der in V. 14 erhobene Einwand wird mit anderen Worten aufs neue ausgesprochen: Wie kann Gott, der in so souveräner Freiheit verfährt, dann[10] noch dem Menschen Vorwürfe machen, der seinem Willen nicht entspricht? Denn – so wird erläuternd fortgefahren – wer hat je seinem Willen widerstanden? Hier wird statt der πρόθεσις Gottes sein βούλημα genannt, ohne daß ein Unterschied in der Bedeutung vorliegt. Das Perfekt ἀνθέστηκεν ist in gnomischem Sinn gebraucht, so daß der Satz als verallgemeinernde Aussage zu verstehen ist.[11] Dabei wird nicht wie Sap Sal 12,12 die Frage gestellt, wer denn Gottes Willen widerstehen könnte (τίς ἀντιστήσεται τῷ κρίματί σου; vgl. auch Hiob 9,19), sondern es wird in Frageform die Feststellung getroffen, daß noch niemals jemand sich seinem Ratschluß hat widersetzen können. Könnte daraus aber gefolgert werden, daß Gott dann keine Vorwürfe mehr gegen den Menschen aussprechen dürfte, weil dieser ohnehin sich nur dem über ihn verhängten Ratschluß zu beugen hätte?

V. 20: Auf solche Debatte läßt Paulus sich nicht ein, sondern weist den Fragesteller in die Schranken, indem er ihn an sein schlichtes Mensch-Sein erinnert[12]: Wie kommst du dazu, dir anzumaßen[13], mit Gott in einen kritischen Disput eintreten zu wollen? Das Verbum ἀνταναϰρίνεσθαι bezeichnet die entgegnende Antwort, durch die man sich einem anderen entgegenstellt (vgl. auch Lk 14,6). Wie aber kann ein armseliger Mensch sich unterstehen, in einen Rechtsstreit mit Gott eintreten zu wollen (vgl. Hiob 38–41)? Mit der folgenden Gegenfrage greift der Apostel ein Bild auf, das in der atl.-jüdischen Überlieferung des öfteren verwendet wurde[14], und lehnt sich

---

[9] Vgl. Koch, Schrift, 112, 141, 150.

[10] Das Wort οὖν ist gut bezeugt, so daß es gegen den Mehrheitstext festzuhalten ist.

[11] Vgl. Bl-Debr § 341.

[12] Μενοῦνγε am Anfang eines Satzes (vgl. auch Lk 11,28) in steigernder oder berichtigender Bedeutung = „wahrlich" vgl. Bl-Debr § 441,6 sowie § 450$_5$.

[13] Zu σὺ τίς εἶ = „Wie kommst du dazu, diese Rolle spielen zu wollen?" vgl. Bl-Debr § 300$_3$.

[14] Vgl. Jes 41,25; 45,9; 64,8; Jer 18,6; Sap Sal 15,7 u. ö.; in den Qumrantexten vgl. 1 QS XI,12; 1 QH I,21; III,20f. 23f.; IV,29; XI,3; XII,26.32; XVIII,12 u. ö.

dabei an LXX Jes 29,16 b an. Lautet dort die Frage οὐ σύ με ἔπλασας, so verschärft Paulus deren Aussage zu τί με ἐποίησας οὕτως[15] und unterstreicht damit, „daß das Geschöpf auch seine Geschöpflichkeit als solche Gott nicht entgegenhalten kann".[16]

V. 21: Oder – so wird zu bedenken gegeben – hat der Töpfer nicht die volle Verfügungsgewalt[17] über den Ton, den er bearbeitet, so daß er die Gefäße gestalten kann, wie er will, – die einen zu ehrenhaftem, die anderen zu unansehnlichem Gebrauch? Der Töpfer legt nicht erst nach der Herstellung fest, wozu die Gefäße dienen sollen, sondern von vornherein bestimmt er sie zu einem Zweck und trifft diese Entscheidung nach freiem Ermessen (ἐξουσία).

V. 22: Sind damit die beiden Einwände von V. 14 und 19, die Gottes Gerechtigkeit in Zweifel ziehen wollten, zurückgewiesen, so greift Paulus nun in einem zusammenfassenden Satz auf die beiden Gedankenschritte von V. 14–18 und 19–21 zurück.[18] Doch betroffenes Verstummen, wie es Gottes Ratschluß gegenüber allein angemessen ist, führt dazu, daß die durch εἰ δέ eingeleitete Satzkonstruktion abbricht, ehe sie zu Ende geführt wird.[19]

Worauf zielte Gottes Wille, der Zorn erweisen und seine Macht kundtun wollte? Das Partizip θέλων könnte in konzessiver Bedeutung aufgefaßt werden (Käsemann, Röm. 261; Fitzmyer Rom. 569 u.a.): Obwohl Gott so wollte, hat er doch die Gefäße des Zorns in großer Geduld getragen, indem er seiner μακροθυμία wegen die ὀργή außer Kraft setzte. Folgerichtig müßte dann das καί zu Beginn von V. 23 fortgenommen werden, so daß im ἵνα-Satz das Ziel der göttlichen Geduld angegeben würde. Doch gegen diese Interpretation spricht, daß die Auslassung des καί bei weitem zu schwach bezeugt ist (B und wenige weitere Handschriften), um als Urtext gelten zu können. Ist daher an καί zu Anfang von V. 23 festzuhalten, so sind „der Partizipialsatz V. 22 und der ἵνα-Satz V. 23 syntaktisch gleichzusetzen". Denn „in beiden Sätzen geht es um die Absicht Gottes".[20] Das Partizip θέλων ist daher in kausalem Sinn zu verstehen (Barrett, Rom. 187; Cranfield, Rom. 493f.; Michel Röm. 313 u.a.): Da Gott es so wollte …, hat er. Die Absicht, Zorn zu erweisen und seine Macht (τὸ δυνατόν = τὴν δύναμιν) zu zeigen, hatte zur Folge, daß Gott die Gefäße des Zorns in großer Geduld ertragen hat. In den Begriffsverbindungen σκεύη ὀργῆς bzw. σκεύη ἐλέους werden die Menschen als Objekte des Zorns bzw. des Erbarmens bezeichnet.[21] Gott

[15] Τί με ἐποίησας οὕτως (= τοιοῦτον): Adverb statt Prädikatsakkusativ; vgl. Bl-Debr § 434,3.
[16] Koch, Schrift 144.
[17] In dieser Bedeutung der Begriff ἐξουσία, der mit τοῦ πηλοῦ zu verbinden ist.
[18] Deutlicher Bezug auf V. 17: ἐνδείκνυμι (V. 17/22); ἡ δύναμις – τὸ δυνατόν (V. 17/22).
[19] Vgl. Bornkamm, Anakoluthe 90–92.
[20] Bornkamm, Anakoluthe 91.
[21] Vgl. Bl-Debr § 165_2. Paulus bildet analog zur atl. Wendung σκεύη ὀργῆς (Jer 27,25) die Verbindung σκεύη ἐλέους. Vgl. weiter A.T. Hanson, Vessels of Wrath or Instruments of Wrath? Rm IX: 22–23, JThS 32 (1981) 433–443, der den Begriff – schwerlich mit Recht – als Instrumente bzw. Werkzeuge verstehen möchte.

vollzieht sein richterliches Handeln gerade so, daß er zuwarten und noch Frist zu etwaiger Umkehr gewähren kann (vgl. Lk 13,8). Durch seine Langmut aber gibt er die Schuldigen – wie in V. 17 am Beispiel des Pharao gezeigt – seiner ὀργή preis (vgl. 1,18–32). Ist von den σκεύη ὀργῆς gesagt, sie seien κατηρτισμένα εἰς ἀπώλειαν, so wird damit nicht auf Gottes ewige Vorherbestimmung verwiesen (wie in V. 23: προητοίμασεν), sondern angezeigt, sie seien dem Verderben verfallen[22]. Ohne eine Begründung dafür zu geben, stellt Paulus lediglich fest, daß sie zum Untergang vorgesehen sind.[23] Dabei bleibt der Apostel streng im Bild, ohne dieses auf eine konkrete Anwendung hin auszulegen. Es wäre daher verfehlt, wollte man in den Vers eine Anspielung auf Israels Geschick hineinlesen – zumal der Apostel von dessen zukünftiger Erfüllung sagen wird: Πᾶς Ἰσραὴλ σωθήσεται (11,26).[24]

V. 23: Auch Zorneserweis und Verstockung, wie Gott sie verhängt, „stehen im Dienst der Offenbarung seines freien Erbarmens".[25] Geht Gott dabei wie ein Töpfer mit Gefäßen um, so wird durch dieses Bild der weite Abstand zwischen Geschöpf und Schöpfer und dessen durch niemanden und nichts eingeschränkte Freiheit unterstrichen. Er will den Reichtum seiner Herrlichkeit über die σκεύη ἐλέους kundtun, die er zuvor zur δόξα bestimmt hat. Wie in 8,30 (οὓς ἐδικαίωσεν, τούτους καὶ ἐδόξασεν) führt der Apostel den Gedankengang bis zum Hinweis auf Gottes eschatologische δόξα. In der zukünftigen Herrlichkeit, die Gott bereits gültig festgelegt hat, wird sein unergründliches Erbarmen seine Vollendung finden. Doch gegenüber dieser Charakterisierung göttlichen Handelns muß jedes weitere Wort von seiten eines Menschen verstummen. Zwar könnte man versuchen, zum abbrechenden Bedingungssatz eine kurze Folgerung zu ergänzen wie etwa: So ist das ganz in Ordnung; bzw. so ist es sein gutes Recht. Doch Paulus gibt weder für eine Bestätigung noch für eine abermalige Widerrede durch Menschen Raum, sondern läßt den Satz unvollendet auslaufen, indem er mit seinen Lesern „verstummt vor dem offenbaren Wirken Gottes" (SCHLATTER, Röm. 304).

V. 24: Brach der Satz von V. 22f. unvollendet ab, so schließt der Apostel nun einen Relativsatz an, der freilich sachlich zu einem Hauptsatz wird (SCHLIER, Röm. 303). Auf die Frage, wer denn die Gefäße des Erbarmens seien, wird geantwortet: die Kirche als das neue Volk Gottes, das er nicht nur aus Juden[26], sondern auch aus

---

[22] Das Partizip κατηρτισμένα ist somit nicht parallel zum Verbum προητοίμασεν aufzufassen, fehlt doch beim Partizip die Vorsilbe πρό-, so daß „Paul's formulation is more generic than the example with which he began" (FITZMYER, Rom. 570). Es wäre daher verfehlt, die Wendung im Sinn einer praedestinatio gemina zu deuten. Vgl. auch HÜBNER, Gottes Ich 53.

[23] Vgl. auch CRANFIELD, Rom. 496: „That they are worthy of destruction is clearly implied, but not that they will necessarily be destroyed."

[24] „Unheil und Heil liegen nicht, wie es zunächst erscheinen mag, im Gleichgewicht. c. 11 wird explizit dartun, daß das Unheil dem Heil dient." (KÄSEMANN, Röm. 261)

[25] BORNKAMM, Anakoluthe 91.

[26] Nur hier und 10,12 spricht Paulus im Zusammenhang der Kapp. 9–11, die vom Geschick Israels im Licht des Evangeliums handeln, der geläufigen Bezeichnung folgend von „Juden und Heiden".

den Völkern berufen hat. Dabei trägt das Prädikat ἐκάλεσεν starken Ton und unterstreicht damit, daß sich in der Berufung die freie Erwählung verwirklicht. Indem Paulus die Empfänger konkret als „uns" bezeichnet, gibt er der Aussage einen bekenntnismäßigen Charakter und kehrt damit zugleich zur Frage nach dem Geschick Israels zurück, die als Leitmotiv den ganzen Gedankengang bestimmt.[27]

V. 25: An das Stichwort ἐκάλεσεν fügt der Apostel mit dem betont an den Anfang gestellten Verbum καλέσω eine Folge atl. Prophetenworte an, die erläutern sollen, daß und wie der barmherzige Gott seine Verheißungen wahr gemacht hat. Dabei schließen die zusammengefügten Schriftzitate in chiastischer Ordnung an die eben genannte Berufung von Juden und Heiden an, indem zuerst von der Erwählung der Heiden (V. 25f.) und dann der der Juden (V. 27–29) gehandelt wird. Da Paulus die atl. Texte jeweils mit pointierten Akzentuierungen versehen hat, werden diese ihm nicht schon in einer vorgegebenen Testimoniensammlung vorgelegen haben (s.o. zu 3,10–20), sondern von ihm selbst zusammengestellt und im Lehrvortrag erörtert worden sein.

Das erste Zitat wird durch Hinweis auf den Propheten Hosea eingeführt[28] und stellt eine Verbindung zweier Verse aus Hos 2,25 und 2,1 dar. Dabei weicht der erste Satz nicht unerheblich von LXX ab, der zweite in V. 26 hingegen deckt sich weitgehend mit deren Wortlaut. Die ihm wichtige Betonung hat der Apostel durch Voranstellung des Prädikats καλέσω (LXX: ἐλεήσω) vorgenommen und bezieht den Ruf auf τὸν οὐ λαόν μου λαόν μου (LXX: καὶ ἐρῶ τῷ οὐ λαῷ μου λαός μου εἶ σύ). Im Hoseabuch gilt die Verheißung der Berufung den verlorenen zehn Stämmen des Nordreichs, bleibt also innerhalb des Rahmens der Geschichte des Volkes Israel. Doch auf den Kontext der Prophetenworte nimmt der Apostel keine Rücksicht, sondern versteht unter dem Nicht-Volk, das zu Gottes Volk gemacht werden soll, die Heiden, denen sich der erbarmende Gott zugewandt hat, so daß die Nichtgeliebte zur Geliebten geworden ist (LXX: ἀγαπήσω τὴν οὐκ ἠγαπημένην).[29]

V. 26: Die Konsequenz dieser Berufung wird durch Hinzufügung von Hos 2,1 erläutert. Die Wendung ἐν τόπῳ – ἐκεῖ könnte als Hinweis auf einen bestimmten Ort verstanden werden, etwa das heilige Land oder Jerusalem (FITZMYER, Rom. 573 u.a.), wo die Annahme der Heiden erfolgen solle. Doch Paulus deutet in keiner Weise an, daß ihm ein lokaler Bezug vor Augen stünde, sondern er betont

[27] Durch die in das Bekenntnis mündende Konkretion zeigt Paulus an, daß er nicht Spekulationen über Gottes ewige Gnadenwahl – und Verwerfung – nachhängt, sondern die Berufung der Kirche aus Juden und Heiden als Erweis göttlichen Erbarmens begreift. Folgerichtig wird nicht gesagt, wer mit den σκεύη ὀργῆς gemeint sein könnte. Der absolute Vorrang des göttlichen Erbarmens bleibt streng gewahrt.

[28] Zu dieser auch sonst üblichen Zitierweise vgl. BILL. III 272f., sowie C. BURCHARD, Römer 9,25 ἐν τῷ Ὡσηέ, ZNW 76 (1985) 131. Zu Zitaten aus dem Buch Hosea vgl. B. FUSS, „Dies ist die Zeit, von der geschrieben ist …". Die expliziten Zitate aus dem Buch Hosea in den Handschriften von Qumran und im Neuen Testament, NTA 37, Münster 2000.

[29] Vgl. KOCH, Schrift 105.

erneut nur die Bedeutung der göttlichen Berufung (κληθήσονται). Daher wird ἐν τόπῳ – ἐκεῖ als emphatischer Ausdruck im Sinn von „anstatt von“ aufzufassen sein (KÄSEMANN, Röm. 264f.; CRANFIELD, Rom. 500f.; SCHLIER, Röm. 304 u. a.): Statt daß ihnen gesagt wurde, sie seien nicht Gottes Volk, werden sie Söhne des lebendigen Gottes genannt werden.[30] Damit ist noch einmal mit allem Nachdruck festgestellt, daß Prädikate, die ursprünglich auf Israel bezogen waren, nun Heiden zugesprochen werden, die zusammen mit Juden zu Gottes Volk berufen wurden.[31]

V. 27: Wie aber steht es dann um Israel? Diese Frage wird mit Zitaten aus dem Jesajabuch beantwortet.[32] Die Worte des Propheten werden als vom Geist inspirierter Ruf bezeichnet, den er über (ὑπέρ = περί) Israel hat ergehen lassen (zu κράζει vgl. Röm 8,15; Joh 1,15; 7,28.37; 12,44 u. ö.). Der Apostel führt wieder eine Zitatenkombination an, in der zunächst nicht auf ein Wort Jesajas, sondern auf Hos 2,1 LXX Bezug genommen wird. Erst der Nachsatz entspricht Jes 10,22, wobei freilich der Begriff κατάλειμμα durch ὑπόλειμμα ersetzt wird.[33] Wenn die Zahl der Israeliten auch noch so groß sein mag, so wird doch nur ein Rest gerettet werden.[34] Ergeht damit Gottes Richterspruch über sein Volk, so ist doch zugleich darin die Verheißung enthalten, daß das Gericht nicht das absolute Ende setzen wird, sondern ein Rest hindurchgetragen und gerettet werden soll. Das Prädikat σωθήσεται steht darum betont am Ende des Satzes.

V. 28: Die Fortsetzung des Zitats weicht vom LXX-Text zunächst darin ab, daß die Wendung ἐν δικαιοσύνῃ fehlt.[35] Daß der Apostel bewußt auf diesen ihm sonst so wichtigen Begriff verzichtet haben sollte, ist schwerlich anzunehmen. Daher liegt entweder das Schreibversehen einer Haplographie vor[36] oder aber – wahrscheinlicher – hat Paulus eine von LXX abweichende Textfassung benutzt, die die Wendung ἐν δικαιοσύνῃ nicht enthielt. Der umfangreiche Satz aus Jes 10,22f. wird von Paulus verkürzt[37], so daß er nur knapp lautet: λόγον γὰρ συντελῶν καὶ συντέμνων ποιήσει κύριος (= LXX ὁ θεός). Die beiden Partizipien, die anstelle von finiten Verben stehen, haben den λόγος zum Objekt, so daß zu übersetzen ist: „indem er das Wort vollendet und rasch beendet“. Dabei ist nicht daran gedacht,

---

[30] Es geht jedoch zu weit, wenn HÜBNER, Gottes Ich 56 interpretiert: „Anstelle der nichtberufenen Juden werden die Heiden berufen.“ Paulus bezieht die Hoseaworte auf die Berufung der Heiden, von Israel aber handelt er erst in V. 27–29 unter Bezug auf die angeführten Jesajaworte.

[31] Vgl. KOCH, Schrift 289f.

[32] Zur besonderen Bedeutung, die bei Paulus dem Jesajabuch zukommt, vgl. WILK, Bedeutung.

[33] Nicht wenige Handschriften haben jedoch sekundär an κατάλειμμα angeglichen.

[34] Zum Restgedanken vgl. J. JEREMIAS, Der Gedanke des „Heiligen Restes“ im Spätjudentum und in der Verkündigung Jesu, ZNW 42 (1949) 184–194 = Abba 121–132; sowie in den Qumrantexten 1 QH VI,7f., ferner 1 QpHab X,13; 4Qflor I,19 u. ö.

[35] In einigen Handschriften sekundär nachgetragen.

[36] Vgl. KOCH, Schrift 82f.

[37] Er enthält in Jes. 10,22f. sowohl λόγον γὰρ συντελῶν καὶ συντέμνων als auch λόγον συντετμημένον ποιήσει ὁ θεός.

daß etwa das Wort der Verheißung verkürzt werden sollte, sondern im Sinn des Apostels besagt das Prophetenwort, daß Gott sein Wort zu baldiger Erfüllung bringen[38] und entsprechend handeln wird auf Erden.[39] Damit wird erklärt, wie es zur Rettung des Restes kommt, den Gottes Barmherzigkeit erhalten wird. Die Wendung ἐπὶ τῆς γῆς, die den Schluß des Satzes ausmacht, betont die Realität des göttlichen Handelns. Gottes Ratschluß (vgl. Jes 28,22) ist nicht nur gefaßt worden, sondern wird alsbald „auf der Erde" verwirklicht werden.

V. 29: Noch einmal verweist Paulus ausdrücklich auf die Verheißung, die Jesaja ausgesprochen hat und zitiert Jes 1,9 genau nach LXX. Dabei klingt das Verbum ἐγκατέλιπεν an den voranstehenden Begriff ὑπόλειμμα an, so daß σπέρμα noch einmal auf den Gedanken des heiligen Restes zu beziehen ist. Hätte Gott sich nicht erbarmt, so hätte Israel das vernichtende Geschick von Sodom und Gomorrha ereilt.[40] Nun aber spricht das letzte Wort nicht von Gottes Zorn, sondern von seinem Erbarmen.

An Gottes gnädiger Barmherzigkeit (V. 14–16.18) ist alles gelegen. Sie wird zugesprochen in seiner Berufung (V. 24.25.26), wie sie in Worten der Schrift ausgesagt ist. Die atl. Zitate werden daher durch das Stichwort καλεῖν miteinander verbunden, so daß sie sich zu einem gemeinsamen, einheitlichen Zeugnis zusammenfügen.

9,30–10,21 Israels Ungehorsam

Bisher hat der Apostel davon gesprochen, daß und wie der sich erbarmende Gott in der souveränen Freiheit seiner Entscheidung handelt. Daraus könnte der Eindruck entstehen, als käme angesichts der majestätischen Gnadenwahl Gottes der Verantwortung und Schuld der Menschen, denen Gottes Ruf gilt, gar keine Bedeutung zu. Daß dem jedoch nicht so ist, zeigt Paulus auf, indem er neben den ersten Gedankengang, der in 9,6–29 Gottes Ratschluß und Erwählung entfaltet hat, nun einen zweiten setzt. In 9,30–10,21 führt er aus, wie Israel sich zu großen Teilen gegenüber der ihm geltenden Berufung taub gestellt hat. So gegensätzlich die beiden Gedankengänge sich zueinander zu verhalten scheinen, so werden sie doch in spannungsvollem Gegenüber aufeinander bezogen. In Kap. 11 werden sie dann zu einem Ausgleich gebracht, indem auf die verläßliche Treue Gottes verwiesen wird, in der er an der Zusage seiner Berufung festhält. Daher ergibt sich im Licht des Evangeliums, daß Israels Geschick zur Zukunft hin offen ist und bleibt, weil sie die Zeit Gottes ist.

[38] Zur Auseinandersetzung mit abweichenden Erklärungsversuchen vgl. KOCH, Schrift 147–149.

[39] Der umfassendere Begriff der οἰκουμένη ὅλη (LXX) ist konkretisiert zu ἐπὶ τῆς γῆς (ohne ὅλη[ς]).

[40] In dem „Wir" (ἡμῖν- ἐγεννήθημεν – ὡμοιώθημεν) bekennen sich für das Verständnis des Paulus die Judenchristen zu dem ihnen widerfahrenen Erbarmen Gottes.

In kurzen überleitenden Worten faßt der Apostel die Folgerungen ins Auge, die sich aus den bisherigen Ausführungen im Blick auf die Berufung der Kirche aus Juden und Heiden ergeben. Dabei nimmt Paulus die Begriffe seiner Theologie der Rechtfertigung wieder auf. In auffallender Häufung spricht er von δικαιοσύνη, νόμος sowie πίστις/πιστεύειν und rückt damit die Frage nach dem Geschick Israels in den Horizont der Offenbarung der Gerechtigkeit Gottes: Israel hat das Ziel, vor Gott gerecht zu sein, nicht erreicht (9,30–33). Was die Gegenüberstellung einer Gerechtigkeit aus dem Gesetz im Unterschied zur Gerechtigkeit aus Glauben bedeutet, führt Paulus in 10,1–13 des näheren aus, um schließlich in 10,14–21 Israels Ungehorsam als seine Schuld zu charakterisieren, für die es verantwortlich gemacht wird.

Siehe oben S. 264 sowie Barrett, C.K.: Fall and Responsibility of Israel, in: de Lorenzi (Hg.), Israelfrage 99–130 = Essays on Paul, London 1982, 132–153; Bring, R.: Paul and the Old Testament. A Study of the Ideas of Election, Faith and Law in Paul, with Special Reference to Romans 9:30–10:30 [sic], StTh 25 (1971) 21–60; van Dülmen, Theologie.

9,30–33 Israels Fall

30) **Was sollen wir nun sagen? Heiden, die nicht Gerechtigkeit nachjagten, haben Gerechtigkeit erlangt, Gerechtigkeit aus Glauben.** 31) **Israel aber, das dem Gesetz der Gerechtigkeit nachjagte, ist nicht zum Gesetz gelangt.** 32) **Warum? Weil nicht aus Glauben, sondern vermeintlich aus Werken. Sie sind gestolpert über den Stein des Anstoßes,** 33) **wie geschrieben steht: Siehe, ich lege in Zion einen Stein des Anstoßes und Felsen des Ärgernisses. Und wer an ihn glaubt, wird nicht zuschanden werden.**

Betz, O.: Felsenmann und Felsengemeinde, ZNW 48 (1957) 49–77; Cranfield, C.E.B.: Some Notes on Romans 9:30–33, in: Jesus und Paulus, FS W.G. Kümmel, Göttingen 1975, 35–43; Hofius, Auslegung; Lambrecht, J.: The Caesura between Romans 9.30–3 and 10.1–4, NTS 45 (1999) 141–147; Müller, K.H.: Anstoß und Gericht. Eine Studie zum jüdischen Hintergrund des paulinischen Skandalon-Begriffes, München 1969; Refoulé, F.: Note sur Romains IX,30–33, RB 92 (1985) 161–186; Reinbold, W.: Paulus und das Gesetz: zur Exegese von Röm. 9,30–33, BZ 38 (1994) 253–264.

Mit einer kurzen Frage sucht der Apostel die Aufmerksamkeit seiner Hörer und Leser zu wecken. Dann sagt er zuerst von den Heiden und nach ihnen von Israel, wie sie angesichts der Offenbarung der Gerechtigkeit Gottes dastehen. Israel hat im Vertrauen auf Werke, die es zu erbringen suchte, das erstrebte Ziel verfehlt und ist – wie durch ein Prophetenwort aus dem Jesajabuch bekräftigt wird – am Fels des Ärgernisses zu Fall gekommen.

Welche Stellung nehmen diese Verse zwischen 9,29 und 10,1 ein? Manche Exegeten vertreten die Ansicht, sie gehörten als Abschluß noch zum vorhergehenden

Abschnitt, so daß erst in 10,1 ein neuer Einsatz vorliege.[1] Doch die Anrede „Brüder", mit der 10,1 beginnt, muß keineswegs einen tieferen inhaltlichen Einschnitt anzeigen. Denn Paulus verwendet wiederholt am Anfang eines Satzes diese Anrede (vgl. 1 Kor 14,20; Gal 3,15; 6,1; Phil 3,13; 1 Thess 5,25 u. ö.). Da der Apostel in seinen Ausführungen der Kapp. 9–11 hier zum ersten Mal auf die Theologie der Rechtfertigung zurückgreift, wird damit nach der kurzen überleitenden Eingangsfrage[2] zugleich ein neuer Gedanke angesprochen. Israel hat aufgrund seines Verhaltens das erhoffte Heil nicht gewinnen können. Ein Schriftzitat (V. 33) veranschaulicht, wie Israel zu Fall gekommen ist. Nur derjenige, der glaubt, wird nicht zuschanden. Mit einer großen Zahl von Exegeten ist daher 9,30 als Übergang zu einem neuen Abschnitt zu beurteilen (ZELLER, Röm. 185f.; KÄSEMANN, Röm. 267f.; WILCKENS, Röm. II 210f.; CRANFIELD, Rom. 504–506, FITZMYER, Rom. 576f. u.a.).

V. 30: Die rhetorische Frage, was denn nun zu sagen sei, leitet nicht – wie des öfteren – einen Einwand ein, der dann zurückzuweisen wäre, sondern es wird auf das Fazit verwiesen, das aus dem vorhergehenden Abschnitt folgt. Die Antwort gibt ein Satz, in dem in antithetischem Parallelismus zunächst von den Heiden und dann von Israel die Rede ist. Heiden – da der Artikel fehlt, wird eine gewisse Unbestimmtheit angezeigt, die die genaue Zahl offen läßt – haben Gerechtigkeit erlangt, obwohl sie ihr nicht nachgejagt waren. Die Verben διώκειν und καταλαμβάνειν sind wieder dem Bildzusammenhang sportlichen Wettkampfs entnommen (vgl. oben zu V. 16 und Phil 3,12–14).[3] Weil Heiden nicht unter der Bestimmung der Thora lebten, die das Erreichen des Ziels der δικαιοσύνη unter die Bedingung erbrachter ἔργα νόμου stellt, konnten sie begreifen, daß die Gerechtigkeit niemals durch eigenes Tun gewonnen, sondern nur im vertrauenden Glauben als Geschenk des barmherzigen Gottes empfangen werden kann (vgl. Röm 1,16f.; 3,21–31).[4]

V. 31: Anders Israel, wie in einem gegensätzlich formulierten Satz gezeigt wird, in dem ebenso wie in V. 30 das Verbum διώκειν gebraucht wird, φθάνειν (= „hingelangen", „erreichen") aber an die Stelle von καταλαμβάνειν tritt. Doch die Objekte, denen nachjagendes Streben gilt, werden in auffallender Weise anders als in V. 30 bezeichnet. Hätte Paulus geschrieben Ἰσραὴλ δὲ διώκων εἰς δικαιοαύνην

[1] So mit manchen anderen (MICHEL, Röm 319f.; SCHLIER, Röm. 305f. u.a.) zuletzt LAMBRECHT 141–147. Nach Abwägung der verschiedenen Argumente faßt er sein Urteil zusammen: „That 9.30–3 is better considered as the final part of the first major section in Romans 9–11 and that 10.1 marks a caesura, just before the beginning of the second major section" (144).

[2] Vgl. SCHMITHALS, Röm. 362–365: V. 30–33 habe „eine verbindende und überleitende Funktion" (365).

[3] Daß hinter V. 30 eine Bezugnahme auf Jes 51,1 zu erkennen sei (so HÜBNER, Gottes Ich 64), liegt nicht nahe.

[4] Vgl. LUTHER, Röm., zu 9,33: „Denn die Gerechtigkeit Christi ist dem zu eigen, der an ihn glaubt, und die Sünde dessen, der da glaubt, ist Christus zu eigen, an den er glaubt."

οὐκ ἔφθασεν, wäre eine klare Gegenüberstellung zu V. 30 ausgesprochen worden. Doch statt auf die δικαιοσύνη zu verweisen, gibt Paulus den νόμος δικαιοσύνης bzw. νόμος als Objekt an. Damit ist das entscheidende Kriterium genannt; denn das Gesetz fordert Gerechtigkeit und verheißt sie demjenigen, der sie erfüllt.[5] Paulus verleiht damit geläufigem jüdischen Selbstverständnis Ausdruck, nach dem die Gabe der Thora als Erweis göttlicher Zuwendung zu Israel gilt und es durchaus für möglich gehalten wird, ihren Weisungen zu entsprechen, indem man sich als κατὰ δικαιοσύνην τὴν ἐκ νόμου γενόμενος ἄμεμπτος bewährt (Phil 3,6). Dabei hat der Apostel seine Worte zweifellos bedacht gewählt[6], so daß als Ziel, dem alles Bemühen entgegenzustreben suchte, eben jener νόμος angeführt wird, wie er Israel bekannt gemacht worden war.[7] Ist ein Leben unter dem Gesetz immer darauf ausgerichtet, der von ihm geforderten δικαιοσύνη zu entsprechen[8], so kann das zu erreichende Ziel auch nichts anderes sein als eben dieser νόμος[9]. Doch dieses Ziel hat Israel verfehlt.

V. 32: Warum ist es so gekommen? Paulus setzt noch einmal mit einer Frage ein und antwortet mit einem auffallend kurz gehaltenen Satz ohne Prädikat.[10] Doch ist aus dem Zusammenhang ohne Zweifel das Verbum διώκειν zu ergänzen. Der wuchtige Hinweis οὐκ ἐκ πίστεως wird vorangestellt und der Gegensatz durch die Wendung ὡς ἐξ ἔργων bezeichnet, wobei durch ὡς auf die subjektive, aber nicht zutreffende Überzeugung der Israeliten hingewiesen wird.[11] In der Meinung, durch Werke – das Wort steht hier ohne nähere Charakterisierung[12] – zum Ziel gelangen zu können, haben die Israeliten Gottes Gesetz falsch verstanden und sind dem verhängnisvollen Irrtum erlegen, als sollten oder könnten sie durch ihre Taten sich das Heil erwerben. Dabei will das Gesetz nach der von Gott gegebenen Intention dahin begriffen werden, daß es für Israel ebenso wie für die Völker nur den einen Weg gibt – eben den Weg des Glaubens (vgl. 3,27–31).[13] Zu beachten ist, daß Paulus kein negatives Wort über das Gesetz ausspricht und nicht in Zweifel zieht,

---

[5] Die Begriffverbindung νόμος τῆς δικαιοσύνης findet sich in Sap Sal 2,11; eine Bezugnahme auf diese Stelle ist jedoch nicht anzunehmen.

[6] Vgl. CRANFIELD 37: „We take it then that Paul used νόμον δικαιοσύνης for the simple reason that he meant just that."

[7] Darum ist nicht anzunehmen, daß νόμος hier die allgemeinere Bedeutung „Norm" haben sollte. So mit anderen zuletzt HAACKER, Röm. 199.

[8] Vgl. CRANFIELD 38: „That the Law had been given in order to aid it in its quest for righteousness before God." Sowie HOFIUS, Auslegung 163: „In der Sache sagt Röm 9,31 also nichts anderes als Röm 11,7a:ὃ ἐπιζητεῖ Ἰσραήλ, τοῦτο οὐκ ἐπέτυχεν."

[9] Eine Konjektur zu δικαιοσύνην stellt daher eine unzulässige Angleichung an δικαιοσύνην in V. 30 dar.

[10] REINBOLD (Paulus 253–264) macht deshalb den – schwerlich überzeugenden – Vorschlag, eine Parenthese anzunehmen und zu übersetzen: „Weil sie – nicht aus Glauben, sondern in Werken befangen! – an den Stein des Anstoßes anstießen."

[11] Vgl. BL-DEBR § 425,3; BAUER-ALAND 1792.

[12] In einigen späteren Handschriften wird der Genetiv νόμου zu ἔργων hinzugefügt.

[13] Vgl. HÜBNER, Gottes Ich 66.

daß seine Gebote zu befolgen sind. Doch hebt er hervor, daß nicht durch Aufweis von Werken, sondern allein im Glauben das durch Gottes Barmherzigkeit eröffnete Heil empfangen werden kann. Weil Israel diese entscheidende Botschaft verkannte, ist es – wie Paulus in vorwegnehmender Anwendung des folgenden Schriftwortes sagt – an den Fels der Ärgernisses gestoßen.

V. 33: Was es mit diesem λίθος προσκόμματος auf sich hat, wird mit einem Zitat erläutert, das aus zwei Stellen aus dem Jesajabuch zusammengefügt ist. Heißt es Jes 28,16, Gott werde auf dem Zion einen Grundstein setzen, einen bewährten Stein, einen kostbaren Eckstein, so wird nun das Objekt der göttlichen Setzung mit Jes 8,14 durch die Begriffsverbindung λίθος προσκόμματος angegeben. Damit wird dem Felsen sowohl eine negative wie auch eine positive Wirkung zugeschrieben. Da sich diese beiden Verse aus unterschiedlichen Kapiteln des Jesajabuches auch 1 Petr 2,6–8 in einer vergleichbaren Kombination finden, war Paulus die Zitatenverbindung möglicherweise schon durch mündliche urchristliche Überlieferung vorgegeben, die freilich mit dem LXX-Text ziemlich frei umgegangen ist.[14] Im Hintergrund dürfte eine jüdische Tradition stehen, die den Stein auf den Messias deutet und so versteht, daß die Gerechten, die ihr Vertrauen auf ihn gründen, nicht erschüttert werden sollen.[15] Der von Gott gesetzte Stein ist in der urchristlichen Tradition auf Christus bezogen, der „als der von Gott in Zion gelegte kostbare Stein verstanden“ wird, „der für den Glaubenden der Grund für seine künftige Bewahrung ist“.[16] Wird für diejenigen, die sich gegenüber der in Christus geoffenbarten Gerechtigkeit Gottes verschließen, der Stein zum λίθος προσκόμματος, so verleiht er doch denen, die an ihn glauben[17], festen Stand, damit sie nicht zuschanden werden. Dieser Weg, dessen Bedeutung Heiden begriffen haben, bleibt auch für Israel offen, wenn es sich im Glauben dem Evangelium zuwendet.[18]

Das leitende Motiv der göttlichen δικαιοσύνη durchzieht diesen kurzen Abschnitt, der zugleich eine verbindende Einleitung zum folgenden Gedankengang bietet. Wem Gott seine barmherzige Zuwendung hat zuteil werden lassen, der ist damit aufgerufen, fortan im Bewußtsein der ihm aufgegebenen Verantwortung zu leben.

---

[14] Vgl. Koch, Schrift 69–71.

[15] Vgl. J. Jeremias, ThWNT IV, 276f. mit Hinweis auf den sicher vorchristlichen Zusatz, der sich – über den hebräischen Text hinausgehend – in der LXX findet: ὁ πιστεύων – ἐπ᾽ αὐτῷ (fehlt jedoch in der Handschrift B). Zur späteren Targumfassung vgl. Bill. III 276. In der Gemeinde von Qumran ist Jes 28,16 auf den Rat der Gemeinschaft bezogen worden (1 QS VIII,7f.); zu weiteren Belegen vgl. Betz 49–77.

[16] Koch, Schrift 161. Das in manchen Handschriften vor ὁ πιστεύων sekundär eingefügte πᾶς entspricht anderen paulinischen Aussagen (1,16: παντὶ τῷ πιστεύοντι) sowie der in 10,11 zitierten Textfassung.

[17] Πιστεύειν ἐπί = πιστεύειν εἰς. Vgl. Bl-Debr § 187$_1$ sowie J. Jeremias, ThWNT IV, 275 und R. Bultmann, ThWNT VI, 217.

[18] Vgl. Käsemann, Röm. 268: „Gottesgerechtigkeit gibt es nur als Glaubensgerechtigkeit.“

10,1–13 Die Gerechtigkeit aus dem Gesetz und die Gerechtigkeit aus Glauben

1) Brüder, meines Herzens Wunsch und Gebet zu Gott gilt der Rettung für sie. 2) Denn ich bezeuge ihnen, daß sie Eifer um Gott haben, aber nicht nach rechter Erkenntnis. 3) Denn indem sie die Gerechtigkeit Gottes verkannten und ihre eigene aufzurichten suchten, haben sie sich der Gerechtigkeit Gottes nicht untergeordnet. 4) Denn Ende des Gesetzes ist Christus für jeden, der glaubt. 5) Denn Mose schreibt von der Gerechtigkeit aus dem Gesetz: Der Mensch, der dieses tut, wird darin leben. 6) Die Gerechtigkeit aus Glauben aber spricht so: Sage nicht in deinem Herzen: Wer wird in den Himmel hinaufsteigen? Das heißt, Christus herabzuholen. 7) Oder: Wer wird in den Abgrund hinabsteigen? Das heißt, Christus von den Toten heraufzuführen. 8) Sondern was sagt sie? Nahe ist dir das Wort in deinem Munde und in deinem Herzen. Das ist das Wort des Glaubens, das wir verkündigen. 9) Denn wenn du mit deinem Mund bekennst: Herr ist Jesus, und in deinem Herzen glaubst, daß Gott ihn von den Toten auferweckt hat, wirst du gerettet werden. 10) Denn mit dem Herzen glaubt man zur Gerechtigkeit, mit dem Mund aber bekennt man zur Rettung. 11) Denn die Schrift sagt: Jeder, der an ihn glaubt, wird nicht zuschanden werden. 12) Denn da ist kein Unterschied zwischen Juden und Griechen. Denn es ist ein und derselbe Herr über alle und gibt von seinem Reichtum allen, die ihn anrufen. 13) Denn jeder, der den Namen des Herrn anruft, wird gerettet werden.

Siehe oben S. 285 und ALETTI, J.-N.: Romains 10, Israël, la Loi et l'Évangile, in: Israël 201–232; BURCHARD, C.: Glaubensgerechtigkeit als Weisung der Tora bei Paulus, in: Jesus Christus als die Mitte der Schrift, FS O. Hofius, BZNW 86, Berlin 1997, 341–362; DELLING, G.: „Nahe ist dir das Wort". Wort – Geist – Glaube bei Paulus, ThLZ 99 (1974) 401–412; DUNN, J.D.G.: „Righteousness from the Law" and „Righteousness from Faith", in: Tradition and Interpretation in the New Testament, FS E. E. Ellis, Grand Rapids/Tübingen 1987, 216–228; ECKSTEIN, H.-J.: „Nahe ist dir das Wort". Exegetische Erwägungen zu Röm 10,8, ZNW 79 (1988) 204–220; KÄSEMANN, E.: Geist und Buchstabe, in: Perspektiven 237–285, bes. 267–285; LANG, F.: Erwägungen zu Gesetz und Verheißung in Römer 10,4–13, FS O. Hofius, Berlin 1997, 579–602; LINDEMANN, A.: Die Gerechtigkeit aus dem Gesetz. Erwägungen zur Auslegung und zur Textgeschichte von Römer 10,5, ZNW 73 (1982) 231–250; RESE, M.: Israels Unwissen und Ungehorsam und die Verkündigung des Glaubens durch Paulus in Römer 10, in: Die Rede von Gott und ihre Nachgeschichte im frühen Christentum, FS W. Marxsen, Gütersloh 1989, 252–266; REUMANN, Righteousness 88–90; SUGGS, Word.

Erneut bringt der Apostel seine tiefe Betroffenheit darüber zum Ausdruck, daß Israel zu großen Teilen nicht verstanden hat, was die Gerechtigkeit Gottes als Gerechtigkeit aus Glauben, nicht aus dem Gesetz, bedeutet (V. 1–3). Die mit Christus eingetretene fundamentale Wende wird in V. 4 in einer lehrsatzartigen Formulierung charakterisiert. Diese These begründet Paulus in V. 5–13, indem er mehrere

Schriftzitate aufbietet und nur knapp interpretiert. Dadurch wird die einander ausschließende Gegenüberstellung der Gerechtigkeit aus dem Gesetz und der aus Glauben beschrieben. Dabei wird – wie schon in 9,30–33 – das Geschick Israels unter der Perspektive betrachtet, die durch die Offenbarung der Gerechtigkeit Gottes in Christus eröffnet wurde.

V. 1: Mit der Anrede „Brüder“ spricht Paulus seine christlichen Leser an, um ihnen zu zeigen, wie gewichtig seine Worte sind, die er weder an die Synagoge noch an Außenstehende, sondern an diejenigen richtet, die sich zu Christus bekennen. Sie dürfen nicht außer acht lassen, welch hoher Rang der Frage nach dem Geschick Israels zukommt. Abermals spricht der Apostel aus, wie stark und fest er sich Israel verbunden weiß. Dabei bedient er sich biblischer Redeweise[1], indem er zunächst seine εὐδοκία (= רָצוֹן) nennt, in der sein Herz seinen Stammverwandten zugetan ist. Ihnen gilt nicht nur Wille und Wunsch des Apostels[2], sondern auch sein an Gott gerichtetes Gebet, das zu ihren Gunsten (ὑπὲρ αὐτῶν) rettendes Heil erfleht. Der einleitenden Partikel μέν folgt – wie gelegentlich auch sonst bei Paulus – kein entsprechendes δέ. Der gleich zu Beginn des Abschnitts genannte Begriff σωτηρία wird im letzten Teil mehrfach aufgenommen (vgl. V. 9.10.13). Indem Paulus – wie es auch die Propheten des AT taten (Ex 32,31f.; Amos 7,1–6) – inständig für Israel Fürbitte einlegt, zeigt er, daß dessen Zukunft keineswegs schon entschieden ist, sondern offen bleibt für die von Gott gewirkte Rettung (vgl. 11,25).

V. 2: Der folgende Satz wird durch ein erläuterndes γάρ angeschlossen. Paulus kann den Israeliten bezeugen, daß sie ζῆλος haben, Eifer um Gott[3], wie ihn einst die Frommen in der Geschichte (Ps 69,10; 1 Makk 2,26f.50; Jdt 9,4; 1 Q IV,4[4] u. ö.) und auch der Jude Paulus (Gal 1,14f.; Phil 3,6; Act 22,3) gezeigt haben. Doch diese intensive Hingabe stößt ins Leere, weil sie nicht nach rechter ἐπίγνωσις geschieht. Gemeint ist damit die rechte Erkenntnis des göttlichen Willens, die sich von Unwissen und Irrtum deutlich unterscheidet (vgl. Kol 1,9: τὴν ἐπίγνωσιν τοῦ θελήματος αὐτοῦ; ferner: Röm 1,28; 3,20; Phm 6; Kol 2,2; 3,10 u. ö.). Macht es den Stolz Israels aus, durch die ihm anvertraute Thora rechte Einsicht zu haben, so widerspricht Paulus.

V. 3: Warum dieses Urteil so schroff ausgesprochen wird, begründet Paulus kurz. Durch das Partizip ἀγνοοῦντες wird nicht auf Unwissen, sondern auf falsches

---

1 „Biblische Redeweise“ ist jedoch nicht in engem Sinn dahin zu verstehen, als bliebe der Apostel auch hier im Umfeld der beiden eben angeführten Zitate aus dem Jesajabuch. So F. Wilk, Bedeutung des Jesajabuches für Paulus (1998) 220–223.266. Zur Kritik vgl. D.-A. Koch, ThLZ 124 (1999) 1129–1131.

2 Ἡ μὲν εὐδοκία = „so weit es auf meinen Wunsch ankommt“; vgl. Bl-Debr § 447_{14}. Ein Prädikat fehlt im Satz.

3 Gen. obj.; vgl. Bl-Debr § 163.

4 Vgl. die häufige Betonung der rechten Erkenntnis in den Qumrantexten: רוח דעת 1 QS IV,4; דעת אמת 1 QS IX,17 (= ἐπίγνωσις ἀληθείας); ובדעת אמתכה 1 QH X,29; רוח דעת ויראת אל 1 QSb V,25 u. ö.

Verständnis hingewiesen.[5] Die Israeliten haben einen verhängnisvollen Irrweg beschritten, indem sie Gottes Gerechtigkeit (= Gen. auct.) verkannten und stattdessen ihre eigene[6] aufzurichten suchten.[7] Diese aber ist die δικαιοσύνη ἡ ἐκ νόμου (V. 5) und steht in diametralem Gegensatz zur δικαιοσύνη θεοῦ bzw. δικαιοσύνη ἐκ πίστεως, die Israel verkannt und ausgeschlagen hat.[8] Darin aber haben sie sich als ungehorsam erwiesen.[9] Diese negative Beurteilung ist von grundsätzlicher Bedeutung und gilt nicht nur von den Juden, die Jesus verworfen und gekreuzigt haben.[10] Auch zielt der Apostel nicht nur auf gewisse Mißverständnisse, die darin bestanden haben könnten, daß Israel Gottes Gerechtigkeit nur auf sich bezogen, aber verkannt hätte, daß sie auch den Heiden gilt.[11] Paulus argumentiert weitaus schärfer, indem er die in Christus offenbarte Gerechtigkeit Gottes, wie sie allein den Glaubenden zuteil wird, allen denkbaren Versuchen gegenüberstellt, die eigene Gerechtigkeit als Gerechtigkeit aus dem Gesetz gewinnen zu wollen.

V. 4: Darum schließt – wiederum mit einem verknüpfenden γάρ – der Apostel eine lehrsatzartig formulierte These[12] an: Des Gesetzes τέλος ist Christus.[13] Daß der Hoheitstitel den gekreuzigten und auferstandenen Christus bezeichnet und mit dem Gesetz die Thora gemeint ist, dürfte nicht strittig sein. Doch wie ist der Be-

---

[5] Zu ἀγνοεῖν vgl. Röm 2,4; 1 Kor 14,38; 2 Kor 6,9 u. ö.

[6] Die Wiederholung des Begriffes δικαιοσύνην ist nicht nur durch den Mehrheitstext, sondern auch durch frühe Handschriften wie p[46] u. a. gut bezeugt. Wenn man sich für Fortlassung entscheiden wollte, würde sich keine Änderung des Sinnes ergeben.

[7] Zu στῆσαι vgl. 3,31: νόμον ἱστάνομεν.

[8] Vgl. Paulus über seine eigene Erfahrung Phil 3,9: μὴ ἔχων *ἐμὴν* δικαιοσύνην τὴν *ἐκ νόμου*, ἀλλὰ τὴν *ἐκ πίστεως* Χριστοῦ, τὴν *ἐκ θεοῦ* δικαιοσύνην ἐπὶ τῇ πίστει.

[9] Zur Bezeichnung des Glaubens als Gehorsam bzw. seiner Versagung als Ungehorsam vgl. 1,5; 6,17; 10,16 u. ö. Durch die Zeitform des Aorist könnte mit οὐχ ὑπετάγησαν konkret auf die Abweisung Christi als des Messias hingewiesen sein.

[10] So MUNCK, Christus 64.

[11] So DUNN, Rom. 588.590.595.597f. mit Hinweis auf den von SANDERS beschriebenen sog. „covenantal nomism" (vgl. bes. Law 36–43).

[12] Charakteristisch hierfür das Fehlen von Artikeln in der Wortfolge τέλος γὰρ νόμου Χριστὸς εἰς δικαιοσύνην.

[13] Aus der Fülle der Studien, die diesem Vers gewidmet sind, seien genannt: BADENAS, R.: Christ the End of the Law: Romans 10,4 in Pauline Perspective, JSNT.S 10, Sheffield 1985; BECHTLER, R.: Christ the Τέλος of the Law: The Goal of Romans 10:4, CBQ 56 (1994) 288–308; BRING, Erfüllung; BULTMANN, R.: Christus des Gesetzes Ende, BEvTh 1, München 1940, 3–27 = Glauben II 32–58; HAACKER, K.: „Ende des Gesetzes" und kein Ende? Zur Diskussion über τέλος νόμου in Röm 10,4: Ja und Nein. Christliche Theologie im Angesicht Israels, FS W. Schrage, Neukirchen 1998, 127–138; HILLS, J.V.: „Christ was the Goal of the Law …" (Romans 10:4), JThS 44 (1993) 585–592; HOWARD, G.E.: Christ the End of the Law. The Meaning of Romans 10,4ff., JBL 88 (1969) 331–337; KUNDERT, L.: Christus als Inkorporation der Tora. Röm 10,4 vor dem Hintergrund einer erstaunlichen rabbinischen Argumentation, ThZ 55 (1999) 76–89; MUSSNER, F.: Christus des Gesetzes Ende zur Gerechtigkeit für jeden, der glaubt, in: Paulus – Apostat oder Apostel, Regensburg 1977, 31–44; V.D. OSTEN-SACKEN, Heiligkeit 33–40; REFOULÉ, F.: Romains X,4: Encore une fois, RB 91 (1984) 321–350; RHYNE, C.: Nomos dikaiosynes and the meaning of Romans 10:4, CBQ 47 (1985) 486–499; SCHREINER, T.R.: Paul's View of the Law in Romans 10:4–5, WThJ 55 (1993) 113–135; STUHLMACHER, Ende.

griff τέλος zu bestimmen? Dem Wort kommt eine erhebliche Breite von Bedeutungen zu, die von „Ende“ über „Abschluß“ bis zu „Ziel“/„Höhepunkt“ reichen.[14] Die überkommene Wiedergabe mit „Ende“, die die meisten Exegeten vertreten (SCHLATTER, Röm. 311; DODD, Rom. 176; LIETZMANN, Röm. 96; BULTMANN, Ende 56f.; MICHEL, Röm. 362; KÄSEMANN, Röm. 270–273; SCHLIER, Röm. 311; SCHMITHALS, Röm. 370; PETERSON, Röm. 300; LANG 579–602 u.a.), wird in zunehmendem Maß in Zweifel gezogen, wobei offensichtlich die Schärfe der Aussage, die bei der Übersetzung durch „Ende“ gegeben ist, durch eine weniger schroffe Formulierung gemildert werden soll. In unterschiedlichen Schattierungen wird dabei für τέλος von der Bedeutung „Ziel“ ausgegangen.

Folgt man dieser Auffassung, so würde der Apostel gemeint haben, in Christus sei das Gesetz zu seiner Erfüllung gelangt, die zugleich seine Vollendung in sich schließt: so z.B. BRING (s. Anm. 13) 1–36: Ziel und Erfüllung; WILCKENS, Röm. II 223: Endziel; CRANFIELD, Rom. 519: the goal, the aim, the intention, the real meaning and substance of the law; V.D. OSTEN-SACKEN, Soteriologie 250–255: Christus das Ziel (und die Erfüllung) der Tora; HILLS (s. Anm. 13) 582–592: Christ was the purpose of the law; BYRNE, Rom. 315: the true goal; BECHTLER (s. Anm. 13) 288–308: goal; MOO, Rom. 631: culmination (of the law); HAACKER, Röm. 206–209: Die Hauptsache, um die es im Gesetz geht. Diesen Vorschlägen ist gemeinsam, daß sie es vermeiden, Gesetz und Christus in einen ausschließenden Gegensatz zueinander zu stellen. Vielmehr wollen sie einen Weg aufzeigen, der vom Gesetz zu dessen endlicher Erfüllung in Christus führt. Durch diese sei dann das eigentliche Ziel bzw. die ursprüngliche Bestimmung erreicht worden, die mit der Übergabe des Gesetzes von Anfang an intendiert war. Doch für diese Erklärung darf man sich nicht auf die Bezeichnung des Gesetzes als παιδαγωγὸς εἰς Χριστόν berufen (Gal 3,24). Denn damit ist nicht gemeint, daß das Gesetz eine „erzieherische“ Wirkung auf Christus hin ausgeübt habe. Sondern das Gesetz wird als Zuchtmeister bezeichnet, unter dessen Knechtschaft alle standen, bis in Christus die Freiheit eröffnet wurde. Das bedeutet, daß in Christus das Ende der unentrinnbaren Herrschaft gekommen ist, die das Gesetz ausgeübt hatte.

Sowohl der Zusammenhang der paulinischen Theologie wie auch der Gedankengang in Röm 10 sprechen dafür, daß τέλος mit „Ende“ zu übersetzen ist. Alle Versuche, durch Gehorsam gegen das Gesetz die ἰδία δικαιοσύνη aufzurichten, erweisen sich als nichtig, da durch Christus die δικαιοσύνη τοῦ θεοῦ offenbar gemacht wurde. Daß die Gerechtigkeit nur durch den Glauben empfangen und gelebt werden kann, unterstreicht Paulus durch die Worte εἰς δικαιοσύνην παντὶ τῷ πιστεύοντι, die ähnliche Wendungen aufnehmen, mit denen der Apostel die Theologie der Rechtfertigung zu charakterisieren pflegt (1,16f.; 3,21–31 u. ö.). Diese Aussage hat, wie durch das betont hervorgehobene παντί unterstrichen wird, universale Gültigkeit ohne jede Einschränkung, so daß die von Paulus formulierte These nicht etwa nur für die Glaubenden gilt, für die Juden aber weiterhin das Ge-

[14] Vgl. G. DELLING, ThWNT VIII, 50–58 sowie BAUER-ALAND 1617–1619.

setz als Weg zum Heil offensteht.[15] Paulus kennt nicht unterschiedliche Möglichkeiten, durch die einerseits die Völker, andererseits Israel gerettet werden sollten. Sondern mit aller Bestimmtheit stellt er heraus, daß jeder, der glaubt, die Gottesgerechtigkeit empfängt. Das bedeutet, daß Christus das Ende eines Lebens ist, das die eigene Gerechtigkeit aufrichten will. Christus als des Gesetzes Ende bedeutet das Ende der Sünde, das Ende des Sich-Rühmens und des Vertrauens auf das Fleisch. Er ist das Ende für das Gesetz als Heilsweg.[16]

Mit diesem Satz redet der Apostel keineswegs einer Geringschätzung der Thora das Wort.[17] Denn ihre Gebote sind als heiliger Wille Gottes auch für den Christen verbindlich, der nicht ἄνομος, sondern ἔννομος Χριστοῦ (1 Kor 9,21) ist. Doch weiß er als um Christi willen gerechtfertigter Sünder, daß der Gehorsam gegen die Gebote niemals das Heil begründen kann, sondern als Ausdruck des dankbaren Bekenntnisses zum barmherzigen Gott zu vollziehen ist (vgl. 3,31: νόμον ἱστάνομεν). Wird vom Gesetz als ganzem – nicht nur bestimmter Teile, wie z.B. des Zeremonialgesetzes – gesagt, daß es den Weg zum Heil unmöglich auftun kann, so wird damit nicht behauptet, daß auch die Erwählung Israels beendet wäre.[18] Denn Gottes über Israel gesprochene Verheißung ist nicht hingefallen, sondern bleibt gültig (11,29).

V. 5: Für die These von V. 4 bietet der Apostel nun einen eingehenden Schriftbeweis. Zunächst zitiert er – wie Gal 3,12 in leichter Abweichung vom Text der LXX – Lev 18,5.[19] Mose schreibt von der Gerechtigkeit aus dem Gesetz, wie das durch ὅτι eingeführte Schriftwort besagt: Wer sie – αὐτά = die Gebote – hält, der wird dadurch leben.[20] Ist in manchen Handschriften das ὅτι vorgezogen und gleich an das Prädikat γράφει angeschlossen, so wird die Gerechtigkeit aus dem Gesetz zum Objekt des Tuns gemacht. Doch damit soll die Satzkonstruktion verbessert werden, so daß diese Textfassung nicht als ursprünglich gelten kann.[21] Das atl. Wort sagt, daß der Mensch, der das Gesetz erfüllt, dadurch Gerechtigkeit und damit das Leben empfängt. Doch Paulus setzt im Zusammenhang der von ihm vorgenommenen Gegenüberstellung der Gesetzesgerechtigkeit und der Glaubensgerechtigkeit den Akzent anders und will Lev 18,5 im Licht der folgenden Auslegung von Dtn 30,12–14 verstanden wissen. Dabei wird er freilich nicht an einen Gegensatz

---

[15] So vor allem MUSSNER (s. Anm. 13).

[16] Vgl. BULTMANN (s. Anm. 13) 18 = 48.

[17] Für den Satz von 10,4 gibt es schlechterdings keine jüdischen Vorbilder. Denn der gelegentlich geäußerte Gedanke, daß die Zeit der Thora mit dem Kommen des Messias enden werde (vgl. BILL. III 826 sowie SCHOEPS, Paulus 177–183), verneint deren Gültigkeit in keiner Weise, sondern zielt auf die noch ausstehende Heilszeit, die dann die verheißene Erfüllung bringen wird. Vgl. WILCKENS, Röm. II 223f.

[18] Vgl. hierzu W. PANNENBERG, Systematische Theologie II, Göttingen 1991, 383f.

[19] Obwohl der Artikel τοῦ in der Wendung τὴν δικαιοσύνην τὴν ἐκ [τοῦ] νόμου in manchen Handschriften fehlt, ist er doch so stark bezeugt, daß er zu lesen ist. Eine Änderung des Sinnes ergibt sich freilich nicht.

[20] Zur Interpretation dieses Verses vgl. bes. LINDEMANN, Gerechtigkeit 231–250.

[21] Ausführliche Erörterung des verschiedenen Varianten bei LINDEMANN 232–237.

zwischen γράφει und λέγει (V. 6) gedacht haben, als käme es ihm auf die Unterscheidung zwischen γράμμα und πνεῦμα an (so KÄSEMANN, Röm. 277f.). Paulus will hier nicht vom Gegensatz von Buchstabe und Geist reden, sondern von dem zwischen Gesetz und Glaube. Darum entnimmt er dem Mosewort, daß es die Gerechtigkeit aus dem Gesetz beschreibt, die ja in Christus abgetan ist. Von ihr sagt er, daß derjenige, der ihr nachjagt, eben darin lebt, d.h. befangen ist. Die Hinwendung zur Gesetzesgerechtigkeit ist – wie nach Paulus bereits Mose erklärt hat – „identisch mit der Einbindung des Menschen in den Lebenshorizont der Werke (oder der Gebote)".[22] Das Wort ζήσεται hat für den Apostel nicht eschatologische Bedeutung, sondern es kennzeichnet das Wesen der Gesetzesgerechtigkeit, der dann in V. 6–8 die Glaubensgerechtigkeit entgegengestellt wird. Paulus erwägt dabei nicht die Frage, ob man bei strengem Bemühen die Gebote halten könnte oder nicht, und weist die Gesetzesgerechtigkeit nicht deshalb zurück, weil niemand imstande ist, sie zu erfüllen (vgl. dazu Phil 3,6). Sondern er entnimmt der Schrift den Hinweis, daß der Weg der Gesetzesgerechtigkeit grundsätzlich nicht zur Rettung führen kann. Nach dem Verständnis des Apostels ist dafür bereits in der Thora – einerseits in Lev 18,5, andererseits in Dtn 30,12–14 – die Unterscheidung der beiden einander ausschließenden Gerechtigkeiten bestimmt worden, so daß aus dem Zeugnis der Schrift zu folgern ist, „daß das Heil nur als Glaubensgerechtigkeit empfangen werden kann".[23]

V. 6: Die aus Dtn 30,12–14 zitierten Sätze werden als Beleg aus den Schriften aufgeboten und dreimal durch eine mit der Wendung τοῦτ᾽ ἔστιν eingeführte Erläuterung interpretiert.[24] Dabei bedient sich Paulus einer Auslegungsmethode, wie sie in vergleichbarer Weise in den Midraschim aus der Gemeinde von Qumran verwendet wurde. Denn hier wie dort geht es darum, die überlieferten biblischen Texte auf ihre aktuelle Bedeutung hin auszulegen.[25] Die Zitate sind vom Apostel so ausgewählt, daß sie nicht vom Gesetz, sondern von der Gerechtigkeit aus Glauben sprechen, um die es ihm in seiner Argumentation geht.[26]

Eine LXX Dtn 9,4 entnommene Wendung („Sage nicht in deinem Herzen") eröffnet die Zitatenreihe. Dtn 30,11 sagt, daß für Israel das ihm aufgetragene Gebot weder zu schwer noch zu wunderbar oder zu fern sei. In jüdischer Auslegungstradition wurde der Zusammenhang von Dtn 30,11–14 auf das Wort der Thora gedeutet, das dem Volk Gottes so nahe gebracht wurde, daß es keiner außerordentlichen Maßnahmen bedarf, um es herbeizubringen.[27] Paulus aber konzentriert seine Auslegung auf das Christus-Bekenntnis als die Mitte der Schrift. Dabei geht er mit der

[22] LINDEMANN 241.
[23] Vgl. LINDEMANN 242.
[24] Vgl. M.A. SEIFRID, Paul's Approach to the Old Testament in Rom 10: 6–8, TrinJ 6 (1985) 3–37.
[25] Vgl. FITZMYER, Röm. 590f. sowie KOCH, Schrift 129–132.
[26] Vgl. KOCH, Schrift 185f.
[27] Vgl. Belege, insbesondere auch aus den Targumim, bei BILL. III, 278–282. Vgl. auch KOCH, Schrift 158f.

Textvorlage frei um[28] und hebt jeweils auf die Folgerungen ab, die hinsichtlich der Christologie zu ziehen sind. Wollte man die aberwitzige Forderung[29] erheben, es müßte erst jemand in den Himmel hinaufsteigen, um Gottes Wort herbeizuschaffen (vgl. auch Bar 3,29: τίς ἀνέβη εἰς τὸν οὐρανόν), so würde das besagen, Christus herunterholen zu wollen. Solcher Einwand erscheint jedoch als ganz unsinnig, da Christus doch schon als der Gesalbte Gottes gesandt worden ist.

V. 7: Umgekehrt wäre es sinnlos zu verlangen, man sollte in die Unterwelt hinabsteigen, um von dort Gottes Weisung heraufzuholen. Abweichend von der Textvorlage in Dtn 30 nimmt Paulus Wendungen auf, die an Ps 107,26 (LXX 106,26, Stichwort: ἄβυσσος statt des Dtn 30,13 genannten Meeres) anklingen.[30] Wieder wird dem Satz eine christologische Deutung gegeben: Das würde bedeuten, Christus von den Toten heraufholen zu wollen.[31] Doch Gott hat ihn ja schon von den Toten auferweckt (vgl. Hebr 13,20: ὁ ἀναγαγὼν ἐκ τῶν νεκρῶν τὸν ποιμένα ...).[32] Christus ist als der gekreuzigte und auferstandene Herr in seinem Wort gegenwärtig.

V. 8: Das Zeugnis, das die Glaubensgerechtigkeit in der Schrift ablegt, ist eindeutig: Das Wort ist nahe. Diese Nähe erweist sich – wie Dtn 30,14 gesagt ist – in Mund und Herz. Den durch LXX-Text vorgegebenen Begriff ῥῆμα wendet Paulus sogleich auf die Botschaft an, „die wir verkündigen". Durch das Stichwort ῥῆμα ist in rhetorischer Steigerung[33] hervorgehoben: Gottes Wort wird hier und jetzt in der apostolischen Predigt zu Gehör gebracht, so daß jeder es hören und im Glauben annehmen kann.[34]

V. 9: Paulus weist in den Versen 9–13 nach, „daß es sich bei dem Evangelium, dem ῥῆμα τῆς πίστεως, tatsächlich um das besagte ‚nahe Wort' der zitierten Schriftstelle handelt".[35] V. 9 wird mit ὅτι angefügt und nimmt die im Schriftzitat vorge-

---

[28] Gleichwohl sollte nicht verkannt werden, daß der Apostel bewußt aus der Thora zitiert und nicht nur paraphrasierende Anklänge bringt.

[29] Vergleichbare Belege bei BILL. III, 281. LAGRANGE zieht zum Vergleich die sprichwörtliche Wendung heran, die die französiche Sprache kennt: „prendre la lune avec les dents." (Rom. 255)

[30] LXX Ps 106,26: ἀναβαίνουσιν ἕως τῶν οὐρανῶν καὶ καταβαίνουσιν ἕως τῶν ἀβύσσων. Eine Bezugnahme auf das Psalmwort wird jedoch von KOCH, Schrift 160 bezweifelt.

[31] Auf vergleichbare Aussagen in Bar 3,29–31 macht aufmerksam HÜBNER, Theologie 314: „Baruch und Paulus" sprechen „in gleicher Weise von einem präexistenten und transzendenten Wesen, dessen sich die unverständigen Menschen nicht dadurch bemächtigen können bzw. sollen, daß sie ihr in den Himmel nachsteigen."

[32] Eine Anspielung auf die Vorstellung von der Höllenfahrt Christi, die sich bei Paulus nirgendwo findet, liegt nicht vor. Vgl. W. BIEDER, Die Vorstellung von der Höllenfahrt Jesu Christi, AThANT 19, Zürich 1949, 71–75.

[33] Im Unterschied zu Dtn 30,14 (ἔστιν σου ἐγγὺς τὸ ῥῆμα) wird von Paulus das Wort ἐγγύς umgestellt, um die Betonung hervorzuheben: ἐγγύς σου τὸ ῥῆμά ἐστίν. Vgl. KOCH, Schrift 187.

[34] Treffend herausgearbeitet von ECKSTEIN, bes. 218.

[35] ECKSTEIN 214.

gebenen Begriffe Mund und Herz auf.[36] In dem streng parallel gebauten Satz entsprechen einander auf der einen Seite die beiden Wendungen „Wenn du bekennst" – „wenn du glaubst". Das bedeutet, daß das Bekenntnis[37] verbindlich aussagt, was Glaube ist (vgl. Mt 10,32f. par. Lk 12,8f.). Auf der anderen Seite aber gehören die beiden inhaltlichen Aussagen auf das engste zusammen: „Herr ist Jesus" – „Gott hat ihn von den Toten auferweckt". Das heißt: Wer an den gekreuzigten und auferstandenen Christus glaubt, der bekennt ihn als den Herrn. Und umgekehrt: Christus kann nur als Herrn bekennen, wer die Predigt von seiner Auferweckung von den Toten angenommen hat. Es ist also nicht daran gedacht, daß man zunächst die Mitteilung eines bestimmten Geschehens wie das Ereignis des Kreuzestodes Jesu und seiner Auferstehung zur Kenntnis nehmen und beurteilen könnte und dann gleichsam in einem zweiten Akt darüber zu befinden hätte, wie man zu diesem Vorgang Stellung beziehen wollte. Sondern die Annahme der Botschaft von Jesu Auferstehung schließt zugleich die bejahende Zustimmung dazu ein, daß der gekreuzigte und auferstandene Christus der Herr ist, unser Herr und deshalb mein Herr.

Kyrios Jesus[38]

Die frühe Christenheit verwendete den Titel Kyrios als Ausdruck ihres christologischen Bekenntnisses. BOUSSET hatte einst in seiner Studie „Kyrios Christus" (1913) versucht, die Entstehung dieses Titels auf dem Hintergrund der hellenistischen Kyrioi-Kulte zu erklären. In den Mysteriengemeinschaften riefen die Gläubigen ihren Kultgott Serapis, Osiris, Attis u.a. jeweils als Kyrios an und bekannten sich dadurch als seine Verehrer. Die christliche Gemeinde dagegen sprach im Gottesdienst aus, daß Christus ihr Herr ist (1 Kor 12,3).

Dieser religionsgeschichtlichen Ableitung steht jedoch der 1 Kor 16,22 überlieferte Ruf „Maranatha" entgegen. Der aramäische Ausdruck ist nach Apk 22,20 als ἔρχου κύριε Ἰησοῦ aufzulösen. Indem die Gemeinde ruft „Unser Herr, komm", nimmt sie auf Ps 110,1 Bezug, wo der Beter sagt: „Es sprach der Herr (d.h. Gott) zu meinem Herrn (d.h. dem Messiaskönig): Setze dich zu meiner Rechten, bis ich deine Feinde zum Schemel deiner Füße lege." Die Bitte, der zur Rechten Gottes erhöhte Herr möge zur baldigen Parusie erscheinen, ist von der apokalyptischen Erwartung her bestimmt, die sich auf den Menschensohn bezieht, der zum Weltgericht und zur Erlösung der Seinen kommen wird. Daher dürfte schon die palästinische Gemeinde die Bezeichnung Jesu als Herr gekannt und verwendet haben. Vom Gebetsruf „Maranatha" ist jedoch die kultische Akklamation „Herr ist Christus Jesus"

---

[36] Vgl. W. FÜHRER, „Herr ist Jesus": Die Rezeption der urchristlichen Kyrios-Akklamation durch Paulus Römer 10,9, KuD 33 (1987) 137–149.

[37] Zum Bekenntnis im Urchristentum vgl. J.N.D. KELLY, Early Christian Creeds, London 1950, ²1960 = Altchristliche Glaubensbekenntisse, Göttingen 1972; V.H. NEUFELD, The Earliest Christian Confessions, NTTS 5, Leiden 1963; H. v. CAMPENHAUSEN, Das Bekenntnis im Urchristentum, ZNW 63 (1972) 210–253 = Urchristliches und Altchristliches, Tübingen 1979, 217–272.

[38] Aus der großen Zahl einschlägiger Studien seien genannt: BOUSSET, Kyrios; CULLMANN, Christologie; HAHN, Hoheitstitel; KRAMER, Christos; SCHULZ, S.: Maranatha und Kyrios Jesus, ZNW 53 (1962), 125–144; STRECKER, Theologie 91–98.

(1 Kor 12,3; Phil 2,11) nicht unmittelbar herzuleiten. Sie wird vielmehr von hellenistischen Voraussetzungen her verständlich. Im Unterschied zu den vielen κύριοι der hellenistischen Welt kennt die christliche Gemeinde nur den einen Herrn, neben dem es keine anderen Herren geben kann: „Mag es auch sogenannte Götter geben, sei es im Himmel, sei es auf Erden – es sind ja der Götter viele und der Herren viele –, so gibt es doch für uns nur einen Gott, den Vater, von dem alle Dinge sind und wir zu ihm, und einen Herrn Jesus Christus, durch welchen alle Dinge sind und wir durch ihn." (1 Kor 8,5f.)

In dem Bekenntnis εἷς κύριος (Eph 4,5), wie es die hellenistische Gemeinde spricht, laufen somit verschiedene Linien zusammen: der von apokalyptischen Vorstellungen geprägte Ruf „Maranatha", die in der hellenistischen Gemeinde ausgebildete kultische Akklamation sowie der Rückgriff auf das AT. Zwar ist in den ältesten Handschriften der griechischen Übersetzung des AT zumeist das Tetragramm „JHWH" unverändert beibehalten und erst in Handschriften aus christlicher Zeit durch κύριος ersetzt worden, aber die atl. Gottesbezeichnung wurde in der hellenistischen Synagoge beim mündlichen Vortrag des AT durch κύριος wiedergegeben. Weil Gott κύριος genannt wurde, konnten atl. Aussagen, die den Kyriostitel enthielten, nun von der christlichen Gemeinde unmittelbar mit dem christologischen Bekenntnis in Zusammenhang gebracht werden. Wenn es z.B. Jes 45,23 heißt: „Mir (d.h. Gott) sollen sich alle Knie beugen und alle Zungen schwören und sagen: Im Herrn habe ich Gerechtigkeit und Stärke", so wird schon im urchristlichen Hymnus Phil 2,10f. dieser Satz auf den Kyrios Christus bezogen: „Daß sich im Namen Jesu beugen sollen alle Knie derer, die im Himmel und auf Erden und unter der Erde sind, und alle Zungen bekennen: Kyrios Jesus Christus – zur Ehre Gottes des Vaters." Und die atl. Wendung „den Namen des Herrn anrufen" (Joël 3,5 u.ö.) wurde nun so verstanden, daß sie besagt „Christus als den Kyrios bekennen" (Röm 10,13; 1 Kor 1,2; Act 2,39).

Die verschiedenen Motive, die zur Ausbildung der Kyrios-Christologie geführt haben, sind schon in der vorpaulinischen Christenheit miteinander verschmolzen. Paulus bezieht sich Röm 10,9 auf den Inhalt des Glaubens, der in der öffentlichen, verbindlichen Aussage des Bekenntnisses genannt wird: Kyrios Jesus. Der auferstandene und erhöhte Herr wird in naher Zukunft zur Parusie erscheinen (1 Thess 4,15–17). Nicht nur der erhöhte und der kommende Herr, sondern auch der irdische Jesus erhielt die Bezeichnung Kyrios. Paulus führt daher Jesusworte als Worte des Herrn ein (1 Thess 4,15; 1 Kor 7,10.12; 9,14; 11,23).

Ende des 1. Jahrh. n. Chr. wurde von allen Einwohnern des Römischen Reiches gefordert, am Kaiserkult teilzunehmen. Sie sollten dem Herrscher göttliche Verehrung darbringen. Domitian (81–96 n. Chr.) verlangte als „dominus ac deus noster" angeredet zu werden (Suëton, Domitian 13). In Auseinandersetzung mit dieser Forderung mußte die christliche Gemeinde ihr Bekenntnis zu Christus als dem κύριος bewähren, indem sie daran festhielt, daß er allein βασιλεὺς βασιλέων und κύριος κυρίων ist (Apk 19,16).

Glaube, der die Proklamation Jesu als des Kyrios annimmt, ist der künftigen Errettung gewiß (σωθήσῃ) und empfängt bereits hier und jetzt das Heil.

V. 10: In chiastischer Ordnung werden – durch erläuterndes γάρ eingeführt – die beiden Stichworte καρδία und στόμα wieder aufgenommen und mit den für Paulus zentralen Begriffen δικαιοσύνη und σωτηρία verbunden. Paulus läßt damit „die Rechtfertigungslehre zum entscheidenden Merkmal und Maß des nahen Wortes werden".[39] Wie in 1,16f. wird die Entsprechung von δικαιοσύνη und σωτηρία

[39] Käsemann, Perspektiven 274.

herausgestellt.[40] Die unpersönlichen Passiva πιστεύεται und ὁμολογεῖται verallgemeinern in dem Sinn, daß „man" glaubt und „man" bekennt und so die rettende Kraft der Rechtfertigung erfährt.[41]

V. 11: Dieses Heil aber gilt, wie durch das – wiederum mit λέγει γάρ angefügte – Zitat von Jes 28,16 (vgl. = 9,33) erläutert wird, allen ohne Ausnahme[42], die Gottes Zuwendung in glaubendem Vertrauen annehmen. Das im Zitat enthaltene Partizip πιστεύων nimmt das πιστεύεται von V. 10 auf. **V. 12:** Denn nun gibt es keinen Unterschied mehr zwischen Juden und Griechen. Nur an dieser Stelle und 9,24 spricht Paulus in den Kapp. 9–11 nicht von Israel, sondern verwendet die Bezeichnung Juden. Hier wie dort ist nicht von der Erwählung Israels die Rede, sondern von der Aufhebung trennender Unterschiede, wie sie zwischen Juden und Griechen (= Heiden) bestehen. Doch sie zählen nun nicht mehr (vgl. 3,22: οὐ γάρ ἐστιν διαστολή), da alle dem einen Herrn zugehören (vgl. 3,30: εἷς ὁ θεός), der von seinem Reichtum allen gibt, die ihn anrufen.[43] Die Partizipialwendung sagt von ihm in feierlichem Prädikationsstil, was sonst als Ausdruck für Gottes Handeln gilt. Mit der Wendung εἰς πάντας ist das Stichwort genannt, das im folgenden Schriftwort von Joël 3,5 den Ton trägt, so daß sich noch einmal der feste Zusammenhang von ἐπικαλεῖσθαι (V. 12.13) und σωτηρία/σωθῆναι (V. 9.10.13) einprägt.[44] Als Kyrios, der über alle herrscht, wird der erhöhte Christus bezeichnet (vgl. V. 9: κύριος Ἰησοῦς). **V. 13:** Der im atl. Prophetenspruch genannte Hoheitstitel ist daher nicht auf Gott, sondern auf Jesus bezogen. Der im LXX-Text vorgegebene Einsatz mit πᾶς[45] – das durch ein folgendes γάρ betont hervorgehoben ist – macht noch einmal deutlich, daß das nahe Wort allen gilt, Juden und Griechen ohne Unterschied, so daß jeder, der den Namen des Kyrios anruft und sich dadurch zu ihm bekennt, Rettung erfährt.

Ist somit nach dem Verständnis des Paulus schon in den Worten der Schrift die für ihn entscheidende Gegenüberstellung der Gerechtigkeit aus dem Gesetz und der Gerechtigkeit aus Glauben bezeugt, so folgt daraus, daß in der Verkündigung des Kerygmas Gottes nahes Wort laut wird, damit alle es im Glauben annehmen. Wird es jedoch ausgeschlagen und die Gesetzesgerechtigkeit bevorzugt, so ist das Israels Schuld.

Wer Gottes ihm zugesprochenes Wort aufnimmt und ihm im Glauben vertraut, der wird nicht zuschanden werden – wie in Aufnahme des Stichworts καταισχυνθήσεται (V.11: 9,33) noch einmal betont herausgestellt wird. Damit sind alle trennenden Unterschiede aufgehoben, die zwischen Juden und Heiden bestanden,

---

[40] Vgl. ECKSTEIN 217.

[41] Vgl. BL-DEBR § 130,1.

[42] Im Unterschied zu 9,33 wird hier im Zitat von Jes 28,16 πᾶς betont an den Anfang gesetzt. Vgl. KOCH, Schrift 113.

[43] Κύριος πάντων wird im Judentum vom einen Gott Israels gesagt. Belege, insbesondere aus den Qumrantexten, bei FITZMYER, Rom. 593.

[44] Vgl. ECKSTEIN 214.

[45] Vgl. V. 4: παντὶ τῷ πιστεύοντι.

und sind alle miteinander zu Gottes erwähltem Volk verbunden, das in einhelligem Lobpreis seinen Namen anruft (V. 12.13.14). Durch die nachdrückliche Betonung des Wortes ἐπικαλεῖσθαι wird zugleich der Übergang zum folgenden Abschnitt hergestellt (V. 12.13.14; vgl. auch εὐαγγελίζεσθαι/εὐαγγέλιον in V. 15 f.).

10,14–21 Israels Unglaube

14) Wie sollen sie nun anrufen, an den sie nicht gläubig geworden sind? Wie aber sollen sie dem glauben, den sie nicht gehört haben? Wie aber sollen sie hören, ohne daß einer verkündigt? 15) Wie aber sollen sie verkündigen, wenn sie nicht gesandt sind? Wie geschrieben steht: Wie willkommen sind die Füße derer, die gute Botschaft bringen. 16) Aber nicht alle haben dem Evangelium gehorcht. Denn Jesaja sagt: Herr, wer hat unserer Botschaft geglaubt? 17) Also kommt der Glaube aus gehörter Botschaft, die Botschaft aber aus dem Wort Christi. 18) Aber ich sage: Haben sie etwa nicht gehört? Wahrlich: In alle Lande ist ihr Schall ausgegangen und bis an die Enden der Welt ihre Worte. 19) Aber ich sage: Hat etwa Israel nicht verstanden? Als erster sagt Mose: Ich will euch eifersüchtig machen auf das, was nicht Volk ist. Über ein unverständiges Volk will ich euch zornig machen. 20) Jesaja aber erkühnt sich und sagt: Gefunden wurde ich von denen, die mich nicht suchten. Offenbar geworden bin ich denen, die nicht nach mir fragten. 21) Zu Israel aber sagt er: Den ganzen Tag habe ich meine Hände ausgebreitet nach einem ungehorsamen und widersprechenden Volk.

Bell, R.H.: Provoked to Jealousy. The Origin and Purpose of the Jealousy Motif in Romans 9–11, WUNT II,63, Tübingen 1993; Reinbold, W.: Israel und das Evangelium: Zur Exegese von Römer 10,19–21, ZNW 86 (1995) 122–129; Roloff, J.: Apostolat – Verkündigung – Kirche, Gütersloh 1965; Ders.: Apostel/Apostolat/Apostolizität, TRE I (1978) 430–445.

Die Verse 14 und 15 schließen eng an die vorangegangene Gedankenfolge an und begründen, daß Israel das Evangelium hätte hören können, es aber nicht angenommen hat (V. 16). In V. 17 wird in knapper Feststellung eine lehrhafte Aussage über den Zusammenhang von Glaube und gehörter Botschaft formuliert. Darauf folgen in V. 18 und 19 zwei als Fragen erhobene Einwände, die Israel entlasten könnten. Doch der Apostel widerspricht, indem er aus der Schrift herausliest, daß Israel in vollem Umfang verantwortlich ist für den Ungehorsam, in dem es sich gegen das ihm verkündigte Wort Christi verschließt. Von den sechs atl. Zitaten, die in diesem Abschnitt aufgeboten werden, hat Paulus vier dem Jesajabuch entnommen, das für sein Schriftverständnis von besonderer Bedeutung gewesen ist.[1]

[1] Zur Bedeutung des Jesajabuches für Paulus s.o. S. 290 Anm. 1.

V. 14: Indem er das Stichwort ἐπικαλεῖσθαι (V. 12f.) aufnimmt, fügt der Apostel eine Folge von Fragen aneinander, die in Form eines rückläufigen Kettenschlusses miteinander verbunden sind.[2] Die Reihe der Verben wird von „Anrufen“ über „Glauben“, „Hören“ und „Verkündigen“ zum letzten Glied „Gesandtwerden“ zurückgeführt, so daß nachdrückliche Betonung auf das Ende der Kette fällt. Von der Sendung hängt alles andere ab. Sie aber ist ergangen, so daß die frohe Botschaft allerorten zu Gehör gelangt ist und also auch Israel erreicht hat.

Wie sollen sie anrufen? – lautet die erste Frage, die das Verbum in den Konjunktiv setzt und damit fragenden Zweifel anzeigt.[3] Der Plural ist in allgemeinem Sinn zu verstehen, so daß die Frage nicht allein auf Israel zielt, sondern grundsätzlich den Zusammenhang zwischen „Anrufen“ und „Glauben“ anspricht: Wie soll ein Mensch jemanden anrufen, an den er nicht gläubig geworden ist?[4] Die Antwort auf diese und die folgenden Fragen kann nur lauten: Unmöglich! Denn selbstverständlich ist Glaube die Voraussetzung dafür, daß man Gott anruft. Glaube jedoch kann nur entstehen, wenn man die Botschaft gehört hat und von ihrem Wort getroffen ist.[5] Hören kann man aber nur dort, wo verkündigt[6] wird.

V. 15: Verkündigung kann jedoch nur dann ausgerichtet werden, wenn ein entsprechender Auftrag erteilt wurde. Damit gelangt die Kette zu ihrem Abschluß. Der Auftrag des Apostels heißt: zu verkündigen. Die Botschaft soll gehört und im Glauben angenommen werden. Ohne daß Paulus hier seine eigene Person herausstellt, spricht er doch unverkennbar davon, wie er seinen apostolischen Dienst versteht: als „berufener Apostel“ das Evangelium allerorten zu verkündigen (vgl. 1,1). Damit erfüllt sich die in der Schrift ausgesprochene Verheißung, die Jes 52,7 entnommen wird.[7] Der Apostel zitiert nicht wörtlich nach LXX, sondern nimmt eine mündlich umlaufende Fassung des Prophetenwortes auf, die ihm vorgegeben war.[8] Dabei ist der Wortlaut des Prophetenspruchs verkürzt worden[9], um die entscheidende Aussage herauszustellen: Hier und jetzt wird die frohe Botschaft ausgerufen. Das vorangestellte Adjektiv ὡραῖος kann die Bedeutung „schön“, „lieblich“ haben (vgl. Mt 23,27; Act 3,2). Doch dürfte es an unserer Stelle die rechte Zeit bezeichnen

---

[2] Zur Verwendung von Kettenschlüssen bei Paulus s. o. zu 5,3–5 und 8,29f.

[3] Vgl. BL-DEBR § $366_{3.5}$: „Wie sollen (können) sie?“ So auch in den folgenden Verben πιστεύσωσιν, ἀκούσωσιν und κηρύξωσιν.

[4] Der Aorist ἐπίστευσαν zeigt an, daß es um die Entscheidung des Glaubens geht.

[5] Der Genetiv nach ἀκούειν bezeichnet die Person bzw. die Sache, die gehört wird vgl. BL-DEBR § 173,1.

[6] Das Verb κηρύσσειν (sc. τὸ εὐαγγέλιον) ohne Objekt ist in der Bedeutung von εὐαγγελίζεσθαι gebraucht (vgl. V. 15).

[7] Jes 52,7 ist in der rabbinischen Überlieferung verschiedentlich in messianischem Sinn gedeutet worden. Vgl. BILL. III 282.

[8] Vgl. KOCH, Schrift 66–69.81f.: „In der Wiedergabe von Jes. 52,7 in Röm 10,15 … liegt … eine Textauslassung vor, die weder als bewußte Verkürzung durch Paulus zu erklären ist noch auf eine vorpaulinische Rezension der betreffenden Texte zurückgeführt werden kann.“ (81)

[9] In manchen späteren Handschriften ist der Satz stärker an den LXX-Text angenähert worden, insbesondere durch Einfügung der Worte τῶν εὐαγγελιζομένων εἰρήνην.

und ist daher als „rechtzeitig“, „gelegen“, „willkommen“ zu übersetzen. Die Heilsbotschaft (τὰ[10] ἀγαθά) läuft eilends von Ort zu Ort.[11]

V. 16: Durch das vorangestellte ἀλλά[12] fügt der Apostel nun eine Einschränkung an. Hätte man erwarten sollen, daß die überall ausgerufene Botschaft die entsprechende zustimmende Antwort gefunden hätte, so ist es anders gekommen: Nicht alle – so sagt Paulus in vorsichtiger Zurückhaltung – haben das Evangelium gehorsam[13] angenommen. Diese Feststellung besagt: Tatsächlich haben nur ganz wenige die Antwort des Glaubens gegeben.[14] Doch achtet man aufmerksam auf die prophetischen Worte der Schrift, so kann man erfahren, warum es so gekommen ist. Denn im Jesajabuch heißt es: „Herr, wer hat unserer Botschaft geglaubt?“ Paulus folgt dem Text der LXX und entnimmt ihm, daß es von jeher so war, daß die Verkündigung, die das Gehörte (hebr. שְׁמוּעָה = ἀκοή) weitergibt, eher auf Unverständnis und Unglauben stößt, als daß sie glaubende Annahme und gehorsame Befolgung findet.

V. 17: Worum es in der Verkündigung geht, sagt eine knappe Feststellung aus. Durch ἄρα eingeleitet[15], wird eine Schlußfolgerung gezogen, die sich auf die Verse 14 und 15 bezieht und zusammenfaßt, was sich aus dem darin entfalteten Kettenschluß ergibt: Der Glaube erwächst aus der Weitergabe der Botschaft, diese aber kommt aus dem Wort Christi.[16] Daß diese drei Glieder fest zusammengehören, ergibt sich als sachgerechte Konsequenz aus dem eben Gesagten. In der Verkündigung wird weitergegeben, was dem Boten aufgetragen ist. Wiederum liegt der Ton der Aussage auf dem Schluß: Aus dem ῥῆμα Χριστοῦ[17] kommt die Botschaft, die als Glauben weckende Predigt zu Gehör kommt. Die Genetivverbindung könnte im Sinn eines Gen. subj. oder eines Gen. obj. aufgelöst werden. Folgt man der ersten Möglichkeit, so wäre Christus als der Auftraggeber genannt, der die Boten ausgesandt hat (so Lietzmann, Röm. 101; Michel, Röm. 339 u.a.);

---

[10] Der Artikel τά fehlt in manchen Handschriften, wird jedoch der starken Bezeugung wegen als ursprünglich zu beurteilen sein. Die Fortlassung gleicht an LXX Jes 52,7 an: ὡς εὐαγγελιζόμενος ἀγαθά.

[11] Luther, Röm., zu 10,15 bemerkt treffend: „Das Wort läuft, also hat es Füße, die das Aussprechen, der Schall der Worte sind.“

[12] Zu ἀλλά am Anfang eines Satzes (so auch V. 18.19) in der Bedeutung „jedoch“, „indessen“ vgl. Bl-Debr § 448_4.

[13] Zu Glaube = Gehorsam vgl. 10,3: οὐχ ὑπετάγησαν; 1,5: εἰς ὑπακοὴν πίστεως, 6,16f. u.ö.

[14] Zur sog. Litotes (= „Umschreibung einer Steigerung aus Zurückhaltung durch die Negation des Gegenteils“) vgl. Bl-Debr § 495,2 und F. Rehkopf, Grammatisches zum Griechischen des Neuen Testaments, in: Der Ruf Jesu und die Antwort der Gemeinde, FS J. Jeremias, Göttingen 1970, 220–225.

[15] Zu ἄρα in der Bedeutung „folglich“ vgl. Bl-Debr § 451_6.

[16] Bultmann, Glossen 280, vermutet, diese Schlußfolgerung könnte eine nachträglich in den Text geratene Randnotiz sein, die eigentlich hinter V. 15 a ihren richtigen Platz haben müßte. Doch in der handschriftlichen Überlieferung findet sich kein Anhaltspunkt, der es rechtfertigen würde, den Satz als sekundären Eintrag zu beurteilen.

[17] Manche Handschriften lesen sekundär ῥῆμα θεοῦ.

wobei offen bleibt, ob an den irdischen Jesus oder – was wohl näher liegen würde – an den erhöhten Christus zu denken wäre. Doch wird der Begriff ῥῆμα, der dem Apostel durch LXX Dtn 30,13 vorgegeben war, als Aufnahme der in V. 8 genannten Begriffsverbindung ῥῆμα τῆς πίστεως zu verstehen sein. Es handelt sich also um das Wort, das die Glaubensbotschaft bzw. Christus als Inhalt des Kerygmas ausruft.

V. 18: Paulus setzt den Gedankengang fort, indem er zwei Fragen stellt, die Einwände erheben, durch die Israel entschuldigt werden könnte. Zuerst gibt er zu bedenken, ob sie die Christusverkündigung wirklich haben hören können. Die Antwort darauf entnimmt er einem weiteren Schriftwort, das durch μενοῦνγε eingeführt wird: Wahrlich, gewiß doch.[18] Ohne Zweifel haben sie Gelegenheit gehabt, die Botschaft zur Kenntnis zu nehmen. Denn Ps 19,5 heißt es – im Lobpreis der Schöpfungswerke Gottes, deren Kunde überall hingedrungen ist –, daß ihr Schall überall hingelangt ist. Paulus zitiert nach dem Text der LXX und legt dabei den Ton auf den Schluß des Satzes: εἰς τὰ πέρατα τῆς οἰκουμένης τὰ ῥήματα αὐτῶν; wobei das Wort ῥῆμα an den vorangegangenen Ausdruck ῥῆμα Χριστοῦ anknüpft. (V. 17) Nur an dieser Stelle ist bei Paulus von der οἰκουμένη als der ganzen von Menschen bewohnten Welt die Rede.[19] Ist der Schall der Kunde in alle Lande ausgegangen und sind ihre Worte bis an die Enden der Ökumene gelangt, dann kann sich Israel nicht herausreden, es habe davon nichts erfahren.[20]

V. 19: Ebenso kann auch der zweite Einwand nicht verfangen: Hat Israel etwa nicht erkannt? Das Verbum γινώσκειν nimmt das vorangegangene ἀκούειν auf und hat die Bedeutung von „verstehen", „begreifen", „anerkennen". Die Frage beantwortet wieder ein Schriftwort, ein Wort des Mose, das dieser als erster[21] gesprochen hat. Durch πρῶτος, dem kein δεύτερος folgt, ist zuerst ein Satz aus der Thora angeführt, der auch den zweiten Einwand abwehrt: Dtn 32,21 wird – abweichend von LXX – in Form einer an Israel[22] gerichteten Frage zitiert. Gott will – wie das betont vorangestellte ἐγώ unterstreicht[23] – sein Volk eifersüchtig machen durch seine Zuwendung zu einem anderen, unverständigen Volk. Im Unterschied zum „verständigen" Gottesvolk wird dieses ἀσύνετος genannt, weil es bis dahin keine rechte Vorstellung von Gott hatte. Dieses Motiv des Eifersüchtig-Machens

---

[18] Dem einleitenden μή = „etwa" (vgl. Bl-Debr § 427_7) entspricht das folgende berichtigende μενοῦνγε = „wahrlich"; vgl. Bl-Debr § 441_6 und § 450_5 sowie Bauer-Aland 1020: „freilich wohl", „ja doch".

[19] Vgl. Josephus, Bell. Jud. II,398: „Denn es gibt ja kein Volk auf dem Erdboden (ἐπὶ τῆς οἰκουμένης), das nicht eine Gruppe von uns beherbergt." Ferner Ant. XIV, 115. Act 15,21 heißt es, daß Mose seit alten Zeiten seine Verkündiger in jeder Stadt in den Synagogen habe.

[20] Zur Frage, ob Israel etwa aus Unkenntnis gehandelt habe, vgl. Act 3,17; 13,27.

[21] Vgl. Bl-Debr § 243_1.

[22] Der von Reinbold, 124f., gemachte Vorschlag, ὑμᾶς als an die römischen Christen gerichtete Anrede zu verstehen, fügt sich nicht in den Kontext des paulinischen Gedankengangs ein.

[23] Vgl. Hübner, Gottes Ich 97: „Gott spricht sein Ich und konstituiert so das eigentliche Israel."

schlägt Paulus hier nur kurz an und nimmt es in Kap. 11 (V. 11.14) wieder auf. Israels Eifersucht beweist, „daß es durchaus verstanden hat, was jetzt als Heil für Juden und Griechen verkündigt wird – und dies bewußt ablehnt".[24]

V. 20: Auf das der Thora entnommene Zitat folgen zwei Sätze eines Prophetenwortes aus dem Jesajabuch (Jes 65,1f.). Sie werden durch die Wendung eingeführt, Jesaja habe eine kühne Aussage gemacht.[25] Im Prophetenwort gilt der Gottesspruch ursprünglich in beiden Teilen dem ungehorsamen Gottesvolk. Paulus aber spaltet die Sätze auf, indem er V. 1 auf die Heiden (V. 20) und V. 2 auf Israel bezieht (V. 21). Im Unterschied zum Text der LXX wird das Prädikat εὑρέθην nach vorn gezogen und die Wendung ἐμφανὴς ἐγενόμην in die zweite Zeile gesetzt. Die Veränderung könnte darauf zurückgehen, daß Paulus hier aus dem Gedächtnis zitiert (DUNN, Rom. 626, z. St.). Die Aussage schließt inhaltlich unmittelbar an V. 19 an, wo von einem unverständigen Volk die Rede war. Paulus bezieht dieses auf die Heiden, die Gott nicht gesucht und nicht nach ihm gefragt haben. Von ihnen[26] hat Gott sich jetzt finden lassen.

V. 21: Für Israel trifft dies leider nicht zu. Von ihm[27] sagt das vom Propheten ausgerufene Wort Gottes, er habe den ganzen Tag[28] seine Hände ausgebreitet nach einem ungehorsamen Volk. Anders als im LXX-Text rückt Paulus die Wendung ὅλην τὴν ἡμέραν nach vorn und betont damit die unermüdliche Geduld Gottes gegenüber seinem Volk. Damit faßt er zugleich den Gedankengang abschließend zusammen und interpretiert Israels Ablehnung des Evangeliums (vgl. V. 16) als Widerspruch gegen Gott.[29] War in V. 16 gesagt, daß sie dem Evangelium gegenüber sich ungehorsam verhielten (οὐ πάντες ὑπήκουσαν), so wird diese Aussage durch die Verben ἀπειθεῖν und ἀντιλέγειν wieder aufgenommen. Die reichlich gebotenen Gelegenheiten, die frohe Botschaft anzunehmen, hat Israel ausgeschlagen. Daß es im Ungehorsam verharrt und nur Widerrede gibt, ist seine Schuld. Gott aber hält in seiner Barmherzigkeit die Hände ausgebreitet. Das heißt, er bleibt voller Erwartung. Denn die Geschichte seines Volkes ist noch nicht an ihr Ende gelangt.

---

[24] Vgl. KOCH, Schrift 281.

[25] Die Wendung ἀποτολμᾷ καὶ λέγει, an der gegen die Auslassung von ἀποτολμᾷ καί in einigen Handschriften festzuhalten ist, muß im Sinn von ἀποτολμῶν λέγει = „er spricht frei heraus" verstanden werden. Vgl. BL-DEBR § 442_{29} und § 471,4.

[26] Zum Dativ beim Passiv = ὑπό τινος vgl. BL-DEBR § 191,2.

[27] Die Präposition πρός hat hier die Bedeutung „betreffend", „im Hinblick auf". Vgl. BAUER-ALAND 1423.

[28] Der Ausdruck ὅλην τὴν ἡμέραν gibt hebräisch כָּל הַיּוֹם wieder.

[29] Vgl. KOCH, Schrift 281.

11,1–36 Gottes Verheißung für Israel

Zunächst hatte sich der Apostel darum bemüht, Israels Verharren im Unglauben auf Gottes verborgenen Ratschluß zurückzuführen (9,6–29), und hatte dann des näheren dargelegt, daß und warum das Gottesvolk, das sich dem Evangelium verschließt, für diesen Ungehorsam verantwortlich ist (9,30–10,21). Paulus rundet beide Abschnitte durch ausführlichen Rückgriff auf die Schrift ab, weil allein aus ihren Worten begreiflich gemacht werden kann, daß der barmherzige Gott ungeachtet mancher Verirrungen und Umwege des erwählten Volkes zur bleibenden Gültigkeit seines Wortes steht und darum die Geschichte der Völker wie auch Israels zum Ziel bringen wird. Diese Thematik, die besonders deutlich in den Prophetenworten zu Ende des ersten Gedankengangs angesprochen worden war (9,25–29), greift Paulus zu Beginn des 11. Kap. wieder auf und führt aus, daß Gott aufgrund der Zusagen, die er seinem Volk gegeben hat, seine Verheißung zu seiner Zeit verwirklichen wird.

Der neu ansetzende Gedankengang gliedert sich deutlich erkennbar in drei Abschnitte, die zuerst durch die Worte λέγω οὖν (11,1), dann durch Wiederaufnahme derselben Wendung (11,11) und schließlich durch den Einsatz mit οὐ γὰρ θέλω ὑμᾶς ἀγνοεῖν (11,25) und die ausdrückliche Anrede „Brüder" bezeichnet sind. Mit einem hymnischen Lobpreis (11,33–36) werden die Ausführungen über das Geschick Israels im Licht des Evangeliums zum Abschluß gebracht. Während in den Abschnitten V. 1–10 und V. 25–32 in starkem Umfang atl. Zitate herangezogen sind, um sie von der Christusbotschaft her auszulegen, fehlt im Mittelteil, der sich besonders an heidenchristliche Leser und Hörer richtet, ein Bezug auf das AT. Doch sind auch diese ermahnenden Worte von den aus der Schrift gewonnenen Einsichten umgriffen, wie sie im ersten und im dritten Abschnitt ausgeführt werden.

11,1–10 Der heilige Rest

1) **Ich sage nun: Hat Gott etwa sein Volk verstoßen? Das sei ferne! Denn auch ich selbst bin ein Israelit, aus dem Samen Abrahams, aus dem Stamm Benjamin.** 2) **Gott hat sein Volk nicht verstoßen, das er zuvor ausersehen hat. Oder wißt ihr nicht, was die Schrift im Abschnitt über Elia sagt, wie er vor Gott Klage führt gegen Israel:** 3) **Herr, deine Propheten haben sie getötet, deine Altäre haben sie zertrümmert. Und ich bin allein übriggeblieben; und sie trachten mir nach dem Leben.** 4) **Doch was sagt der Gottesspruch: Ich habe mir übriggelassen siebentausend Mann, die ihr Knie nicht vor Baal gebeugt haben.** 5) **So ist nun auch in der Gegenwart ein Rest vorhanden nach der Gnadenwahl.** 6) **Wenn aber durch Gnade, dann nicht aus Werken, weil sonst Gnade nicht mehr Gnade wäre.** 7) **Was nun? Was Israel zu erlangen sucht, das hat es nicht erreicht. Die Erwählung aber hat es erreicht, doch die übrigen wurden verstockt;** 8) **wie geschrieben steht: Gegeben hat ihnen Gott einen**

Geist der Betäubung, Augen, daß sie nicht sehen, und Ohren, daß sie nicht hören - bis zum heutigen Tag. 9) Und David sagt: Es werde ihnen ihr Tisch zur Schlinge und zum Netz und zum Fallstrick und zur Vergeltung. 10) Finster werden mögen ihre Augen, daß sie nicht sehen, und beuge ihren Rücken immerdar.

DREYFUS, F.: Le passé et le présent d'Israël, in: de Lorenzi (Hg.), Israelfrage 131–192; HANSON, A.: The Oracle in Romans XI,4, NTS 19 (1972/73) 300–302; JOHNSON, D.G.: The Structure and Meaning of Romans 11, CBQ 46 (1984) 91–103; RESE, M.: Die Rettung der Juden nach Römer 11, in: A. Vanhoye (Hg.), L'Apôtre Paul. Personnalité, Style et Conception du Ministère, Leuven 1986, 422–430; SCHMIDT, K.L.: Die Verstockung des Menschen durch Gott, ThZ 1 (1945) 1–17.

Der Abschnitt nimmt die Thematik von Erwählung und Verwerfung von Kap. 9 wieder auf und gliedert sich in zwei Teile. Deren erster wird durch λέγω οὖν (V. 1) eingeleitet und ist apologetisch ausgerichtet: Gott hat einen Rest erwählt (V. 1–6). Der zweite Teil setzt mit der kurzen Frage τί οὖν ein und ist polemisch gehalten: Diejenigen, die nicht zum Rest gehören, sind verstockt und stehen unter Gottes Gericht.

V. 1: Zu Beginn stellt Paulus eine Frage, deren Beantwortung nach den vorangegangenen Ausführungen über Israels Schuld besonders dringlich geworden ist. In Anlehnung an Worte aus Ps 94,14 fragt der Apostel, ob Gott etwa sein Volk verstoßen hat.[1] Die durch μή eingeleitete Frage zielt auf eine zurückweisende Negation, die durch μὴ γένοιτο in aller Deutlichkeit ausgesprochen wird: Nein, Gott hält seinem erwählten Volk[2] die Treue. Zur begründenden Erläuterung weist Paulus darauf hin, daß er selbst doch Israelit ist, zum Samen Abrahams gehört und sich zum Stamm Benjamin zählen darf.[3] Da er als gläubiger Israelit zum Apostel der Völker berufen wurde, kann Paulus auf seine Person hinweisen, daß Gott weder ihn noch Israel als ganzes verworfen haben kann. Paulus spricht hier bewußt als Judenchrist, „der es für eine Auszeichnung ansieht, dem Volk Israel anzugehören" (SCHMITHALS, Röm. 387).

---

[1] LXX Ps 93,14 heißt es οὐκ ἀπώσεται κύριος τὸν λαὸν αὐτοῦ. Statt des Futurs wählt Paulus den Aorist ἀπώσατο. Vgl. weiter 1 Sam 12,22 und Jer 31,37.

[2] Von ἔθνος/ἔθνη, womit die Völker bzw. Heiden bezeichnet werden, ist λαός unterschieden, um das erwählte Gottesvolk zu charakterisieren. Statt τὸν λαόν lesen manche Handschriften τὴν κληρονομίαν – offensichtlich unter Einwirkung der zweiten Zeile in LXX Ps 93,14: καὶ τὴν κληρονομίαν αὐτοῦ οὐκ ἐγκαταλείψει.

[3] Vgl. 2 Kor 11,22; Phil 3,5 bewertet Paulus jedoch seine israelitische Herkunft nicht als besondere Auszeichnung, sondern zählt sie zur Vergangenheit, die er um Christi willen hinter sich gelassen hat. Die Zugehörigkeit zum Stamm Benjamin wird nicht betont herausgestellt, so daß es sich erübrigt, darüber zu spekulieren, ob an eine besondere Auszeichnung gerade dieses israelitischen Stammes vor den anderen gedacht sein könnte. Zur näheren Charakterisierung des Stammes Benjamin vgl. die Belege bei BILL. III 286–288.

V. 2: Darum erklärt Paulus mit Nachdruck: Gottes Volk bleibt sein Volk, weil er es zuvor ausersehen hat. Das Verbum προγιγνώσκειν wird hier wie 8,29f. von Gottes erwählendem Handeln gesagt, das in Gültigkeit bleibt, wie die Schrift bezeugt. Mit der Wendung ἢ οὐκ οἴδατε bezieht sich der Apostel auf gemeinsame Überzeugung, die sich auf Kenntnis der heiligen Schriften gründet. Durch die Worte ἐν Ἠλίᾳ erinnert er an die Stelle, auf deren Aussage es ihm hier ankommt.[4] Mit eigenen Worten gibt der Apostel zunächst wieder, auf welchen Abschnitt der Eliaerzählungen er verweisen möchte: wie der Prophet vor Gott gegen Israel Klage führt.[5] **V. 3:** Der Inhalt der Klage ist dann in enger Anlehnung an 1 Kön 19,10 (= LXX 3 Βασ 19,10) angegeben. Doch zieht der Apostel den Hinweis auf den Prophetenmord als die schrecklichste Untat der Ungläubigen nach vorn und nennt dann die Zerstörung der Altäre. Der Prophet aber ist ganz allein übriggeblieben und muß um sein Leben fürchten. Was damals geschah, hat nun sein Gegenstück. Worin besteht dieser Bezug?[6]

V. 4: Die aktuelle Bedeutung ist dem Gotteswort zu entnehmen, das in der Eliageschichte überliefert ist. Durch den Begriff χρηματισμός wird dieses als machtvolle Klarstellung charakterisiert.[7] In erkennbarem Anklang an 1 Kön 19,18 (= LXX 3 Βασ 19,18) wird das entscheidende Wort Gottes angegeben. Dabei stützt sich Paulus wahrscheinlich auf eine mündlich überlieferte Fassung des Satzes, die eine bessere griechische Wiedergabe bietet als der Text der LXX.[8] Indem das Prädikat κατέλιπον an den Anfang gesetzt wird, wird Gottes souveränes Handeln betont, durch das er einen Rest des Volkes mit 7000 Mann erwählt hat. Sie haben dem Götzen Baal[9] nicht gehuldigt und nicht die Knie vor ihm gebeugt.

V. 5: Die Beziehung zur Gegenwart stellt der Apostel her, indem er auf die Entsprechung (οὕτως) im νῦν καιρός hinweist (vgl. 3,26: ἐν τῷ νῦν καιρῷ; ferner 8,18; 2 Kor 8,14).[10] Die aktuelle Bedeutung liegt allein darin begründet, daß es damals wie auch gegenwärtig ein und derselbe Gott ist, der an den Seinen handelt.[11] Was gegenwärtig die ἐκλογή eines geringen Restes und der Ungehorsam aller an-

---

[4] Zur hier verwendeten Einführung eines atl. Zitats vgl. 9,25: ἐν τῷ Ὡσηέ und Mk 12,26 par Lk 20,37: ἐπὶ τοῦ βάτου sowie rabbinische Belege bei Bill. III 288.

[5] Durch ἐντυγχάνειν τινί κατά wird angezeigt, daß vor Gericht Klage erhoben wird. Vgl. 1 Makk 8,32; 10,61.63; 11,25. Manche Handschriften fügen sekundär das Partizip λέγων hinzu.

[6] Die Gegenüberstellung wird übertrieben, wenn man in Paulus geradezu einen Elia redivivus sehen wollte; so Müller, Gerechtigkeit 44f.

[7] Das Wort χρηματισμός = „Orakelspruch" kommt nur hier im NT vor. Doch vgl. 2 Makk 2,4.

[8] Vgl. Koch, Schrift 74–77.

[9] Im Unterschied zu LXX (τῷ Βάαλ) wird hier der feminine Artikel τῇ verwendet. Dieser eigentümliche Gebrauch ist daraus zu erklären, daß das Wort בַּעַל im mündlichen Vortrag durch בּוֹשֶׁת ersetzt wurde (griech. = ἡ αἰσχύνη).

[10] Vgl. Hanson 302: „The oracle in Romans XI.4 then points to a revelation of God's nature, but suggests that what was indirectly revealed in the old dispensation had been directly revealed in Christ in the new."

[11] Vgl. Koch, Schrift 305.

deren bedeutet, wird im Licht der atl. Erzählung vom Propheten Elia erhellt.[12] Der Blick in die Schrift lehrt zu verstehen, wie Gott auf den Unglauben des größten Teils Israels reagiert und seine Gnadenwahl auf den von ihm erwählten Rest richtet.[13] Hat damals der barmherzige Gott die Zusicherung gegeben, er werde einen Rest von 7000 in Israel übrig lassen, so gewinnt der Apostel für sich wie für seine Leser die Gewißheit, daß Gott auch jetzt eine Gemeinde der Getreuen durch seine Gnadenwahl erhalten werde.[14] War die Gemeinde von Qumran der Überzeugung, auf Grund ihrer Gesetzestreue der erwählte, heilige Rest zu sein (1 QM XIV,8 u. ö.)[15], so führt Paulus die Bewahrung des heiligen Restes ausschließlich auf Gottes Gnadenwahl zurück (vgl. 9,11: ἡ κατ᾽ ἐκλογὴν πρόθεσις τοῦ θεοῦ sowie 11,28: κατὰ τὴν ἐκλογὴν ἀγαπητοί). Hier wie dort aber wird der Überzeugung Ausdruck gegeben, daß inmitten des weithin ungehorsamen Volkes ein Rest von Erwählten erhalten bleibt (vgl. 1 QS VIII,6: בְּחִירֵי רָצוֹן sowie Lk 2,14: ἄνθρωποι εὐδοκίας).

V. 6: Den Ton legt der Apostel auf das Wort χάρις und fügt erläuternd hinzu: Wenn die Bewahrung des Restes allein in Gottes Gnade begründet ist, dann[16] hat sie mit Werken nichts zu schaffen. Von den Werken, die ohne jeden Zusatz (νόμου o.ä.) genannt werden, spricht Paulus hier in weit gefaßtem Sinn, um hervorzuheben, daß durch keinerlei Tun und Wirken des Menschen, auch nicht durch „fromme" Taten, Zugang zur χάρις gewonnen werden kann. Wäre es anders[17], so würde die Gnade nicht Gnade sein können.[18] Mit dieser knappen Feststellung interpretiert der Apostel die göttliche Gnadenwahl durch die Theologie der Rechtfertigung, in deren Licht er auch die Frage nach dem Geschick Israels zu beantworten sucht.[19]

V. 7: Durch die kurze Frage „Was nun?" leitet der Apostel den zweiten Teil des Abschnitts ein. Indem er die Folgerungen aus den bisherigen Ausführungen zieht, schlägt er einen schärferen polemischen Ton an. Was ist nun vom größten Teil des Volkes Israel zu sagen, der nicht zum erwählten heiligen Rest gehört? Hatte Paulus in 9,31 bereits mit lapidaren Worten erklärt, Israel, das dem Gesetz der Gerechtigkeit nachjagte, sei nicht zum Gesetz gelangt, so nimmt er diese Aussage wieder auf und bekräftigt sie: Was Israel zu erlangen sucht, das hat es nicht erreicht. Die

---

[12] Vgl. KOCH, Schrift 306.

[13] Vgl. KOCH, Schrift 307.

[14] Vgl. J. JEREMIAS, ThWNT II, 937.

[15] Vgl. weiter DREYFUS 147. Zum Restgedanken im zeitgenössischen Judentum und frühen Christentum s.o. S. 283.

[16] Durch οὐκέτι wird die logische Folgerung eingeleitet = „dann also nicht". Vgl. BAUER-ALAND 1199.

[17] Einleitendes ἐπεί in adversativer Bedeutung = „sonst". Vgl. BL-DEBR § 456_7

[18] Interpretierend fügen manche Handschriften hinzu: Εἰ δὲ ἐξ ἔργων οὐκέτι ἐστὶν χάρις, ἐπεὶ τὸ ἔργον οὐκέτι ἐστὶν ἔργον (χάρις B).

[19] Vgl. LUZ, Geschichtsverständnis 82: „Auch hier tritt die sachliche Identität von Rechtfertigungs- und Erwählungslehre zutage."

ἐκλογή hat es jedoch erreicht. Hier wird das „abstractum pro concreto“ genannt, so daß der Begriff der ἐκλογή hier im Sinn von οἱ ἐκλεκτοί zu verstehen ist, eben jenen von Gott Erwählten, die zum heiligen Rest gehören. Sie, die Judenchristen, sind durch Gottes Gnadenwahl zum Ziel gekommen; die Übrigen aber wurden verstockt. Das Passiv ἐπωρώθησαν weist auf Gottes Handeln hin und deutet den schwer begreiflichen Gedanken an, daß Gott Menschen verstocken kann, so daß sie weder hören noch sehen können und sich daher der frohen Botschaft verschließen (vgl. Jes 6,9f. in Mk 4,12 Par.).

V. 8: Diese harte Feststellung begründet der Apostel aus der Schrift, indem ein Wort aus der Thora angeführt wird (Dtn 29,3)[20], in das aus den Propheten (Jes 29,10) die Begriffsverbindung πνεῦμα κατανύξεως (= Geist der Betäubung) eingefügt ist, so daß Gesetz und Propheten übereinstimmend dieselbe Wahrheit bezeugen.[21] Folge der von Gott ausgegangenen Verstockung ist es, daß die Augen die Fähigkeit zu sehen verlieren und die Ohren nicht mehr hören können.[22] **V. 9:** Durch das Stichwort οἱ ὀφθαλμοὶ αὐτῶν τοῦ μὴ βλέπειν mit dem vorangehenden Zitat verbunden, wird ein Wort Davids angeführt, so daß Gesetz, Propheten und Psalmen – mithin die ganze Schrift – als Zeugnis aufgeboten werden. Ist Ps 69 im frühen Christentum des öfteren mit dem Leiden Christi in Verbindung gebracht (Mk 15,36 Par. Joh 19,28 u.ö.), so wird ihm hier eine Verwünschung aller derer entnommen, die den Beter des Psalms um seiner Gottesfurcht willen hassen. Im Unterschied zum LXX-Text ist der Begriff des Skandalon weiter nach vorn gezogen. In bildlicher Rede wird den Gottlosen angedroht, daß ihnen ihr Tisch zur Schlinge werden möge, zum Netz, zum Fallstrick und zur Vergeltung. Diese Ausdrucksweise geht wahrscheinlich auf den Brauch von Beduinen zurück, die mit untergeschlagenen Beinen um ein ausgebreitetes Tuch herumsitzen, das ihnen als Tisch dient. Wenn sie nun – etwa bei plötzlich drohender Gefahr – aufspringen, dann verwickeln sie sich mit den Beinen im Tuch und fallen. Paulus hält sich jedoch bei dieser ersten Hälfte des Zitats nicht weiter auf. Daher braucht man auch nicht die Vermutung anzustellen, er habe an eine Polemik gegen den Tisch des Opferkults gedacht, da er auch 1 Kor 10,21 τράπεζα in kultischer Bedeutung verstanden habe. Wollte man solche Bezugnahme annehmen, so könnte man die Überlegung eintragen, gerade der Kult als Repräsentation jüdischer Frömmigkeit habe die Verblendung Israels und seinen Fall veranlaßt (so KÄSEMANN, Röm. 292 u.a.). Paulus deutet jedoch mit keiner Silbe an, daß ihm hier solche Erwägungen vorschwebten, sondern er legt den Ton auf den zweiten Teil des Zitats aus Ps 69.

---

[20] Statt des einleitenden καθώς ist die bedeutungsgleiche Variante καθάπερ recht gut bezeugt.

[21] Denkbar ist es, daß Paulus sich in den Versen 8–10 auf eine schon vorgegebene Zitatenkombination bezieht. Doch sind die vorsichtigen Erwägungen bei KOCH, Schrift 170f., zu berücksichtigen, in denen eher paulinische Herkunft der Zitatenverbindung angenommen wird. Im Unterschied zur atl. Vorlage übergeht der Apostel das Wort κύριος, „offenbar um ein mögliches Mißverständnis von κύριος im Sinne von Χριστός zu vermeiden“. KOCH, Schrift 121.

[22] Die Infinitive τοῦ μὴ βλέπειν und τοῦ μὴ ἀκούειν haben konsekutive Bedeutung = „daß“. Vgl. BL-DEBR § 400_4.

V. 10: Die für Paulus entscheidende Aussage ist durch den abermaligen Hinweis gegeben, Gottes Gericht werde ihre Augen verfinstern, so daß sie nicht mehr sehen können. Die Widersacher, von denen der Psalm spricht, sind für Paulus die ungläubigen Israeliten, deren Rücken zum Zeichen ihrer Knechtschaft von Gott gebeugt werden möge - immer.[23] Doch Gottes Gericht wird nicht sein letztes Wort über Israel sein.

11,11-24 Israels Fall und das Heil der Heiden

11) Ich sage nun: Sind sie etwa gestrauchelt, damit sie zu Fall kommen? Das sei ferne; sondern durch ihren Fall ist das Heil zu den Heiden gekommen, um sie eifersüchtig zu machen. 12) Wenn aber ihr Fall Reichtum für die Welt bedeutet und ihr Verlust Reichtum für die Heiden, um wieviel mehr ihre Fülle. 13) Euch aber, den Heiden, sage ich: Insofern ich der Heiden Apostel bin, preise ich meinen Dienst, 14) ob ich wohl mein Fleisch eifersüchtig machen und einige von ihnen retten möchte. 15) Denn wenn ihre Abweisung Versöhnung für die Welt bedeutete, was wird dann ihre Annahme anders sein als Leben aus den Toten? 16) Wenn aber die Erstlingsgabe heilig ist, dann auch der ganze Teig. Und wenn die Wurzel heilig ist, dann auch die Zweige. 17) Wenn aber einige von den Zweigen ausgebrochen wurden, du aber, als ein Zweig vom wilden Ölbaum, unter ihnen eingepfropft wurdest und an der fettspendenden Wurzel des Ölbaums teilbekommen hast, 18) so rühme dich nicht gegenüber den Zweigen. Wenn du dich aber rühmst, so bedenke: Nicht du trägst die Wurzel, sondern die Wurzel dich. 19) Du wirst nun sagen: Ausgebrochen sind Zweige, damit ich eingepfropft würde. 20) Richtig. Infolge des Unglaubens sind sie ausgebrochen worden, du aber hast auf Grund des Glaubens festen Stand gewonnen. Sei nicht hochmütig, sondern fürchte dich. 21) Denn wenn Gott die natürlichen Zweige nicht verschont hat, wird er auch dich nicht verschonen. 22) Sieh nun auf Güte und Strenge Gottes: gegen die Gefallenen Strenge, über dich aber Güte Gottes - wenn du bei seiner Güte bleibst; denn sonst wirst auch du ausgehauen. 23) Jene aber, wenn sie nicht beim Unglauben bleiben, werden wieder eingepfropft werden. Denn Gott ist mächtig, sie wieder einzupfropfen. 24) Denn wenn du aus dem von Natur wilden Ölbaum ausgebrochen und wider die Natur in den edlen Ölbaum eingepfropft wurdest, wieviel mehr werden diese, die von Natur zu ihm gehören, in ihren eigenen Ölbaum wieder eingepfropft werden.

---

[23] CRANFIELD, Rom. 552, möchte διὰ παντός nicht durch „for ever", sondern durch „continually" wiedergeben; denn die Meinung sei, das Beugen des Rückens soll nicht „intermittent, but continually and sustained" sein. Vgl. DERS., The Significance of διὰ παντός in Romans 11,10, in: StEv III, TU 87, Berlin 1964, 546-550.

Baxter, A.G./Ziesler, J.A.: Paul and Agriculture: Romans 11.17–24, JSNT 24 (1985) 25–32; Bell, R.H.: Provoked to Jealousy: The Origin and Purpose of the Jealousy Motif in Romans 9–11, WUNT II, 63, Tübingen 1994; Davies, W.D.: Paul and the Gentiles: A Suggestion Concerning Romans 11:13–24 (1978), in: Studies 153–165; Donaldson, T. L.: Riches for the Gentiles, (Rom 11:12). Israel's Rejection and Paul's Gentile Mission, JBL 112 (1993) 81–98; Haacker, K.: Das Evangelium Gottes und die Erwählung Israels, ThBeitr 13 (1982) 59–72; Ders.: Die Geschichtstheologie von Röm 9–11 im Lichte philonischer Schriftauslegung, NTS 43 (1997) 209–222; Hartung, M.G.: Die kultische bzw. agrartechnisch-biologische Logik der Gleichnisse von der Teighebe und vom Ölbaum in Röm 11:16–24 und die sich daraus ergebenden theologischen Konsequenzen, NTS 45 (1999) 127–140; Jegher-Bucher, V.: Erwählung und Verwerfung im Römerbrief? Eine Untersuchung von Röm. 11,11–15, ThZ 47 (1991) 326–336; Rengstorf, K.H.: Das Ölbaum-Gleichnis in Röm 11.16ff.: Versuch einer weiterführenden Deutung, in: Donum gentilicium, New Testament Studies in Honour of D. Daube, Oxford 1978, 127–164; Senft, C.: L'élection d'Israel et la justification (Romains 9 à 11), in: L'Évangile hier et aujourd'hui, FS F.-J. Leenhardt, Genf 1968, 131–142.

Die Frage, welchen Sinn die Geschichte Israels hat, beschäftigt den Apostel erneut (vgl. 11,1f.). Gott hat einen eigenartigen Umweg eingeschlagen, indem er Israels Fall als Mittel dazu benutzte, daß das Evangelium zu den Heiden gelangte und sie zum Heil führte(V. 11–16). Sind Heiden gläubig geworden, so soll Israel dadurch eifersüchtig gemacht werden, damit es sich auch für die Botschaft des Evangeliums öffne, sie im Glauben annehme und gerettet werde. An die Heidenchristen jedoch richtet Paulus eine ausdrückliche Ermahnung, nicht hochmütig zu werden (V. 17–24). Sie sollen sich vielmehr dessen bewußt sein, daß Gott sie in den edlen Ölbaum eingepfropft hat anstelle der Zweige, die ihres Unglaubens wegen ausgebrochen wurden. Gott aber kann ohne Zweifel die herausgenommenen Zweige wieder in ihren eigenen Ölbaum einsetzen und somit das Geschick Israels wenden.

V. 11: Die in V. 1 gestellte Frage wird mit einer weiteren Frage wieder aufgenommen: Warum hat Gott sein Volk straucheln lassen? Sollten sie möglicherweise ganz zu Fall kommen? Das Verbum πταίειν ist hier wie auch sonst im NT in intransitiver Bedeutung gebraucht (vgl. Jak 2,10; 2 Petr 1,10) und bezeichnet den schuldhaft begangenen Irrtum. Dieser aber kann dazu führen, daß der Strauchelnde fällt.[1] Der Nachsatz wird durch ἵνα eingeführt, was in konsekutiver, aber auch in finaler Bedeutung verstanden werden kann. Der Zusammenhang zeigt, daß ἵνα hier in letzterem Sinn aufzufassen ist. Ist es etwa Gottes Absicht gewesen, daß die Israeliten des Heils verlustig gehen sollten? Der Apostel weist ebenso wie bei der in V. 1 gestellten Frage diesen Gedanken entschieden zurück, indem er darlegt, daß Gott einen ganz anderen Plan verfolgt.

[1] Dieser Gebrauch der Wörter πταίειν und πίπτειν entspricht jüdischem Verständnis: Die Sünder straucheln und kommen zu Fall, die Gerechten hingegen werden von Gott geretttet (vgl. Ps Sal 3,5.9–12).

Das Fehlverhalten der Israeliten hat Gott zu einer grundlegenden Wende benutzt. Die im zeitgenössischen Judentum geläufige Erwartung zielte darauf, in der Endzeit würden die Völker zusammenkommen, um dem von Gott erwählten Volk zu huldigen (vgl. Ps Sal 17,21-33). Der Apostel aber zeigt auf, daß Gott das Verhältnis umgekehrt hat und zuerst Heiden am Heil hat teilbekommen lassen, daß er aber dabei Israel nicht aus dem Blick verloren hat. Der Begriff παράπτωμα wird sonst von Paulus verwendet, um schuldhaftes Verhalten der Sünder zu kennzeichnen (vgl. 4,25; 5,15.17.20 u. ö.); im hier entwickelten Gedankengang gewinnt der Begriff eine verschärfende Zuspitzung, da er an das soeben genannte πίπτειν anknüpft. Der Dativ nennt die Ursache, um deretwillen Gottes Entscheid getroffen wurde: daß den Heiden Rettung widerfahren sollte und dadurch die ungläubigen Israeliten eifersüchtig gemacht werden. War dieses Eifersuchtsmotiv von Paulus bereits 10,19 durch das Zitat von Dtn 32,21 kurz angeschlagen worden, so wird es hier erneut aufgenommen – freilich ohne Hinweis auf die Schrift, wie überhaupt der ganze Zusammenhang, in dem in erster Linie Heidenchristen angesprochen werden, ohne Hinweis auf das AT bleibt.

V. 12: In der lebhaft vorgetragenen Argumentation, die er in der Weise der Diatribe entfaltet, bedient sich der Apostel mehrfach der Schlußfolgerung vom Geringeren auf das Größere bzw. vom Größeren auf das noch ausstehende Geringere (vgl. V. 15.17.21.24).[2] Das Staunen weckende Ereignis ist schon geschehen, indem die urchristliche Verkündigung aus den Völkern Glaubende gewonnen hat. Wurden in antiker Rhetorik auf -μα endende Wörter gern gebraucht, um das jeweilige Ergebnis einer Handlung anzugeben[3], so bedient sich der Apostel dieser formalen Vorgabe, indem er die Begriffe παράπτωμα, ἥττημα und πλήρωμα in rascher Folge aneinanderreiht. In der Kürze der Ausdrucksweise wird auf ein Verb verzichtet. Israels Fall hat zu Reichtum für die Welt geführt. In der Gegenüberstellung zu πλήρωμα weist ἥττημα hier nicht – wie παράπτωμα – auf Israels Fehlverhalten hin. Da πλήρωμα die „Fülle" bzw. die „Vollzahl" angibt, ist dem gegenüber ἥττημα vom „Mangel", dem „Zurückbleiben", bzw. dem „Verlust" gesagt.[4] Heißt es in V. 25, zum πλήρωμα τῶν ἐθνῶν werde es als dem Vollmaß der Völker kommen, so drückt Paulus hier durch ἥττημα aus, daß auf Israels Seite gegenüber dieser Vollzahl ein empfindlicher Mangel besteht.[5] Wird dieser jedoch ausgeglichen und das volle Maß hergestellt sein, dann muß dadurch noch weit mehr der gegenwärtig zu erfahrende Reichtum für die Völker eintreten.

---

[2] Zum sog. Qal wachomer-Schluß s. o. S. 170f.

[3] Vgl. Bl-Debr § 109,2.

[4] Der Begriff ἥττημα findet sich im NT nur noch 1 Kor 6,7 in der Bedeutung: Zurückbleiben hinter gestellten Forderungen.

[5] Zur Vorstellung des eschatologischen Maßes vgl. Gal 4,4 und R. Stuhlmann, Das eschatologische Maß im NT, FRLANT 132; Göttingen 1983.

V. 13: Mit der Anrede ὑμῖν τοῖς ἔθνεσιν wendet sich der Apostel unmittelbar an seine heidenchristlichen Leser. Zwar wird auch in Rom die Zahl der Heidenchristen die der Judenchristen vermutlich deutlich überstiegen haben. Doch Paulus redet keineswegs nur Leser an, die sich in Rom befinden, sondern er spricht eine grundsätzliche Problematik an, die sich überall in der Christenheit in der hellenistischen Welt stellen konnte: daß Heidenchristen sich hochmütig gegenüber Judenchristen verhalten mochten.[6]

Der Apostel weist zunächst auf sein eigenes Beispiel hin (vgl. 11,1).[7] Ihm ist der Auftrag erteilt, unter den Völkern die frohe Botschaft auszurufen (vgl. Gal 1,16).[8] Daß sein apostolischer Dienst den Heiden gilt, wird durch die betonte Voranstellung von ἐθνῶν unterstrichen.[9] Apostel der Völker zu sein, weiß Paulus als besondere Auszeichnung des ihm anvertrauten Dienstes[10] hoch zu schätzen und dafür Gott zu preisen.[11]

V. 14: Indem er diesen Dienst ausrichtet, hat der Apostel für sein Volk Israel, dem er sich weiterhin zugehörig weiß,[12] die große Hoffnung, ihm gerade durch sein Wirken unter den Heiden dienen zu können. Ohne daß er sich hier auf ein Schriftwort beruft, klingt durch den Rückgriff auf die Aussage 10,19 ein Hinweis auf die verborgene Absicht Gottes an. In seinem Auftrag sucht der Apostel allerorten Menschen zum Heil zu bringen. Das Verbum σῴζειν ist geläufiger Ausdruck für missionarisches Handeln, durch das Menschen Rettung widerfahren soll (vgl. 1 Kor 9,22; 15,2 u.ö.). In Annahme oder aber Abweisung des Evangeliums entscheidet sich ewiges Heil oder bleibende Verlorenheit. Doch der barmherzige Gott kann – das ist die Überzeugung des Paulus – sich seines Heidenapostolats bedienen, um wenigstens „etliche" zu retten.[13] Hinsichtlich der zu erhoffenden Zahl derer, die aus Israel zum Glauben kommen möchten, drückt Paulus sich zurückhaltend aus (τινάς); doch seine zuversichtliche Erwartung ist darauf gerichtet, daß möglichst viele seiner Brüder aus Israel gewonnen werden (vgl. 11,26).

V. 15: In V. 15 wird der Gedanke von V. 12 wieder aufgenommen und erneut ein Schluß vom Größeren auf das Geringere bzw. vom Geringeren auf das Größere formuliert: Gott hat Israels Ungehorsam zum Guten gewendet und Versöhnung der

---

[6] Vgl. ALETTI, Clefs 191f.; HOFIUS, Evangelium 175: „Die Annahme, daß es in der überwiegend heidenchristlichen Gemeinde Roms zur Zeit der Abfassung des Römerbriefs antijüdische Tendenzen gegeben habe, entbehrt jeder Quellengrundlage"; ferner SCHMITHALS, Röm. 394; MOO, Rom. 691.

[7] Statt eines δέ in der Wendung ὑμῖν δὲ λέγω finden sich die Varianten γάρ und οὖν, die jedoch schwerlich als ursprünglich gelten können.

[8] Die Wendung ἐφ' ὅσον ist nicht in zeitlichem, sondern in modalem Sinn zu verstehen = „insofern". Dem μὲν οὖν folgt – wie des öfteren – kein entsprechendes δέ; vgl. BL-DEBR § 451.

[9] Vgl. BL-DEBR § 271_5.

[10] Sein Amt versteht Paulus als διακονία = „Dienst".

[11] Das Verbum δοξάζειν entspricht hebr. בָּרֵךְ = „Gott danken".

[12] Durch σάρξ wird die leibliche Verwandtschaft betont.

[13] Durch εἴ πως wird die vorsichtige Erwartung ausgesprochen; vgl. BL-DEBR § 375.

Völker gestiftet (vgl. Röm 5,10f.; 2 Kor 5,18f.) Wenn die ἀποβολή der Israeliten[14] die Versöhnung für die Völker zur Folge hatte, wieviel mehr wird ihre Annahme bedeuten.[15] Der Satz ist so knapp formuliert, daß Prädikate wieder fehlen. Weil Israel im Unglauben verharrte, wurde das Evangelium in die Welt hinausgetragen. Wenn Israel das Evangelium annehmen wird, dann kommt diese Annahme der ζωή ἐκ νεκρῶν gleich. Zweifellos ist diese Begriffsverbindung in eschatologischem Sinn aufzufassen – und nicht in abgeschwächter Bedeutung, als sollte lediglich ein allgemeines Prinzip göttlichen Handelns bezeichnet werden (so vor allem GAUGLER, Röm. II 187; HAACKER, Röm. 260 u.a.). Doch wird der Ausdruck nicht dahin zu verstehen sein, als sollte auf eine apokalyptische Abfolge endzeitlichen Geschehens angespielt werden und sei an eine erste Auferstehung gedacht, der eine zweite Auferstehung aller Toten folgen wird (so SCHLATTER, Röm. 323f.). Paulus verwendet den Begriff der ζωή, nicht den der ἀνάστασις o.ä. Er will nicht auf ein apokalyptisches Drama Bezug nehmen, sondern anzeigen, daß Gott, wie er an Abraham und den Glaubenden gehandelt hat, der ist, der die Toten auferweckt und dem Nichtseienden ruft, daß es sei (4,17). Israels Annahme (des Evangeliums) wird daher ein eschatologisches Geschehen und damit ein schlechthin unüberbietbares Wunder sein.[16]

V. 16: Mit einem kurzen Gleichnisbild – dem in V. 16b.17–24 ein zweites, ausführliches folgen wird – erläutert Paulus die von ihm eben ausgesprochene Schlußfolgerung. In knapper Ausdrucksweise benutzt er wiederum keine Prädikate. Jedem Kenner der Schrift ist der Gedanke vertraut, daß die Gott dargebrachte Hebe für den ganzen Teig steht und ihn daher „heiligt", d.h. als Eigentum des heiligen Gottes darstellt (vgl. Num 15,17–21).[17] Unter der ἀπαρχή sind nicht – wie verschiedentlich in Betracht gezogen (LIETZMANN, Röm. 103f., CRANFIELD, Rom. 534 u.a.) – die gläubig gewordenen Judenchristen, sondern die Erzväter zu verstehen. Der Gott Israels ist der Gott Abrahams, Isaaks und Jakobs. Gehören sie als ἀπαρχή dem heiligen Gott zueigen, so werden auch die später Kommenden geheiligt (vgl. 1 Kor 7,14). Das sogleich hinzugefügte zweite Bild unterstreicht diesen Gedanken: Ist die Wurzel eines Baums heilig, d.h. Gott zugehörig, so gilt das auch für alle Zweige, die Kraft und Nahrung aus der Wurzel empfangen. Mit diesem kurzen Satz (V. 16 b) ist das Thema angegeben, das im folgenden erläutert wird. Dabei wird mit der Wurzel auf Ursprung und Herkunft Israels hingewiesen und sind wiederum die Erzväter gemeint, die bewirken, daß der gesamte Baum mit allen Zweigen Gott gehört. Diese Heiligkeit kann nicht durch das Fehlverhalten einzelner aufgehoben werden, sondern gründet in der göttlichen Erwählung.

---

[14] Gen. subj., so daß Israel – nicht Gott – Subjekt des Verwerfens ist (FITZMYER, Röm. 613; HAACKER, Röm. 227 u.a.). Die verbreitete Wiedergabe als Gen. obj. widerspricht der festen Überzeugung, daß Gott sein Volk nicht verworfen hat (11,1f.).

[15] Im Sinn ihrer Zustimmung zum Evangelium.

[16] Vgl. LUZ, Geschichtsverständnis, 393.

[17] Vgl. BILL. III 290.

V. 17: Erneut redet der Apostel seine Leser in der zweiten Person an und bedient sich damit eines Sprachmittels der Diatribe. Aus der nun folgenden Auslegung des Bildes vom Ölbaum ist nicht auf eine bestimmte Situation in der römischen Christenheit zu schließen. Vielmehr will der Apostel den Heidenchristen grundsätzlich zeigen, wie sie zu Israel stehen sollen.

Dem Ölbaum[18] sind Zweige ausgebrochen worden. Dieses Bild will sagen, daß die Israeliten durch ihren Unglauben sich selbst aus der Zugehörigkeit zum Gottesvolk gelöst haben. Dadurch ist Platz geworden, um dem Ölbaum neue Zweige einzupflanzen – Zweige, die von einem wildwachsenden Baum[19] genommen wurden. Auf diese Weise sollen sie an der fettspendenden Wurzel teilbekommen.[20] Ein merkwürdiges Bild wird da entworfen. Möglicherweise wußte Paulus als Städter nicht recht, wie man Bäume veredelt, so daß sein Gleichnis unglücklich ausfällt (LIETZMANN, Röm. 105). Dieses Urteil kann man nicht durch den Hinweis entkräften, es seien in der Antike gelegentlich Gedanken geäußert worden, die üblicher Weise der Veredelung von Bäumen widersprachen: daß Zweige eingepfropft würden, um sie durch Zugehörigkeit zum guten Baum aufzufrischen.[21] Denn man wußte in der alten Welt sehr wohl darüber Bescheid, wie Bäume durch Einsetzen ausgewählter guter Zweige veredelt werden können.

Das von Paulus entworfene Bild ist ganz von der intendierten Aussage bestimmt: Wie wird Anteil gewonnen am Segen der Väter? Denn auf sie – und nicht allgemein auf das Judentum – zielt das Bild von der Wurzel und den Zweigen. Darum geht die Auffassung fehl, die meint, der Apostel wolle sagen, daß Heiden in das Volk Israel eingepflanzt würden.[22] Paulus will vielmehr hervorheben, daß nun auch die Heiden – die aus dem wilden Ölbaum ihrer Vergangenheit herausgebrochen sind – Anteil empfangen haben an Gottes rettendem Segenshandeln, wie es einst an den Vätern geschah. Weder werden Heiden zu Juden noch gar Juden zu Heiden gemacht; sondern durch Gottes Erbarmen wird die Kirche aus Juden und Heiden berufen, so daß die einst den Vätern gegebenen Verheißungen in Erfüllung gehen.

Der Apostel vertritt nicht die Ansicht, daß die aus den Völkern berufenen Christen einfach zu Gottes Volk, das zuerst gerufen wurde, hinzukommen. Indem er zwischen guten und mißratenen Zweigen unterscheidet und sie auf Glaubende und Nicht-Glaubende aus Juden wie aus Heiden bezieht, will er deren Verhältnis

[18] Israel wurde schon von den Propheten als Ölbaum bezeichnet (Jer 11,16). Belege aus Pseudepigraphen und rabbinischer Literatur bei BILL. III 290f.

[19] Ἀγριέλαιος ist substantiviertes Adjektiv; vgl. BL-DEBR § 120_4.

[20] An das Adjektiv συγκοινωνός ist eine gedrängte Folge von Genetiven angeschlossen. Dabei gibt τῆς πιότητος die Qualität der Wurzel an (τῆς ῥίζης), die für den Ölbaum Nahrung aus dem Erdreich zieht.

[21] Belege bei BILL. III 291; vgl. zuletzt HARTUNG, Logik 136–139.

[22] Zu dieser Auffassung vgl. B. KLAPPERT, Traktat für Israel (1992), s.o. S. 264 und den „Synodalbeschluß zur Erneuerung des Verhältnisses von Christen und Juden“ der Landessynode der Evangelischen Kirche im Rheinland vom 11. 1. 1980. Eingehende kritische Auseinandersetzung mit dieser Interpretation bei WALTER, Interpretation 176–190.

zur Wurzel, d.h. zu den den Vätern verbürgten Verheißungen, klären. „Vom Rechtfertigungsgeschehen her, das alle Menschen – Juden wie Heiden – in die gleiche Position vor Gott bringt, kann es nach Paulus nur ein *gemeinsames* Volk aller ‚Abrahamskinder', und das heißt ja: aller Glaubenden aus Juden und Heiden geben."[23] Jede Anwandlung von Hochmut – sowohl von Heiden gegen Juden wie auch von Juden gegen Heiden – verbietet sich daher auf das entschiedenste. Für die einen wie die anderen gilt, daß sie nicht durch Werke des Gesetzes, sondern allein im glaubenden Vertrauen auf Gottes Barmherzigkeit gerettet sind.

V. 18: Ist diese Botschaft verstanden, so entfällt jeder Anlaß, sich aufzublähen und selbst zu rühmen (vgl. 2,17; 5,2 u.ö.). Die durch μή eingeführte dringende Warnung ergibt sich als Konsequenz aus dem Bedingungssatz von V. 17.[24] Kann sich allein des Herrn rühmen, wer sich denn rühmen will (1 Kor 1,31), so heißt das: sich dessen bewußt zu bleiben, daß die Wurzel nicht von den Zweigen ernährt wird, sondern umgekehrt diese von ihr getragen sind. Paulus bedient sich mit der direkten Anrede wieder einer durch die Diatribe vorgegebenen Redeweise. Daher erlaubt auch dieser Satz keinen Rückschluß auf bestimmte Verhältnisse in Rom (so Michel, Röm. 349f. u.a.).[25] Es erübrigt sich daher auch die Erwägung, ob es im damaligen Rom bereits sog. antisemitische Strömungen gegeben haben mag. Der Apostel argumentiert grundsätzlich und setzt jeder Art von Hochmut seine entschiedene Warnung an die Heidenchristen entgegen.

V. 19: Der Gesprächspartner könnte aber einen Einwand geltend machen: Zweige[26] seien ausgebrochen worden, damit für neue Zweige – d.h. für Heiden, also für ihn, anstelle ungläubiger Juden – Platz geschaffen wird. **V. 20:** Mit einem leichten Anflug von Ironie geht Paulus auf solche Einwände ein: „Nun gut" – „richtig".[27] Doch diese scheinbare Konzession schränkt er sogleich wieder unter Hinweis darauf ein, daß jene Zweige ihres Unglaubens wegen[28] ausgebrochen worden seien. Der Glaube allein ist entscheidend für die Zugehörigkeit zum Gottesvolk, bzw. im Bild gesprochen: für die Verbundenheit zwischen der Wurzel des Ölbaums und den vielen Zweigen. Nur durch die πίστις stehst du fest – erinnert der Apostel sein Gegenüber. Darum besteht nicht der geringste Anlaß, hochmütig gesinnt zu sein. Wer aber Gott fürchtet und sich damit an den wichtigsten Rat hält, den die Weisheit zu geben hat (Prov 1,7; 9,10 u.ö.), der weiß, daß sein Stehvermögen nicht aus eigener Kraft gewonnen ist, sondern als Gottesgabe empfangen wurde.

---

[23] Walter, Interpretation 185 = 223.
[24] Nach εἰ δὲ κατακαυχᾶσαι ist sinngemäß zu ergänzen: „so sollst du wissen." Vgl. Bl-Debr § 483,2.
[25] Vgl. oben S. 312 Anm. 6.
[26] Κλάδοι ohne den in einigen Handschriften hinzugefügten Artikel οἱ.
[27] Zu καλῶς = „richtig" vgl. Bl-Debr § 107_8.
[28] Τῇ ἀπιστίᾳ ist Dat. causae; vgl. Bl-Debr 196,1.

V. 21: Um jeder Art von überheblichen Verhaltensweisen zu wehren, gibt Paulus zu bedenken: Wenn Gott Zweige, die von Natur zum Ölbaum gehören, nicht verschont, sondern ausgebrochen hat, wieviel weniger wird er dich schonen[29], den ehedem wilden Zweig, der sehr wohl wieder herausgenommen werden kann. **V. 22:** Durch ἴδε οὖν eingeleitet, gibt der Apostel den Ausführungen, die sich an die Heidenchristen richten, eine paränetische Zuspitzung: Statt sich hochmütig zu verhalten, ist auf Gottes Güte, aber auch seine Strenge[30] zu achten. Damit wird auf die beiden Maße hingewiesen, nach denen Gott mißt und urteilt: einerseits das der Barmherzigkeit, andererseits aber das der Strafe.[31] Beide wendet er im Gericht an, das der Güte ist jedoch größer als das des strengen Rechts.[32] In chiastischer Ordnung spricht Paulus aus, welche Folgerungen sich daraus ergeben: Strenges Urteil ergeht über diejenigen, die gefallen, d.h. schuldig geworden sind. Dann aber redet Paulus den Heidenchristen wiederum direkt an: Gottes Güte wird dem zuteil, der an seiner erfahrenen Barmherzigkeit festhält. Andernfalls[33] wird auch er aus dem Baum ausgehauen werden. **V. 23:** Dafür könnten dann jene edlen Zweige, die ihres Unglaubens wegen herausgenommen worden waren, wieder eingepfropft werden – wenn sie denn nicht bei ihrer ἀπιστία bleiben. Gott hat alle Macht, so zu handeln. **V. 24:** Denn wer aus dem von Natur wilden Ölbaum ausgebrochen wurde – so hält Paulus dem Heidenchristen vor Augen –, kann gegen die Natur[34] in den edlen eingepfropft werden.[35] Um so mehr aber kann Gott[36] bewirken, daß die Zweige, die ihrer Natur nach zum Ölbaum gehören, in diesen wieder eingesetzt werden.

Mit diesem Gedanken, der die Auslegung des Bildes vom Ölbaum abschließt, zeigt der Apostel, daß Gottes Geschichte mit Israel noch nicht zu Ende ist.[37] Gottes Verheißungen an Israel werden vielmehr durch die Berufung der Heidenkirche der noch ausstehenden künftigen Erfüllung einen wesentlichen Schritt entgegengebracht.

---

[29] An der Lesung der beiden kleinen Wörtchen μή πως wird festzuhalten sein, da es sich um eine wiederholt von Paulus gebrauchte Wendung handelt. Vgl. B. METZGER, Commentary on the Greek New Testament, Stuttgart/New York ²1994, 464f. Durch μή πως wird ein Ausdruck der Besorgnis eingeleitet; vgl. BL-DEBR § 370_3.

[30] Das Wort ἀποτομία ist im NT nur hier gebraucht, ist jedoch im hellenistischen Griechisch häufiger verwendet worden (LIETZMANN, Röm. 105).

[31] Rabbinische Belege bei BILL. III 292.

[32] Rabbinische Belege bei BILL. I 444–446.

[33] Ἐπεί = „denn sonst"; vgl. BL-DEBR § 456_7.

[34] Durch παρά wird der Gegensatz betont; vgl. Bl-Debr § 236_2.

[35] Bei ἀγριέλαιος und καλλιέλαιος handelt es sich um substantivierte Adjektive; vgl. oben S. 314 Anm. 19.

[36] Die Passiva der Verbformen deuten auf Gottes Handeln.

[37] Vgl. SCHLATTER, Röm. 326, über die gebotene Haltung der christlichen Gemeinde zur Judenschaft: „Verleugnet sie die Gemeinschaft mit den Gefallenen, so gefährdet sie ihr eigenes Dasein; denn sie kann ihr Verhältnis zur Judenschaft nur dann zur Feindschaft entstellen, wenn sie sich das Wunder der Gnade verbirgt, das ihr ihren Anteil an Gott gegeben hat."

11,25-32 Die Rettung Israels

25) Denn ich will euch nicht verhehlen, Brüder, dieses Geheimnis, damit ihr nicht bei euch selbst klug seid: Verstockung ist Israel teilweise widerfahren, bis die Fülle der Heiden eingeht. 26) Und so wird ganz Israel gerettet werden, wie geschrieben steht: Kommen wird aus Zion der Retter. Er wird abwenden Frevel von Jakob. 27) Und dies wird mein Bund für sie sein, wenn ich wegnehme ihre Sünden. 28) Vom Evangelium her gesehen, sind sie zwar Feinde um euretwillen; von der Erwählung her gesehen, sind sie jedoch Geliebte um der Väter willen. 29) Denn unwiderruflich sind die Gnadenerweise und die Berufung Gottes. 30) Denn wie ihr einst Gott ungehorsam wart, jetzt aber Erbarmen erfahren habt um ihres Ungehorsams willens, 31) so sind jetzt auch diese ungehorsam um des Erbarmens über euch willen, damit auch sie nun Erbarmung erfahren. 32) Denn Gott hat alle in Ungehorsam eingeschlossen, damit er sich aller erbarme.

Siehe oben S. 264 und ALETTI, Clefs 179-203; DERS., Israël 233-265; AUS, R.D.: Paul's Travel Plans to Spain and the Full Number of the Gentiles of Rom. XI,25, NT 21 (1979) 232-262; BLOESCH, D.G.: All Israel will be saved: Supersessionism and the Biblical Witness, Interp. 43 (1989) 130-142; DIBELIUS, Worte 3-17; ECKERT, J.: Das letzte Wort des Apostels Paulus über Israel (Röm. 11,25-32) - eine Korrektur seiner bisherigen Verkündigung?, in: Schrift und Tradition, FS J. Ernst, Paderborn 1996, 85-118; FRANKEMÖLLE, H., (Hg.): Der ungekündigte Bund. Antworten des Neuen Testaments, QD 172, Freiburg 1996; GRÄSSER, E.: Zwei Heilswege? (1981), in: Bund 212-230; HAHN, F.: Zum Verständnis von Römer 11:26 a „... und so wird ganz Israel gerettet werden", in: Paul and Paulinism, FS C.K. Barrett, London 1982, 221-236; HOFIUS, O.: Das Evangelium Israels. Erwägungen zu Römer 9-11 (1986), in: Paulusstudien 175-202; HOLTZ, T.: Das Gericht über die Juden und die Rettung ganz Israels, in: Aufsätze (1991) 313-325; HVALVIK, R.: A ‚Sonderweg' for Israel: A Critical Examination of a Current Interpretation of Romans 11,25-27, JSNT 38 (1990) 87-107; JEREMIAS, J.: Einige vorwiegend sprachliche Beobachtungen zu Röm 11,25-36, in: de Lorenzi (Hg.), Israelfrage 193-205; KELLER, W.: Gottes Treue - Israels Heil. Röm 11.25-27. Die These vom „Sonderweg" in der Diskussion, SBB 40, Stuttgart 1998; KIM, S.: The „Mystery" of Rom 11.25-26. Once More, NTS 43 (1997) 412-429; MUSSNER, F.: „Ganz Israel wird gerettet werden" (Röm 11,26), Kairos 18 (1976) 241-255; OORSCHOT, J.: Hoffnung für Israel. Eine Studie zu Römer 11,25-32, Gießen/Basel 1988; DERS.: Sind die Juden „Feinde Gottes"?, Bemerkungen zu Röm. 11,28, in: Dynamik im Wort, Stuttgart 1983, 235-240; PLAG, Wege; REFOULÉ, F.: Et ainsi tout Israël sera sauvé, LeDiv 117, Paris 1984; SÄNGER, D.: Rettung der Heiden und Erwählung Israels, KuD 32 (1986) 99-119; SEO, D.S.: Die Rettung Israels im Römerbrief: Warum wird Israel gerettet werden?, Diss. Neuendettelsau 1999/2000; STUHLMACHER, P.: Zur Interpretation von Römer 11,25-32, in: FS G. v. Rad, München 1971, 555-570; THEOBALD, M.: Kirche und Israel nach Römer 9-11 (1989) in: Studien 324-349; DERS.: Der strittige Punkt (Rhet. a. Her. I,26) im Diskurs des Römerbriefs. Die propositio 1,16f. und das Mysterium der Errettung Israels (1999), in: Studien 278-323; WOLTER, M.: Evangelium und Tradition. Juden und Heiden zwischen solus Christus und sola scriptura (Gal. 1,11-24, Röm 11,25-36), in: H.H. Schmid (Hg.), Sola Scriptura, Gütersloh 1991, 180-193.

Mit V. 25 setzt ein neuer Abschnitt ein, in dem abschließende Folgerungen aus den langen Gedankengängen der Kapp. 9–11 gezogen werden. Dabei wechselt der Stil der Vortragsweise. Nicht mehr in dialogischer Rede, sondern in thetischen Feststellungen spricht der Apostel: zunächst in einem kurzen prophetischen Wort, das durch ein Schriftzitat erläutert wird. Es folgen knapp gehaltene Aussagen, die zur Erläuterung dienen.

V. 25: Mit einer Gedankenfigur, die durch die Betonung des Gegenteils besondere Aufmerksamkeit wecken soll, wendet der Apostel sich an seine Leser, um ihnen eine überaus wichtige Mitteilung zu machen (vgl. Röm 1,13; 1 Kor 10,1; 12,1; 2 Kor 1,8; 1 Thess 4,13 u. ö.).[1] Er spricht sie als Brüder an und bedient sich damit einer Anrede, mit der er sich an alle Glieder der Christenheit in Rom wendet.[2] Er hat ihnen ein Geheimnis mitzuteilen, dessen Inhalt sie nun erfahren und bedenken sollen. Der Begriff μυστήριον, der in der spätantiken Welt insbesondere auf die verschiedenen Mysteriengemeinschaften bezogen wurde[3], diente im hellenistischen Judentum zur Wiedergabe des Begriffs רָז. Dieser bezeichnete vornehmlich Mitteilungen über die Endzeit, die Gott Sehern und Gelehrten eröffnet hat. Dabei wurden die heiligen Schriften gründlich studiert, um aus ihren Worten Aufschluß über die Ereignisse der letzten Zeit zu empfangen (LXX Dan 2,18f.27 u. ö.). In den Texten der Gemeinde von Qumran ist wiederholt durch רָז das Geheimnis benannt, dessen Inhalt Gott einst den Propheten kundgetan und nun dem Lehrer der Gerechtigkeit anvertraut hat (vgl. 1 Qp Hab VII, 1–4.13f.; VIII,1–3; 1 QH II,13; IV,27f.; XI,10 u. ö.). Das Geheimnis liegt im prophetischen Wort der Schrift verborgen und wird dem von Gott erleuchteten Schriftforscher als Offenbarung enthüllt.[4]

Um das μυστήριον zu erkennen, hat der Apostel weder seine frei schweifende Phantasie walten lassen[5] noch beruft er sich auf eine im ekstatischen Zustand erfahrene Kundgabe (so 2 Kor 12,1–10), sondern er bezieht sich auf das Zeugnis der Schrift, die er im Blick auf das Geschick Israels und die ihm verbürgten Verheißungen auszulegen hat.[6] Die Mitteilung des Geheimnisses (vgl. 1 Kor 15,51) verbindet er mit der Warnung, sich nicht hochmütig zu verhalten und sich nicht auf die eigene Klugheit zu stützen.[7] In dieser Bemerkung klingen atl. Worte an, mit denen vor allem in der Weisheitsliteratur dazu angehalten wird, sich nicht selbst weise zu dünken, sondern Gott zu fürchten (Prov 3,7).

---

[1] Zur Gedankenfigur Litotes vgl. JEREMIAS 194f.; dort weitere Literatur. Vgl. auch oben S. 301 Anm. 14.

[2] Vgl. oben S. 74 zu 1,13.

[3] Vgl. G. BORNKAMM, ThWNT IV, 809–834, bes. 810–814.

[4] Vgl. B. RIGAUX, Révélation des Mystères et Perfection à Qumran et dans le Nouveau Testament, NTS 4 (1957/58) 237–262.

[5] So BULTMANN, Theologie 484.

[6] Vgl. BORNKAMM, Theologie 829.

[7] Die Präposition παρά ist gut bezeugt, fehlt jedoch in so gewichtigen Handschriften wie p^{46} FG u. a. Daher ist eine Entscheidung nicht leicht zu treffen. Ein Sinnunterschied ergibt sich aufgrund der jeweiligen Lesung nicht. Vgl. B. METZGER, Commentary on the Greek New Testament, Stuttgart/New York ²1994, 465.

Die Botschaft des Geheimnisses ist in drei Sätzen ausgesprochen, die wie Glieder einer Kette ineinandergreifen: 1. Verstockung ist Israel teilweise widerfahren; 2. Die Fülle der Heiden wird eingehen; 3. Und so wird ganz Israel gerettet werden. Das Geschick Israels und das der Völker ist auf eigenartige Weise miteinander verschränkt, so daß nur derjenige diesen Zusammenhang zu erfassen vermag, dem dieses Geheimnis aufgetan wurde. Es kann erwogen werden, ob dieser prophetische Spruch dem Apostel aus judenchristlicher Überlieferung schon vorgegeben war. Da jedoch mit den Begriffen von Verstockung und Erfüllung, dem Verhältnis von Juden und Heiden sowie der endzeitlichen Rettung unverkennbar auf die vorangegangenen Ausführungen Bezug genommen wird, dürfte der Apostel unter Aufnahme traditioneller Elemente – wie sie sich vor allem mit der Vorstellung vom εἰσέρχεσθαι verbinden – die dreigliedrige Aussage selbst formuliert haben. Hiermit geht er deutlich über die polemischen Worte von 1 Thess 2,15–16, aber auch seine eben vorgetragenen Gedanken hinaus, in denen nur von der Rettung eines Restes die Rede war (9,27–29).

Von der Gegenwart gilt, daß über Israel teilweise Verstockung gekommen ist (vgl. 11,7). Die Wendung ἀπὸ μέρους gehört als adverbialer Ausdruck zum Prädikat γέγονεν. Sagt Paulus, nur teilweise sei Verstockung über Israel gekommen, so spricht er mit spürbarer Zurückhaltung. Denn tatsächlich ist ein erheblicher Teil Israels von der von Gott verhängten πώρωσις betroffen. Im Blick auf die zu erwartende Erfüllung wird diese euphemistische Redeweise verständlich. Denn vom ersten Wort an ist die Mitteilung darauf gerichtet, daß von Gottes wunderbarem Handeln gesprochen werden soll.

Israel muß zunächst zurückstehen, bis das von Gott bestimmte Vollmaß der Völker eingegangen ist und dann Israel an der Reihe ist (vgl. 11,11–24). Paulus bedient sich hier der Vorstellung, daß Gott ein bestimmtes Maß festgesetzt hat, das gefüllt werden muß, bis das Ende kommt (vgl. Apk 6,9–11).[8] In der knappen Aussage ist das Ziel, das Gott gesetzt hat, als „eingehen“ bezeichnet, ohne daß gesagt wird, wohin dieses führt. Paulus nimmt damit die geläufige urchristliche Wendung auf, die die Eröffnung des endzeitlichen Heils als Eingehen in das Reich Gottes bestimmt.[9]

V. 26: Und so wird dann ganz Israel Rettung widerfahren. Mit dieser Zusage ist Höhepunkt und zugleich Abschluß des Gedankengangs erreicht. Die Wendung καὶ οὕτως darf weder mit der folgenden Einleitungsformel καθὼς γέγραπται verbunden noch in zeitlicher Bedeutung verstanden werden. Denn der Apostel bedient sich zwar einzelner apokalyptischer Begriffe, will aber nicht Spekulationen darüber anstellen, in welcher Ereignisfolge das endzeitliche Geschehen sich vollziehen werde.[10] Vielmehr wird durch καὶ οὕτως auf die vorangehende Aussage

---

[8] Zur Vorstellung des eschatologischen Maßes s. o. S. 311 Anm. 5.

[9] Mk 10,15; Mt 5,20; 7,21; 18,3 u. ö. und vgl. H. Windisch, Die Sprüche vom Eingehen in das Reich Gottes, ZNW 27 (1928) 163–192.

[10] Für die temporale Bedeutung (= „und dann“) sind etliche Exegeten eingetreten, so Barrett, Rom. 223; Käsemann, Röm. 303 u. a.

Bezug genommen, um die entsprechende Folgerung einzuleiten: „so", „derart" bzw. „auf diese Weise".[11]

Daß ganz Israel an der Auferstehung der Toten teilhaben werde, war feststehender Inhalt eschatologischer Erwartung (Mischna Sanh 10,1).[12] Dabei ist die Rede von ganz Israel im repräsentativen Sinn und nicht als die Summe aller einzelnen Glieder des Volkes verstanden. In der Mischna werden an den voranstehenden Leitsatz, ganz Israel werde an der zukünftigen Welt teilhaben, eine Reihe von Namen und Gruppen angefügt, die vom zukünftigen Heil ausgeschlossen sein werden, allen voran die Leugner der Auferstehung. In vergleichbarer Bedeutung ist auch die Wendung πᾶς Ἰσραήλ im repräsentativen Sinn gebraucht. Denn seine Aussage, nicht alle, die von Israel abstammen, seien auch wirklich Israel (9,6), hat der Apostel keineswegs vergessen. Entscheidend sind allein Gottes Erwählung und sein Ruf. Das Prädikat σωθήσεται ist als Passivum divinum aufzufassen, das Gottes gnädiges Handeln an dem von ihm erwählten Volk[13] anzeigt. Israel ist nicht etwa eine Bezeichnung der Kirche aus Juden und Heiden, sondern des erwählten Volkes des alten Bundes, dessen Geschichte auf Gottes gnädig eröffnete Zukunft ausgerichtet ist. Die Gegenwart wird daher im Licht des noch ausstehenden Endes betrachtet, in dem Gottes verheißendes Wort erfüllt werden soll.[14]

Für den Jubelruf, ganz Israel werde gerettet werden, führt Paulus sogleich eine Schriftbegründung an und zeigt damit, daß die Einsicht in das endzeitliche Mysterium aus aufmerksamem Studium der Schrift gewonnen ist.[15] Jes. 59,20f. wird mit kleinen Abweichungen vom LXX-Text angeführt.[16] Während es dort heißt, der erlösende Gott werde Zions wegen (ἕνεκεν Σιών) kommen, spricht Paulus davon, er sei ἐκ Σιών (vgl. ψ 13,7) zu erwarten. Diese Textfassung dürfte dem Apostel bereits vorgelegen haben, da er mit dieser Wendung geläufige jüdische endzeitliche Erwartung[17] aufnimmt, diese jedoch ganz unbetont läßt.[18] Der vom Himmel kommende[19] Retter ist für das Verständnis des Apostels wie auch der hellenistischen Christenheit kein anderer als der kommende Kyrios, der als „unser Erlöser" am Ende der Tage erscheinen wird (vgl. 1. Thess 1,10: Ἰησοῦν τὸν ῥυόμενον ἡμᾶς).[20]

---

[11] Vgl. Hofius 193 sowie Zeller, Röm. 198f.; Schmithals, Röm. 403 (= „und auf diese Weise"), Jeremias 198f., Hübner, Gottes Ich 110f. u.a.

[12] Zur rabbinischen Auffassung vgl. Bill. III,293.

[13] Vgl. die durchgehend festgehaltene Bezeichnung Israels als des Gottesvolkes in Kapp. 9–11: 9,6.27.31; 10,19; 11,2.7.25f.

[14] Diese auf die Zukunft gerichtete Erwartung zielt nicht auf politische Ereignisse, welcher Art sie auch sein mögen.

[15] Vgl. Luz, Geschichtsverständnis 289: „Das Schriftzitat dürfte aber darauf hinweisen, daß das Geheimnis Paulus kaum durch visionär-ekstatische Offenbarung zugekommen ist."

[16] Dieser Prophetenspruch wurde auch in der rabbinischen Überlieferung in messianischem Sinn ausgelegt (b Sanh. 98 a).

[17] Zu dieser vgl. 4 Esr 13,39–49; Test Benj 10,11; 4 Q flor I,12 u.a.

[18] Vgl. Koch, Schrift 175–177.

[19] Ἐκ Σιών möglicherweise verstanden als: „vom himmlischen Jerusalem her" (vgl. Gal 4,25f.).

[20] B. Schaller, ΗΞΕΙ ΕΚ ΣΙΩΝ Ο ΡΥΟΜΕΝΟΣ. Zur Textgestalt von Jes. 59:20f. in Röm. 11:26f., in: De Septuaginta, FS J.W. Wevers, Toronto 1984, 201–206 = Fundamenta Judaica, Studien zum

V. 27: Der Retter wird in Gottes Auftrag dessen Anordnung (= διαθήκη) verwirklichen und die Sünden fortnehmen. Wenn Jes 59,20 sagt, der Erlöser werde Frevel von Jakob abwenden, so ist diese Zusage gleichfalls auf Israel zu beziehen (Ἰακώβ = Ἰσραήλ). Und lautet die Verheißung, Gott werde αὐτοῦ τὴν ἁμαρτίαν fortnehmen, so spricht Paulus im Plural von „den Sünden". Obwohl er in den von ihm selbst formulierten Aussagen den Begriff ἁμαρτία vornehmlich im Singular verwendet und darunter die kosmische Sündenmacht versteht, ist hier der Plural bewußt gebraucht. Denn „Paulus spricht entweder von ἡ ἁμαρτία absolut oder von αἱ ἁμαρτίαι ὑμῶν / αὐτῶν, nie jedoch von ἡ ἁμαρτία αὐτῶν o. dgl.".[21] Die urchristliche Ausdrucksweise, die von der endzeitlichen Gabe der Vergebung der Sünden spricht, erwächst aus der Überzeugung, daß der Kyrios die Seinen am Jüngsten Tag „vor dem göttlichen Zorngericht" rettet (1 Thess 1,10).

Auf einen Irrweg begibt sich die Auslegung dieses Verses, wenn man von der atl. Bedeutung des Zitats ausgeht und daraus folgert, Gott werde – ohne Mitwirkung Christi – Israel erlösen, so daß es für Israel einen anderen, besonderen Zugang zum Heil gebe, der möglicherweise nach wie vor vom Gehorsam gegen die Thora bestimmt sein könnte. Diese verschiedentlich vertretene Meinung[22] macht geltend, in den Versen, die von Israels Errettung handeln, scheine der Apostel bewußt auf christologische Hinweise verzichtet zu haben, um ausschließlich vom rettenden Eingreifen Gottes zu sprechen, durch das er am Ende Israels Weg ohne Berücksichtigung der Botschaft des Evangeliums zum Heil führen werde.[23]

In der Tat fällt auf, wie behutsam Paulus argumentiert. Doch mit der frühesten Christenheit versteht er unter dem kommenden Retter (V. 26) keinen anderen als Christus, der zur Parusie auf den Plan treten wird (1 Thess 1,10).[24] Rettung kann es

antiken Judentum und zum Neuen Testament, StUNT 25, Göttingen 2001, 162–166) vermutet, es könnte ein Schreibversehen vorliegen, durch das εἰς Σιών zu ἐκ Σιών verlesen worden sei. Doch diese Vermutung muß eine nicht beweisbare Hypothese bleiben. Wahrscheinlicher ist, daß die Ps 14,7 entnommene Wendung in das Zitat von Jes 59, 20f. eingedrungen ist.

[21] Vgl. Koch, Schrift 113, Anm. 4: „Gerade weil ἁμαρτία für Pls eine ‚transsubjektive Macht' ist, kann er nicht ἡ ἁμαρτία, sondern höchstens αἱ ἁμαρτίαι mit dem Possessivpronomen verbinden."

[22] Vgl. hierzu o. S. 314 Anm. 22 sowie Stendahl, Paul; ferner: F.-W. Marquardt, Die Juden im Römerbrief, ThSt 107, Zürich 1971.

[23] Mussner, der für den Gedanken eines „Sonderwegs" Israels mit Nachdruck eingetreten ist, sieht freilich bei der von ihm entfalteten These im ῥυόμενος Christus, meint jedoch: Israel werde „einzig und allein durch eine völlig vom Verhalten Israels und der übrigen Menschheit unabhängige Initiative des sich aller erbarmenden Gottes" das Heil erlangen (Kairos 250f.). Vgl. auch Theobald, Römerbrief 258–285. Zur Auseinandersetzung mit der These von einem „Sonderweg" zur Rettung Israels vgl. die oben genannten (S. 317) Erwiderungen, vor allem Grässer, Hvalvik, Eckert, Keller u.a., die neuesten Kommentare sowie Hübner, Gottes Ich 116.

[24] Stendahl vertritt mit Nachdruck die These von einem „Sonderweg" Israels und äußert die Vermutung, der Apostel müsse geahnt haben, „that Christianity is on its way to becoming a Gentile church" (Paul 4). Diese Konsequenz stünde jedoch in direktem Widerspruch zu der wiederholt mit Betonung hervorgehobenen Aussage „dem Juden zuerst – und auch dem Griechen". Eine Theologie, die Juden aus der werdenden Kirche ausgrenzen wollte – aus welchen Gründen auch immer –, kann sich mitnichten auf Paulus berufen, der mit aller Klarheit und eindeutiger Entschiedenheit daran festhält, daß zur Kirche Jesu Christi gleicherweise „Juden und Heiden" gehören.

nach dem Verständnis des Paulus nur durch Christus geben – sei es hier und jetzt oder sei es am Jüngsten Tag. In den Sätzen, in denen der Apostel von Israels künftiger Rettung spricht, erwähnt er die Thora überhaupt nicht, weder in positivem noch in negativem Sinn –, weil sie nicht zum Heil zu führen vermag. Es bleibt vielmehr dabei, daß das Heil allein durch Christus gegeben wird.[25] Über die Frage, wie Israels künftige Rettung erfolgt, gibt Paulus sich keinen Spekulationen hin, sondern blickt auch hier auf die endzeitliche Erfüllung aus der Perspektive, die von der Auslegung des Evangeliums durch die Botschaft von der Rechtfertigung bestimmt ist.[26] Wie Gottes Gericht gleicherweise über Heiden und Juden ergeht (1,18–3,20), so wird ihnen seine Barmherzigkeit nicht auf unterschiedliche Weise, sondern allein durch seinen ein für allemal in Christus geschenkten Gnadenerweis zuteil. An Christus als dem Messias entscheidet sich daher nach Überzeugung des Apostels die Rettung sowohl der Völker wie auch Israels.

V. 28: Welche Folgerungen ergeben sich aus der prophetischen Botschaft über das Geschick Israels? Paulus beantwortet diese Frage mit einigen thetisch gehaltenen Sätzen, in denen er nicht nur die Wege der Juden, sondern auch die der Heiden bedenkt. Wenn einerseits Israels Fall für die Heiden zum Heil wurde, indem die frohe Botschaft zu ihnen gelangte, andererseits aber Gottes Geschichte mit Israel für sein zukünftiges Handeln an seinem Volk offen gehalten wird, dann bleiben die Geschicke der Völker und die Israels miteinander verflochten.

Eine scharf formulierte Antithese charakterisiert Israels Situation: Vom Evangelium her gesehen, sind sie ἐχθροί Gottes. Als ἐχθρός kann sowohl in aktiver Bedeutung der Gegner, wie auch in passivem Sinn derjenige bezeichnet werden, der als Feind gehaßt wird und daher verhaßt ist. In der hier vorliegenden Gegenüberstellung zu ἀγαπητοί liegt ohne Zweifel die zweite Bedeutung vor, so daß Paulus eine Feststellung von großer Härte trifft (vgl. 9,31–10,21).[27] Israels Ungehorsam hat zur Folge, daß das Evangelium zu den Heiden gelangte (δι' ὑμᾶς). Gleichwohl aber bleibt Gottes einst gesprochenes Wort in Gültigkeit.[28] Daher stellt der Apostel der überaus kritischen Kennzeichnung als ἐχθροί die andere als ἀγαπητοί gegenüber. Die den Vätern gegebene ἐκλογή gilt weiterhin, weil Gott selbst – und kein anderer – die Erwählung vollzogen hat. Daher wird in dem antithetisch formulier-

---

[25] Vgl. FITZMYER, Rom. 620: „It is difficult to see how Paul would envisage two different kinds of salvation, one brought about by God apart from Christ for Jews, and one by Christ for Gentiles and believing Jews."

[26] Vgl. SCHMITHALS, Röm. 404f.: „Ein eigener Heilsweg für Israel ist im Rahmen der paulinischen Theologie unvorstellbar, und die Erwägung, daß Paulus in seinem Lehrschreiben nach Rom, das die Aufhebung des Unterschiedes von Juden und Heiden in Christus zum Thema hat, gar die Tora als speziellen Heilsweg für Israel akzeptieren könne, ist abenteuerlich."

[27] Völlig verfehlt wäre es, wollte man in diesen Satz sog. antisemitische Gedanken eintragen. Denn in den Kapp. 9–11 unterstreicht der Apostel mit besonderem Nachdruck seine eigene Zugehörigkeit zu Israel.

[28] Die Wendung δι' ὑμᾶς hat eine kausale Nuance, die folgende διὰ τοὺς πατέρας hingegen eine finale. Vgl. JEREMIAS 202.

ten Satz das schroffe erste Wort über die ἐχθροί von dem folgenden ihm entgegengestellten der ἀγαπητοί aufgefangen und überlagert.

V. 29: In V. 29–32 werden wieder drei Folgerungen angeschlossen. Denn – so lautet die erklärende These (γάρ) – Gottes Gnadenerweise (χαρίσματα) beinhalten konkrete Zuwendungen seiner barmherzigen χάρις und werden insbesondere durch seine κλῆσις konkretisiert. Das betont an den Anfang gestellte Adjektiv ἀμεταμέλητος kommt im hellenistischen Griechisch des öfteren als juristischer Terminus vor und zeigt die Unwiderruflichkeit eines gefällten Urteils an.[29] Unverrückbar fest stehen Gottes Zusagen.[30] Was Gott entschieden hat, wird weder eingeschränkt noch zurückgenommen, sondern bleibt in Kraft, so daß man sich auf sein Wort alle Zeit fest verlassen kann.[31]

V. 30/31: Im Aufbau des folgenden, als Erläuterung angefügten Satzes liegt eine genaue Entsprechung in der Gegenüberstellung von Heiden und Juden vor:

Wie ihr einst	*so* sind *jetzt* auch *diese*
Gott *ungehorsam* wart,	*ungehorsam* geworden,
jetzt aber *Erbarmen* erfahren habt	um des *Erbarmens* über euch willen,
um ihres *Ungehorsams* willen,	damit auch sie *nun Erbarmen* erfahren.

Heiden, die fremden Völkern angehören, von Gott nichts wußten und daher ungehorsam waren, hat Gott in seinem unergründlichen Erbarmen angenommen. Mit diesem Satz spricht Paulus erneut seine heidenchristlichen Leser direkt an („ihr"). Denn weil Israel sich Gottes Wort gegenüber verschloß, darum hat er seine rettende Gnade zuerst den Heiden zugewandt.[32] Israel war ungehorsam, soll aber auch Gottes Erbarmen erfahren[33] – und zwar in so naher Zukunft, daß der Apostel diese durch νῦν ankündigen kann.[34] Weil er dieser Zukunft so gewiß ist, kann von ihr als von einem gegenwärtigen Geschehen gesprochen werden.[35] War Israel zu keiner Zeit auf Grund eigener Werke oder Verdienste erwählt, sondern allein von Gottes Barmherzigkeit gerufen, so kann auch die Rettung der Völker nur als „iustificatio impiorum" verstanden werden.

---

[29] Belege bei C. SPICQ, ἀμεταμέλητος dans Rom XI,29, RB 67 (1960) 210–219.

[30] Vgl. JEREMIAS 202.

[31] Das AT kennt freilich auch den Gedanken, daß Gott ein Entscheid gereuen kann. Vgl. J. JEREMIAS, Von der Reue Gottes, BSt 65, Neukirchen 1975. Doch hiervon ist nicht berührt, daß man sich auf das von ihm gegebene Wort allezeit verlassen kann.

[32] Durch den Dat. causae τῇ ἀπειθείᾳ wird die Ursache angegeben = „wegen ihres Unglaubens", durch τῷ ὑμετέρῳ ἐλέει aber das Ziel göttlichen Handelns = „weil sich Gott euer erbarmen wollte" (vgl. BL-DEBR § 196,1 sowie JEREMIAS 203).

[33] Die Prädikate ἠλεήθητε und ἐλεηθῶσιν sind als „Passiva divina" zu verstehen.

[34] Fehlt das Wort νῦν in manchen Handschriften, so liegt dabei offensichtlich Korrektur der paulinischen Naherwartung vor.

[35] Vgl. HOFIUS 200.

V. 32: Der abschließende Satz wird wiederum durch ein verknüpfendes γάϱ angeschlossen. Heiden wie Juden hat Gott unter die ἀπείϑεια beschlossen, um sich aller zu erbarmen. Hat er sie alle ohne jede Ausnahme[36] in eine Gefangenschaft eingesperrt, der sie nicht entrinnen können, so vermag auch Gott allein die Tür des Gefängnisses zu öffnen und zur Freiheit zu führen.[37] Bei dieser starken Betonung des Heil schaffenden Handelns Gottes ist der Apostel weder von spekulativen Überlegungen noch vom Gedanken einer schließlich erfolgenden „Allversöhnung" geleitet. Sondern er will den Heiden – d.h. den Heidenchristen – klar machen, daß allein dem Erbarmen Gottes das letzte Wort zusteht.[38]

11,33–36 Gott allein die Ehre

33) Welche Tiefe des Reichtums, der Weisheit und Erkenntnis Gottes! Wie unerforschlich sind seine Gerichte und unaufspürbar seine Wege! 34) Denn wer hat den Sinn des Herrn erkannt? Oder wer ist sein Ratgeber gewesen? 35) Oder wer hat ihm etwas vorausgegeben, so daß es ihm erstattet werden müßte? 36) Denn von ihm und durch ihn und zu ihm hin ist alles; ihm sei die Herrlichkeit in Ewigkeit. Amen.

Barth, M.: Theologie – ein Gebet (Röm 11,33–36), ThZ 41 (1985) 330–348; Bornkamm, Lobpreis 70–75; Deichgräber, R.: Gotteshymnus und Christushymnus in der frühen Christenheit, StUNT 5, Göttingen 1967, 61–64; Dibelius, M.: Die Christianisierung einer hellenistischen Formel, NJKA 35 (1915) 224–236 = Aufsätze II 14–29; Norden, Theos 240–250.

Mit rhetorischem Pathos beendet Paulus den langen Gedankengang der Kapp. 9–11. Dabei nimmt er deutlich auf den Anfang und die dort ausgesprochene Benediktion Bezug (9,5 b). Wie der Apostel am Ende der Kapp. 1–8 Theologie in Doxologie münden läßt (8,31–39), so stellt er auch hier einen hymnischen Lobpreis an das Ende seiner Ausführungen und verleiht damit dem gesamten lehrhaften Teil seines Briefes voll klingenden Abschluß.

Die Struktur dieses Abschnitts zeichnet sich durch jeweils dreifach gegliederte Aussagen aus. Zuerst wird ein Ruf der Bewunderung laut, in dem mit drei Begriffen – Reichtum, Weisheit und Erkenntnis – Gottes wunderbarer Ratschluß hervor-

---

[36] Zur besonderen Betonung der Wörter „jeder"/„alle" im Röm s.o. S. 69.

[37] Heißt es Gal 3,22, die γϱαφή habe alle unter die Sünde beschlossen, so liegt kein Bedeutungsunterschied vor, da Gott durch die Schrift seinen Willen kundgibt.

[38] Der Apostel stellt keine Überlegungen hinsichtlich der Frage an, auf welche Weise Israel gewonnen werden könnte. Die wunderbare Wende, die so bestimmt für die Zukunft erhofft wird, wird allein durch Gottes „geheimnisvolles" Handeln bewirkt. Der Kirche aus Juden und Heiden obliegt freilich die große Verantwortung, sich so – gerade auch gegenüber Israel – zu verhalten, daß von ihrem Zeugnis und Dienst werbende und einladende Wirkung ausgeht – eine Verpflichtung, die die Christenheit zu beschämter Umkehr ruft.

gehoben wird (V. 33). Dann folgen drei rhetorische Fragen, die im Rückgriff auf atl. Wendungen formuliert wurden und auf die unausgesprochene Antwort zielen: Niemand hat Gott als Ratgeber dienen können (V. 34f.). Und am Ende steht eine dreigliedrige Allmachtsformel, deren Gültigkeit durch ein abschließendes „Amen" bekräftigt wird (V. 36).

Zwar werden in diesen Sätzen hymnisch formulierten Gotteslobes überkommene Wendungen sowohl aus atl.-jüdischer wie auch popularphilosophischer Herkunft verwendet. Doch ist der kurze Hymnus sicherlich nicht als vorpaulinische Vorlage zu beurteilen, sondern von Paulus selbst verfaßt worden (vgl. auch 1 Kor 13), um Gottes Größe zu preisen[1] und ihm allein die Ehre zu geben.

V. 33: Ein durch ὦ eingeleiteter Ausruf, durch den man in hellenistischer Rhetorik staunender Bewunderung Ausdruck verlieh, steht am Anfang. Das Gotteslob bezieht sich auf die unergründliche Tiefe göttlichen Ratschlusses (vgl. 1 Kor 2,10). Plan und Handeln Gottes können von Menschen nicht entschlüsselt werden, wie durch die drei folgenden Begriffe angezeigt wird.[2] Gottes Reichtum betrifft die Fülle seiner Gaben und seines Erbarmens (vgl. 2,4; 9,23; 11,12 u. ö.).[3] Seine Weisheit ist über alles erhaben und zeichnet sowohl sein Wirken als Schöpfer von Himmel und Erde wie auch sein Regiment zur Erhaltung des Alls und die in Christus geschenkte Erlösung aus (vgl. 1 Kor 1,30). An dritter Stelle wird die γνῶσις θεοῦ genannt. Dabei ist – wie sich aus dem Zusammenhang ergibt – der angefügte Genetiv nicht als Gen. obj., sondern als Gen. subj. zu verstehen. Es ist nicht von Gotteserkenntnis die Rede, die Menschen aus sich heraus finden könnten, sondern es geht um Gottes erwählendes Handeln. Seine Erkenntnis bewirkt in liebevoller Zuwendung vollzogene Erwählung (vgl. Am 3,2).

Einem zweiten Ausruf steht das Wörtchen ὡς voran.[4] Als menschlichem Forschen und Fragen schlechterdings unzugänglich werden Gottes κρίματα angeführt – seine richterlichen Urteile sowie deren Vollstreckung. Griechischem Denken entspricht es, mit ἀ -privativum gebildete Verbaladjektive zu verwenden, um die Hoheit Gottes anzudeuten, die Menschen nicht enträtseln können. Werden im Parallelismus membrorum den κρίματα Gottes ὁδοί an die Seite gestellt, so zeigt sich daran, daß Paulus keine spekulativen Erwägungen über Gottes Wesen anstellen will, sondern von seinem geschichtlichen Handeln in gebotener Demut spricht.

---

[1] Vgl. Deichgräber 61: Der Hymnus ist im „Stil des beschreibenden Lobpreises gehalten. Jeder Satz macht Aussagen über Gottes Größe."

[2] Das an das Ende gesetzte Wort θεοῦ ist auf alle drei ihm vorangehende Wörter zu beziehen.

[3] Vgl. die liturgisch formulierte Wendung Kol 1,27: ἠθέλησεν ὁ θεὸς γνωρίσαι τί τὸ πλοῦτος τῆς δόξης τοῦ μυστηρίου τούτου.

[4] Dem griechischen ὡς entspricht hebräisch מָה als Ausruf des Erstaunens. Vgl. Deichgräber 62.

V. 34: Die staunende Bewunderung wird nun in drei rhetorischen Fragen genauer benannt.[5] Dabei ist klar, daß alle drei Fragen nur eine einzige Antwort finden können: Niemand kann in Gottes Geheimnisse eindringen.[6] Der Apostel nimmt damit Gedanken auf, wie sie sowohl in atl.-jüdischer Weisheitsliteratur wie auch in apokalyptischen Schriften vielfach ausgesprochen wurden. „Des Höchsten Wege sind als ewige erschaffen; du aber, ein sterblicher Mensch, der im vergänglichen Äon lebt, wie kannst du das Ewige begreifen?" (4 Esra 4,11). Den Sätzen erschrokkenen Innehaltens kommen vergleichbare Worte apokalyptischer Prägung sehr nahe: „Aber wer, o Herr mein Gott, versteht dein Gericht? Oder wer erforscht die Tiefe deines Weges? Oder wer denkt nach über beschwerliche Last deines Pfades? Oder wer vermag nachzudenken über deinen unerfaßbaren Ratschluß? Oder wer hat jemals von den [Staub-] Geborenen Anfang und Ende deiner Weisheit gefunden? Denn wir alle gleichen einem Hauche." (syr Bar 14,8–10)

Die zunächst gestellte Doppelfrage folgt weitgehend LXX Jes 40,13.[7] Es ist nicht zu bestreiten, daß niemand den Sinn des Herrn erkannt hat. Dabei entspricht νοῦς hebräisch רוּחַ, und der Kyrios-Titel gilt nicht Christus, sondern nach atl. Sprachgebrauch Gott. Niemand ist sein Ratgeber gewesen; Gott bedarf dessen nicht. Diese Feststellung folgt weisheitlichen Worten, wie sie sich insbesondere im Buch Hiob finden: „Hast du im heimlichen Rat Gottes zugehört und die Weisheit an dich gerissen?" (15,8; vgl. weiter Röm 11,7; Jer 23,18 u. ö.).

V. 35: Die dritte, an den Schluß gesetzte Frage ist ausführlicher und trägt besonderen Ton. Sie gibt nicht ein genaues Zitat wieder, sondern ist im Anklang an atl. Wendungen – bes. Hiob 41,3 a – formuliert. Dabei „steht die Textform des Paulus dem masoretischen Text wesentlich näher als die LXX".[8] Dasselbe gilt für die Fassung des Targum.[9] Paulus hat in Anlehnung an biblische Wendungen die dritte Frage so gefaßt, daß sie zusammen mit den beiden vorangehenden Fragen einen einheitlichen Zusammenhang bildet.[10] Diese rasche Folge der Fragen soll das Lob des Schöpfers anstimmen. Ihm hat bei seinem wunderbaren Werk kein Helfer oder Ratgeber zur Seite gestanden, der etwa Anspruch darauf erheben könnte, daß[11] seinen Vorgaben[12] entsprechender Lohn geschuldet würde. Keiner – so zeigt die mit Nachdruck hervorgehobene letzte der rhetorischen Fragen – kann geltend ma-

[5] Auf chiastische Folge der drei Fragen weist hin: Jeremias, Chiasmus 276–290, hier 284: πλοῦτος (a); σοφία (b); γνῶσις θεοῦ (c); τίς γὰρ ἔγνω (c); τίς σύμβουλος (b); τίς προέδωκεν (a). Vgl. auch Bornkamm, Lobpreis 72f.

[6] Rabbinische Belege bei Bill. III 294f.

[7] Von Paulus ist das verknüpfende γάρ eingesetzt und τίς in ἢ τίς geändert, offensichtlich, um an die folgende dritte Frage anzugleichen, „so daß beide Textausschnitte" – Jes 40,13 und Hiob 41,3 a – „jetzt ein zusammenhängendes Zitat bilden". Vgl. Koch, Schrift 166.

[8] Vgl. Koch, Schrift 72.

[9] Targ Hi 41,3: „Wer ist mir zuvorgekommen bei den Schöpfungswerken, daß ich vergelten müßte? Ist nicht alles unter dem Himmel mein?" Vgl. Bill. III 295 – dort weitere rabbinische Vergleichstexte.

[10] Vgl. Koch, Schrift 178.

[11] Durch καί wird – wie hebräisch וְ – die logische Hypotaxe eingeleitet.

[12] Das Verb προδιδόναι nur hier im NT.

chen, er habe Gott dem Schöpfer und Erhalter allen Lebens in irgendeiner Weise behilflich sein können, so daß ihm zum Dank etwas zurückerstattet werden müßte.

V. 36: Der hymnische Gedankengang endet in einem – wiederum dreigliedrig gehaltenen – Lobpreis. Die drei Wendungen ἐξ αὐτοῦ, δι' αὐτοῦ und εἰς αὐτόν weisen auf Gottes umfassendes Wirken in Zeit und Ewigkeit hin. Die Struktur dieses Satzes lehnt sich an Wendungen an, mit denen in der hellenistischen Welt pantheistische Gottesverehrung ausgesprochen wurde. Neben zahlreichen ähnlich klingenden Sätzen[13] findet sich der nächste Vergleichstext in den Worten des Kaisers Marc Aurel: „Alles stimmt mit mir zusammen, was dir wohl abgestimmt ist, o Welt (ὦ κόσμε); nicht ist mir Verfrühtes oder Verspätetes, was dir rechtzeitig ist. Alles ist mir Frucht, was deine Zeiten bringen, o Natur (ὦ φύσις). Von dir ist alles, in dir alles, zu dir alles (ἐκ σοῦ πάντα, ἐν σοὶ πάντα, εἰς σὲ πάντα)."[14] Anstelle der in der Mitte befindlichen Präposition ἐν steht im paulinischen Satz die Präposition διά. Dadurch ist eine klare Unterscheidung von jeglicher Form pantheistischer Frömmigkeit ausgesprochen und Gott als Schöpfer und Herr der Geschichte gepriesen.[15] Angesichts der unerforschlichen Gerichte Gottes und seiner unaufspürbaren Wege (V. 33) gilt gleichwohl der voller Vertrauen und Zuversicht ausgerufene Lobpreis allein dem barmherzigen Gott. Das Ende allen Geschehens ist durch seine gnädige Zuwendung bestimmt. Darum münden die hymnischen Sätze in eine den ganzen Kosmos umgreifende Akklamation (vgl. Phil 2,11): Gott allein gebührt alle Herrlichkeit und Ehre in Ewigkeit. Amen – das gilt, darauf ist alle Zeit Verlaß; so lautet die kraftvolle Bestätigung. Gottes Gerechtigkeit im Geschick Israels ist in Gericht und Gnade seine Barmherzigkeit.

Von dem bedrängenden Problem, wie es um Israel als Volk der Erwählung Gottes bestellt ist, hat der Apostel nur in tiefer eigener Betroffenheit sprechen können, weil er selbst zum Volk Israel gehört, vom Geschlecht Abrahams und aus dem Stamm Benjamins (11,1). Sowenig sich irgend jemand dessen rühmen kann und darf, Israelit zu sein, so wissen auch die Glaubenden, daß ihr Glaube niemals ihr Verdienst ausmacht, sondern immer nur als Gottes gnädiges Geschenk begriffen werden kann.

Paulus unterstreicht, wie er von ganzem Herzen wünscht und für die Israeliten zu Gott fleht, daß sie gerettet werden (10,1). Der Weg zur Rettung aber steht nicht mehr über das Gesetz offen, ist doch die Gerechtigkeit Gottes darin nicht offenbar. „Denn Christus ist des Gesetzes Ende." (10,4) In lapidarer Kürze wird die Wende der Zeiten bezeichnet, die mit Christi Kommen eingetreten ist.

Die Heidenchristen warnt der Apostel, nur ja nicht hochmütig zu werden und auf ungläubige Juden herabzusehen (11,17–24). Sie sollen sich gesagt sein lassen,

[13] Reiches Vergleichsmaterial ist insbeosndere von NORDEN, Theos 240–250, zusammengetragen worden. Vgl. weiter NEUER WETTSTEIN 175f.

[14] Marc Aurel, römischer Kaiser 161–180 n. Chr., Selbstgespräche IV,23. Obwohl der Satz erst im 2. Jahrh. n. Chr. aufgezeichnet wurde, gibt er doch ältere Überlieferung wieder.

[15] Vgl. BORNKAMM, Lobpreis 73.

daß es allein Gottes Güte zuzuschreiben ist, daß sie als ehedem wilde Zweige in den Ölbaum eingesetzt wurden. Gott bleibt sich treu und gibt das Werk, das er angefangen hat, nicht preis.

Seine langen, gedankenreichen Ausführungen bringt der Apostel zu einem zusammenfassenden Abschluß, indem er von einem Geheimnis spricht, dessen Inhalt nun mitgeteilt werden kann (11,25–32). Der passive Ausdruck „Israel soll gerettet werden“ weist auf Gottes Handeln hin, das auf nichts anderes als Rettung zielt, wie sie durch das Evangelium eröffnet worden ist. Zuerst wurden die Juden, dann auch die Griechen zum Glauben eingeladen (1,16). Wider Erwarten aber hat sich die ursprünglich bestimmte Reihenfolge umgekehrt. Waren die Juden zuerst angeredet worden und danach die Völker, so haben sich diese als gehorsam erwiesen, Israel aber blieb verstockt. Doch Gott hat die Geschichte der vielen Völker und die des einen Volkes nach seinem unerforschlichen Ratschluß so miteinander verknüpft, daß am Ende auch Israel zum Heil gelangen soll.

Noch einmal hebt der Apostel am Ende hervor, wie auf eigenartige Weise das Geschick Israels und das der Völker miteinander verflochten sind. Sind die Israeliten im Blick auf das Evangelium geradezu als Feinde zu bezeichnen, so geschieht das doch um der Völker willen, zu denen nach der Abweisung durch Israel das Evangelium gelangt ist. Hinsichtlich der Erwählung bleibt gültig, daß die Israeliten um der Väter willen Geliebte sind (11,28). Gott hat sein Wort, das er zu den Vätern gesprochen hat, nicht zurückgenommen. Der Ungehorsam der Israeliten hat zur Folge gehabt, daß Gottes Barmherzigkeit den Völkern zugewandt wurde. Doch auch sie sollen Barmherzigkeit erfahren. Der letzte Satz, mit dem Paulus seine langen Ausführungen beendet, spricht vom Erbarmen Gottes (11,32). Hieß es am Anfang, Gottes Wort sei nicht hinfällig geworden (9,6), so wird dieser Gedanke zuletzt noch einmal herausgestellt: Was Gott zugesagt hat, nimmt er nicht wieder zurück (11,29), mag auch noch so lange Unglaube statt des erwarteten Gehorsams die Antwort sein. Wenn auch in Gottes Ratschluß verborgen bleibt, wie er die Wege Israels und die der Völker zum Ziel bringen wird, so kann doch die christliche Gemeinde am Ende nur mit einem demütigen Hymnus seinen Willen und sein Handeln anbetend preisen (11,33–36).

Sprache und Stil im Römerbrief[16]

Der Apostel Paulus bedient sich in seinen Briefen ausnahmslos der griechischen Sprache, wie sie seit der Zeit Alexanders d. Gr. im gesamten Mittelmeerraum weithin verstanden und als sog. „Koine“ (= die allgemeine sc. Sprache) gebraucht wurde. Das hellenistische Griechisch

[16] BL-DEBR 1–9; BORNKAMM, Anakoluthe; BULTMANN, Stil; DEISSMANN, Licht; JEREMIAS, Gedankenführung; DERS., Chiasmus; DERS., Röm. 1; DERS.: Die Gedankenführung in Röm 4 – zum paulinischen Glaubensverständnis, in: Barth, Foi 51–58; DERS.: Der Schlüssel zur Theologie des Apostels Paulus, CwH 115, Stuttgart 1971; DERS.: Einige vorwiegend sprachliche Beobachtungen zu Röm 11,25–36, in: de Lorenzi, Israelfrage 193–205; SCHNEIDER, N.: Die rhetorische Eigenart der paulinischen Antithese, HUTh 11, Tübingen 1970; weitere Angaben s.o. S. 94.

stellte einen Kompromiß dar zwischen einerseits dem Attischen und andererseits einer Anzahl anderer Dialekte.[17] Der Apostel schreibt weder in der vornehmen attizistischen Literatursprache noch in der einfachen ungebildeten Umgangssprache, wie sie durch unliterarische Papyri und Ostraka bezeugt ist.[18] Paulus spricht ein höherstehendes, gelegentlich sogar gewähltes Griechisch, das an manchen Stellen deutliche Berührungen mit der Redeweise stoischer und kynischer Philosophen aufweist.[19] Die Sprache der Juden in der weit ausgespannten Diaspora war vor allem durch die griechische Übersetzung des AT, die sog. Septuaginta (= LXX), bestimmt. Die Texte der Schrift wurden in den Synagogen in Gottesdienst und Unterricht verlesen und immer wieder erörtert und beeinflußten daher Denk- und Redeweise der Juden in der hellenistischen Welt – so auch Sprache und Stil in den paulinischen Briefen.

Aus der Diaspora war der Jude Saulus zum Studium nach Jerusalem gekommen und hatte dort auch den Umgang mit der hebräischen und aramäischen Sprache gründlich betrieben. Sagt Paulus später, er stamme als Hebräer von Hebräern ab (Phil 3,5), so darf diese Aussage wohl dahin verstanden werden, daß er mehrsprachig gewesen ist. Neben dem Gebrauch des AT in der griechischen Fassung der LXX läßt er wiederholt auch Vertrautheit mit dem Urtext erkennen.[20] In der Schule der Schriftgelehrten hatte Paulus die exegetische Methodik damaliger jüdischer Theologie erlernt, die er später souverän zu handhaben wußte.[21]

Diese Kenntnisse und Fähigkeiten zeigen sich des öfteren in der im Röm entfalteten Argumentation, die sich auf Sätze der heiligen Schriften bezieht. So zeigt die in Röm 4,1–12 entfaltete Schriftbegründung, daß der Apostel offensichtlich die von Hillel formulierten Auslegungsnormen kannte und auch seinerseits verwendete.[22] Eine dieser Regeln besagt, daß Sätze mit gleich lautenden Wörtern, die an verschiedenen Stellen der Schrift vorkommen, einander gegenseitig interpretieren (S. o. S. 146).[23] So weist Paulus darauf hin, daß die Gerechtigkeit Gottes dem Vater Abraham, der auf Gottes Zusage glaubend vertraute, gnadenweise zugerechnet wurde (4,3). Das Wort „Zurechnen" findet sich auch im folgenden Psalmwort aus Ps 32,1f.: „Selig der Mann, dem der Herr Sünde nicht zurechnet." Da an der einen wie der anderen Stelle von Gottes gnädigem „Zurechnen" die Rede ist, legen sie sich gegenseitig aus. Der Apostel kann sich daher auf das Zeugnis der Schrift berufen, wie es sowohl in der Thora wie auch in den Psalmen (und auch in den prophetischen Schriften) verbürgt ist.

Wiederholt argumentiert Paulus mit dem Schluß vom Geringeren auf das Größere; so z.B.: „Aber nicht wie die Übertretung, so auch die Gnadengabe. Denn wenn infolge der Übertretung des Einen (sc. Adams) die Vielen gestorben sind, so ist um so mehr die Gnade Gottes und das gnädige Geschenk des einen Menschen Jesus Christus reichlich zu den Vielen gekommen." (Röm 5,15) In diesem Satz zieht Paulus eine umgekehrte Schlußfolgerung: Das Größere hat Gott bereits getan, indem er Christus um unseretwillen dahingegeben hat. Dann aber kann zuversichtlich darauf vertraut werden, daß wir auch im Endgericht gerettet werden; sind wir doch bereits gerechtfertigt und mit Gott versöhnt worden.[24]

Die Zuordnung zweier Aussagen, die einander im sog. Parallelismus membrorum gegenübergestellt oder miteinander verbunden werden, ist als Ausdrucksweise biblischer Poesie

---

[17] Bl-Debr 2.
[18] Ebd. 3.
[19] Ebd.
[20] Vgl. Jeremias 1971 (s. Anm. 16) 11f.
[21] Vgl. Jeremias 1971 (s. Anm. 16) 14.
[22] S.o. zu 4,1–12 S. 145–153.
[23] Vgl. Jeremias, Gedankenführung 271.
[24] Vgl. Jeremias 1971 (s. Anm. 16) 16.

auch von Paulus gern verwendet worden, so z.B. Röm 10,9f.: „Wenn du *mit deinem Mund* (a) bekennst: Herr ist Jesus, und *in deinem Herzen* (b) glaubst, daß Gott ihn von den Toten auferweckt hat, wirst du gerettet werden. Denn *mit dem Herzen* (b) *glaubt* man zur Gerechtigkeit, *mit dem Mund* (a) aber *bekennt* man zur Rettung." Diesen Abschnitt hat der Apostel so komponiert, daß die einzelnen Wendungen nach dem Schema A b/ba zusammengefügt sind.

Solcher chiastischer Aufbau findet sich verschiedentlich in den Briefen des Apostels und insbesondere im Röm[25], so z.B. 9,2: „*Meine Trauer* (a) ist *groß* (b), *unablässiger* (b) *Schmerz* (a) in meinem Herzen"; oder 6,3: „Die wir *getauft sind* (a) *auf Christus Jesus* (b), sind *in seinen Tod* (b) *getauft worden* (a)"; oder 11,22: „Sieh nun auf *Güte* (a) und *Strenge* Gottes (b): gegen die Gefallenen *Strenge* (b), über dich aber *Güte* Gottes (a)". Die thematische Formulierung, die den weit ausholenden Gedankengängen des Briefes vorangestellt ist, ist als Antithese in chiastischer Ordnung formuliert (s.o. S. 86): „*Gottes Gerechtigkeit* (a) ist in ihm (sc. dem Evangelium von der Offenbarung der Gerechtigkeit Gottes) *offenbart* (b) … denn *offenbart* ist (b) der *Zorn Gottes* (a) (1,17f.).

Kunstvoll gestaltete Wendungen sind bewußt gewählt worden, um die Schlüssigkeit der Formulierungen hervorzuheben und deren Überzeugungskraft zu steigern. Innerhalb des brieflichen Rahmens, den Paulus für seine Schreiben gewählt hat und einhält (s.o. S. 58f.), bedient er sich immer wieder lebendiger dialogischer Argumentation, in der denkbare Einwände ausgesprochen, dann aber in scharfer Entgegnung zurückgewiesen werden. Solche Redeweise entspricht popularphilosophischen Vorträgen, wie sie vor allem von Stoikern und Kynikern entwickelt worden waren und auch in hellenistische Synagogen Eingang gefunden hatten (s.o. S. 54f.). Dabei ist zumeist nicht an bestimmte Gesprächspartner gedacht, deren Position genau zu identifizieren wäre; sondern die lebendige Abfolge von Rede und Gegenrede wird gewählt, um bei Lesern und Hörern gespannte Aufmerksamkeit zu wecken und sie zum Mitdenken und Zustimmung zu gewinnen.

Wenn gelegentlich inhaltlich stark befrachtete Gedankenführung anakoluth abbricht, ohne daß die begonnene Satzfolge zu Ende geführt wird, so hat der Apostel sich dabei nicht stilistische Ungeschicklichkeit zuschulden kommen lassen, sondern werden Aussagegehalte sichtbar, die in sich eine so widersprüchliche Spannung tragen, daß die Satzkonstruktion zerbricht.[26] So setzt Paulus Röm 9,22f. mit der Frage nach dem Verhältnis des Zornes Gottes zu seiner Geduld ein und schreibt: „Wenn aber Gott, der Zorn erweisen und seine Macht kundtun will, in großer Geduld die zum Untergang bereiteten Gefäße ertragen hat, und um den Reichtum seiner Herrlichkeit über Gefäße des Erbarmens kundzutun, die er zuvor zur Herrlichkeit bereitet hat –". Dann aber wird die lange Satzperiode nicht mehr zu einem schlüssigen Ende geführt, sondern tritt gleichsam eine Pause ein, die zur Besinnung auffordert. Danach wird neu angesetzt, indem das rätselhaft erscheinende Problem von der Schrift her angegangen wird: „Wie er auch bei Hosea sagt …" (Röm 9,24). Ebenso wie hier ist auch an anderen Stellen, die eine anakoluthe Satzfolge aufweisen, nicht stilistisches Ungeschick die Ursache für einen abrupten Abbruch, sondern sind Sprache und Stil Ausdruck für das Schwergewicht inhaltlicher Aussagen, die einen schlüssigen Aufbau der Sätze zerbrechen und Leser wie Autor zum Verstummen bringen (s.o. S. 109–111 zu 2,17–24; 5,6–8.12–21 u.a., vgl. S. 169, 174).[27]

Sprache und Stil, die Paulus im Röm verwendet, sind durch die hellenistische Synagoge geprägt, die aus der Botschaft der griechischen Bibel lebte und Kraft bezog. Werden dabei

25 Vgl. JEREMIAS, Chiasmus 276–290.

26 Vgl. BORNKAMM, Anakoluthe 76–92, zu Röm 2,17–24; 5,6–8.12–21 und 9,22–24.

27 Zur gelegentlich gebrauchten Redeweise der sog. „Litotes" s.o. S. 318.

vielfach Semitismen sichtbar, so zeigt sich daran, daß die biblische Sprache die griechische Ausdrucksweise der Juden in starkem Maß beeinflußt hat. Nicht nur inhaltliche Aussagen und theologische Argumentation, sondern auch Sprache und Stil, deren der Apostel sich bedient, bezeugen, daß Paulus aus dem hellenistischen Judentum kam und dann als christlicher Prediger mithilfe der griechischen Sprache die Botschaft des Evangeliums in die Welt hinaustrug.

12,1–15,13 Das Evangelium im Wandel der Glaubenden

Was bedeutet die Botschaft des Evangeliums für die Lebensführung der Glaubenden? Diese Frage hat der Apostel in den vorangegangenen Kapp. zwar wiederholt berührt (6,12–14 8,12–17 u. ö.), doch nun wendet er sich einer ausführlichen Beantwortung zu. Hatte er bereits gesagt, daß aus dem Indikativ des Heilszuspruchs der Imperativ des Anspruchs folgt, der das gesamte Leben derer betrifft, die in Christus gerechtfertigt sind (6,1–14; 8,1–11 u. ö.), so bedenkt er nun die Konsequenzen, die den Wandel der Glaubenden zu bestimmen haben.

Mit 12,1–2 stellt Paulus der langen Folge der mancherlei Mahnungen und Anweisungen eine Überschrift voran. Dann schließen sich Ausführungen über das Zusammenwirken der unterschiedlichen Geistesgaben im einen Leib Christi an (12,3–8) sowie eine Reihe praktischer Weisungen für das Leben in Glaube und Liebe (12,9–21). Im 13. Kap. wird vom Verhalten der Christen gegenüber den staatlichen Behörden (13,1–7) und von der Liebe als Erfüllung aller Gebote gehandelt (13,8–10). Am Ende greift der Apostel in einer kurzen Paränese, die auf die Taufe als den Grund christlicher Ethik hinweist (13,11–14), auf die einleitenden Worte zurück und rundet damit den gesamten Zusammenhang von Kapp. 12–13 ab.

Von 14,1 an wird in einem längeren Gedankengang dargelegt, wie sich die sog. Starken gegenüber den sog. Schwachen zu verhalten haben. Weil Christus unser aller Retter und Richter ist, steht niemandem das Recht zu, sich ein abschätziges Urteil über andere anzumaßen, sondern hat einer den anderen anzunehmen (14,1–12). In Rücksicht auf den Bruder muß christliche Liebe zu Verzicht bereit sein (14,13–23), damit Juden und Heiden in der Gemeinschaft Christi eins sein und zusammenleben können (15,1–13).

In der sittlichen Unterweisung urchristlicher Gemeinden wurden in weitem Umfang überlieferte Erfahrungen und bewährte Regeln aufgenommen, die auf allgemeine Zustimmung gegründet waren. Neben Sätzen aus den Schriften des AT griff man nicht nur auf Worte jüdischer Weisheitstexte und synagogale Überlieferungen zurück, sondern auch auf popularphilosophische Traditionen der hellenistischen Welt. Dabei konnten die Christen auch hier vom hellenistischen Judentum lernen, das bereits eine Verknüpfung atl.-jüdischer Traditionen und popularphilosophischer Belehrung hergestellt hatte. Darüber hinaus wurden auch einzelne Herrenworte in die Beschreibung christlicher Lebensgestaltung einbezogen – vielfach ohne daß diese ausdrücklich als Jesuslogien gekennzeichnet wurden (vgl. z.B. 12,14.18; 13,8–10 u.a.).

Galt in den Synagogen die Thora als kritische Norm, mit deren Hilfe über Aufnahme oder Veränderung überkommener ethischer Sätze zu befinden war, so konnte diese Perspektive für die Christenheit keine Gültigkeit mehr haben. Da

Paulus in aller Deutlichkeit erklärt hatte, Christus sei des Gesetzes Ende (10,4), mußte er vom Evangelium ausgehen, um den gebotenen Wandel der Glaubenden zu skizzieren. Für ihr Verhalten ist nun nicht mehr eine kasuistische Beschreibung des jeweiligen Verhaltens maßgebend. Sondern es wird beispielhaft dargelegt, wie würdiger Wandel im Herrn zu vollziehen ist, indem vorgegebene Überlieferungen kritisch gemustert werden. Dabei wird kein neues Gesetz aufgerichtet, das in Hinsicht auf einzelne Fälle ausgelegt werden müßte. Denn die christliche Ermahnung will nicht zu einer Gerechtigkeit aus Werken anhalten, sondern die rechte Richtung für das Verhalten der Glaubenden angeben, die sie beharrlich, geduldig und beständig verfolgen sollen.

Die nüchterne Sicht der Welt, wie sie sich dem christlichen Glauben erschließt, weckt und trägt die Fähigkeit zu kritischem Prüfen. Zusammenfassend kann Paulus daher sagen, alles sei zu prüfen, um das Beste zu behalten (1 Thess 5,21), und das heißt: was wahr, was ehrwürdig, was rein, was lieblich, was wohllautend, was eine Tugend, was ein Lob sei, das sei von Fall zu Fall zu bedenken (Phil 4,8). Denn die Forderung des Augenblicks muß immer wieder neu gefunden werden. Wo aber Christus als der Herr bekannt wird und sich die gottgewirkte Erneuerung ereignet, die den ganzen Menschen erfaßt, da sind Freiheit und Ermächtigung zu weltlichem Handeln gegeben, das von wahrhaft vernünftigem Urteil und der erfinderischen Kraft der Liebe geleitet ist.

Miteinander haben die Glaubenden im rechten Gottesdienst Gott die Ehre zu geben. Dabei schärft das Bekenntnis zu Christus als dem Kyrios die sachbezogene Urteilsfähigkeit, um angesichts der Fülle von Traditionen, hergebrachten Weisungen und Forderungen des Tages prüfen und entscheiden zu können, was als göttliches Gebot zu erkennen und zu tun ist.

Bultmann, Problem; Dibelius, M.: Formgeschichte des Evangeliums, Tübingen 1919, [6]1966; Furnish, Theology; Lohse, E.: Theologische Ethik des Neuen Testaments, Stuttgart 1988; Merk, Handeln; Moiser, Rethinking; Schrage, Einzelgebote; Ders.: Ethik des Neues Testaments, NTD Erg. 4, Göttingen 1982, [5]1989; Söding, Liebesgebot; Theobald, Römerbrief 295–310; Vouga, F.: L'Épître aux Romains comme document ecclesiologique (Rm 12–15), EtRel 61 (1986) 485–495.

12,1–2 Der rechte Gottesdienst

1) So ermahne ich euch nun, Brüder, kraft der Barmherzigkeit Gottes, eure Leiber als lebendiges, heiliges, Gott wohlgefälliges Opfer darzubringen – als euren geistigen Gottesdienst. 2) Und laßt euch nicht diesem Äon gleichschalten, sondern laßt euch verwandeln durch die Erneuerung des Denkens, um prüfen zu können, was der Wille Gottes sei, das Gute und Wohlgefällige und Vollkommene.

Betz, H.D.: Das Problem der Grundlagen der paulinischen Ethik (Röm 12,1–2), ZThK 85 (1988) 199–218 = Studien 184–205; Evans, C.: Romans 12,1–2: The True Worship, in: de Lorenzi (Hg.), Dimensions 7–49; Käsemann, Gottesdienst; Ortkemper, F.-J.: Leben aus dem Glauben. Christliche Grundhaltungen nach Römer, 12–13, NTA 14, Münster 1980; Reichert, A.: Gottes universaler Heilswille und der kommunikative Gottesdienst. Exegetische Anmerkungen zu Röm 12,1–2, in: Paulus, Apostel Jesu Christi, FS G. Klein, Tübingen 1998, 79–96; Schlier, H.: Vom Wesen der apostolischen Ermahnung (1940), in: Zeit 74–89; Seidensticker, P.: Lebendiges Opfer (Röm 12,1). Ein Beitrag zur Theologie des Apostels Paulus, NTA 20,1–3, Münster 1954; Smiga, G.: Romans 12:1–2 and 15:30–32 and the Occasion of the Letter to the Romans, CBQ 53 (1991) 257–273; Wenschekewitz, H.: Die Spiritualisierung der Kultusbegriffe Tempel, Priester und Opfer im NT, Angelos Beih. 4, Leipzig 1932.

Die grundsätzliche Besinnung, mit der der Apostel den paränetischen Teil des Briefes eröffnet, ruft zum Vollzug rechten Gottesdienstes auf. Wo dieser Gottesdienst geschieht, hat diese Welt ihre prägende Gewalt verloren und vollzieht sich grundlegende Erneuerung. Sie setzt die Glaubenden instand, in prüfendem Urteil zu erkennen, was jeweils hier und jetzt als Gottes Wille zu gelten hat.

V. 1: Mit der Partikel οὖν zeigt Paulus an, daß nun Folgerungen zu ziehen sind, die sich aus der von ihm vorgetragenen Auslegung des Evangeliums ergeben.[1] Wird damit zunächst auf die unmittelbar vorangegangenen Verse verwiesen, die Gottes Barmherzigkeit in hymnischen Worten preisen (11,33–36), so ist doch darüber hinaus auf den gesamten Gedankengang des Röm Bezug genommen. Der barmherzige Gott hat sich in gnädiger Zuwendung der Heiden wie auch der Juden angenommen. Darum sind sie nun aufgerufen, ihr Leben in der Gott geschuldeten Dankbarkeit zu führen.[2] Dabei verdeutlicht der Apostel durch begriffliche Entsprechungen den Bezug auf vorangegangene Ausführungen (vgl. παραστῆσαι:6,13.16.19; σώματα: 6,6.12; 7,4.24; 8,10.11.13.23; νοῦς: 7,23.25).[3]

Den Aufruf, mit dem Paulus die Aufmerksamkeit aller Glieder der Gemeinde[4] zu gewinnen sucht, leitet er mit παρακαλῶ ein. Diesem Verb kommt beträchtliche inhaltliche Breite zu (= trösten, aufrufen, zurufen, einladen).[5] Es spricht nicht

[1] Zum folgernden οὖν als Überleitung zur Paränese vgl. Röm 6,12; 13,13; 1 Thess 5,6; Gal 5,1.13; Kol 3,1.12 u.ö. und W. Nauck, Das οὖν-paräneticum, ZNW 49 (1958) 134f.

[2] Vgl. Betz 209 = 195: „Bei den Erweisen der göttlichen Barmherzigkeit" handelt „es sich um die Darlegungen des Paulus in Röm 4–11". Ferner Reichert 87: Der „universale Heilswille Gottes, der bei den Adressaten bereits zum Zuge gekommen ist, wird als treibende Kraft hinter der Ermahnung des Adressanten geltend gemacht".

[3] Vgl. Luther, Röm., zu 12,1: Die Werke des Christen müssen einen guten Grund haben, damit die Herzen sich darauf verlassen können. Darum lehrt der Apostel die Werke der neuen Geburt. Denn das Sein gehe dem Wirken voran, das Erleiden aber dem Sein. „Also folgen einander das Werden, Sein und Wirken" (*Prius est enim esse quam operari, prius autem pati quam esse. Ergo fieri, esse, operari se sequuntur*).

[4] Zur Anrede, die mit ἀδελφοί alle Glieder der Gemeinde anspricht, vgl. oben zu 1,13; ferner 7,1.4; 8,12; 10,1; 11,25; 15,14; 16,17; an der zuletzt genannten Stelle gleichfalls nach παρακαλῶ; vgl. weiter 1 Thess 4,1; 1 Kor 1,10; 2 Kor 10,1 sowie Eph 4,1; 1 Petr 2,11.

[5] Vgl. vor allem Bjerkelund, Parakalo 1967.

nur vom Trösten (vgl. παράκλησις 2 Kor 1,3.5f. u. ö.), sondern kann neben δέομαι den Zuruf einer Einladung ausdrücken (2 Kor 5,20) oder neben ἐρωτῶ eine dringende Bitte bezeichnen (Phil 4,2f.; ferner 1 Thess 4,1; 5,12.14 u. ö.). In anderen Zusammenhängen nimmt παρακαλεῖν neben παραγγέλλειν oder νουθετεῖν die schärfere Bedeutung befehlenden Mahnens an (1 Thess 4,10f.; 1 Kor 4,14.16). An unserer Stelle klingen die verschiedenen Nuancen zusammen; denn es ist von einem bittenden Mahnen bzw. einer mahnenden Bitte die Rede. „Es ist ein Ermahnen, das zugleich einen bittenden und befehlenden, einen ans Herz legenden, ermunternden, beschwörenden Zuspruch meint." (SCHLIER, Röm. 352)[6] Darum kann Paulus mit dem autoritativen Zuspruch der frohen Botschaft den Anspruch verbinden, die glaubende Annahme des Evangeliums in gehorsamem Lebensvollzug zu bewähren.

Der kraftvolle Einsatz der apostolischen Unterweisung wird durch die Worte διὰ τῶν οἰκτιρμῶν τοῦ θεοῦ als tröstende und mahnende Zuwendung charakterisiert. Dabei entspricht der Plural οἰκτιρμοί hebr. רַחֲמִים und weist auf Gottes erbarmendes Handeln hin. Die Präposition διά mit Gen. zeigt an, auf welche Autorität sich die apostolische Ermahnung stützt.[7] Im Zuruf des Apostels kommt Gottes Erbarmen zu Wort.

Wie der gebotene Wandel gestaltet werden soll, wird in V. 1 durch den Infinitiv παραστῆσαι und in V. 2 durch die Imperative μὴ συσχηματίζεσθε – ἀλλὰ μεταμορφοῦσθε angegeben.[8] Mit der Wendung παραστῆσαι θυσίαν ist Terminologie der Opfersprache aufgenommen, die davon handelt, daß Gaben im Tempel hingestellt werden. Diese Ausdrucksweise wurde schon im hellenistischen Judentum auch in übertragenem Sinn verwendet und auf das ethische Verhalten des Menschen bezogen.[9] Als Opfer sollen die Glaubenden ihre σώματα, d.h. sich selbst ohne jede Einschränkung darbringen.[10]

Diese Hingabe stellt das rechte Opfer dar[11], das Paulus dreifach des näheren beschreibt: Zwar kann nur ein untadeliges Tier, nicht ein toter Kadaver, der geschuldeten Gottesverehrung dienen. Doch hier zeigt das vorangestellte Partizip ζῶσαν an, daß es um das neue Leben geht, das die Glaubenden in der Christuszugehörigkeit zu führen haben (vgl. 6,13: ὡσεὶ ἐκ νεκρῶν ζῶντας). Daß ein Opfer heilig zu sein hat, versteht sich von seiner Bestimmung her. Denn was Gott zugeeignet wurde, ist jeder

---

[6] Vgl. auch G. FRIEDRICH, RGG[3] V 1142: „Die Paraklesen sind nicht Gesetzesimperative, sondern sind, da sie den Indikativ der Tat Christi zur Voraussetzung haben und sich an Christen wenden, nur eine andere Form des Evangeliums."

[7] Zu παρακαλῶ mit folgendem διά vgl. Röm 15,30; 1 Kor 1,10; 2 Kor 10,1.

[8] Werden in manchen Handschriften auch für V. 2 Infinitive genannt, so liegt darin sekundäre Angleichung an V. 1 vor.

[9] Vgl. Test Levi 3,4–6; Philo, Spec Leg I 201.269–272 u. ö.; weitere Belege NEUER WETTSTEIN 177–180.

[10] Zum Begriff σῶμα vgl. oben S. 191f.; 196 zu 6,12–14.

[11] Vgl. MELANCHTHON, Rom., zu 12,1: das rechte Opfer sei das Werk, das wir Gott schulden und darbringen, um ihm dadurch die Ehre zu geben, d.h. daß wir bezeugen, daß wir ihn als Gott anerkennen. (*Sacrificium est opus, quod nos Deo reddimus seu offerimus, ut eo opere honorem ei habeamus, h. e. testemur nos eum agnoscere tamquam Deum*).

menschlichen Verfügung entzogen und Gott als Eigentum übergeben. Ihm soll das Opfer gefallen. Denn nur wenn er es annimmt, kann es wirksam werden.

So wird der rechte Gottesdienst vollzogen. Die Worte τὴν λογικὴν λατρείαν sind als Apposition an den Satz angehängt.[12] Griech. λατρεία entspricht hebr. עֲבוֹדָה und bezeichnet den Kultus bzw. Gottesdienst.[13] Das Adjektiv λογικός, das in LXX nicht vorkommt, hat seine Prägung durch die stoische Philosophie erhalten. Haben doch die Menschen danach zu trachten, in Übereinstimmung mit dem göttlichen λόγος zu leben, der das All durchwaltet. Dadurch nimmt λογικός den Sinn von „geistig" an. Das Wort wird nicht nur in der hellenistischen Mystik verwendet[14], sondern kann auch auf Begriffe der Opfersprache bezogen werden, so daß auf diese Weise gekennzeichnete gottesdienstliche Verrichtungen recht und wohlgefällig genannt werden.[15] Aus der Popularphilosophie hat der Begriff auch in das hellenistische Judentum Eingang gefunden, um sittliches Verhalten zu kennzeichnen.[16] Auf diesem Wege ist es dann auch in frühchristliche Aussagen gelangt, die vom rechten Gottesdienst sprechen (vgl. 1 Petr 2,5: ἀνενέγκαι πνευματικὰς θυσίας εὐπροσδέκτους θεῷ). Paulus gibt den kultischen Begriffen spezifisch christlichen Sinn: Nicht im kultischen Dienst, der in einem abgegrenzten heiligen Bereich verrichtet wird, sondern in gehorsamer Lebensgestaltung ist Gott die Ehre zu erweisen. Überkommene Unterscheidungen zwischen „heilig" und „profan" sind daher aufgehoben; denn alle Bereiche des Lebens der Glaubenden werden dem Zuspruch und Anspruch göttlichen Erbarmens unterstellt.

V. 2: Der Apostel setzt nun noch einmal neu an[17], um mit einem aufrufenden Imperativ das Verhältnis der Glaubenden zur Welt zu bestimmen. Die Weisung ist zunächst negativ, dann um so nachdrücklicher positiv formuliert. In den beiden Verben sind die Begriffe σχῆμα und μορφή enthalten, deren inhaltliche Bedeutung nahe beieinander liegt. Während σχῆμα die Form, die Gestaltung bezeichnet, ist μορφή auf die Existenzweise bezogen. Das Verbum συσχματίζεσθαι wird von der Anpassung, μεταμορφοῦσθαι hingegen von der Verwandlung gesagt. (Käsemann, Röm. 317) Der Apostel hält die Glaubenden dazu an, sich nicht der prägenden Gewalt dieses Äons zu unterwerfen.[18] Paulus nimmt den apokalyptischen Begriff auf, ohne von einer Gegenüberstellung dieser Welt und jener Welt zu sprechen, deren Anbruch dringlich erwartet wird. Ihm kommt es darauf an, die gegen-

[12] So mit Recht die meisten Ausleger; vgl. Schlier, Röm. 356: „freier Akkusativ der Satzapposition".

[13] In derselben Bedeutung ist das Wort λατρεία von Paulus in der Aufzählung 9,4 gebraucht.

[14] So z.B. Corp Herm XIII 18f.: Das Gebet des Mysten wird λογικὴ λατρεία genannt, d.h. das Gebet, das an die das All umspannende Gottheit gerichtet wird, ist vom Logos eingegeben und bestimmt.

[15] Vgl. z.B.: Corp Herm I 31: δέξαι λογικὰς θυσίας ἁγνὰς ἀπὸ ψυχῆς καὶ καρδίας πρὸς σὲ ἀνατεταγμένης. Weitere Belege Neuer Wettstein 177–180, sowie Reichert 89–94.

[16] Belege: Neuer Wettstein, ebd.

[17] Der Satz wird durch καί angeschlossen, so daß beide Verse als Einheit zu begreifen sind. Zum Wechsel vom Indikativ zum Imperativ in der apostolischen Ermahnung des παρακαλεῖν vgl. auch 16,17.

[18] Vgl. Phil 3,21: der Kyrios „wird den Leib unserer Niedrigkeit verwandeln (μετασχηματίσει), daß er gleichgestaltet sei (σύμμορφον) dem Leib seiner Herrlichkeit".

wärtige Situation zu charakterisieren, in der Christen eindeutig Position beziehen müssen. Von dieser Welt (ὁ κόσμος οὗτος) sagt Paulus, daß sie dahingeht (1 Kor 7,31). Von ihr kann und darf daher nicht mehr bestimmende Orientierung ausgehen; vielmehr ist den Glaubenden eine Haltung aufgegeben, die sich der formenden Macht dieser Welt zu entziehen weiß.

Die notwendige Distanz wird durch die positive Aufforderung ermöglicht, sich von der erneuernden Kraft der neuen Geburt prägen zu lassen. „Sich der Welt nicht anzugleichen, fordert zuerst, nicht *sie* zu wandeln, sondern *sich selbst* wandeln zu lassen.“ (Schlier, Röm. 360) Nicht von Veränderung von Strukturen ist die Rede, sondern Paulus spricht die Christen an als diejenigen, die durch den Geist neu geboren sind. Der Begriff ἀνακαίνωσις steht dem der παλιγγενεσία nahe (Tit 3,5) und gehört in den Zusammenhang der Taufparänese. Die durch den Geist bewirkte Erneuerung hebt beim νοῦς des Menschen an, seinem verstehenden Urteil, durch das er als verantwortliches Subjekt handelt (vgl. oben zu 7,23.25). War der νοῦς des Menschen unter der Herrschaft der σάρξ ohnmächtig, so wird er durch die erneuernde Wiedergeburt zu seiner eigentlichen Bestimmung gebracht, die er in prüfendem Abwägen und in behutsamer Urteilsbildung zu vollziehen hat. Hatte Gott die Völker, die ihm den Gehorsam verweigerten, εἰς ἀδόκιμον νοῦν dahingegeben (1,28), so geschieht nun die Erneuerung eben an der verstehenden Urteilsfähigkeit des Menschen, so daß er jetzt rechte Unterscheidung zu üben weiß.

Das Ziel, auf das die prüfende Urteilskraft gerichtet werden soll, ist der Wille Gottes. Dieser ist nicht aus einem System sittlicher Anweisungen zu erheben, in dem jeder einzelne denkbare Fall erörtert ist, sondern: „Was Gottes Wille jeweils von uns fordert, läßt sich nicht ein für alle Male festlegen, weil es nur in konkreter Entscheidung gegenüber einer gegebenen Situation erkannt und getan werden kann.“ (Käsemann, Röm. 318)

Am Ende des Satzes fügt Paulus eine Apposition an, die noch einmal zusammenfaßt, worauf es ankommt. Zwar könnten die drei substantivierten Adjektive auch als nähere Bestimmung zu τὸ θέλημα τοῦ θεοῦ gezogen werden. Es liegt jedoch näher, die drei Ausdrücke als abschließende Apposition zu verstehen.[19] Durch das δοκιμάζειν soll erhoben werden, was jeweils als gut, (Gott) wohlgefällig und vollkommen zu gelten hat. Denn „der Christ, der sich nicht länger an die gängigen Verhaltensmuster in Ethik und Lebensstil anpaßt, kann und muß nun selber entscheiden, welche die angemessenen Verhaltensweisen sind und wie sie angeeignet werden können“.[20] Philosophische Überlegungen der Griechen suchten zu begreifen, wo und wem jeweils das Prädikat ἀγαθός zuzuerkennen ist. Und in den gelehrten Diskussionen der Qumrangemeinde wurde immer wieder bedacht, was als vollkommen gelten kann (תָּמִים).[21] Das eine wie das andere kann jedoch

[19] So mit der großen Mehrheit der Ausleger.
[20] Vgl. Betz 215 = 201.
[21] Reiche Belege bei K.G. Kuhn, Konkordanz zu den Qumrantexten, Göttingen 1960, 234 s. v. תמם / תמים.

nur dann Bestand haben, wenn sowohl das Gute wie auch das Vollkommene Gott wohlgefällig ist. Darum wird in die Mitte der drei Begriffe, die durch den Artikel τό zusammengehalten sind, gleichsam als verbindende Klammer εὐάρεστον gesetzt.[22] Kommt doch alles darauf an, daß Gott den rechten Gottesdienst der Glaubenden annehmen möge.

12,3–13,14 Allgemeine Paränese: Leben in der Kraft der Liebe

12,3–8 Viele Charismen und ein Leib

3) Denn ich sage kraft der Gnade, die mir gegeben ist, jedem einzelnen unter euch, nicht über das hinaus zu sinnen, was zu sinnen sich gebührt, sondern darauf zu sinnen, besonnen zu sein – wie einem jeden Gott zugeteilt hat, nach dem Maß des Glaubens. 4) Denn wie wir in einem Leib viele Glieder haben, alle Glieder aber nicht dieselbe Funktion haben, 5) so sind wir, die vielen, ein Leib in Christus, aber als einzelne im Verhältnis zueinander Glieder. 6) Wir haben aber verschiedene Gnadengaben je nach der uns gegebenen Gnade: sei es Prophetie, in Entsprechung zum Glauben; 7) sei es Dienst, dann wirklich im Dienst; sei es als Lehrender, dann wirklich in der Lehre; 8) sei es als Seelsorger, dann wirklich im Zuspruch; wer Gaben austeilt, dann wirklich in Einfalt; wer vorzustehen hat, mit tätigem Einsatz; wer Barmherzigkeit übt, mit fröhlichem Sinn.

BROCKHAUS, U.: Charisma und Amt. Die paulinische Charismenlehre auf dem Hintergrund der frühchristlichen Gemeindefunktionen, Wuppertal 1972; ELLIS, E. E.: ‚Spiritual‘ Gifts in the Pauline Community, NTS 20 (1973/74) 128–144; FRIEDRICH, G.: Geist und Amt, WuD (1952) 61–85; GRAU, F.: Der neutestamentliche Begriff χάρισμα, seine Geschichte und seine Theologie, Diss. Tübingen 1946; GREEVEN, H.: Propheten, Lehrer, Vorsteher bei Paulus. Zur Frage der „Ämter“ im Urchristentum, ZNW 44 (1952/53) 1–43 = K. Kertelge (Hg.), Das kirchliche Amt im Neuen Testament, Darmstadt 1977, 305–361; KÄSEMANN, E.: Amt und Gemeinde im Neuen Testament, in: Versuche I, 109–134; DERS.: Das theologische Problem des Motivs vom Leibe Christi, in: Perspektiven 178–210; LINDEMANN, Kirche 140–165 = Paulus 132–157; SCHÜRMANN, H.: Die geistlichen Gnadengaben in den paulinischen Gemeinden, in: Ursprung und Gestalt. Erörterungen und Besinnungen zum Neuen Testament, Düsseldorf 1970, 236–267; SCHULZ, S.: Die Charismenlehre des Paulus. Bilanz und Ergebnisse, in: Rechtfertigung, FS E. Käsemann, Göttingen/Tübingen 1976, 443–460.

[22] Vergleichbare Sätze seien neben anderen genannt: „So tue denn, was recht und gut ist in den Augen des Herrn“ (t Sheq II,1); die Weisheit „weiß, was in deinen (= Gottes) Augen wohlgefällig ist und was recht ist nach deinen Geboten“ (Sap Sal 9,9).

Zu Anfang der langen Folge seiner paränetischen Ausführungen handelt der Apostel vom Zusammenleben und Zusammenwirken aller Glieder im einen Leib. Wenngleich die einzelnen Abschnitte in den Kapp. 12,1–15,13 nur locker aneinandergefügt sind, so dürfte es doch bezeichnend sein, daß Paulus nicht mit individualethischen Weisungen, sondern mit einer Besinnung über die rechte Gemeinschaft der Christen unter- und miteinander beginnt.[1] In V. 3 formuliert er eine These, die in V. 4f. erläutert wird. Dabei spricht der Apostel in der 1. Person Plur. und bezieht dabei sich selbst in die allen Christen geltende Ermahnung ein (V. 4–6a). Diese konkretisiert er, indem er eine beispielhafte Aufzählung unterschiedlicher Charismen anschließt, die, jedes an seinem Platz, dem Gemeinwohl zu dienen haben.

V. 3: Durch ein verknüpfendes γάρ geht der Apostel dazu über, den in V. 1f. vorangestellten Leitsatz des näheren zu erläutern. Dabei nimmt er unverkennbar auf die ersten Worte Bezug, indem λέγω dem Verb παρακαλῶ und διὰ τῆς χάριτος der Wendung διὰ τῶν οἰκτιρμῶν τοῦ θεοῦ entspricht.[2] Paulus will dabei nicht unverbindliche Ratschläge erteilen, sondern Anweisungen geben, deren Befehl zu befolgen ist. Dieser erhält seine Kraft aus dem göttlichen Erbarmen, das Paulus durch Bezugnahme auf den Gnadenerweis genauer bestimmt, den er durch die ihm zuteil gewordene Berufung zum Apostel erfahren hat(vgl. 1,5; 15,15: χάρις; 11,13: λέγω).

Jeder einzelne Christ wird als Glied der Gemeinschaft angesprochen, der er angehört und zu dienen hat. Dabei ist als grundsätzlich gültige Einstellung die rechte Gesinnung genannt, in der sich niemand den anderen gegenüber überheblich aufführen darf. Die σωφροσύνη, die Aristoteles zu den vier Kardinaltugenden zählt (Eth. Nic. 1117 b 13), wurde in der hellenistischen Welt allgemein hoch geachtet. Denn wer sich von Besonnenheit leitet läßt, der weiß stets zwischen Extremen die gebotene Mitte zu erkennen und in seinem Handeln zu wahren.[3] Auch Paulus schätzt die σωφροσύνη hoch und verleiht seinem Satz starke Betonung, indem er im Wortspiel einer Paronomasie den Gleichklang von μὴ ὑπερφρονεῖν, φρονεῖν und σωφρονεῖν hervorhebt.[4] Statt in aufgeblasener Haltung hoch hinaus zu trachten und sich dabei über die anderen zu erheben[5] sollen Christen in besonnener Bescheidenheit das rechte Maß einhalten.[6]

---

1 Vgl. Käsemann 119: „Die Charismenlehre des Paulus ist nichts anderes als die Projektion der Rechtfertigungslehre in die Ekklesiologie hinein und macht als solche deutlich, daß eine bloß individualistische Interpretation der Rechtfertigungslehre vom Apostel her nicht legitimiert werden kann."

2 Die Präposition διά wird in der Bedeutung „vermöge", „kraft" verstanden. Vgl. Bl-Debr § 223_9.

3 Zur Hochschätzung der σωφροσύνη im hellenistischen Judentum vgl. 4 Makk 1,31: „Die σωφροσύνη ist die Beherrscherin der Begierden (τῶν ἐπιθυμιῶν)." Vgl. weiter 4 Makk 1,3.6.18 u.ö. und Neuer Wettstein 182–185.

4 Vgl. Bl-Debr § 488_4: In der Diatribe ließ man gern dasselbe Wort bzw. denselben Wortstamm in geringer Entfernung wiederkehren.

5 Zur Präposition παρά in der Bedeutung „an – vorbei", „anders als" vgl. Bl-Debr § 236_4.

6 Zur Wendung εἰς τό zur Angabe des Zwecks vgl. Bl-Debr § 402_3.

Als bestimmende Orientierung, nach der man sich richten soll, nennt Paulus das μέτρον πίστεως, wie Gott es einem jeden zugeteilt hat.[7] Das angehängte Wort πίστεως könnte sowohl im Sinn eines Gen. subj. wie auch eines Gen. obj. verstanden werden. Paulus will jedoch nicht davon sprechen, daß eine unterschiedlich hohe oder geringe Glaubensfähigkeit (vgl. 1 Kor 13,2) zugemessen wird (vgl. 1 Kor 7,17), sondern den Maßstab benennen, den jeder Christ zu beachten hat (vgl. 2 Kor 10,13; Eph 4,7).[8] Daher ist mit dem Hinweis auf die πίστις nicht auf die „fides qua creditur", sondern die „fides quae creditur" Bezug genommen (so mit Wilckens, Röm. III 11f., Fitzmyer, Rom. 646 und vielen Exegeten). Aus dem Inhalt der auf glaubende Annahme zielenden Botschaft kann man grundsätzliche Orientierung gewinnen und in prüfendem Abwägen bestimmen, was als Wille Gottes geboten ist (vgl. V. 2: εἰς τὸ δοκιμάζειν ὑμᾶς). Es hat nicht den Anschein, daß Paulus sich hier gegen problematische Erscheinungen wenden wollte, die in Rom eingetreten wären. Mußte er sich in den Korintherbriefen mit dem Überschwang einzelner Enthusiasten auseinandersetzen, so spricht er hier in grundsätzlicher Argumentation, um zu Beginn seiner ethischen Unterweisung den Maßstab anzugeben, nach dem rechter Wandel der Glaubenden sich richten muß.

V. 4: Wiederum durch γάρ angeschlossen, folgt eine Erläuterung, die angibt, in welchem Sinn die eben formulierte These zu verstehen ist. Dabei bezieht der Apostel sich auf einen Vergleich, der in der spätantiken Popularphilosophie des öfteren herangezogen wird. Indem das Verhältnis der vielen Glieder zum einen Leib bedacht wird, läßt sich aufzeigen, in welcher Weise legitime Vielfalt im Gemeinwesen auf dessen Einheit bezogen werden soll.[9] Können doch die vielen Glieder, denen jeweils ihre bestimmte Aufgabe aufgetragen ist, nur dann gedeihlich zusammenwirken, wenn sie den ihnen angewiesenen Platz im Leib wahrnehmen, ohne anderen Gliedern zu mißgönnen, daß sie an einen anderen Ort gestellt sind. Im 1 Kor hatte Paulus das Bild vom Leib und seinen Gliedern weiter ausgeführt und im einzelnen bedacht, warum kein Glied mit einem anderen tauschen kann, sondern jedes die ihm bestimmte Funktion ausüben muß, damit der Leib keinen Schaden nimmt (1 Kor 12,12–27). Auf diese Weise war Paulus dem Hochmut einzelner Charismatiker entgegengetreten, die gemeint hatten, stolz auf die anderen hinabsehen zu können. Hier faßt der Apostel in knappen Worten zusammen, was dieses Bild, das offenbar bei den Lesern als bekannt vorausgesetzt werden kann, für das rechte Verständnis des Zusammenlebens der Glaubenden auszusagen vermag.

---

[7] Das Wort ἑκάστῳ ist betont nach vorn gesetzt. Vgl. Bl-Debr § 475_1.

[8] Vgl. C.E.B. Cranfield, Μέτρον πίστεως in Romans XII.3, NTS 8 (1961/62) 345–351: „μέτρον in Rom. XII.3 means ‚a standard (by which to measure himself), namely (his) Christian faith'." (351)

[9] Vgl. hierzu die berühmte Fabel des Menenius Agrippa (Livius, ab urbe condita II 32,8–12), durch die der sich empörenden Plebs klar gemacht wird, daß die Gemeinschaft aller nur dann bestehen kann, wenn jedes Glied am einen Leib die ihm übertragene Aufgabe an dem ihm zugewiesenen Ort erfüllt. Weitere Belege: Neuer Wettstein 185–187.

V. 5: Nachdem er darauf hingewiesen hatte, daß jedes Glied seine unvertauschbare Funktion (πρᾶξις) auszuüben hat, kann Paulus sogleich von der kurzen Skizzierung des Bildes zur Anwendung übergeben.[10] Durch οὕτως ist die Konsequenz eingeführt, die aus dem Bild zu ziehen ist. Sie lautet, daß die vielen ein Leib sind in Christus. Vielfalt (οἱ πολλοί) wird damit auf die Einheit (ἓν σῶμά ἐσμεν) bezogen, die durch die Christuszugehörigkeit begründet ist. Nicht die Glieder konstituieren den Leib, sondern Christus setzt die Charismen frei, die der Gemeinde geschenkt werden. Darum ist zu beachten, daß die Glaubenden als einzelne im Verhältnis zueinander Glieder[11] sind – jedes an dem ihm bestimmten Platz und mit der ihm aufgetragenen Funktion.

V. 6: Den mit Betonung versehenen Begriff χάρισμα verwendet Paulus, um die konkreten Geistesgaben zu bezeichnen, die in der einen χάρις wurzeln, die der barmherzige Gott der ganzen Gemeinde und jedem ihrer Glieder hat zuteil werden lassen (vgl. 1,11; 5,15f.; 6,23; 11,29 u. ö.). Daß jeder Christ ein ihm zugedachtes χάρισμα empfängt, zeigt das Partizip ἔχοντες an, das einem Verbum finitum entspricht.[12] Seine Argumentation faßt Paulus in äußerst knappe Formulierungen, so daß nicht nur ein Verbum finitum fehlt, sondern hier und in der sich anschließenden Aufzählung (προφητείαν usw.) den Substantiven weithin kein Artikel vorangestellt wird. Die Kürze des Ausdrucks unterstreicht die Gültigkeit dessen, was der Apostel zur Vielfalt der Charismen zu sagen hat.

Die Aufzählung der sieben Gnadengaben will weder einen vollständigen Katalog bieten noch eine hierarchische Rangfolge.[13] Es geht vielmehr um eine beispielhafte Veranschaulichung dessen, was der Geist in der Gemeinschaft der Glaubenden wirkt. Von der Zungenrede, die in Korinth so hoch geschätzt wurde, ist hier nicht die Rede. Dieser Abschnitt trägt grundsätzlichen Charakter und verdichtet Erfahrungen des Apostels zu allgemein gültigen Mahnungen. Die Aufzählung unterscheidet zunächst durch ein εἴτε – εἴτε die zuerst genannten vier Gaben und schließt dann unverbunden drei Partizipialwendungen an.[14] In der gedrängten Formulierung fehlt in den kurzen Sätzen ein Prädikat, das etwa so zu ergänzen wäre: Hat einer die Gabe der Prophetie, so übe er sie aus … usw.

An erster Stelle nennt der Apostel die vollmächtige prophetische Rede, die die Botschaft des Evangeliums zuspricht, so daß sie im Glauben angenommen wird und die Gemeinde aus dessen Kraft lebt. In seinem Brief an die Korinther unter-

---

[10] Paulus bleibt hier beim bildhaften Vergleich stehen, ohne die Kirche als den Leib Christi zu bezeichnen wie 1 Kor 12,27: ὑμεῖς δέ ἐστε σῶμα Χριστοῦ καὶ μέλη ἐκ μέρους.

[11] Die hart klingende Wendung καθ' εἷς entspricht einem zu erwartenden καθ' ἕνα, vgl. Bl-Debr § 305_5.

[12] In diesem Sinn wird der anakoluthe Aufbau des Satzes zu verstehen sein.

[13] Die Reihe der hier genannten Charismen ist kürzer als die Aufzählung 1 Kor 12, 8–11 – ein Zeichen dafür, daß kein verfestigter Katalog angeführt, sondern eine paradigmatische Beschreibung vom Wirken des Geistes gegeben wird.

[14] Vgl. Bl-Debr § 454_3: „Der Sinn des εἴτε – εἴτε kommt ganz nahe an καὶ … καὶ heran." Röm 12,8 b schließt „wie sonst bei Aufzählungen ein Asyndeton ab: ὁ μεταδιδοὺς ἐν ἁπλότητι".

scheidet Paulus zwischen Glossolalie einerseits und Prophetie andererseits und gibt der Prophetie eindeutig den Vorzug, weil sie in klaren, verständlichen Worten spricht und die Gemeinde auferbaut (1 Kor 14). Dabei ist nicht daran gedacht, daß in der προφητεία zukünftige Ereignisse geschaut und vorausgesagt würden, sondern als Prophetie wird die vollmächtige, vom Geist gewirkte Verkündigung verstanden. Sie ist nicht von subjektivem Ermessen abhängig, sondern fest gebunden an den erteilten Auftrag und daher an die ἀναλογία πίστεως. Ἀναλογία bezeichnet das rechte Verhältnis, das hier auf die πίστις bezogen ist. Somit entspricht die Begriffsverbindung κατὰ τὴν ἀναλογίαν τῆς πίστεως dem zuvor genannten Ausdruck μέτρον πίστεως, so daß auch hier τῆς πίστεως nicht als Gen. subj., sondern als Gen. obj. zu verstehen ist und die „fides, quae creditur" bezeichnet.[15]

V. 7: An zweiter Stelle wird die διακονία genannt und damit nicht nur auf „Diakonie" im engeren Sinn, sondern in umfassender Bedeutung auf Dienstbereitschaft hingewiesen. Die Charismen sind in den frühchristlichen Gemeinden noch nicht zu bestimmten Ämtern verfestigt, sondern werden als Gaben des einen Geistes begriffen, der in der Fülle unterschiedlicher Dienste und Funktionen wirksam ist. An dritter Stelle folgt die Lehre, die als Unterweisung den Gliedern der Gemeinde zugewandt ist und daher besondere Bedeutung hat. Denn ohne Verkündigung und Auslegung des Gotteswortes kann keine Gemeinde existieren (vgl. Act 2,42). Wer daher mit der Wahrnehmung dieser Aufgabe betraut ist, der soll sie mit besonderer Sorgfalt versehen.

V. 8: Wiederum durch εἴτε eingeführt, wird an vierter Stelle in einer Partizipialwendung derjenige angesprochen, der seelsorgerlichen Zuspruch zu erteilen hat. Dabei ist mit dem Verbum παρακαλεῖν sowohl die tröstende Zuwendung wie auch die bittende Ermahnung gemeint (vgl. 12,1), ohne daß diese Aufgabe einem bestimmten Amtsträger zugeeignet würde.[16] Am Ende der Aufzählung führt Paulus ohne verknüpfenden Übergang drei weitere Charismen auf, die exemplarisch die Fülle der Geistesgaben veranschaulichen. Unter μεταδιδόναι (vgl. 1,11) ist sowohl die Bereitschaft, von eigenem Besitz an Bedürftige abzugeben, wie auch der Auftrag zu verstehen, Liebesgaben der Gemeinde auszuteilen. Das aber soll in Bescheidenheit getan werden, ohne die eigene Person herauszustellen.

Ebenso soll barmherziges Handeln, wie es insbesondere im Geben von Almosen geschieht, mit fröhlichem Herzen verrichtet werden.[17] Zwischen der Erwäh-

---

[15] Vgl. KÄSEMANN, Röm. 323: „Geist und Glaube sind Kehrseiten des gleichen Sachverhaltes, einmal vom Geber, dann vom Empfänger her betrachtet. Glaube ist das dem Einzelnen vorgegebene und von ihm angenommene Pneuma."

[16] Vgl. LUTHER, Röm., zu 12,8: „Lehre und Ermahnung (*doctrina et exhortatio*) unterscheiden sich darin, daß die Lehre sich an die Unwissenden wendet, die Ermahnung aber an die Wissenden."

[17] Vgl. Lev r 34 (131 b): „R. Jizchaq (um 300) hat gesagt: Die Thora will dich gute Sitte lehren, daß ein Mensch, wenn er Almosen gibt, sie mit fröhlichem Herzen geben soll." Vgl. BILL. III 296.

nung der beiden Charismen, die sowohl durch μεταδιδούς wie auch durch ἐλεῶν auf karitatives Wirken hinweisen, spricht der Apostel durch προϊστάμενος eine Leitungsfunktion an, die durch denjenigen wahrzunehmen ist, dem die entsprechende Befähigung zuteil geworden ist. Er soll mit gewissenhafter Treue (ἐν σπουδῇ) den ihm aufgetragenen Dienst erfüllen. Da die Funktion des Vorstehens zwischen den beiden karitativen Diensten erwähnt ist, wird auch diese in erster Linie mit Liebesdiensten in Verbindung zu bringen sein.[18]

Das vom Geist geleitete Zusammenleben der Gemeinde ist noch nicht zu einer festen Kirchenordnung ausgebildet. Darum können Partizipialwendungen und Substantive in lockerer Folge aneinander gereiht werden. Sie bezeichnen noch keine genau umschriebenen Ämter, sondern das freie Walten des Geistes, aus dem die Fülle der verschiedenen Funktionen erwächst. Indem der Apostel die Charismen ganz auf den der Gemeinde zu erweisenden Dienst ausrichtet, wehrt er etwa aufkommende enthusiastische Neigungen ab und bindet alles Leben und Handeln der Glaubenden ausschließlich an die Auferbauung der Gemeinde (vgl. 1 Kor 14,33). Die unterschiedlichen Gaben des Geistes wirken so zusammen, daß kein Glied für sich allein bleiben kann, sondern alle miteinander und füreinander am einen Leib tätig sind.

12,9–21 Bewährung der Liebe im Alltag

9) Die Liebe sei ohne Heuchelei. Verabscheut das Böse, hängt dem Guten an. 10) In der Bruderliebe seid einander herzlich zugetan, in Ehrerbietung kommt einander zuvor. 11) Im Eifer seid nicht lässig, brennt im Geist, dient dem Herrn. 12) In Hoffnung freut euch, haltet in Bedrängnis stand, seid beharrlich im Gebet. 13) An den Bedürfnissen der Heiligen nehmt teil, setzt euch ein, Gastfreundschaft zu üben. 14) Segnet, die euch verfolgen, segnet und verflucht nicht. 15) Freut euch mit den Fröhlichen, weint mit den Weinenden. 16) Habt einen Sinn untereinander. Trachtet nicht nach dem Hohen, sondern beugt euch zu den Niedrigen. Haltet euch nicht selbst für klug. 17) Niemandem vergeltet Böses mit Bösem, seid auf Gutes bedacht allen Menschen gegenüber. 18) Wenn möglich, soweit es in eurer Macht steht, haltet Frieden mit allen Menschen. 19) Rächt euch nicht selbst, Geliebte, sondern gebt Raum dem Zorngericht. Denn es steht geschrieben: Mir gehört die Rache, ich will vergelten, spricht der Herr. 20) Aber wenn dein Feind hungert, speise ihn. Wenn er Durst hat, gib ihm zu trinken. Denn wenn du das tust, wirst du feurige Kohlen auf sein Haupt häufen. 21) Laß dich nicht vom Bösen besiegen, sondern besiege mit dem Guten das Böse.

[18] Zur Funktion des Vorstehens in den paulinischen Gemeinden vgl. 16,2, wo Phoebe als προστάτις πολλῶν bezeichnet wird, sowie 1 Thess 5,12f.; 1 Kor 12,28.

DAUBE, D.: Jewish Missionary Maxims in Paul, StTh 1 (1947) 158–169 = New Testament 336–351; DERS.: Participle and Imperative in I Peter, in: E.G. Selwyn, The First Epistle of St. Peter, London ²1947, 467–488; KANJUPARAMBIL, P.: Imperatival Participles in Rom. 12,9–21, JBL 102 (1983) 285–288; PAFFENROTH, K.: Romans 12:9–21 – A Brief Summary of the Problems of Translation and Interpretation, IBSt 14 (1992) 89–99; RIESNER, R.: Handeln aus dem Geist, Zwölf Thesen zu Röm. 12, Gießen 1977; SAUER, J.: Traditionsgeschichtliche Erwägungen zu den synoptischen und paulinischen Aussagen über Feindesliebe und Wiedervergeltungsverzicht, ZNW 76 (1985) 1–28; SÖDING, Liebesgebot; STENDAHL, K.: Hate, Non-Retaliation and Love. 1 QS X, 17–20 and Rom. 12:19–21, HThR 55 (1962) 343–355 = Meanings. The Bible as Document and as Guide, Philadelphia 1984, 137–149; TALBERT, C.H., Tradition and Redaction in Romans XII,9–21, NTS 16 (1969/70) 83–94; WILSON, W.T.: Love without Pretense. Romans 12.9–21 and Hellenistic-Jewish Wisdom Literature, WUNT II, 46, Tübingen 1991; WISCHMEYER, O.: Gut und Böse. Antithetisches Denken im Neuen Testament und bei Jesus Sirach, BEThL CXLIII (1999) 129–136; YINGER, K.L.: Romans and Nonretaliation in Second Temple Judaism, CBQ 60 (1998) 74–96.

Von der Rede über die Charismen geht der Apostel zu einem neuen Abschnitt über, dem er ein kurzes Wort über die Liebe voranstellt. Sie reicht weit über alle Gnadengaben hinaus.[1] Damit ist ein Leitmotiv angeschlagen, das die lange Folge von Mahnungen durchzieht. Diese sind unterschiedlichen Traditionen entnommen: at.lich-jüdischer Weisheit wie auch popularphilosophischen Weisungen. Die Paränese hat auch einige Herrenworte aufgenommen, die freilich als solche nicht gekennzeichnet sind. Sie werden in die sittliche Belehrung der frühen Christenheit eingewoben (V. 14.17.19), ohne daß man sich im einzelnen darüber im klaren gewesen sein wird, wo ein Bezug auf ein Jesuslogion vorlag und wo nicht.[2] Einem Wort des Kyrios eignet bindende Autorität – mag es auf den historischen Jesus oder auf den erhöhten Herrn zurückzuführen sein.

Eine systematische Gedankenfolge ist nicht zu erkennen (vgl. auch 1 Thess 4,1–12; 5,14–22).[3] Doch läßt sich eine gewisse Zäsur zwischen V. 13 und 14 beobachten. Diese beiden Verse sind nicht durch ihren Inhalt, sondern durch das Stichwort διώκειν miteinander verbunden, das jedoch in den beiden Sätzen in unterschiedlicher Bedeutung verstanden ist. In V. 9–13 kommt in erster Linie das Zusammenleben innerhalb der christlichen Gemeinschaft in den Blick, in V. 14–21 vornehmlich das Verhalten zu Außenstehenden; allerdings sind die Verse 15 und 16 wieder auf den engeren Kreis der Glaubenden bezogen. In V. 19–21 liegt dann ein kleiner in sich geschlossener Gedankengang vor.

Der Apostel bietet keine kasuistische Aufreihung von Verhaltensweisen, die jeden einzelnen denkbaren Fall erörtern müßte, um daraus das gebotene rechte

[1] Zu vergleichen ist die Gedankenfolge von 1 Kor 12 (von den Charismen) zu 1 Kor 13 (Das Hohelied der Liebe).

[2] Zur Bedeutung der Herrenworte in der paulinischen Paränese vgl. bes. STUHLMACHER, Jesustradition; N. WALTER, Paulus und die urchristliche Jesustradition, NTS 31 (1985) 498–522.

[3] Doch vgl. den gegenteiligen Versuch bei MOO, Rom. 770f., der zu künstlich wirkt, um überzeugen zu können.

Handeln festzulegen. Vielmehr soll die Folge von apodiktisch formulierten Exempeln, die auf reiche Erfahrung gegründet sind, eine Orientierungshilfe bieten, nach der jeweils im prüfenden Bedenken zu entscheiden ist, was der konkrete Wille Gottes fordert (vgl. V. 2).

Die Sätze sind durchweg kurz gehalten, so daß in manchen ein Prädikat überhaupt fehlt (so V. 9 a). In anderen werden die Verben als Partizipien aufgeführt (V. 9–13, 16–18), die man in derselben Bedeutung wie Imperative verstehen muß (V. 14). Die Weisung kann auch durch einen Infinitiv angezeigt werden (V. 15). Dieser Wechsel in den Formulierungen entspricht überkommener Stilform, wie sie sich auch sonst in ethischen Mahnungen findet.[4] Versuche, aus dem Abschnitt eine schriftliche Vorlage herauszuschälen, haben nicht zu überzeugenden Ergebnissen geführt.[5] Doch steht außer Zweifel, daß der Apostel bewährte sittliche Anweisungen aufgreift und diese nur in geringem Ausmaß seiner eigenen Begrifflichkeit angepaßt hat. Es erübrigt sich daher, Anspielungen auf Verhältnisse oder Mängel in der römischen Christenheit aufspüren zu wollen. Der grundsätzliche Charakter des Gedankengangs beansprucht Gültigkeit zu jeder Zeit und an jedem Ort.

V. 9: Zu Beginn wird eine kurze Feststellung getroffen, in der ein Prädikat (etwa: ἔστω) fehlt[6]: daß die Liebe keine Heuchelei haben dürfe. War bis hierhin durch das Wort ἀγάπη der Liebeserweis Gottes in Christus bezeichnet worden (5,5.8 8,35.39), so ist es nun auf das rechte Verhalten der Glaubenden in jeder Lage bezogen. Das selten gebrauchte Adjektiv ἀνυπόκριτος soll die Liebe als frei von jedem falschen Schein oder unlauterem Motiv charakterisieren (vgl. 2 Kor 6,6; 1 Petr 1,22: φιλαδελφία ; 1 Tim 1,5; 2 Tim 1,8; Jak 3,17). Die ἀγάπη bestimmt nicht nur das Verhalten innerhalb der Gemeinde[7], sondern ebenso die Einstellung gegenüber Außenstehenden, ja auch Feinden (V. 14.17.21).

Die folgenden Sätze sind teils paarweise (so V. 10.13–15), teils zu dreien (V. 11f.) zusammengeordnet. Als allgemein gültige Unterscheidung wird zuerst die von gut und böse herausgestellt (ἀγαθόν – πονηρόν). Hier darf es keine schwankende Haltung, sondern nur eindeutige Stellungnahme geben, die beständig nach Gutem trachtet.[8]

---

[4] Vgl. hierzu die oben genannten Arbeiten von DAUBE und KANJUPARAMBIL, in denen darauf aufmerksam gemacht wird, daß sich in paränetischen Abschnitten jüdischer Texte in ähnlicher Weise Wechsel von Imperativen zu Partizipien oder Infinitiven findet. Aber schwerlich wird direkte Abhängigkeit von hebräischen bzw. aramäischen Vorlagen anzunehmen sein; vgl. Bl-Debr § 468_5. Doch unterstreicht diese Beobachtung den durch Tradition geprägten Charakter des Abschnittes 12,9–21.

[5] Vgl. entsprechende Versuche bei SCHMITHALS, Röm. 449f., TALBERT 83–94 u.a.

[6] Vgl. BL-DEBR § 128_{10}.

[7] So wird rechte Bruderliebe innerhalb der Gemeinde von Qumran verstanden (1 QS V,3f.), der freilich der Haß gegen alle Söhne der Finsternis gegenübergestellt wird (vgl. 1 QS I,4f.).

[8] Die schwach bezeugte Variante μισοῦντες statt ἀποστυγοῦντες ist möglicherweise darauf zurückzuführen, daß hier „wohl der lateinische Text auf den griechischen gewirkt" hat (LIETZMANN, Röm. 110).

V. 10: Durch paarweise einander zugeordnete Mahnungen wird der innere Zusammenhalt in den Gemeinden angesprochen. Die in der Spätantike allgemein hochgeschätzte Freundschaft ist durch den Begriff der φιλαδελφία hervorgehoben und durch das Adjektiv φιλόστοργος[9] als Verbundenheit bezeichnet, wie sie zärtliche Familienbande bewirken. Die φιλαδελφία hatte sich insbesondere in der φιλοξενία (V. 13) zu bewähren, da Reisende oft darauf angewiesen waren, bei Mitchristen Unterkunft zu finden (vgl. Hebr 13,1f.). In ehrerbietigem Verhalten soll man einander zuvorkommen[10], so daß einer den anderen höher achtet als sich selbst (vgl. Phil 2,3f.).

V. 11: Drei kurze Sätze handeln von der Einsatz- und Dienstbereitschaft. Zuerst ist der Eifer genannt, mit dem ans Werk zu gehen ist (vgl. V. 8); dann folgt der Aufruf, das Wirken des Geistes zur Entfaltung zu bringen.[11] Der Geist wird vielfach mit einem Feuer verglichen (vgl. Mt 3,11 par. Lk 3,16; Act 2,3; 1 Thess 5,19; Apk 3,15), so daß das πνεῦμα ein hingebungsvolles Brennen bewirkt (vgl. Act 18,25). Auf diese Weise ist der dem κύριος[12] geschuldete Dienst mit Engagement zu leisten.

V. 12: Die folgenden drei Aufforderungen weisen auf die froh machende Kraft der Hoffnung hin (vgl. 5,2).[13] Damit verbunden ist die Widerstandskraft, die äußeren Bedrängnissen gegenüber zu bewähren ist. Die Christen waren mancherlei Mißlichkeiten ausgesetzt, ohne daß an eine größere Verfolgung zu denken wäre, wie sie wenig später unter Nero hereinbrach. Zur Durchhaltekraft gehört beständiges Gebet, das zu den üblichen Zeiten einzuhalten ist und den Wandel der Glaubenden schlechthin bestimmt (vgl. 1 Thess 5,17; Phil 4,6; Act 1,14 2,42 u. ö.).

V. 13: Auf Liebesdienst zielt die Mahnung, an den Nöten[14] der Heiligen teilzunehmen.[15] Dieses Verhalten verlangt den Einsatz tätiger Hilfe, wie ihn der Apostel bei-

---

[9] Zu dem selten gebräuchlichen Wort vgl. C. Spicq, Φιλόστοργος (À Propos de Rom. XII,10), RB 62 (1955) 497–510.

[10] Zu προηγεῖσθαι (= vorangehen) vgl. Bauer-Aland 1414 s. v.: „Andere denken an ἡγεῖσθαι = ‚halten für, schätzen' und nehmen für προηγ. ein ‚höher schätzen' an: ‚was die Ehre anlangt, schätze jeder den anderen höher ein' (als sich selbst)." Vgl. Bl-Debr § 150.

[11] Mit πνεῦμα wird der heilige Geist gemeint sein. Daher ist πνεῦμα nicht in anthropologischer Bedeutung zu verstehen. Vgl. auch 1 Thess 5,19: τὸ πνεῦμα (= den heiligen Geist) μὴ σβέννυτε.

[12] Die Variante καιρῷ, die auf Anpassung an die Gegebenheiten der Zeit zielen würde, wird durch Schreibversehen entstanden sein: ΚΡΩ konnte entweder durch κυρίῳ oder durch καιρῷ aufgelöst werden. Zu opportunistischem Verhalten soll sicherlich nicht geraten werden. Vgl. Lietzmann, Röm. 110 sowie B. Metzger, The Text of the New Testament, New York ^{3}1992, 187 = Ders., Der Text des Neuen Testaments, Stuttgart 1966, 189 sowie Ders., A Textual Commentary on the Greek New Testament, Stuttgart/New York ^{2}1994, 466.

[13] Der Dativ τῇ ἐλπίδι bezeichnet den Grund: „vermöge der Hoffnung", „in Hoffnung", vgl. Bl-Debr § 196_3.

[14] Die Variante μνείαις ist ohne Zweifel sekundär und bekundet möglicherweise „die Sitte der Fürbitte für die Verstorbenen, wenn nicht sogar beginnenden Heiligenkults" (Käsemann, Röm. 334).

[15] Durch κοινωνεῖν τινι wird die Teilnahme an einer Sache angezeigt. Vgl. Bl-Debr § 169_3.

spielhaft mit der Einsammlung der Kollekte für die notleidende Jerusalemer Urgemeinde geleistet hat. Hätte Paulus jedoch an dieser Stelle besonders auf die Kollekte hinweisen wollen, so hätte er sich schon deutlicher ausdrücken müssen. Er will hier nicht eine spezielle Forderung aussprechen, sondern eine allgemeingültige Regel für brüderliches Verhalten gegenüber hilfsbedürftigen Christen benennen. Konkretisiert wird diese Mahnung durch den Hinweis auf den Einsatz, der der Gewährung von Gastfreundschaft gilt. Die eben genannte φιλαδελφία findet in der φιλοξενία, wie sie in der Gemeinde als „familia Dei" zu üben ist, die ihr entsprechende Bewährung.

V. 14: Durch das Verbum διώκειν, das in V. 13 genannt wurde, nun aber im eigentlichen Sinn Verfolgung bezeichnet, ist eine Stichwortverbindung gegeben, die zugleich den Übergang zur anschließenden locker angefügten Satzfolge herstellt. Ebensowenig wie bei den eben erwähnten θλίψεις (V. 12) ist hier an eine weit ausgreifende Verfolgung gedacht, sondern von Bedrängnissen die Rede, wie sie jederzeit von Christen zu bestehen sind.[16] Gegenüber denen, die sie verfolgen, sollen sie nicht mit abweisender Feindschaft, sondern mit Worten des Segens reagieren. Damit wird auf eine Weisung des Kyrios Bezug genommen, die in mündlicher Überlieferung weitergegeben worden ist. Am nächsten kommt der Wortlaut des Satzes der Fassung des Logions im Lk Ev: ἀγαπᾶτε τοὺς ἐχθροὺς ὑμῶν … εὐλογεῖτε τοὺς καταρωμένους ὑμᾶς (Lk 6,27f.), zu der freilich die Parallelfassung Mt 5,44 zu vergleichen ist: ἀγαπᾶτε … καὶ προσεύχεσθε ὑπὲρ τῶν διωκόντων ὑμᾶς. Das Gebot, selbst Feinde und Verfolger zu lieben, geht über jedes Maß der Liebe hinaus, wie es sonst als vorstellbar galt, und gründet sich auf ein Gebot Jesu.[17]

V. 15: In V. 15f. fügt Paulus Aufforderungen an, die wiederum in erster Linie das Verhältnis innerhalb der Gemeinde betreffen. Ist in V. 15 der Imperativ durch zwei Infinitive ausgedrückt[18], so geschieht es in V. 16 durch Partizipien. Die Solidarität mit den Mitmenschen soll sich in Mitfreude wie auch in Mittrauer ausdrücken. Damit wird eine Regel aufgenommen, zu der sich in der Umwelt manche vergleichbaren Weisungen finden, so z.B. Sir 7,34: „Entziehe dich nicht den Weinenden und mit Trauernden trauere."[19] Solche Bewährung der Bruderliebe hat das sittliche Verhalten der Glaubenden zu leiten.

V. 16: Der Apostel warnt vor Hochmut und hält dazu an, auf Einmütigkeit bedacht zu sein.[20] Das bedeutet keineswegs absolute Gleichförmigkeit, sondern bezieht sich auf die tragende Grundüberzeugung, die alle Glaubenden unter- und miteinander verbindet (vgl. Röm 15,5; 2 Kor 13,11; Phil 2,2 4,2). Sie aber läßt nicht

---

[16] Das gut bezeugte ὑμᾶς fehlt in den wichtigen Handschriften p46 und B.
[17] Vgl. zum einzelnen SAUER, bes. 17–22.
[18] Zur imperativischen Bedeutung des Infinitivs vgl. BL-DEBR § 389 und oben S. 345.
[19] Weitere Vergleichstexte bei BILL. III 298.
[20] Die schwach bezeugte Anrede ἀγαπητοί ist sicher als sekundärer Eintrag zu bewerten.

zu, auf Hohes zu sinnen (vgl. V. 3: μὴ ὑπερφρονεῖν παρ' ὃ δεῖ φρονεῖν), sondern hält dazu an, sich zu den Niedrigen[21] hinunter zu beugen[22] und sich nicht selbst für klug zu halten. Damit ist ein Wort aufgenommen, zu dem es wiederum in der Tradition mancherlei Vorbilder gibt, so Prov 3,7 LXX: μὴ ἴσθι φρόνιμος παρὰ σεαυτῷ.[23] Nicht in der Nachbarschaft zu hochmütigen Leuten, sondern in der Gemeinschaft mit den Demütigen ist der Ort zu finden, an den man sich zu begeben hat.

V. 17: Mit V. 17 beginnt ein kleiner bis V. 21 reichender Zusammenhang, der an die Mahnung von V. 14 anknüpft und wiederum das rechte Verhalten gegenüber Außenstehenden anspricht.[24] Dabei klingt das Verbot der Vergeltung an ein Herrenwort an (vgl. Mt 5,38f.43f.; Lk 6,29.35) und wird eine Verhaltensweise eingeschärft, die des öfteren in ethischen Ermahnungen der frühen Christenheit wiederkehrt (vgl. 1 Thess 5,15; 1 Petr 3,9). Statt Böses mit Bösem zu vergelten, soll man auf Gutes – καλά in umfassendem Sinn verstanden – bedacht sein, wie es schon Prov 3,4 LXX heißt: προνοοῦ καλὰ ἐνώπιον κυρίου καὶ ἀνθρώπων.[25] Der Apostel hat offensichtlich die Aufforderung in Anlehnung an das frei zitierte at.liche Wort formuliert und damit der negativ gefaßten Warnung die positive Mahnung gegenübergestellt (μὴ – ἀλλά: hier und V. 19.21)

V. 18: Wo in dieser Weise auf Gutes für alle Menschen gesonnen wird, da ist Frieden gestiftet, um den sich die Glaubenden nach bestem Vermögen zu mühen haben. Auch dieser Satz entspricht verbreiteter sittlicher Belehrung in jüdischen und hellenistischen Texten.[26] Wer Frieden herzustellen und zu bewahren trachtet, auf den trifft das Herrenwort zu, das diejenigen selig spricht, die Frieden stiften (Mt 5,9; vgl. auch Mk 9,50: εἰρηνεύετε ἐν ἀλλήλοις). Dem Apostel ist bewußt, daß es Situationen gibt, in denen es selbst bestem Bemühen nicht gelingt, mit beharrlich streitbaren Leuten Frieden herzustellen. Damit man sich durch solche Erfahrungen nicht entmutigen läßt, stellt Paulus die vorsichtige Einschränkung εἰ δυνατὸν τὸ ἐξ ὑμῶν[27] voran, die besagt, so weit es irgend im eigenen Vermögen liegt, nach Frieden zu suchen (vgl. 1 Thess 5,13; 2 Kor 13,11; Hebr 12,14). Nicht vom – mög-

[21] Im Gegenüber zu τὰ ὑψηλά könnte τοῖς ταπεινοῖς auch als Neutr. Plur. aufgefaßt werden. Doch liegt es näher, die Wendung dahin zu verstehen, daß sie die Zuwendung zu niedrigen Menschen beinhaltet.

[22] Zu συναπάγεσθαι vgl. 1 Kor 12,2: ἤγεσθε ἀπαγόμενοι.

[23] Weitere Belege bei Bill. III 299.

[24] Zu beachten ist der gleichförmige, negativ gefaßte Einsatz durch μή in V. 17.19.21.

[25] Vgl. 2 Kor 8,21: προνοοῦμεν γὰρ καλὰ οὐ μόνον ἐνώπιον κυρίου ἀλλὰ καὶ ἐνώπιον ἀνθρώπων. Diese sachliche Parallele hat auch auf die Textfassung unserer Stelle eingewirkt und zur Einfügung von ἐνώπιον τοῦ θεοῦ καί in A geführt.

[26] Vgl. Epiktet Diss. IV 5,24: εἰρήνην ἄγεις πρὸς πάντας ἀνθρώπους. Rabbinische Belege bei Bill. III, 299 sowie zu Mt 5,9.

[27] Zu εἰ δυνατόν vgl. Mt 22,24 Par.; 26,29 Par; Gal 4,15; τὸ ἐξ ὑμῶν ist aufzulösen als „so viel an euch liegt"; vgl. Bl-Debr § 212_4; 266,2.

licherweise streitbaren – Handeln anderer, sondern allein von der bindenden Verpflichtung, auf Frieden bedacht zu sein, hat man sich bestimmen zu lassen.

V. 19: Der Einsatz der Mahnung, die jede Form von Rache untersagt, ist durch die Anrede ἀγαπητοί (vgl. 1,7) ein wenig von den vorhergehenden Sätzen abgehoben. Mit klarer Entschiedenheit, die keinen Widerspruch duldet, hält die apostolische Weisung dazu an, sich nicht die Zuständigkeit göttlichen Gerichts anzumaßen, sondern dem Zorngericht Gottes Raum zu geben. Das Verbot der Rache (Lev 19,18) war auch in frommen jüdischen Gemeinschaften bekannt (vgl. 1 QS X,17–19; CD VI,20–VII,4; Test Jos 18,2; Benj 4,2f. u. ö.), in der Regel freilich auf das Zusammenleben innerhalb der Gemeinschaft der Gerechten bezogen. Im Licht der Herrenworte, die zur schlechthin gültigen Feindesliebe aufrufen (vgl. zu V. 14), gilt die Verpflichtung, sich nicht selbst rächen zu wollen, ohne jede Einschränkung.[28] Zur Bekräftigung bietet Paulus ein Schriftzitat auf, das Dtn 32,35 und Prov 25,21 zusammenfaßt. Die Bezugnahme auf Dtn 32,35 ist durch die Einfügung der Wendung λέγει κύριος in ihrer Bedeutung nachdrücklich unterstrichen.[29]

V. 20: Der aus Prov 25,21 angeführte Satz[30] ist nicht als ausdrückliches Zitat eingeführt. Er dient nicht mehr als Begründung zu V. 19, sondern setzt die Reihe der Imperative fort. Leidet der Feind Hunger oder Durst, so soll man ihm zu essen und zu trinken geben. Der Apostel stellt die mit einem Schriftwort ausgesagte Mahnung den vorhergehenden an die Seite und unterstreicht damit das Verbot der Rache. Indem man einem ἐχθρός hilft, überläßt man ihn dem Urteil Gottes. Das Geschick des Feindes ist dabei nur so weit von Interesse, als er nicht menschlichem, sondern allein göttlichem Gericht übergeben wird.[31] Die erläuternde Bemerkung, durch solches Handeln werde man feurige Kohlen auf sein Haupt häufen, bezieht sich möglicherweise ursprünglich auf einen in Ägypten praktizierten Bußritus, der eine Sinnesänderung bewirken soll.[32] Der Schuldige hatte auf dem Kopf ein Kohlebecken zu tragen, um demjenigen Genüge zu leisten, den er beleidigt hatte. Diese Zusammenhänge werden Paulus jedoch schwerlich bewußt gewesen sein. Er nimmt eine geprägte Ausdrucksweise auf und betont, daß Christen in keinem Fall Rache üben dürfen, sondern Gottes Gericht Raum zu geben haben. Darum haben sie sich so zu verhalten, daß sie entschieden dem Bösen entgegentreten, so daß schuldigen Menschen Gelegenheit zu Buße und Umkehr geboten wird.

---

[28] Vgl. Stendahl 137–149.

[29] In derselben Fassung wird das Schriftwort auch Hebr 10,30 angeführt. Der Wortlaut legt die Annahme nahe, daß der Satz in der mündlich weitergegebenen Fassung eine hebraisierende Revision erfahren hat. Vgl. Koch, Schrift 77f.

[30] Der Vers ist nach LXX zitiert, lediglich der Imperativ τρέφε durch ψώμιζε ersetzt.

[31] Vgl. Koch, Schrift 270f.

[32] Vgl. S. Morenz, Feurige Kohlen auf dem Haupt, ThLZ 78 (1953) 187–192 = Religion und Geschichte des alten Ägypten. Gesammelte Aufsätze, Weimar 1975, 433–444 sowie W. Klassen, Coals of Fire: Sign of Repentance or Revenge?, NTS 9 (1962/63) 337–350; L. Romaroson, Charbons ardents: ‚sur la tête' ou ‚pour le feu' (Pr 25,22 a–Rm 12,20 b), Bib. 51 (1970) 230–234.

V. 21: Mit einer kurzen Aufforderung nimmt Paulus noch einmal auf V. 17a Bezug und bringt dadurch den Gedankengang von V. 17–21 zum Abschluß. Es gilt, eine aufgegebene Kampfsituation zu bestehen (νικᾶν)[33], wie sie in ähnlicher Weise auch in zeitgenössischen jüdischen Texten angesprochen wird, so z.B. Test Benj 4,2f.: „Der gute Mensch hat kein finsteres Auge; denn er hat Erbarmen mit allen, auch wenn sie Sünder sind, auch wenn sie über ihn beratschlagen zum Bösen. So besiegt der, welcher Gutes tut, den Bösen, da er von dem Guten beschirmt wird."[34] Die einzige Weise, durch die das Böse überwunden werden kann, ist die geduldige Festigkeit, die sich nicht zur Vergeltung herausfordern läßt, sondern unbeirrt das Gute zu tun bestrebt ist. Darin bewährt sich die Liebe, die alles Tun und Handeln der Glaubenden zu leiten hat.

13,1–7 Vom Verhalten gegenüber den staatlichen Behörden

1) **Jedermann soll sich übergeordneten Gewalten unterordnen; denn es gibt keine Gewalt außer von Gott; die aber bestehen, sind von Gott eingesetzt.** 2) **Wer sich daher der Gewalt widersetzt, widersteht der Anordnung Gottes; die aber widerstehen, werden sich selbst Verurteilung zuziehen.** 3) **Denn die Regierenden sind kein Schrecken für das gute Werk, sondern für das böse. Willst du die Gewalt nicht zu fürchten brauchen? Dann tu das Gute, und du wirst Lob von ihr erhalten.** 4) **Denn Gottes Dienerin ist sie für dich zum Guten. Wenn du aber das Böse tust, fürchte dich. Denn nicht ohne Grund trägt sie das Schwert. Denn Gottes Dienerin ist sie, Anwalt zum Zorn für den, der das Böse tut.** 5) **Darum ist es notwendig, sich unterzuordnen, nicht nur um des Zornes willen, sondern auch um des Gewissens willen.** 6) **Deshalb zahlt ihr ja auch Steuern. Denn Gottes Diener sind sie, eben darauf bedacht.** 7) **Gebt allen, was ihr schuldig seid, wem Steuer die Steuern, wem Zoll den Zoll, wem Furcht die Furcht, wem Ehre die Ehre.**

Affeldt, W.: Die weltliche Gewalt in der Paulusexegese. Röm. 13,1–7 in den Römerbriefkommentaren der lateinischen Kirche bis zum Ende des 13. Jahrhunderts, FKDG 22, Göttingen 1969; Aland, K.: Das Verhältnis von Kirche und Staat nach dem Neuen Testament und den Aussagen des 2. Jahrhunderts, in: Neutestamentliche Entwürfe, TB 63, München 1979, 26–123; Arzt, P.: Über die Macht des Staates nach Röm 13,1–7, SNTU.A 18 (1993) 163–181; Bammel, E.: Ein Beitrag zur paulinischen Staatsanschauung, ThLZ 85 (1960) 837–840; Ders.: Romans 13, in: E. Bammel/C.F.D. Moule (Hg.), Jesus and the Politics of His Day, Cambridge 1984, 365–383 = Judaica et Paulina, WUNT I, 91, Tübingen 1997, 286–304; Barrett, C.K.: The New Testament Doctrine of Church and State, in: New Testament Essays, London 1972, 1–19; Barth, K.: Rechtfertigung und Recht, ThSt 1,

[33] Zum Bild des Kampfes sind viele Aussagen in den Texten von Qumran zu vergleichen, insbesondere in der sog. Kriegsrolle. Vgl. auch 1 QS X,17–21.

[34] Vgl. auch das vorbildliche Verhalten des Joseph, Test Jos 17; 18,3. Zu vergleichen ist auch der Gebrauch des Verbums νικᾶν in den johanneischen Schriften.

Zürich 1938; BAUER, W.: „Jedermann sei untertan der Obrigkeit". Mitteilungen des Universitätsbundes Göttingen 11, Heft 2, Göttingen 1930 = Aufsätze und Kleine Schriften, Tübingen 1967, 263–284; BERGMEIER, R.: Die Loyalitätsparänese Röm 13,1–7 im Rahmen von Römer 12 und 13, Theol Beitr 27 (1996) 341–357; BORG, M.: A New Context for Romans XIII, NTS 19 (1972/73) 205–218; V. CAMPENHAUSEN, H.: Zur Auslegung von Röm 13. Die dämonistische Deutung des ἐξουσία-Begriffs, in: FS A. Bertholet, Tübingen 1950 = Aus der Frühzeit des Christentums, Tübingen 1963, 81–101; CRANFIELD, C.E.B.: Some Observations on Romans XIII,1–7, NTS 6 (1959/60) 241–249; CULLMANN, O.: Zur neuesten Diskussion über die ἐξουσίαι in Röm. 13,1, ThZ 10 (1954) 321–336; DERS.: Der Staat im Neuen Testament, Tübingen 1956, ²1960; DEHN, G.: Engel und Obrigkeit. Ein Beitrag zum Verständnis von Römer 13,1–7, in: Theologische Aufsätze für K. Barth, München 1936, 90–109; DIBELIUS, Rom; ECK, O.: Urgemeinde und Imperium, BFChTh 42,3, Gütersloh 1940; FRIEDRICH, J./PÖHLMANN, W./STUHLMACHER, P.: Zur historischen Situation und Intention von Röm 13,1–7, ZThK 73 (1976) 131–166; GOPPELT, L.: Die Freiheit zur Kaisersteuer. Zu Mk. 12,17 und Röm. 13,1–7, in: Ecclesia und Res Publica, FS K.D. Schmidt, Göttingen 1961, 40–50 = Aufsätze 208–219; KÄSEMANN, E.: Römer 13,1–7 in unserer Generation, ZThK 56 (1959) 316–376; DERS., Grundsätzliches; KALLAS, J.: Romans XIII,1–7. An Interpolation, NTS 11 (1964/65) 365–374; KITTEL, G.: Christus und Imperator, Stuttgart/Berlin 1939; LAUB, F.: Der Christ und die staatliche Gewalt – Zum Verständnis der ‚politischen' Paränese, Röm 13,1–7 in der gegenwärtigen Diskussion, MThZ 30 (1979) 257–265; LÉGASSE, S.: Paul et César – Romains 13,1–7. Essai de synthèse, RB 101 (1994) 516–532; MCDONALD, J.I.H.: Romans 13.1–7: A Test Case for New Testament Interpretation, NTS 35 (1989) 540–549; MERKLEIN, H.: Sinn und Zweck von Röm 13,1–7: Zur semantischen und pragmatischen Struktur eines umstrittenen Textes, in: Neues Testament und Ethik, FS R. Schnackenburg, Freiburg 1989, 238–270 = Studien zu Jesus und Paulus II, WUNT I, 105, Tübingen 1998, 405–437; MORRISON, C.: The Powers That Be. Earthly Rulers and Demonic Powers in Romans 13.1–7, SBT 29, London 1960; NEUGEBAUER, F.: Zur Auslegung von Röm. 13,1–7, KuD 8 (1962) 151–172; SCHELKLE, K.H.: Staat und Kirche in der patristischen Auslegung von Rm 13,1–7, ZNW 44 (1952/53) 223–236; SCHLIER, H.: Die Beurteilung des Staates im Neuen Testament, ZZ 10 (1932), 312–330 = Zeit 1–16; SCHRAGE, W.: Die Christen und der Staat nach dem Neuen Testament, Gütersloh 1971; SCHWEITZER, W.: Die Herrschaft Christi und der Staat im Neuen Testament, BEvTh 11, München 1949; STEIN, R.H.: The Argument of Romans XIII,1–7, NT 31 (1989) 325–343; STROBEL, A.: Zum Verständnis von Rm 13, ZNW 47 (1956) 67–93; TELLBE, M.: Paul between Synagogue and State, CB.NT 34, Stockholm 2001; WALKER, R.: Studie zu Römer 13,1–7, TEH 132, München 1966; WILCKENS, U.: Römer 13,1–7, in: Paulusstudien 203–245 = Der Gehorsam gegen die Behörden des Staates im Tun des Guten. Zu Römer 13,1–7, in: de Lorenzi (Hg.), Dimensions 85–150; WISCHMEYER, O.: Staat und Christen nach Römer 13,1–7. Ein neuer hermeneutischer Zugang, in: Kirche und Volk Gottes, FS J. Roloff, Neukirchen 2000, 149–162; ZSIFKOVITS, V.: Der Staatsgedanke nach Paulus in Röm 13,1–7 mit besonderer Berücksichtigung der Umwelt und der patristischen Auslegung, WBTh 8, Wien 1964.

Ohne verknüpfenden Übergang setzt 13,1 ein neuer Abschnitt ein, in dem ein in sich geschlossener Zusammenhang entfaltet wird. Der in V. 1 formulierten These folgt in V. 2–4 eine theologische Begründung; an diese schließt sich in V. 5 eine Wiederaufnahme des vorangestellten Satzes an, der das Leitmotiv in anderer Formulierung noch einmal hervorhebt. In V. 6f. wird mit dem Hinweis auf vollzogene

Steuerleistung sowie erwiesene Ehrerbietung gegenüber den staatlichen Behörden der in sich gerundete Gedankengang zum Abschluß gebracht.

Würde man die Verse 1–7 aus dem jetzigen Kontext herausnehmen, so ließe sich ein glatter Anschluß von 12,21 zu 13,8 herstellen. Daher ist immer wieder die Vermutung geäußert worden, V. 1–7 könnten möglicherweise ein sekundärer Einschub sein, der von einem Interpolator nachträglich in den Text des Röm eingetragen worden ist (KALLAS 365–374; SCHMITHALS, Röm. 458–462 u.a.). Doch abgesehen davon, daß die handschriftliche Überlieferung keinerlei Anhaltspunkte für diese Hypothese bietet, spricht gegen sie der Sachverhalt, daß eine Reihe von Begriffen mit dem weiteren Zusammenhang des Röm verknüpft sind: ὀργή 13,4f.: 12,19; ἀποδιδόναι 13,7: 12,17; ἔκδικος 13,4: ἐκδικοῦντες 12,19; sowie der Stichwortanschluß 13,7: τὰς ὀφειλάς: 13,8 μηδὲν ὀφείλετε. Daher legt sich die Annahme nahe, daß zwar der Abschnitt in starkem Umfang auf Tradition zurückgreift, aber die Formulierung vom Apostel vorgenommen wurde (WILCKENS, Röm. III 30f. u.a.).

Der Apostel greift eine Unterweisung auf, wie sie durch die hellenistische Synagoge ausgebildet worden ist, und fügt sie in die Reihe seiner Ermahnungen ein. Die betonte Sachlichkeit, in der gerade dieser Abschnitt gehalten ist, zeigt besonders deutlich, daß die Christen genauso wie alle anderen Bürger sich gegenüber den staatlichen Behörden loyal zu verhalten und die ihnen aufgegebenen Pflichten zu erfüllen haben.[1] Da es – wie MELANCHTHON, Rom., zu 13,1 bemerkt – für die Christen nicht notwendig ist, ein neues politisches System zu erfinden, werden sie vom Evangelium dazu aufgefordert, sich in den bestehenden Verhältnissen verantwortungsbewußt zu verhalten.[2]

Die eschatologische Perspektive, die das Leben der Christen in dieser Welt charakterisiert (13,11–14), gilt gewiß gerade auch für die hier angesprochene Thematik politisch korrekten Verhaltens. Doch betont Paulus diesen Gedanken nicht eigens, wie er auch das Motiv des Liebesgebotes zwar im folgenden anführt (13,8–10), aber in den Versen 1–7 nicht anspricht. Der Apostel argumentiert im Stil der Diatribe, indem er zunächst die allgemein gültige These formuliert (3. Person) und sich dann in der Anrede unmittelbar an die Leser und Hörer wendet (V. 3b f.: 2. Person; vgl. auch 2. Person Ind.: V. 6f.).

Inhaltlich bedient Paulus sich dabei der Gesichtspunkte, die ihm die hellenistische Synagoge vorgegeben hat: Denen, die politische Verantwortung tragen, ist ihre Herrschaft vom Herrn gegeben und die Gewalt vom Höchsten, welcher fragen wird, „wie sie handeln und forschen, was sie ordnen" (Sap Sal 6,3; vgl. auch den ganzen Abschnitt Sap Sal 6,1–11). Die synagogale Unterweisung hält dazu an, für die Regierung zu beten. „Denn" – so sagte R. Chananja (um 70) – „wenn es

---

[1] Vgl. KÄSEMANN, Grundsätzliches 207: „Auch der Gehorsam gegen irdische Obrigkeit wird von Paulus als ein Stück des christlichen Gottesdienstes in der Profanität betrachtet."

[2] Vgl. MELANCHTHON, Rom., zu 13,1: „*Nullam enim sibi novam politicen fingere christiani debent … ac prudentia homini christiano intelligere, quod evangelium non constituat novas politias, sed iubeat praesentes politias et magistratus venerari.*"

keine Furcht vor ihr gäbe, hätten wir schon einander lebendig verschlungen" (Pirqe Av III,2). Durch den römischen Staat war den Juden zugestanden, nicht an der Verehrung des Herrschers teilnehmen zu müssen. Dafür wurde täglich im Tempel ein Opfer für den Kaiser dargebracht und für ihn gebetet, um den ihm geschuldeten Gehorsam unter Beweis zu stellen. Ohne auf diese Voraussetzungen Bezug zu nehmen, bringt der Apostel zum Ausdruck, daß die Christen die ihnen obliegenden Pflichten gewissenhaft zu tun haben.[3] Diese Ermahnung entspricht der Auffassung, wie sie sich auch sonst in frühchristlicher Unterweisung findet (1 Petr 2,13–17; Tit 3,1 u. ö.). Sie entfaltet keine allgemeine Lehre vom gerechten Staat, sondern ist als paränetische Weisung an die Glaubenden gerichtet. Dabei wird nicht auf eine bestimmte Situation in der römischen Christenheit oder enthusiastische Bestrebungen angespielt, die sich leichtfertig über die Gegebenheit des Alltags hätten hinwegsetzen wollen[4]; sondern es wird ausgeführt, was schlechthin als Regel gilt, nach der Christen sich in ihrem Verhalten gegenüber staatlichen Behörden als gute Bürger zu richten haben.

V. 1: Mit der semitischen Wendung πᾶσα ψυχή (= כָּל־נֶפֶשׁ) = „jede Seele" setzt der neue Abschnitt ein, dessen Belehrung die Glaubenden ebenso wie alle anderen Menschen angeht[5]: Die These, die Paulus dann näher erläutert, lautet: Jedermann soll sich den übergeordneten Gewalten unterordnen.[6]

Ἐξουσία[7]

In der älteren Exegese ist verschiedentlich erwogen worden, es könnte eine gedankliche Verbindung zu der Verwendung des Plurals ἐξουσίαι in der Bedeutung „Engelmächte" vorliegen (1 Kor 15,24; Kol 1,16; 2,10; Eph 1,21; 3,10; 6,12 u. ö.). Dann könnten die Gewalten, von denen Paulus spricht, auf Engelmächte gedeutet werden, die der erhöhte Christus besiegt und seiner königlichen Herrschaft eingefügt habe (Dehn 90–109; Cullmann [1954] 321–336; Schweitzer 13–28 u.a.). Aus dieser gedanklichen Assoziation wurde dann gefolgert, auch die staatlichen Gewalten seien der Herrschaft Christi untergeordnet, so daß der Staat nur als Diener Christi seiner eigentlichen Bestimmung gerecht werde und die Bürgergemeinde als Abbild der Christengemeinde zu begreifen sei (Barth)[8]. Doch diese Erklärung scheitert daran, daß der Begriff ἐξουσία jeweils in dem Kontext, in dem er sich findet, eindeutig fest-

---

[3] Vgl. Dibelius, Rom 183f.

[4] An eine antienthusiastische Frontstellung denken v. Campenhausen 95f.; Käsemann, Röm. 346f.; Walker 57f. u.a.

[5] Die Rede in der 3. Person ist in einigen Handschriften sogleich zur paränetischen Anrede abgewandelt worden, in der der Begriff πᾶσα ψυχή fehlt: Πάσαις ἐξουσίαις ὑπερεχούσαις ὑποτάσσεσθε – so schon p46, ferner D* FG it u.a.

[6] Vgl. die wiederholte Betonung der gesetzten Ordnung (τάσσειν und Derivate), wie sie sich auch in der griechischen Umschreibung römischer Ämter findet; Belege bei Strobel 85f.

[7] Literatur: s.o. S. 350f.; vgl. weiter die Artikel in den einschlägigen Wörterbüchern.

[8] Vgl. K. Barth, Christengemeinde und Bürgergemeinde, ThSt(B) 20, Zürich 1946. Zur Kritik an dieser Exegese vgl. bes. v. Campenhausen 81–101 sowie v.a. Strobel 67–79.

gelegt wird. Steht er neben ἄγγελοι, ἀρχαί, δυνάμεις u.a., so bezeichnet er die kosmischen Mächte und Gewalten, die bei der Inthronisation Christi entmachtet worden sind (1 Kor 15,24). Hier aber ist der Begriff ἐξουσίαι im folgenden gleichbedeutend durch ἄρχοντες (V. 3) aufgenommen, um auf die Inhaber staatlicher Gewalt hinzuweisen.[9] Daher ist weder von himmlischen Mächten noch von gewaltigen Engeln die Rede.

Der Apostel verwendet den Begriff ἐξουσία in einer Bedeutung, wie sie in der hellenistischen Welt – insbesondere in der Amtssprache staatlicher Verwaltung – durchaus gebräuchlich war, um die Behörden zu bezeichnen, die als ἀρχαί und ἐξουσίαι jeweils am Ort die staatliche Gewalt ausüben (vgl. Lk 12,11: τὰς ἀρχὰς καὶ ἐξουσίας).[10] Der Ausdruck ist daher keinesfalls mythologisch zu überhöhen, sondern konkret auf die staatlichen Einrichtungen zu beziehen, mit denen der Bürger es in seinem Lebens- und Erfahrungsbereich zu tun bekommt.[11] Diesen Institutionen des umfangreichen Staatsapparates im römischen Weltreich hat man sich unterzuordnen, sich ihren Weisungen zu fügen und ihre Anordnungen zu befolgen.[12]

Die thetisch formulierte Forderung[13] wird mit zwei kurzen Begründungen versehen, deren erste negativ und deren zweite positiv gehalten ist. Zunächst: Es gibt keine ἐξουσία, die nicht von Gott wäre. Der Hinweis auf die göttliche Setzung (ὑπὸ θεοῦ)[14] wird sogleich in der positiven Erläuterung wiederholt: Die tatsächlich vorhandenen Gewalten sind von Gott eingesetzt. Damit greift der Apostel einen Gedanken auf, der sich bereits in den Schriften des AT – vor allem den prophetischen Büchern – findet: Gott setzt die Könige und Herrscher ein (Jes 45,1f.), aber er bestimmt auch ihr Ende, so daß sie nach Gottes Ordnung ihr Amt ausüben – sie mögen sich dessen bewußt sein oder nicht. Mit dieser nüchternen Feststellung reflektiert der Apostel nicht über die Frage, wie im einzelnen die jeweilige staatliche Gewalt zustande gekommen ist und welchen Grad an Legalität sie vorweisen kann; sondern es ist von ihrem faktischen Vorhanden-Sein die Rede. Dieses wird anerkannt; denn – so lehrte schon jüdische Überlieferung – „nicht ohne Gott kommt jemandem die Herrschaft zu" (Josephus Bell II § 140). An dieser Wertung vorhandener staatlicher Gewalt hielten die Synagogen fest, obwohl die römische Herrschaft von Heiden ausgeübt wurde und den Juden fremd blieb.[15] Paulus trifft seine Ermahnung, die er für die Anerkennung staatlicher Ordnung ausspricht, nicht auf Grund bestimmter – möglicherweise günstiger – Erfahrungen, sondern er fordert den Gehorsam gegenüber den staatlichen Behörden, ohne irgendwelche Differenzierungen oder Einschränkungen vorzunehmen.

---

[9] 1 Ptr 2,13–17 werden entsprechend die Begriffe κτίσις, βασιλεύς, ἡγεμόνες verwendet.

[10] Die alte Übersetzung als „Obrigkeit" gibt diesen Sinn nicht zutreffend wieder; denn es wird nicht grundsätzlich über den Staat gesprochen, sondern konkret von den örtlichen Behörden in Rathaus, Gericht, Polizei u.s.w.

[11] Reiches Belegmaterial aus der hellenistisch-römischen Umwelt bei Strobel 72–79.

[12] Vgl. Tit 3,1: ἀρχαῖς ἐξουσίαις ὑποτάσσεσθαι sowie die Verwendung des Begriffs ὑποτάσσεσθαι in den sog. urchristlichen Haustafeln (Kol 3,18–4,1 und Parallelen).

[13] Vgl. G. Delling, ThWNT VIII, 44: „Dabei erscheint ὑποτάσσομαι als Gegenbegriff zu ὑπερέχω."

[14] Statt der Präposition ὑπό sekundär in einigen Handschriften ἀπό.

[15] Dieser herrschenden Ansicht widersprachen freilich mit Entschiedenheit zu Widerstand und Aufstand neigende Gruppen wie die Zeloten oder Sikarier.

V. 2: Durch ὥστε eingeleitet, spricht Paulus nun die Folgerung aus, die sich aus der vorangestellten These ergibt. Da jede ἐξουσία von Gott gesetzt ist, widersteht derjenige, der sich der Gewalt widersetzt, der Anordnung Gottes.[16] Der Apostel formuliert in der Rede der 3. Person einen allgemein gültigen Satz und nimmt dabei mit dem Begriff διαταγή ein Wort aus dem politischen Sprachgebrauch auf[17], um einen Gedanken auszudrücken, der auch in jüdisch-rabbinischer Lehre des öfteren ausgesprochen wurde. So hat – nach einer späteren Aussage – R. Judan (um 350) gesagt: „Wer sich frech gegen den König benimmt, ist wie einer, der sich frech gegen die Schekhina (= Gott) benimmt." (Gen r 94 [60 a])[18] Solches Verhalten bleibt nicht ohne Folgen. Denn diejenigen, die widerstehen, werden – wie mit der semitisierenden Wendung κρίμα λαμβάνειν gesagt wird (Mk 12,40 par. Lk 20,47; Jak 3,1) – sich selbst[19] Verurteilung zuziehen. Mit κρίμα ist zunächst auf die richtende Funktion der staatlichen Gewalt hingewiesen; doch schwingt zugleich der Gedanke mit, daß Gott im endzeitlichen Gericht sein Urteil fällen wird.

V. 3: Zur Erläuterung fügt Paulus hinzu, staatliche Gewalt – ἄρχοντες ist gleichbedeutend mit ἐξουσίαι gebraucht – sei kein Anlaß zur Furcht für diejenigen, die gute Taten vorzuweisen haben. Mit ἀγαθόν / κακόν ist von der Erfüllung bzw. Nicht-Erfüllung der bürgerlichen Pflicht die Rede.[20] Die Beamten des Staates wachen darüber, daß die Bürger sich so verhalten, daß sie der Förderung des Gemeinwohls dienen, und rügen Verstöße gegen die geltende Ordnung. Denjenigen hingegen erteilen sie Lob, die sich durch vorbildliches Verhalten ausgezeichnet haben. Es gehört zum Auftrag staatlicher Gewalt, die Bösewichter zu strafen und die Guten zu preisen.[21] Auf diesen allgemeinen Brauch spielt Paulus an, indem er nun in direkter Anrede einen konkreten Rat erteilt:[22] Der Apostel formuliert im Stil der Diatribe[23]: Wenn du das Gute tust, dann brauchst du vor den ἐξουσίαι bzw. ἄρχοντες keine Angst zu haben. Denn dann erfährt man anerkennendes Lob. Wenn man aber Böses tut, dann muß man sich fürchten, weil die Schuldigen die verdiente Strafe ereilt. Die Forderung, das Gute zu tun, zielt also nicht auf herausgehobene ethische Verhaltensweise, sondern allgemein auf bürgerliche Ordentlichkeit.[24]

---

16 Dem Partizip ἀντιτασσόμενος entspricht das gleichbedeutende Prädikat ἀνθέστηκεν.

17 Das Wort διαταγή bezeichnet die Verfügung bzw. Anordnung und wird „in verschiedenen privatrechtlichen Zusammenhängen" (FRIEDRICH 138) als „staats- oder verwaltungsrechtlicher terminus technicus für eine römische Institution oder öffentliche Verfahrensweise" bezeugt. Belege bei STROBEL 86; sowie vor allem FRIEDRICH 136–140.

18 Vgl. BILL. III, 304; dort weitere Belege.

19 Der Dativ ἑαυτοῖς ist als Dat. incommodi zu verstehen. Vgl. BL-DEBR § 188_2.

20 Zahlreiche Belege bei W.C. VAN UNNIK, Lob und Strafe durch die Obrigkeit. Hellenistisches zu Röm 13,3–4, in: Jesus und Paulus, FS W.G. Kümmel, Göttingen 1975, 334–343.

21 Vgl. VAN UNNIK (s. Anm. 20) 341.

22 Der Satz θέλεις – ποίει stellt die Aussagen koordinierend nebeneinander, ist jedoch in hypotaktischer Subordination zu verstehen: „Wenn – so tu." Vgl. BL-DEBR § 471,3.

23 Paulus führt eine Diskussion mit „einem fingierten Interlokutor". Vgl. VAN UNNIK (s. Anm. 20) 242f.

24 Vgl. STROBEL 84.

V. 4: Lob und Tadel erteilt die staatliche Gewalt kraft der ihr durch Gottes Setzung eigenen Autorität; denn sie ist Gottes Dienerin (διάκονος). Die ἐξουσία hat die Aufgabe, auf das ordentliche Zusammenleben der Bürger bedacht zu sein. Paulus bleibt bei der Anrede an die Leser und Hörer, wie sie in der Diatribe häufig verwendet wurde.[25] „Wenn du" – so fährt er fort – „aber Böses tust", also die bürgerlichen Pflichten verletzt, dann gibt es Anlaß, die staatliche Gewalt zu fürchten. Der Imperativ φοβοῦ nimmt φόβος / φοβεῖσθαι aus V. 3 auf. Wird vom Schwert gesprochen, das die staatliche Gewalt trägt, so weist der Apostel auf die Rechtshoheit hin, die sie ausübt.[26] Doch dabei ist weder im besonderen an die Kapitalgerichtsbarkeit noch die Vollstreckung von Todesurteilen gedacht, sondern auf die Straf- und Polizeigewalt Bezug genommen, die die staatliche Gewalt über alle ausübt, die ihre Anordnungen mißachten.[27] Noch einmal wiederholt Paulus, daß sie gerade in dieser Funktion θεοῦ διάκονος und ἔκδικος zum Zorn sei für denjenigen, der das Böse tut. Der Begriff ἔκδικος ist in diesem – juristisch bestimmten – Zusammenhang nicht in der Bedeutung „Rächerin" zu verstehen, da hier keinesfalls von rächendem Handeln die Rede ist. Vielmehr bedeutet der Hinweis, daß die ἐξουσία tätig wird als „ein stellvertretender Anwalt für den Zorn (Gottes) gegenüber dem, der Böses tut".[28] Damit übt sie von Gott aufgetragenen Dienst aus, so daß sich in den von ihr verhängten Strafen Gottes richterliche Hoheit zeigt.[29]

V. 5: Diesen von Gott gesetzten Dienst erkennen die Christen an, wie nun noch einmal in Aufnahme der einleitenden These bekräftigt wird. Ohne jedes Wenn und Aber ist die von Gott geordnete Notwendigkeit (ἀνάγκη) gegeben, sich unterzuordnen.[30] Das ist nicht nur geboten um das Zornes willen – διὰ τὴν ὀργήν steht statt einer vom Gedankengang her zu erwartenden Wendung διὰ τὸν φόβον. Sondern es wird gefordert um des Gewissens willen.[31] Paulus verwendet hier – wie auch an anderen Stellen (vgl. zu 2,15) – den hellenistischen Begriff der συνείδησις, da es sich um eine allgemein gültige Forderung handelt, der nicht nur die Christen, sondern alle Bürger zu genügen haben.[32] Sie sollen nicht nur durch äußeren Zwang sich den herrschenden Gewalten fügen, sondern vor allem aus eigenem Verant-

---

[25] Daher ist – entgegen einigen wenigen Zeugen – der Dativ σοί zu lesen.

[26] Zum „Tragen des Schwertes" als festem juristischen Begriff vgl. STROBEL 88f.; sowie bes. FRIEDRICH, u.a., 140–145.

[27] Vgl. FRIEDRICH 144.

[28] Vgl. STROBEL 90.

[29] Vgl. 1 Petr 2,14, wo von den ἡγεμόνες gesagt wird, sie seien bestellt εἰς ἐκδίκησιν κακοποιῶν, ἔπαινον δὲ ἀγαθοποιῶν. Diese Parallele läßt deutlich erkennen, daß auch hier eine traditionelle Aussage vorliegt.

[30] Damit wird – wie MELANCHTHON, Rom., zu 13,5 hervorhebt – die zusammenfassende Schlußfolgerung gezogen: *In fine ponitur conclusio et repetitur propositio quod necesse sit obedire.*

[31] Das Verbum ὑποτάσσεσθαι entspricht ὑποτασσέσθω in V. 1; vgl. auch τεταγμέναι V. 1, ἀντιτασσόμενος V. 2, διαταγή V. 2. Einige Handschriften ändern ἀνάγκη ὑποτάσσεσθαι sekundär zum Imperativ ὑποτάσσεσθε.

[32] Die von BULTMANN, Glossen 200, geäußerte Vermutung, V. 5 sei eine nachträglich eingefügte exegetische Glosse, kann sich nicht auf einen Befund in der handschriftlichen Überlieferung stützen.

wortungsbewußtsein, das ihnen in der Stimme des Gewissens vorhält, was Gottes Gebot von ihnen verlangt. Auch mit diesem Satz folgt der Apostel at.lich-jüdischer Überlieferung, die der urchristlichen Paränese durch die hellenistische Synagoge zugekommen ist.[33]

V. 6: Daß die Christen diese geschuldete Anerkennung selbstverständlich erweisen, bekräftigt der Apostel in den beiden Versen 6 und 7, in denen er sich noch einmal direkt an die Leser und Hörer wendet und feststellt, was sie längst getan haben und tun, indem sie die von ihnen verlangten Steuern und Abgaben zahlen.[34] Mit φόρος wird die direkte Steuer bzw. Kopfsteuer bezeichnet (Lk 20,22; 23,2), mit τέλος die indirekte Steuer bzw. der Zoll (V. 7). Steuern zu entrichten, bedeutet Anerkennung der staatlichen Ordnung, die von Gott gesetzt ist. Denn die Inhaber der staatlichen Gewalt, die ἄρχοντες (V. 3), sind λειτουργοί Gottes. Mit λειτουργός nimmt der Apostel den Begriff διάκονος auf, so daß das Wort hier nicht in kultisch-priesterlicher Bedeutung, die es auch haben kann (vgl. 15,16), verwendet ist. Den ihnen aufgetragenen Dienst erfüllen die Beamten,[35] die für die staatliche Ordnung einzutreten haben, indem sie eben darauf – d.h. das Eintreiben der Steuern – bedacht sind.[36] Die Beharrlichkeit und Unnachgiebigkeit, die die Amtspersonen in der Ausübung ihres Dienstes an den Tag legen, bewirkt, daß niemand sich ihm entziehen kann.

V. 7: Mit einer umfassenden Aufforderung hält der Apostel abschließend zur Erfüllung der bürgerlichen Pflichten an: Gebt allen, was ihr schuldig seid. Das Verbum ἀποδιδόναι war terminus technicus für die Erfüllung dem Staat geschuldeter Verpflichtungen[37], so daß nicht der Klang von „zurückgeben" mitschwingt, sondern dieselbe Bedeutung wie die des Simplex διδόναι vorliegt. Paulus fordert, dem Staat zu geben, was ihm gebührt. Mit ὀφειλαί benutzt Paulus ein Wort, das für Umgang der Untertanen mit vorgesetzten Autoritäten in der hellenistischen Welt geläufig war.[38]

Die geschuldeten Abgaben werden in zweimal zwei Gliedern konkret benannt: zunächst im Blick auf die direkten und indirekten Steuern (s.o. zu V. 6), dann hinsichtlich des allgemeinen Respekts in zu erweisender Furcht und Ehre.[39] Auch diese Mahnung entspricht traditioneller Unterweisung in jüdischen[40] und urchrist-

---

[33] Vgl. die ausführliche Aufstellung von Belegen bei FRIEDRICH 145f.

[34] Das Prädikat τελεῖτε ist als Indikativ zu fassen.

[35] Vgl. STROBEL 86f.: „Λειτουργός ist einer, der im Dienste eines Amtes steht, das dem Gemeininteresse dient."

[36] Das Verbum προσκαρτερεῖν bedeutet „ausharren bei" und dann „beharrlich Dienst verrichten".

[37] Vgl. STROBEL 87f.

[38] Vgl. STROBEL 88.

[39] Zu vergleichbaren Belegen s. A. STROBEL, Furcht, wem Furcht gebührt. Zum profangriechischen Hintergrund von Rm 13,7, ZNW 55 (1964) 58–62.

[40] Vgl. den Ausspruch des R. Jannai (um 225): „Immer sei die Furcht vor der Obrigkeit auf dir" (b Zev 102 a). Vgl. BILL. III, 305; dort weitere rabbinische Belege.

lichen Gemeinden.[41] Die verschiedentlich geäußerte Vermutung, hier könne ein Anklang an das Herrenwort Mk. 12,17 Par. („Gebt dem Kaiser, was des Kaisers ist, aber Gott, was Gottes ist") vorliegen[42], trifft jedoch nicht zu. Denn ein etwaiger Anklang geht nicht darüber hinaus, daß an beiden Stellen die Wörter ἀποδιδόναι und φόρος verwendet werden.

Steuer zahlen zu müssen, ist zu allen Zeiten als beschwerliche Last empfunden worden. Unter der Regierung des Kaisers Nero war die Höhe der zu leistenden Abgaben noch einmal so gesteigert worden, daß das Volk beim Kaiser Klage führte über die üblen Methoden und das erpresserische Vorgehen der staatlichen Zoll- und Steuerpächter. Dieser Protest hatte den Kaiser so stark beeindruckt, daß er zunächst überlegte, die Zölle überhaupt aufzuheben; doch auf den Einspruch seiner Ratgeber hin begnügte er sich damit, das Steuer- und Zollwesen zu reformieren.[43] Sollte ein Protest gegen die Mißstände der Steuerpraxis auch jüdische Kreise und christliche Gruppen erfaßt haben, so daß der Apostel sich im Blick auf solche Erscheinungen genötigt gesehen hätte, zu besonnener Einschätzung und williger Bereitschaft anzuhalten, die geforderten Beträge zu zahlen?[44] Dann könnte hier eine Bezugnahme auf spezifisch römische Probleme vorliegen.

Doch gegen solche Vermutungen spricht die auf allgemeine Gültigkeit zielende Argumentation des Paulus, der weder auf Verhältnisse in der Hauptstadt des Reiches noch enthusiastische Bestrebungen auch nur mit dem kleinsten Hinweis aufmerksam macht. Vielmehr nennt er das Beispiel, daß Steuern und Abgaben ohne Widerspruch zu leisten sind, weil diese Verpflichtung ebenso für die jüdischen Synagogen wie für die urchristlichen Gemeinden die von allen gemachte Erfahrung unmittelbarer Begegnung mit den staatlichen Behörden darstellt. Bleiben die Christen – wie dringend angeraten – dabei, die ihnen auferlegten Forderungen zu erfüllen, so bringen sie damit die nach Gottes Ordnung geschuldete Achtung gegenüber der staatlichen Gewalt zum Ausdruck.

Die Ermahnung, die der Apostel in seiner Paränese entfaltet, richtet er an die Christen, damit sie sich entsprechend verhalten – nicht an den Staat, um über dessen Ordnung zu urteilen. Die überlegte Sprache, die zahlreiche Begriffe der hellenistisch-römischen Verwaltungspraxis aufnimmt, zeigt deutlich, daß die Christen sich im Alltag ihres Lebens, wie er ihnen vorgegeben ist, zurechtzufinden haben und tun sollen, was die staatliche Gewalt jedem Bürger auferlegt. Insofern ist in dieser Forderung kein spezifisch christlicher Inhalt zu finden. Doch wollen auch diese Verse unter dem Leitmotiv von 12,1f. verstanden sein, das dem ganzen Zusammenhang vorangestellt ist. Denn gerade in ihrem weltlichen Handeln haben

---

41 Vgl. 1 Petr 2,17: πάντας *τιμήσατε*, τὴν ἀδελφότητα ἀγαπᾶτε, τὸν θεὸν *φοβεῖσθε*, τὸν βασιλέα *τιμᾶτε*.

42 Besonders nachdrücklich vertreten von GOPPELT, Aufsätze 217–219. Zur Kritik vgl. vor allem FRIEDRICH 155f.

43 Vgl. den Bericht bei Tacitus, Annalen 13,50f.; weitere Belege bei FRIEDRICH 157f.

44 Insbesondere erwogen von FRIEDRICH 157–159: „Paulus berät und ermahnt die römischen Christen also in einer für sie neuen, verschärften Situation." (159)

die Glaubenden ihr Bekenntnis zu Christus als dem Kyrios zu bewähren, der nicht nur ihr Herr, sondern der Herr aller Herren ist.[45]

Paulus hat die gegebenen Verhältnisse im Römischen Reich vor Augen, die den Normalfall darstellen – nicht aber extreme Situationen, wie sie einige Zeit danach in bedrohlichem Konflikt eintraten, so daß es galt, die Grenze zu markieren, bis zu der der Gehorsam reichen kann, der den staatlichen Behörden zu erweisen ist: „Man muß Gott mehr gehorchen als Menschen." (Act 5,29; vgl. weiter Apk 13)[46] Paulus betont, daß Gott in seiner Barmherzigkeit diese Welt nicht dem Chaos verfallen läßt, sondern eine Ordnung gesetzt hat, die der Anarchie wehrt und menschliches Zusammenleben ermöglicht. Wissen Christen, daß ihr πολίτευμα im Himmel ist (Phil 3,20f.), so sind sie gerade durch diese ihre Überzeugung dazu befreit und ermächtigt, um ihres Herrn willen ihre politischen Verpflichtungen zu bejahen und ihren Kyrios durch ihre Lebensführung zu ehren.

13,8–10 Die Liebe als Erfüllung des Gesetzes

8) **Niemandem bleibt etwas schuldig, außer dem: einander zu lieben. Denn wer den anderen liebt, hat das Gesetz erfüllt.** 9) **Denn das Du sollst nicht ehebrechen, Du sollst nicht töten, Du sollst nicht stehlen, Du sollst nicht begehren, und welches Gebot es sonst gibt – das ist in diesem Wort zusammengefaßt: Du sollst deinen Nächsten lieben wie dich selbst.** 10) **Die Liebe tut dem Nächsten nichts Böses. So ist des Gesetzes Erfüllung die Liebe.**

Bencze, A.L.: An Analysis of Romans XIII, 8–10, NTS 20 (1974) 90–92; Furnish, V.: The Love Command in the New Testament, Nashville/New York 1972; Lyonnet, S.: La charité plénitude de la loi (Rm 13,8–10), in: de Lorenzi (Hg.), Dimensions 151–163; Söding,

[45] Daher behält Röm 13 auch in den modernen, erheblich gewandelten Verhältnissen seine Gültigkeit, in denen die Bürger in ganz anderem Umfang politische Mitverantwortung in Staat und Gesellschaft tragen. Doch will die paulinische Ermahnung auf diese Verhältnisse hin ausgelegt und zugesprochen werden, wie es in der 5. These der Barmer Theologischen Erklärung von 1934 in vorbildlicher Weise geschehen ist: „Die Schrift sagt uns, daß der Staat nach göttlicher Anordnung die Aufgabe hat, in der noch nicht erlösten Welt, in der auch die Kirche steht, nach dem Maß menschlicher Einsicht und menschlichen Vermögens unter Androhung und Ausübung von Gewalt für Recht und Frieden zu sorgen. Die Kirche erkennt in Dank und Ehrfurcht gegen Gott die Wohltat dieser seiner Anordnung an. Sie erinnert an Gottes Reich, an Gottes Gebot und Gerechtigkeit und damit an die Verantwortung der Regierenden und Regierten. Sie vertraut und gehorcht der Kraft des Wortes, durch das Gott alle Dinge trägt."

Dieser positiven Bestimmung folgen Abgrenzungen, durch die die Aufgaben, die einerseits dem Staat, andererseits der Kirche gestellt sind, genauer bestimmt und voneinander unterschieden werden: „Wir verwerfen die falsche Lehre, als solle und könne der Staat über seinen besonderen Auftrag hinaus die einzige und totale Ordnung menschlichen Lebens werden und also die Bestimmung der Kirche erfüllen." Und: „Wir verwerfen die falsche Lehre, als solle und könne sich die Kirche über ihren besonderen Auftrag hinaus staatliche Art, staatliche Aufgaben und staatliche Würde aneignen und damit selbst zum Organ des Staates werden."

[46] Vgl. auch Käsemann, Grundsätzliches 221: „Die Grenze unseres Dienens ist dort, wo wir aufhören, Christus als den Herrn der Welt zu bekennen."

Liebesgebot; WISCHMEYER, O.: Traditionsgeschichtliche Untersuchung der paulinischen Aussagen über die Liebe (ἀγάπη), ZNW 74 (1983) 222–236; DIES.: Das Gebot der Nächstenliebe bei Paulus, BZ 30 (1986) 161–187.

Durch Stichwortverbindung (ὀφειλάς V. 7/ὀφείλετε V. 8) locker an den vorhergehenden Abschnitt angefügt, folgt ein kurzer, neuer Gedankengang, in dem die paränetischen Ausführungen von 12,3–13,7 gleichsam eine abschließende Zusammenfassung erfahren. Zunächst steht das Gebot der Liebe voran (V. 8). Dann erfährt es in V. 9 eine Erläuterung. Und V. 10 zieht eine abschließende Folgerung über die Liebe als Erfüllung des Gesetzes.

V. 8: Ohne inhaltliche Verknüpfung mit V. 1–7 spricht der Apostel ein neues Thema an: daß man niemandem etwas schuldig bleiben soll.[1] Die doppelte Negation verstärkt die nachdrückliche Aussage.[2] Die so eingeführte Weisung betrifft das ganze Leben der Christen.[3] Denn das bekannte Gebot der Nächstenliebe gilt allezeit.[4] Das Gebot ist mit der Wendung „einander zu lieben" angeführt und dann am Ende von V. 9 mit dem Satz aus Lev 19,18 zitiert. Erklärend fügt Paulus hinzu, wer den anderen liebe, habe das Gesetz erfüllt. Dabei ist τὸν ἕτερον als Objekt zum Partizip ὁ γὰρ ἀγαπῶν zu ziehen und nicht mit νόμον zu verbinden, als wollte der Apostel von einem „anderen Gesetz" reden, das möglicherweise vom Gesetz des Staates (V. 1–7) zu unterscheiden wäre.[5] Paulus verwendet das Verb ἀγαπᾶν niemals ohne Objekt und bezeichnet den Nächsten des öfteren durch ἕτερος (vgl. Röm 2,1.21; 1 Kor 4,6; 6,1; 10,24.29; 14,17; Phil 2,4). Wer das Gebot der Nächstenliebe befolgt, der hat dadurch das Gesetz erfüllt.[6] Dieses Erfüllen geschieht durch das Tun (πληροῦν = ποιεῖν), wie es von denen vollzogen wird, die κατὰ πνεῦμα wandeln (8,4). Der Apostel zeigt damit erneut an, daß er mitnichten ohne Gesetz ist oder das Gesetz gering achtet (vgl. 1 Kor 9,20), sondern judenchristliche katechetische Tradition aufnehmen kann (vgl. Mt 5,17–20) und durch seine Auslegung des Evangeliums das Gesetz aufrichtet, d.h. zu seiner eigentlichen Bestimmung bringt (3,31). Weil die Frohe Botschaft den ursprünglichen Willen Gottes freigelegt hat, ist es möglich geworden, es zu erfüllen. Da nunmehr in allen Geboten das Liebesgebot als deren Kern und Sinn begegnet, behält nicht der Buchstabe des Gesetzes, sondern die Liebe das letzte Wort (SCHMITHALS, Röm. 474).

---

[1] „Schuldig bleiben" ist „eine geläufige Wendung in der hellenistischen Alltagssprache" (WILCKENS, Röm. III 67). Vgl. den Brief des Antonios Longos an seine Mutter: „Weißt du nicht, daß ich lieber ein Krüppel werden möchte, als zu wissen, daß ich einem Menschen noch einen Obolus schulde." (BGU III 846) Vgl. DEISSMANN, Licht 155f.; weitere Belege NEUER WETTSTEIN 206.

[2] Vgl. BL-DEBR § 481_2: „Seid niemandem nichts schuldig" = „niemandem <auch nur> etwas".

[3] Εἰ μή bedeutet hier nicht „aber", sondern „außer"; vgl. BL-DEBR § 448,8.

[4] Der Artikel τό steht hier zur Einleitung des Zitats: „das bekannte Gebot". Vgl. BL-DEBR § 399_2.

[5] So vor allem W. MARXSEN, Der ἕτερος νόμος Röm. 13,8, ThZ 11 (1955) 230–237. Für die Verbindung ἕτερον νόμον sind immer wieder Exegeten eingetreten, zuletzt BYRNE, Rom. 394 = „the other part of the law". Zur Kritik vgl. bes. LYONNET 153–155.

[6] Das Perfekt πεπλήρωκεν wird gnomisch zu verstehen sein und drückt die Allgemeingültigkeit der These aus. Vgl. BL-DEBR § 344.

V. 9: Paulus erläutert diese Feststellung und führt Forderungen des Dekalogs an. Im zeitgenössischen Judentum wurde des öfteren in lehrhaften Zusammenhängen auf den Dekalog hingewiesen, um den zentralen Gehalt der ganzen Thora hervorzuheben.[7] Paulus nennt die Gebote in einer von der atl. Fassung abweichenden Reihenfolge, indem er mit dem Verbot des Ehebruchs (6. Gebot) beginnt und dann das 5., 7. und 9./10. Gebot folgen läßt. In verschiedenen Texten – vor allem des hellenistischen Judentums – findet sich gleichfalls diese Ordnung der Sätze.[8] Da unter den Geboten der zweiten Tafel des Dekologs das Verbot des falschen Zeugnisses fehlt[9], ist klar, daß der Apostel keine vollständige Aufzählung geben will, sondern nur eine Reihe von Beispielen aufführt, um die Vielfalt der Gebote zu veranschaulichen.

Fügt Paulus hinzu εἴ τις ἑτέρα ἐντολή, so will er damit nicht etwa andeuten, es könnte Unklarheit darüber bestehen, ob es noch weitere Gebote gibt, sondern er trifft eine Auswahl der Gesetzesbestimmungen[10] und will damit aufzeigen, daß sie allesamt dem Liebesgebot unterzuordnen sind und in ihm ihre Zusammenfassung finden. Das Verbum ἀνακεφαλαιοῦν wird im hellenistischen Griechisch verhältnismäßig selten verwendet, ist im NT nur noch Eph 1,10 bezeugt und bedeutet „etwas auf ein κεφάλιον bringen", „summieren", „summarisch zusammenfassen".[11] In der Rhetorik diente es als terminus technicus zur Bezeichnung eines Redeschlusses, in dem die einzelnen Teile noch einmal zusammengefaßt werden.[12] Das Liebesgebot führt Paulus aus LXX Lev 19,18 und durch ἐν τῷ[13] eingeleitet an (vgl. griech. fehlt V. 9), um auf das Schriftwort aufmerksam zu machen. Ist in den Weisungen der zweiten Tafel des Dekalogs in negativer Fassung von Verboten die Rede, so folgt nun die positive Formulierung, die den verborgenen Sinn aller Verbote und Gebote aufschließt.

Indem der Apostel die kurze Weisung des Liebesgebots als knappe Zusammenfassung des ganzen Gesetzes geltend macht, steht er in einer Tradition, die schon in jüdischer Überlieferung die Frage zu beantworten suchte, worin angesichts der kaum noch zu übersehenden Vielzahl der in der Thora enthaltenen bzw. aus ihr abgeleiteten Vorschriften deren alles zusammenhaltende Mitte zu finden sei. R. Hillel (um 20) antwortete mit der negativen Fassung der sog. goldenen Regel (vgl. Mt 7,12): „Was dir unliebsam ist, das tu auch du deinem Nächsten nicht. Das ist die ganze Thora, das andere ist ihre Auslegung." (b Schab 31 a)[14] R. Aqiba († 135)

---

[7] Vgl. die Schrift des Philo, De Decalogo. Unter den Funden in Qumran sind auch Gebetsriemen und Türkapseln, die zum größten Teil den Dekalog enthalten. Weitere Hinweise bei STUHLMACHER, Röm. 186.

[8] So in LXX Dtn 5,17–19 (Handschrift B) sowie Philo, Decal 36.51.121–137.168–171; vgl. auch Lk 18,20 sowie KOCH, Schrift 34.

[9] Das 8. Gebot wird durch οὐ ψευδομαρτυρήσεις sekundär in manchen Handschriften (א u.a.) nachgetragen.

[10] Vgl. KOCH, Schrift 116.

[11] Vgl. H. SCHLIER, ThWNT III, 681f.

[12] Vgl. C.J. CLASSEN, Rhetorical Criticism of the New Testament, WUNT I, 128, Tübingen 2000, 30f.; dort Belege aus der antiken Rhetorik.

[13] Vgl. BL-DEBR § 267_2. Die Wörter ἐν τῷ fehlen in manchen Handschriften; ihr Fehlen wird als sekundäre Auslassung zu beurteilen sein.

[14] Vgl. BILL. I 357 und 907.

gab zur Antwort: „Du sollst deinen Nächsten lieben wie dich selbst (Lev 19,18); das ist ein großer allgemeiner Grundsatz in der Thora."[15]

Auf den klarsten Ausdruck gebracht hat Jesus das zentrale Gebot, an dem das ganze Gesetz und die Propheten hängen, indem er mit Berufung auf die Schrift das Doppelgebot der Liebe formulierte.[16] In der urchristlichen Unterweisung, an die Paulus sich hier anschließt, ist diese knappe Zusammenfassung des göttlichen Willens immer wieder aufgenommen und in ihrer grundsätzlichen Bedeutung entfaltet worden.[17] Ebenso wie Gal 5,13f. sieht Paulus die grundlegende Aussage darin, daß der tiefste Sinn und die eigentliche Verpflichtung des Gesetzes im Liebesgebot zum Ausdruck kommen, so daß „die Liebe als das Kriterium christlicher Praxis" herausgestellt wird.[18] Diese Zusammenfassung des ganzen Gesetzes im Liebesgebot bedeutet nicht eine Vermehrung der Gebote und Verbote, sondern eine radikale Konzentration auf das eine Gebot der Liebe, zu der der Glaube befähigt und ermutigt.[19]

V. 10: Die abschließende Folgerung, ist in chiastischer Ordnung gestaltet, in der der Begriff der ἀγάπη betont an den Anfang und den Schluß gesetzt wird. Die Liebe tut dem Nächsten nichts Böses – d.h. nichts von den Taten, die in den Verboten in V. 9 aufgeführt sind.[20] Darum ist[21] die Liebe des Gesetzes Erfüllung. Durch οὖν leitet der Apostel die Konsequenz ein, die sich aus den vorangegangenen Sätzen ergibt. Dabei ist das Wort πλήρωμα in der Bedeutung von πλήρωσις gebraucht[22], um den Akt der Erfüllung zu bezeichnen (vgl. πληροῦν V. 8). Da alle Gebote als Ausdruck des einen Gebotes der Liebe zu begreifen sind, wird in ihnen stets die eine Forderung laut, sich von der Selbstsucht abzukehren und dem Nächsten in der Liebe zuzuwenden. Was jeweils im einzelnen zu tun bzw. zu lassen ist, wird nicht wie im knechtenden Gesetzesdienst in kasuistischen Bestimmungen aufgeführt, sondern der schöpferischen Kraft der Liebe aufgegeben, die zu erkennen vermag, was der andere nötig hat.

---

[15] Vgl. p Ned 9,41 c,31; Gen r 24 (16 b) sowie BILL. I 357 und 907; dort weitere Belege.

[16] Vgl. dazu C. BURCHARD, Das doppelte Liebesgebot in der frühen christlichen Überlieferung, in: Der Ruf Jesu und die Antwort der Gemeinde, FS J. Jeremias, Göttingen 1970, 39–62.

[17] Im Blick auf die paulinische Ethik vgl. bes. SÖDING, Liebesgebot 250–258.

[18] Vgl. SÖDING, Liebesgebot 257.

[19] Vgl. G. EBELING, Studium der Theologie. Eine enzyklopädische Orientierung, Tübingen 1975, 158.

[20] Vgl. auch die Aufzählung dessen, was die Liebe wirkt und tut in 1 Kor 13,4–7.

[21] Im knapp gefaßten Satz fehlt das Prädikat ἐστίν. Vgl. BL-DEBR § 127_1.

[22] Vgl. BAUER-ALAND 1351 sowie G. DELLING, ThWNT VI, 303.

13,11–14 Das Gebot der Stunde

11) Und das, wißt ihr doch um die Zeit, daß die Stunde schon da ist, daß ihr vom Schlaf aufzustehen habt. Denn näher ist unsere Rettung als damals, als wir zum Glauben gekommen sind. 12) Die Nacht ist vorgerückt, der Tag aber herangekommen. Darum laßt uns ablegen die Werke der Finsternis, aber anlegen die Waffen des Lichts. 13) Als am Tage laßt uns anständig wandeln, nicht in Schlemmereien und Trinkgelagen, nicht in Wollüsten und Ausschweifungen, nicht in Streit und Hader. 14) Sondern zieht den Herrn Jesus Christus an und tragt nicht Sorge für das Fleisch zu allerlei Begierden.

BAUMGARTEN, Paulus; DAUTZENBERG, G.: Was bleibt von der Naherwartung? Zu Röm 13,11–14, in: Biblische Randbemerkungen. Schüler FS R. Schnackenburg, Würzburg 1974, 361–374 = Studien zur paulinischen Theologie und zur frühchristlichen Rezeption des Alten Testaments, Gießen 1999, 132–141; LÖVESTAM, E.: Spiritual Wakefulness in the New Testament, Lund 1963; VÖGTLE, Röm 13; DERS.: Paraklese und Eschatologie nach Röm 13,11–14, in: de Lorenzi (Hg.), Dimensions 179–220 = Beiträge 205–217 (hiernach zitiert).

Nachdem in V. 8–10 ein zusammenfassendes Wort mit Hinweis auf das Liebesgebot gesagt worden ist, erhalten nun in V. 11–14 die paränetischen Ausführungen der Kapp. 12–13 eine Art Unterschrift, die zugleich auf die Überschrift in 12,1f. Bezug nimmt und einen gewissen Abschluß markiert. In V. 11–12 a ist vom eschatologischen Kairos in seiner herandrängenden Nähe die Rede, und in V. 12 b–14 wird ein Mahnwort angeschlossen, das zunächst in der 1. Person Plur. (V. 12 a. 13) gehalten ist und dann zur 2. Person Plur. übergeht. Mit der direkten Anrede an Leser und Hörer ruft der Apostel zum Vollzug des neuen Lebens auf. In den vier Versen dieses Abschnittes greift Paulus ebenso wie in V. 8–10 auf traditionelles Gut zurück. Ob dabei freilich eine durchgehende Vorlage – möglicherweise ein hymnisches Stück (so mit Hinweis auf Eph 5,14 SCHLIER, Röm. 395f.; WILCKENS, Röm. III 75; BYRNE, Rom. 398 u.a.)[1] – zugrundegelegt sein könnte, ist nicht zu erweisen. Eher ist anzunehmen, daß der Apostel einzelne überkommene Wendungen und Ausdrücke aufgenommen hat, um sie zu einem von ihm geprägten Gedankengang zusammenzufügen.

V. 11: Die elliptische Wendung καὶ τοῦτο markiert den Übergang zum neuen Abschnitt; dabei ist etwa eine Aufforderung ποιεῖτε (= tut es) zu ergänzen[2], die dazu ermuntert, das eben beschriebene Liebesgebot zu praktizieren. Begründet wird

[1] Vermutungsweise werden solche hymnischen Sätze etwa folgendermaßen rekonstruiert:
„Die Stunde ist da, vom Schlaf aufzustehen.
Die Nacht ist vorgerückt, der Tag aber herangekommen.
Laßt uns ablegen die Werke der Finsternis,
aber anlegen die Waffen des Lichts."

[2] Zum elliptischen Ausdruck vgl. BL-DEBR § 480_9; dort wird als Ergänzung vorgeschlagen: „Laßt uns tun."

dieser knappe Aufruf mit der Dringlichkeit des Kairos.[3] Der καιρός, von dem Paulus des öfteren spricht, zielt auf die endzeitliche Wende (vgl. 1 Kor 7,29; 2 Kor 6,2 u. ö.), die so nahe gekommen ist, daß sie bereits als ὁ νῦν καιρός die Gegenwart als „die Stunde" bestimmt (vgl. Röm 3,26; 8,18; 11,5; 2 Kor 8,14 u. ö.). Davon wissen die Glaubenden, so daß sie durch das Partizipium εἰδότες[4] an dieses ihr Wissen erinnert werden können. Ihnen ist bekannt, daß mit dem καιρός die ὥρα geschlagen hat[5], um vom Schlaf zu erwachen. Dabei bleibt unsicher, ob die zu weckenden Schläfer durch ὑμᾶς (= ihr) oder ἡμᾶς (= wir) bezeichnet werden. Beide Lesarten sind durch alte Handschriften gut bezeugt. Da jedoch Paulus gleich im nächsten Satz in der 1. Person Plur. fortfährt, dürfte ἡμᾶς als sekundäre Angleichung und ὑμᾶς als „lectio difficilior" und daher ursprüngliche Lesart zu beurteilen sein. Der Apostel bezieht sich im folgenden in die Gemeinschaft mit seinen Lesern und Hörern mit ein.

Der begründende Satz macht eine kühne Aussage: Die endzeitliche Rettung – auf diese ist der Begriff σωτηρία bei Paulus stets bezogen (vgl. Röm 1,16; 10,1.10; 11,11; 2 Kor 1,6; 7,10 u. ö.) – ist jetzt näher gerückt als damals, als die angesprochenen Christen zum Glauben gekommen sind. Der Aorist ἐπιστεύσαμεν meint den Zeitpunkt, zu dem die Entscheidung für Christus getroffen wurde (vgl. 1 Kor 15,2: ἐπιστεύσατε). Diese Wende ist durch die Taufe geschehen, deren Vollzug im Glauben angenommen wurde. Von diesem entscheidenden Schritt bis zur Gegenwart, in der Paulus den Röm abfaßt, ist bereits – das will der Apostel sagen – eine nicht unerhebliche Wegstrecke auf den kommenden Tag hin zurückgelegt worden.[6] Diese kraftvolle Aussage der Naherwartung enthält jedoch nicht nur eine zeitliche Komponente, sondern gründet in der Gewißheit, daß das eschatologische Geschehen schon angehoben und heilende Rettung bereits in das Leben der Glaubenden eingegriffen hat (8,24).[7] Ihr Wandel steht darum immer unter endzeitlichem Vorzeichen, weil sie dem alten Äon bereits entrissen sind und sich deshalb seiner formenden Gewalt zu entziehen (12,2) und ihre Blicke nach vorn zu richten haben auf die kommende Vollendung hin.

V. 12: Den Weckruf verstärkt der Apostel durch den Hinweis auf den Wechsel von der Nacht auf den Tag. Hier schwingt die gedankliche Verbindung zum Tag des Herrn mit, dessen Kommen so nahe ist, daß es sich schon unmittelbar ankündigt. Dabei wird ἐγγύτερον von V. 11 durch das Verb ἤγγικεν aufgenommen (vgl. Mk 1,15: ἤγγικεν ἡ βασιλεία τοῦ θεοῦ; Phil 4,5: ὁ κύριος ἐγγύς). An der Naherwartung, die sich bereits im frühesten seiner uns überkommenen Briefe findet

[3] Dabei ist jedoch nicht – wie MICHEL, Röm. 412; KÄSEMANN, Röm. 351 u. a. vermuten – eine besondere Frontstellung gegen Enthusiasten zu erkennen.

[4] Das Partizip εἰδότες dürfte am besten in kausaler Bedeutung zu fassen sein.

[5] Der ὅτι-Satz ist so kurz formuliert, daß ein Prädikat – ἐστίν – fehlt; vgl. BL-DEBR § 127_3.

[6] Das Zeitadverb ἐγγύς wird zu ἐγγύτερον gesteigert; vgl. BL-DEBR § 62,3.

[7] Zu vergleichen ist die Naherwartung in der jüdischen Apokalyptik, die syr Bar 82,2 in die Worte gefaßt ist: „Wissen sollt ihr aber ..., daß sehr nahe ist das Ende, das der Höchste herbeiführen wird, und seine Gnade, die herbeikommen soll, und daß nicht ferne ist das Ende seines Gerichts."

(1 Thess 4,13–5,11), hat Paulus bis zur Abfassung des Röm festgehalten, ohne sich dabei auf einen bestimmten Termin fixieren zu lassen. Ob die Parusie sich noch zu seinen Lebzeiten ereignen werde (1 Thess 4,13–18) oder aber sein Tod vorher eintreten könnte (Phil 1,21–26), ändert nichts an der festen Überzeugung, daß der Kyrios nahe ist (Phil 4,5).[8]

Wie man in der Antike möglichst vor Morgengrauen aufzustehen pflegte, um das Tageslicht auszunutzen, so gibt – dahin wird das Bild ausgelegt – das Vorrücken der Nacht des alten Äons Veranlassung, sich auf den anbrechenden Tag zu rüsten. Das soll geschehen durch Ablegen[9] der Werke der Finsternis und Anlegen der Waffen[10] des Lichts. Die dualistische Gegenüberstellung von Finsternis und Licht sowie das Bild der geistlichen Waffenrüstung finden sich vielfach in den Schriften der Gemeinde von Qumran, um den Streit der Söhne des Lichts gegen die Söhne der Finsternis zu beschreiben (vgl. insbes. die Kriegsrolle 1 QM). Er muß ausgefochten werden, um nicht den Bedrohungen zu erliegen, die von der bösen Welt ausgehen, und um dem Gesetz treu zu bleiben. Diese bildliche Redeweise griff die urchristliche Unterweisung auf, bezog sie nun aber nicht auf den Gesetzesgehorsam, sondern auf den rechten Dienst der Christen. Auf diese Weise wurde die Verpflichtung zu einem Lebenswandel charakterisiert, die der erfahrenen Berufung entspricht. Dabei ist der im Kampf zu erstreitende Sieg nun nicht mehr durch die Gotteskämpfer zu erringen, sondern durch Gottes Tat in Kreuz und Auferstehung Christi bereits ein- für allemal gewonnen.

Für Paulus ergibt sich hieraus, „daß die existentielle Verwirklichung der bei der Taufe erfolgten Überführung aus dem Machtbereich der Finsternis in den des Lichtes eine bleibende, täglich neu zu vollziehende Aufgabe der Christen ist".[11] Das Bild vom Ablegen und Anziehen eines Gewandes, das der Apostel hier aufnimmt, war in der alten Welt verbreitet und wurde in den Mysterienreligionen zur Deutung des mit der Initiation bewirkten Geschehens verwendet.[12] Wenn Paulus sich dieser Ausdrucksweise bedient, so beschreibt er jedoch weder eine seinshafte Veränderung des Menschen noch die Freilegung eines göttlichen Kernes, der nun zu voller Entfaltung gelangt und den Menschen zum Besitz des Heils kommen läßt. Sondern der Getaufte ist in den Herrschaftsbereich Christi hineingestellt und darum zum gehorsamen Wandel in seinem Leben gerufen, so daß er des mahnenden Zuspruchs und der tröstenden Stärkung auf seinem Wege bedarf (vgl. auch Kol 3,9–12).

---

[8] Die Naherwartung stellt nicht ein selbständiges Thema im Gedankengang dar, der auf die Motivation zu gehorsamer Lebensführung zielt, sondern ist als allen Gliedern der frühen Christenheit gemeinsam vorausgesetzt (vgl. εἰδότες in V. 11).

[9] Die Form ἀποθώμεθα ist als Konj. hortativus zu verstehen; vgl. Bl-Debr § 337_1. Statt ἀποθώμεθα lesen einige Handschriften die Aufforderung ἀποβαλώμεθα.

[10] Einige Handschriften gleichen an die vorhergehende Wendung ἔργα τοῦ σκότους an und lesen ἔργα τοῦ φωτός – sicher eine sekundäre Änderung.

[11] Vgl. Vögtle 216.

[12] Vgl. Apulejus, Metamorphosen XI, 24.

V. 13: Die Folgerung lautet daher, daß die Christen als Leute des Tages[13] so zu wandeln haben, wie es sich schickt. Durch εὐσχημόνως weist Paulus auf das hin, was allgemein als anständig gilt. Von den Christen werden also keine besonderen moralischen Leistungen erwartet, sondern von ihnen ist ein Verhalten gefordert, wie es allgemein als ordentliche Lebensführung angesehen wird.[14] In der hellenistisch-römischen Welt war die Meinung weit verbreitet, im Dunkel der Nacht sei erlaubt, was immer gefällt, da ja auch Ausschweifungen und Laster von der Hülle des Dunkels bedeckt würden.[15] Dieser Ansicht widerspricht der Apostel mit Entschiedenheit. In Aufnahme katechetischer Tradition führt er in einem kleinen Lasterkatalog auf, daß weder ausschweifendes Wesen noch streitbares Verhalten dem Christen – auch nicht bei Nacht – gestattet sind.[16]

Die in der kurzen Aufzählung genannten Laster, die keine vollständige Liste darstellen, sondern einige kennzeichnende Beispiele nennen, sind paarweise einander zugeordnet. Κῶμοι und μέθαι bezeichnen Eß- und Trinkgelage, die auch sonst in vergleichbaren Katalogen aufgeführt werden (vgl. Gal 5,21; 1 Petr 4,3). „Anständiges" Verhalten verträgt sich ebenso wenig mit solchem Treiben wie mit κοῖται und ἀσέλγειαι. Bedeutet κοίτη das Bett bzw. das Beilager, so gewinnt das Wort neben dem Hinweis auf üppige Zügellosigkeiten negative Bedeutung im Sinn sexueller Ausschweifungen (vgl. Gal 5,19 2 Kor 12,21 Eph 4,19 u. ö.). Das dritte Begriffspaar steht nicht im Plural, sondern im Singular.[17] Das Wort ἔρις im Sinn streitbarer Eifersucht ist verschiedentlich zusammen mit ζῆλος, dem Hader, genannt (vgl. 1 Kor 3,3; 2 Kor 12,20 u. ö.; sowie Phm 1,15: φθόνος καὶ ἔρις). Gegenüber solchen Verhaltensweisen haben die Glaubenden entschieden Distanz zu wahren und darauf bedacht zu sein, den positiven Gegenbegriffen in ihrer Lebensführung zu entsprechen.

V. 14: Die abschließende Aufforderung wird in der Anrede in der 2. Person ausgesprochen: Zieht den Herrn Jesus Christus an.[18] Die volle Würdebezeichnung des Kyrios, dem die Getauften zugehören, gibt dem Satz feierlichen Klang. Der bildliche Ausdruck vom Anlegen eines neuen Gewandes will sagen: In der Taufe ist der Wechsel vollzogen, durch den die Glaubenden der Herrschaft des Kyrios unterstellt wurden (Gal 3,27). Nun hält der Imperativ, der sich auf den Indikativ bezieht, dazu an, diese schon getroffene Entscheidung zu realisieren, sich das in der Taufe zugeeignete neue Leben anzueignen und es in gehorsamem Wandel zu gestalten.

---

[13] Die Wendung ὡς ἐν ἡμέρᾳ entspricht ὡς ἡμέρας οὔσης; vgl. BL-DEBR § 425_6.

[14] Zu περιπατεῖν (= hebr. הָלַךְ) vgl. oben zu 6,4 und 8,4.

[15] Belege in NEUER WETTSTEIN 207–210.

[16] Vgl. oben zu 1,29–31 mit zugehörigen Literaturangaben. Bei der Beschreibung der zu bestehenden Kampfsituation werden auch in den Qumrantexten Licht und Finsternis einander gegenübergestellt und mehrfach kürzere oder auch längere Kataloge von sog. Tugenden oder Lastern aufgeführt; vgl. 1 QS II,7; III,20–IV,1; 1 QM XV,9 u. ö.

[17] In einigen Handschriften wird der Singular sekundär an den Plural der vorhergehenden Begriffe angeglichen.

[18] Z. St. vgl. J. ECKERT, „Ziehet den Herrn Jesus Christus an ...!" (Röm 13,14), TThZ 105 (1996) 39–60.

Ein kurzer Nachsatz formuliert eine abschließende Mahnung: das Fleisch nicht wieder zur Herrschaft gelangen zu lassen. Das Wort πρόνοια, das sich im NT nur an dieser Stelle findet, bezeichnet die Fürsorge, durch die eine Person oder eine Sache gefördert wird.[19] Alle, die auf Christus getauft und seiner Herrschaft unterstellt sind, dürfen nicht wieder auf die σάρξ[20], die Eigenmächtigkeit des Menschen, acht haben. Vielmehr lautet die Weisung, im Geist zu wandeln und nicht das Begehren des Fleisches zu erfüllen (ἐπιθυμίαν σαρκός Gal 5,16).[21] Durch das Fleisch werden die Begierden geweckt, die in die Gottesferne führen. Davon gilt es sich fernzuhalten und dem Kyrios zu folgen, der durch den Geist seine gegenwärtige Herrschaft wirksam werden läßt.[22]

14,1–15,13 Spezielle Paränese: Die Gemeinschaft der Brüder im einmütigen Lob Gottes

Hatte der Apostel in den Kapp. 12–13 sittliche Unterweisung in Sätze gefaßt, die unter Aufnahme vorgegebener Überlieferungen allgemein gültige Regeln beschreiben, so geht er nun zur speziellen Paränese über: Diese bezieht sich nicht mehr auf überkommene Traditionen, sondern entfaltet spezifisch christliche Ethik, wie sie für das Zusammenleben in der einen Christenheit zu gelten hat. In weit ausholenden Ausführungen handelt er von der bindenden Verpflichtung, daß alle Christen – auch bei nicht übereinstimmenden Ansichten oder verschiedener Herkunft – im Bekenntnis zum gekreuzigten und auferstandenen Kyrios zusammenstehen und einmütig das Lob Gottes anstimmen sollen. Mag man unterschiedlich darüber denken, ob man alle Speisen unbedenklich genießen und sich des Weines erfreuen darf, oder ob man bestimmte Tage besonders zu beachten hat – mag man Jude oder Heide der Herkunft nach sein: für den einen wie für den anderen ist Christus in den Tod gegangen und zum Leben erweckt worden. Des einen hat sich Gott in gleicher Weise angenommen wie des anderen, so daß nunmehr alle miteinander mit einem Mund den einen Gott und Vater unseres Herrn Jesus Christus preisen.

Der lange Gedankengang der speziellen Paränese wird durch die Beschreibung unterschiedlicher Einstellungen hinsichtlich asketischer Lebensweise eingeleitet. Der Apostel hebt hervor, daß alle Glaubenden einander als Brüder zu achten und

[19] Vgl. BAUER-ALAND 1419; dort Belege aus dem hellenistischen Griechisch zur Wendung πρόνοιαν ποιεῖσθαι.

[20] Für das Verständnis des Satzes ist es von entscheidender Bedeutung, daß Paulus nicht vom σῶμα – also nicht von der leiblichen Existenz – spricht, sondern von der σάρξ.

[21] Dieser Satz bildet die Einleitung zum folgenden Laster- und Tugendkatalog (5,16–24).

[22] In der Begegnung mit diesen Sätzen des Apostels ist bekanntlich Augustin Christ geworden, weil sie ihm die entschiedene Klarheit vermittelten, die er so lange gesucht hatte. Von dieser Wende seines Lebens berichtet er: „Weiter wollte ich nicht lesen, und weiter war es auch nicht nötig. Denn kaum war der Satz zu Ende, strömte mir Gewißheit als ein Licht ins kummervolle Herz, daß alle Nacht des Zweifelns hin und her verschwand." (Conf. VIII, 29)

ihr Verhalten als Ausdruck des Bekenntnisses zu dem einen Herrn zu begreifen haben (14,1–12). Daraus folgt, daß keiner sich über den anderen erheben und ein richtendes Urteil über ihn fällen darf, sondern einer den anderen zu respektieren hat (14,13–23). Indem Paulus auf das Vorbild Christi hinweist, spricht er die Hoffnung aus, der Gott der Geduld und des Trostes möge geben, daß alle einträchtig untereinander gesinnt sind in Christus Jesus (15,1–6). Am Bild der in Christi rettender Tat begründeten Gemeinschaft von Juden und Heiden weist der Apostel abschließend auf, wie alle miteinander an der Einheit in Christus festhalten und, von Freude und Frieden im Glauben erfüllt, immer reicher werden mögen in Hoffnung durch die Kraft des heiligen Geistes (15,7–13).

Barclay, J.M.G.: Do we undermine the Law? A Study of Romans 14,1–15,6, in: Dunn (Hg.), Paul 287–308; Cambier, J.: La Liberté chrétienne est et personelle et communautaire (Rm 14,1–15,13), in: de Lorenzi (Hg.), Freedom 57–84; Cranfield, C.E.B.: Some Observations on the Interpretation of Romans 14,1–15,13, CV 17 (1975) 193–204; Dupont, J.: Appel aux faibles et aux forts dans la communauté romaine (Rom 14,1–15,13), SPCIC 1, Rom 1963, 357–366; Karris, Occasion; Meeks, W.A.: Judgement and the Brother: Romans 14:1–15:13, in: Tradition and Interpretation in the New Testament, FS E.E. Ellis, Grand Rapids/Tübingen 1987, 290–300; Minear, Obedience; Nababan, Bekenntnis; Rauer, M.: Die „Schwachen" in Korinth und Rom nach den Paulusbriefen, BSt(F) 21,2–3, Freiburg 1923; Reasoner, M.: The Strong and the Weak. Romans 14.1–15.13 in Context, MSSNTS 103, Cambridge 1999; Sampley, J.P.: The Weak and the Strong. Paul's Careful and Crafty Rhetorical Strategy in Romans 14:1–15:13, in: The Social World of the First Christians, FS W.A. Meeks, Minneapolis 1995, 40–52; Schneider, Gemeinde; Watson, F.: The Two Roman Congregations: Romans 14:1–15:13, in: Ders., Paul, Judaism and the Gentiles, Cambridge 1986, 94–105 = Donfried, Debate 203–215.

14,1–12 Alle unter einem Herrn

1) **Nehmt den an, der schwach ist im Glauben, nicht zum Streiten über unterschiedliche Meinungen.** 2) **Der eine glaubt, alles essen zu dürfen; der andere aber ißt als Schwacher nur Gemüse.** 3) **Der, welcher ißt, verachte nicht denjenigen, der nicht ißt. Der aber, der nicht ißt, richte nicht denjenigen, der ißt. Denn Gott hat ihn angenommen.** 4) **Wer bist du, daß du einen anderen Knecht richtest? Seinem eigenen Herrn steht oder fällt er. Stehen bleiben wird er aber; denn der Herr vermag ihn aufrecht zu halten.** 5) **Der eine bevorzugt einen Tag vor dem anderen; der andere sieht jeden Tag als gut an. Jeder möge in seiner Überzeugung gewiß sein.** 6) **Wer auf den Tag achtet, tut es für den Herrn. Und wer ißt, tut es zur Ehre des Herrn. Denn er dankt Gott im Gebet. Und wer nicht ißt, unterläßt es für den Herrn und dankt auch Gott im Gebet.** 7) **Denn keiner von uns lebt für sich selbst, und keiner stirbt für sich selbst.** 8) **Denn wenn wir leben, leben wir für den Herrn. Und wenn wir sterben, sterben wir für den Herrn. Ob wir also leben oder sterben, sind wir des Herrn.** 9) **Denn dazu ist Christus gestorben und wieder lebendig gewor-**

den, daß er über Tote und Lebendige Herr sei. 10) Du aber, was richtest du deinen Bruder? Oder auch du, was verachtest du deinen Bruder? Denn alle werden wir vor Gottes Richterstuhl gestellt werden. 11) Denn es steht geschrieben: Ich lebe, spricht der Herr. Denn mir wird sich beugen jedes Knie; und jede Zunge wird Gott die Ehre geben. 12) Jeder von uns wird also für sich selbst Gott Rechenschaft zu geben haben.

Siehe oben S. 368 sowie GAGNON, R.A.J.: Why the „Weak" at Rome Cannot Be Non-Christian Jews, CBQ 62 (2000) 64–82; HEIL, C.: Die Ablehnung der Speisegebote durch Paulus, BBB 96, Weinheim 1994, 243–265. THEOBALD, M.: Der Einsamkeit des Selbst entkommen – dem Herrn gehörig. Ein christologisches Lebenswerk des Paulus (Röm 14, 7–9), in: Studien (2001) 142–161.

Ohne verbindenden Übergang setzt der Apostel neu ein, indem er dazu anhält, diejenigen anzunehmen, die als sog. Schwache im Glauben bezeichnet werden (V. 1). Dann werden die unterschiedlichen Positionen, die einander gegenüberstehen, erläutert: zunächst hinsichtlich der Frage, ob man alle Speisen essen dürfe oder sich nur mit Gemüse zu begnügen habe (V. 2–4); dann im Blick auf die Beachtung besonderer Tage (V. 5–6). Die eine wie die andere Haltung hat sich dadurch auszuweisen, daß sie als Dienst für den Herrn verstanden und gelebt wird. Darum nimmt Paulus auf das Bekenntnis zum gekreuzigten und auferweckten Herrn Bezug (V. 7–9) und leitet daraus die Folgerung ab, daß keinem Menschen, sondern allein Gott, der im Gericht sein Urteil sprechen wird, das letzte Wort zusteht. Dann hat jeder für sich selbst von seinem Tun Rechenschaft abzulegen, so daß sich jedes vorzeitige Richten über andere verbietet (V. 10–12).

V. 1: Die Bezeichnung als Schwache ist durch die Sicht der Starken begründet, die sich durch Christus von der Verpflichtung befreit wissen, gesetzliche Regeln oder Tabuvorschriften befolgen zu müssen. Die Schwachen hingegen können sich nicht dazu verstehen, in solcher Freiheit zu leben. Als „schwach im Glauben"[1] werden diejenigen beurteilt, die nach Meinung der anderen ihrem Glauben zu wenig zutrauen.[2] Alle, die solches Urteil abgeben, werden aufgefordert, jene sog. „Schwachen" anzunehmen. Das Stichwort προσλαμβάνεσθαι (vgl. V. 3; Röm 15,7 sowie Phm 17) zeigt, worauf die apostolische Ermahnung zielt: auch bei unterschiedlichen Meinungen miteinander auszukommen, die anderen nicht zu majorisieren, sondern sich dessen bewußt zu bleiben, daß Gott den anderen ebenso wie mich angenommen hat. Vorhandene Unterschiede würden jedoch verfestigt, wenn man sich dabei aufhalten wollte, sich über deren Gründe und Gegengründe Gedanken zu machen. Mit διάκρισις[3] ist 1 Kor 12,10 die Gabe rechter Unterscheidung positiv

[1] Das Partizip Sing. ἀσθενοῦντα ist in generischem Sinn zu verstehen, ebenso ἐσθίων in V. 3 (vgl. BL-DEBR § 139_2); τῇ πίστει als Dativ der Beziehung.

[2] Die Wörter πίστις (V. 1) und πιστεύειν (V. 2) sind hier im Sinn des Zutrauens verstanden; vgl. BAUER-ALAND 1332 sowie BL-DEBR § 397_5.

[3] Vgl. BAUER-ALAND 371.

gewertet, hier jedoch eignet dem Wort negativer Klang in der Bedeutung streitbarer Erörterungen, mit denen man sich auf Wortgefechte über auseinander gehende Meinungen (διαλογισμοί)[4] einlassen würde. Die Ermahnung des Apostels wendet sich zunächst an die sog. Starken: sie sollten den sog. Schwachen nicht etwa ihrer skrupulösen Besorgnis wegen Vorhaltungen machen, sondern sie annehmen, wie sie sind.

V. 2: Die singularische Formulierung, mit der der Apostel fortfährt, trägt ebenso wie im voranstehenden Satz (τὸν ἀσθενοῦντα) verallgemeinernde Bedeutung: Die einen trauen sich zu, alles zu essen – ohne zwischen verbotenen und erlaubten Speisen zu unterscheiden. Die anderen aber – schwach, wie sie sind – essen nur Gemüse. Sie beschränken sich auf dessen Genuß, um nicht mit unreinem (vgl. V. 14: κοινόν) Fleisch in Berührung zu kommen.[5]

V. 3: Wer hingegen meint, unbeschwert essen zu dürfen[6], kann nur allzu leicht der Versuchung unterliegen, die anderen zu verachten, weil sie sich seiner Haltung nicht anschließen. Diejenigen aber, die nicht essen, könnten abschätzig über die anderen denken. Die Warnung, die Paulus ausspricht, wird durch den Hinweis verstärkt, sich doch vor Augen zu halten, daß Gott sich auch über die anderen erbarmt hat. Da Gott Geduld mit ihnen hat, ist dieser Vorgabe Folge zu leisten. Diese Aufforderung, einander um Gottes willen anzunehmen, gilt für alle, für die sog. Schwachen ebenso wie für die sog. Starken (V. 1).

V. 4: Die Mahnung erfährt Verstärkung, indem – wie es dem Stil der Diatribe entspricht – in unmittelbarer Anrede die kritische Frage gestellt wird: Wer bist du denn[7], daß du dir mit dem richtenden Urteil über die anderen[8] eine Kompetenz anmaßest, die dir nicht zukommt? Über die ihm gesetzten Grenzen müßte ein jeder sich doch klar sein. Allein einem Hausherrn, aber keinem anderen, steht es zu, über seinen Sklaven[9] ein Urteil zu fällen. Wie der οἰκέτης zur Familie gehört, so jedes Glied der Gemeinde zur familia Dei. Rechenschaft wird dem Herrn geschuldet, niemandem sonst.[10] Denn vor ihm hat er sich zu bewähren. „Stehen" oder „Fallen" bezeichnen die Bewährung bzw. deren Gegenteil.[11] In jedem Fall wird er jedoch festen Stand behalten, weil Gottes Kraft ihn hält. Das Prädikat σταθήσεται

---

[4] Der Begriff διαλογισμός findet sich bei Paulus nur noch 1,21 sowie 1 Kor 3,20 und Phil 2,14.

[5] Das Verbum finitum ἐσθίει wird in manchen – auch alten – Handschriften sekundär zum Imperativ ἐσθιέτω abgewandelt.

[6] Die Partizipien ὁ ἐσθίων bzw. ὁ δὲ μὴ ἐσθίων sind wieder in generischem Sinn zu verstehen. Vgl. oben Anm. 1.

[7] Die Voranstellung des σύ vor die Interrogation drückt Betonung aus; vgl. Bl-Debr § 475,2.

[8] Das Adjektiv ἀλλότριος statt ἕτερος o.ä. zielt auf eine Verstärkung der Aussage.

[9] Statt δοῦλος bezeichnet οἰκέτης den zum Haus gehörenden Sklaven, der der Familie Dienst leistet.

[10] Der Dativ κυρίῳ ist als Dat. commodi zu verstehen; vgl. Bl-Debr § 188_2.

[11] Zu στήκειν bzw. πίπτειν vgl. 11,11.22; 1 Kor 10,12; 16,13; Phil 1,27.

ist als Passivum divinum zu verstehen, da sogleich die Erläuterung folgt, der Herr[12] habe stets die Macht[13], ihm festen Stand zu geben.

V. 5: Zur Charakterisierung der Schwachen fügt Paulus ergänzend hinzu[14], daß es auch hinsichtlich des Einhaltens besonderer Tage Meinungsunterschiede gibt. Dabei ist der Singular ὃς μέν – ὃς δέ wieder in generischem Sinn zu verstehen. Das Verbum κρίνειν ist hier in der Bedeutung „vorziehen" verwendet, so daß die Feststellung besagt: „Einer legt größeres Gewicht auf einen (gewissen) Tag als auf einen (anderen) und achtet ihn deshalb höher."[15] An welche Zeiten – Sabbath oder durch Tabuvorschriften bzw. Astrologie hervorgehobene Tage o.ä. – dabei gedacht ist, wird nicht gesagt.[16] Klar ist lediglich, daß die einen bestimmte Tage besonders beachten, die anderen nicht. Wie immer man sich verhalten mag, entscheidend ist für Paulus, daß jeder seine Lebensführung als Dienst für den Kyrios begreift und gestaltet.[17]

V. 6: Das aber bedeutet, daß es allein darauf ankommt, das eigene Verhalten vom Gehorsam gegen den Kyrios bestimmt sein zu lassen. Statt des Verbs κρίνειν steht nun φρονεῖν, um das jeweilige Urteil zu bezeichnen. Wer auf den (besonderen) Tag achtet, der beachtet ihn für den Kyrios.[18] Und wer nicht ißt, der begreift dieses Verhalten als Gehorsam gegenüber seinem Herrn. Zu erkennen ist diese positive Orientierung der jeweiligen Handlungsweise daran, daß man bei Tisch den an Gott gerichteten Dank spricht[19], der in jüdischen Gebeten etwa folgende Fassung haben konnte: „Gepriesen seiest du, Herr, unser Gott, König der Welt, der die ganze Welt speist durch seine Güte. In Gnade, Liebe und Erbarmen gibt er Brot allem Fleisch, denn seine Gnade währet ewiglich. Nach seiner großen immerwährenden Güte hat er uns nicht mangeln lassen und möge er uns in Ewigkeit nicht mangeln lassen Speise um seines großen Namens willen. Denn er speist und versorgt alle und erweist Gutes allen und richtet Speise zu für alle seine Geschöpfe,

[12] Die Variante θεός ist schwächer bezeugt und als sekundär anzusehen. Paulus betrachtet freilich Gott und Christus als in fester Einheit verbunden.

[13] Statt δυνατεῖ γάρ bieten viele Handschriften δυνατὸς γάρ ἐστιν; doch spricht das Gewicht der Bezeugung gegen die Ursprünglichkeit dieser Version.

[14] Ob das Wörtchen γάρ als ursprünglich gelten kann, bleibt auf Grund der handschriftlichen Bezeugung ungewiß.

[15] Vgl. H. Riesenfeld, ThWNT V, 731. Zu πληροφορεῖσθαι vgl. Röm 4,21; Kol 4,12; 2 Tim 4,5.17.

[16] Zur Frage einer Bevorzugung bestimmter Tage vgl. bes. R. Dedersen, On Esteeming One Day Better Than Another, AUSS 9 (1971) 16–35; H. Weiss, Paul and the Judging of Days, ZNW 86 (1995) 137–153: „This paper is an examination of Rom 14,5–6 a." (139)

[17] Weiss (s. Anm. 16) möchte in seiner Untersuchung über diese – relativ allgemeine – Feststellung hinausgehen, indem er vermutet: „The debate at Rome, therefore, was between some who identified the sabbath with the one day of the week and some who did so with the whole week. It was in truth an intra-Jewish debate in which gentile converts to Christianity fully participated."(148)

[18] Sekundär wird in manchen Handschriften eine Wendung hinzugefügt, die das Gegenteil des positiv bezeichneten Verhaltens angibt: καὶ ὁ μὴ φρονῶν ἡμέραν κυρίῳ οὐ φρονεῖ.

[19] Zur jüdischen Sitte des Dankgebets bei Tisch vgl. Bill. IV 631–634.

die er geschaffen hat. Gepriesen seiest du, Herr, der alle speist."[20] Wird vor Genuß von Speise und Trank das Dankgebet gesprochen, so ist damit deutlich angezeigt, daß sie als Gaben Gottes empfangen und im Aufblick zum Herrn genossen werden.[21]

Die Schwachen und die Starken[22]

1. Aus den Angaben, die der Apostel über die Ansichten der sog. Schwachen macht, ist zu ersehen, daß sie Fleischgenuß grundsätzlich meiden, nur Gemüse essen (V. 2f.) und keinen Wein trinken (V. 21). Hinzu kommt, daß sie auf die Bewertung der Tage genau achten und die einen vor den anderen bevorzugen (V. 5f.). Aus diesen recht allgemein gehaltenen Hinweisen läßt sich kein deutliches Bild gewinnen, das es erlauben würde, eine genauere religionsgeschichtliche Einordnung vorzunehmen. Da der Apostel behutsam argumentiert und allseitige Rücksichtnahme zu befördern sucht, werden die „Schwachen" sicherlich keine sog. Judaisten gewesen sein, wie sie im Gal als Gegner des Paulus erscheinen. Gegen sie polemisiert der Apostel mit aller Schärfe, weil der Versuch, unter dem Gesetz das Heil erlangen zu wollen, von Christus wegführt und des Heils verlustig gehen läßt. Im Röm 14/15 hingegen wird die Frage erörtert, wie in der einen Gemeinde Christen unterschiedlicher Ansichten über rechte Lebensführung gegenseitig Respekt beweisen und miteinander auskommen können.

2. Asketische Forderungen werden in der Thora nicht erhoben. Der Sabbath ist freilich als Tag des Herrn zu achten, und die Vorschriften, die das Gesetz über Speise und Trank enthält, sind zu befolgen. Doch weder Fleischgenuß noch Trinken von Wein werden grundsätzlich untersagt. Allerdings kann es Ausnahmesituationen geben, in denen man überhaupt kein Fleisch zu sich nimmt und auch gänzlich auf Wein verzichtet, um auf keinen Fall gegen Reinheitsgebote zu verstoßen (vgl. Dan 1,8–17; Tob 1,11; 2 Makk 5,27; Josephus, Vita 3,14f. sowie Philo, Vit Cont 14). Doch solche Verhaltensweise bleibt Ausnahme[23] und wird nicht zur allgemeingültigen Regel erhoben.

Die synkretistische Welt der hellenistischen Gesellschaft kennt – so z.B. bei den Pythagoreern – bestimmte Tabuvorschriften, die einen asketischen Lebensstil verpflichtend werden ließen.[24] Vielfach beobachtete man mit scheuer Genauigkeit die Konstellationen der Sternbilder und leitete nach deren jeweiligem Stand die Forderung ab, besondere Zeiten und Fristen einzuhalten.[25] Doch gewinnt man aus den knappen Andeutungen, die Paulus gibt, nicht den Eindruck, daß entsprechende Vorstellungen im Spiel gewesen sein könnten. Eher ließe sich vermuten, daß aus jüdischen Überlieferungen hergeleitete Ansichten auch in christlichen Kreisen eine Rolle gespielt haben könnten. Doch weder die Thora noch der Sabbath oder gesetzliche Speisevorschriften werden genannt, so daß es nicht möglich erscheint, die wenigen Hinweise zu einem genauen Bild zusammenzufügen.

---

[20] Vgl. BILL. IV 631.

[21] Der Dativ κυρίῳ ist zu verstehen als: „dem Herrn zu Ehren"; vgl. BL-DEBR § 188_2.

[22] Literatur s.o. S. 368f. sowie J. WEHNERT, Die Reinheit des „christlichen Gottesvolkes" aus Juden und Heiden, FRLANT 173, Göttingen 1997, 136–143; THEOBALD, Römerbrief 29–35 und die dort verzeichneten Arbeiten.

[23] Zu vergleichen wäre auch die Lebensweise der sog. Nasiräer; vgl. weiter Jdc 13,4; 1 Sam 1,14 u.ö.

[24] Belege in: NEUER WETTSTEIN 212–214.

[25] Belege in: NEUER WETTSTEIN 214f.

3. Vergleichbare Fragen hatten sich in der Gemeinde von Korinth gestellt, wo unterschiedliche Meinungen hinsichtlich sog. Götzenopferfleisches einander gegenüberstanden (1 Kor 8–10): Darf man Fleisch essen, das von Tieren kommt, die im heidnischen Tempel geschlachtet wurden und also mit kultischen Handlungen, die Götzen erwiesen wurden, in Berührung geraten sind? Paulus trägt grundsätzlich kein Bedenken, das die Freiheit der Christen einengen und ihnen die Beachtung gesetzlicher Vorschriften zumuten würde. Doch betont er, daß mit Rücksicht auf den Bruder, der daran Anstoß nehmen könnte, man kein Fleisch verzehren sollte, das von Opfertieren aus dem heidnischen Tempel stammt.

Zwar geht es im 1 Kor wie im Röm um die Frage etwaigen Verzichts[26], doch liegen die Probleme in Röm 14/15 anders als in 1 Kor 8–10. Wichtige Stichworte, die im Brief an die Korinther eine Rolle spielen, wie „Erkenntnis", „Gewissen", „Vollmacht", „Freiheit" u.a. fehlen in Röm 14/15. Zwar stehen hier wie dort christliches Freiheitsbewußtsein auf der einen und ängstliche Besorgtheit auf der anderen Seite einander gegenüber und wird an beiden Stellen dazu angehalten, behutsam Rücksicht auf den angefochtenen, schwachen Bruder zu nehmen. Aber Ursachen und Gründe, die zu unterschiedlichem Verhalten führen, stimmen nicht überein.

4. Waren die Anfänge der römischen Christenheit judenchristlich geprägt, so bewirkte das sog. Claudius-Edikt (s.o. S. 38f.), daß fortan Heidenchristen die Mehrheit bildeten. Nachdem zu Beginn der Regierungszeit des Nero das Claudiusedikt außer Kraft gesetzt worden war, konnten Juden und Judenchristen, die die Stadt hatten verlassen müssen, nach Rom zurückkehren. Durch ihre Rückkehr könnte es zu Spannungen gekommen sein, weil die freiere Lebensweise der Heidenchristen sich nicht mit den Auffassungen der Judenchristen vertrug, die sich noch an Weisungen des Gesetzes hielten und sie zu befolgen suchten.[27] Diese Gegensätze könnten dazu geführt haben, daß sich nun zwei – möglicherweise auch mehrere – unterschiedlich geprägte Gruppen gegenüberstanden.[28] In Rom hätte es dann auf der einen Seite Anhänger einer freiheitlich-paulinischen und auf der anderen Seite Leute einer gesetzlich-asketischen Anschauung gegeben.[29] Doch bei genauerem Zusehen ist festzustellen, daß die Ausführungen des Apostels über derartige Vorgänge und Entwicklungen nichts sagen. Röm 14/15 bieten daher keinen Einblick in die besondere Situation der römischen Christenheit.

5. Aus den Ausführungen von Röm 14/15 gewinnt man vielmehr den Eindruck, daß der Apostel aufgrund von Erfahrungen, wie er sie in seiner Wirksamkeit an verschiedenen Stellen – insbesondere in Korinth, von wo aus er den Röm schreibt[30] – gemacht hat, ein Problem anspricht, das sich grundsätzlich überall im Zusammenleben von Christen unterschiedlicher Herkunft stellen mußte. Dabei werden die voneinander unterschiedenen Positionen nur in

---

[26] Vgl. die genaue Gegenüberstellung bei WILCKENS, Röm. III 115.

[27] Vgl. W.L. LANE, Roman Christianity during the Formative Years from Nero to Nerva, in: K.P. Donfried/P. Richardson (Hg.), Judaism and Christianity in First Century Rome, Grand Rapids/Cambridge 1998, 196–244: „The exiled Jewish Christians returned to a predominantly Gentile church. Their arrival exacerbated tensions and mutual suspicions resulting in a fragmented community incapable of common worship." (198)

[28] Vgl. hierzu bes. die Ausführungen von WATSON, der zu der Folgerung gelangt: „The purpose of Romans is to encourage Jewish and Gentile Christians in Rome, divided over the question of the law, to set aside their differences and to worship together." (211)

[29] Vgl. STUHLMACHER, Röm. 195; ähnlich etliche weitere Exegeten.

[30] Doch vgl. auch Gal 2,11–21, wo es gleichfalls um die Tischgemeinschaft in der einen christlichen Gemeinde geht.

einer ziemlich allgemein gehaltenen Schilderung als Schwäche und Stärke bezeichnet. Die nur mit wenigen Strichen entworfene Skizze ließ sich daher nach der jeweils örtlich gegebenen Situation genauer ausfüllen.[31]

Der Apostel gibt sich in diesem Abschnitt des Röm Rechenschaft über Erfahrungen, die er in Korinth und anderenorts gemacht hat, und sucht nun aus den dabei gewonnenen Einsichten Kriterien zu gewinnen, die dazu helfen können, etwa aufkommende Konflikte zu entschärfen.[32] Nachdem Paulus die Meinung derjenigen Christen, die sich an diese oder jene gesetzlichen Vorschriften gebunden sahen, und die freiere Einstellung der anderen nach ihrer grundsätzlichen Unterscheidung charakterisiert hat, lenkt er zu Beginn von Röm 15 den Gedankengang auf die ihn stets bewegende Frage, wie Heiden- und Judenchristen in der Gemeinschaft des einen Leibes Christi zusammenleben und Tischgemeinschaft miteinander haben können. Es gilt, miteinander in der Liebe Christi umzugehen und nicht auf völlige Vereinheitlichung unterschiedlich geprägter Lebensweise zu dringen, sondern Gott, den Vater des Herrn Jesus Christus, einmütig mit einem Munde zu loben (15,6).

V. 7: Zur These, daß die Herrschaft des Kyrios alle Bereiche christlicher Lebensführung umgreift, bietet der Apostel nun eine Erläuterung, die unverkennbar auf Sätze des Bekenntnisses zurückgreift, wie sie von allen Glaubenden gesprochen werden. Zunächst wird eine negative Feststellung getroffen, die an die negative Formulierung anschließt, wie sie im vorhergehenden Satz (V. 6 b) ausgesprochen wurde: Wer nicht ißt, der tut das um des Herrn willen und dankt auch Gott im Gebet. Der Blick auf den Kyrios bestimmt das jeweilige Verhalten; denn keiner lebt für sich selbst und keiner stirbt für sich selbst. Mit dieser Begründung greift Paulus eine geläufige Formulierung auf, durch die man in der hellenistischen Welt ichbezogenes Verhalten zu kennzeichnen pflegte.[33] Wird dabei auf Leben und Sterben hingewiesen, so ist damit angezeigt, daß der Satz sich auf alle Bereiche menschlicher Existenz bezieht. Aus der negativ formulierten Wendung folgt für Paulus der positive Schluß, daß die Glaubenden überall dem Herrn zugehören.

V. 8: Diese Folgerung wird nun ausdrücklich gezogen, indem Paulus sich rhetorisch wirksam des Wir-Stils bedient und somit sich selbst in die aus dem Bekenntnis erwachsende Verpflichtung mit einbezieht: ob Leben – ob Sterben, stets sind die Glaubenden des Herrn (vgl. 2 Tim 2,11–13). **V. 9:** Der Apostel kann so sprechen, weil das Bekenntnis zu Christus von seinem Sterben ebenso wie seiner Auferweckung redet und damit Tod und Leben umgreift. Im Blick auf die voran-

---

[31] Vgl. KARRIS 71: „Rom. 14:1–15:13 is a generalized adaptation of a position Paul had earlier worked out respecting actual known situations, especially in Corinth." Ähnlich WEHNERT (s. Anm. 22) 139: Paulus bezieht sich „schwerlich auf konkrete röm. Auseinandersetzungen. Er erläutert vielmehr an Beispielen, worin die Differenzen zwischen ‚Starken' und ‚Schwachen' bestehen können und in welcher Weise damit ggf. umgegangen werden sollte."

[32] Vgl. WEHNERT (s. Anm. 22) 141.

[33] Vgl. PLATON, Ep. 9,358 a: ἕκαστος ἡμῶν οὐχ αὑτῷ μόνον γέγονεν = „keiner ist für sich allein geboren"; Plutarch, Cleom. 52,10: αἰσχρὸν γὰρ ‹καὶ› ζῆν μόνοις ἑαυτοῖς καὶ ἀποθνῄσκειν = „Schimpflich ist es, sowohl zu leben für sich allein als auch zu sterben." Weitere Belege in: NEUER WETTSTEIN 216–218.

gehende Verwendung des Verbums ζῆν ist Christi Auferweckung als „Lebendig-Werden" charakterisiert.[34] Manche Handschriften haben diese Aussage zu ἀνέστη bzw. ἀνέστη καὶ ἀνέζησεν o.ä. abgewandelt, um den Satz noch näher mit der geläufigen Formulierung des Bekenntnisses zusammenzubringen. Doch dürfte das gut bezeugte, vom Kontext gestützte ἔζησεν die ursprüngliche Lesart darstellen.[35] Daß Christus durch seinen Tod und seine Auferstehung Herr über alle Bereiche menschlichen Lebens – bis hin zum Sterben – geworden ist, gilt uneingeschränkt; denn die vorangestellte Wendung εἰς τοῦτο γάρ läßt keine Ausnahme zu. Der Ton liegt auf „Leben", wie die chiastische Ordnung der Verse V. 8f. anzeigt: Eine Aussage über das Leben steht am Anfang (ζῶμεν); und am Ende wird auf Christi Herrschaft über alle Lebenden hingewiesen (ζώντων). Wird sein Regiment auch durch den Tod nicht erschüttert, dann kann kein Zweifel darüber bestehen, daß er der Kyrios über alles ist und kein Winkel unseres Lebens seiner Herrschaft entzogen ist.

V. 10: Paulus fährt im dialogischen Stil der Diatribe mit einer kritischen Frage fort, die man bedenken soll. Aus dem Bekenntnis zum Kyrios folgert er – in Anknüpfung an V. 4 –, daß man sich nicht anmaßen soll, über den anderen ein richterliches Urteil zu fällen oder ihn zu verurteilen. Angesichts der die Welt umspannenden Herrschaft Christi wäre solches hochmütige Verhalten eine in keiner Weise statthafte Anmaßung, vor der Paulus alle – die Schwachen wie die Starken – auf das nachhaltigste warnt. Denn alle – πάντες steht betont voran – müssen sich vor Gottes Richterstuhl verantworten[36]. Paulus kann sowohl von Gott wie auch von Christus als endzeitlichem Richter sprechen (vgl. 2 Kor 5,10), ohne daß ein Unterschied der Bedeutung vorliegt.[37] Denn wo Christus als der Weltenrichter genannt wird, ist stets vorausgesetzt, daß Gott ihm Würde und Vollmacht verliehen hat, so daß er in dessen Auftrag handelt.

V. 11: Ein Schriftzitat bekräftigt diese Aussage. Dabei wird der Spruch aus Jes 45,23 durch eine vorangestellte Ergänzung aus Jes 49,18 c (ζῶ ἐγώ, λέγει κύριος) eingeführt.[38] Christologisches Verständnis von Jes 45,23 liegt bereits im urchristlichen Hymnus vor, den Paulus Phil 2,6–11 zitiert. Die schwurartige Versicherung, mit der das Gotteswort eingeleitet wird, unterstreicht das Gewicht der folgenden Feststellung. Dabei legt der Apostel den Nachdruck darauf, Gottes universale Richtermacht hervorzuheben. Vor ihm[39] müssen sich alle Knie beugen und jede Zunge hat ihm die Ehre zu geben. **V. 12:** Dort – und nicht vor irgendeiner menschlichen In-

---

[34] Der Aorist ἔζησεν hat ingressive Bedeutung = „Er wurde lebendig"; vgl. Bl-Debr § 331_2.

[35] Vgl. 1 Kor 15,3f.; 2 Kor 5,14f.; Gal 1,4 u.ö.

[36] Das Verbum παριστάνειν ist terminus technicus der Gerichtssprache = „vor den Richter stellen"; zu βῆμα = Richterstuhl vgl. 2 Kor 5,10 sowie Mt 27,19; Joh 19,13; Act 18,12 u.ö.

[37] Vgl. Lohse, Christus als der Weltenrichter (1975) = Studien II 70–81.

[38] Die Wendung ζῶ ἐγώ, λέγει κύριος findet sich zwar des öfteren im AT; doch wird Paulus Jes 49,18 vor Augen gehabt haben. Vgl. Koch, Schrift 184f.

[39] Der Dativ ἐμοί bedeutet = „mir zu Ehren"; vgl. Bl-Debr § 188_2.

stanz – muß jeder von uns Rechenschaft ablegen.[40] Der letzte, durch ἄρα eingeleitete Satz[41] formuliert die abschließende Folgerung: Weil wir alle – jeder für sich selbst – im Jüngsten Gericht Rede und Antwort stehen müssen, verbietet sich jede Neigung, über andere zu richten.

14,13–23 Rücksicht auf den Bruder

13) Laßt uns also nicht mehr einander richten. Sondern achtet darauf, dem Bruder nicht Anstoß oder Ärgernis zu bereiten. 14) Ich weiß und bin fest überzeugt im Herrn Jesus, daß nichts unrein ist an sich selbst – außer für denjenigen, der etwas für unrein hält, für ihn ist es unrein. 15) Denn wenn um einer Speise willen dein Bruder traurig ist, dann wandelst du nicht mehr der Liebe gemäß. Richte nicht denjenigen zugrunde, für den Christus gestorben ist. 16) Es soll doch nicht euer Gutes verlästert werden. 17) Denn das Reich Gottes ist nicht Essen und Trinken, sondern Gerechtigkeit und Friede und Freude im heiligen Geist. 18) Denn wer darin Christus dient, ist Gott wohlgefällig und anerkannt bei den Menschen. 19) Laßt uns also dem nachjagen, was dem Frieden dient und der gegenseitigen Auferbauung. 20) Zerstöre nicht um einer Speise willen das Werk Gottes. Alles ist zwar rein, aber schlecht ist es für den Menschen, der nur mit Anstoß ißt. 21) Gut ist es, nicht Fleisch zu essen und Wein zu trinken und sonst nichts, woran dein Bruder Anstoß nimmt. 22) Du behalte den Glauben, den du hast, für dich selbst vor Gott. Selig ist, wer sich nicht zu richten braucht bei dem, was er für gut hält. 23) Wer aber Zweifel hat, wenn er ißt, der ist gerichtet, weil er nicht aus Glauben handelt. Alles aber, was nicht aus Glauben geschieht, ist Sünde.

Siehe oben S. 368f. sowie Conzelmann, H.: Der erste Brief an die Korinther, KEK 5, Göttingen 1969, ²1981, 169–172; Haufe, G.: Reich Gottes bei Paulus und in der Jesustradition, NTS 31 (1985) 467–472; Paschen, W.: Rein und Unrein. Untersuchung zur Wortgeschichte, StANT 24, München 1970; Theobald, M.: Erkenntnis und Liebe. Kriterien glaubenskonformen Handelns nach Röm 14,13–23, in: Studien 481–510.

Die Überlegungen, die der Apostel über die Frage von rein und unrein anstellt, leitet er zunächst durch eine Schlußfolgerung ein, mit der er sich an alle Glieder der Gemeinde wendet (V. 13 a). Eine entsprechende Aufforderung ergeht auch in V. 19. In den beiden Abschnitten V. 13 b–18 sowie V. 20–23, die sich jeweils an die voranstehende Aufforderung anschließen, spricht Paulus, indem er die Leser direkt anredet, vorwiegend die sog. Starken an und legt ihnen dar, welche Verantwortung

[40] Die Wendung λόγον διδόναι ist terminus technicus für „Rechenschaft ablegen".

[41] Das ἄρα an die Seite gestellte οὖν fehlt zwar in einigen Handschriften, ist aber hinlänglich gut bezeugt. Ebenso wird am Ende des Satzes τῷ θεῷ festzuhalten sein.

sie im Blick auf die schwachen Brüder tragen. Nicht eine so oder so beschaffene Qualität von Speise und Trank hat ihr Verhalten zu leiten, sondern allein die Liebe gegen den Nächsten. Sie ist die schlechthin gültige Norm allen Handelns. Sie bestimmt, wie die Lebensführung gestaltet werden soll, um dem Bruder rücksichtsvoll gegenüberzutreten und der eigenen Überzeugung glaubwürdige Gestalt zu geben.

V. 13: Paulus gibt an, was im Umgang der Glaubenden mit- und untereinander grundsätzlich vermieden werden sollte. Positiv heißt das – und dabei geht Paulus zur Anrede über –, daß auf die Brüder Rücksicht zu nehmen ist. Diese Weisung betrifft vornehmlich die sog. Starken, die auf rechtes Verhalten gegenüber den sog. Schwachen acht zu geben haben. Das Verbum κρίνειν wird in V. 13 b noch einmal aufgenommen, bedeutet nun aber so viel wie „ein kritisches Urteil zu gewinnen", um nicht Anstoß oder Ärgernis zu verursachen. Die beiden Begriffe πρόσκομμα „Anstoß" und σκάνδαλον „Ärgernis" werden auch sonst nebeneinander gesetzt, sind nahezu äquivalent verstanden und verleihen somit der Aussage verstärkenden Nachdruck (vgl. 9,33; 1 Petr 2,8). Die Starken haben darauf zu sehen, daß sie nicht durch unbedachtes Verhalten den anderen eine Falle bereiten, in der sie sich verfangen könnten (σκάνδαλον), oder einen Stein in den Weg legen, gegen den sie stoßen und zu Fall kommen (πρόσκομμα).

V 14: Allerdings – so versichert der Apostel – die Einsicht, die die „Starken" vertreten, bleibt richtig und darf nicht preisgegeben werden. Die beiden Verben οἶδα und πέπεισμαι verleihen der folgenden Aussage besondere Betonung (vgl. 8,38 Gal 5,10; Phil 2,24 u. ö.), die durch die Berufung auf den Kyrios noch größere Dringlichkeit erhält. Die Einleitung ist kaum als ein Hinweis auf Herrenworte zu verstehen[1], sondern macht für die folgende Aussage die Autorität des erhöhten Kyrios geltend, dessen Herrschaft sich über alle Welt erstreckt. In Gottes weiter Schöpfung ist nichts an sich „unrein". Das Adjektiv κοινός wurde im hellenistischen Judentum als Wiedergabe von hebräisch טָמֵא gebraucht (vgl. 1 Makk 1,47.62 u. ö.), um die von der Thora gebotene Unterscheidung von rein (καθαρός) und unrein (vgl. CD VI, 17; XII, 20 u. ö.) zu bezeichnen. Bereits der historische Jesus hatte sich mit Entschiedenheit gegen skrupulöse Überlegungen gewandt und trennende Zäune niedergelegt (Mk 7,15 Par.). Ohne sich auf ein Herrenwort zu berufen, vertritt Paulus dieselbe Überzeugung: Nichts ist an sich unrein (vgl. 12,1f.); alle Bereiche unseres Lebens gehören dem Herrn. Darum kann man darauf vertrauen, daß die ganze Erde des Herrn ist (1 Kor 10,26).

Eine Klarstellung muß jedoch hinzugefügt werden.[2] Gültig bleibt, daß nichts aufgrund einer bestimmten Beschaffenheit als unrein zu gelten hat. Anders aber verhält es sich, wenn jemand der (subjektiven) Überzeugung ist, etwas als unrein

---

[1] Wo Paulus Herrenworte anführt, bedient er sich eindeutiger Hinweise wie 1 Thess 4,15; 1 Kor 7,10.12; 9,14.

[2] Die Ausnahme wird durch εἰ μή in der Bedeutung von ἀλλά eingeführt; vgl. Bl-Debr § 448_9.

betrachten zu müssen.[3] Diese Ansicht gilt nicht als allgemein gültige (d.h. objektive) Feststellung, sondern führt zu entsprechenden Konsequenzen nur bei denen, die es vertreten. Alle anderen sind nicht genötigt, dieser Ansicht beizupflichten; doch als Christen haben sie die Bedenken der Brüder zu achten und entsprechend Rücksicht zu nehmen.[4]

V. 15: Dabei sollen sich die sog. Starken am Liebesgebot und seiner verpflichtenden Gültigkeit orientieren. Die Warnung, die der Apostel deshalb ausspricht, knüpft an die eben in V. 13 b gegebene Mahnung an: kein Ärgernis zu bieten. Denn würde ein Mitchrist betrübt, d.h. in seinem Glauben verunsichert werden, dann richtete demonstrierte Überlegenheit der Starken schlimmen Schaden an. Im Blick auf die Gemeinde in Korinth hat Paulus veranschaulicht, wie solche Situation aussehen kann: Wird bei einer Mahlzeit auf das angebotene Fleisch mit der Bemerkung hingewiesen, es sei im Tempel den Göttern als Opfer dargebracht worden, dann ist um der angefochtenen Brüder willen vom Genuß des Fleisches abzusehen (1 Kor 8,7–13). Es geht im 1 Kor wie im Röm um dieselbe grundsätzliche Argumentation: Christen müssen nicht besorgt zwischen rein und unrein unterscheiden, sondern sollen ihr Verhalten allein von der Liebe leiten lassen. Sie gebietet[5], alles zu vermeiden, was andere verletzen und an ihrer Gewißheit des Heils irre machen könnte. Dort wie hier verwendet Paulus die Verben λυπεῖν und ἀπολλύναι und weist mit dem gemeinchristlichen Bekenntnis (vgl. Röm 5,6.8; 1 Kor 15,3; Gal 1,4 u.ö.)darauf hin, daß Christus für den Bruder gestorben ist. Wollte man seine bessere Einsicht unbedacht zur Schau stellen und dabei übersehen, daß andere dadurch ernsthaft betrübt werden[6], so hätte man sich aufgrund unterschiedlicher Bewertung von Speisevorschriften[7] eines schweren Verstoßes gegen das Liebesgebot schuldig gemacht. Dadurch könnte sogar die Zueignung des Heils, das dem anderen aufgrund von Christi Tod „für uns" zuteil geworden ist, gefährdet oder gar zugrunde gerichtet werden. Unbedachtes Verhalten der „Starken" könnte sich letztlich gegen Christus selbst kehren. Hält man sich diese Konsequenz vor Augen[8], dann kann für die „Starken" kein Zweifel darüber bestehen, daß sie um der Liebe willen ihre – durchaus begründete – Einsicht zurückstellen und verzichten müssen.

[3] Dieses Urteil läßt keine Berührung mit der Kompromißlösung erkennen, die im sog. Aposteldekret gefunden wurde (vgl. Act 15,20.29).

[4] Zur Verwendung des Verbums περιπατεῖν im Hinblick auf christliche Lebensführung s.o. zu 6,4.

[5] Auf die normative Kraft der Liebe weist die Präposition κατά (mit Akk.) hin.

[6] Das Verbum λυπεῖν wurde in dieser Bedeutung bereits im hellenistischen Judentum gebraucht; vgl. Test Benj 6,3: (ὁ ἀγαθὸς ἀνὴρ …) οὐ λυπεῖ τὸν πλησίον.

[7] Die Wendung τῷ βρώματι (kausativer Dativ) entspricht der eingangs verwendeten Aussage διὰ βρῶμα; vgl. auch Eph 5,2 περιπατεῖτε ἐν ἀγάπῃ mit Hinweis auf Christi stellvertretenden Tod.

[8] Zu vergleichen sind Mahnungen in jüdischen Texten, so MiSanh IV,5: „Wer eine Seele aus Israel verdirbt, dem rechnet es die Schrift an, als wenn er eine Welt voll verdirbt." Weitere Belege bei BILL. III 310–312.

V. 16: Nicht nur die Brüder würden von unbedachtem Verhalten betroffen, sondern auch diejenigen, die „stark“ zu sein meinen, nähmen selbst Schaden. Die Konsequenz wäre nämlich[9], daß ihr ἀγαθόν verlästert und das Gute, für das sie eintreten, ins Gegenteil verkehrt würde. Der Inhalt der Frohen Botschaft, die die Boten auszurufen haben, kann als τὰ ἀγαθά bezeichnet werden (10,15), die Gabe des Heils als ἀγαθόν (8,28). Die Folge, die durch rücksichtsloses Verhalten ausgelöst werden kann, wird auch 1 Kor 10,30 durch βλασφημεῖσθαι angezeigt. Danach will Paulus hier offensichtlich die „Starken“ warnen, ihre – durchaus gut zu nennende – Position könnte nur allzu leicht als Lästerung mißverstanden werden, durch die Christus selbst, der für alle und damit auch für die anderen gestorben ist, geschmäht würde.

V. 17: Die Frage von Speisevorschriften darf nicht zu weittragende Bedeutung erhalten. Denn das Reich Gottes ist nicht Essen und Trinken – so stellt der Apostel in einer lapidaren Aussage fest. Mit dem Hinweis auf die βασιλεία τοῦ θεοῦ nimmt er einen Begriff auf, mit dem sich urchristliche Unterweisung auf die Verkündigung Jesu vom nahenden Anbruch der Gottesherrschaft bezog. Paulus verwendet diese Begriffsverbindung nicht allzu oft und gebraucht sie in formelhafter Bedeutung.[10] Dabei ist zwar der eschatologische Charakter des Reiches Gottes vorausgesetzt; der Ton liegt jedoch auf der aktuellen Gegenwartsbedeutung, die wie hier auch 1 Kor 4,20 in einen antithetischen Definitionssatz gefaßt ist.[11] Die negative Charakterisierung steht voran, um die positive Aussage um so deutlicher hervortreten zu lassen. Geht es um die Herrschaft Gottes, dann darf der Speise und dem Trank keine entscheidende Rolle beigemessen werden. Kommt es doch vielmehr an auf „Gerechtigkeit, Friede und Freude im heiligen Geist“. Die abschließende Wendung ἐν πνεύματι ἁγίῳ dürfte nicht nur mit dem letzten Begriff χαρά, sondern mit der ganzen Trias zu verbinden sein.[12] Gaben des barmherzigen Gottes, der durch den Geist gegenwärtig handelt, zeichnen die Gottesherrschaft aus: die δικαιοσύνη als das rechte Verhältnis zu Gott, der Friede als die zuteil gewordene Versöhnung (vgl. 5,1) und die Freude über die erfahrene endzeitliche Rettung. Die Freude wird auch 1 Thess 1,6 als vom heiligen Geist gewirkt bezeichnet (μετὰ χαρᾶς πνεύματος ἁγίου), und die Begriffe εἰρήνη und χαρά werden in der katalogartigen Aufzählung von Gal 5,22 als Frucht des Geistes aufgeführt. Sie machen die Wirklichkeit der neuen Schöpfung aus, die durch die Herrschaft Gottes heraufgeführt wird.

V. 18: Aus dem Satz von V. 17 zieht Paulus nun die ihm entsprechende Konsequenz: Wer hierin seinen Dienst Christus erweist, der gefällt Gott wohl und ist

[9] Die zu beachtende Folgerung wird ebenso wie in V. 15 b durch μή eingeleitet und durch οὖν – an dessen Lesung festzuhalten ist – verstärkt.

[10] Vgl. Haufe 467–470.

[11] Vgl. Haufe 469.

[12] So mit Recht die meisten Exegeten, z.B. Schlatter, Röm. 376; Michel, Röm. 435; Peterson, Röm. 360; Schlier, Röm. 416; Käsemann, Röm. 364; Wilckens, Röm. III 93; Byrne, Rom. 417.421 u.a.

anerkannt auch bei den Menschen. Durch ἐν τούτῳ ist zur vorhergehenden Aussage eine enge Verklammerung hergestellt, die sich nicht nur auf den Schluß (χαρὰ ἐν πνεύματι ἁγίῳ), sondern auf die ganze Aussage bezieht. Wer in der neuen Wirklichkeit der Gottesherrschaft lebt, der darf dessen gewiß sein, daß er Gott wohlgefällt (vgl. 2 Kor 5,9; Hebr 12,28 u. ö.) und überdies auch von den Menschen als vertrauenswürdig anerkannt wird (vgl. 16,10: δόκιμον ἐν Χριστῷ; 2 Kor 10,18 u.a.).

V. 19: Ein zweites Mal wird eine Konsequenz aus der Aussage von V. 17 abgeleitet (ἄρα οὖν). Dabei ist nicht mit letzter Sicherheit zu entscheiden, ob der Indikativ (διώκομεν) oder der Konjunktiv (διώκωμεν) den Urtext darstellt. Beide Lesarten sind gut bezeugt und ergeben jeweils eine durchaus sinnvolle Aussage: entweder als Feststellung (= so jagen wir also nach) oder als Aufforderung (= laßt uns nachjagen).[13] Die Entsprechung zur Aufforderung in V. 13 legt es nahe, den Satz gleichfalls als Appell an alle Christen, den Apostel eingeschlossen, zu verstehen. Mit einer Wendung, die schon in at.lich-jüdischer Überlieferung gebräuchlich war (vgl. Ps 34,15)[14], wird als für alle geltender Auftrag genannt, die Sache des Friedens[15] zu befördern. Dabei ist der Begriff εἰρήνη in umfassender Bedeutung zu verstehen: Christen haben stets und überall für den Frieden einzutreten, sowohl im unmittelbaren Lebensbereich wie auch in der Gesellschaft, zu der sie gehören (vgl. auch Hebr 12,14; 1 Petr 3,11). In erster Linie ist dabei an die Gemeinschaft innerhalb der Gemeinde gedacht, die in rechter Weise „auferbaut" werden möge. Die οἰκοδομή bezieht sich also nicht auf die individuelle „Erbauung" des einzelnen, sondern auf den Bau der ganzen Gemeinde (vgl. Röm 15,2; 1 Kor 3,9; 14,3.5.12.26; 2 Kor 10,8; 12,19; 13,10 u. ö.), dessen Förderung nur im Frieden gedeihen kann.

V. 20: Paulus nimmt noch einmal den in V. 14 b geäußerten Gedanken auf, daß es grundsätzlich nichts Unreines bei Speise und Trank gibt (vgl. auch Tit 1,15) – es sei denn im subjektiven Urteil desjenigen, der sich von solcher Unterscheidung betroffen weiß. Der Auftrag, auf die Sache des Friedens bedacht zu sein, verlangt auch hier entsprechendes Verhalten: eben jene Rücksicht auf den anderen, von der schon die Rede war und die nun in ihrer Auswirkung auf das ἔργον τοῦ θεοῦ noch einmal hervorgehoben wird. Die These, alles sei rein[16], wiederholt der Apostel, um den kritischen Gesichtspunkt individueller Betroffenheit anzuschließen. Gilt doch die Einschränkung, daß es Unreines dann geben kann, wenn jemand nur gegen seine Überzeugung[17] essen könnte. Wer dessen Skrupel leichtfertig mißach-

---

[13] Beim Diktat konnte leicht ein Hörfehler zur Verwechslung von O und Ω führen; s.o. zu 5,1.

[14] Rabbinische Belege: Av I,12; bSanh 6 b sowie bei Bill. I 215–218; III 299.312. Vgl. auch Röm 9,30; 12,13; 1 Kor 14,1 u. ö.

[15] Zur Wendung τὰ τῆς εἰρήνης vgl. Bl-Debr § 266_5 = „was zum Frieden dient".

[16] Ein Prädikat ἐστίν fehlt; vgl. Bl-Debr § 127_2. Zu καθαρά sowie zu κακόν und καλόν vgl. V. 20f. Zur Entsprechung μὲν – ἀλλά vgl. Bl-Debr § 447_{13}.

[17] Durch διὰ προσκόμματος wird der begleitende Umstand („mit Anstoß") angegeben; vgl. Bl-Debr § 223_8.

ten würde, fügte nicht nur einem einzelnen Mitchristen, sondern der ganzen Gemeinde als dem Werk Gottes (vgl. 1 Kor 3,9) Schaden zu.[18]

V. 21: War eben der Fall als κακόν benannt worden, daß jemand nur mit Anstoß essen würde, so wird nun als καλόν die rechte Verhaltensweise gekennzeichnet.[19] An die „Starken" ergeht die Weisung, in einer kritischen Situation auf Genuß von Fleisch und Wein zu verzichten, um den „schwachen" Mitchristen nicht zu verunsichern. Neben der eingangs genannten Enthaltung von Fleisch (V. 2) wird hier auch die von Wein angeführt, gegen den der Vorbehalt geltend gemacht werden könnte, mit einem heidnischen Göttern dargebrachten Trankopfer in Berührung gekommen zu sein. Obwohl uneingeschränkt gilt, daß alles von Gott Geschaffene an sich rein ist, sollte doch behutsame Rücksicht auf diejenigen, die diesem Urteil nicht beizupflichten vermögen, das eigene Verhalten leiten. Dabei hebt Paulus auf den bestimmten Fall ab[20], daß andere „Anstoß" nehmen (vgl. V. 13 b).[21] Denn dann sollte die durchaus berechtigte christliche Freiheit, alles essen zu dürfen, durch die Liebe begrenzt werden, der anderen wegen zu verzichten (vgl. 1 Kor 8,11–13; 10,31).[22]

V. 22: In direkter Anrede wendet sich der Apostel – der Stilform der Diatribe folgend – an den Starken: Das gute Zutrauen seines[23] Glaubens (vgl. V. 1) gilt uneingeschränkt vor Gott[24] und wird in keiner Weise beeinträchtigt, wenn er um der Liebe willen Verzicht leistet. Dann trifft vielmehr die im folgenden Satz angeführte Seligpreisung zu: Wohl dem, der sich nicht zu richten – d.h. kein kritisches Urteil gegen sich selbst zu fällen – braucht bei dem, was er prüfend entscheidet. Wollte der Starke aber auf sein vermeintliches oder auch wirkliches Recht pochen, so würde er auch sich selbst schaden.

V. 23: Mit einem Wortspiel, das das Verbum κρίνειν variiert, bringt der Apostel den Gedankengang zum Abschluß. Wer sich im Zweifel befindet (διακρινόμενος), in seinem Glauben unsicher ist (vgl. 4,20) und sich durch das Beispiel anderer dazu verleiten läßt, entgegen seiner eigenen Überzeugung zu handeln[25], der ist gerichtet, d.h. der hat sich das Urteil über sich selbst zugezogen[26], weil er nicht

---

[18] Das Verbum καταλύειν wird des öfteren vom Abreißen eines Gebäudes gebraucht; vgl. Mt 5,17; Lk 9,12; 19,7; Gal 2,18; 2 Kor 5,1 u.ö.

[19] Zu diesem Gebrauch von καλόν vgl. 1 Kor 7,1.8.26.

[20] Der Aorist φαγεῖν ist auf den einzelnen Fall bezogen: „Es ist gut, einmal (im einzelnen Fall) nicht Fleisch zu essen." Vgl. Bl-Debr § 338_1: „Es handelt sich nicht um dauernde Enthaltung."

[21] Die knappe Wendung μηδὲ ἐν ᾧ ist aufzulösen als μηδὲ τοῦτο ἐν ᾧ; vgl. Bl-Debr § 480_2.

[22] Manche Handschriften fügen sekundär die Wendung hinzu ἢ σκανδαλίζεται und geben damit der Mahnung einen noch umfassenderen Charakter.

[23] Das Wörtchen ἣν ist handschriftlich gut bezeugt und daher festzuhalten. Fehlte es, würde die Wendung σὺ πίστιν ἔχεις als kurze Feststellung oder als Frage zu verstehen sein.

[24] Die Wendung ἐνώπιον τοῦ θεοῦ wird sekundär von einigen Handschriften fortgelassen, um den Satz schlanker zu machen.

[25] Der Aorist φάγῃ zielt wieder auf den bestimmten Fall; vgl. oben Anm. 20.

[26] Das Perfekt κέκριται verleiht dem Satz allgemeingültige Bedeutung; vgl. Bl-Debr § 344_1.

aus Glauben gehandelt und dadurch – wie Paulus den Korinthern vorhält – gegen sein Gewissen verstoßen hat (1 Kor 8,7.12).[27] Dann aber gilt: „Alles was nicht aus Glauben geschieht, ist Sünde." (V. 23 b)

Dieser Satz will in seinem festen Bezug auf den Kontext verstanden sein und darf aus diesem nicht herausgelöst werden, um seine Aussage unzulässig zu verallgemeinern. Denn keineswegs will der Apostel behaupten, sittlich gute Taten wären nicht auch aus anderen Motiven außerhalb des Glaubens möglich.[28] Mit aller Deutlichkeit hat Paulus dazu aufgefordert, von der Gottesgabe vernünftigen Urteilens verantwortungsvollen Gebrauch zu machen, um prüfen und entscheiden zu können, was jeweils als rechtes Handeln geboten ist (vgl. zu 12,2). Als entscheidendes Kriterium für rechtes Verhalten gilt daher die Liebe, um die Brüder nicht zu überfordern. Wer dieser Verpflichtung hingegen nicht folgen wollte, der verstieße gegen Gottes Willen und Gebot.[29] Der negativen Formulierung des letzten Satzes entspricht daher die positive Aufgabe, daß der Glaube in der Liebe tätig zu sein hat (vgl. Gal 5,6).[30]

15,1–6 Das Vorbild Christi

1) Wir, die Starken, sind aber verpflichtet, die Schwächen der Schwachen zu tragen und nicht uns selbst zu Gefallen zu leben. 2) Jeder von uns soll dem Nächsten zu Gefallen leben zum Guten, zur Erbauung. 3) Denn der Christus lebte nicht sich selbst zu Gefallen, sondern wie geschrieben steht: Die Schmähungen derer, die dich schmähen, sind auf mich gefallen. 4) Denn was immer zuvor geschrieben wurde, ist zu unserer Belehrung geschrieben, damit wir in Geduld und durch den Trost der Schriften Hoffnung haben. 5) Der Gott der Geduld und des Trostes gebe euch, eines Sinnes zu sein untereinander, Christus Jesus gemäß, 6) damit ihr einmütig mit einer Stimme preist Gott und den Vater unseres Herrn Jesus Christus.

Siehe oben S. 368f. sowie Fitzmyer, J.A.: The Use of explicit Old Testament Quotations in Qumran Literature and in the New Testament, NTS 7 (1960/61) 297–333; Kitzberger, J.: Bau der Gemeinde. Das paulinische Wortfeld, FzB 53, Würzburg 1986; Schürmann, H.: „Das Gesetz des Christus" (Gal 6,2), Jesu Verhalten und Wort als letztgültige Norm nach Paulus, in: Neues Testament und Kirche, FS R. Schnackenburg, Freiburg 1974, 282–300 = Studien zur neutestamentlichen Ethik, SBAB 7, Stuttgart 1990, 53–77 (hiernach zitiert).

---

[27] Das hier verwendete Wort πίστις kommt dem 1 Kor 8 gebrauchten Begriff συνείδησις nahe.

[28] Vgl. die treffende Bemerkung bei Byrne, Rom. 419: „One does not brush one's teeth in faith." Vgl. weiter Schmithals, Röm. 509.

[29] Das Wort ἁμαρτία ist hier in der Bedeutung „Übertretung" (gegen ein göttliches Gebot) gebraucht.

[30] Manche Handschriften fügen hier – sekundär – die Schlußdoxologie von 16,25–27 an; vermutlich eine bis auf Marcion zurückgehende Überlieferung, der den von ihm aufgenommenen Röm hier abschloß. Vgl. o. S. 50f. sowie B.M. Metzger, Textual Commentary on the Greek New Testament, Stuttgart/New York ²1994, 470–473.

Die beiden ersten Verse knüpfen unmittelbar an die vorhergehende Paränese an (vgl. 14,19–21). Paulus hält die Starken, zu denen er sich selbst zählt, dazu an, die Lasten der Schwachen zu tragen, und fährt in V. 3–4 fort, auf das Vorbild Christi hinzuweisen, das er durch ein Schriftzeugnis erläutert. Mit einem ausdrücklichen Gebetswunsch wird dann in V. 5–6 die lange Ermahnung, die vornehmlich an die Starken gerichtet war, zum Abschluß gebracht und die Hoffnung ausgesprochen, alle miteinander möchten eines Sinnes sein im gemeinsam gesprochenen Gotteslob (vgl. V. 13).[1]

V. 1: Da Paulus – wie er durch das „Wir" anzeigt – sich selbst zu den Starken rechnet, kann er um so nachdrücklicher einen Appell an sie aussprechen. Sie sind dazu befähigt[2] und verpflichtet[3], die Schwächen derer zu tragen, die als die Unvermögenden bezeichnet werden. Der Starke ist befähigt, anderen Lasten abzunehmen, die sie nicht tragen können. Kann doch ein Starker mehr als andere auf seine Schultern laden. Die grundsätzliche Mahnung, einer solle des anderen Last tragen (Gal 6,2: ἀλλήλων τὰ βάρη βαστάζετε), wird hier konkretisiert: zu tragen sind die Schwächen[4] derer, die unter ihrer Last bedrückt sind. Mit „sich selbst gefallen"[5] charakterisiert der Apostel eine ichbezogene Verhaltensweise, in der man ganz auf sich selbst gerichtet lebt und daher die anderen nicht im Blick hält (vgl. 1 Thess 2,4: οὐχ ὡς ἀνθρώποις ἀρέσκοντες ἀλλὰ θεῷ).

V. 2: Der Apostel bleibt beim „Wir"-Stil[6] und fügt zur eben ausgesprochenen negativen Formulierung die positive Verpflichtung hinzu, die als Aufforderung für „jeden von uns" gilt, d.h. für alle „Starken" ohne Ausnahme: dem Nächsten zu Gefallen zu leben. Der Begriff des Nächsten (τῷ πλησίον) läßt deutlich den Bezug auf das Liebesgebot anklingen (vgl. 13,8–10). Wer es befolgt, handelt zum Guten, und das bedeutet: zur Auferbauung. Wie in 14,19 ist dabei nicht an die Erbauung des einzelnen gedacht, sondern an den Bau der ganzen Gemeinde[7], der durch die Erfüllung des Liebesgebotes gefördert wird.[8]

---

[1] Die 6 Verse stellen einen folgerichtig verlaufenden Gedankengang dar und weisen keine Spuren redaktioneller Überarbeitung auf, wie SCHMITHALS, Röm. 512–518 vermutet: ursprünglich habe V. 7 an V. 4 a angeschlossen; ein Redaktor, der den Abschluß von Röm B überarbeitet habe, habe V. 4 b eingefügt und dann mithilfe von Stichwortanschluß V. 5–6 angehängt.

[2] Den Schwachen (ἀσθενεῖς), die hier die Unvermögenden (ἀδύνατοι) genannt werden, sind diejenigen gegenübergestellt, die es vermögen (δυνατοί).

[3] Zu ὀφείλομεν vgl. das mehrfach im Röm verwendete Substantiv ὀφειλέτης (1,14; 8,12; 15,27).

[4] Zu ἀσθένημα, das sich im NT nur hier findet, vgl. den häufiger gebrauchten Begriff ἀσθένεια und bes. Mt 8,17: αὐτὸς τὰς ἀσθενείας ἡμῶν ἔλαβεν (Jes 53,4).

[5] Zum Verb ἀρέσκειν, das des öfteren von Paulus gebraucht wird, vgl. bes. 8,8; ferner 1 Kor 7,22.24; 10,33; Gal 1,10.

[6] Nur wenige Handschriften ändern sekundär zu ὑμῶν.

[7] Vgl. bes. die o. (S. 382) genannte Monographie von KITZBERGER.

[8] Die Bedeutung dieser verpflichtenden Forderung weiß LUTHER, Röm., zu 15,1 besonders nachdrücklich hervorzuheben: „Obwohl es hart ist, des anderen Schmach zu tragen und unschuldigerweise daran teilzuhaben, so ist es doch ein wunderschönes verdienstliches Tun. Es wird einem leichtfallen,

V. 3: Für diese Orientierung bietet Christus in einzigartiger Weise das Vorbild, an dem als dem rechten Urbild[9] abzulesen ist, wie man sich im eigenen Verhalten ganz auf den anderen einzustellen hat. Sein Beispiel, das alle Glaubenden ohne Ausnahme in Pflicht nimmt, gewinnt besondere Kraft, weil er sich als der Messias in seinem Leiden und Sterben erniedrigt hat, um sich aller – und darum gerade der Schwachen – anzunehmen. Der vor Χριστός gesetzte Artikel weist darauf hin, daß er der Messias war und ist, zu dem sich die Seinen als dem Herrn und Gottessohn bekennen (vgl. Gal 2,20).[10] Wie im urchristlichen Hymnus von Phil 2,6–8 ist an den gesamten Dienst gedacht, den der Christus im Gehorsam bis zum Tod am Kreuz erwiesen hat.[11] Dessen umfassender Charakter wird durch Berufung auf die Schrift unterstrichen. Das nach der Fassung der LXX angeführte Wort von Ps 69,10 ist als Wort Christi verstanden, mit dem er sich an Gott wendet: Die Schmähungen, die gegen Gott (σε) ausgesprochen wurden, haben ihn (ἐπ᾿ ἐμέ) getroffen.[12]

V. 4: Dieses christologische Verständnis des Psalmwortes begründet der Apostel mit einer Feststellung von grundsätzlicher Bedeutung: Was immer zuvor geschrieben wurde, das ist zur jetzt gültigen Belehrung geschrieben. War bereits in der Gemeinde von Qumran – vor allem in den Kommentaren zu biblischen Texten – ein Schriftverständnis entwickelt worden, nach dem die einst gesprochenen Worte ihre volle Bedeutung erst in der Gegenwart gewinnen, und konnten auch die Rabbinen sagen, daß die einst aufgezeichneten Schriftworte für Israels Lehre in späteren Generationen aufgeschrieben wurden[13], so erklärt Paulus, „daß die Schrift zwar ‚zuvor geschrieben' ist, aber auf heutige Belehrung abzielt".[14] Sagt er an anderen Stellen, das Zeugnis der Schrift sei δι᾿ ἡμᾶς (Röm 4,24; 1 Kor 9,10) bzw. „zu unserer Ermahnung" (1 Kor 10,11) aufgezeichnet worden, so kommt es ihm hier[15] auf die Belehrung an. Der Begriff der διδασκαλία, der in den Pastoralbriefen zentrale Bedeutung gewinnt, hebt hervor, daß die Schrift unmittelbar in die Gegenwart hinein spricht und über rechtes Verhalten belehrt. Der Inhalt der διδασκαλία besteht darin, „die Passion Christi … positiv zu begreifen als ein Geschehen, in dem sich

---

wenn man nur bedenkt, daß auch Christus gern unsere Schmach getragen hat, mochte es für ihn auch hart sein, sie zu tragen. Keiner lebt also sich selber." LUTHER stellt damit sowohl den Rückbezug auf 14,7–9 heraus wie auch die enge Verbindung zum folgenden V. 3.

[9] Zum Verhältnis Vorbild/Urbild vgl. bes. KÄSEMANN, Röm. 369 und SCHLIER, Röm. 420.

[10] Zur Betonung, die durch den Artikel gegeben wird, vgl. BL-DEBR § 260_8.

[11] Vgl. SCHÜRMANN 61: „Das Herrenwort und noch mehr das zur Nachahmung auffordernde Verhalten des Sohnes Gottes sind also letzter Maßstab des sittlichen Verhaltens, wobei Paulus in der Paränese der Hinweis auf das Verhalten Jesu offensichtlich wichtiger gewesen ist als die Zitierung von Herrenworten."

[12] Ps 69 wird im nt.lichen Schrifttum wiederholt auf die Passion Christi bezogen: vgl. Ps 69,5: Joh 15,25; V. 9: Mk 3,21; V. 10: Joh 2,17; Hebr 11,26; V. 22: Mk 15,23.36; Mt 27,34.48; Lk 23,36; Joh 19,28; V. 23f.: Röm 11,9; V. 25: Apk 16,1; V. 26: Lk 13,35; Act 1,20; V. 29 Phil 4,3; Apk 3,5.

[13] Vgl. BILL. III 313.12f.

[14] Vgl. KOCH, Schrift 325.

[15] Einige Handschriften setzen sekundär ein verstärkendes πάντα hinzu (vgl. auch 2 Kor 5,17).

Christi οὐχ ἑαυτῷ ἀρέσκειν manifestiert".[16] Die Unterweisung soll zu ὑπομονή führen und παράκλησις bieten und so Hoffnung erschließen.[17] Die Präposition διά in Verbindung mit der Geduld zeigt einen begleitenden Umstand an; an der zweiten Stelle aber gewinnt sie eine kausale Nuance.[18] Denn der tröstende Zuspruch der Schrift weckt Hoffnung, die sich voller Zuversicht auf die Zukunft richtet.[19]

V. 5: Mit einem Gebetswunsch schließt der Apostel den Gedankengang ab. Er richtet sich an Gott, daß er seine Gaben der Geduld und des Trostes[20] den Glaubenden geben möge.[21] Diese Gaben sollen bewirken, daß alle untereinander einig sind. Mit der Wendung τὸ αὐτὸ φρονεῖν sollen nicht etwa die Auffassungsunterschiede, von denen eben die Rede war, mit leichter Hand eingeebnet oder beiseite geschoben werden. Vielmehr gibt Paulus durch den feierlichen Zusatz κατὰ Χριστόν eine christologische Begründung, die auf den Willen des Herrn hinweist, an dem sich das Verhalten orientieren muß. Wo der Fundamentalkonsens im Bekenntnis zu Christus Jesus gegeben ist, da wird dieser alle Glieder der Gemeinde – unbeschadet einzelner nicht übereinstimmender Ansichten – in der Gemeinschaft des Leibes Christi zusammenhalten, so daß Einheit in Vielfalt bestehen und Vielfalt auf Einheit bezogen bleiben kann.

V. 6: Diese Zusammengehörigkeit[22] aller findet ihren angemessenen Ausdruck im einhellig[23] angestimmten Lobpreis. Mit einem Munde soll „Gott und der Vater unseres Herrn Jesus Christus" geehrt werden. Dabei nimmt Paulus offensichtlich eine liturgisch geprägte Wendung der frühen Christenheit auf, die sich in ähnlicher Fassung auch sonst findet (vgl. 1 Clem 34,7).[24] Sind alle miteinander bereit, in diesen einmütigen Lobpreis einzustimmen, dann werden sie fähig sein, bestehende Meinungsunterschiede in der Liebe Christi zu tragen und in Geduld auszuhalten.

---

[16] Vgl. Koch, Schrift 325.

[17] Vgl. Koch, Schrift 326.

[18] Diese Differenzierung mit den meisten Exegeten; vgl. Schlier, Röm. 421; Dunn, Rom. 839; Käsemann, Röm. 370; Byrne, Rom. 427 u.a. Zur παράκλησις als Inhalt der heiligen Schriften vgl. 1 Makk 12,9: παράκλησιν ἔχοντες τὰ βίβλια τὰ ἅγια.

[19] Vgl. die Wiederaufnahme des Begriffes ἐλπίς in V. 12f.

[20] Die Begriffe ὑπομονή und παράκλησις werden aus V. 4 wieder aufgenommen.

[21] Das Prädikat δῴη steht im Optativ; vgl. Bl-Debr § 95_3 und § 384_3.

[22] Antike Belege zur Eintracht, die in der politischen Versammlung zu wahren ist, in: Neuer Wettstein 226f.

[23] Das Wort ὁμοθυμαδόν, das Paulus nur an dieser Stelle verwendet, findet sich zehnmal in Act, um die Eintracht der christlichen Gemeinden zu würdigen.

[24] Vgl. M. Hengel, Das Christuslied im frühesten Gottesdienst, in: Weisheit Gottes – Weisheit der Welt, FS J. Ratzinger, St. Ottilien 1987, 357–404: „Das Motiv geht sicher auf jüdische Vorstellungen zurück. ‚Die Engel preisen Gott *einstimmig*', dem soll auch das irdische Gotteslob entsprechen." (386)

15,7–13 Einander annehmen in einhelligem Lobpreis

7) Darum nehmt einander an, wie auch der Christus euch angenommen hat zu Gottes Ehre. 8) Denn ich sage, Christus ist ein Diener der Beschneidung geworden um der Wahrheit Gottes willen, um zu bekräftigen die Verheißungen der Väter; 9) die Heiden aber sollen Gott preisen um seines Erbarmens willen, wie geschrieben steht: Darum werde ich dich unter den Heiden bekennen und deinem Namen lobsingen. 10) Und weiter heißt es: Lobt ihn, ihr Heiden, zusammen mit seinem Volk. 11) Und weiter: Lobt, alle Heiden, den Herrn, und es sollen ihn loben alle Völker. 12) Und weiter sagt Jesaja: Es wird kommen der Wurzelschößling Isais, nämlich der sich erhebt, um über die Heiden zu herrschen. Auf ihn werden die Heiden hoffen. 13) Der Gott der Hoffnung aber erfülle euch mit aller Freude und Frieden im Glauben, so daß ihr immer reicher werdet in der Hoffnung durch die Kraft des heiligen Geistes.

Frid, G.: Jesaja und Paulus in Röm 15:12, BZ 27 (1983) 237–241; Hahn, F.: Das Verständnis der Mission im Neuen Testament, WMANT 13, Neukirchen 1963, ²1965; Müller, M.: Vom Schluß zum Ganzen. Zur Bedeutung des paulinischen Briefkorpusschlusses, FRLANT 172, Göttingen 1997; Reichrath, H.L.: Juden und Christen – Eine Frage von ‚Ökumene'? Was uns Römer 15,7–13 dazu lehrt, Jud. 47 (1991) 22–30; Sass, G.: Röm 15,7–13 als Summe des Römerbriefs gelesen, EvTh 53 (1993) 510–527.

Noch einmal wiederholt der Apostel die an alle Glieder der Gemeinde gerichtete Aufforderung, einander anzunehmen, und beruft sich zu deren Begründung darauf, daß Christus sich aller angenommen hat (V. 7), sowohl der Juden (V. 8) wie auch der Heiden (V. 9 a). Zur Erläuterung, daß nun auch die Heiden von Christus angenommen sind, bietet Paulus eine Kette von Schriftbelegen auf, die dartun, daß die Völker in das einhellige Gotteslob einbezogen sind (V. 9 b–12). Am Ende schließt ein feierlicher Gebetswunsch den langen Gedankengang der speziellen Paränese ab (V. 13).

Ihrem Aufbau nach lassen sich die Verse 7–13 mit dem vorhergehenden Abschnitt V. 1–6 vergleichen: Auf eine vorangestellte Aufforderung folgt eine Berufung auf das Zeugnis der Schrift, und den Schluß bildet jeweils ein kurzes Bittgebet. In V. 7–13 geht es nicht mehr um die „Schwachen" und die „Starken", sondern um das Verhältnis von Juden und Heiden, die miteinander einmütig Gott preisen. Damit wird zum Abschluß die Perspektive geweitet, um die den Apostel stets bewegende Frage zu bedenken: wie Heiden- und Judenchristen als Glieder des einen Leibes Christi zusammenzuleben und miteinander Tischgemeinschaft zu halten haben, die sie zusammenschließt und in Christus verbindet.[1]

[1] Die Erweiterung der Perspektive vom Verhältnis der Schwachen zu den Starken zu dem von Heiden und Juden in der einen Gemeinde bringt die spezielle Paränese zum sachgerechten Abschluß und bietet keine Veranlassung zu literarkritischen Operationen; so jedoch Schmithals, Röm. 519–521, der vermutet, ursprünglich hätten 15,8–13 den Gedankengang von 11,(28) 32–36 abgeschlossen.

V. 7: Durch ein folgerndes διό eingeleitet, nimmt der Apostel die Mahnung von 14,1 wieder auf und richtet sie nun nicht nur an die eine oder andere Gruppe, sondern an alle, die sich zu Christus als dem Herrn bekennen. Zur Begründung wird hinzugefügt: wie der Christus, d.h. der Messias, sie[2] angenommen hat. Dadurch ist der Imperativ auf den Indikativ der Heilszueignung bezogen und durch den betonten Artikel ὁ vor Χριστός die christologische Begründung hervorgehoben[3] – zur Ehre Gottes, wie mit einer liturgischen Wendung in feierlichen Worten gesagt wird.[4] Wie der Apostel am Ende jedes längeren Abschnitts stets zu Bekenntnis und Lobpreis der in Christus erwiesenen Barmherzigkeit Gottes führt (4,25; 8,31–39; 11,33–36), so wird auch hier durch die letzten Worte Gott allein die Ehre gegeben.[5]

V. 8: Noch einmal spielt der Apostel auf die Bestimmung Ἰουδαίῳ τε πρῶτον an (V. 8) und verbindet sie in V. 9 a mit dem zugehörigen καὶ Ἕλληνι (1,16). Mit λέγω γάρ führt er die folgende Aussage ein und gibt ihr damit den Charakter einer grundsätzlichen Feststellung feierlichen Bekenntnisses: Christus ist ein Diener (vgl. Mk 10,45 Par.) der Beschneidung geworden. Als Christi διακονία ist dabei sein gesamtes Wirken und Geschick verstanden, die als gültiger Dienst an der περιτομή, d.h. den Beschnittenen bezeichnet werden.[6] Dadurch ist die Wahrheit Gottes, die Gültigkeit seiner verheißenden Zusage, bezeugt worden. Dieser Dienst Christi zielt darauf, die den Vätern gegebenen Verheißungen zu befestigen, d.h. zu verwirklichen und zu erfüllen.

V. 9: Die Konstruktion des Satzes ist stilistisch nicht ganz ausgeglichen, da eine parallele Formulierung, Christus sei auch ein διάκονος ἀκροβυστίας gewesen, der Sache nach nicht möglich war.[7] Weder kann V. 9 a der in V. 8 vorangehenden Wendung εἰς τὸ βεβαιῶσαι zugeordnet werden, noch dem am Anfang stehenden λέγω γάρ. Am ehesten läßt sich τὰ δὲ ἔθνη als angehängter Akkusativ verstehen, der inhaltlich mit V. 7 b (ὁ Χριστὸς προσελάβετο ὑμᾶς) zu verbinden ist; ihm folgt dann ein finaler Infinitiv.[8] Als Leitmotiv, das die folgenden Schriftzitate zusammenhält, wird das vollklingende Gotteslob genannt, das die ganze Völkerwelt bezeugt. Sie preisen Gottes Erbarmen, das die Heiden in reichem Maß erfahren haben (9,23; 11,31). Das umfassende Zeugnis von Gesetz, Psalmen und Propheten

---

[2] Das als ursprünglich festzuhaltende ὑμᾶς, mit dem die ganze Gemeinde angesprochen wird, ist in einigen Handschriften zu ἡμᾶς verändert worden.

[3] In 14,1.3 wurde darauf verwiesen, daß Gott den Schwachen angenommen habe. Gott aber handelt durch Christus, so daß die Annahme durch Gott gleichbedeutend mit der durch Christus verstanden wird.

[4] Zur Wendung εἰς δόξαν τοῦ θεοῦ, die Paulus gern zum feierlichen Abschluß eines Zusammenhangs verwendet, vgl. 1 Kor 10,31; 2 Kor 4,5; Phil 1,11; 2,11 u.ö.

[5] Der Inf. Perf. γεγενῆσθαι, der als ursprüngliche Fassung gegen die Variante γενέσθαι festzuhalten ist, zeigt die aus der Vergangenheit resultierende Gegenwartsbedeutung an.

[6] Durch περιτομή wird wie 3,30 auf die beschnittenen Israeliten hingewiesen.

[7] Vgl. Koch, Schrift 282 Anm. 23.

[8] Vgl. Koch, ebd.

hebt hervor, daß die Heiden dieses den Kosmos erfüllende Preislied zur Ehre Gottes singen. Dabei ist freilich nicht deutlich zu erkennen, wer als Subjekt des voranstehenden Zitates aus Ps 18,50 (vgl. auch 2 Sam 22,50) vorzustellen ist. Sein Wortlaut entspricht LXX 17,50, nur die Anrede κύριε ist fortgelassen. Deshalb haben einige Exegeten an Christus als Sprecher des einleitenden Gotteslobes gedacht.[9] Doch ist schwerlich anzunehmen, der erhöhte Herr würde sich in den Lobgesang der Gemeinde einreihen. Man könnte vermuten, daß David die Psalmworte gebetet habe; es ließe sich aber auch die Ich-Form des Satzes auf Paulus als den Apostel der ἔθνη beziehen.[10] Wahrscheinlich hat Paulus die Frage, an welche Person als Sänger zu denken ist, gar nicht interessiert. Denn ihm kommt es allein darauf an, daß im weiten Raum der Heidenvölker das Gotteslob erklingt. Der Ton der Aussage liegt daher auf ἐν ἔθνεσιν, dem Wort, das in allen angefügten Zitaten wiederkehrt und sie gleichsam als durchlaufender roter Faden zusammenhält. Die aufeinander folgenden Verben ἐξομολογεῖσθαι, ψάλλειν, εὐφραίνεσθαι, αἰνεῖν, ἐπαινεῖν und ἐλπίζειν stehen in den jeweils angeführten Schriftworten und beschreiben den umfassenden Lobpreis, den die Heidenvölker allerorten singen.

V. 10: Der anschließende Satz[11] aus der Thora stimmt genau mit dem Wortlaut LXX Dt 32,43 überein und stellt neben den Begriff der ἔθνη den des λαός, des Gottesvolkes. Miteinander[12] sollen sie Gott loben. **V. 11:** Die nächste Aufforderung wird mit Ps 116,1 ausgesprochen, indem gegenüber der Fassung der LXX nur die eine Änderung vorgenommen wird, daß die Anrede πάντα τὰ ἔθνη gleich auf den Imperativ αἰνεῖτε folgt und dadurch stärkere Betonung erhält. Keines der Völker darf fehlen. **V. 12:** Das Prophetenwort, das Paulus aus Jes 11,10 ohne die dort genannte Zeitangabe ἐν τῇ ἡμέρᾳ ἐκείνῃ anführt, bildet mit einer messianisch-christologischen Aussage das Ende der Zitatenreihe[13], die der Apostel wohl selbst zusammengefügt hat, um die Teilnahme der Heiden am Lob Gottes als Erfüllung der in der Schrift verbürgten Zusagen herauszustellen.[14] Der verheißene Retter wird aus der Wurzel Isais kommen (vgl. Sir 47,22; Apk 5,5; 22,16) und die Herrschaft über die Völker antreten. Das Partizipium ἀνιστάμενος dürfte nach dem Verständnis des Apostels auf den auferstandenen Christus zu beziehen sein[15], der von Gott in sein königliches Amt eingesetzt worden ist (1,3f.).

---

9 Vgl. KOCH, Schrift 282 Anm. 24.

10 Vgl. KOCH, ebd.

11 Die Schriftzitate werden durch καὶ πάλιν λέγει (V. 10), καὶ πάλιν (V. 11) und καὶ πάλιν Ἠσαΐας λέγει (V. 12) aneinandergereiht.

12 Die Präposition μετά mit folgendem Gen. hat hier die Bedeutung „zusammen mit". Vgl. KOCH, Schrift 282 Anm. 26.

13 Durch Angabe des Prophetennamens „Jesaja" ist dieses letzte Zitat ein wenig von den vorhergehenden abgehoben, um der in Christus erfüllten Hoffnung der Heidenvölker Betonung zu verleihen.

14 Z. St. vgl. B. FRID, Jesaja und Paulus in Röm 15:12, BZ, 27 (1983) 237–241.

15 Zur Verwendung des Verbums ἀναστῆναι für Christi Auferstehung vgl. Mk 8,31Par.; 9,9f.Par.; 9,31 Par.; Act 2,24; 10,41; 13,33f.; 17,3.31 u.ö.

V. 13: Ein vollklingender Gebetswunsch rundet den ganzen Zusammenhang der apostolischen Ermahnungen ab und läßt dabei etliche Motive der vorangegangenen Ausführungen anklingen. War in V. 8f. daran erinnert worden, daß zuerst die Juden und dann auch die Völker Adressaten des an alle Welt ausgerichteten Evangeliums sind, so werden nun die zentralen Begriffe „Hoffnung“, „Freude“, „Frieden“, „Glauben“ und „Kraft des heiligen Geistes“, die in der weit ausholenden Argumentation des Röm des öfteren verwendet wurden, noch einmal in gedrängter Formulierung miteinander verbunden.[16] Damit wird zwar nicht die ganze Breite der gewichtigen Begriffe aufgenommen, mit denen der Apostel die zentralen Gedanken des Röm entfaltet; aber am Ende des Briefkorpus lenkt Paulus doch noch einmal die Aufmerksamkeit der Leser auf die ihnen zugesprochene Botschaft, indem sich sein Blick der Zukunft zuwendet und die Hoffnung der Glaubenden mit besonderer Betonung versehen wird: Der Gott der Hoffnung[17] möge die Gabe der Hoffnung in vollem Umfang schenken. Damit knüpft der Apostel an das letzte Glied der Zitatenreihe an, das die Hoffnung der Völkerwelt auf den kommenden Herrscher richtet (V. 12 b: ἐπ' αὐτῷ ἔθνη ἐλπιοῦσιν).

Wie im Gebetswunsch von V. 5 (δῴη) bedient sich Paulus auch hier der in der Koine nicht mehr häufig verwendeten Form des Optativs (πληρώσαι)[18] und verleiht damit dem Satz feierlichen Klang: Die Gabe der Hoffnung, die bei Gott ihren Platz hat, möge er reichlich schenken, indem er die Seinen mit aller Freude und Frieden erfüllt.[19] Der liturgische Stil, der synagogales Erbe mit urchristlichem Bekenntnis verbindet, reiht die Begriffe in eng zusammengedrängter Häufung aneinander und zeigt zugleich an, daß die künftige Herrlichkeit im Glauben bereits gegenwärtig anhebt.[20] Wo Gott gibt, tut er es in reichem Maß, so daß die Beschenkten geradezu überfließen in der Hoffnung durch die Kraft des heiligen Geistes. Die ans Ende des Satzes gesetzten Worte ἐν δυνάμει πνεύματος ἁγίου zeigen an, wodurch die göttlichen Gaben reichlich zuteil werden[21]: durch den heiligen Geist, in dem Gottes gegenwärtiges Handeln erfahren wird. Wie den Schwachen und den Starken die an den Gott der Geduld und des Trostes gerichtete Fürbitte gilt, sie möchten im Aufblick zu Christus Jesus eines Sinnes sein und Einheit in

---

16 Zum zusammenfassenden Charakter von V. 13 vgl. bes. Sass, passim; Müller, bes. 223–233 sowie Theobald, Römerbrief 44. Doch werden die genannten Beobachtungen zu stark befrachtet, wenn der Abschnitt V. 7–13 geradezu als „Summe des Röm.“ (Sass 510–527) bzw. V. 13 als „konduktiver Gotteszuspruch“ (Müller 231–233) bezeichnet wird. Denn es ist zu bedenken, „daß hier zwar einige Stichworte aus dem Röm wiederkehren, jedoch entscheidende Themen des Röm eben nicht mitgebündelt sind“ (J. Becker, ThLZ 123 [1998] 857).

17 Zu den Begriffsverbindungen „Gott der Hoffnung“, „Gott des Friedens“ u.ä. vgl. G. Delling, Die Bezeichnung „Gott des Friedens“ und ähnliche Wendungen in den Paulubriefen in: Jesus und Paulus, Festschrift W. G. Kümmel, Göttingen 1975, 76–84.

18 Vgl. hierzu Bl-Debr § 85_1 und § 384_3.

19 Die Begriffe χαρά und εἰρήνη werden auch 14,17 nebeneinander genannt.

20 Die Worte ἐν τῷ πιστεύειν sind als Bestandteil des Textes festzuhalten und nicht als Dittographie zu εἰς τὸ περισσεύειν zu beurteilen (so erwogen bei Bl-Debr § 404_2).

21 In der Wendung ἐν δυνάμει πνεύματος ist mit den meisten Exegeten der Präposition instrumentale Bedeutung beizumessen (Käsemann, Röm. 574; Schlier, Röm. 426; Moo, Rom. 881 u.a.).

Vielfalt, Vielfalt aber in Einheit gestalten, so bittet der Apostel nun den Gott der Hoffnung, daß er alle miteinander – die aus der Beschneidung kommenden Glieder des Gottesvolkes mitsamt der großen Schar derer, die aus den Heidenvölkern kommen – „mit aller Freude und allem Frieden erfüllen möge, auf daß sie reich würden in der Hoffnung durch die Kraft des heiligen Geistes".[22]

[22] Müller 233.

15,14–16,27 Der Schluss des Briefes

Hat der Apostel in den weit ausholenden Gedankengängen seines Briefes die ihm aufgetragene Botschaft des Evangeliums im Blick auf ihre umfassende Gültigkeit ausgelegt und erläutert, was deren Verkündigung allerorten und darum gerade auch in Rom bedeutet, so wendet er sich nun unmittelbar an die dort versammelte Christenheit, um die von ihm gesuchten Kontakte herzustellen, von denen schon im Eingang des Briefes die Rede war (vgl. 1,8–15). Zunächst setzt Paulus noch einmal bei dem ihm anvertrauten Dienst an den Völkern an, der ihn auch mit Rom in Verbindung bringen und dann nach Spanien führen soll (15,14–21), und wendet sich dann seinen Plänen und Vorhaben zu, die die unmittelbare Zukunft betreffen: über Jerusalem nach Rom (15,22–29). Welche Belastungen bei der bevorstehenden Begegnung mit den Repräsentanten der Judenchristenheit auf ihn zukommen werden, ist dem Apostel deutlich bewußt. Darum erbittet er die Fürbitte der Heidenchristen, die ihn auf seinem schweren Weg begleiten möge (15,30–33).

Im 16. Kap., das als integraler Bestandteil zum Röm hinzugehört (s. o. S. 49), werden viele Namen von Christen genannt, mit denen Paulus sich nah verbunden weiß. Zuerst spricht er ein Wort der Empfehlung aus für die Überbringerin des Briefes, die tüchtige und vertrauenswürdige Christin Phoebe aus Kenchreae bei Korinth (16,1–2). Dann folgt eine lange Liste von Männern und Frauen, denen der Apostel an verschiedenen Orten begegnet ist und die nun zur Christenheit in Rom gehören. Ihnen allen gelten seine persönlichen Wünsche und Grüße (16,3–16). Die zum Gottesdienst versammelte Gemeinde wird aufgefordert, den heiligen Kuß untereinander auszutauschen (16,16), und noch ein letztes Mal dazu angehalten, sich nicht beirren zu lassen, sondern treu an der Lehre festzuhalten, die sie gelernt hat (16,17–20). An einen kurzen Gnadenwunsch (V. 20 a) sind einige Grüße von den Mitarbeitern angeschlossen, die sich beim Apostel befinden (16,21–23).

Die Sätze V. 24–27 gehen nicht mehr auf den Apostel zurück, sondern sind später angehängt worden, um den Brief mit einem zusätzlichen feierlichen Abschluß zu versehen. In V. 24 wird ein an V. 20 b anklingender Gnadenwunsch angefügt. Und in V. 25–27 folgt ein liturgisch gefaßter Lobpreis Gottes, der sich in Jesus Christus offenbart hat. Ihm alle Ehre in Ewigkeit.

Von ungewöhnlichem Umfang und reich befrachtet im Inhalt ist nicht nur die lehrhafte Entfaltung des Evangeliums im Röm, sondern auch der lange Schluß des Briefes, der wichtige Mitteilungen und eine Fülle persönlicher Grüße darbietet. Während in allen anderen Briefen des Apostels der Schlußteil verhältnismäßig kurz ist und sich auf knappe Mahnungen und einige Sätze des Grüßens beschränkt, gestaltet Paulus den Schluß des Röm weit ausführlicher. Bei den Christen in der Hauptstadt des Reiches wirbt Paulus um Vertrauen und sucht die Bereitschaft zu wecken, das künftige Werk des Apostels zu begleiten und zu unterstützen. Paulus trägt im abschließenden Teil seines Briefes zusammen, was immer dazu dienen kann, die Verbundenheit mit der Christenheit in Rom herzustellen und zu stärken. Dabei weist die von Zuversicht getragene Hoffnung, die zum Schluß des Briefkorpus Ausdruck findet, den Weg in die Zukunft, die der Gott der Hoffnung eröffnen wird. Mit seinen Hörern und Lesern möchte sich der Apostel im einhelligen Lob Gottes zusammenfinden, um ihm die ihm allein gebührende Ehre zu erweisen.

Zu 15,14–16,27: Dahl, N.A.: The Missionary Theology in the Epistle to the Romans, in: Studies 79–94; Gaugusch, L.: Untersuchungen zum Römerbrief: Der Epilog (15,14–16,27), eine exegetische Studie, BZ 24 (1938/39) 164–184.252–266; Müller, M.: Vom Schluß zum Ganzen. Zur Bedeutung des paulinischen Briefkorpusschlusses, FRLANT 172, Göttingen 1997; Weima, J.A.D.: Neglected Endings. The Significance of the Pauline Letter Closings, JSNT.S 101, Sheffield 1994.

15,14–21 Das apostolische Wirken des Paulus

14) Was aber mich persönlich angeht euch gegenüber, meine Brüder, so bin ich fest überzeugt, daß auch ihr voll guter Gesinnung seid, erfüllt von aller Erkenntnis und fähig, einander zu ermahnen. 15) Ich habe euch teilweise reichlich kühn geschrieben als einer, der kraft der mir von Gott verliehenen Gnade Bekanntes in Erinnerung zurückrufen will, 16) um ein Diener Christi Jesu an den Heidenvölkern zu sein, der priesterlich das Evangelium Gottes ausrichtet, damit die Opfergabe der Heidenvölker wohlgefällig sei, geheiligt durch den heiligen Geist. 17) So darf ich mich in Christus Jesus bei Gott rühmen. 18) Denn ich werde nicht wagen, etwas zu sagen, was nicht Christus durch mich gewirkt hat, um Gehorsam der Heidenvölker zu wecken durch Wort und Werk, 19) in der Kraft von Zeichen und Wundern, in Kraft des Geistes. So habe ich von Jerusalem im Kreis bis nach Illyrien das Evangelium von Christus zur Vollendung gebracht. 20) Meine Ehre aber habe ich darein gesetzt, das Evangelium nicht dort zu verkündigen, wo der Name Christi schon genannt ist, um nicht auf fremdem Grund zu bauen. 21) Sondern wie geschrieben steht: Denen nicht von ihm verkündigt wurde, die sollen sehen; und die nicht gehört haben, die sollen zur Einsicht kommen.

Siehe oben S. 392 sowie Byrne, B.: „Rather Boldly“ (Rom 15:15). Paul’s Prophetic Bid to Win in Allegiance of the Christians in Rome, Bib. 74 (1993) 83–96; Hahn, F.: Das Verständnis der Mission im Neuen Testament, WMANT 13, Neukirchen 1963, ²1965; Hengel, M.: Die Ursprünge der christlichen Mission, NTS 18 (1971/72) 15–38; Kertelge, K.(Hg.): Mission im Neuen Testament, QD 93, Freiburg 1982; Knox, J.: Romans 15:14–33 and Paul’s Conception of His Apostolic Mission, JBL 83 (1964) 1–11; Müller, P.: Grundlinien paulinischer Theologie (Röm 15,14–33), KuD 35 (1989) 212–235; Olson, S.N.: Epistolary Uses of Expressions of Self-Confidence, JBL 103 (1984) 585–597; Ders., Pauline Expressions of Confidence in His Addresses, CBQ 47 (1985) 282–285; Schlier, H.: Die ‚Liturgie‘ des apostolischen Evangeliums (Römer 15,14–21), in: Martyria, Leiturgia, Diakonia, FS H. Volk, Mainz 1968, 242–259 = Ende 169–183; Trocmé, Épître.

Der frohe Klang der Hoffnung, mit dem der Apostel das umfangreiche Korpus seines Briefes abgeschlossen hat, leitet zum ausführlichen Schlußteil über. Darin werden zunächst Gedanken aufgenommen, die bereits im Eingang des Briefes kurz angesprochen worden waren (1,8–15). Paulus hat an die Christen in Rom einen so freimütigen Brief geschrieben (v. 15,20), weil er als Diener Christi Jesu den Völkern das Evangelium zu bringen hat und kraft dieses Auftrags sich nun von seinem Wirken im Osten des Reiches über einen kurzen Besuch in Rom neuen Aufgaben im Westen zuwenden will. Dabei macht er darauf aufmerksam, daß er stets Bedacht darauf genommen hat, das Evangelium dort zu bezeugen, wo noch kein anderer vor ihm die frohe Botschaft ausgerichtet hat. Dadurch ist die prophetische Verheißung in Erfüllung gegangen, daß die Verkündigung diejenigen erreicht, die bislang noch nichts von ihr gehört hatten.

V. 14: Der Apostel spricht seine feste Überzeugung dahin aus (vgl. 8,38), daß er den Brüdern (s. o. zu 1,13) mit guten Gründen wirklich etwas zutrauen darf. Dabei wird die persönliche Zuwendung durch die Entsprechung καὶ αὐτός und καὶ αὐτοί angezeigt. Paulus ist sich darüber im klaren, daß die Christen in Rom durchaus wissen, worauf es für sie im Glauben und im Leben ankommt. Mit dieser betonten Feststellung ist eine „captatio benevolentiae" ausgesprochen, wie sie in ähnlichen Worten bereits zu Beginn des Briefes angedeutet worden war (1,8). Hier hebt der Apostel hervor, sie seien voll guter Gesinnung – in dieser weiten Bedeutung ist der Begriff ἀγαθωσύνη zu fassen, der auf Güte und Rechtschaffenheit verweist, die nach Gal 5,22 zur „Frucht des Geistes" zu zählen und darum als Gottesgabe hoch zu schätzen ist. Ihr stellt Paulus die rechte Erkenntnis an die Seite, mit der die Glaubenden erfüllt sind.[1] Dabei ist die γνῶσις in umfassendem Sinn verstanden, wie durch das vorangestellte Adjektiv πάσης angezeigt wird.[2] Was das konkret zu besagen hat, wird durch die angefügte Partizipialwendung erläutert. Sie sind vollauf imstande, einander[3] zu belehren und zu ermahnen. Das Verbum νουθετεῖν bezeichnet das Zurechtweisen, wie es durch Darbietung christlicher Lehre geschieht, die den Sinn zu besonnenem und überlegtem Urteil befähigt (vgl. 1 Thess 5,12.14 u. ö.). Sind die Christen in Rom mithin vollauf dazu befähigt, in Verkündigung und Lehre die Christusbotschaft auszulegen, so stellt sich die Frage, warum der Apostel ungeachtet dieser respektvollen Anerkennung einen so umfangreichen Brief an sie geschrieben hat.

---

[1] Luther, Röm., zu 15,14 macht darauf aufmerksam, zuerst werde die Gütigkeit genannt, dann erst die Erkenntnis, bleibe doch ohne die auferbauende Liebe alle Erkenntnis leer (vgl. 1 Kor 8,1).

[2] Obwohl der Artikel τῆς in p^{46} und anderen Zeugen fehlt, wird er als ursprünglich anzusehen sein.

[3] Die sekundäre Abwandlung von ἀλλήλους zu ἄλλους könnte andeuten wollen, daß die römische Gemeinde „andere" zu belehren wisse.

V. 15: Hinsichtlich dieser Frage gesteht Paulus freimütig, manches, was er geschrieben hat, könne in der Tat ein wenig kühn[4] klingen. Offensichtlich muß er damit rechnen, daß sich in Rom die eine oder andere kritische Stimme äußern könnte. Deren etwaigen Einwänden sucht er sogleich zu begegnen, indem er auf das eben zu Ende gebrachte Korpus des Briefes zurückblickt und durchaus zum Eingeständnis bereit ist, die eine oder andere Formulierung daraufhin zu überdenken, ob sie vielleicht zurückhaltender hätte sein sollen. In der Sache aber hat er keine Einschränkungen vorzunehmen. Geht es doch darum, an das zu erinnern, was den Lesern bereits gesagt und zugesprochen wurde. Aufgabe christlicher Verkündigung und Unterweisung ist und bleibt stets die erinnernde Vergegenwärtigung der verläßlichen Gültigkeit des Evangeliums. Seine Botschaft unter den Völkern zu bezeugen, ist der besondere Auftrag, der Paulus von Gott erteilt worden ist.[5] Mit der Hervorhebung der ihm gegebenen χάρις weist der Apostel auf sein „Amt" hin, das er unter den Völkern wahrzunehmen hat (vgl. 1,5; 12,3). Dieses „Amt" legitimiert und bevollmächtigt ihn auch dazu, die Christen in Rom an das zu erinnern, was es unbedingt festzuhalten gilt.

V. 16: Damit wird die Abfassung des Röm in den weltumspannenden Zusammenhang gerückt, den der apostolische Dienst des Paulus umgreift. Indem er diesen versieht, übt er geradezu priesterliche Funktionen aus. Das Wort λειτουργός bezeichnet allgemein den Diener und kann sowohl von der Tätigkeit eines Beamten (13,6) wie auch der eines Priesters gesagt werden. Da im Satz mehrere Begriffe folgen, denen eindeutig kultische Bedeutung eignet – ἱερουργεῖν – προσφορά – εὐπρόσδεκτος – und auch ἡγιασμένη –, wird auch λειτουργός in diesem Sinn zu verstehen sein (vgl. Phil 2,17). Wurden bereits im hellenistischen Judentum des öfteren kultische Begriffe in ethischer Bedeutung gebraucht, so werden auch hier die Wörter, die priesterlichen Dienst beschreiben, in übertragenem Sinn verstanden und auf das Wirken des Apostels in seiner Verkündigung unter den Völkern bezogen.[6] Damit ist nicht an ein besonderes priesterliches Amt gedacht, sondern es soll die unvergleichliche Aufgabe charakterisiert werden, die Paulus als dem Apostel der Völker gestellt ist (vgl. 1,9). Sie hat ihn veranlaßt, an die Christen in Rom zu schreiben, und soll ihn auch zur Begegnung mit ihnen führen. Der ihm von Christus Jesus aufgegebene Dienst unter den Völkern hat zum Ziel, daß er sie gleichsam als eine Opfergabe Gott darzubringen hat (vgl. 11,13),[7] die Gott wohl gefällt und ihm geheiligt, d.h. zu eigen gegeben ist, durch den heiligen Geist.

---

[4] Der adverbiale Ausdruck τολμηρότερον ist mit dem Prädikat ἔγραψα zu verbinden. Die Steigerungsform zeigt die Bedeutung „reichlich kühn" an. Die sekundäre Variante τολμηροτέρως bedeutet keinen Sinnunterschied.

[5] Im erläuternden Hinweis auf die ihm erteilte χάρις ist die Präposition διά als „um-willen" aufzufassen; vgl. Bl-Debr § 223_9.

[6] Vgl. H. Wenschkewitz, Die Spiritualisierung der Kultusbegriffe Tempel, Priester und Opfer im Neuen Testament, Angelos-Beiheft 4, Leipzig 1932; K. Weiss, Paulus – Priester der christlichen Kultusgemeinde, ThLZ 79 (1954) 355–364; K.-H. Schelkle, Der Apostel als Priester, ThQ 136 (1956) 257–283; W. Radl, Kult und Evangelium bei Paulus, BZ 31 (1987) 58–75.

[7] Durch den Gen. obj. τῶν ἐθνῶν wird angegeben, worin die Opfergabe besteht.

V. 17: So weit dieser apostolische Dienst Anlaß bietet, sich rühmen zu wollen[8], kann und darf es sich nur um ein Rühmen in Christus Jesus bei Gott[9] handeln. Denn wer immer sich rühmen möchte, der wird sich allein des Herrn zu rühmen haben (1 Kor 1,31).[10]

V. 18: Dieses Verständnis des apostolischen Auftrags muß zur Folge haben, daß Paulus nichts anderes zu sagen – d.h. zu verkündigen – hat als allein das Wort Christi. Denn durch seine Verkündigung will Christus wirken, damit die Heidenvölker zum Gehorsam, d.h. zur glaubenden Annahme des Evangeliums[11] gebracht werden.

V. 19: Das bedeutet konkret: Durch die Kraft von Zeichen und Wundern handelt Gott selbst durch den Geist.[12] Mit der Begriffsverbindung „Zeichen und Wunder" nimmt Paulus einen geläufigen biblischen Ausdruck auf[13], der auch in der urchristlichen Missionssprache verwendet wurde (vgl. Hebr 2,4 u.ö.), und weist damit darauf hin, daß die Proklamation der frohen Botschaft von außerordentlichen Taten und Begebenheiten begleitet war, die als Erweise göttlicher Kraft zu begreifen sind. Dabei wird in erster Linie an Krankenheilungen und Dämonenaustreibungen, aber auch an andere Geschehnisse zu denken sein, die Staunen und Verwundern der Augenzeugen hervorriefen. Das Wirken der Apostel war von σημεῖα τοῦ ἀποστόλου (2 Kor 12,12) begleitet, so daß auch Paulus „Wunder zu den selbstverständlichen Begleiterscheinungen seines Apostelwirkens rechnet".[14] Durch diese Zeichen und Wunder handelt der erhöhte Christus, so daß aus Wort und Tat des Apostels die Kraft des gegenwärtig wirkenden Gei-

[8] Das Wort καύχησις bezeichnet sowohl den Gegenstand (2 Kor 1,12 u.ö.) wie auch den Akt des Rühmens (Röm 3,27; 2 Kor 11,10.17 u.ö.).

[9] Die Wendung τὰ πρὸς τὸν θεόν steht in adverbialer Bedeutung; vgl. Hebr 2,17 5,1 und Bl-Debr § 160.

[10] Peterson, Röm. 368–370, knüpft an die Erklärung dieses Verses einige eigenwillige Bemerkungen, die grundsätzliche Kritik am paulinischen Apostolat üben – im Gegensatz zum eigentlichen Apostolat der Zwölf, von dem die apostolische Sukzession ausgeht: Die καύχησις gehöre zur Eigenart des paulinischen Apostolats. „Sie kann in dieser Form im Apostolat der Zwölf überhaupt nicht auftreten. Die καύχησις ist nur ein anderer Ausdruck für das eigentliche Fehlen des Apostolates als eines Amtes des Paulus. Die Kirche gründet sich nicht auf Paulus, sondern auf die Zwölf ... Das ist das Gefährliche am evangelischen Kirchenbegriff, daß die einseitige Orientierung an den paulinischen Briefen – wenigstens heute – keine Korrektur mehr durch die Nachfolger der zwölf Apostel zuläßt." (369)

[11] Zu ὑπακοή in der Bedeutung „Glaubensgehorsam", „glaubende Annahme" vgl. 1,5 sowie 6,16f.; [16,26].

[12] Auch wenn die Bezeugung des Genetivs θεοῦ nicht sicher ist, ist der Sache nach an das Wirken des göttlichen Geistes gedacht.

[13] Vgl. Ex 7,3; Dt 6,22; Neh 9,10; Ps 135,9; Jer 32,20f.; Dan 6,28 u.ö. und F. Stolz, Zeichen und Wunder. Die prophetische Legitimation und ihre Geschichte, ZThK 69 (1972) 125–144 sowie W. Weiss, „Zeichen und Wunder". Eine Studie zu der Sprachtradition und ihrer Verwendung im Neuen Testament, WMANT 67, Neukirchen 1995.

[14] B. Kollmann, Paulus als Wundertäter, in: Schnelle/Söding (Hg.), Christologie, 76–96.83.

stes erfahren wird.[15] Die Legitimation des Apostels ist jedoch nicht vom Erweis von Wundertaten abhängig gemacht, „sondern wird in der Teilhabe an der Schwachheit des Kreuzes sichtbar".[16]

Der Auftrag, das Evangelium unter den Völkern zu bezeugen, hat den Weg bestimmt, den der Apostel durch den östlichen Bereich des Römischen Reiches gezogen ist.[17] Obwohl er in Jerusalem niemals als Missionar tätig gewesen ist, nennt der Apostel an erster Stelle Jerusalem als den Ort, von wo das Evangelium, das Ἰουδαίῳ πρῶτον (1,16) ausgerichtet wird, seinen Ausgang genommen hat. Von dort ist es in die Welt hinausgetragen worden – bis nach Illyrien, d.h. bis an die Grenzen des Römischen Reiches (καὶ Ἕλληνι, ebd.). Paulus sagt, er habe im weiten Bogen[18] das Evangelium von Christus[19] erfüllt. Damit muß er nicht unbedingt behaupten, selbst in Jerusalem oder im fernen Illyrien gewirkt zu haben. Aber er steckt gleichsam den Raum ab, der mit der frohen Botschaft erfüllt worden ist. Daher (ὥστε) kann der Apostel die ihm für den östlichen Bereich des Mittelmeerraumes gestellte Aufgabe als getan ansehen, alle weitere Ausbreitung der Verkündigung den von ihm gegründeten Gemeinden überlassen und sich – wie er im folgenden näher darlegen wird – dem Westen zuwenden und nach Spanien weiterziehen.

V. 20: In seinem apostolischen Wirken hat Paulus sich an eine selbst gesetzte Regel gehalten[20] und ist nur dort tätig geworden, wo der Name Christi noch nicht genannt wurde. Er hat es also tunlichst vermieden, dorthin zu gehen, wo schon vor ihm andere Missionare tätig gewesen sind. Die Gründung von Gemeinden versteht er dabei auch hier als „Bauen", weil sie durch das Evangelium „auferbaut" werden (vgl. Röm 14,19; 15,2; 1 Kor 3,9; 14,3.5.12.26 u.ö.). Diese entschiedene Ausrichtung und Konzentration seiner Arbeit macht begreiflich, daß Paulus das Empfinden hat, in so rascher Zeit erfüllt zu haben, was er im Dienst der Ausbreitung des Evangeliums hatte tun sollen. Auch in Zukunft gedenkt er – das deutet er an –, sich an die bisher praktizierte Regel zu halten. Er hat daher nicht vor, lange in Rom zu verweilen, sondern will sich zunächst mit der dortigen Christenheit verständi-

[15] Vgl. Kollmann (s. Anm. 14) 81: „Wenn Paulus hervorhebt, der Gemeinde seien die von den Gegnern angemahnten Apostelzeichen in Form von Zeichen, Wundern und Machttaten keineswegs vorenthalten worden, besteht kein Grund, ihn nicht beim Wort zu nehmen oder ihm Wundertaten abzusprechen." Zur Sache vgl. weiter S. Schreiber, Paulus als Wundertäter. Redaktionsgeschichtliche Untersuchungen zur Apostelgeschichte und den authentischen Paulusbriefen, BZNW 79, Berlin 1996; S. Alkier, Wunder und Wirklichkeit in den Briefen des Apostels Paulus, WUNT I, 134, Tübingen 2001.

[16] Kollmann (s. Anm. 14) 86.

[17] Zum Verständnis dieser Aussage vgl. auch A.S. Geyser, Un Essai d'explication de Rom. XV.19, NTS 6 (1959/60) 156–159 sowie T. Dunne, Towards an explanation of Romans 15,19 (Synthesis and Conclusion), Bulletin of Biblical Studies 17 (1998) 75–80.

[18] Mit dem adverbialen Dativ κύκλῳ soll nicht etwa auf die Umgebung Jerusalems hingewiesen werden, sondern auf den weiten Bogen durch die östliche Hälfte des Römischen Reiches.

[19] Χριστοῦ ist als Gen. obj. zu verstehen und bezieht sich auf den Inhalt des Evangeliums.

[20] Die am Anfang des Satzes stehende Wendung οὕτως δέ ist mit dem folgenden εὐαγγελίζεσθαι zu verbinden.

gen und dann mit ihrer Unterstützung alsbald nach Spanien aufbrechen. Will er auch künftig nicht auf fremdem Grund bauen, so braucht er sich doch in Rom nicht den Mund zu verbieten, sondern kann und darf sich mit der dort versammelten Christenheit über das rechte Verständnis des Evangeliums austauschen (vgl. 1,15).[21]

V. 21: Den ihm gewiesenen Weg zu den Heidenvölkern sieht der Apostel im Wort der Schrift vorgezeichnet, aus der er Jes 52,15 nach der LXX anführt.[22] Dieser Vers gehört zum letzten der deuterojesajanischen Lieder vom Gottesknecht. Das Zitat soll nicht andeuten, daß Paulus seinen Dienst mit dem des prophetischen Gottesknechtes hätte vergleichen wollen.[23] Vielmehr legt er den Ton darauf, daß den Heidenvölkern, denen von ihm – περὶ αὐτοῦ, d.h. von Christus – noch nicht verkündigt worden ist, nun die frohe Botschaft ausgerichtet werden soll, damit sie sehen, hören und begreifen können.

15,22–33 Pläne und Vorhaben des Apostels

22) Daher bin ich auch oft daran gehindert worden, zu euch zu kommen. 23) Jetzt aber habe ich keinen Raum mehr in diesen Gegenden, habe aber Verlangen, zu euch zu kommen, seit vielen Jahren, 24) wenn ich nach Spanien reise – Denn ich hoffe, auf der Durchreise euch zu sehen und von euch dorthin Geleit zu erhalten, wenn ich zuvor einigermaßen mich an euch erfreut habe. 25) Jetzt aber reise ich nach Jerusalem, um den Heiligen zu dienen. 26) Es haben nämlich Makedonien und Achaja beschlossen, eine Spende der Gemeinschaft zu veranstalten für die Armen unter den Heiligen in Jerusalem. 27) Denn sie haben es beschlossen und sind es ihnen auch schuldig. Denn wenn die Heidenvölker an ihren geistlichen Gaben Anteil bekommen, dann sind sie verpflichtet, sie auch mit leiblichen Dingen zu unterstützen. 28) Wenn ich das abgeschlossen und ihnen diese Frucht versiegelt habe, werde ich auf dem Weg über euch nach Spanien ziehen. 29) Ich weiß aber, daß ich, wenn ich zu euch komme, in der Fülle des Segens Christi kommen werde.

30) Ich ermahne euch aber, Brüder, im Namen unseres Herrn Jesus Christus und kraft der Liebe des Geistes, mit mir zu kämpfen in den Gebeten für

---

[21] Zur leichten Spannung, die zwischen 15,20 und 1,15 besteht, s.o. S. 75f.

[22] Kodex B und wenige andere Zeugen setzen sekundär das Prädikat ὄψονται an den Anfang des Satzes.

[23] Anders jedoch zuletzt wieder HAACKER, Röm. 309: „Christologische Rezeption alttestamentlicher Texte schließt demnach ihre gleichzeitige Lektüre zur persönlichen Lebensdeutung und für kirchliche Entscheidungen nicht aus." Ähnlich mit anderen auch DUNN, Rom. 869: „The passage cited (Isa 52:15) effectively ties together Paul's conviction of his call to fulfill the Servant's commission to the Gentiles (1:1,5 [Isa 49:6]) with his theological argument about the universal gospel (10:15 [Isa 52:7]; 10:16 [Isa 53:1])."

mich vor Gott, 31) daß ich gerettet werden möge vor den Ungläubigen in Judäa und mein Dienst für Jerusalem wohlgefällig bei den Heiligen sei, 32) damit ich mit Freude zu euch komme durch Gottes Willen und mich bei euch ausruhen kann. 33) Der Gott des Friedens aber sei mit euch allen. Amen.

Siehe oben S. 392f. und Aus, R.D.: Paul's Travel Plans to Spain and the ‚Full Number' of the Gentiles of Rom 11:25, NT 21 (1979) 232–262; Barnikol, E.: Römer 15: Letzte Reiseziele des Paulus: Jerusalem, Rom und Antiochien. Eine Voruntersuchung zur Entstehung des sogenannten Römerbriefes, FEUC 4, Kiel 1931; Beckheuer, B.: Paulus und Jerusalem. Kollekte und Mission im theologischen Denken des Heidenapostels, EHS.T 611, Frankfurt M. 1997; Berger, K.: Almosen für Israel. Zum historischen Kontext der paulinischen Kollekte, NTS 23 (1976/77) 180–204; Eckert, J.: Die Kollekte des Paulus für Jerusalem, in: Kontinuität und Einheit, FS F. Mußner, Freiburg 1981, 65–80; Georgi, Kollekte (1965); Ders., Kollekte (1992); Holl, K.: Der Kirchenbegriff des Paulus in seinem Verhältnis zu dem der Urgemeinde, SPAW 1921, 920–947 = Gesammelte Aufsätze zur Kirchengeschichte II, Tübingen 1928, 44–67; Keck, L.E.: The Poor among the Saints in the New Testament, ZNW 56 (1965) 100–129; Ders.: The Poor among the Saints in Jewish Christianity and Qumran, ZNW 57 (1966) 54–78; Knox, J.: Romans 15:14–23 and Paul's Conception of His Apostolic Mission, JBL 83 (1964) 1–11.

Den in V. 14–21 entfalteten Gedankengang setzt der Apostel fort und legt seine Pläne und Vorhaben dar, die er für die nächste Zukunft vor sich sieht. Dabei unterstreicht er zunächst wie im Eingang des Briefes (1,13–16), wie sehr ihm daran gelegen ist, möglichst bald nach Rom zu kommen und die ersehnten persönlichen Kontakte herzustellen (V. 22–24).

Zuvor aber muß er noch nach Jerusalem reisen und dort den Ertrag der Kollekte abgeben, die in den heidenchristlichen Gemeinden gesammelt wurde (V. 25–27). Wenn er diese Aufgabe erledigt hat, dann kann er endlich nach Spanien aufbrechen und auf der Durchreise in Rom Station machen (V. 28–29). Wie schwierig sich möglicherweise der Besuch in Jerusalem gestalten könnte, steht dem Apostel deutlich vor Augen. Darum erbittet er von den Christen in Rom fürbittende Hilfe für gutes Gelingen (V. 30–32). Er schließt mit einem Segenswunsch, der allen miteinander gilt (V. 33).

V. 22: Mit dem einleitenden (διό) Satz knüpft der Apostel an die Bemerkung von V. 19 b an, er habe im Osten des Römischen Reiches seinen Auftrag erfüllt. Bis jetzt war er durch diesen ganz in Anspruch genommen und darum daran gehindert worden, nach Rom zu kommen. Wird im Unterschied zum Aorist von 1,13 (ἐκωλύθην) hier das Imperfekt (ἐνεκοπτόμην) gebraucht, so steht dieses im iterativen Sinn[1] und unterstreicht die adverbiale Bestimmung τὰ πολλά[2]: Oft war es durch Gottes verborgenen Ratschluß bedingt, daß Paulus nicht nach Rom hatte

[1] Vgl. Bl-Debr § 325 = „ich wurde regelmäßig verhindert".

[2] Der adverbiale Akkusativ τὰ πολλά ist in der Bedeutung „oft" gebraucht. Vgl. Bl-Debr § 161_3 und 1,13: πολλάκις.

gelangen können.[3] **V. 23:** Doch nun hat er in „diesem Gebiet", in dem er bisher gewirkt hat, keinen Raum[4] mehr. Das Wort τόπος kann jedoch auch in übertragener Bedeutung (= Gelegenheit) verwendet werden. Jedenfalls will Paulus sagen, daß sein Wirken im östlichen Teil des Römischen Reiches beendet ist. Daher kann er nun den alten, seit vielen Jahren gehegten Wunsch verwirklichen, mit der Christenheit in Rom persönliche Verbindung aufzunehmen.[5]

V. 24: Sein Vorhaben, das künftige Wirken auf Spanien zu richten[6], bietet die Möglichkeit, auf der Durchreise in Rom Station zu machen. Der Aufenthalt dort soll nicht unnötig ausgedehnt werden, so daß niemand den Verdacht zu hegen braucht, Paulus wolle nun doch das Evangelium dort verkündigen, wo der Name Christi schon längst genannt worden ist (V. 20). Der mit νυνὶ δέ (V. 23 Anfang) begonnene Satz wird nicht zu Ende geführt, sondern bricht anakoluth ab. Gedacht war offensichtlich an eine Fortsetzung, wie sie in V. 28f. ausgesprochen wird, etwa = „dann will ich zu euch kommen". Statt den begonnenen Satz zum Abschluß zu bringen, setzt Paulus neu an und spricht die Hoffnung aus, den Zwischenhalt in Rom zur persönlichen Begegnung nutzen zu können, um dann von dort Weggeleit[7] beim Aufbruch nach Spanien zu erhalten.[8] Wenn Paulus sich in Rom ein wenig hat ausruhen und an der Gemeinschaft erfreuen können[9], wird es für den Fortgang seiner Mission von gewichtiger Bedeutung sein, mithilfe fördernder Begleitung und auch gewisser materieller Unterstützung seinen Weg nach Westen fortsetzen zu können.

V. 25: Doch jetzt ist der Apostel noch nicht in der Lage, sogleich nach Rom aufzubrechen. Denn zuerst muß er noch eine überaus wichtige Aufgabe erfüllen und die in heidenchristlichen Gemeinden eingesammelte Kollekte für die notleidende Urgemeinde überbringen. Die Christen in Jerusalem werden als die „Heiligen" bezeichnet, das Gott zueigen gehörende Volk (vgl. 1 Kor 16,1; 2 Kor 8,4; 9,1.12). Auf dem Apostelkonvent, auf dem von den sog. Säulen die gesetzesfreie paulinische Heidenmission anerkannt worden war, hatte Paulus einst die Verpflichtung übernommen, der Armen in Jerusalem zu gedenken (Gal 2,10). Diesen „Dienst" (διακονῶν) sollte die Heidenchristenheit erweisen, um dadurch einerseits akute Nöte

---

[3] 1,13 und hier steht das Passivum divinum; doch s. 1 Thess 2,18: ἐνέκοψεν ἡμᾶς ὁ σατανᾶς.

[4] Vgl. Bauer-Aland 1540f.

[5] Der Infinitiv τοῦ ἐλθεῖν gibt die Folge an: „so daß"; vgl. Bl-Debr § 400_6.

[6] Die Wendung ὡς ἄν steht in temporaler Bedeutung = „wenn", „sobald"; vgl. Bl-Debr § 455_4.

[7] Das Verbum προπέμπειν ist terminus der Missionssprache; vgl. 1 Kor 16,6.11; 2 Kor 1,16; Act 20,38; 21,5.

[8] Spanien war in geringerem Maße hellenisiert als der Osten des Reiches. Auch gab es im Unterschied zu Kleinasien und Griechenland in Spanien kaum jüdische Gemeinden. Vgl. W.P. Bowers, Jewish Communities in Spain in the time of Paul the Apostle, JThS 26 (1975) 395–402 sowie B. Wander, Warum wollte Paulus nach Spanien?, in: F. W. Horn (Hg.), Das Ende des Paulus, BZNW 106, Berlin 2001, 175–195.

[9] Vgl. Bl-Debr § 172_1: „Wenn ich mich an euch gesättigt habe = … erfreut habe".

beheben zu helfen, andererseits aber ein deutliches Zeichen der festen Zusammengehörigkeit der einen Christenheit aus Juden und Heiden zu setzen.

V. 26: In diesem Sinn charakterisiert Paulus auch in seinem nach Rom gerichteten Schreiben die Sammlung, die er in den von ihm gegründeten Gemeinden veranstaltet hat, und betont, daß die Heidenchristen sich dazu bereit gefunden haben, diesen Dienst zu übernehmen (vgl. V. 31: διακονία). Es handelte sich also nicht um die Abgabe einer verpflichtenden Steuer[10], sondern um einen Liebeserweis für die „Armen unter den Heiligen". Da im spätantiken Judentum fromme Gemeinschaften sich auch als die „Armen" bezeichnen konnten (1 QM XI, 8f. 13 u. ö.)[11], könnte erwogen werden, die Begriffsverbindung πτωχοὶ τῶν ἁγίων im Sinn eines Gen. epexegeticus aufzulösen = „die Armen, d.h. die Heiligen".[12] Doch da Paulus nachdrücklich hervorhebt, daß eine Hilfe in akutem Notstand zu leisten ist, liegt es näher, die Bezeichnung als Arme im eigentlichen Sinn zu verstehen und daher einen Gen. partitivus anzunehmen: „die Armen unter den Heiligen". Ihnen beizustehen, haben sich „Makedonien und Achaja" bereitgefunden. Paulus nennt – von Korinth aus schreibend – beispielhaft nur die näher gelegenen Gebiete. Die heidenchristlichen Gemeinden haben sich – offensichtlich auf die Bitte des Apostels hin – entschlossen, „ein enges Gemeinschaftsverhältnis herzustellen mit den Armen", d.h. zum „Erweis brüderlichen Zusammenhaltens" eine Kollekte für Jerusalem einzusammeln.[13]

V. 27: Paulus wiederholt das Verbum εὐδόκησαν und betont damit noch einmal den freiwilligen Charakter der Kollekte. Doch fügt er hinzu, daß dieser Beschluß nur recht und billig war. Denn die Heidenchristen stehen insofern in der Schuld der judenchristlichen Urgemeinde, als sie ja von ihr die frohe Botschaft empfangen haben und daher ihr gegenüber eine Dankespflicht[14] zu erfüllen haben. Was sie als geistliche Gaben (πνευματικά) erhielten, steht höher als leibliche Hilfe (σαρκικά), die nun im Gegenzug zu erweisen ist (λειτουργῆσαι).[15]

V. 28: Erst wenn diese Aufgabe erfüllt ist, wird Paulus endlich seinen Wunsch verwirklichen können, nach Rom zu reisen. Den Abschluß seines Dienstes für Jerusalem bezeichnet er als ein „Versiegeln der Frucht". Wahrscheinlich geht dieser Ausdruck auf den Brauch zurück, einen gefüllten Sack Getreide zu versiegeln, ehe

---

[10] Als solche suchte einst HOLL die Kollekte in Analogie zur jüdischen Tempelsteuer zu interpretieren. Zur Auseinandersetung mit seinen Thesen vgl. vor allem KECK und GEORGI.

[11] Weitere Belege – insbesondere aus den Texten von Qumran – bei KECK (ZNW 1966) 75–77.

[12] So BL-DEBR § 164_3; SCHLIER, Röm. 436 u.a.

[13] Zur Wiedergabe von κοινωνία vgl. BAUER-ALAND 892f. sowie G.W. PETERMANN, Romans 15.26: Make a Contribution or Establish Fellowship?, NTS 40 (1994) 457–462.

[14] Zum Begriff ὀφειλέτης vgl. 1,14: Paulus weiß sich als ὀφειλέτης, Griechen und Barbaren das Evangelium zu verkündigen.

[15] Vgl. BAUER-ALAND 955: „auf dem Gebiet der irdischen Dinge sich dienstbar machen".

er dann in den Handel gegeben wurde.[16] Wenn von Paulus die eingesammelten Gaben der Heidenchristenheit ordnungsgemäß in Jerusalem abgeliefert sind, dann kann der Apostel endlich auf der Durchreise nach Spanien die Christen in Rom besuchen.

V. 29: Die Beendigung des bisherigen Wirkens und den Beginn seiner nach Westen ausgreifenden Mission wird er – dessen ist der Apostel gewiß – „in der Fülle des Segens Christi" vollziehen. Hatte Paulus schon im Eingang des Briefes versichert, er wolle die Christen in Rom im Glauben stärken, so nimmt er diesen Gedanken hier wieder auf, indem er mit anderen Worten sagt, daß Christus selbst durch den Apostel handelt und durch ihn dieses Werk ausführen wird.

V. 30: Mit dem Wort παρακαλῶ führt der Apostel wie in 12,1 einen neuen Gedanken ein und wendet sich mit einer dringenden Bitte, für die er sich auf die Autorität[17] des Kyrios Jesus Christus und die vom Geist gewirkte Liebe[18] beruft, an die Christen in Rom[19], sie möchten mit fürbittendem Gebet vor Gott für ihn[20] eintreten (vgl. 1 Thess 5,25; 2 Kor 1,11; Phil 1,19; Phm 22 u.ö.). Dabei vergleicht er das Gebet mit einem Kampf, in dem einer dem anderen zu Hilfe eilt (συναγωνίσασθαι).[21] **V. 31:** Die Christen in Rom werden um ihre Fürbitte[22] ersucht, daß der Besuch des Apostels in Jerusalem glücklich verlaufen und er vor den feindlichen Nachstellungen der Ungehorsamen, d.h. der Ungläubigen (vgl. 10,2f.; 11,30), in Judäa errettet werden möge. Der Apostel fürchtet sich vor der Feindschaft derer, die das Evangelium abweisen. Die Kollekte, die Paulus zu überbringen hat, bezeichnet er wiederum als „Dienst für Jerusalem" (vgl. V. 25), von dem dringend erhofft wird, daß er freundlich aufgenommen werden möge. Denn darüber wird sich ebenso wie der Apostel auch die Urgemeinde im klaren sein, daß die Annahme der Kollekte zugleich als Zeichen der Solidarität mit den heidenchristlichen Gemeinden verstanden werden muß. Die Befürchtung des Paulus, ob man sich zu dieser Geste bereit finden wird, war nur allzu berechtigt. Lassen doch die später aufgezeichneten Berichte der Apostelgeschichte erkennen, welchen Bedrängnissen und Leiden Paulus in Jerusalem ausgesetzt war, so daß es zu seiner Verhaftung und Gefangensetzung kam (vgl. Act 21,15–36).

---

[16] Vgl. A. DEISSMANN, Neue Bibelstudien, Marburg 1897, 65f. Anders H.W. BARTSCH, ... wenn ich ihnen diese Frucht versiegelt habe. Röm 15,28. Ein Beitrag zum Verständnis der paulinischen Mission, ZNW 63 (1972) 95–107: die Frucht seien die von Paulus gewonnenen Gläubigen, d.h. konkret die Gemeinden von Makedonien und Achaja, die die Kollekte für Jerusalem eingesammelt haben.

[17] Die Präposition διά mit Gen. ist wie in 12,1 in der Bedeutung „im Namen von" gebraucht; vgl. BL-DEBR § 223_9.

[18] Die Verbindung ἡ ἀγάπη τοῦ πνεύματος ist als Gen. subj. aufzulösen.

[19] Obwohl die Anrede ἀδελφοί in p^{46} und B fehlt, wird sie auf Grund der breiten übrigen Bezeugung zum Urtext gehört haben. Die Anrede entspricht wie 12,1 dem Neueinsatz in V. 30.

[20] Die Wendung ὑπὲρ ἐμοῦ ist mit ταῖς προσευχαῖς zu verbinden.

[21] Vgl. V.C. PFITZNER, Paul and the Agon Motif, NT.S 16, Leiden 1967.

[22] Der Gegenstand der Fürbitte wird in den beiden ἵνα-Sätzen in V. 31 und 32 genannt.

V. 32: Nicht nur auf Jerusalem (V. 31), sondern auch auf Rom soll das gemeinsame Gebet gerichtet sein[23]: daß der Apostel mit Freude dorthin gelangen möge durch Gottes Willen. Denn der Weg des Paulus wird von Gottes Willen bestimmt sein, der von seiner Berufung an seine Wirksamkeit leitet (vgl. 1 Kor 1,1; 2 Kor 1,1; 8,5; Gal 1,4 u. ö.). Darum ist es dem Apostel ebenso wie zu Beginn des Briefes wichtig, daß das Gebet zu Gott darauf gerichtet ist, daß sein Wille ihn und die Christen in Rom zusammenführen möge (1,10). Wird dieses Gebet erhört, so kann Paulus bei ihnen getröstet werden[24] und sich bei ihnen ausruhen können.

V. 33: Ein kurzer Segenswunsch steht am Ende des Abschnitts, der die Pläne und Vorhaben des Apostels darlegt (vgl. 1 Thess 5,23; Phil 4,9; 2 Kor 13,11 u. ö.). Gott wird – jüdischer Gebetssprache folgend (vgl. Test Dan 5,2 u. ö.)[25] – Gott des Friedens genannt (so noch einmal 16,20). Er möge allen Christen in Rom die Gabe seines Friedens zuteil werden lassen. Ein bekräftigendes „Amen" ist hinzugefügt und damit ein feierlicher Abschluß bezeichnet (vgl. Röm 1,25; 9,5; Gal 6,18 u. ö.).[26]

16,1–2 Empfehlung für Phoebe

1) **Ich empfehle euch aber Phoebe, unsere Schwester, Dienerin der Gemeinde in Kenchreae,** 2) **daß ihr sie aufnehmt im Herrn, den Heiligen angemessen, und ihr beisteht, in welcher Angelegenheit immer sie von euch Hilfe braucht. Denn für viele war sie ein Beistand, auch für mich selbst.**

Zu 16,1–20 siehe oben S. 392 sowie Donfried, K.P.: A Short Note on Romans 16, JBL 89 (1970) 441–449; Ders., Debate 44–52; Lampe, Christen; Ders.: The Roman Christians of Romans 16, in: Donfried (Hg.), Debate 216–230; McDonald, J.I.H.: Was Romans 16 a Separate Letter?, NTS 16 (1969/70) 369–372; Ollrog, Paulus; Ders.: Die Abfassungsverhältnisse von Röm 16, in: Kirche, FS G. Bornkamm, Tübingen 1980, 223–244; Richardson, P.: From Apostles to Virgins: Romans 16 and the Role of Women in the Early Church, TJT 2 (1986) 232–261; Schüssler-Fiorenza, E.: Missionaries, Apostles, Coworkers: Romans 16 and the Reconstruction of Women's Early Christian History, Word and World 6 (1986) 420–433.

Zu 16,1–2: Arichea, D.C.: Who Was Phoebe? Translating *diakonos* in Romans 16:1, BiTr 39 (1988) 401–409; Ernst, M.: Die Funktion der Phoebe (Röm 16,1 f) in der Gemeinde von Kenchreai, Protokolle zur Bibel 1 (1992) 135–147; Goodspeed, E.J.: Phoebe's Letter of In-

---

[23] Der Apparat bei Nestle[27] führt zu V. 32 verschiedene Textvarianten auf, die ausnahmslos als sekundär zu beurteilen sind. Vgl. Metzger (s.o. S. 382 Anm. 30) 474.

[24] Vgl. 1,12 = συμπαρακληθῆναι ἐν ὑμῖν.

[25] Vgl. oben zu V. 13.

[26] In p[46] wird bereits hier die Doxologie von 16,25–27 eingefügt. Doch folgt auch in p[46] Kap. 16, so daß die an dieser Stelle eingesetzte Doxologie nicht als Beweis dafür gelten kann, daß mit dem Ende von Kap. 15 ein ursprünglicher Schluß des Briefes gegeben wäre: s.o. S. 50–53.

troduction, HThR 44 (1951) 55–57; HEINE, S.: Diakonissinnen – Frauen und Ämter in den ersten christlichen Jahrhunderten, IKZ 78 (1988) 213–227; DIES.: Frauen in der frühen Christenheit: Zur historischen Kritik einer feministischen Theologie, Göttingen 1986, ³1990; MICHAELIS, W.: Kenchreä (Zur Frage des Abfassungsortes des Rm), ZNW 25 (1926) 144–154; ROMANIUK, K.: Was Phoebe in Romans 16,1 a Deaconess?, ZNW 81 (1990) 132–134; SCHÜSSLER-FIORENZA, E.: In Memory of Her: A Feminist. Theological Reconstruction of Christian Origins, New York/London 1983; WHELAN, C.F.: Amica Pauli. The Role of Phoebe in the Early Church, JSNT 49 (1993) 67–85.

Während in allen anderen Briefen des Apostels auf den abschließenden Segenswunsch nur noch wenige kurze Grüße folgen, wird im Röm in Kap. 16 eine ausführliche Grußliste angehängt, die deutlich macht, wie viele persönliche Beziehungen des Apostels zu einzelnen Gliedern der römischen Christenheit bereits bestehen.[1] Die Empfehlungen und Grüße, die Paulus ausspricht bzw. auszurichten bittet, dienen dazu, die Verbindung zu seinen Lesern fester zu knüpfen. Insofern empfiehlt der Apostel nicht zuletzt auch sich selbst als einen zuverlässigen und vertrauenswürdigen Partner.

Die in der Grußliste enthaltenen Angaben bieten zugleich aufschlußreiche Einblicke in die Situation der frühesten Christenheit und in den tatkräftigen Einsatz einzelner Frauen und Männer, die miteinander Verantwortung für die Gestaltung des Gemeindelebens und die weitere Ausbreitung der frohen Botschaft tragen.

V. 1: Ein verknüpfendes δέ[2] stellt den Übergang zu einem persönlichen Wort her, mit dem Paulus die Mitchristin Phoebe den Adressaten bekannt macht. Im Judentum gab man vielfach Worte der Empfehlung – oft in schriftlicher Form – Reisenden mit, die bei Synagogen in der weit verstreuten Diaspora gastliche Aufnahme erbaten (vgl. Act 9,2; 22,5 sowie 15,30; 23,25.33 u. ö.). So suchte man sich auch in der frühesten Christenheit bei fremden Gemeinden durch ein Empfehlungsschreiben einzuführen (vgl. 2 Kor 3,1: συστατικαὶ ἐπιστολαί). Ein solches Wort der Empfehlung spricht der Apostel für eine Frau aus, die als Schwester vorgestellt wird, der sich Paulus ebenso wie den Brüdern verbunden weiß (vgl. V. 23, sowie 1,13; 7,1.4. u. ö.).[3] Ihr griechischer Name deutet darauf hin, daß sie Heidenchristin war. Sie ist nicht nur treues Glied der kleinen Gemeinde, der sie angehört, sondern nimmt in dieser auch[4] verantwortungsvolle Funktionen wahr. Zum ersten Mal taucht hier – gleichsam beiläufig – im Röm der Begriff ἐκκλησία auf, der im 16. Kap. noch wie-

---

[1] Zum Nachweis, daß die Empfehlungen und Grüße in Röm 16 intregraler Bestandteil des Briefes sind, s.o. S. 49 und 391f.

[2] Daß dieses δέ in einigen wenigen Handschriften fehlt, spricht nicht gegen seine Zugehörigkeit zum Urtext. Das δέ zeigt eindeutig an, daß vorangegangene Ausführungen fortgesetzt werden. Auch dieser Sachverhalt spricht für die feste Zugehörigkeit von Kap. 16 zum ganzen Brief.

[3] An ursprünglichem ἡμῶν ist gegen die – trotz p^{46} – schwächer bezeugte Variante ὑμῶν festzuhalten. Zur Bezeichnung als Schwester vgl. auch Phm 2: „Apphia, die Schwester".

[4] Obwohl die Bezeugung des καί nicht ganz sicher ist, spricht die höhere Wahrscheinlichkeit für seine ursprüngliche Zugehörigkeit zum Urtext. Durch καί wird das ihm folgende Wort διάκονον hervorgehoben.

derholt und auf verschiedene Hauskirchen angewendet wird (vgl. V. 4.5.16.23).[5] Hier ist die – wohl nur kleine – Hausgemeinde im südöstlich von der Stadt gelegenen Vorhafen Korinths genannt (vgl. Act 18,18). In der Gemeinde von Kenchreae ist Phoebe als διάκονος tätig. Das Wort διάκονος wird meist in maskuliner Bedeutung gebraucht, kann aber auch in femininem Sinn verwendet werden (vgl. auch 13,4) – wie hier.[6] Da es in dieser frühen Zeit der Christenheit noch nicht fest ausgeprägte und voneinander unterschiedene Ämter gab[7], dürfte das Wort dahin zu verstehen sein, daß die hilfreiche Wirksamkeit bezeichnet werden soll, die Phoebe in der Gemeinde in Kenchreae ausübt.[8] Möglicherweise war sie im Besitz eines Hauses, das sie für gottesdienstliche Zusammenkünfte zur Verfügung stellte. Sie hat – offensichtlich aus eigenem Entschluß – vor, nach Rom zu reisen. Von diesem ihrem Plan hat Paulus erfahren und sie – darüber wird freilich kein weiteres Wort verloren – gebeten, den Röm mitzunehmen und den Christen in Rom zu überbringen. Phoebe muß eine couragierte Frau gewesen sein, daß sie sich allein auf die weite Fahrt zu begeben anschickte.

V. 2: Die Empfehlung, die der Apostel für sie ausspricht, soll ihr die Türen bei den Christen in Rom öffnen: daß man sie aufnimmt als christliche Schwester – im Herrn, wie es hier und im folgenden in V. 8.11.12.13 und 22 heißt. In gleicher Bedeutung findet sich wiederholt die Wendung „in Christus" (V. 3.7.9.10.16), um die Christuszugehörigkeit und damit die gegenseitige Verbundenheit zu charakterisieren.[9] Rechtes und angemessenes Verhalten der Christen untereinander wird durch die hinzugefügten Worte beschrieben: „wie es den Heiligen angemessen ist". Weil sie in der Taufe Gott, der ihnen in Christus seine Barmherzigkeit zugewandt hat, zueigen übergeben wurden, sind sie ihm „Geheiligte" und damit „Heilige". Als solche haben sie füreinander einzustehen. Es besteht also eine Verpflichtung der Christen in Rom, der Phoebe Unterkunft und sonst etwa benötigte Hilfe zu gewähren – wo immer sie deren bedarf.[10] Dabei ist der Begriff πρᾶγμα in weitem Sinn verstanden und braucht sich nicht nur auf Angelegenheiten zu beziehen, die die Gemeinde

---

[5] Zu urchristlichen Hauskirchen vgl. bes. F.V. Filson, The Significance of the Early House Churches, JBL 58 (1939) 105–112; H.-J. Klauck, Hausgemeinde und Hauskirche im frühen Christentum, SBS 103, Stuttgart 1981; Ders., Die Hausgemeinde als Lebensform im frühen Christentum, MThZ 32 (1981) 1–15; M. Gielen, Zur Interpretation der Formel ἡ κατ' οἶκον ἐκκλησία, ZNW 77 (1986) 109–125; R. W. Gehring, Hausgemeinde und Mission. Die Bedeutung antiker Häuser und Hausgemeinschaften von Jesus bis Paulus, Bibelwissenschaftliche Monographien 9, Gießen 2000.

[6] Die Wortform διακόνισσα ist erst in späterer Zeit gelegentlich bezeugt.

[7] Im Brief des Plinius an Trajan werden zwei Sklavinnen erwähnt, die als „ministrae" in einer christlichen Gemeinde in Bithynien bezeichnet werden (Ep. X 96,8).

[8] Vgl. Romaniuk 134: „Phoebe served in a general way the entire community and was a help to Paul in the preaching of the Gospel." Man wird daher allenfalls von einer „Vorstufe zum späteren kirchlichen Amt" (Käsemann, Röm. 395) sprechen können.

[9] Dabei mag man erwägen, ob im Unterschied zur Wendung „in Christus" der Ausdruck „im Herrn" stärker auf den Imperativ christlichen Verhaltens zielt. Vgl. Neugebauer, Christus 139: „‚In Christo' hat der Apostel die Autorität zu befehlen, er ermahnt jedoch ‚im Herrn'."

[10] Zu χρῄζειν τινός vgl. Mt 6,32; Lk 11,8; 12,30; 2 Kor 3,1; vgl. weiter Bl-Debr § 180_5.

betreffen, sondern kann auch persönliche Angelegenheiten einschließen, die Phoebe in Rom zu erledigen hat (vgl. 1 Thess 4,6). Gilt grundsätzlich, daß Christen einander anzunehmen haben, wie Christus sie angenommen hat (15,7), so wird dieses προσλαμβάνεσθαι im hier genannten προσδέχεσθαι konkretisiert.

Zur Bekräftigung der Empfehlung fügt der Apostel hinzu, Phoebe sei für viele eine προστάτις gewesen, ja sie habe sich für Paulus selbst in dieser Weise bewährt. Das Wort stellt die Femininform zu προστάτης dar und entspricht lateinisch „patrona". Doch ebensowenig wie bei dem Begriff διάκονος ist dieser Ausdruck als eine bestimmte Amtsbezeichnung zu verstehen. Er weist vielmehr auf den Einsatz hin, den Phoebe nicht nur für die Gemeinde als ganze, sondern insbesondere für einzelne ihrer Glieder geleistet hat. Worin solcher Einsatz – Gastfreundschaft, diakonische Hilfe o. ä. – im einzelnen bestanden hat, wird nicht gesagt. Indem Paulus jedoch am Ende mit Betonung hervorhebt, Phoebe habe solchen Dienst auch ihm selbst erwiesen, verleiht er der Empfehlung persönlichen Nachdruck, um für eine warmherzige Aufnahme durch die Christen in Rom zu werben.

16,3–16 Grußliste

3) **Grüßt Prisca und Aquila, meine Mitarbeiter in Christus Jesus.** 4) **Sie haben für mein Leben ihren eigenen Hals hingehalten. Ihnen habe nicht nur ich allein zu danken, sondern auch alle Gemeinden der Heiden.** 5) **Grüßt auch ihre Hausgemeinde. Grüßt meinen geliebten Epainetus, der Erstling Asiens für Christus ist.** 6) **Grüßt Maria, die sich oft für euch gemüht hat.** 7) **Grüßt Andronikus und Junia, meine Landsleute und meine Mitgefangenen, die herausragen unter den Aposteln, die schon vor mir Christen waren.** 8) **Grüßt meinen im Herrn geliebten Ampliatus.** 9) **Grüßt Urbanus, unseren Mitarbeiter in Christus und meinen geliebten Stachys.** 10) **Grüßt Apelles, der in Christus bewährt ist. Grüßt die aus dem Haus des Aristobul.** 11) **Grüßt Herodion, meinen Landsmann. Grüßt die aus dem Haus des Narcissus, sofern sie dem Herrn gehören.** 12) **Grüßt Tryphaina und Tryphosa, die sich im Herrn gemüht haben. Grüßt die geliebte Persis, die sich oft im Herrn gemüht hat.** 13) **Grüßt Rufus, den im Herrn Auserwählten, und seine Mutter, die auch die meinige wurde.** 14) **Grüßt Asynkritus, Phlegon, Hermes, Patrobas, Hermas und die Brüder bei ihnen.** 15) **Grüßt Philologus und Julia, Nereus und seine Schwester und Olympas und alle Heiligen bei ihnen.** 16) **Grüßt einander mit heiligem Kuß. Es grüßen euch alle Gemeinden Christi.**

Siehe oben S. 392f. sowie Erbes, K.: Zeit und Ziel der Grüße Röm 16,3–15 und der Mitteilungen 2 Tim 4,9–21, ZNW 10 (1909) 128–145.195–218; v. Harnack, A.: κόπος (κοπιᾶν/οἱ κοπιῶντες) im frühchristlichen Sprachgebrauch, ZNW 27 (1928) 1–10; Hofmann, K.M.: Philema hagion, BFChTh II, 38, Gütersloh 1938; Jeremias, J.: Paarweise Sendung im Neuen Testament, in: New Testament Essays, FS T.W. Manson, Manchester

1959, 136–143 = Abba 132–139; LAMPE, Christen; DERS.: The Roman Christians of Romans 16, in: Donfried (Hg.), Debate 216–230; DERS.: Urchristliche Missionswege nach Rom: Haushalte paganer Herrschaft als jüdisch-christliche Keimzellen, ZNW 92 (2001) 123–127; OLLROG, Paulus; DERS.: Die Abfassungsverhältnisse von Röm 16, in: Kirche, FS G. Bornkamm (1980) 221–244; SCHREIBER, S.: Arbeit mit der Gemeinde, NTS 46 (2000) 204–226.

Die lange Reihe von Grüßen, die der Apostel auszurichten bittet, führt zunächst einige Namen von Leuten auf, die ihm persönlich nahe stehen. Daher fügt er jeweils einige Worte hinzu, die ihr Verhältnis zu ihm charakterisieren (V. 3–7). Dann werden Grüße angeschlossen, die weiteren Bekannten bis hin zu ganzen Hausgemeinden gelten. Am Ende steht die Aufforderung, einander mit heiligem Kuß zu grüßen, sowie ein Gruß, den alle Gemeinden an die Christen in der Hauptstadt des Reiches schicken.

Paulus wendet sich mit der Bitte, Grüße weiterzugeben, an alle Christen in Rom, um durch das Geflecht der Grüße Zusammengehörigkeit und Zusammenhalt aller zu fördern.[1] Dabei zeigt er auf, wer zu seinen Gunsten in Rom über ihn Aussagen machen kann, und gibt er der Phoebe Hinweise, an wen sie sich in Rom wenden kann, um Rat und Hilfe zu erhalten.

V. 3: Mit der wiederholten Aufforderung ἀσπάσασθε wird die ganze Christenheit in Rom angesprochen, sie möge bereits bestehende Verbindungen sich zu eigen machen und festigen. An erster Stelle nennt Paulus das Ehepaar Prisca und Aquila und setzt den Namen der Frau, der in der Apostelgeschichte auch als „Priszilla" überliefert ist (Act 18,2.18.26), an den Anfang. Darin mag angedeutet sein, daß die Frau der aktivere Teil des Paares war, das infolge des Claudius-Ediktes (s.o. S. 38) Rom hatte verlassen müssen. In Korinth und dann in Ephesus hatten sie Paulus geholfen und ihm die Möglichkeit bieten können, daß er von seiner Hände Arbeit seinen Lebensunterhalt hatte bestreiten können (vgl. Act 18,2f.18f.; 19,8–10; 1 Kor 16,19).[2] Als nach dem Tod des Kaisers Claudius sein gegen Juden und Judenchristen gerichtetes Edikt erlosch, konnten sie nach Rom zurückkehren und wie in Ephesus (1 Kor 16,19) so auch in Rom in ihrem Haus eine Gemeinde um sich sammeln. **V. 4:** Ihnen weiß Paulus sich zu besonderem Dank verpflichtet, weil sie unter Lebensgefahr sich für ihn eingesetzt haben.[3] Ihr Einsatz hat dem Apostel das Leben gerettet – ein Ereignis, das sich möglicherweise in Ephesus zugetragen hat (vgl. 1 Kor 15,32; 2 Kor 1,8–11). Nicht nur Paulus, sondern auch alle Gemeinden in der Heidenchristenheit schulden daher diesem tapferen und stets hilfsbereiten Ehepaar Dank (vgl. 15,27). **V. 5:** Der Gruß, der ihnen auszurichten ist, bezieht auch ihre Hausgemeinde ein.[4]

---

[1] Vgl. LAMPE, Christen 127.

[2] Vgl. LAMPE, Christen 156–164.

[3] „Den Hals für jemanden hinhalten" ist ein volkstümlicher Ausdruck für „sein Leben einsetzen"; vgl. DEISSMANN, Licht 94f.

[4] Zu urchristlichen Hausgemeinden vgl. o. S. 403f. zu 16,1.

Als nächster Name folgt der des Epainetus, dem Paulus sich herzlich zugetan weiß. Er ist als erster in der ganzen Provinz Asia zum Glauben an Christus gekommen. Darum wird er Erstling genannt – im Vergleich mit den ersten Garben, die zu Beginn einer neuen Ernte Gott dargebracht werden (vgl. o. zu 8,23 und 11,16). Paulus wird ihm ebenso wie den Eheleuten Prisca und Aquila in Ephesus begegnet sein.

Die Namen in der Grußliste[5]

Auf der einen Seite finden sich in der Grußliste lateinische Namen wie: Ampliatus, Aquila, Julia, Junia, Prisca, Quartus, Rufus und Urbanus. Auf der anderen Seite steht eine stattliche Zahl griechischer Namen: Andronikus, Apelles, Aristobul, Asynkritus, Epainetus, Hermas, Hermes, Narcissus, Olympas, Patrobas, Persis, Philologos, Phlegon, Sosipater, Stachys, Timotheus, Tryphaina und Tryphosa. Einige wenige Namen könnten hebräischen Ursprungs sein wie: Maria und Herodion. Viele dieser Namen sind auch auf zeitgenössischen Inschriften bezeugt, vornehmlich in Rom, aber auch an anderen Orten.[6] Die große Zahl griechischer Namen deutet darauf hin, daß etliche Glieder der römischen Christenheit aus dem Osten nach Rom zugewandert sein werden. Da dort weithin die griechische Sprache – sowohl unter Sklaven wie vor allem auch unter den Juden – gebräuchlich war, konnten sie sich auch in Rom ohne Schwierigkeiten zurechtfinden und verständigen.

Die kurzen Erläuterungen, die den Namen beigegeben werden, lassen erkennen, in welchem Verhältnis Paulus zu ihren Trägern gestanden hat: Mitarbeiter werden Prisca und Aquila (V. 3) sowie Urbanus (V. 9) genannt. Als Landsleute werden Andronikus und Junia, die mit Paulus eine Zeit der Gefangenschaft geteilt haben (V. 7), sowie Herodion (V. 11) bezeichnet. Als Landsleute des Paulus waren sie judenchristlicher Herkunft, während die anderen Namen größtenteils auf Heidenchristen schließen lassen. Als „geliebt" werden Epainetus (V. 5), Ampliatus (V. 8), Stachys (V. 9) sowie Persis (V. 12) charakterisiert. Als hohen Ansehens wert werden Epainetus (V. 5), Andronikus und Junia (V. 7), Apelles (V. 10) und Rufus (V. 13) hervorgehoben. Durch besonderen Einsatz für andere Christen haben sich Maria (V. 6), Tryphaina und Tryphosa (V. 12) sowie Persis (V. 12) verdient gemacht.

Die Namen des Aristobul (V. 10) und Narcissus (V. 11) werden als Vorstände eines – wohl größeren – Hauses aufgeführt, zu dessen Dienerschaft einzelne Christen gehören.[7] Wenn Aristobul – was seinem Namen nach möglich wäre (s. u. zu V. 10) – dem herodianischen Königshaus angehört hat, aus dem Osten zugewandert ist und christliche Sklaven mitgebracht hat, würde dadurch einer der Wege beleuchtet, auf denen die christliche Botschaft nach Rom gelangt ist.[8] Mit den Namen der christlichen Sklaven, die zu diesen beiden Häusern gehören, werden keine näheren Angaben verbunden. Wahrscheinlich ist Paulus ihnen nicht persönlich

---

[5] Literatur: s. o. S. 405 f., bes. LIETZMANN, Röm. 125–127 sowie die o. genannten Arbeiten von LAMPE.

[6] Hierzu sind die detaillierten Aufstellungen bei LIETZMANN und LAMPE zu vergleichen. Zwar ließen die aufgeführten Namen auch die Möglichkeit offen, statt an Rom an einen anderen Ort – etwa Ephesus – zu denken. Aber die breiteste Bezeugung bieten zum Vergleich heranzuziehende römische Inschriften. Vgl. LAMPE, Christen 128.

[7] Vgl. LAMPE, Christen 136: „Dass die Patrone keine Christen sind, wird ferner dadurch indiziert, dass nicht die Gesamtheit, sondern nur ein Teil des Hausstandes vom Christentum erfasst ist."

[8] Vgl. LAMPE, Christen 136 sowie DERS. (2001) 126.

begegnet; sondern er wird von ihnen gehört haben und läßt sie darum grüßen.[9] Da mit etlichen der aufgezählten Namen – z.B. bei der Verwendung von Götternamen wie Hermes und Nereus oder Herkunftsbezeichnungen wie Persis – im Rom der damaligen Zeit durchweg Sklaven genannt wurden, wird ein großer Teil derer, die der Apostel grüßen läßt, entweder zu den in Rom lebenden Sklaven oder zu niedrig gestellten Schichten der Bevölkerung gehört haben.[10]

Einige Personen werden vom Apostel als Mitarbeiter, Helfer oder geliebte Freunde benannt. Er spricht von und zu ihnen nicht von erhöhter Warte, sondern weiß sich mit ihnen in der Gemeinschaft aller Glaubenden verbunden. Beachtlich ist dabei die stattliche Zahl von Frauen, die in den Gemeinden Verantwortung tragen und mit vollen Rechten und Pflichten an deren Dienst teilnehmen.[11] Ob aus Ost oder West stammend, als Sklaven, Freigelassene oder Freie lebend, ob Mann oder Frau – alle miteinander sind sie eins in Christus.

V. 6: Der Name der Maria könnte hebräischen Ursprungs sein (= Mirjam) und dann auf eine judenchristliche Trägerin hinweisen. Er kann aber auch als Femininform zu Marius gebraucht werden und würde dann einer Heidenchristin zuzuweisen sein. Maria hat sich eifrig zum Wohl anderer betätigt; das hier verwendete Verbum κοπιᾶν bezeichnet im frühchristlichen Sprachgebrauch den aktiven Dienst zum Wohl der Gemeinde, wie Maria ihn geleistet hat.[12] **V. 7:** Nach ihr sind Andronikus und Junia genannt, wohl ein Ehepaar (vgl. V. 3). Beide sind sie judenchristlicher Herkunft, haben mit Paulus Gefangenschaft geteilt und sind schon früh – noch vor dem Apostel – Christen geworden. Sie werden als Apostel zu den urchristlichen Missionaren gezählt, die die frohe Botschaft bezeugen[13], und haben sich unter ihnen besonders hervorgetan.[14] Das Wort „Apostel" ist hier in weiterem Sinn gebraucht und bezeichnet urchristliche Wandermissionare (vgl. 1 Kor 15,7). Der Name Ιουνια ist in der alten Kirche in femininer Bedeutung verstanden und erst später in maskulinem Sinn akzentuiert worden, weil man sich nicht mehr vorstellen konnte, daß auch Frauen als Boten der guten Nachricht tätig gewesen sind.

[9] Vgl. LAMPE, Christen 139.

[10] Vgl. LAMPE (²1991) 228: „The *humiliores* represented the vast majority in the Roman Church – and socially elevated people formed only a minority."

[11] Vgl. weiter G. DAUTZENBERG (Hg.), Die Frau im Urchristentum, QD 95, Freiburg 1983 sowie H. MERKLEIN, Im Spannungsfeld von Protologie und Eschatologie. Zur kurzen Geschichte der aktiven Beteiligung von Frauen in paulinischen Gemeinden, in: Eschatologie und Schöpfung, FS E. Grässer, BZNW 89, Berlin 1997, 231–259, bes. 245–249.

[12] Vgl. HARNACK 1–10, sowie SCHREIBER, der aus der Verwendung des Verbums κοπιᾶν weiter reichende Folgerungen meint ziehen zu können, die sich auf eine in der Urchristenheit praktizierte charismatische Gemeindeleitung durch Frauen erstrecken (208f.): „Leitung … meint praktische Arbeit in Lehre und Beratung, in Organisation und Fürsorge, wobei Autorität aus der gelungenen Ausübung der Tätigkeiten resultiert." (221)

[13] BURER/WALLACE (s. Anm. 15) hingegen wollen – schwerlich zu Recht – den Ausdruck ἐπίσημοι ἐν τοῖς ἀποστόλοις übersetzen durch: „well known to the apostles" (81). Nach dieser Auffassung würde Junia nicht zu den Aposteln zu zählen sein.

[14] Sie werden also schon zum Kreis urchristlicher Wandermissionare gehört haben und waren nicht lediglich Delegierte von Gemeinden (vgl. 2 Kor 8,23; Phil 2,25). Zur paarweisen Aussendung urchristlicher Sendboten vgl. JEREMIAS 136.

Da jedoch eine Kurzform von „Junianos" zwar philologisch möglich, jedoch nicht als in der Antike gebräuchlich bezeugt ist, dürfte der Name auf eine Frau hinweisen, die zur Urgemeinde gehört und – vermutlich zusammen mit ihrem Mann (vgl. 1 Kor 9,5) – im Dienst der Verkündigung gestanden hat.[15] Im griechischen Text ist daher nicht Ἰουνιᾶν, sondern Ἰουνίαν zu lesen.[16]

V. 8: Ampliatus zeichnet Paulus dadurch aus, daß er ihn „meinen Geliebten" nennt und damit besonders enge persönliche Verbundenheit hervorhebt (vgl. V. 5.9.12).[17] **V. 9:** Urbanus ist als Mitarbeiter in Christus, Stachys wiederum als „Geliebter" charakterisiert. **V. 10:** Von Apelles heißt es, er habe sich „in Christus" bewährt, sich also im Dienst für das Evangelium als erprobt und zuverlässig erwiesen. Werden „die aus dem Haus des Aristobul" genannt, so sind die ihnen geltenden Grüße an Mitglieder bzw. Sklaven seines Hauses gerichtet. Da an ihren Herrn keine Grüße übermittelt werden, dürfte er kein Christ gewesen sein. Sein Name deutet darauf hin, daß er möglicherweise Jude gewesen ist. Er wird aber geduldet haben, daß Leute, die in seinem Haus Dienst taten, sich zur Christenheit in Rom hielten. Denkbar wäre, daß er ein Mitglied des herodianischen Königshauses gewesen sein könnte (s. o. S. 407). **V. 11:** Herodion, dessen Name folgt, war als Landsmann des Paulus wohl jüdischer Herkunft und könnte – wie sein Name andeutet – ebenfalls in Beziehung zu Herodes gestanden haben – etwa als ehemaliger Sklave des Königs der Juden.[18] Leute aus dem Haus des Narcissus werden wiederum christliche Sklaven – vielleicht auch Freigelassene – gewesen sein, die zum Haus ihres andersgläubigen Herrn gehörten.[19] **V. 12:** Tryphaina und Tryphosa, die miteinander für die Gemeinde Einsatz geleistet haben (vgl. V. 9), könnten Schwestern gewesen sein. Der Name der Persis, die geliebt genannt wird und gleichfalls sich oft tatkräftig gemüht hat, weist darauf hin, daß sie Sklavin ist oder – als eine Freigelassene – gewesen ist (s. o. S. 408).[20] **V. 13:** Rufus ist als „Auserwählter im Herrn" bezeich-

---

[15] Die Frage, ob der Name „Junia" einer Frau galt und sie zu den urchristlichen Aposteln zu zählen ist, hat in neuerer Zeit besondere Aufmerksamkeit gefunden und wird weithin – zutreffend – dahin beantwortet, daß der Name tatsächlich eine Frau bezeichnet. Vgl. B. Brooten, Junia ... Outstanding among the Apostles (Romans 16:7), in: L. und A. Swidler (Hg.), Women Priests: A Catholic Commentary on the Vatican Declaration, New York 1977, 141–144; V. Fabrega, War Junia(s), der hervorragende Apostel (Röm. 16,7), eine Frau?, JAC 27/28 (1984/85) 47–64; P. Lampe, Junia/Junias: Sklavenherkunft im Kreise der vorpaulinischen Apostel (Röm 16,7), ZNW 76 (1985) 132–134; R.R. Schulz, Romans 16:7: Junia or Junias? ET 98 (1986/87) 108–110; R.S. Cervin, A Note Regarding the Name Junia/s in Romans 16,7, NTS 40 (1994) 464–470; U.-K. Plisch, Die Apostolin Junia: Das exegetische Problem in Röm. 16,7 im Licht von Nestle-Aland[27] und der sahidischen Überlieferung, NTS 42 (1996) 477f.; M.H. Burer/D.B. Wallace, Was Junia Really an Apostle? A Reexamination of Rom 16.7, NTS 47 (2001) 76–91; E.J. Epp, Text-Critical, Exegetical and Socio-Cultural Factors Affecting the Junia/Junias Variation in Romans 16,7, BEThL CLXI (2002) 227–292.

[16] Vgl. Lampe, Christen 452.

[17] Der Name Ampliatus „blieb stets den niedersten Schichten verhaftet" (Lampe, Christen 144).

[18] Vgl. Lampe, Christen 148, der darauf hinweist, daß es in Rom eine Synagoge der Herodier gegeben hat.

[19] Vgl. Lampe, Christen 135f. 319f.

[20] Vgl. Lampe, Christen 145f.

net. Ob ein verbindender Zusammenhang zur Erwähnung eines Rufus in der Passionsgeschichte (Mk 15,21) bestanden haben könnte, bleibt ungewiß. Besonders hervorgehoben wird jedoch seine Mutter, die sich auch dem Apostel wie eine Mutter gezeigt hat, so daß er sich ihr dankbar zugetan weiß.

V. 14: Von hier an bedient Paulus sich einer knapperen Fassung der Grüße und führt nur nacheinander eine Reihe von Namen auf. Möglicherweise hat der Apostel diese Leute mitsamt den Brüdern, die bei ihnen sind, nicht persönlich kennengelernt, aber von ihnen gehört, so daß er sie hier erwähnt. Ihre Namen deuten hellenistische – also heidenchristliche – Herkunft an. Sie werden als Sklaven oder Freigelassene nach Rom zugewandert sein.[21] **V. 15:** Philologus und Julia, deren Namen folgen, könnten ein Ehepaar gewesen sein. Nereus erwähnt Paulus zusammen mit seiner – nicht namentlich bezeichneten – Schwester. Die lange Liste wird mit dem Namen des Olympas abgeschlossen[22], dem zusammen mit allen Heiligen, die bei ihnen – d.h. den zuvor Genannten – sind, Grüße übermittelt werden sollen. **V. 16:** Die letzte Aufforderung bezieht sich auf den heiligen Kuß, den man nach frühchristlicher liturgischer Überlieferung untereinander auszutauschen pflegte. Damit versicherte man einander der gegenseitig gewährten Vergebung und der verbindenden Bruderliebe.[23] Da diese Aufforderung sich wiederholt am Ende der paulinischen Briefe findet (vgl. 1 Thess 5,26; 1 Kor 16,20; 2 Kor 13,12 sowie 1 Petr 5,14), liegt die Annahme nahe, daß deren Verlesung in der zum Gottesdienst versammelten Gemeinschaft erfolgte und sich dann die Feier des Herrenmahls anschloß.[24]

Nicht mit einer Aufforderung, sondern mit einer Aussage, die ökumenische Weite aufzeigt, wird die Grußliste beendet. Alle Gemeinden Christi – d.h. offensichtlich alle Gemeinden im paulinischen Missionsgebiet – lassen die Christen in Rom grüßen. Alle miteinander sind sie zur Einheit in Christus verbunden, so daß der Apostel als berufener Zeuge des Evangeliums sich ihnen allen und damit auch den Adressaten seines Briefes fest verbunden weiß.

16,17–20 Letzte Mahnung

17) **Ich ermahne euch aber, Brüder, achtzugeben auf die, die Spaltungen und Ärgernisse anrichten entgegen der Lehre, die ihr gelernt habt, und wendet euch von ihnen ab.** 18) **Denn solche Leute dienen nicht unserem Herrn Chri-**

---

[21] Vgl. LAMPE, Christen 153.

[22] Der Name des Olympas ist nur selten – bei kaiserlichen Freigelassenen – belegt; vgl. LAMPE, Christen 149.

[23] Vgl. hierzu die Monographie von HOFMANN (s.o. S. 405) und G. BORNKAMM, Das Anathema in der urchristlichen Abendmahlsliturgie, in: Aufsätze I 123–132.

[24] Da Namen derer, die Grüße bestellen, erst in V. 21–23 aufgeführt werden, ist V. 16 b in einigen Handschriften – sekundär – hinter V. 21 gesetzt worden (D*FG u.a.).

stus, sondern ihrem eigenen Bauch, und durch Schönrednerei und wohlklingende Rede täuschen sie die Herzen der Arglosen. 19) Denn die Kunde von eurem Gehorsam gelangte zu allen. Über euch freue ich mich. Ich will aber, daß ihr weise seid zum Guten, unverdorben dem Bösen gegenüber. 20) Der Gott des Friedens aber wird in Kürze den Satan unter eure Füße zermalmen. Die Gnade unseres Herrn Jesus sei mit euch.

Siehe oben S. 402 sowie BOISMARD, M.-E.: Rm 16,17–20: Vocabulaire et style, RB 107 (2000) 548–557; MORA, V.: Romains 16,17–20 et la lettre aux Éphésiens, ebd. 541–547; SCHMITHALS, W.: Die Irrlehrer von Röm 16, StTh 13 (1959) 51–69 = Paulus und die Gnostiker, Hamburg 1965, 159–173; TREVIJANO, H.: Εὐλογία in St. Paul and the Text of Rom. 16,18, in: StEv II, TU 87, Berlin 1973, 537–540.

Ohne einen verknüpfenden Übergang ermahnt der Apostel seine Leser, sich von Irrlehrern fernzuhalten, die nur Spaltungen und Ärgernisse hervorrufen. Diesem besorgten Hinweis fügt er ein gutes Zeugnis hinzu, das über den Glaubensgehorsam der römischen Christenheit allerorten bekannt geworden ist. Mit einem Wort der Verheißung, daß in Bälde Gott als Gott des Friedens über den Satan triumphieren wird, und einem kurzen Wort des Segens ist die nachdrückliche Mahnung zum Abschluß gebracht.

Tradition und Redaktion in Röm 16,17–20[1]

Daß der Apostel am Ende seines Briefes eine so schroffe Zurückweisung falscher Lehre ausspricht, wirkt überraschend. Das Vokabular, das er verwendet, unterscheidet sich in auffallender Weise von seinem üblichen Sprachgebrauch. In den wenigen Versen begegnet eine ansehnliche Reihe von Hapaxlegomena: ἐκκλίνειν (sonst nur 3,12 in atl. Zitat), χρηστολογία, ἄκακος, ἀφικνεῖσθαι, συντρίβειν, ἐν τάχει, εὐλογία in der Bedeutung „Schönrednerei", διχοστασία nur noch im – aus Tradition aufgenommenen – Lasterkatalog Gal 5,20.[2] Während Paulus sich sonst argumentativ mit Irrlehrern auseinandersetzt, begnügt er sich hier mit wenigen, die Gegner herabsetzenden Worten, um die gebotene Trennung herbeizuführen. Das in V. 19 erteilte Lob der Leser erinnert an die vergleichbare Aussage in 1,8. Die in V. 20 a ausgesprochene Verheißung aber ist von apokalyptischen Gedanken bestimmt und ist die einzige Stelle im Röm, an der der Satan Erwähnung findet.

Nimmt man diese Beobachtungen zusammen, so könnte sich der Eindruck nahelegen, der Abschnitt stelle einen später eingefügten Eintrag dar, der im Stil der Pastoralbriefe eine Warnung vor Irrlehrern ausspricht.[3] Dieser Annahme aber steht der eindeutige Befund der handschriftlichen Überlieferung entgegen, die einhellig die Verse 17–20 als festen Bestandteil von Kap. 16 bezeugt und keinerlei Hinweis enthält, daß hier eine sekundäre Erweiterung vorliegen könnte. Darum wird man gegenüber voreiligen Mutmaßungen zurückhaltend bleiben und es eher für wahrscheinlich halten, daß Paulus sich in weitgehendem Maß vorge-

---

[1] Siehe oben S. 402, vor allem OLLROG, Paulus.

[2] Vgl. OLLROG, Paulus.

[3] So OLLROG, Paulus 230–234.

gebener Tradition bedient. Sprache und Inhalt des Abschnitts lassen erkennen, daß die hier vorgenommene Abgrenzung beispielhaft für polemische Zurückweisung gewirkt hat, wie sie später – insbesondere in den Pastoralbriefen – weitergeführt und ausgestaltet wurde. Wer Irrlehre verbreitet, gilt auch als moralisch verwerflich und muß mit aller Entschiedenheit abgewiesen werden.

Auch in anderen paulinischen Briefen findet sich die Gedankenfolge, daß am Schluß die Gemeinde noch einmal mit deutlichen Worten zu fester Beständigkeit angehalten wird. Solche kurze Ermahnung wurde gelegentlich vom Autor mit eigener Hand aufgezeichnet und dadurch mit besonderem Nachdruck versehen (vgl. Gal 6,11–18). Da die eben ausgesprochene Einladung, untereinander den heiligen Kuß auszutauschen (V. 16 a), auf den Beginn des Herrenmahls hinweist, entspricht die deutliche Distanzierung von Irrlehrern dem knappen Anathema, wie es sich in vergleichbaren Zusammenhängen findet (vgl. 1 Kor 16,22). Hat also „die Warnung vor den Irrlehrern und ihren Spaltungen schon in ältester Zeit ihre Beziehung zur Abendmahlsliturgie, so wird man auch dieselbe abrupt auftauchende Warnung Röm 16,17ff. in diesen Zusammenhang rücken dürfen … Paulus wird sich auch in der Wendung 16,20 einer traditionellen Formel bedienen“.[4]

Für die scharfe Abgrenzung gegen Irrlehrer in V. 17f. sind mithin traditionelle Ausdrücke vorauszusetzen. Dabei könnte die Betonung der rechten Lehre auf frühe judenchristliche Überlieferung zurückgehen. Da es zur geläufigen endzeitlichen Erwartung hinzugehört, das Aufkommen verführerischer falscher Lehre zu befürchten, könnte auch die von apokalyptischen Vorstellungen bestimmte Verheißung in V. 20 a verwandter Überlieferung zuzurechnen sein: Der Satan führt seinen Angriff mithilfe von Dienern aus, die mit wohlklingenden Worten die Glaubenden in die Irre zu leiten suchen. Über sie aber wird der Gott des Friedens alsbald (ἐν τάχει) triumphieren.

Paulinische Redaktion, die die traditionellen Elemente zu der dringlichen Mahnung am Ende des Röm zusammengefügt hat, ist einerseits in der an die Brüder gerichteten Anrede (V. 17 a), andererseits im Hinweis auf die vorbildliche Haltung der römischen Christenheit (V. 19) zu erkennen und liegt schließlich im Gnadenwunsch vor, mit dem der kurze Abschnitt abgeschlossen wird (V. 20 b).[5]

V. 17: Wie in 12,1 und 15,30 setzt der Apostel mit den Worten παρακαλῶ δὲ ὑμᾶς neu ein und spricht seine Leser als „Brüder“ an, um ihre besondere Aufmerksamkeit zu wecken (vgl. zu 1,13). Diese soll dem möglichen Auftreten von Leuten gelten, die Spaltungen und Ärgernisse bewirken, indem sie falsche Lehre verbreiten.[6] Da sie die rechte Unterweisung mißachten, die die Glieder der frühen Christenheit

[4] Vgl. Bornkamm, Das Anathema in der urchristlichen Abendmahlsliturgie, in: Aufsätze I 129. Beachtenswert ist zudem die Beobachtung, daß es antiker Rhetorik entsprach, gegen Ende einer Rede bzw. eines Briefes eine „indignatio“ zu bringen, die „arouses anger and hostility against the opponent“; vgl. H.D. Betz, The Literary Composition and Function of Paul's Letter to the Galatians, NTS 21 (1974/75) 353–379.357 = Studien 63–97.68.

[5] Das Problem, wie sich Tradition und Redaktion zueinander verhalten, wird von Mora und Boismard unterschiedlich beurteilt. Während Mora mit der Möglichkeit nachpaulinischer Abfassung rechnet, möchte Boismard V. 17–18 a und V. 20 als paulinisch, V. 18 b–19 jedoch als ursprünglichen Bestandteil des Epheserbriefes ansehen, der auf Eph 6,17 bzw. 6,20 gefolgt sei (vgl. auch Ders., L'énigme de la lettre aux Éphésiens, EtB 39, Paris (1999).

[6] Die Begriffe διχοστασία (vgl. Gal 5,20) und σκάνδαλα bezeichnen die Folge, die durch falsche Lehre bewirkt wird.

empfangen haben[7], lösen sie Trennungen und Gruppenbildungen aus, die die Einheit der Gemeinden gefährden.

Deshalb gilt es, genau achtzuhaben[8], um falsche Verkündigung von rechter Predigt zu unterscheiden und denen die Gemeinschaft aufzusagen, die mit ihrem Anspruch nicht der Erbauung der Kirche, sondern sich selbst dienen (vgl. 1 Kor 5,9; 2 Thess 3,6; Tit 3,10; Mt 18,17). Welchen Inhalt die von ihnen vertretene Lehre hatte, wird nicht gesagt. Es ließe sich sowohl an judaistische Gesetzeslehrer wie auch an gnostische Libertinisten denken, nicht aber an die sog. „Schwachen" von 14,1–15,13, da diese vom Apostel durchaus behutsam behandelt werden. Die polemische Zurückweisung, die die Selbstgefälligkeit jener Leute als Dienst für den eigenen Bauch disqualifiziert, kommt der Kritik am nächsten, die Phil 3,18f. gegen Feinde des Kreuzes Christi gerichtet wird. Die markierte Abgrenzung beschränkt sich darauf, den Widerspruch zur apostolischen Lehre als Kriterium zu bezeichnen, das in unterschiedlichen Situationen zur Anwendung gelangen kann. Gilt es doch, stets darauf bedacht zu sein, an der rechten διδαχή festzuhalten (vgl. 6,17: τύπος διδαχῆς). In solcher Aufmerksamkeit aber rücken Gemeinde und Apostel eng zusammen, so daß die knapp skizzierte Bedrohung sie zu festerer Gemeinschaft verbindet.[9]

V. 18: Jene Leute[10] dienen nicht dem Herrn Christus, sondern ihrem eigenen Bauch (vgl. Phil 3,19)[11] – so lautet die eindeutige Disqualifikation, die jene Lehrer als Vertreter der eigensüchtigen σάρξ charakterisiert. Dieser Haltung entsprechen die gut klingenden Worte, deren sie sich bedienen. Die beiden Begriffe χρηστολογία (nur hier im NT) und εὐλογία (hier in der Bedeutung „schöne Rede") beschreiben miteinander die einschmeichelnden Worte, mit denen man sich Eingang zu verschaffen und die „Arglosen", d.h. einfältigen Hörer zu gewinnen sucht.[12]

V. 19: Die römischen Christen unterscheidet der Apostel jedoch deutlich von naiven Leuten, bei denen Vertreter falscher Lehre leichtes Spiel haben könnten. Er lobt sie daher ausdrücklich, indem er die positive Beurteilung, die schon im Eingang des Briefes ausgesprochen worden war (1,8), noch einmal wiederholt und damit unterstreicht: Kunde von ihrem Glaubensgehorsam[13] ist überall[14] bekannt geworden. Die Partikel γάρ, mit der dieser Satz an den vorhergehenden anschließt,

---

7 Die Präposition παρά mit Akk. ist hier in der Bedeutung „entgegen", „wider" gebraucht; vgl. BAUER-ALAND 1236.

8 Zu σκοπεῖν „achten auf" vgl. Gal 6,1 Lk 11,35 u.ö.

9 Vgl. LAMPE, Christen 131.

10 Sie werden nicht mit Namen genannt, sondern nur abschätzig als τοιοῦτοι bezeichnet.

11 Hellenistische Belege zum Gebrauch ähnlicher Wendungen in NEUER WETTSTEIN 230f.

12 Zu den hier verwendeten Hapaxlegomena χρηστολογία und ἄκακος, die auf traditionelle Vorgaben weisen, s.o. S. 411 sowie J. L. NORTH, „Good words and Faire speeches" (Rom 16.18 AV); More Materials and a Pauline Pun, NTS 42 (1996) 600–614.

13 Vgl. ὑπακοὴ πίστεως (1,5).

14 Mit εἰς πάντας sind „alle" gemeint, „die von euch gehört haben".

dient der inhaltlichen Verknüpfung und stellt klar: Weil das vorbildliche Verhalten der Christen in Rom allerorten bekundet wird, darum mögen zwar Irrlehrer versuchen, sich an sie heranzumachen; doch sie werden keinen Erfolg bei ihnen haben. Darum freut sich der Apostel über den guten Zustand, in dem sich die Christenheit in Rom befindet. Sein ausdrücklicher Wunsch aber geht dahin, daß sie „weise zum Guten, unverdorben aber zum Bösen sein möchten". Diese mit einem geprägten Ausdruck ausgesprochene Erwartung erinnert an den Auftrag, wie er den Jüngern Jesu gegeben wurde: klug wie die Schlangen und ohne Falsch (ἀκέραιοι) wie die Tauben zu sein (Mt 10,16 b). Wer sich an diese Weisung hält, wird allezeit festen Stand beweisen können.

V. 20: Mit Worten einer vorgegebenen Wendung, die von apokalyptischen Vorstellungen und urchristlicher Naherwartung (ἐν τάχει) geprägt ist, spricht der Apostel eine auf die Zukunft gerichtete Verheißung aus: Der Gott des Friedens (vgl. o. zu 15,33) wird den Satan niederwerfen. Heißt es Test Lev 18,12, Beliar werde in der kommenden Paradieseszeit gebunden und den Gerechten Gewalt gegeben werden, „auf die bösen Geister zu treten" (πατεῖν ἐπὶ τὰ πονηρὰ πνεύματα), so wird hier denen, die Glaubensgehorsam bewahren, verheißen, der Satan solle unter ihre Füße niedergeworfen werden (vgl. Apk 20,1–10).[15] Ist die in V. 20a gemachte Aussage so gehalten, daß ihr Inhalt Juden und Christen gemeinsam angeht, so gibt der abschließende Gnadenwunsch der genuin christlichen Hoffnung Ausdruck. Bereits im Eingang des Briefes waren den Christen in Rom Gnade und Friede gewünscht worden (1,7). Wie hier findet sich auch am Ende anderer Briefe des Apostels ein Zuspruch der Gnade (vgl. 1 Thess 5,18; 1 Kor 16,23; 2 Kor 13,13): „Die Gnade unseres Herrn Jesus[16] möge mit euch sein."[17] In diesen wenigen abschließenden Worten ist alles gesagt, dessen Christen in Zeit und Ewigkeit bedürfen.

16,21–23 (24) Grüße der Mitarbeiter des Apostels

21) Es grüßt euch Timotheus, mein Mitarbeiter, und Lucius, Jason und Sosipater, meine Landsleute. 22) Ich, Tertius, grüße euch, der diesen Brief im Herrn geschrieben hat. 23) Es grüßt euch Gajus, mein Gastgeber und der der ganzen Gemeinde. Es grüßt euch Erastus, der Stadtkämmerer, und der Bruder Quartus.

Siehe oben S. 402f. sowie Bahr, G.J.: The Subscriptions in the Pauline Letters, JBL 87 (1968) 27–41; Cadbury, H.J.: Erastus of Corinth, JBL 50 (1931) 42–58; Clarke, A.D.:

[15] Eine ausdrückliche Bezugnahme auf Gen 3,15, die von manchen Exegeten als Hintergrund des Verheißungswortes angenommen wird, liegt jedoch nicht vor.

[16] Zahlreiche Handschriften fügen sekundär Χριστοῦ hinzu.

[17] Als Prädikat ist ἔστω bzw. ἔσται zu ergänzen.

Another Corinthian Erastus Inscription, TynB 42 (1991) 146–151; ELLIS, E.E.: Paul and His Co-workers, NTS 17 (1970/71) 437–452; GILL, D.W.J.: Erastus the Aedile, TynB 40 (1989) 293–301; MEGGIT, J.J.: The Social Status of Erastus (Rom. 16:23), NT 38 (1996) 218–223; THEISSEN, G.: Soziale Schichtung in der korinthischen Gemeinde, ZNW 65 (1974) 232–272 = Studien 231–271.

In einigen Sätzen, die an den kurzen Segensgruß (V. 20 b) angehängt werden, werden Grüße ausgerichtet, die von Mitarbeitern des Apostels zu den Christen in Rom kommen sollen.[1] Zuerst werden Personen genannt, die sich bei Paulus befinden (V. 21). Dann folgt ein Gruß von Tertius, dem Schreiber des Briefes (V. 22). Und schließlich melden sich noch einige Glieder der korinthischen Gemeinde zu Wort, die man in Rom gekannt haben dürfte (V. 23).

V. 21: Als erster ist Timotheus genannt, der engste Mitarbeiter des Paulus, der nach Act 16,1–3 eine judenchristliche Mutter und einen griechischen Vater hatte. Im Eingang mehrerer paulinischer Briefe wird er als Mitabsender aufgeführt. Den Röm aber verantwortet der Apostel allein, ohne einen anderen Namen dem seinigen an die Seite zu setzen. Daher stellt er erst am Ende des Schreibens Timotheus den Christen in Rom vor, die ihn offensichtlich noch nicht kennen. Die hohe Wertschätzung, die Timotheus gebührt, kommt dadurch zum Ausdruck, daß sein Name den ersten Platz der grüßenden Personen einnimmt und mit der Auszeichnung versehen wird, er sei Mitarbeiter des Apostels. Die drei folgenden Namen weisen auf Judenchristen hin, die Landsleute des Paulus sind. Dabei könnte die Namensform Λούκιος für Lukas, die des Ἰάσων für Jesus und die des Σωσίπατρος für Sopater stehen, so daß sich eine auffallende Entsprechung zur Liste von Act 20,4 ergibt, die die Namen von Timotheus und Sopater sowie den des Gajus (vgl. V. 23) enthält.[2] Doch weitergehende Erwägungen, ob bei Lucius an die Phm 24; Kol 4,14; 2 Tim 4,11 genannte Person Lukas gedacht werden könnte, haben keinen verläßlichen Anhalt am Text. Jason hingegen könnte der Act 17,5–7 genannte Gastgeber des Paulus in Thessalonich gewesen sein.

V. 22: Mit einem kurzen Gruß meldet sich Tertius, der Schreiber des Briefes, zu Wort. Sein Name findet sich des öfteren bei Sklaven oder Freigelassenen. Dieser Tertius wird Bekannte in Rom haben, so daß er die Gelegenheit, die wohl durch eine kurze Pause beim Diktat eingetreten ist, nutzt, um seinen Zwischenruf anzubringen. Die Wendung ἐν κυρίῳ läßt sich mit dem Prädikat ἀσπάζεται oder – was wahrscheinlicher ist – mit dem Partizip γράψας verbinden. Tertius hat das wörtliche Diktat des Apostels, das sich über einen längeren Zeitraum erstreckt haben wird, aufgezeichnet. Als Sekretär kommt ihm kein Anteil an der inhaltlichen

[1] In vergleichbaren Briefen der damaligen Zeit finden sich Beispiele dafür, daß sowohl vor als auch nach dem Schlußwunsch Grüße geschrieben werden. Vgl. MÜLLER (s.o. S. 392) 219.

[2] Vgl. LAMPE, Christen 131: „Literarische Abhängigkeit zwischen beiden Listen ist ausgeschlossen."

Gestaltung des Briefes zu. Seinen Dienst als Schreiber begreift er jedoch zu Recht als „im Herrn“ erwiesen.[3]

V. 23: Zum Schluß werden Grüße aus der Gemeinde von Korinth angefügt. Bei Gajus, der Paulus Gastfreundschaft gewährt, handelt es sich wahrscheinlich um den Gajus, den der Apostel selbst getauft hat (1 Kor 1,14). Er öffnet sein Haus auch der ganzen Gemeinde. Der Begriff ἐκκλησία dürfte wie in V. 4 die örtliche Hausgemeinde bezeichnen. Darum ist nicht an die ἐκκλησία als die Gesamtkirche zu denken, als würde Gajus durchreisenden Christen, die von anderen Orten kommen, Unterkunft gewähren (so KÄSEMANN, Röm. 405 u.a.). Gemeint ist vielmehr die – gewiß noch nicht große – Ortsgemeinde, die sich im Haus des Gajus versammelt.[4] Mit diesem grüßt auch Erastus, der als Stadtkämmerer in Korinth ein öffentliches Amt bekleidet und mit jenem Erastus identisch sein könnte, der Act 19,22 und 2 Tim 4,20 erwähnt wird.[5] Der Name des Quartus, der häufiger von Sklaven oder Freigelassenen getragen wurde, ist mit der kurzen Erläuterung versehen, er sei ein Bruder, d.h. ein Mitchrist in der korinthischen Gemeinde.

[**V. 24:** Manchen späteren Lesern und Abschreibern des Röm erschien es als unbefriedigend, daß das gewichtige Schreiben keinen angemessenen Abschluß gehabt haben sollte.[6] Daher wird vornehmlich in Handschriften, die die Schlußdoxologie von V. 25–27 nicht bringen, der Gnadenwunsch von V. 20 b als V. 24 angehängt. Doch besteht kein Zweifel daran, daß der Schlußgruß an dieser Stelle sekundär ist und das letzte Wort des Röm der Satz eines schlichten Grußes war, der von Korinth nach Rom auf den Weg gebracht wurde.]

16,25–27 Schlußdoxologie

25) **Dem aber, der euch zu stärken vermag nach meinem Evangelium und der Verkündigung Jesu Christi, nach der Offenbarung des Geheimnisses, das ewige Zeiten verschwiegen war,** 26) **jetzt aber offenbart worden ist und durch prophetische Schriften nach dem Auftrag des ewigen Gottes kundgetan wurde, den Glaubensgehorsam für alle Völker zu wecken,** 27) **– dem allein weisen Gott, ihm gebührt Herrlichkeit durch Jesus Christus für ewige Zeiten. Amen.**

---

[3] Zum Dienst eines Sekretärs vgl. E.R. RICHARDS, The Secretary in the Letters of Paul. WUNT II,42, Tübingen 1991.

[4] Vgl. FITZMYER, Rom. 749f.: ἐκκλησία „is used in the local sense“.

[5] Möglicherweise war er identisch mit einem inschriftlich für diese Zeit bezeugten Erastus. Vgl. CADBURY 42–58; THEISSEN, 238; GILL 293–301; CLARKE 146–151; MEGGIT 218–233 und FITZMYER, Rom. 750: „undoubtedly the same as the aedile Erastus, who paved a square in first-century Roman Corinth, according to a Latin inscription still partly in situ in the square near the eastern parados of the theater.“

[6] Vgl. U. BORSE, Das Schlußwort des Römerbriefs: Segenswort (16,24) statt Doxologie (V. 25–27), in: Studien zur Entstehung und Auslegung des Neuen Testaments, Stuttgart 1996, 39–59.

Aland, K.: Der Schluß und die ursprüngliche Gestalt des Römerbriefes, in: Neutestamentliche Entwürfe, TB 63, München 1979, 284–301; Collins, R.F.: The Case of a Wandering Doxology: Rom 16.25–27, BEThL CLXI (2002) 293–304; Delling, G.: ΜΟΝΟΣ ΘΕΟΣ, ThLZ 77 (1952) 469–476 = Studien zum Neuen Testament und zum hellenistischen Judentum, Berlin/Göttingen 1970, 391–400; Dewailly, L.-M.: Mystère et silence dans Rom. XVI.25, NTS 14 (1967/68) 111–118; Dupont, J.: ΜΟΝΩΙ ΣΟΦΩΙ ΘΕΩΙ (Rom XVI,27) EThL 22 (1946) 362–375; Ders.: Pour l'histoire de la Doxologie finale de l'épître aux Romains, RBen 63 (1948) 3–22; Elliott, J.K.: The Language and Style of the Concluding Doxology of the Epistle to the Romans, ZNW 72 (1981) 124–130; Hurtado, L.W.: The Doxology at the End of Romans, in: New Testament Textual Criticism, FS B. M. Metzger, Oxford 1981, 185–199; Kamlah, E.: Traditionsgeschichtliche Untersuchungen zur Schlußdoxologie des Römerbriefes, Diss. Tübingen 1955; Knox, J.: A Note on the Text of Romans, NTS 2 (1955/56) 191–193; Lührmann, D.: Das Offenbarungsverständnis bei Paulus (1965); Schmid, U.: Marcion und sein Apostolos. Rekonstruktion und historische Einordnung der marcionitischen Briefausgabe, ANTT 25, Berlin/New York 1995; Schmithals, W.: Zur Abfassung und ältesten Sammlung der paulinischen Hauptbriefe, ZNW 51 (1960) 225–245.

Die feierliche Doxologie, die den Röm beendet, ist zwar seit alters – von Origenes an – handschriftlich recht gut bezeugt. Doch in wichtigen Handschriften fehlt sie oder wird an anderer Stelle gebracht, nach 14,23 bzw. nach 15,33 (s.o. S. 402). Sie besteht aus einem einzigen Satz, der dem Röm einen seiner gewichtigen Bedeutung entsprechenden Abschluß verleihen soll. Nach Sprache und Stil stehen diese drei Verse den Deuteropaulinen nahe, vor allem Eph und Kol. Nach Form und Inhalt sowie der auseinandergehenden handschriftlichen Bezeugung sind sie als ein sekundär abgefaßter, aus deuteropaulinischer Tradition hervorgegangener Text zu beurteilen.[1]

Der Lobpreis setzt ein mit einer im Dativ stehenden Partizipialwendung, an die ein Infinitiv anschließt, dem wiederum zwei parallele Bestimmungen mit der Präposition κατά zugeordnet sind. Sie enthalten das leitende Stichwort „Geheimnis", dessen verborgene Wahrheit nun kundgetan und in der Proklamation des Evangeliums verkündigt wird. In V. 27 nimmt die inhaltlich überladene Doxologie die am Anfang stehende Dativwendung wieder auf und weist alle Ehre allein Gott zu. Die schwer befrachtete Aussage wird nicht zu Ende geführt, sondern bricht anakoluth ab, indem die Gott zukommende Herrlichkeit am Ende in einem kurzen Relativsatz ausgerufen und mit einem abschließenden „Amen" beantwortet wird. Der Sache nach aber ist das relativ angeschlossene ᾧ in demonstrativem Sinn zu verstehen, so daß die lange Satzperiode Anfang und Ende zusammenhält und den vollen Klang des allein Gott gebührenden Lobpreises laut werden läßt.

V. 25: Die vollklingende Doxologie, die liturgisch geformte Aussagen aufnimmt (vgl. Eph 3,20f.; 1 Tim 1,17; Jud 24f.; Mart Pol 20,2 u.a.), ist dem einen einzigen

[1] An paulinischer Verfasserschaft möchte freilich mit wenigen anderen Exegeten Stuhlmacher, Röm. 225 festhalten.

Gott dargebracht, dessen δύναμις den Seinen Standfestigkeit zu verleihen vermag. Dabei klingen Wendungen an, die im Eingang des Röm sowohl das Verbum στηρίζειν (1,11) wie auch die Rede von Gottes δύναμις (1,4.16.20) enthalten. Die bekenntnisartige Aussage bezieht sich auf das von Paulus bezeugte Evangelium (vgl. 2,16), d.h.[2] auf die Verkündigung Jesu Christi (Gen. obj.), wie der Apostel sie allerorten ausgerichtet hat. Die paulinischer Überlieferung entnommenen Ausdrücke werden mit einer Vorstellung verbunden, die von apokalyptischen Gedanken geprägt ist und sich auf die Enthüllung des Geheimnisses richtet, die nach einer langen Zeit des Schweigens erfolgt ist. Der Inhalt des μυστήριον ist also schon seit langer Zeit vorhanden und darum durch hohes Alter und entsprechende Würde ausgezeichnet. Aber was bisher verborgen war, ist nun offenbart worden. War die Gemeinde von Qumran davon überzeugt, ihr sei der göttliche Ratschluß aufgetan worden (vgl. 1 QpHab II,8–10; VII,1–5 u.ö.),[3] so verleiht urchristliche Verkündigung dem durch Tradition vorgegebenen „Revelationsschema"[4] christologische Bedeutung: In der Christusverkündigung wird der göttliche Heilsplan enthüllt; denn von ewigen Zeiten her war es Gottes Absicht, in Kreuz und Auferstehung Jesu Christi seinen Heilsplan für alle Welt zu verwirklichen (Kol 1,25–28; Eph 3,9–11 u.ö.).

V. 26: Dieser seit ewigen Zeiten feststehende Heilsratschluß Gottes war bisher in absolutem Schweigen verborgen gehalten, nun aber ist er offenbar geworden, und zwar[5] durch prophetische Schriften. Im Eingang seines Briefes hatte der Apostel mit der urchristlichen Verkündigung auf die Schriften der Propheten Bezug genommen, weil sie die Ankündigung des im Evangelium bezeugten Christusgeschehens enthalten (1,2). Hier aber läßt sich dieser Bezug nicht als Rückgriff auf atl. Schriften verstehen, sondern sind urchristliche Bücher – wie der Röm des Apostels – gemeint, in denen von der Erfüllung der im alten Bund verbürgten Verheißungen Kunde gegeben wird.

Diese Botschaft soll in aller Welt laut werden und unter den Völkern die zustimmende Antwort des Glaubens wecken. Der Auftrag ist von Gott selbst erteilt, wie in den paulinischen und deuteropaulinischen Briefen des öfteren versichert wird.[6] Als der eine und einzige Gott ist er – wie mit einem biblischen Prädikat (vgl. Gen 21,33; Jes 26,4; 40,28; Jub 12,29 u.ö.) versichert wird – der Ewige, dessen

[2] Das verknüpfende καί hat explikativen Sinn; vgl. BL-DEBR § 442,6a.

[3] Weitere Belege aus den Qumrantexten bei BRAUN, Qumran I 187f.

[4] Zum sog. Revelationsschema, das durch die Leitworte „Von Ewigkeit an vorhanden – jetzt geoffenbart" charakterisiert ist, vgl. N.A. DAHL, Formgeschichtliche Beobachtungen zur Christusverkündigung in der Gemeindepredigt, in: Neutestamentliche Studien für R. Bultmann, BZNW 21, ²Berlin 1957, 3–9.4f.

[5] Das kleine Wörtchen τε hat verknüpfende Bedeutung; vgl. BL-DEBR § 443_3. Daher ist die Wendung διά τε γραφῶν προφητικῶν nicht zum voranstehenden Partizip φανερωθέντος zu ziehen, sondern mit dem folgenden Partizip γνωρισθέντος zu verbinden. Vgl. WILCKENS, Röm. III 150 Anm. 708.

[6] Zu κατ' ἐπιταγὴν τοῦ θεοῦ vgl. 1 Kor 7,6; 2 Kor 8,8; 1 Tim 1,1; Tit 1,3 u.ö.

Heilsplan über den weiten Bogen der Zeiten hinweg wahr und gültig bleibt. Das Ziel, auf das die christliche Predigt, die von dieser Wahrheit Zeugnis gibt, gerichtet ist, ist die ὑπακοὴ πίστεως, der Gehorsam, der im Glauben vollzogen wird. Damit wird eine Wendung aufgenommen, wie sie der Apostel gerade im Röm gelegentlich verwendet hat (vgl. 1,5; 15,18). Der Kundgabe an alle Welt entspricht die weltweite Antwort gehorsamen Glaubens auf seiten der Völker, denen das in Christus offenbarte Geheimnis bekannt gemacht wird.

V. 27: Die voranstehenden Aussagen werden auf den Höhepunkt des Lobpreises gebracht, indem dieser dem allein weisen Gott zugeeignet wird. In der hellenistischen Umwelt sowie im hellenistischen Judentum wurde das Bekenntnis zum alleinigen Gott des öfteren durch das Adjektiv μόνος ausgesagt[7], das ihn als den einzigen auszeichnet und dem Gedanken an andere Götter entschieden den Abschied gibt.[8]

Dieser eine Gott hat sich in und durch Jesus Christus zu erkennen gegeben[9], so daß aller Lobpreis auch durch ihn ausgesprochen und ihm dargebracht wird (vgl. Röm 11,36; Gal 1,5; 2 Tim 4,18; Hebr 13,21)[10]. Daß Gott die Ehre in alle Ewigkeiten gebührt[11], wurde bereits im hellenistischen Judentum als Ausdruck verbindlichen Bekenntnisses ausgesprochen (vgl. 4 Makk 18,24: ᾧ ἡ δόξα εἰς τοὺς αἰῶνας τῶν αἰώνων· ἀμήν). Der urchristliche Lobpreis macht sich diese Worte zu eigen, gibt ihnen nun aber durch das hinzugefügte διὰ Ἰησοῦ Χριστοῦ einen neuen, von der Christologie her bestimmten Sinn. Der volle Wortlaut εἰς τοὺς αἰῶνας τῶν αἰώνων ist schon in alten Handschriften gut bezeugt (p^{61} AD u.a.), dürfte jedoch nach der bewährten Regel „lectio brevior potior" gegenüber der kürzeren Fassung εἰς τοὺς αἰῶνας als jüngere Lesart zu beurteilen sein, die die in alle Ewigkeit reichende Verehrung des allein wahren Gottes mit der vielfach verwendeten volleren Aussage zum Ausdruck bringen möchte.[12]

Hörer und Leser des Röm werden aufgefordert, sich die Botschaft des Apostels zueigen zu machen, indem sie diese mit „Amen" bekräftigen: Das ist wahr![13] Hat der Apostel wiederholt an das Ende längerer Ausführungen ein Wort anbetenden Lobpreises gesetzt (4,25; 8,31–39; 11,33–36; 15,33) und damit die Auslegung des Evangeliums in Doxologie münden lassen, so lädt – über Paulus hinausgehend – der volltönende Abschluß in den Versen 25–27 alle, die die apostolische Predigt im

[7] Belege hierzu in: NEUER WETTSTEIN 233f.

[8] Vgl. hierzu die o. (S. 417) genannten Abhandlungen von DUPONT und DELLING.

[9] Der christologische Bezug wird – sekundär – durch die seit Origenes bezeugte Hinzufügung der Wendung καὶ τῆς ἐπιφανείας τοῦ κυρίου ἡμῶν Ἰησοῦ Χριστοῦ verstärkt.

[10] Vgl. THÜSING, Per Christum.

[11] Das relativische, gut bezeugte ᾧ stellt als „lectio difficilior" sicher den Urtext dar, den manche Abschreiber korrigiert haben, um die anakoluth endende Satzkonstruktion zu glätten.

[12] Die von SCHMITHALS, Röm., geäußerte Annahme, die Doxologie habe „ursprünglich den Abschluß der ältesten Sammlung der Paulusbriefe" gebildet (567), „ist eine Vermutung, die in der Luft hängt" (ZELLER, Röm. 251), s. weiter ALAND 284–301.

[13] Zu ἀμήν s.o. zu 1,25; 9,5; 11,36; 15,33.

Gehorsam des Glaubens hören und annehmen, dazu ein, „Gott allein alle Ehre zu geben“ (CALVIN, Röm., zu 16,27).[14] Mit ihrer durch die Versicherung des „Amen“ gegebenen Antwort stimmt die Christenheit nicht nur in Rom, sondern in aller Welt in den jubelnden Ruf ein: Soli Deo Gloria.

[14] Später hinzugefügte „Subscriptiones“ geben durch πρὸς Ῥωμαίους (א ABCD u.a.) noch einmal an, wer die Adressaten des Briefes sind, oder bieten umfangreichere Nachträge, in denen auch auf Korinth als Abfassungsort, den Schreiberdienst des Tertius und die Überbringung durch Phoebe o.ä. hingewiesen wird. Vgl. den kritischen Apparat bei NESTLE[27], z.St.

Wortregister

Griechische Begriffe

Sachregister